教育基本　学校教育　教育振興・奨励　学校安全・学校保健　社会教育・生涯学習　児童・社会福祉　教育行財政　教育職員　関連法　自治体条例　資料

◆さ行

提案理由

2024年版

ハンディ教育六法

編集代表　立正大学名誉教授　浪本　勝年

編集委員　都留文科大学教授　廣田　　健

活水女子大学教授　村元　宏行

千葉大学准教授　白川　優治

国士舘大学准教授　堀井　雅道

立正大学非常勤講師　石本　祐二

編

Handy Compendium of Education Laws in Japan

(2024, Tokyo: Hokuju Publishing Company)

Editors;

NAMIMOTO Katsutoshi, Professor Emeritus at Rissho University (Chief)

HIROTA Takeshi, Professor at Tsuru University

MURAMOTO Hiroyuki, Professor at Kwassui Women's University

SHIRAKAWA Yuji, Associate Professor at Chiba University

HORII Masamichi, Associate Professor at Kokushikan University

ISHIMOTO Yuji, Part-time Lecturer at Rissho University

北樹出版

はしがき――二〇二四年版の刊行に当たって――

この『ハンディ教育六法』は、一九八四年に刊行されて以来、予想以上の好評を得て版を重ね、二〇二四年に四〇周年の不惑を迎えた。特に近年、読者からの問い合わせも以前より多くなり、編者も手ごたえを感じ、喜んでいる。

このような次第であるので、二〇〇三年から「年版」に踏み切って今日に至っている。従前にも増して、よりいっそうの責任を果たしたいと考えているところである。

この度の改訂では、新たに制定された多数の諸法令や教育施策・課題に配慮しつつ編集にあたった。すなわち「日本語教育の適正かつ確実な実施を図るための日本語教育機関の認定等に関する法律」、「性的指向及びジェンダーアイデンティティの多様性に関する国民の理解の増進に関する法律」（ＬＧＢＴ理解増進法）のほか、条例として「国立市（くにたちし）女性と男性及び多様な性の平等参画を推進する条例」を収録するほかに、よりいっそうのＱＲコードの活用を行なうなどの改訂を行なっている。

さらに教育法年表の増補を行うなど、本書ならではの新しい特色を盛り込んだ。今後もこうした編集方針を継承しながら、さらに一層の改善を図っていきたい。

ところで今日、教育に関する問題が、多くの人々の関心を集め、教育改革がさまざまな方面から検討されるとともに、教育制度の改革の必要性も一般に強く意識されてきている。このような社会状況の中で、私たちがこの『ハンディ教育六法』を刊行するのは、教育関係の資料をも収録した教育法令集に対する社会的な需要が、従来になく大きくなってきていることに応えるためである。より直接的には、ハンディな教育法令集を求める各層の声に応えるためである。

したがって、本書は、次のような方々の親しみやすい学習資料として、活用していただくことを念頭に置いて編集した。

1　大学・短期大学・専門学校などにおいて、教育学や教職について学んでいる学生諸君の学習・研究のための資料。
2　小学校・中学校・高等学校・幼稚園及び保育所など教育・福祉関係の職場において、毎日、教育や保育に携わっている教職員の方々の実務と研究のための資料。
3　教育問題に関心を持っている一般市民の参考資料。

すでにいくつかの教育関係法規集が刊行されているが、本書の特色は、次のようになろう。
1　日本国憲法をはじめ教育基本法・学校教育法など特に重要な法律には、国会に上程されたときの提案理由を掲げ、その立法趣旨を理解できるようにした。
2　教育関連主要法令は最大限コンパクトに収録し、福祉・養護などの領域まで幅広くカバーした。
3　教員採用試験・公務員試験の準備、日常の実務や学習に、役立つよう法令を選択・配列した。
4　巻末に重要教育資料と教育年表をつけ、教育法令を立体的・歴史的視野で理解可能にした。
5　条文の見出しを本文欄外にゴシックで掲げる等、見やすく引きやすい組み版編集を工夫した。

これまで多くの読者の方々から、心温まるご意見・ご要望・励ましをいただいてきた。ここに感謝し、心よりお礼を申し上げる。今後とも読者の皆様のご意見・ご要望に積極的に応えながら、より一層の改善に努めるつもりである。率直なお声をお寄せいただければさいわいである。

二〇二四年一月二三日

編者一同

◎『ハンディ教育六法』目次

■マークはＱＲコード付き

第1編　教育基本編＊13

第2編　学校教育編＊53

第1章　学校教育　54

第2章　教科書　152

第3章　学校図書館　164

第4章　私立学校　166

☆凡　例

一、法律、提案理由などの片仮名は平仮名に改め、漢字の旧字・繁字は新(略)字に改めた。仮名づかいは原文のままとした。史料的なものについては原文の通り収録したものもある。

一、法の条文中の拗音・促音は、発音通りにした。

一、法令等の公布年月日と番号を法令タイトルの左下に略記した。また、公布後の改正については、最終改正のみ記した（原則として二〇二四年一月一日現在で、最終改正の施行日が二〇二四年九月末日までのものを収録）。

《例》◆学校教育法

（昭二二・三・三一　法　二六）

最終改正　令四—法七七

〔見方　学校教育法は昭和二二年三月三一日にその年の法律第二六号として公布され、最終（最新）改正（未施行を含む）が令和四年の法律第七七号で行われた、と読む〕

一、法令に固有の条文見出しは（　）でくくり、見出しのないものについては編者がこれを付けたことを示すため〔　〕でくくっている。

一、各条文の見出しは、条文本文の上部に付け、読者の判読・検索に便利なように工夫した。

☆本書の活用方法について

　本書は、書名のとおり、「ハンディ」ではあるが、内容的には精選・充実をモットーにし、かつ、教育法や教育学を学習する初心者の方々でも、十分に活用していただけるように編集してある。次に述べる本書の編集意図をご理解いただき、本書をいつも携帯し、どこででも、手軽に、素早く、ひもとくようにしていただきたい。

　本書は、①現行教育法（国際法を含む）、②資料・図表、及び③年表の三つから構成されている。

①　現行教育法については、まず法令等索引や目次を見てページを繰れば、条文を容易に引き出すことができる（法令の主要部分を抄録している）。また、とりわけ重要な法律については、提案理由をその法律の末尾に収録してある。したがって、その法律の立法時の背景、立法者意思、法令の趣旨がよくわかるので、ぜひとも読んで欲しい。また、二〇一九年版よりQRコードを活用して法令や資料検索を可能にした（QRコードは、北樹出版のウェブサイトからも開けるよう、URLを第11編扉に記載してある）。

②　資料には近・現代の教育史上きわめて重要な文書や法令を収録してある。資料、法令それぞれに年表の三つを関連づけて読むことによって、それらの資料や法令の社会的歴史的背景と教育的意味とを理解していただきたい。図表については、現行の教育法規、学校教育制度および教育制度史的事項を図表化、またはグラフ化し、教育関係法令や事項を、相互関係的かつ歴史変遷的に理解できるように工夫してある。本書にはユニークな図表も数多く収録してあるので、繰り返し図表を見て学習を深めて欲しい。

③　年表については、教育法・教育制度事項を政治・社会的事項と関連づけ、全体として近・現代の教育動向を立体的に把握できるように工夫してある。記述にあたっては、⑴教育政策と教育運動の動きを相互関連づけて記述する、⑵教育裁判の経緯を詳しくフォローする、⑶文部大臣の就退任を明記する、⑷関連事項を矢印（　）で示し、その項目の歴史的経過がわかるようにする、ことに留意した。したがって、年表を注意深く読むだけで、教育の流れが十分に把握できるであろう。

　なお、本書編集後の新法律の動向については、内閣法制局のホームページ（https://www.clb.go.jp/）の「最近の法律・条約」(https://www.clb.go.jp/resent-laws/) 及び二〇〇一年四月開設の「電子政府の総合窓口」(https://www.e-gov.go.jp/) に設置されている e-Gov 法令検索を参照して欲しい。

1

第１編　教育基本編

◇日本国憲法

（昭二一・一一・三公布）
（昭二二・五・三施行）

日本国民は、正当に選挙された国会における代表者を通じて行動し、われらとわれらの子孫のために、諸国民との協和による成果と、わが国全土にわたつて自由のもたらす恵沢を確保し、政府の行為によつて再び戦争の惨禍が起ることのないやうにすることを決意し、ここに主権が国民に存することを宣言し、この憲法を確定する。そもそも国政は、国民の厳粛な信託によるものであつて、その権威は国民に由来し、その権力は国民の代表者がこれを行使し、その福利は国民がこれを享受する。これは人類普遍の原理であり、この憲法は、かかる原理に基くものである。われらは、これに反する一切の憲法、法令及び詔勅を排除する。

日本国民は、恒久の平和を念願し、人間相互の関係を支配する崇高な理想を深く自覚するのであつて、平和を愛する諸国民の公正と信義に信頼して、われらの安全と生存を保持しようと決意した。われらは、平和を維持し、専制と隷従、圧迫と偏狭を地上から永遠に除去しようと努めてゐる国際社会において、名誉ある地位を占めたいと思ふ。われらは、全世界の国民が、ひとしく恐怖と欠乏から免かれ、平和のうちに生存する権利を有することを確認する。

われらは、いづれの国家も、自国のことのみに専念して他国を無視してはならないのであつて、政治道徳の法則は、普遍的なものであり、この法則に従ふことは、自国の主権を維持し、他国と対等関係に立たうとする各国の責務であると信ずる。

日本国民は、国家の名誉にかけ、全力をあげてこの崇高な理想と目的を達成することを誓ふ。

第一章　天皇

〔天皇の地位・国民主権〕

第一条　天皇は、日本国の象徴であり日本国民統合の象徴であつて、この地位は、主権の存する日本国民の総意に基く。

〔皇位の継承〕

第二条　皇位は、世襲のものであつて、国会の議決した皇室典範の定めるところにより、これを継承する。

〔天皇の国事行為に対する内閣の助言と承認〕

第三条　天皇の国事に関するすべての行為には、内閣の助言と承認を必要とし、内閣が、その責任を負ふ。

〔天皇の権能の限界〕

第四条　天皇は、この憲法の定める国事に関する行為のみを行ひ、国政に関する権能を有しない。

2　天皇は法律の定めるところにより、その国事に関する行為を委任することができる。

〔摂政〕

第五条　皇室典範の定めるところにより摂政を置くときは、摂政は、天皇の名でその国事に関する行為を行ふ。この場合には、前条第一項の規定を準用する。

〔天皇の任命権〕

第六条　天皇は、国会の指名に基いて、内閣総理大臣を任命する。

2　天皇は、内閣の指名に基いて、最高裁判所の長たる裁判官を任命する。

〔天皇の国事行為〕

第七条　天皇は、内閣の助言と承認により、国民のために、左の国事に関する行為を行ふ。

一　憲法改正、法律、政令及び条約を公布すること。
二　国会を召集すること。
三　衆議院を解散すること。
四　国会議員の総選挙の施行を公示すること。
五　国務大臣及び法律の定めるその他の官吏の任免並びに全権委任状及び大使及び公使の信任状を認証すること。
六　大赦、特赦、減刑、刑の執行の免除及び復権を認証すること。
七　栄典を授与すること。
八　批准書及び法律の定めるその他の外交文書を認証すること。
九　外国の大使及び公使を接受すること。
十　儀式を行ふこと。

〔皇室の財産授受〕

第八条　皇室に財産を譲り渡し、又は皇室が、財産を譲り受け、若しくは賜与することは、国会の議決に基かなけ

ればならない。

第二章　戦争の放棄

〔戦争の放棄〕

第九条　日本国民は、正義と秩序を基調とする国際平和を誠実に希求し、国権の発動たる戦争と、武力による威嚇又は武力の行使は、国際紛争を解決する手段としては、永久にこれを放棄する。

〔戦力の不保持、交戦権の否認〕

2　前項の目的を達するため、陸海空軍その他の戦力は、これを保持しない。国の交戦権は、これを認めない。

第三章　国民の権利及び義務

〔国民の要件〕

第十条　日本国民たる要件は、法律でこれを定める。

〔基本的人権の享有〕

第十一条　国民は、すべての基本的人権の享有を妨げられない。この憲法が国民に保障する基本的人権は、侵すことのできない永久の権利として、現在及び将来の国民に与へられる。

〔自由・権利の保持と責任〕

第十二条　この憲法が国民に保障する自由及び権利は、国民の不断の努力によつて、これを保持しなければならない。又、国民は、これを濫用してはならないのであつて、常に公共の福祉のためにこれを利用する責任を負ふ。

〔個人の尊重、生命、自由及び幸福追求の権利と公共の福祉〕

第十三条　すべて国民は、個人として尊重される。生命、自由及び幸福追求に対する国民の権利については、公共の福祉に反しない限り、立法その他の国政の上で、最大の尊重を必要とする。

〔法の下の平等、貴族の禁止、栄典〕

第十四条　すべて国民は、法の下に平等であつて、人種、信条、性別、社会的身分又は門地により、政治的、経済的又は社会的関係において、差別されない。

2　華族その他の貴族の制度は、これを認めない。

3　栄誉、勲章その他の栄典の授与は、いかなる特権も伴はない。栄典の授与は、現にこれを有し、又は将来これを受ける者の一代に限り、その効力を有する。

〔公務員の選定及び罷免、公務員の本質、普通選挙の保障、秘密投票の保障〕

第十五条　公務員を選定し、及びこれを罷免することは、国民固有の権利である。

2　すべて公務員は、全体の奉仕者であつて、一部の奉仕者ではない。

3　公務員の選挙については、成年者による普通選挙を保障する。

4　すべて選挙における投票の秘密は、これを侵してはならない。選挙人は、その選択に関し公的にも私的にも責任を問はれない。

〔請願権〕

第十六条　何人も、損害の救済、公務員の罷免、法律、命令又は規則の制定、廃止又は改正その他の事項に関し、平穏に請願する権利を有し、何人も、かかる請願をしたためにいかなる差別待遇も受けない。

〔国及び公共団体の賠償責任〕

第十七条　何人も、公務員の不法行為により、損害を受けたときは、法律の定めるところにより、国又は公共団体に、その賠償を求めることができる。

〔奴隷的拘束及び苦役からの自由〕

第十八条　何人も、いかなる奴隷的拘束も受けない。又、犯罪に因る処罰の場合を除いては、その意に反する苦役に服させられない。

〔思想及び良心の自由〕

第十九条　思想及び良心の自由は、これを侵してはならない。

〔信教の自由〕

第二十条　信教の自由は、何人に対してもこれを保障する。いかなる宗教団体も、国から特権を受け、又は政治上の権力を行使してはならない。

2　何人も、宗教上の行為、祝典、儀式又は行事に参加することを強制されない。

3　国及びその機関は、宗教教育その他いかなる宗教的活動もしてはならない。

〔集会・結社・表現の自由〕

第二十一条　集会、結社及び言論、出版その他一切の表現の自由は、これを保障する。

〔検閲の禁止〕

2　検閲は、これをしてはならない。通信の秘密は、これを侵してはならない。

〔居住、移転及び職業選択の自由〕

第二十二条　何人も、公共の福祉に反しない限り、居住、移転及び職業選択の自由を有する。

2　何人も、外国に移住し、又は国籍を離脱する自由を侵

されない。

〔学問の自由〕
第二十三条　学問の自由は、これを保障する。

〔家族生活における個人の尊厳と両性の平等〕
第二十四条　婚姻は、両性の合意のみに基いて成立し、夫婦が同等の権利を有することを基本として、相互の協力により、維持されなければならない。

2　配偶者の選択、財産権、相続、住居の選定、離婚並びに婚姻及び家族に関するその他の事項に関しては、法律は、個人の尊厳と両性の本質的平等に立脚して、制定されなければならない。

〔生存権、国の社会保障的義務〕
第二十五条　すべて国民は、健康で文化的な最低限度の生活を営む権利を有する。

2　国は、すべての生活部面について、社会福祉、社会保障及び公衆衛生の向上及び増進に努めなければならない。

〔教育を受ける権利、義務教育の無償〕
第二十六条　すべて国民は、法律の定めるところにより、その能力に応じて、ひとしく教育を受ける権利を有する。

2　すべて国民は、法律の定めるところにより、その保護する子女に普通教育を受けさせる義務を負ふ。義務教育は、これを無償とする。

〔勤労の権利及び義務、勤労条件の基準、児童酷使の禁止〕
第二十七条　すべて国民は、勤労の権利を有し、義務を負ふ。

2　賃金、就業時間、休息その他の勤労条件に関する基準は、法律でこれを定める。

3　児童は、これを酷使してはならない。

〔勤労者の団結権〕
第二十八条　勤労者の団結する権利及び団体交渉その他の団体行動をする権利は、これを保障する。

〔財産権〕
第二十九条　財産権は、これを侵してはならない。

2　財産権の内容は、公共の福祉に適合するやうに、法律でこれを定める。

3　私有財産は、正当な補償の下に、これを公共のために用ひることができる。

〔納税の義務〕
第三十条　国民は、法律の定めるところにより、納税の義務を負ふ。

〔法定の手続の保障〕
第三十一条　何人も、法律の定める手続によらなければ、その生命若しくは自由を奪はれ、又はその他の刑罰を科せられない。

〔裁判を受ける権利〕
第三十二条　何人も、裁判所において裁判を受ける権利を奪はれない。

〔逮捕に対する保障〕
第三十三条　何人も、現行犯として逮捕される場合を除いては、権限を有する司法官憲が発し、且つ理由となつてゐる犯罪を明示する令状によらなければ、逮捕されない。

〔身体の自由の束縛に対する保障〕
第三十四条　何人も、理由を直ちに告げられ、且つ、直ちに弁護人に依頼する権利を与へられなければ、抑留又は拘禁されない。又、何人も、正当な理由がなければ、拘禁されず、要求があれば、その理由は、直ちに本人及びその弁護人の出席する公開の法廷で示されなければならない。

〔住居侵入・捜索・押収に対する保障〕
第三十五条　何人も、その住居、書類及び所持品について、侵入、捜索及び押収を受けることのない権利は、第三十三条の場合を除いては、正当な理由に基いて発せられ、且つ捜索する場所及び押収する物を明示する令状がなければ、侵されない。

2　捜索又は押収は、権限を有する司法官憲が発する各別の令状により、これを行ふ。

〔拷問と残虐な刑罰の禁止〕
第三十六条　公務員による拷問及び残虐な刑罰は、絶対にこれを禁ずる。

〔証人審問権・弁護人依頼権〕
第三十七条　すべて刑事事件においては、被告人は、公平な裁判所の迅速な公開裁判を受ける権利を有する。

2　刑事被告人は、すべての証人に対して審問する機会を充分に与へられ、又、公費で自己のために強制的手続により証人を求める権利を有する。

3　刑事被告人は、いかなる場合にも、資格を有する弁護人を依頼することができる。被告人が自らこれを依頼することができないときは、国でこれを附する。

〔黙秘権の保障、証拠にできない自白〕
第三十八条　何人も、自己に不利益な供述を強要されない。

2　強制、拷問若しくは脅迫による自白又は不当に長く抑留若しくは拘禁された後の自白は、これを証拠とするこ

とができない。

3　何人も、自己に不利益な唯一の証拠が本人の自白である場合には、有罪とされ、又は刑罰を科せられない。

〔刑罰法規の不遡及、二重処罰の禁止〕第三十九条　何人も、実行の時に適法であった行為又は既に無罪とされた行為については、刑事上の責任を問はれない。又、同一の犯罪について、重ねて刑事上の責任を問はれない。

〔刑事補償〕第四十条　何人も、抑留又は拘禁された後、無罪の裁判を受けたときは、法律の定めるところにより、国にその補償を求めることができる。

第四章　国会

〔国会の地位・立法権〕第四十一条　国会は、国権の最高機関であって、国の唯一の立法機関である。

〔両院制〕第四十二条　国会は、衆議院及び参議院の両議院でこれを構成する。

〔両議院の組織〕第四十三条　両議院は、全国民を代表する選挙された議員でこれを組織する。

2　両議院の議員の定数は、法律でこれを定める。

〔議員及び選挙人の資格〕第四十四条　両議院の議員及びその選挙人の資格は、法律でこれを定める。但し、人種、信条、性別、社会的身分、門地、教育、財産又は収入によって差別してはならない。

〔衆議院議員の任期〕第四十五条　衆議院議員の任期は、四年とする。但し、衆議院解散の場合には、その期間満了前に終了する。

〔参議院議員の任期〕第四十六条　参議院議員の任期は、六年とし、三年ごとに議員の半数を改選する。

〔選挙事項法律主義〕第四十七条　選挙区、投票の方法その他両議院の議員の選挙に関する事項は、法律でこれを定める。

〔両議院議員の兼職の禁止〕第四十八条　何人も、同時に両議院の議員たることはできない。

〔議員の歳費〕第四十九条　両議院の議員は、法律の定めるところにより、国庫から相当額の歳費を受ける。

〔議員の不逮捕特権〕第五十条　両議院の議員は、法律の定める場合を除いては、国会の会期中逮捕されず、会期前に逮捕された議員は、その議院の要求があれば、会期中これを釈放しなければならない。

〔議員の発言、表決の無責任〕第五十一条　両議院の議員は、議院で行った演説、討論又は表決について、院外で責任を問はれない。

〔常会〕第五十二条　国会の常会は、毎年一回これを召集する。

〔臨時会〕第五十三条　内閣は、国会の臨時会の召集を決定することができる。いづれかの議院の総議員の四分の一以上の要求があれば、内閣は、その召集を決定しなければならない。

〔衆議院の解散・特別会〕第五十四条　衆議院が解散されたときは、解散の日から四十日以内に、衆議院議員の総選挙を行ひ、その選挙の日から三十日以内に、国会を召集しなければならない。

2　衆議院が解散されたときは、参議院は、同時に閉会となる。但し、内閣は、国に緊急の必要があるときは、参議院の緊急集会を求めることができる。

3　前項但書の緊急集会において採られた措置は、臨時のものであって、次の国会開会の後十日以内に、衆議院の同意がない場合には、その効力を失ふ。

〔議員の資格争訟〕第五十五条　両議院は、各〻その議員の資格に関する争訟を裁判する。但し、議員の議席を失はせるには、出席議員の三分の二以上の多数による議決を必要とする。

〔定足数・表決〕第五十六条　両議院は、各〻その総議員の三分の一以上の出席がなければ、議事を開き議決することができない。

2　両議院の議事は、この憲法に特別の定のある場合を除いては、出席議員の過半数でこれを決し、可否同数のときは、議長の決するところによる。

〔会議の公開、秘密会、会議録〕第五十七条　両議院の会議は、公開とする。但し、出席議員の三分の二以上の多数で議決したときは、秘密会を開くことができる。

2　両議院は、各〻その会議の記録を保存し、秘密会の記録の中で特に秘密を要すると認められるもの以外は、これを公表し、且つ一般に頒布しなければならない。

3　出席議員の五分の一以上の要求があれば、各議員の表決は、これを会議録に記載しなければならない。

〔役員の選任、議院規則・懲罰〕

第五十八条　両議院は、各〻その議長その他の役員を選任する。

2　両議院は、各〻その会議その他の手続及び内部の規律に関する規則を定め、又、院内の秩序をみだした議員を懲罰することができる。但し、議員を除名するには、出席議員の三分の二以上の多数による議決を必要とする。

〔衆議院の優越〕

第五十九条　法律案は、この憲法に特別の定のある場合を除いては、両議院で可決したとき法律となる。

2　衆議院で可決し、参議院でこれと異なった議決をした法律案は、衆議院で出席議員の三分の二以上の多数で再び可決したときは、法律となる。

3　前項の規定は、法律の定めるところにより、衆議院が、両議院の協議会を開くことを求めることを妨げない。

4　参議院が、衆議院の可決した法律案を受け取った後、国会休会中の期間を除いて六十日以内に、議決しないときは、衆議院は、参議院がその法律案を否決したものとみなすことができる。

〔衆議院の予算先議と優越〕

第六十条　予算は、さきに衆議院に提出しなければならない。

2　予算について、参議院で衆議院と異なった議決をした場合に、法律の定めるところにより、両議院の協議会を開いても意見が一致しないとき、又は参議院が、衆議院の可決した予算を受け取った後、国会休会中の期間を除いて三十日以内に、議決しないときは、衆議院の議決を国会の議決とする。

〔条約の国会承認と衆議院の優越〕

第六十一条　条約の締結に必要な国会の承認については、前条第二項の規定を準用する。

〔議院の国政調査権〕

第六十二条　両議院は、各〻国政に関する調査を行ひ、これに関して、証人の出頭及び証言並びに記録の提出を要求することができる。

〔国務大臣の議院出席〕

第六十三条　内閣総理大臣その他の国務大臣は、両議院の一に議席を有すると有しないとにかかはらず、何時でも議案について発言するため議院に出席することができる。又、答弁又は説明のため出席を求められたときは、出席しなければならない。

〔弾劾裁判所〕

第六十四条　国会は、罷免の訴追を受けた裁判官を裁判するため、両議院の議員で組織する弾劾裁判所を設ける。

2　弾劾に関する事項は、法律でこれを定める。

第五章　内閣

〔行政権・内閣〕

第六十五条　行政権は、内閣に属する。

〔内閣の組織、国会に対する責任〕

第六十六条　内閣は、法律の定めるところにより、その首長たる内閣総理大臣及びその他の国務大臣でこれを組織する。

2　内閣総理大臣その他の国務大臣は、文民でなければならない。

3　内閣は、行政権の行使について、国会に対し連帯して責任を負ふ。

〔内閣総理大臣の指名、衆議院の優越〕

第六十七条　内閣総理大臣は、国会議員の中から国会の議決で、これを指名する。この指名は、他のすべての案件に先だって、これを行ふ。

2　衆議院と参議院とが異なった指名の議決をした場合に、法律の定めるところにより、両議院の協議会を開いても意見が一致しないとき、又は衆議院が指名の議決をした後、国会休会中の期間を除いて十日以内に、参議院が、指名の議決をしないときは、衆議院の議決を国会の議決とする。

〔国務大臣の任命と免職〕

第六十八条　内閣総理大臣は、国務大臣を任命する。但し、その過半数は、国会議員の中から選ばれなければならない。

2　内閣総理大臣は、任意に国務大臣を罷免することができる。

〔衆議院の内閣不信任、内閣の

第六十九条　内閣は、衆議院で不信任の決議案を可決し、又は信任の決議案を否決したときは、十日以内に衆議院

総辞職〕

が解散されない限り、総辞職をしなければならない。

〔内閣総理大臣の欠缺《けんけつ》、総選挙後の総辞職〕

第七十条　内閣総理大臣が欠けたとき、又は衆議院議員総選挙の後に初めて国会の召集があつたときは、内閣は、総辞職をしなければならない。

〔総辞職後の内閣の職務〕

第七十一条　前二条の場合には、内閣は、あらたに内閣総理大臣が任命されるまで引き続きその職務を行ふ。

〔内閣総理大臣の職務〕

第七十二条　内閣総理大臣は、内閣を代表して議案を国会に提出し、一般国務及び外交関係について国会に報告し、並びに行政各部を指揮監督する。

〔内閣の事務〕

第七十三条　内閣は、他の一般行政事務の外、左の事務を行ふ。

一　法律を誠実に執行し、国務を総理すること。

二　外交関係を処理すること。

三　条約を締結すること。但し、事前に、時宜によつては事後に、国会の承認を経ることを必要とする。

四　法律の定める基準に従ひ、官吏に関する事務を掌理すること。

五　予算を作成して国会に提出すること。

六　この憲法及び法律の規定を実施するために、政令を制定すること。但し、政令には、特にその法律の委任がある場合を除いては、罰則を設けることができない。

七　大赦、特赦、減刑、刑の執行の免除及び復権を決定すること。

〔法律・政令の実施責任者としての大臣の署名〕

第七十四条　法律及び政令には、すべて主任の国務大臣が署名し、内閣総理大臣が連署することを必要とする。

〔国務大臣の訴追〕

第七十五条　国務大臣は、その在任中、内閣総理大臣の同意がなければ、訴追されない。但し、これがため、訴追の権利は、害されない。

第六章　司法

〔司法権の独立〕

第七十六条　すべて司法権は、最高裁判所及び法律の定めるところにより設置する下級裁判所に属する。

2　特別裁判所は、これを設置することができない。行政機関は、終審として裁判を行ふことができない。

3　すべて裁判官は、その良心に従ひ独立してその職権を行ひ、この憲法及び法律にのみ拘束される。

〔裁判所の規則制定権〕

第七十七条　最高裁判所は、訴訟に関する手続、弁護士、裁判所の内部規律及び司法事務処理に関する事項について、規則を定める権限を有する。

2　検察官は、最高裁判所の定める規則に従はなければならない。

3　最高裁判所は、下級裁判所に関する規則を定める権限を、下級裁判所に委任することができる。

〔裁判官の身分保障〕

第七十八条　裁判官は、裁判により、心身の故障のために職務を執ることができないと決定された場合を除いては、公の弾劾によらなければ罷免されない。裁判官の懲戒処分は、行政機関がこれを行ふことはできない。

〔最高裁判所裁判官〕

第七十九条　最高裁判所は、その長たる裁判官及び法律の定める員数のその他の裁判官でこれを構成し、その長たる裁判官以外の裁判官は、内閣でこれを任命する。

2　最高裁判所の裁判官の任命は、その任命後初めて行はれる衆議院議員総選挙の際国民の審査に付し、その後十年を経過した後初めて行はれる衆議院議員総選挙の際更に審査に付し、その後も同様とする。

3　前項の場合において、投票者の多数が裁判官の罷免を可とするときは、その裁判官は、罷免される。

4　審査に関する事項は、法律でこれを定める。

5　最高裁判所の裁判官は、法律の定める年齢に達した時に退官する。

6　最高裁判所の裁判官は、すべて定期に相当額の報酬を受ける。この報酬は、在任中、これを減額することができない。

〔下級裁判所裁判官〕

第八十条　下級裁判所の裁判官は、最高裁判所の指名した者の名簿によつて、内閣でこれを任命する。その裁判官は、任期を十年とし、再任されることができる。但し、法律の定める年齢に達した時には退官する。

2　下級裁判所の裁判官は、すべて定期に相当額の報酬を受ける。この報酬は、在任中、これを減額することができない。

〔最高裁判所と違憲法令審査権〕
第八十一条　最高裁判所は、一切の法律、命令、規則又は処分が憲法に適合するかしないかを決定する権限を有する終審裁判所である。

〔裁判の公開〕
第八十二条　裁判の対審及び判決は、公開法廷でこれを行ふ。

2　裁判所が、裁判官の全員一致で、公の秩序又は善良の風俗を害する虞があると決した場合には、対審は、公開しないでこれを行ふことができる。但し、政治犯罪、出版に関する犯罪又はこの憲法第三章で保障する国民の権利が問題となつてゐる事件の対審は、常にこれを公開しなければならない。

第七章　財政

〔財政処理の基本原則〕
第八十三条　国の財政を処理する権限は、国会の議決に基いて、これを行使しなければならない。

〔租税法律主義〕
第八十四条　あらたに租税を課し、又は現行の租税を変更するには、法律又は法律の定める条件によることを必要とする。

〔財政の国会議決主義〕
第八十五条　国費を支出し、又は国が債務を負担するには、国会の議決に基くことを必要とする。

〔予算の作成と国会の議決〕
第八十六条　内閣は、毎会計年度の予算を作成し、国会に提出して、その審議を受け議決を経なければならない。

〔予備費〕
第八十七条　予見し難い予算の不足に充てるため、国会の議決に基いて予備費を設け、内閣の責任でこれを支出することができる。

2　すべて予備費の支出については、内閣は、事後に国会の承諾を得なければならない。

〔皇室財産・皇室費用〕
第八十八条　すべて皇室財産は、国に属する。すべて皇室の費用は、予算に計上して国会の議決を経なければならない。

〔公の財産の支出・利用の制限〕
第八十九条　公金その他の公の財産は、宗教上の組織若しくは団体の使用、便益若しくは維持のため、又は公の支配に属しない慈善、教育若しくは博愛の事業に対し、これを支出し、又はその利用に供してはならない。

〔決算・会計検査院〕
第九十条　国の収入支出の決算は、すべて毎年会計検査院がこれを検査し、内閣は、次の年度に、その検査報告とともに、これを国会に提出しなければならない。

2　会計検査院の組織及び権限は、法律でこれを定める。

〔財政状況の報告〕
第九十一条　内閣は、国会及び国民に対し、定期に、少くとも毎年一回、国の財政状況について報告しなければならない。

第八章　地方自治

〔地方自治の原則〕
第九十二条　地方公共団体の組織及び運営に関する事項は、地方自治の本旨に基いて、法律でこれを定める。

〔地方公共団体の議会〕
第九十三条　地方公共団体には、法律の定めるところにより、その議事機関として議会を設置する。

2　地方公共団体の長、その議会の議員及び法律の定めるその他の吏員は、その地方公共団体の住民が、直接これを選挙する。

〔地方公共団体の権能〕
第九十四条　地方公共団体は、その財産を管理し、事務を処理し、及び行政を執行する権能を有し、法律の範囲内で条例を制定することができる。

〔特別法の住民投票〕
第九十五条　一の地方公共団体のみに適用される特別法は、法律の定めるところにより、その地方公共団体の住民の投票においてその過半数の同意を得なければ、国会は、これを制定することができない。

第九章　改正

〔憲法改正の手続〕
第九十六条　この憲法の改正は、各議院の総議員の三分の二以上の賛成で、国会が、これを発議し、国民に提案してその承認を経なければならない。この承認には、特別の国民投票又は国会の定める選挙の際行はれる投票にお

いて、その過半数の賛成を必要とする。

2　憲法改正について前項の承認を経たときは、天皇は、国民の名で、この憲法と一体を成すものとして、直ちにこれを公布する。

第十章　最高法規

〔基本的人権の本質〕
第九十七条　この憲法が日本国民に保障する基本的人権は、人類の多年にわたる自由獲得の努力の成果であつて、これらの権利は、過去幾多の試錬に堪へ、現在及び将来の国民に対し、侵すことのできない永久の権利として信託されたものである。

〔最高法規〕
第九十八条　この憲法は、国の最高法規であつて、その条規に反する法律、命令、詔勅及び国務に関するその他の行為の全部又は一部は、その効力を有しない。

〔条約及び国際法規の遵守〕
2　日本国が締結した条約及び確立された国際法規は、これを誠実に遵守することを必要とする。

〔憲法尊重擁護の義務〕
第九十九条　天皇又は摂政及び国務大臣、国会議員、裁判官その他の公務員は、この憲法を尊重し擁護する義務を負ふ。

第十一章　補則

〔施行期日〕
第百条　この憲法は、公布の日から起算して六箇月を経過した日から、これを施行する。

2　この憲法を施行するために必要な法律の制定、参議院議員の選挙及び国会召集の手続並びにこの憲法を施行するために必要な準備手続は、前項の期日よりも前に、これを行ふことができる。

〔国会に関する経過規定〕
第百一条　この憲法施行の際、参議院がまだ成立してゐないときは、その成立するまでの間、衆議院は、国会としての権限を行ふ。

〔第一期参議院議員の任期〕
第百二条　この憲法による第一期の参議院議員のうち、その半数の者の任期は、これを三年とする。その議員は、法律の定めるところにより、これを定める。

〔公務員に関する経過措置〕
第百三条　この憲法施行の際現に在職する国務大臣、衆議院議員及び裁判官並びにその他の公務員で、その地位に相応する地位がこの憲法で認められてゐる者は、法律で特別の定をした場合を除いては、この憲法施行のため、当然にはその地位を失ふことはない。但し、この憲法によつて、後任者が選挙又は任命されたときは、当然その地位を失ふ。

提案理由　（一九四六年六月二五日　衆議院）

○国務大臣（吉田茂君）　只今議題となりました帝国憲法改正案に付きまして御説明を申します。

御承知の如く昨年我が国が受諾致しました「ポツダム」宣言及び之に関連し連合国より発せられたる文書には「日本国国民の間に於ける民主主義的傾向の復活強化に対する、一切の障礙を除去し、言論、宗教及び思想の自由並に基本的人権の尊重を確立すべきこと」並に「日本国の政治の最終の形態は、日本国国民の自由に表明する意思に依り決定さる丶べきこと」の条項があるのであります、此の方針は正に平和新日本の向ふべき大道を明かにしたものであります、是が為には何と致しましても国家の基本法たる憲法の改正が要諦と考へるのであります、仍て政府は前内閣及び現内閣に亘り、鋭意是が調査立案の歩を進めて参ったのでありますが、ここに成案を得るに至りましたので、之を今回の帝国議会に付議せられんことを奏請致しまして、今日本院の御審議に付せられることに相成ったのであります。

本改正案の基調とする所は、国民の総意が至高のものであるとの原理に依って諸般の国家機構を定め、基本的人権を尊重して国民の自由の福祉を永久に保障し、以て民主主義政治の基礎を確立すると共に、全世界に率先して戦争を放棄し、自由と平和を希求する世界人類の理想を国家の憲法条章に顕現するにあるのでありまして、此の精神は本改正案中の全文に詳細に示されて居る所であります、以下改正案中重要なる諸点に付て申述べたいと思ひます。

第一、天皇の御地位に付てでありますが、之に付きましては、第一条に於て、天皇は日本国の象徴であり、日本国民統合の象徴であって、其の御地位は日本国民の至高の総意に基くものと規定して居ります、是は、天皇が日本国家を表現し、且つ日本国民統合の姿を体現せらる丶の地位に立たせらるべきことを定むると共に、此の天皇の御地位は日本国民の至高の総意に基くも

のであることを規定したものであります、之に依り皇位を続って過去の神秘性と非現実性が完全に払拭せられ、其の基く所は現実なる国民の総意であることが如実に示されたものであります、併しながら、現行憲法に於ける如く広汎なる大権事項を規定するに於ては、却て政府其の他の権力者が時に誤った理念に侵されて、天皇の御名に隠れ、民意を歪曲し、国政を専断し、動もすれば無暴なる政策を施行せんとして、遂に国家国民を破滅に導き、累の及ぶ所予断を許さゞる事態に立至る虞あることを免れませぬ、改正案に於きましては、天皇は内閣の助言と承認に依り一定の国務のみを行はせらるゝことと致して居るのでありまして、此の形態は正に民主主義国政の常道を踏むものであると存ずるのであります。

次に、改正案は特に一章を設け、戦争放棄を規定致して居ります、即ち国の主権の発動たる戦争と武力に依る威嚇又は武力の行使は、他国との間の紛争解決の手段としては永久に之を放棄するものとし、進んで陸海空軍其の他の戦力の保持及び国の交戦権をも之を認めざることに致して居るのであります、是は改正案に於ける大なる眼目をなすものであります、かかる思ひ切った条項は、凡そ従来の各国憲法中稀に類例を見るものでございます、斯くして日本国は永久の平和を念願して、其の将来の安全と生存を挙げて平和を愛する世界諸国民の公正と信義に委ねんとするものであります、此の高き理想を以て、平和愛好国の先頭に立ち、正義の大道を踏み進んで行かうと言ふ固き決意を此の国の根本法に明示せんとするものであります。

次に国民の権利義務に付きましては、国民は総ての基本的人権の享有を妨げられないことの大原則を規定し、又此の憲法の保障する基本的人権は侵すことの出来ない永久の権利として、現在及び将来の国民に与へられるものであることを明示して居ります、更に具体的事項に付て、権利、自由の保障及び民主主義の発展向上の為め必要なる規定を設けて居るのであります。

政治の機構に関しましては、三権分立の趣意に則り、国会、内閣及び裁判所を設け、国会を以て国権の最高機関とすると共に、国の唯一の立法機関たるものと定めて居ります、其の構成に付きましては、衆議院と参議院とを以てする両院制度を採り、国事審議の慎重を期することと致しました、但し衆議院に対しましては参議院に比し種々の点に於て優越の地位を認めて居ります、又行政権は内閣に属するものとし、内閣は行政権の行使に付て国会に対し連帯して其の責に任ずることと致しますると共に、国務大臣の任命に付ては国会の指名又は承認を必要とすることと致してあります、衆議院に於て不信任の決議を致した場合には、衆議院の解散なき限り総辞職をなすべきこと等の条項を設けまして、所謂議院内閣主義の原則を採って居るのであります。

司法権に付ては、総て司法権は最高裁判所及び法律の定むる所に依り設置する下級裁判所に属するものとし、行政裁判は之を司法権の作用に包括せしむることと致しました、特別裁判所の設置は之を認めて居りませぬ、又最高裁判所をして憲法裁判所的機能を併有せしめ、一切の法令又は処分の憲法に適するや否やの裁判をなし得るものと致して居ります。

以上の外、財政に関して、国の財政を処理する権限は国会の議決に基いて之を行使すべき旨の原則を掲げ、之に則って所要の規定を設けますると共に、皇室財産及び皇室経費に関する制度を根本的に改めました、又地方自治の重要性に著眼して、新たに之に関する規定を設け、憲法改正の手続に付ては、将来は国会が之を発議し、国民に提案して其の承認を経ることを要することとなって居ります、特に最高法規に関する一章を設けて、此の憲法及び之に基いて制定された法律及び条約の最高性を明かにし、最後に補則として、此の憲法は公布の日より起算して六箇月を経過した日から之を施行する旨を定め、其の他若干の経過的規定を設けて居ります。

なお本改正案は、以上申述べた実体に照し、其の形式に於きましても、所謂法の民主化を図り、成るべく一般国民の理解に容易ならしむるよう口語体を以て表現し、平仮名を採用する等の措置を執ったのであります、是は法令の形式としては正に画期的の事柄であると存じます。

以上を以ちまして本案の大要の説明を終ります、なにとぞ宜しく御審議あられんことを希望致します（拍手）。

（『第九十回帝国議会衆議院議事速記録』第五号
六七〜八ページ、一九四六年六月二六日『官報』号外）

◆教育基本法

（平一八・一二・二二
法　一二〇）

教育基本法（昭和二十二年法律第二十五号）の全部を改正する。

我々日本国民は、たゆまぬ努力によって築いてきた民主的で文化的な国家を更に発展させるとともに、世界の平和と人類の福祉の向上に貢献することを願うものである。

我々は、この理想を実現するため、個人の尊厳を重んじ、真理と正義を希求し、公共の精神を尊び、豊かな人間性と創造性を備えた人間の育成を期するとともに、伝統を継承し、新しい文化の創造を目指す教育を推進する。

ここに、我々は、日本国憲法の精神にのっとり、我が国の未来を切り拓《ひら》く教育の基本を確立し、その振興を図るため、この法律を制定する。

第一章　教育の目的及び理念

（教育の目的）

第一条　教育は、人格の完成を目指し、平和で民主的な国家及び社会の形成者として必要な資質を備えた心身ともに健康な国民の育成を期して行われなければならない。

（教育の目標）

第二条　教育は、その目的を実現するため、学問の自由を尊重しつつ、次に掲げる目標を達成するよう行われるものとする。

一　幅広い知識と教養を身に付け、真理を求める態度を養い、豊かな情操と道徳心を培うとともに、健やかな身体を養うこと。

二　個人の価値を尊重して、その能力を伸ばし、創造性を培い、自主及び自律の精神を養うとともに、職業及び生活との関連を重視し、勤労を重んずる態度を養うこと。

三　正義と責任、男女の平等、自他の敬愛と協力を重んずるとともに、公共の精神に基づき、主体的に社会の形成に参画し、その発展に寄与する態度を養うこと。

四　生命を尊び、自然を大切にし、環境の保全に寄与する態度を養うこと。

五　伝統と文化を尊重し、それらをはぐくんできた我が国と郷土を愛するとともに、他国を尊重し、国際社会の平和と発展に寄与する態度を養うこと。

（生涯学習の理念）

第三条　国民一人一人が、自己の人格を磨き、豊かな人生を送ることができるよう、その生涯にわたって、あらゆる機会に、あらゆる場所において学習することができ、その成果を適切に生かすことのできる社会の実現が図られなければならない。

（教育の機会均等）

第四条　すべて国民は、ひとしく、その能力に応じた教育を受ける機会を与えられなければならず、人種、信条、性別、社会的身分、経済的地位又は門地によって、教育上差別されない。

2　国及び地方公共団体は、障害のある者が、その障害の状態に応じ、十分な教育を受けられるよう、教育上必要な支援を講じなければならない。

3　国及び地方公共団体は、能力があるにもかかわらず、経済的理由によって修学が困難な者に対して、奨学の措置を講じなければならない。

第二章　教育の実施に関する基本

（義務教育）

第五条　国民は、その保護する子に、別に法律で定めるところにより、普通教育を受けさせる義務を負う。

2　義務教育として行われる普通教育は、各個人の有する能力を伸ばしつつ社会において自立的に生きる基礎を培い、また、国家及び社会の形成者として必要とされる基本的な資質を養うことを目的として行われるものとする。

3　国及び地方公共団体は、義務教育の機会を保障し、その水準を確保するため、適切な役割分担及び相互の協力の下、その実施に責任を負う。

4　国又は地方公共団体の設置する学校における義務教育については、授業料を徴収しない。

（学校教育）

第六条　法律に定める学校は、公の性質を有するものであって、国、地方公共団体及び法律に定める法人のみが、これを設置することができる。

2　前項の学校においては、教育の目標が達成されるよう、教育を受ける者の心身の発達に応じて、体系的な教育が組織的に行われなければならない。この場合において、教育を受ける者が、学校生活を営む上で必要な規律を重

んずるとともに、自ら進んで学習に取り組む意欲を高めることを重視して行われなければならない。

（大学）
第七条　大学は、学術の中心として、高い教養と専門的能力を培うとともに、深く真理を探究して新たな知見を創造し、これらの成果を広く社会に提供することにより、社会の発展に寄与するものとする。

2　大学については、自主性、自律性その他の大学における教育及び研究の特性が尊重されなければならない。

（私立学校）
第八条　私立学校の有する公の性質及び学校教育において果たす重要な役割にかんがみ、国及び地方公共団体は、その自主性を尊重しつつ、助成その他の適当な方法によって私立学校教育の振興に努めなければならない。

（教員）
第九条　法律に定める学校の教員は、自己の崇高な使命を深く自覚し、絶えず研究と修養に励み、その職責の遂行に努めなければならない。

2　前項の教員については、その使命と職責の重要性にかんがみ、その身分は尊重され、待遇の適正が期せられるとともに、養成と研修の充実が図られなければならない。

（家庭教育）
第十条　父母その他の保護者は、子の教育について第一義的責任を有するものであって、生活のために必要な習慣を身に付けさせるとともに、自立心を育成し、心身の調和のとれた発達を図るよう努めるものとする。

2　国及び地方公共団体は、家庭教育の自主性を尊重しつつ、保護者に対する学習の機会及び情報の提供その他の家庭教育を支援するために必要な施策を講ずるよう努めなければならない。

（幼児期の教育）
第十一条　幼児期の教育は、生涯にわたる人格形成の基礎を培う重要なものであることにかんがみ、国及び地方公共団体は、幼児の健やかな成長に資する良好な環境の整備その他適当な方法によって、その振興に努めなければならない。

（社会教育）
第十二条　個人の要望や社会の要請にこたえ、社会において行われる教育は、国及び地方公共団体によって奨励されなければならない。

2　国及び地方公共団体は、図書館、博物館、公民館その他の社会教育施設の設置、学校の施設の利用、学習の機会及び情報の提供その他の適当な方法によって社会教育の振興に努めなければならない。

（学校、家庭及び地域住民等の相互の連携協力）
第十三条　学校、家庭及び地域住民その他の関係者は、教育におけるそれぞれの役割と責任を自覚するとともに、相互の連携及び協力に努めるものとする。

（政治教育）
第十四条　良識ある公民として必要な政治的教養は、教育上尊重されなければならない。

2　法律に定める学校は、特定の政党を支持し、又はこれに反対するための政治教育その他政治的活動をしてはならない。

（宗教教育）
第十五条　宗教に関する寛容の態度、宗教に関する一般的な教養及び宗教の社会生活における地位は、教育上尊重されなければならない。

2　国及び地方公共団体が設置する学校は、特定の宗教のための宗教教育その他宗教的活動をしてはならない。

第三章　教育行政

（教育行政）
第十六条　教育は、不当な支配に服することなく、この法律及び他の法律の定めるところにより行われるべきものであり、教育行政は、国と地方公共団体との適切な役割分担及び相互の協力の下、公正かつ適正に行われなければならない。

2　国は、全国的な教育の機会均等と教育水準の維持向上を図るため、教育に関する施策を総合的に策定し、実施しなければならない。

3　地方公共団体は、その地域における教育の振興を図るため、その実情に応じた教育に関する施策を策定し、実施しなければならない。

4　国及び地方公共団体は、教育が円滑かつ継続的に実施されるよう、必要な財政上の措置を講じなければならな

い。

（教育振興基本計画）

第十七条　政府は、教育の振興に関する施策の総合的かつ計画的な推進を図るため、教育の振興に関する施策についての基本的な方針及び講ずべき施策その他必要な事項について、基本的な計画を定め、これを国会に報告するとともに、公表しなければならない。

2　地方公共団体は、前項の計画を参酌し、その地域の実情に応じ、当該地方公共団体における教育の振興のための施策に関する基本的な計画を定めるよう努めなければならない。

第四章　法令の制定

第十八条　この法律に規定する諸条項を実施するため、必要な法令が制定されなければならない。

附　則

（施行期日）

1　この法律は、公布の日から施行する。

（二〇〇六年五月一六日　衆議院特別委員会）

提案理由

○小坂憲次国務大臣　このたび政府から提出いたしました教育基本法案につきまして、その提案理由及び内容の概要を御説明申し上げます。

現行の教育基本法については、昭和二十二年の制定以来、半世紀以上が経過をいたしております。この間、科学技術の進歩、情報化、国際化、少子高齢化など、我が国の教育をめぐる状況は大きく変化するとともに、さまざまな課題が生じており、教育の根本にさかのぼった改革が求められております。

この法律案は、このような状況にかんがみ、国民一人一人が豊かな人生を実現し、我が国が一層の発展を遂げ、国際社会の平和と発展に貢献できるよう、教育基本法の全部を改正し、教育の目的及び理念並びに教育の実施に関する基本を定めるとともに、国及び地方公共団体の責務を明らかにし、教育振興基本計画について定める等、時代の要請にこたえ、我が国の未来を切り開く教育の基本の確立を図るものであります。

次に、この法律案の内容の概要について御説明を申し上げます。

第一に、この法律においては、特に前文を設け、法制定の趣旨を明らかにしております。

第二に、教育の目的及び目標について、現行法にも規定されている人格の完成等に加え、個人の価値を尊重して、その能力を伸ばし、創造性を培い、公共の精神に基づき、主体的に社会の形成に参画し、その発展に寄与する態度を養うこと、伝統と文化を尊重し、それらをはぐくんできた我が国と郷土を愛するとともに、他国を尊重し、国際社会の平和と発展に寄与する態度を養うことなど、現在及び将来を展望して重要と考えられるものを新たに規定をいたしております。また、教育に関する基本的な理念として、生涯学習社会の実現と教育の機会均等を規定をいたしております。

第三に、教育の実施に関する基本について定めることとし、現行法にも規定されている義務教育、学校教育及び社会教育等に加え、大学、私立学校、家庭教育、幼児期の教育並びに学校、家庭及び地域住民等の相互の連携協力について新たに規定をいたしております。

第四に、教育行政における国と地方公共団体の役割分担、教育振興基本計画の策定等について規定しております。

以上が、この法律案の提案理由及びその内容の概要でございます。

何とぞ、十分御審議の上、速やかに御賛成くださいますようお願いいたします。（拍手）

◇国連・児童の権利に関する条約

〔子どもの権利に関する条約〕

一九八九・一一・二〇	国連総会で採択	一九九四・四・二二	日本国批准
一九九〇・　九・　二	効力発生	一九九四・五・一六	公布・条約二
一九九〇・　九・二一	日本国署名	一九九四・五・二二	日本で発効
一九九四・　三・二九	国会承認		

〈※一〇九番目の署名国、一五八番目の締約国〉

（最終改正　一九九五・一二・一二　締約国会議で採択
二〇〇二・一一・一八　発効
二〇〇三・　六・一二　公布・条約三）

前文

この条約の締約国は、

国際連合憲章において宣明された原則によれば、人類社会のすべての構成員の固有の尊厳及び平等のかつ奪い得ない権利を認めることが世界における自由、正義及び平和の基礎を成すものであることを考慮し、

国際連合加盟国の国民が、国際連合憲章において、基本的人権並びに人間の尊厳及び価値に関する信念を改めて確認し、かつ、一層大きな自由の中で社会的進歩及び生活水準の向上を促進することを決意したことに留意し、

国際連合が、世界人権宣言及び人権に関する国際規約において、すべての人は人種、皮膚の色、性、言語、宗教、政治的意見その他の意見、国民的若しくは社会的出身、財産、出生又は他の地位等によるいかなる差別もなしに同宣言及び同規約に掲げるすべての権利及び自由を享有することができることを宣明し及び合意したことを認め、

国際連合が、世界人権宣言において、児童は特別な保護及び援助についての権利を享有することができることを宣明したことを想起し、

家族が、社会の基礎的な集団として、並びに家族のすべての構成員特に児童の成長及び福祉のための自然な環境として、社会においてその責任を十分に引き受けることができるよう必要な保護及び援助を与えられるべきであることを確信し、

児童が、その人格の完全なかつ調和のとれた発達のため、家庭環境の下で幸福、愛情及び理解のある雰囲気の中で成長すべきであることを認め、

児童が、社会において個人として生活するため十分な準備が整えられるべきであり、かつ、国際連合憲章において宣明された理想の精神並びに特に平和、尊厳、寛容、自由、平等及び連帯の精神に従って育てられるべきであることを考慮し、

児童に対して特別な保護を与えることの必要性が、千九百二十四年の児童の権利に関するジュネーヴ宣言及び千九百五十九年十一月二十日に国際連合総会で採択された児童の権利に関する宣言において述べられており、また、世界人権宣言、市民的及び政治的権利に関する国際規約（特に第二十三条及び第二十四条）、経済的、社会的及び文化的権利に関する国際規約（特に第十条）並びに児童の福祉に関係する専門機関及び国際機関の規程及び関係文書において認められていることに留意し、

児童の権利に関する宣言において示されているとおり「児童は、身体的及び精神的に未熟であるため、その出生の前後において、適当な法的保護を含む特別な保護及び世話を必要とする。」ことに留意し、

国内の又は国際的な里親委託及び養子縁組を特に考慮した児童の保護及び福祉についての社会的及び法的な原則に関する宣言、少年司法の運用のための国際連合最低基準規則（北京規則）及び緊急事態及び武力紛争における女子及び児童の保護に関する宣言の規定を想起し、

極めて困難な条件の下で生活している児童が世界のすべての国に存在すること、また、このような児童が特別の配慮を必要としていることを認め、

児童の保護及び調和のとれた発達のために各人民の伝統及び文化的価値が有する重要性を十分に考慮し、

あらゆる国特に開発途上国における児童の生活条件を改善するために国際協力が重要であることを認めて、

次のとおり協定した。

第一部

第一条〔子ども（児童）の定義〕

この条約の適用上、児童とは、十八歳未満のすべての者をいう。ただし、当該児童で、その者に適用される法律によりより早く成年に達したものを除く。

第二条〔差別の禁止〕

1　締約国は、その管轄の下にある児童に対し、児童又はその父母若しくは法定保護者の人種、皮膚の色、性、言語、宗教、政治的意見その他の意見、国民的、種族的若しくは社会的出身、財産、心身障害、出生又は他の地位にかかわらず、いかなる差別もなしにこの条約に定める権利を尊重し、及び確保する。

2　締約国は、児童がその父母、法定保護者又は家族の構成員の地位、活動、表明した意見又は信念によるあらゆる形態の差別又は処罰から保護されることを確保するためのすべての適当な措置をとる。

第三条〔子ども（児童）の最善の利益〕

1　児童に関するすべての措置をとるに当たっては、公的若しくは私的な社会福祉施設、裁判所、行政当局又は立法機関のいずれによって行われるものであっても、児童の最善の利益が主として考慮されるものとする。

2　締約国は、児童の父母、法定保護者又は児童について法的に責任を有する他の者の権利及び義務を考慮に入れて、児童の福祉に必要な保護及び養護を確保することを約束し、このため、すべての適当な立法上及び行政上の措置をとる。

3　締約国は、児童の養護又は保護のための施設、役務の提供及び設備が、特に安全及び健康の分野に関し並びにこれらの職員の数及び適格性並びに適正な監督に関し権限のある当局の設定した基準に適合することを確保する。

第四条〔締約国の実施義務〕

締約国は、この条約において認められる権利の実現のため、すべての適当な立法措置、行政措置その他の措置を講ずる。締約国は、経済的、社会的及び文化的権利に関しては、自国における利用可能な手段の最大限の範囲内で、また、必要な場合には国際協力の枠内で、これらの措置を講ずる。

第五条〔親の尊重〕

締約国は、児童がこの条約において認められる権利を行使するに当たり、父母若しくは場合により地方の慣習により定められている大家族若しくは共同体の構成員、法定保護者又は児童について法的に責任を有する他の者がその児童の発達しつつある能力に適合する方法で適当な指示及び指導を与える責任、権利及び義務を尊重する。

第六条〔生命への権利、生存・発達の確保〕

1　締約国は、すべての児童が生命に対する固有の権利を有することを認める。

2　締約国は、児童の生存及び発達を可能な最大限の範囲において確保する。

第七条〔名前・国籍を得る権利、親を知り養育される権利〕

1　児童は、出生の後直ちに登録される。児童は、出生の時から氏名を有する権利及び国籍を取得する権利を有するものとし、また、できる限りその父母を知りかつその父母によって養育される権利を有する。

2　締約国は、特に児童が無国籍となる場合を含めて、国内法及びこの分野における関連する国際文書に基づく自国の義務に従い、1の権利の実現を確保する。

第八条〔アイデンティティの保全〕

1　締約国は、児童が法律によって認められた国籍、氏名及び家族関係を含むその身元関係事項について不法に干渉されることなく保持する権利を尊重することを約束する。

2　締約国は、児童がその身元関係事項の一部又は全部を不法に奪われた場合には、その身元関係事項を速やかに回復するため、適当な援助及び保護を与える。

第九条〔親からの分離禁止と分離のための手続〕

1　締約国は、児童がその父母の意思に反してその父母から分離されないことを確保する。ただし、権限のある当局が司法の審査に従うことを条件として適用のある法律及び手続に従いその分離が児童の最善の利益のために必要であると決定する場合は、この限りでない。このような決定は、父母が児童を虐待し若しくは放置する場合又は父母が別居しており児童の居住地を決定しなければならない場合のような特定の場合において必要となることがある。

2　すべての関係当事者は、1の規定に基づくいかなる手続においても、その手続に参加しかつ自己の意見を述べる機会を有する。

3　締約国は、児童の最善の利益に反する場合を除くほか、父母の一方又は双方から分離されている児童が定期的に父母のいずれとも人的な関係及び直接の接触を維持する権利を尊重する。

4　3の分離が、締約国がとった父母の一方若しくは双方又は児童の抑留、拘禁、追放、退去強制、死亡（その者が当該締約国により身体を拘束されている間に何らかの理由により生じた死亡を含む。）等のいずれかの措置に基づく場合には、当該締約国は、要請に応じ、父母、児童又は適当な場合には家族の他の構成員に対し、家族のうち不在となっている者の所在に関する重要な情報を提供する。ただし、その情報の提供が児童の福祉を害する場合は、この限りでない。締約国は、更に、その要請の提出自体が関係者に悪影響を及ぼさないことを確保する。

第十条〔家族再会のための出入国〕

1　前条1の規定に基づく締約国の義務に従い、家族の再統合を目的とする児童又はその父母による締約国への入国又は締約国からの出国の申請については、締約国が積極的、人道的かつ迅速な方法で取り扱う。締約国は、更に、その申請の提出が申請者及びその家族の構成員に悪影響を及ぼさないことを確保する。

2　父母と異なる国に居住する児童は、例外的な事情がある場合を除くほか定期的に父母との人的な関係及び直接の接触を維持する権利を有する。このため、前条1の規定に基づく締約国の義務に従い、締約国は、児童及びその父母がいずれの国（自国を含む。）からも出国し、かつ、自国に入国する権利を尊重する。出国する権利は、法律で定められ、国の安全、公の秩序、公衆の健康若しくは道徳又は他の者の権利及び自由を保護するために

必要であり、かつ、この条約において認められる他の権利と両立する制限にのみ従う。

第十一条〔**国外不法移送・不返還の防止**〕

1 締約国は、児童が不法に国外へ移送されることを防止し及び国外から帰還することができない事態を除去するための措置を講ずる。

2 このため、締約国は、二国間若しくは多数国間の協定の締結又は現行の協定への加入を促進する。

第十二条〔**意見表明権**〕

1 締約国は、自己の意見を形成する能力のある児童がその児童に影響を及ぼすすべての事項について自由に自己の意見を表明する権利を確保する。この場合において、児童の意見は、その児童の年齢及び成熟度に従って相応に考慮されるものとする。

2 このため、児童は、特に、自己に影響を及ぼすあらゆる司法上及び行政上の手続において、国内法の手続規則に合致する方法により直接に又は代理人若しくは適当な団体を通じて聴取される機会を与えられる。

第十三条〔**表現・情報の自由**〕

1 児童は、表現の自由についての権利を有する。この権利には、口頭、手書き若しくは印刷、芸術の形態又は自ら選択する他の方法により、国境とのかかわりなく、あらゆる種類の情報及び考えを求め、受け及び伝える自由を含む。

2 1の権利の行使については、一定の制限を課することができる。ただし、その制限は、法律によって定められ、かつ、次の目的のために必要とされるものに限る。

(a) 他の者の権利又は信用の尊重

(b) 国の安全、公の秩序又は公衆の健康若しくは道徳の保護

第十四条〔**思想・良心・宗教の自由**〕

1 締約国は、思想、良心及び宗教の自由についての児童の権利を尊重する。

2 締約国は、児童が1の権利を行使するに当たり、父母及び場合により法定保護者が児童に対しその発達しつつある能力に適合する方法で指示を与える権利及び義務を尊重する。

3 宗教又は信念を表明する自由については、法律で定める制限であって公共の安全、公の秩序、公衆の健康若しくは道徳又は他の者の基本的な権利及び自由を保護するために必要なもののみを課することができる。

第十五条〔**結社・集会の自由**〕

1 締約国は、結社の自由及び平和的な集会の自由についての児童の権利を認める。

2 1の権利の行使については、法律で定める制限であって国の安全若しくは公共の安全、公の秩序、公衆の健康若しくは道徳の保護又は他の者の権利及び自由の保護のため民主的社会において必要なもの以外のいかなる制限も課することができない。

第十六条〔**プライバシー・通信・名誉の保護**〕

1 いかなる児童も、その私生活、家族、住居若しくは通信に対して恣《し》意的に若しくは不法に干渉され又は名誉及び信用を不法に攻撃されない。

2 児童は、1の干渉又は攻撃に対する法律の保護を受ける権利を有する。

第十七条〔**マスメディアへのアクセス**〕

締約国は、大衆媒体（マス・メディア）の果たす重要な機能を認め、児童が国の内外の多様な情報源からの情報及び資料、特に児童の社会面、精神面及び道徳面の福祉並びに心身の健康の促進を目的とした情報及び資料を利用することができることを確保する。このため、締約国は、

(a) 児童にとって社会面及び文化面において有益であり、かつ、第二十九条の精神に沿う情報及び資料を大衆媒体（マス・メディア）が普及させるよう奨励する。

(b) 国の内外の多様な情報源（文化的にも多様な情報源を含む。）からの情報及び資料の作成、交換及び普及における国際協力を奨励する。

(c) 児童用書籍の作成及び普及を奨励する。

(d) 少数集団に属し又は原住民である児童の言語上の必要性について大衆媒体（マス・メディア）が特に考慮するよう奨励する。

(e) 第十三条及び次条の規定に留意して、児童の福祉に有害な情報及び資料から児童を保護するための適当な指針を発展させることを奨励する。

第十八条〔**親の第一次的養育責任と国の援助**〕

1 締約国は、児童の養育及び発達について父母が共同の責任を有するという原則についての認識を確保するために最善の努力を払う。父母又は場合により法定保護者は、児童の養育及び発達についての第一義的な責任を有する。児童の最善の利益は、これらの者の基本的な関心事項となるものとする。

2 締約国は、この条約に定める権利を保障し及び促進するため、父母及び

法定保護者が児童の養育についての責任を遂行するに当たりこれらの者に対して適当な援助を与えるものとし、また、児童の養護のための施設、設備及び役務の提供の発展を確保する。

3 締約国は、父母が働いている児童が利用する資格を有する児童の養護のための役務の提供及び設備からその児童が便益を受ける権利を有することを確保するためのすべての適当な措置をとる。

第十九条〔親による虐待・放任・搾取からの保護〕

1 締約国は、児童が父母、法定保護者又は児童を監護する他の者による監護を受けている間において、あらゆる形態の身体的若しくは精神的な暴力、傷害若しくは虐待、放置若しくは怠慢な取扱い、不当な取扱い又は搾取（性的虐待を含む。）からその児童を保護するためすべての適当な立法上、行政上、社会上及び教育上の措置をとる。

2 1の保護措置には、適当な場合には、児童及び児童を監護する者のために必要な援助を与える社会的計画の作成その他の形態による防止のための効果的な手続並びに1に定める児童の不当な取扱いの事件の発見、報告、付託、調査、処置及び事後措置並びに適当な場合には司法の関与に関する効果的な手続を含むものとする。

第二十条〔家庭環境を奪われた子ども（児童）の養護〕

1 一時的若しくは恒久的にその家庭環境を奪われた児童又は児童自身の最善の利益にかんがみその家庭環境にとどまることが認められない児童は、国が与える特別の保護及び援助を受ける権利を有する。

2 締約国は、自国の国内法に従い、1の児童のための代替的な監護を確保する。

3 2の監護には、特に、里親委託、イスラム法のカファーラ、養子縁組又は必要な場合には児童の監護のための適当な施設への収容を含むことができる。解決策の検討に当たっては、児童の養育において継続性が望ましいこと並びに児童の種族的、宗教的、文化的及び言語的な背景について、十分な考慮を払うものとする。

第二十一条〔養子縁組〕

養子縁組の制度を認め又は許容している締約国は、児童の最善の利益について最大の考慮が払われることを確保するものとし、また、

(a) 児童の養子縁組が権限のある当局によってのみ認められることを確保する。この場合において、当該権限のある当局は、適用のある法律及び手続に従い、かつ、信頼し得るすべての関連情報に基づき、養子縁組が父母、親族及び法定保護者に関する児童の状況にかんがみ許容されること並びに必要な場合には、関係者が所要のカウンセリングに基づき養子縁組について事情を知らされた上での同意を与えていることを認定する。

(b) 児童がその出身国内において里親若しくは養家に託され又は適切な方法で監護を受けることができない場合には、これに代わる児童の監護の手段として国際的な養子縁組を考慮することができることを認める。

(c) 国際的な養子縁組が行われる児童が国内における養子縁組の場合における保護及び基準と同等のものを享受することを確保する。

(d) 国際的な養子縁組において当該養子縁組が関係者に不当な金銭上の利得をもたらすことがないことを確保するためのすべての適当な措置をとる。

(e) 適当な場合には、二国間又は多数国間の取極又は協定を締結することによりこの条の目的を促進し、及びこの枠組みの範囲内で他国における児童の養子縁組が権限のある当局又は機関によって行われることを確保するよう努める。

第二十二条〔難民の子ども（児童）の保護・援助〕

1 締約国は、難民の地位を求めている児童又は適用のある国際法及び国際的な手続若しくは国内法及び国内的な手続に基づき難民と認められている児童が、父母又は他の者に付き添われているかいないかを問わず、この条約及び自国が締約国となっている人権又は人道に関する他の国際文書に定める権利であって適用のあるものの享受に当たり、適当な保護及び人道的援助を受けることを確保するための適当な措置をとる。

2 このため、締約国は、適当と認める場合には、1の児童を保護し及び援助するため、並びに難民の児童の家族との再統合に必要な情報を得ることを目的としてその難民の児童の父母又は家族の他の構成員を捜すため、国際連合及びこれと協力する他の権限のある政府間機関又は関係非政府機関による努力に協力する。その難民の児童は、父母又は家族の他の構成員が発見されない場合には、何らかの理由により恒久的又は一時的にその家庭環境を奪われた他の児童と同様にこの条約に定める保護が与えられる。

第二十三条〔障害児の権利〕

1 締約国は、精神的又は身体的な障害を有する児童が、その尊厳を確保し、自立を促進し及び社会への積極的な参加を容易にする条件の下で十分かつ

相応な生活を享受すべきであることを認める。

2　締約国は、障害を有する児童が特別の養護についての権利を有することを認めるものとし、利用可能な手段の下で、申込みに応じた、かつ、当該児童の状況及び父母又は当該児童を養護している他の者の事情に適した援助を、これを受ける資格を有する児童及びこのような児童の養護について責任を有する者に与えることを奨励し、かつ、確保する。

3　障害を有する児童の特別な必要を認めて、2の規定に従って与えられる援助は、父母又は当該児童を養護している他の者の資力を考慮して可能な限り無償で与えられるものとし、かつ、障害を有する児童が可能な限り社会への統合及び個人の発達（文化的及び精神的な発達を含む。）を達成することに資する方法で当該児童が教育、訓練、保健サービス、リハビリテーション・サービス、雇用のための準備及びレクリエーションの機会を実質的に利用し及び享受することができるように行われるものとする。

4　締約国は、国際協力の精神により、予防的な保健並びに障害を有する児童の医学的、心理学的及び機能的治療の分野における適当な情報の交換（リハビリテーション、教育及び職業サービスの方法に関する情報の普及及び利用を含む。）であってこれらの分野における自国の能力及び技術を向上させ並びに自国の経験を広げることができるようにすることを目的とするものを促進する。これに関しては、特に、開発途上国の必要を考慮する。

第二十四条〔健康・医療への権利〕

1　締約国は、到達可能な最高水準の健康を享受すること並びに病気の治療及び健康の回復のための便宜を与えられることについての児童の権利を認める。締約国は、いかなる児童もこのような保健サービスを利用する権利が奪われないことを確保するために努力する。

2　締約国は、1の権利の完全な実現を追求するものとし、特に、次のことのための適当な措置をとる。

(a)　幼児及び児童の死亡率を低下させること。

(b)　基礎的な保健の発展に重点を置いて必要な医療及び保健をすべての児童に提供することを確保すること。

(c)　環境汚染の危険を考慮に入れて、基礎的な保健の枠組みの範囲内で行われることを含めて、特に容易に利用可能な技術の適用により並びに十分に栄養のある食物及び清潔な飲料水の供給を通じて、疾病及び栄養不良と戦うこと。

(d)　母親のための産前産後の適当な保健を確保すること。

(e)　社会のすべての構成員特に父母及び児童が、児童の健康及び栄養、母乳による育児の利点、衛生（環境衛生を含む。）並びに事故の防止についての基礎的な知識に関して、情報を提供され、教育を受ける機会を有し及びその知識の使用について支援されることを確保すること。

(f)　予防的な保健、父母のための指導並びに家族計画に関する教育及びサービスを発展させること。

3　締約国は、児童の健康を害するような伝統的な慣行を廃止するため、効果的かつ適当なすべての措置をとる。

4　締約国は、この条において認められる権利の完全な実現を漸進的に達成するため、国際協力を促進し及び奨励することを約束する。これに関しては、特に、開発途上国の必要を考慮する。

第二十五条〔医療施設等に措置された子ども（児童）の定期的審査〕

締約国は、児童の身体又は精神の養護、保護又は治療を目的として権限のある当局によって収容された児童に対する処遇及びその収容に関連する他のすべての状況に関する定期的な審査が行われることについての児童の権利を認める。

第二十六条〔社会保障への権利〕

1　締約国は、すべての児童が社会保険その他の社会保障からの給付を受ける権利を認めるものとし、自国の国内法に従い、この権利の完全な実現を達成するための必要な措置をとる。

2　1の給付は、適当な場合には、児童及びその扶養について責任を有する者の資力及び事情並びに児童によって又は児童に代わって行われる給付の申請に関する他のすべての事項を考慮して、与えられるものとする。

第二十七条〔生活水準への権利〕

1　締約国は、児童の身体的、精神的、道徳的及び社会的な発達のための相当な生活水準についてのすべての児童の権利を認める。

2　父母又は児童について責任を有する他の者は、自己の能力及び資力の範囲内で、児童の発達に必要な生活条件を確保することについての第一義的な責任を有する。

3　締約国は、国内事情に従い、かつ、その能力の範囲内で、1の権利の実現のため、父母及び児童について責任を有する他の者を援助するための適当な措置をとるものとし、また、必要な場合には、特に栄養、衣類及び住

居に関して、物的援助及び支援計画を提供する。

4 締約国は、父母又は児童について金銭上の責任を有する他の者から、児童の扶養料を自国内で及び外国から、回収することを確保するためのすべての適当な措置をとる。特に、児童について金銭上の責任を有する者が児童と異なる国に居住している場合には、締約国は、国際協定への加入又は国際協定の締結及び他の適当な取決めの作成を促進する。

第二十八条〔教育への権利〕

1 締約国は、教育についての児童の権利を認めるものとし、この権利を漸進的にかつ機会の平等を基礎として達成するため、特に、

(a) 初等教育を義務的なものとし、すべての者に対して無償のものとする。

(b) 種々の形態の中等教育（一般教育及び職業教育を含む。）の発展を奨励し、すべての児童に対し、これらの中等教育が利用可能であり、かつ、これらを利用する機会が与えられるものとし、例えば、無償教育の導入、必要な場合における財政的援助の提供のような適当な措置をとる。

(c) すべての適当な方法により、能力に応じ、すべての者に対して高等教育を利用する機会が与えられるものとする。

(d) すべての児童に対し、教育及び職業に関する情報及び指導が利用可能であり、かつ、これらを利用する機会が与えられるものとする。

(e) 定期的な登校及び中途退学率の減少を奨励するための措置をとる。

2 締約国は、学校の規律が児童の人間の尊厳に適合する方法で及びこの条約に従って運用されることを確保するためのすべての適当な措置をとる。

3 締約国は、特に全世界における無知及び非識字の廃絶に寄与し並びに科学上及び技術上の知識並びに最新の教育方法の利用を容易にするため、教育に関する事項についての国際協力を促進し、及び奨励する。これに関しては、特に、開発途上国の必要を考慮する。

第二十九条〔教育の目的〕

1 締約国は、児童の教育が次のことを指向すべきことに同意する。

(a) 児童の人格、才能並びに精神的及び身体的な能力をその可能な最大限度まで発達させること。

(b) 人権及び基本的自由並びに国際連合憲章にうたう原則の尊重を育成すること。

(c) 児童の父母、児童の文化的同一性、言語及び価値観、児童の居住国及び出身国の国民的価値観並びに自己の文明と異なる文明に対する尊重を育成すること。

(d) すべての人民の間の、種族的、国民的及び宗教的集団の間の並びに原住民である者の間の理解、平和、寛容、両性の平等及び友好の精神に従い、自由な社会における責任ある生活のために児童に準備させること。

(e) 自然環境の尊重を育成すること。

2 この条又は前条のいかなる規定も、個人及び団体が教育機関を設置し及び管理する自由を妨げるものと解してはならない。ただし、常に、1に定める原則が遵守されること及び当該教育機関において行われる教育が国によって定められる最低限度の基準に適合することを条件とする。

第三十条〔少数者・先住民の子ども（児童）の権利〕

種族的、宗教的若しくは言語的少数民族又は先住民である者が存在する国において、当該少数民族に属し又は先住民である児童は、その集団の他の構成員とともに自己の文化を享有し、自己の宗教を信仰しかつ実践し又は自己の言語を使用する権利を否定されない。

第三十一条〔休息・余暇、遊び、文化的・芸術的生活への参加〕

1 締約国は、休息及び余暇についての児童の権利並びに児童がその年齢に適した遊び及びレクリエーションの活動を行い並びに文化的な生活及び芸術に自由に参加する権利を認める。

2 締約国は、児童が文化的及び芸術的な生活に十分に参加する権利を尊重しかつ促進するものとし、文化的及び芸術的な活動並びにレクリエーション及び余暇の活動のための適当かつ平等な機会の提供を奨励する。

第三十二条〔経済的搾取・有害労働からの保護〕

1 締約国は、児童が経済的な搾取から保護され及び危険となり若しくは児童の教育の妨げとなり又は児童の健康若しくは身体的、精神的、道徳的若しくは社会的な発達に有害となるおそれのある労働への従事から保護される権利を認める。

2 締約国は、この条の規定の実施を確保するための立法上、行政上、社会上及び教育上の措置をとる。このため、締約国は、他の国際文書の関連規定を考慮して、特に、

(a) 雇用が認められるための一又は二以上の最低年齢を定める。

(b) 労働時間及び労働条件についての適当な規則を定める。

(c) この条の規定の効果的な実施を確保するための適当な罰則その他の制裁を定める。

第三十三条〔麻薬・向精神薬からの保護〕

締約国は、関連する国際条約に定義された麻薬及び向精神薬の不正な使用から児童を保護し並びにこれらの物質の不正な生産及び取引における児童の使用を防止するための立法上、行政上、社会上及び教育上の措置を含むすべての適当な措置をとる。

第三十四条〔性的搾取・虐待からの保護〕

締約国は、あらゆる形態の性的搾取及び性的虐待から児童を保護することを約束する。このため、締約国は、特に、次のことを防止するためのすべての適当な国内、二国間及び多数国間の措置をとる。

(a) 不法な性的な行為を行うことを児童に対して勧誘し又は強制すること。

(b) 売春又は他の不法な性的な業務において児童を搾取的に使用すること。

(c) わいせつな演技及び物において児童を搾取的に使用すること。

第三十五条〔誘拐・売買・取引の防止〕

締約国は、あらゆる目的のための又はあらゆる形態の児童の誘拐、売買又は取引を防止するためのすべての適当な国内、二国間及び多数国間の措置をとる。

第三十六条〔他のあらゆる形態の搾取からの保護〕

締約国は、いずれかの面において児童の福祉を害する他のすべての形態の搾取から児童を保護する。

第三十七条〔死刑・拷問等の禁止、自由を奪われた子ども（児童）の適正な取扱い〕

締約国は、次のことを確保する。

(a) いかなる児童も、拷問又は他の残虐な、非人道的な若しくは品位を傷つける取扱い若しくは刑罰を受けないこと。死刑又は釈放の可能性がない終身刑は、十八歳未満の者が行った犯罪について科さないこと。

(b) いかなる児童も、不法に又は恣《し》意的にその自由を奪われないこと。児童の逮捕、抑留又は拘禁は、法律に従って行うものとし、最後の解決手段として最も短い適当な期間のみ用いること。

(c) 自由を奪われたすべての児童は、人道的に、人間の固有の尊厳を尊重して、かつ、その年齢の者の必要を考慮した方法で取り扱われること。特に、自由を奪われたすべての児童は、成人とは分離されないことがその最善の利益であると認められない限り成人とは分離されるものとし、例外的な事情がある場合を除くほか、通信及び訪問を通じてその家族との接触を維持する権利を有すること。

(d) 自由を奪われたすべての児童は、弁護人その他適当な援助を行う者と速やかに接触する権利を有し、裁判所その他の権限のある、独立の、かつ、公平な当局においてその自由の剝《はく》奪の合法性を争い並びにこれについての決定を速やかに受ける権利を有すること。

第三十八条〔武力紛争における子ども（児童）の保護〕

1 締約国は、武力紛争において自国に適用される国際人道法の規定で児童に関係を有するものを尊重し及びこれらの規定の尊重を確保することを約束する。

2 締約国は、十五歳未満の者が敵対行為に直接参加しないことを確保するためのすべての実行可能な措置をとる。

3 締約国は、十五歳未満の者を自国の軍隊に採用することを差し控えるものとし、また、十五歳以上十八歳未満の者の中から採用するに当たっては、最年長者を優先させるよう努める。

4 締約国は、武力紛争において文民を保護するための国際人道法に基づく自国の義務に従い、武力紛争の影響を受ける児童の保護及び養護を確保するためのすべての実行可能な措置をとる。

第三十九条〔犠牲になった子ども（児童）の心身の回復と社会復帰〕

締約国は、あらゆる形態の放置、搾取若しくは虐待、拷問若しくは他のあらゆる形態の残虐な、非人道的な若しくは品位を傷つける取扱い若しくは刑罰又は武力紛争による被害者である児童の身体的及び心理的な回復及び社会復帰を促進するためのすべての適当な措置をとる。このような回復及び復帰は、児童の健康、自尊心及び尊厳を育成する環境において行われる。

第四十条〔少年司法〕

1 締約国は、刑法を犯したと申し立てられ、訴追され又は認定されたすべての児童が尊厳及び価値についての当該児童の意識を促進させるような方法であって、当該児童が他の者の人権及び基本的自由を尊重することを強化し、かつ、当該児童の年齢を考慮し、更に、当該児童が社会に復帰し及び社会において建設的な役割を担うことがなるべく促進されることを配慮した方法により取り扱われる権利を認める。

2 このため、締約国は、国際文書の関連する規定を考慮して、特に次のことを確保する。

(a) いかなる児童も、実行の時に国内法又は国際法により禁じられていな

かった作為又は不作為を理由として刑法を犯したと申し立てられ、訴追され又は認定されないこと。

(b) 刑法を犯したと申し立てられ又は訴追されたすべての児童は、少なくとも次の保障を受けること。

(i) 法律に基づいて有罪とされるまでは無罪と推定されること。

(ii) 速やかにかつ直接に、また、適当な場合には当該児童の父母又は法定保護者を通じてその罪を告げられること並びに防御の準備及び申立てにおいて弁護人その他適当な援助を行う者を持つこと。

(iii) 事案が権限のある、独立の、かつ、公平な当局又は司法機関により法律に基づく公正な審理において、弁護人その他適当な援助を行う者の立会い及び、特に当該児童の年齢又は境遇を考慮して児童の最善の利益にならないと認められる場合を除くほか、当該児童の父母又は法定保護者の立会いの下に遅滞なく決定されること。

(iv) 供述又は有罪の自白を強要されないこと。不利な証人を尋問し又はこれに対し尋問させること並びに対等の条件で自己のための証人の出席及びこれに対する尋問を求めること。

(v) 刑法を犯したと認められた場合には、その認定及びその結果科せられた措置について、法律に基づき、上級の、権限のある、独立の、かつ、公平な当局又は司法機関によって再審理されること。

(vi) 使用される言語を理解すること又は話すことができない場合には、無料で通訳の援助を受けること。

(vii) 手続のすべての段階において当該児童の私生活が十分に尊重されること。

3 締約国は、刑法を犯したと申し立てられ、訴追され又は認定された児童に特別に適用される法律及び手続の制定並びに当局及び施設の設置を促進するよう努めるものとし、特に、次のことを行う。

(a) その年齢未満の児童は刑法を犯す能力を有しないと推定される最低年齢を設定すること。

(b) 適当なかつ望ましい場合には、人権及び法的保護が十分に尊重されていることを条件として、司法上の手続に訴えることなく当該児童を取り扱う措置をとること。

4 児童がその福祉に適合し、かつ、その事情及び犯罪の双方に応じた方法で取り扱われることを確保するため、保護、指導及び監督命令、カウンセリング、保護観察、里親委託、教育及び職業訓練計画、施設における養護に代わる他の措置等の種々の処置が利用し得るものとする。

第四十一条〔既存の権利の確保〕

この条約のいかなる規定も、次のものに含まれる規定であって児童の権利の実現に一層貢献するものに影響を及ぼすものではない。

(a) 締約国の法律

(b) 締約国について効力を有する国際法

第二部

第四十二条〔条約広報義務〕

締約国は、適当かつ積極的な方法でこの条約の原則及び規定を成人及び児童のいずれにも広く知らせることを約束する。

第四十三条〔子ども（児童）の権利委員会の設置〕

1 この条約において負う義務の履行の達成に関する締約国による進捗《ちょく》の状況を審査するため、児童の権利に関する委員会（以下「委員会」という。）を設置する。委員会は、この部に定める任務を行う。

2 委員会は、徳望が高く、かつ、この条約が対象とする分野において能力を認められた十八人の専門家で構成する。委員会の委員は、締約国の国民の中から締約国により選出されるものとし、個人の資格で職務を遂行する。その選出に当たっては、衡平な地理的配分及び主要な法体系を考慮に入れる。

3 委員会の委員は、締約国により指名された者の名簿の中から秘密投票により選出される。各締約国は、自国民の中から一人を指名することができる。

4 委員会の委員の最初の選挙は、この条約の効力発生の日の後六箇月以内に行うものとし、その後の選挙は、二年ごとに行う。国際連合事務総長は、委員会の委員の選挙の日の遅くとも四箇月前までに、締約国に対し、自国が指名する者の氏名を二箇月以内に提出するよう書簡で要請する。その後、同事務総長は、指名された者のアルファベット順による名簿（これらの者を指名した締約国名を表示した名簿とする。）を作成し、この条約の締約国に送付する。

5 委員会の委員の選挙は、国際連合事務総長により国際連合本部に招集される締約国の会合において行う。これらの会合は、締約国の三分の二をもって定足数とする。これらの会合においては、出席しかつ投票する締約国

の代表によって投じられた票の最多数で、かつ、過半数の票を得た者をもって委員会に選出された委員とする。

6　委員会の委員は、四年の任期で選出される。委員は、再指名された場合には、再選される資格を有する。最初の選挙において選出された委員のうち五人の委員の任期は、二年で終了するものとし、これらの五人の委員は、最初の選挙の後直ちに、最初の選挙が行われた締約国の会合の議長によりくじ引で選ばれる。

7　委員会の委員が死亡し、辞任し又は他の理由のため委員会の職務を遂行することができなくなったことを宣言した場合には、当該委員を指名した締約国は、委員会の承認を条件として自国民の中から残余の期間職務を遂行する他の専門家を任命する。

8　委員会は、手続規則を定める。

9　委員会は、役員を二年の任期で選出する。

10　委員会の会合は、原則として、国際連合本部又は委員会が決定する他の適当な場所において開催する。委員会は、原則として毎年一回会合する。委員会の会合の期間は、国際連合総会の承認を条件としてこの条約の締約国の会合において決定し、必要な場合には、再検討する。

11　国際連合事務総長は、委員会がこの条約に定める任務を効果的に遂行するために必要な職員及び便益を提供する。

12　この条約に基づいて設置する委員会の委員は、国際連合総会が決定する条件に従い、同総会の承認を得て、国際連合の財源から報酬を受ける。

第四十四条〔締約国の報告義務〕

1　締約国は、(a)当該締約国についてこの条約が効力を生ずる時から二年以内に、(b)その後は五年ごとに、この条約において認められる権利の実現のためにとった措置及びこれらの権利の享受についてもたらされた進歩に関する報告を国際連合事務総長を通じて委員会に提出することを約束する。

2　この条の規定により行われる報告には、この条約に基づく義務の履行の程度に影響を及ぼす要因及び障害が存在する場合には、これらの要因及び障害を記載する。当該報告には、また、委員会が当該国における条約の実施について包括的に理解するために十分な情報を含める。

3　委員会に対して包括的な最初の報告を提出した締約国は、1(b)の規定に従って提出するその後の報告においては、既に提供した基本的な情報を繰り返す必要はない。

4　委員会は、この条約の実施に関連する追加の情報を締約国に要請することができる。

5　委員会は、その活動に関する報告を経済社会理事会を通じて二年ごとに国際連合総会に提出する。

6　締約国は、1の報告を自国において公衆が広く利用できるようにする。

第四十五条〔委員会の作業方法〕

この条約の効果的な実施を促進し及びこの条約が対象とする分野における国際協力を奨励するため、

(a)　専門機関及び国際連合児童基金その他の国際連合の機関は、その任務の範囲内にある事項に関するこの条約の規定の実施についての検討に際し、代表を出す権利を有する。委員会は、適当と認める場合には、専門機関及び国際連合児童基金その他の権限のある機関に対し、これらの機関の任務の範囲内にある事項に関するこの条約の実施について専門家の助言を提供するよう要請することができる。委員会は、専門機関及び国際連合児童基金その他の国際連合の機関に対し、これらの機関の任務の範囲内にある事項に関するこの条約の実施について報告を提出するよう要請することができる。

(b)　委員会は、適当と認める場合には、技術的な助言若しくは援助の要請を含んでおり又はこれらの必要性を記載している締約国からのすべての報告を、これらの要請又は必要性の記載に関する委員会の見解及び提案がある場合は当該見解及び提案とともに、専門機関及び国際連合児童基金その他の権限のある機関に送付する。

(c)　委員会は、国際連合総会に対し、国際連合事務総長が委員会のために児童の権利に関連する特定の事項に関する研究を行うよう同事務総長に要請することを勧告することができる。

(d)　委員会は、前条及びこの条の規定により得た情報に基づく提案及び一般的な性格を有する勧告を行うことができる。これらの提案及び一般的な性格を有する勧告は、関係締約国に送付し、締約国から意見がある場合にはその意見とともに国際連合総会に報告する。

第三部

第四十六条〔署　名〕

この条約は、すべての国による署名のために開放しておく。

第四十七条〔批　准〕

この条約は、批准されなければならない。批准書は、国際連合事務総長に寄託する。

第四十八条〔加　入〕

この条約は、すべての国による加入のために開放しておく。加入書は、国際連合事務総長に寄託する。

第四十九条〔効力発生〕

1　この条約は、二十番目の批准書又は加入書が国際連合事務総長に寄託された日の後三十日目の日に効力を生ずる。

2　この条約は、二十番目の批准書又は加入書が寄託された後に批准し又は加入する国については、その批准書又は加入書が寄託された日の後三十日目に効力を生ずる。

第五十条〔改　正〕

1　いずれの締約国も、改正を提案し及び改正案を国際連合事務総長に提出することができる。同事務総長は、直ちに、締約国に対し、その改正案を送付するものとし、締約国による改正案の審議及び投票のための締約国の会議の開催についての賛否を示すよう要請する。その送付の日から四箇月以内に締約国の三分の一以上が会議の開催に賛成する場合には、同事務総長は、国際連合の主催の下に会議を招集する。会議において出席しかつ投票する締約国の過半数によって採択された改正案は、承認のため、国際連合総会に提出する。

2　1の規定により採択された改正は、国際連合総会が承認し、かつ、締約国の三分の二以上の多数が受諾した時に、効力を生ずる。

3　改正は、効力を生じたときは、改正を受諾した締約国を拘束するものとし、他の締約国は、改正前のこの条約の規定（受諾した従前の改正を含む。）により引き続き拘束される。

第五十一条〔留　保〕

1　国際連合事務総長は、批准又は加入の際に行われた留保の書面を受領し、かつ、すべての国に送付する。

2　この条約の趣旨及び目的と両立しない留保は、認められない。

3　留保は、国際連合事務総長にあてた通告によりいつでも撤回することができるものとし、同事務総長は、その撤回をすべての国に通報する。このようにして通報された通告は、同事務総長により受領された日に効力を生ずる。

第五十二条〔廃　棄〕

締約国は、国際連合事務総長に対して書面による通告を行うことにより、この条約を廃棄することができる。廃棄は、同事務総長がその通告を受領した日の後一年で効力を生ずる。

第五十三条〔寄　託〕

国際連合事務総長は、この条約の寄託者として指名される。

第五十四条〔正　文〕

アラビア語、中国語、英語、フランス語、ロシア語及びスペイン語をひとしく正文とするこの条約の原本は、国際連合事務総長に寄託する。

参考　外務省告示第二六二号

（一九九四・五・一六）

日本国政府は、平成元年十一月二十日に国際連合総会で採択された「児童の権利に関する条約」の批准書を平成六年四月二十二日に国際連合事務総長に寄託した。よって、同条約は、その第四十九条2の規定に従い、平成六年五月二十二日に日本国について効力を生ずる。

なお、日本国政府は、同条約の批准書の寄託に際し、所要の留保を付し及び所要の宣言を行う旨の通告を国際連合事務総長宛書簡により行った。右書簡の日本語訳文は、次に掲げるとおりである。

書簡をもって啓上いたします。本使は、本国政府を代表して、日本国政府は児童の権利に関する条約を批准するに際し次の留保を付することを通告する光栄を有します。

「日本国は、児童の権利に関する条約第三十七条(c)の適用に当たり、日本国においては、自由を奪われた者に関しては、国内法上原則として二十歳未満の者と二十歳以上の者とを分離することとされていることにかんがみ、この規定の第二文にいう『自由を奪われたすべての児童は、成人とは分離されないことがその最善の利益であると認められない限り成人とは分離される』に拘束されない権利を留保する。」

本使は、更に、日本国政府により次の宣言を通告する光栄を有します。

1　日本国政府は、児童の権利に関する条約第九条1は、出入国管理法に基づく退去強制の結果として児童が父母から分離される場合に適用されるものではないと解釈するものであることを宣言する。

2　日本国政府は、更に、児童の権利に関する条約第十条1に規定される家族の再統合を目的とする締約国への入国又は締約国からの出国の申請を「積極的、人道的かつ迅速な方法」で取り扱うとの義務はそのような申請の結果に影響を与えるものではないと解釈するものであることを宣言する。

◆武力紛争における児童の関与に関する児童の権利に関する条約の選択議定書

（二〇〇〇・五・二五　国連総会で採択
二〇〇二・二・一二　効力発生
二〇〇二・五・一〇　日本国署名
二〇〇四・八・二　日本国批准
二〇〇四・八・四　公布・条約一〇
二〇〇四・九・二　日本で発効）

この議定書の締約国は、

児童の権利に関する条約に対して、児童の権利の促進及び保護のために努力する広範な意志を表す圧倒的な支持があることに励まされ、

児童の権利は特別な保護を必要とすることを再確認し、また、差別なく児童の状況を不断に改善すること並びに平和で安全な状況において児童が発達し及び教育を受けることを要請し、

武力紛争が児童に及ぼす有害かつ広範な影響並びにこれが永続性のある平和、安全及び発展に及ぼす長期的な影響を憂慮し、

武力紛争の状況において児童を標的とすること及び学校、病院等一般的に多数の児童が存在する場所その他の国際法に基づいて保護されている対象を直接攻撃することを非難し、

国際刑事裁判所規程が採択されたこと、特に同規程が、国際的な武力紛争及び非国際的な武力紛争の双方において、十五歳未満の児童を強制的に徴集し及び志願に基づいて編入し並びに敵対行為に積極的に参加させるために使用することを戦争犯罪として規定していることに留意し、

したがって、児童の権利に関する条約において認められている権利の実現を更に強化するためには、武力紛争における関与から児童を一層保護することが必要であることを考慮し、

児童の権利に関する条約第一条が、同条約の適用上、「児童とは、十八歳未満のすべての者をいう。ただし、当該児童で、その者に適用される法律によりより早く成年に達したものを除く。」と規定していることに留意し、

軍隊に採用することができる者の年齢及びこれらの者が敵対行為に参加する年齢を引き上げる選択議定書は、児童に関するすべての措置をとるに当たっては児童の最善の利益が主として考慮されるべきであるとの原則の実施に効果的に資することを確信し、

千九百九十五年十二月の第二十六回赤十字・赤新月国際会議が、紛争当事国は十八歳未満の児童を敵対行為に参加させないことを確保するためのすべての実行可能な措置をとることを特に勧告したことに留意し、

武力紛争において使用するための児童の強制的な徴集を特に禁止する最悪の形態の児童労働の禁止及び撤廃のための即時の行動に関する国際労働機関の条約（第百八十二号）が千九百九十九年六月に全会一致で採択されたことを歓迎し、

国の軍隊と異なる武装集団が敵対行為において国境内で又は国境を越えて児童を採用し、訓練し及び使用することを最も重大な関心をもって非難し、並びにこの点に関連して児童を採用し、訓練し及び使用するものの責任を認識し、

武力紛争の各当事者が国際人道法の規定を遵守する義務を負っていることを想起し、

この議定書が国際連合憲章（第五十一条等）に定める目的及び原則並びに人道法の関連する規範を害するものではないことを強調し、

同憲章に定める目的及び原則の十分な尊重並びに人権に関する適用可能な文書の遵守に基づく平和で安全な状況が、特に武力紛争及び外国による占領の期間中における児童の十分な保護に不可欠であることに留意し、

経済的若しくは社会的地位又は性別のため、この議定書に反して特に採用され又は敵対行為に使用されやすい児童についての特別な必要性を認識し、

武力紛争における児童の関与についての経済的、社会的及び政治的な根本的原因を考慮に入れる必要性に留意し、

この議定書の実施における国際協力並びに武力紛争による被害者である児

童の身体的及び心理社会的なリハビリテーション並びに社会復帰における国際協力を強化する必要性を確信し、

社会、特に被害者である児童その他の児童がこの議定書の実施に関する広報及び教育に関する計画の普及に参加することを奨励して、

次のとおり協定した。

第一条 締約国は、十八歳未満の自国の軍隊の構成員が敵対行為に直接参加しないことを確保するためのすべての実行可能な措置をとる。

第二条 締約国は、十八歳未満の者を自国の軍隊に強制的に徴集しないことを確保する。

第三条

1 締約国は、児童の権利に関する条約第三十八条に定める原則を考慮し及び同条約に基づき十八歳未満の者は特別な保護を受ける権利を有することを認識して、自国の軍隊に志願する者の採用についての最低年齢を同条3に定める年齢より年単位で引き上げる。

2 各締約国は、この議定書を批准し又はこれに加入する際に、自国の軍隊に志願する者の採用が認められる最低年齢を記載する拘束力のある宣言及びそのような採用が強制され又は強要されたものではないことを確保するためにとられた保障措置についての説明を寄託する。

3 自国の軍隊に志願する十八歳未満の者の採用を認める締約国は、少なくとも次のことを確保するための保障措置を維持する。

(a) 当該採用が真に志願する者を対象とするものであること。

(b) 当該採用につき当該者の父母又は法定保護者が事情を知らされた上で同意していること。

(c) 当該者が軍務における任務につき十分な情報の提供を受けていること。

(d) 当該者が、自国の軍務に服することが認められる前に、年齢についての信頼し得る証明を提出すること。

4 各締約国は、国際連合事務総長にあてた通告により、いつでも自国の宣言の内容を拡充することができるものとし、同事務総長は、これをすべての締約国に通報する。そのような通告は、同事務総長により受領された日に効力を生ずる。

5 1に定める最低年齢を引き上げる義務は、締約国の軍隊により運営され又は管理されている学校であって、児童の権利に関する条約第二十八条及び第二十九条の規定の趣旨に沿うものについては適用されない。

第四条

1 国の軍隊と異なる武装集団は、いかなる状況においても、十八歳未満の者を採用し又は敵対行為に使用すべきでない。

2 締約国は、1に規定する採用及び使用を防止するため、すべての実行可能な措置（1に規定する採用及び使用を禁止し並びにこれらの行為を犯罪とするために必要な法律上の措置を含む。）をとる。

3 この議定書におけるこの条の規定の適用は、武力紛争のいかなる当事者の法的地位にも影響を及ぼすものではない。

第五条 この議定書のいかなる規定も、児童の権利の実現に一層貢献する締約国の法律、国際文書又は国際人道法の規定の適用を妨げるものと解してはならない。

第六条

1 各締約国は、自国の管轄の下においてこの議定書の規定の効果的な実施を確保するため、すべての必要な法律上、行政上その他の措置をとる。

2 締約国は、適当な方法でこの議定書の原則及び規定を成人及び児童のいずれにも広く知らせることを約束する。

3 締約国は、自国の管轄の下にある者であってこの議定書に反して採用され又は敵対行為に使用されたものを除隊させ又は他の方法により任務から解放することを確保するため、すべての実行可能な措置をとる。締約国は、必要な場合には、これらの者に対し、その身体的及び心理的な回復並びに社会復帰のためのすべての適当な援助を与える。

◆国連・子どもの権利宣言

（一九五九・一一・二〇
国連第一四回総会で採択）

国際連合の諸国民は、国連憲章において、基本的人権、及び、人間の尊厳と価値に関する信念を再確認し、かつ、社会の進歩及び生活水準の向上を一層大きな自由の中で促進しようと決意したので、

国際連合は、世界人権宣言において、何人も、人種、皮膚の色、性、言語、宗教、政治上その他の意見、民族的（national）もしくは社会的出身、財産、

出生（birth）その他の地位等のいかなる種類の差別をも受けることなく、そこに掲げるすべての権利及び自由を有すると宣言したので、

子どもは、身体的及び精神的に未熟であるため、出産後のみならず出生前も、適切な法律上の保護を含む特別の保護及び配慮を必要とするので、

このような特別の保護の必要性は、一九二四年のジュネーブ子どもの権利宣言に述べられており、また、世界人権宣言並びに子どもの福祉に関係ある専門機関の諸規則において認められているので、

人類は、子どもに対し、最善のものを与える義務を負っているので、よって、ここに、国際連合総会は、

子どもが、幸福な子ども時代を送り、かつ、自己と社会の福利のためにこの宣言に掲げる権利と自由を享有することができるようにするため、この子どもの権利宣言を公布し、また、両親、個人としての男女、民間団体、地方行政機関及び政府に対し、これらの権利を認識し、以下の諸原則に従って漸進的にとられる立法及びその他の措置によって、これらの権利を順守するために努力することを要請する。

第一条　子どもは、この宣言に掲げるすべての権利を享有する。すべての子どもは、いかなる例外もなく、自己またはその家族のいずれについても、人種、皮膚の色、性、言語、宗教、政治上その他の意見、民族的もしくは社会的出身、財産、出生その他の地位によって差別されることなく、これらの権利を有する。

第二条　子どもは、特別の保護を受け、また、健全かつ正常な方法で、及び、自由と尊厳の状態で、身体的、知的、道徳的、精神的及び社会的に発達しうるための機会及び便宜を、法律その他の手段によって与えられなければならない。この目的のために法律を制定するにあたっては、子どもの最善の利益がもっともよく考慮されなければならない。

第三条　子どもは、その出生の時から、名前及び国籍をもつ権利を有する。

第四条　子どもは、社会保障の利益（benefits）を享受する。子どもは、健康に成長し発達する権利を有する。この目的のために、子どもとその母親の両者に、出産前後の適切な配慮（care）を含む特別の配慮及び保護が用意されなければならない。子どもは、適切な栄養、住居、レクリエーション及び医療サービスに対する権利を有する。

第五条　身体的、精神的又は社会的にハンディキャップを負う子どもは、その固有の条件に応じて必要とされる特別の治療（treatment）、教育及び養護（care）を与えられなければならない。

第六条　子どもは、その人格の十分かつ調和した発達のために、愛情と理解を必要とする。子どもは、可能なかぎりいかなる場所においても、その両親の監護（care）と責任の下で、また、いかなる場合にも、愛情と道徳的及び物質的保障のある環境の中で成長すべきである。幼児は、例外的な状況を除き、その母親から離されてはならない。社会及び公の機関は、家庭のない子ども、及び、適切な生活維持の方法（means of support）のない子どもに対し、特別に養護（care）する義務を有する。多子家庭（large families）の子どもの扶養に対しては、国費負担その他の扶助が望ましい。

第七条　1　子どもは、教育を受ける権利を有する。その教育は、少なくとも初等段階においては、無償かつ義務的でなければならない。子どもはその一般教養を高め、平等な機会の原則にのっとって、その能力、個人的判断力、並びに、道徳的及び社会的責任感を発達させ、社会の有用な一員となりうるような教育を与えられなければならない。

2　子どもの最善の利益は、その教育及び指導に責任ある者の指導原理でなければならない。その責任は、まず第一に、子どもの両親にある。

3　子どもは、遊び及びレクリエーションのための十分な機会を持たなければならない。その遊び及びレクリエーションは、教育と同じ目的に向けられるべきである。社会及び公の機関は、この権利の享有を促進するよう努力しなければならない。

第八条　子どもは、あらゆる状況において、最初に保護及び救済を受ける者に含まれなければならない。

第九条　1　子どもは、あらゆる形態の放任、虐待及び搾取から保護されなければならない。子どもは、いかなる形態においても、売買の対象にされてはならない。

2　子どもは、適切な最低年齢以前に雇用されてはならない。子どもは、いかなる場合にも、その健康もしくは教育を害し、又は、その身体的、精神的もしくは道徳的発達を妨げるようないかなる職業もしくは雇用にも従事させられ、又は、従事することを許されてはならない。

第十条　子どもは、人種的、宗教的その他の形態の差別を助長する恐れのある慣行から保護されなければならない。子どもは、理解、寛容、諸国民間の友愛、平和及び世界的兄弟愛（universal brotherhood）の精神の中で、

また、その活力(energy)及び才能が、人類同胞(fellow men)のために捧げられるべきであるという十分な自覚の中で、育てられなければならない。

◆国際的な子の奪取の民事上の側面に関する条約（ハーグ条約）

（一九八〇・一〇・二五　ハーグ国際私法会議で採択
一九八三・一二・一　効力発生
二〇一四・一・二九　条約二
二〇一四・四・一　日本で効力発生）

この条約の署名国は、子の監護に関する事項において子の利益が最も重要であることを深く確信し、不法な連れ去り又は留置によって生ずる有害な影響から子を国際的に保護すること並びに子が常居所を有していた国への当該子の迅速な返還を確保する手続及び接触の権利の保護を確保する手続を定めることを希望し、このため条約を締結することを決定して、次のとおり協定した。

第一章　条約の適用範囲

第一条〔目的〕
この条約は、次のことを目的とする。
a　いずれかの締約国に不法に連れ去られ、又はいずれかの締約国において不法に留置されている子の迅速な返還を確保すること。
b　一の締約国の法令に基づく監護の権利及び接触の権利が他の締約国において効果的に尊重されることを確保すること。

第二条〔締約国の適当な措置〕
締約国は、自国の領域内においてこの条約の目的の実現を確保するため、全ての適当な措置をとる。このため、締約国は、利用可能な手続のうち最も迅速なものを用いる。

第三条〔子の連れ去り又は留置が不法となる場合〕
① 子の連れ去り又は留置は、次のa及びbに該当する場合には、不法とする。
a　当該連れ去り又は留置の直前に当該子が常居所を有していた国の法令に基づいて個人、施設又は他の機関が共同又は単独で有する監護の権利を侵害していること。
b　連れ去り若しくは留置の時にaに規定する監護の権利が共同若しくは単独で現実に行使されていたこと又は当該連れ去り若しくは当該留置がなかったならば当該権利が共同若しくは単独で現実に行使されていたであろうこと。
② aに規定する監護の権利は、特に、法令の適用により、司法上若しくは行政上の決定により、又はaに規定する国の法令に基づいて法的効果を有する合意により生ずるものとする。

第四条〔この条約の適用範囲〕
この条約は、監護の権利又は接触の権利が侵害される直前にいずれかの締約国に常居所を有していた子について適用する。この条約は、子が十六歳に達した場合には、適用しない。

第五条〔この条約に含む権利〕
この条約の適用上、
a　「監護の権利」には、子の監護に関する権利、特に、子の居所を決定する権利を含む。
b　「接触の権利」には、一定の期間子をその常居所以外の場所に連れて行く権利を含む。

第三章　子の返還

第八条〔援助申請〕
① 監護の権利が侵害されて子が連れ去られ、又は留置されたと主張する個人、施設その他の機関は、当該子の常居所の中央当局又は他の締約国の中央当局に対し、当該子の返還を確保するための援助の申請を行うことができる。
② 当該申請には、次のものを含める。
a　申請者、子及び当該子を連れ去り、又は留置しているとされる者の特定に関する情報
b　可能な場合には、子の生年月日
c　申請者が子の返還を請求する根拠
d　子の所在及び子と共に所在すると推定される者の特定に関する全ての入手可能な情報
③ 当該申請に次のものを添付し、又は当該申請を次のものにより補足することができる。

e　関係する決定又は合意の写しであって、証明を受けたもの

f　子が常居所を有していた国の関係法令に関する証明書又は宣誓供述書であって、当該国の中央当局その他の権限のある当局又は資格を有する者が発行したもの

g　その他の関係文書

第九条〔申請者への通知〕

前条に規定する申請を受領した中央当局は、子が他の締約国に現に所在すると信ずるに足りる理由がある場合には、当該申請を当該他の締約国の中央当局に直接かつ遅滞なく移送し、要請を行った中央当局又は申請者に対しその旨を通知する。

第十条〔返還に関する中央当局の適当な措置〕

子が現に所在する国の中央当局は、当該子が任意に返還されるよう全ての適当な措置をとり、又はとらせる。

◇ＩＰＡ・子どもの遊ぶ権利宣言

〔一九七七・一一・一一　国際遊び場協会〈ＩＰＡ〉マルタ会議
一九八二・九　子どもの遊ぶ権利に関する国際協会〈ＩＰＡの改称〉ウィーン会議で改訂
一九八九・九　バルセロナでのＩＰＡ評議会で再改訂〕

子どもは、世界の将来にとっての礎である。子どもは、いつの時代でも、また、どんな文化のなかでも、遊んできた。

遊びは、基本的に必要な栄養・健康・保護及び教育に加えて、すべての子どもの潜在能力を発達させるために不可欠なものである。

遊びは、コミュニケーションであり、自己表現であり、思考と行動を結びつけるものである。遊びは、満足及び成就感をもたらすものである。

遊びは、本能的なものであり、自発的なものであり、かつ、自然に起こるものである。

子どもは、遊びをとおして、心身や情緒を成長・発達させ、また社会性を身につけるものである。

遊びは、単なる暇つぶしではなく、生きることを学ぶ術である。

子どもたちに否定的な影響を与えるとして警戒すべき動向

ＩＰＡは、多くの警戒すべき動向及びそれが子どもの発達に与える否定的な影響について、深く憂慮している。

・遊びの重要性に対する社会の無関心。
・学校における知育偏重。
・生存や発達が適切に確保できていない環境で生活している子どもの数の増大。
・基本的な設備の不足、不適当な住宅形態及び交通処理のまずさに明白に見られる不適切な環境計画。
・子どもを食いものにする商業活動の増大、それがもたらす文化的伝統の衰退。
・発展途上国の女性に対する子育てや成長に関する基本的な訓練を受ける機会の不足。
・急速に変化する社会生活に対処するための子どもの準備不足。
・地域社会において増大する子どもの差別。
・就労している子どもの数の増大と劣悪な労働条件。
・子どもが絶えず戦争、暴力、搾取及び破壊行為にさらされていること。
・子どものスポーツにおける不健全な競争及び「なにがなんでも勝つこと」を適度に強調すること。

行動への提案

次ぎに述べる一連の提案は、子どもに責任を負っている行政部門に対応してリスト・アップしたものである。

保健

遊びは、子どもの心身の健康にとって不可欠なものである。

・誕生したその日から、子どもが遊びの利益を受けられるプログラムを専門家と両親に向けて確立する。
・すべての子どもの健康的な生存や発達を促進する為に必要な基本的な条件（栄養・衛生・きれいな水や空気）を確保する。
・子どもの心身の健康を保持するために作成する地域プログラムに遊びを組み込む。
・病院及びその他の施設などの子どもの環境の一部として遊びを含む。

教育

遊びは教育の一環である。

・公教育制度の中に、独創性・相互作用性・創造性及び社会性を身につける機会を提供する。

・子どもにかかわるすべての専門家及びボランティアの養成課程において、遊びの重要性や遊びの方法を学習するようにする。
・小学校においては、学習を促進し、出席率や学習意欲を保持するために遊びを充実する。
・学校・大学と協力・提携すること、地域の遊びプログラムに公共の建物を利用することをとおして、日常生活、労働、教育間の不一致を縮小する。
・就労している子どもたちが公教育制度以外の場に遊びや学習の機会を持てるよう保障する。

福祉

遊びは、家庭生活や社会生活に不可欠な要素である。
・遊びが社会開発及び社会福祉にとって不可欠なものとして確認されるようにする。
・親子間の親密な関係を強化する方策を促進する。
・身体的・知的または情緒的な障害をもった子どもを、地域社会の一員として受け入れていけるよう、遊びを地域活動に採り入れる。
・子どもたちを誘拐・性的虐待・身体的攻撃から保護するよう、安全な遊びの環境を提供する。

余暇

子どもは遊び時間を必要としている。
・子どもたちが遊びをとおして社会参加、自尊感情、楽しみの感情を発達させることができるよう、時間、場所、材料、自然環境、リーダーのいるプログラムを提供する。
・余暇の場所では、経歴及び年齢の異なるより多くの人々が、子どもにかかわることを奨励する。
・その地域特有の伝統的な遊びの伝承と使用を奨励する。
・子どもの遊びに対する商業的搾取を禁止する。戦争おもちゃ及び暴力・破壊ゲームの製造・販売を禁止する。
・協調して遊ぶことのできるゲームを奨励する。子どもがスポーツをする際には、フェアー・プレーを奨励する。
・すべての子どもたち、特に特別な支援を必要とする子どもたちに対して地域プログラム（就学前の子どもを対象とするプレー・グループ、おもちゃ図書館、移動児童館など）を利用することにより、幅広い遊びの環境、おもちゃ、遊びの材料を提供する。

計画

居住空間設計の際には、子どものニーズに、優先権を与えなければならない。
・子どもや青年が、周囲の環境及びその利用に関連する意思決定に参加できるよう保障する。
・新規開発や再開発の計画の際には、子どもは体が小さいことや行動範囲が限定されていることを考慮する。
・遊びの計画を立てる専門家や政治家は、遊びのための施設や遊びプログラムに関する知識を持つようにする。
・高層住宅建設に反対し、高層住宅が子どもやその家族に及ぼす影響を軽減する措置を取る。
・都市の地域環境、より良い交通処理及び改良された公共交通機関の提供により、子どもが地域社会の中を、安全に動き回れる措置を取る。
・スラム居住地、安価なアパート、廃れてしまった地域に住んでいる子どもたちは非常に弱い立場にあるという認識を高める。
・制定法によって、遊び及びレクリエーションのための、十分かつ適切な空間を確保する。

ＩＰＡは、
・一九七九年の国際児童年を契機にして広がった子どもの生活改善に対する国際世論を持続させることを決意し、
・国連・子どもの権利宣言第七条の「子どもは、遊び及びレクリエーションのための十分な機会を持たなければならない。その遊び及びレクリエーションは、教育と同じ目的に向けられるべきである。社会及び公の機関は、この権利の享有を促進するよう努力しなければならない。」という規定を確信し、国連・子どもの権利に関する条約第三十一条の理念を保証する。
・発展途上国に住む子どもの数は世界の子どもの総数の四分の三を占めること、教育とリテラシーを促進すること並びに環境が劣悪になることを阻止することに努力をすることは、最貧困市民の力を向上することを認識し、
・子どもたちが人間として十分に成長できるようすべての子どもたちの基本的な生存条件を保障するためにほかの公的機関や国際機関と協働することを決意し、
・各国が、文化、風土並びに社会的・政治的及び経済的機構に応じて、公的及び政治的な独自の行動路線を準備する責務を認め、
・子どものニーズ・願望及びあこがれを満たすプログラム及びサービスの計

画及び開発にとって、地域社会の十分な参加が不可欠であることを確認し、

・子どもにかかわる国連の諸機関並びにその他の国際的及び国内的組織との協力関係を確立して、

・すべての国であらゆる組織が、子どもの健全な発達を危うくするような警戒すべき動向に対して立ち上がり、かつ、いかなるときにも「子どもの遊ぶ権利」を保障するように立案された長期プログラムに最優先権を与えるために、行動を起こすことを呼び掛ける。

（浪本勝年訳）

◆国際人権規約

a　経済的、社会的及び文化的権利に関する国際規約

（一九六六・一二・一六　国連総会で採択
一九七六・一・三　効力発生
一九七八・五・三〇　日本国署名
一九七九・六・二一　日本国批准
一九七九・八・四　公布・条約六
一九七九・九・二一　日本で発効）

この規約の締約国は、

国際連合憲章において宣明された原則によれば、人類社会のすべての構成員の固有の尊厳及び平等のかつ奪い得ない権利を認めることが世界における自由、正義及び平和の基礎をなすものであることを考慮し、

これらの権利が人間の固有の尊厳に由来することを認め、

世界人権宣言によれば、自由な人間は恐怖及び欠乏からの自由を享受するものであるとの理想は、すべての者がその市民的及び政治的権利とともに経済的、社会的及び文化的権利を享有することのできる条件が作り出される場合に初めて達成されることになることを認め、

人権及び自由の普遍的な尊重及び遵守を助長すべき義務を国際連合憲章に基づき諸国が負っていることを考慮し、

個人が、他人に対し及びその属する社会に対して義務を負うこと並びにこの規約において認められる権利の増進及び擁護のために努力する責任を有することを認識して、

次のとおり協定する。

第十三条（教育についての権利）

1　この規約の締約国は、教育についてのすべての者の権利を認める。締約国は、教育が人格の完成及び人格の尊厳についての意識の十分な発達を指向し並びに人権及び基本的自由の尊重を強化すべきことに同意する。更に、締約国は、教育が、すべての者に対し、自由な社会に効果的に参加すること、諸国民の間及び人種的、種族的又は宗教的集団の間の理解、寛容及び友好を促進すること並びに平和の維持のための国際連合の活動を助長することを可能にすべきことに同意する。

2　この規約の締約国は、1の権利の完全な実現を達成するため、次のことを認める。

(a)　初等教育は、義務的なものとし、すべての者に対して無償のものとすること。

(b)　種々の形態の中等教育（技術的及び職業的中等教育を含む。）は、すべての適当な方法により、特に、無償教育の漸進的な導入により、一般的に利用可能であり、かつ、すべての者に対して機会が与えられるものとすること。

(c)　高等教育は、すべての適当な方法により、特に、無償教育の漸進的な導入により、能力に応じ、すべての者に対して均等に機会が与えられるものとすること。

(d)　基礎教育は、初等教育を受けなかった者又はその全課程を修了しなかった者のため、できる限り奨励され又は強化されること。

(e)　すべての段階にわたる学校制度の発展を積極的に追求し、適当な奨学金制度を設立し及び教育職員の物質的条件を不断に改善すること。

3　この規約の締約国は、父母及び場合により法定保護者が、公の機関によって設置される学校以外の学校であって国によって定められ又は承認される最低限度の教育上の基準に適合するものを児童のために選択する自由並びに自己の信念に従って児童の宗教的及び道徳的教育を確保する自由を有することを尊重することを約束する。

4　この条のいかなる規定も、個人及び団体が教育機関を設置し及び管理する自由を妨げるものと解してはならない。ただし、常に、1に定める原則が遵守されること及び当該教育機関において行われる教育が国によって定められる最低限度の基準に適合することを条件とする。

第十四条（無償の初等義務教育を確保するための措置）
この規約の締約国となる時にその本土地域又はその管轄の下にある他の地域において無償の初等義務教育を確保するに至っていない各締約国は、すべての者に対する無償の義務教育の原則をその計画中に定める合理的な期間内に漸進的に実施するための詳細な行動計画を二年以内に作成しかつ採用することを約束する。

b 市民的及び政治的権利に関する国際規約

（一九六六・一二・一六 国連総会で採択
一九七六・三・二三 効力発生
一九七八・五・三〇 日本国署名
一九七九・六・二一 日本国批准
一九七九・八・四 公布・条約六
一九七九・九・二一 日本で発効）

この規約の締約国は、
国際連合憲章において宣明された原則によれば、人類社会のすべての構成員の固有の尊厳及び平等のかつ奪い得ない権利を認めることが世界における自由、正義及び平和の基礎をなすものであることを考慮し、
これらの権利が人間の固有の尊厳に由来することを認め、
世界人権宣言によれば、自由な人間は市民的及び政治的自由並びに恐怖及び欠乏からの自由を享受するものであるとの理想は、すべての者がその経済的、社会的及び文化的権利とともに市民的及び政治的権利を享有することのできる条件が作り出される場合に初めて達成されることになることを認め、
人権及び自由の普遍的な尊重及び遵守を助長すべき義務を国際連合憲章に基づき諸国が負っていることを考慮し、
個人が、他人に対し及びその属する社会に対して義務を負うこと並びにこの規約において認められる権利の増進及び擁護のために努力する責任を有することを認識して、
次のとおり協定する。

第二十四条（児童の権利）
1 すべての児童は、人種、皮膚の色、性、言語、宗教、国民的若しくは社会的出身、財産又は出生によるいかなる差別もなしに、未成年者としての地位に必要とされる保護の措置であって家族、社会及び国による措置について権利を有する。
2 すべての児童は、出生の後直ちに登録され、かつ、氏名を有する。
3 すべての児童は、国籍を取得する権利を有する。

参考 「経済的、社会的及び文化的権利に関する国際規約」及び「市民的及び政治的権利に関する国際規約」の日本国による批准等に関する件

（一九七九・八・四
外務省告示一八七）

1 日本国は、経済的、社会的及び文化的権利に関する国際規約第七条(d)の規定の適用に当たり、この規定にいう「公の休日についての報酬」に拘束されない権利を留保する。
2 日本国は、経済的、社会的及び文化的権利に関する国際規約第八条1(d)の規定に拘束されない権利を留保する。ただし、日本国政府による同規約の批准の時に日本国の法令により前記の規定にいう権利が与えられている部門については、この限りでない。
3 日本国は、経済的、社会的及び文化的権利に関する国際規約第十三条2(b)及び(c)の規定の適用に当たり、これらの規定にいう「特に、無償教育の漸進的な導入により」に拘束されない権利を留保する。
4 日本国政府は、結社の自由及び団結権の保護に関する条約の批准に際し同条約第九条にいう「警察」には日本国の消防が含まれると解する旨の立場をとったことを想起し、経済的、社会的及び文化的権利に関する国際規約第八条2及び市民的及び政治的権利に関する国際規約第二十二条2にいう「警察の構成員」には日本国の消防職員が含まれると解釈するものであることを宣言する。

参考「経済的、社会的及び文化的権利に関する国際規約」第十三条2(b)及び(c)の規定の留保を撤回する件

（二〇一二・九・一二四
外務省告示三一八）

日本国は、平成二十四年九月十一日から、これらの規定の適用に当たり、これらの規定にいう「特に、無償教育の漸進的な導入により」に拘束される。

◇世界人権宣言

（一九四八・一二・一〇
国連第三回総会で採択）

前文

人類社会のすべての構成員の固有の尊厳と平等で譲ることのできない権利とを承認することは、世界における自由、正義及び平和の基礎であるので、

人権の無視及び軽侮が、人類の良心を踏みにじった野蛮行為をもたらし、言論及び信仰の自由が受けられ、恐怖及び欠乏のない世界の到来が、一般の人々の最高の願望として宣言されたので、

人間が専制と圧迫とに対する最後の手段として反逆に訴えることがないようにするためには、法の支配によって人権を保護することが肝要であるので、

諸国間の友好関係の発展を促進することが、肝要であるので、

国際連合の諸国民は、国連憲章において、基本的人権、人間の尊厳及び価値並びに男女の同権についての信念を再確認し、かつ、一層大きな自由のうちで社会的進歩と生活水準の向上とを促進することを決意したので、

加盟国は、国際連合と協力して、人権及び基本的自由の普遍的な尊重及び遵守の促進を達成することを誓約したので、

これらの権利及び自由に対する共通の理解は、この誓約を完全にするためにもっとも重要であるので、

よって、ここに、国際連合総会は、

社会の各個人及び各機関が、この世界人権宣言を常に念頭に置きながら、加盟国自身の人民の間にも、また、加盟国の管轄下にある地域の人民の間にも、これらの権利と自由との尊重を指導及び教育によって促進すること並びにそれらの普遍的かつ効果的な承認と遵守とを国内的及び国際的な漸新的措置によって確保することに努力するように、すべての人民とすべての国とが達成すべき共通の基準として、

この世界人権宣言を公布する。

第一条

すべての人間は、生れながらにして自由であり、かつ、尊厳と権利とについて平等である。人間は、理性と良心とを授けられており、互いに同胞の精神をもって行動しなければならない。

第二十五条（生活の保障）

1　すべて人は、衣食住、医療及び必要な社会的施設等により、自己及び家族の健康及び福祉に十分な生活水準を保持する権利並びに失業、疾病、心身障害、配偶者の死亡、老齢その他不可抗力による生活不能の場合は、保障を受ける権利を有する。

2　母と子とは、特別の保護及び援助を受ける権利を有する。すべての児童は、嫡出であると否とを問わず、同じ社会的保護を受ける。

第二十六条（教育）

1　すべて人は、教育を受ける権利を有する。教育は、少なくとも初等の及び基礎的の段階においては、無償でなければならない。初等教育は、義務的でなければならない。技術教育及び職業教育は、一般に利用できるものでなければならず、また、高等教育は、能力に応じ、すべての者にひとしく開放されていなければならない。

2　教育は、人格の完全な発展並びに人権及び基本的自由の尊重の強化を目的としなければならない。教育は、すべての国又は人種的もしくは宗教的集団の相互間の理解、寛容及び友好関係を増進し、かつ、平和の維持のため、国際連合の活動を促進するものでなければならない。

3　親は、子に与える教育の種類を選択する優先的権利を有する。

（国連広報センター一九八八年）

◆女子に対するあらゆる形態の差別の撤廃に関する条約

（一九八五・七・一 条約第七号）

第一部

第一条　この条約の適用上、「女子に対する差別」とは、性に基づく区別、排除又は制限であって、政治的、経済的、社会的、文化的、市民的その他のいかなる分野においても、女子（既婚をしているかいないかを問わない。）が男女の平等を基礎として人権及び基本的自由を認識し、享有し又は行使することを害し又は無効にする効果又は目的を有するものをいう。

第二条　締約国は、女子に対するあらゆる形態の差別を非難し、女子に対する差別を撤廃する政策をすべての適当な手段により、かつ、遅滞なく追求することに合意し、及びこのため次のことを約束する。

(a)　男女の平等の原則が自国の憲法その他の適当な法令に組み入れられていない場合にはこれを定め、かつ、男女の平等の原則の実際的な実現を法律その他の適当な手段により確保すること。

(b)　女子に対するすべての差別を禁止する適当な立法その他の措置（適当な場合には制裁を含む。）をとること。

(c)　女子の権利の法的な保護を男子との平等を基礎として確立し、かつ、権限のある自国の裁判所その他の公の機関を通じて差別となるいかなる行為からも女子を効果的に保護することを確保すること。

(d)　女子に対する差別となるいかなる行為又は慣行も差し控え、かつ、公の当局及び機関がこの義務に従って行動することを確保すること。

(e)　個人、団体又は企業による女子に対する差別を撤廃するためのすべての適当な措置をとること。

(f)　女子に対する差別となる既存の法律、規則、慣習及び慣行を修正し又は廃止するためのすべての適当な措置（立法を含む。）をとること。

(g)　女子に対する差別となる自国のすべての刑罰規定を廃止すること。

第二部

第九条　1　締約国は、国籍の取得、変更及び保持に関し、女子に対して男子と平等の権利を与える。締約国は、特に、外国人との婚姻又は婚姻中の夫の国籍の変更が、自動的に妻の国籍を変更し、妻を無国籍にし又は夫の国籍を妻に強制することとならないことを確保する。

2　締約国は、子の国籍に関し、女子に対して男子と平等の権利を与える。

第三部

第十条　締約国は、教育の分野において、女子に対して男子と平等の権利を確保することを目的として、特に、男女の平等を基礎として次のことを確保することを目的として、女子に対する差別を撤廃するためのすべての適当な措置をとる。

(a)　農村及び都市のあらゆる種類の教育施設における職業指導、修学の機会及び資格証書の取得のための同一の条件。このような平等は、就学前教育、普通教育、技術教育、専門教育及び高等技術教育並びにあらゆる種類の職業訓練において確保されなければならない。

(b)　同一の教育課程、同一の試験、同一の水準の資格を有する教育職員並びに同一の質の学校施設及び設備を享受する機会

(c)　すべての段階及びあらゆる形態の教育における男女の役割についての定型化された概念の撤廃を、この目的の達成を助長する男女共学その他の種類の教育を奨励することにより、また、特に、教材用図書及び指導計画を改訂すること並びに指導方法を調整することにより行うこと。

(d)　奨学金その他の修学援助を享受する同一の機会

(e)　継続教育計画（成人向けの及び実用的な識字計画を含む。）、特に、男女間に存在する教育上の格差をできる限り早期に減少させることを目的とした継続教育計画を利用する同一の機会

(f)　女子の中途退学率を減少させること及び早期に退学した女子のための計画を策定すること。

(g)　スポーツ及び体育に積極的に参加する同一の機会

(h)　家族の健康及び福祉の確保に役立つ特定の教育的情報（家族計画に関する情報及び助言を含む。）を享受する機会

◆障害者の権利に関する条約

（二〇〇六・一二・一三　国連総会で採択
二〇〇七・九・二八※日本国署名　二〇一四・一・二〇※日本国批准
二〇〇八・五・三　効力発生　二〇一四・一・二二　公布・条約一
二〇一三・一二・四　国会承認　二〇一四・二・一九　日本で発効
〈※一一四番目の署名国、一四一番目（EUを含む）の締約国〉）

前文

この条約の締約国は、

(e)　障害が発展する概念であることを認め、また、障害が、機能障害を有する者とこれらの者に対する態度及び環境による障壁との間の相互作用であって、これらの者が他の者との平等を基礎として社会に完全かつ効果的に参加することを妨げるものによって生ずることを認め、

(g)　持続可能な開発に関連する戦略の不可分の一部として障害に関する問題を主流に組み入れることが重要であることを強調し、

(i)　さらに、障害者の多様性を認め、

(j)　全ての障害者（より多くの支援を必要とする障害者を含む。）の人権を促進し、及び保護することが必要であることを認め、

(k)　これらの種々の文書及び約束にもかかわらず、障害者が、世界の全ての地域において、社会の平等な構成員としての参加を妨げる障壁及び人権侵害に依然として直面していることを憂慮し、

(m)　障害者が地域社会における全般的な福祉及び多様性に対して既に貴重な貢献をしており、又は貴重な貢献をし得ることを認め、また、障害者による人権及び基本的自由の完全な享有並びに完全な参加を促進することにより、その帰属意識が高められること並びに社会の人的、社会的及び経済的開発並びに貧困の撲滅に大きな前進がもたらされることを認め、

(n)　障害者にとって、個人の自律及び自立（自ら選択する自由を含む。）が重要であることを認め、

(o)　障害者が、政策及び計画（障害者に直接関連する政策及び計画を含む。）に係る意思決定の過程に積極的に関与する機会を有すべきであることを考慮し、

(p)　人種、皮膚の色、性、言語、宗教、政治的意見その他の意見、国民的な、種族的な、先住民族としての若しくは社会的な出身、財産、出生、年齢又は他の地位に基づく複合的又は加重的な形態の差別を受けている障害者が直面する困難な状況を憂慮し、

(q)　障害のある女子が、家庭の内外で暴力、傷害若しくは虐待、放置若しくは怠慢な取扱い、不当な取扱い又は搾取を受ける一層大きな危険にしばしばさらされていることを認め、

(r)　障害のある児童が、他の児童との平等を基礎として全ての人権及び基本的自由を完全に享有すべきであることを認め、また、このため、児童の権利に関する条約の締約国が負う義務を想起し、

(s)　障害者による人権及び基本的自由の完全な享有を促進するためのあらゆる努力に性別の視点を組み込む必要があることを強調し、

(t)　障害者の大多数が貧困の状況下で生活している事実を強調し、また、この点に関し、貧困が障害者に及ぼす悪影響に対処することが真に必要であることを認め、

(v)　障害者が全ての人権及び基本的自由を完全に享有することを可能とするに当たっては、物理的、社会的、経済的及び文化的な環境並びに健康及び教育を享受しやすいようにし、並びに情報及び通信を利用しやすいようにすることが重要であることを認め、

(w)　個人が、他人に対し及びその属する地域社会に対して義務を負うこと並びに国際人権章典において認められる権利の増進及び擁護のために努力する責任を有することを認識し、

(x)　家族が、社会の自然かつ基礎的な単位であること並びに社会及び国家による保護を受ける権利を有することを確信し、また、障害者及びその家族の構成員が、障害者の権利の完全かつ平等な享有に向けて家族が貢献することを可能とするために必要な保護及び支援を受けるべきであることを確信し、（略）

次のとおり協定した。

第一条　目的

この条約は、全ての障害者によるあらゆる人権及び基本的自由の完全かつ平等な享有を促進し、保護し、及び確保すること並びに障害者の固有の尊厳の尊重を促進することを目的とする。（略）

第二条　定義
この条約の適用上、

「意思疎通」とは、言語、文字の表示、点字、触覚を使った意思疎通、拡大文字、利用しやすいマルチメディア並びに筆記、音声、平易な言葉、朗読その他の補助的及び代替的な意思疎通の形態、手段及び様式（利用しやすい情報通信機器を含む。）をいう。

「言語」とは、音声言語及び手話その他の形態の非音声言語をいう。

「障害に基づく差別」とは、障害に基づくあらゆる区別、排除又は制限であって、政治的、経済的、社会的、文化的、市民的その他のあらゆる分野において、他の者との平等を基礎として全ての人権及び基本的自由を認識し、享有し、又は行使することを害し、又は妨げる目的又は効果を有するものをいう。障害に基づく差別には、あらゆる形態の差別（合理的配慮の否定を含む。）を含む。

「合理的配慮」とは、障害者が他の者との平等を基礎として全ての人権及び基本的自由を享有し、又は行使することを確保するための必要かつ適当な変更及び調整であって、特定の場合において必要とされるものであり、かつ、均衡を失した又は過度の負担を課さないものをいう。

「ユニバーサルデザイン」とは、調整又は特別な設計を必要とすることなく、最大限可能な範囲で全ての人が使用することのできる製品、環境、計画及びサービスの設計をいう。ユニバーサルデザインは、特定の障害者の集団のための補装具が必要な場合には、これを排除するものではない。

第三条　一般原則
この条約の原則は、次のとおりとする。
(a)　固有の尊厳、個人の自律（自ら選択する自由を含む。）及び個人の自立の尊重
(b)　無差別
(c)　社会への完全かつ効果的な参加及び包容
(d)　差異の尊重並びに人間の多様性の一部及び人類の一員としての障害者の受入れ
(e)　機会の均等
(f)　施設及びサービス等の利用の容易さ
(g)　男女の平等
(h)　障害のある児童の発達しつつある能力の尊重及び障害のある児童がその同一性を保持する権利の尊重

第四条　一般的義務
1　締約国は、障害に基づくいかなる差別もなしに、全ての障害者のあらゆる人権及び基本的自由を完全に実現することを確保し、及び促進することを約束する。（略）
3　締約国は、この条約を実施するための法令及び政策の作成及び実施において、並びに障害者に関する問題についての他の意思決定過程において、障害者（障害のある児童を含む。以下この3において同じ。）を代表する団体を通じ、障害者と緊密に協議し、及び障害者を積極的に関与させる。
（略）

第七条　障害のある児童
1　締約国は、障害のある児童が他の児童との平等を基礎として全ての人権及び基本的自由を完全に享有することを確保するための全ての必要な措置をとる。
2　障害のある児童に関する全ての措置をとるに当たっては、児童の最善の利益が主として考慮されるものとする。
3　締約国は、障害のある児童が、自己に影響を及ぼす全ての事項について自由に自己の意見を表明する権利並びにこの権利を実現するための障害及び年齢に適した支援を提供される権利を有することを確保する。この場合において、障害のある児童の意見は、他の児童との平等を基礎として、その児童の年齢及び成熟度に従って相応に考慮されるものとする。

第八条　意識の向上
1　締約国は、次のことのための即時の、効果的なかつ適当な措置をとることを約束する。
(a)　障害者に関する社会全体（各家庭を含む。）の意識を向上させ、並びに障害者の権利及び尊厳に対する尊重を育成すること。
(b)　あらゆる活動分野における障害者に関する定型化された観念、偏見及び有害な慣行（性及び年齢に基づくものを含む。）と戦うこと。
(c)　障害者の能力及び貢献に関する意識を向上させること。
2　このため、1の措置には、次のことを含む。
(a)　次のことのための効果的な公衆の意識の啓発活動を開始し、及び維持すること。
(i)　障害者の権利に対する理解を育てること。

(ii) 障害者に対する肯定的認識及び一層の社会の啓発を促進すること。
(iii) 障害者の技能、長所及び能力並びに職場及び労働市場に対する障害者の貢献についての認識を促進すること。
(b) 教育制度の全ての段階（幼年期からの全ての児童に対する教育制度を含む。）において、障害者の権利を尊重する態度を育成すること。

（略）

第二十四条　教育

1 締約国は、教育についての障害者の権利を認める。締約国は、この権利を差別なしに、かつ、機会の均等を基礎として実現するため、障害者を包容するあらゆる段階の教育制度及び生涯学習を確保する。当該教育制度及び生涯学習は、次のことを目的とする。
(a) 人間の潜在能力並びに尊厳及び自己の価値についての意識を十分に発達させ、並びに人権、基本的自由及び人間の多様性の尊重を強化すること。
(b) 障害者が、その人格、才能及び創造力並びに精神的及び身体的な能力をその可能な最大限度まで発達させること。
(c) 障害者が自由な社会に効果的に参加することを可能とすること。

2 締約国は、1の権利の実現に当たり、次のことを確保する。
(a) 障害者が障害に基づいて一般的な教育制度から排除されないこと及び障害のある児童が障害に基づいて無償のかつ義務的な初等教育から又は中等教育から排除されないこと。
(b) 障害者が、他の者との平等を基礎として、自己の生活する地域社会において、障害者を包容し、質が高く、かつ、無償の初等教育を享受することができること及び中等教育を享受することができること。
(c) 個人に必要とされる合理的配慮が提供されること。
(d) 障害者が、その効果的な教育を容易にするために必要な支援を一般的な教育制度の下で受けること。
(e) 学問的及び社会的な発達を最大にする環境において、完全な包容という目標に合致する効果的で個別化された支援措置がとられること。

3 締約国は、障害者が教育に完全かつ平等に参加し、及び地域社会の構成員として完全かつ平等に参加することを容易にするため、障害者が生活する上での技能及び社会的な発達のための技能を習得することを可能とする。このため、締約国は、次のことを含む適当な措置をとる。
(a) 点字、代替的な文字、意思疎通の補助的及び代替的な形態、手段及び様式並びに定位及び移動のための技能の習得並びに障害者相互による支援及び助言を容易にすること。
(b) 手話の習得及び聾《ろう》社会の言語的な同一性の促進を容易にすること。
(c) 盲人、聾《ろう》者又は盲聾《ろう》者（特に盲人、聾《ろう》者又は盲聾《ろう》者である児童）の教育が、その個人にとって最も適当な言語並びに意思疎通の形態及び手段で、かつ、学問的及び社会的な発達を最大にする環境において行われることを確保すること。

4 締約国は、1の権利の実現の確保を助長することを目的として、手話又は点字について能力を有する教員（障害のある教員を含む。）を雇用し、並びに教育に従事する専門家及び職員（教育のいずれの段階において従事するかを問わない。）に対する研修を行うための適当な措置をとる。この研修には、障害についての意識の向上を組み入れ、また、適当な意思疎通の補助的及び代替的な形態、手段及び様式の使用並びに障害者を支援するための教育技法及び教材の使用を組み入れるものとする。

5 締約国は、障害者が、差別なしに、かつ、他の者との平等を基礎として、一般的な高等教育、職業訓練、成人教育及び生涯学習を享受することができることを確保する。このため、締約国は、合理的配慮が障害者に提供されることを確保する。

第三十条　文化的な生活、レクリエーション、余暇及びスポーツへの参加

1 締約国は、障害者が他の者との平等を基礎として文化的な生活に参加する権利を認めるものとし、次のことを確保するための全ての適当な措置をとる。
(a) 障害者が、利用しやすい様式を通じて、文化的な作品を享受する機会を有すること。
(b) 障害者が、利用しやすい様式を通じて、テレビジョン番組、映画、演劇その他の文化的な活動を享受する機会を有すること。
(c) 障害者が、文化的な公演又はサービスが行われる場所（例えば、劇場、博物館、映画館、図書館、観光サービス）を利用する機会を有し、並びに自国の文化的に重要な記念物及び場所を享受する機会をできる限り有すること。

2 締約国は、障害者が、自己の利益のためのみでなく、社会を豊かにするためにも、自己の創造的、芸術的及び知的な潜在能力を開発し、及び活用

する機会を有することを可能とするための適当な措置をとる。

3　締約国は、国際法に従い、知的財産権を保護する法律が、障害者が文化的な作品を享受する機会を妨げる不当な又は差別的な障壁とならないことを確保するための全ての適当な措置をとる。

4　障害者は、他の者との平等を基礎として、その独自の文化的及び言語的な同一性（手話及び聾《ろう》文化を含む。）の承認及び支持を受ける権利を有する。

5　締約国は、障害者が他の者との平等を基礎としてレクリエーション、余暇及びスポーツの活動に参加することを可能とすることを目的として、次のことのための適当な措置をとる。

(a)　障害者があらゆる水準の一般のスポーツ活動に可能な限り参加することを奨励し、及び促進すること。

(b)　障害者が障害に応じたスポーツ及びレクリエーションの活動を組織し、及び発展させ、並びにこれらに参加する機会を有することを確保すること。このため、適当な指導、研修及び資源が他の者との平等を基礎として提供されるよう奨励すること。

(c)　障害者がスポーツ、レクリエーション及び観光の場所を利用する機会を有することを確保すること。

(d)　障害のある児童が遊び、レクリエーション、余暇及びスポーツの活動（学校制度におけるこれらの活動を含む。）への参加について他の児童と均等な機会を有することを確保すること。

(e)　障害者がレクリエーション、観光、余暇及びスポーツの活動の企画に関与する者によるサービスを利用する機会を有することを確保すること。

◆国連・障害者の権利宣言

（一九七五・一二・九
国連第三〇回総会で採択）

総会は、

国際連合憲章のもとにおいて、国連と協力しつつ、生活水準の向上、完全雇用、経済・社会の進歩・発展の条件を促進するため、この機構と協力して共同及び個別の行動をとるとの加盟国の誓約に留意し、

国際連合憲章において宣言された人権及び基本的自由並びに平和、人間の尊厳と価値及び社会的正義に関する諸原則に対する信念を再確認し、

世界人権宣言、国際人権規約、児童権利宣言、及び知的障害者の権利宣言の諸原則並びに国際労働機関、国連教育科学文化機関、世界保健機関、国連児童基金及びその他の関係諸機関の規約、条約、勧告及び決議において社会発展を目的として既に定められた基準を想起し、

障害防止及び障害者のリハビリテーションに関する一九七五年五月六日の経済社会理事会決議一九二一（第五八回会期）をも、また想起し、

社会の進歩及び発展に関する宣言が心身障害者の権利を保護し、またそれらの福祉及びリハビリテーションを確保する必要性を宣言したことを強調し、

身体的・精神的障害を防止し、障害者が最大限に多様な活動分野においてその能力を発揮し得るよう援助し、また可能な限り彼らの通常の生活への統合を促進する必要性に留意し、

若干の国においては、その現在の発展段階においては、この目的のために限られた努力しか払い得ないことを認識し、

この障害者の権利に関する宣言を宣言し、かつこれらの権利の保護のための共通の基礎及び指針として使用されることを確実にするための国内的および国際的行動を要請する。

1　「障害者」という言葉は、先天的か否かにかかわらず、身体的又は精神的能力の不全のために、通常の個人又は社会生活に必要なことを確保することが、自分自身では完全に又は部分的にできない人のことを意味する。

2　障害者は、この宣言において掲げられるすべての権利を享受する。これらの権利は、いかなる例外もなく、かつ、人種、皮膚の色、性、言語、宗教、政治上若しくはその他の意見、国若しくは社会的身分、貧富、出生又は障害者自身若しくはその家族の置かれている状況に基づく区別又は差別もなく、すべての障害者に認められる。

3　障害者は、その人間としての尊厳が尊重される生まれながらの権利を有している。障害者は、その障害の原因、特質及び程度にかかわらず、同年齢の市民と同等の基本的権利を有する。このことは、まず第一に、可能な限り通常のかつ十分満たされた相当の生活を送ることができる権利を意味する。

4　障害者は、他の人々と同等の市民権及び政治的権利を有する。「知的障害者の権利宣言」の第七条は、精神障害者のこのような諸権利のいかなる制限又は排除にも適用される。

5　障害者は、可能な限り自立させるよう構成された施策を受ける資格がある。

6　障害者は、補装具を含む医学的、心理学的及び機能的治療、並びに医学的、社会的リハビリテーション、教育、職業教育、訓練リハビリテーション、介助、カウンセリング、職業あっ旋及びその他障害者の能力と技能を最大限に開発でき、社会統合又は再統合する過程を促進するようなサービスを受ける権利を有する。

7　障害者は、経済的社会的保障を受け、相当の生活水準を保つ権利を有する。障害者は、その能力に従い、保障を受け、雇用され、または有益で生産的かつ報酬を受ける職業に従事し、労働組合に参加する権利を有する。

8　障害者は、経済社会計画のすべての段階において、その特別のニーズが考慮される資格を有する。

9　障害者は、その家族又は養親とともに生活し、すべての社会的活動、創造的活動又はレクリエーション活動に参加する権利を有する。障害者は、その居住に関する限り、その状態のため必要であるか又はその状態に由来して改善するため必要である場合以外、差別的な扱いをまぬがれる。もし、障害者が専門施設に入所することが絶対に必要であっても、そこでの環境及び生活条件は、同年齢の人の通常の生活に可能な限り似通ったものであるべきである。

10　障害者は、差別的、侮辱的又は下劣な性格をもつ、あらゆる搾取、あらゆる規則、そしてあらゆる取り扱いから保護されるものとする。

11　障害者は、その人格及び財産の保護のために適格なる法的援助が必要な場合には、それらを受け得るようにされなければならない。もし、障害者に対して訴訟が起こされた場合には、その適用される法的手続きは、彼らの身体的精神的状態が十分に考慮されるべきである。

12　障害者団体は、障害者の権利に関するすべての事項について有効に協議を受けるものとする。

13　障害者、その家族及び地域社会は、この宣言に含まれる権利について、あらゆる適切な手段により十分に知らされるべきである。

◇国連・知的障害者の権利宣言

（一九七一・一二・二〇）
（国連第二六回総会で採択）

総会は、

国際連合憲章のもとにおいて、一層高い生活水準、完全雇用および経済的、社会的進歩および発展の条件を促進するためこの機構と協力して共同および個別の行動をとるとの加盟国の誓約に留意し、

国際連合憲章で宣言された人権と基本的自由並びに平和、人間の尊厳と価値および社会的正義の諸原則に対する信念を再確認し、

世界人権宣言、国際人権規約、児童の権利に関する宣言の諸原則並びに国際労働機関、国連教育科学文化機関、世界保健機関、国連児童基金およびその他の関係機関の規約、条約、勧告および決議においてすでに設定された社会の進歩のための基準を想起し、社会の進歩と発展に関する宣言が心身障害者の権利を保護し、かつそれらの福祉およびリハビリテーションを確保する必要性を宣言したことを強調し、

知的障害者が多くの活動分野においてその能力を発揮し得るよう援助し、かつ可能な限り通常の生活にかれらを受け入れることを促進する必要性に留意し、

若干の国は、その現在の発展段階においては、この目的のために限られた努力しか払い得ないことを認識し、

この知的障害者の権利宣言を宣言し、かつこれらの権利の保護のための共通の基礎および指針として使用されることを確保するための国内的および国際的行動を要請する。

1　知的障害者は、実際上可能な限りにおいて、他の人間と同等の権利を有する。

2　知的障害者は、適当な医学的管理及び物理療法並びにその能力と最大限の可能性を発揮せしめ得るような教育、訓練、リハビリテーション及び指導を受ける権利を有する。

3　知的障害者は経済的保障及び相当な生活水準を享有する権利を有する。また、生産的仕事を遂行し、又は自己の能力が許す最大限の範囲において

その他の有意義な職業に就く権利を有する。

4　可能な場合はいつでも、知的障害者はその家族又は里親と同居し、各種の社会生活に参加すべきである。知的障害者が同居する家族は扶助を受けるべきである。施設における処遇が必要とされる場合は、できるだけ通常の生活に近い環境においてこれを行うべきである。

5　自己の個人的福祉及び利益を保護するために必要とされる場合は、知的障害者は資格を有する後見人を与えられる権利を有する。

6　知的障害者は、搾取、乱用及び虐待から保護される権利を有する。犯罪行為のため訴追される場合は、知的障害者は正当な司法手続に対する権利を有する。ただし、その心神上の責任能力は十分認識されなければならない。

7　重障害のため、知的障害者がそのすべての権利を有意義に行使し得ない場合、又はこれらの権利の若干又は全部を制限又は排除することが必要とされる場合は、その権利の制限又は排除のために採用された手続はあらゆる形態の乱用防止のための適当な法的保障措置を含まなければならない。この手続は資格を有する専門家による知的障害者の社会的能力についての評価に基づくものであり、かつ、定期的な再検討及び上級機関に対する不服申立の権利に従うべきものでなければならない。

◇ユネスコ・学習権宣言

（一九八五・三・一九～二九、パリ　第四回ユネスコ国際成人教育会議）

学習権の承認は、人類にとって、いまやこれまで以上に、重要な要求になっている。

学習権とは、読み書きを学ぶ権利であり、
　質問し、分析する権利であり、
　想像し、創造する権利であり、
　自分自身の世界を読み取り、歴史を書く権利であり、
　教育の機会に接する権利であり、
　個人的・集団的技術をのばす権利である。

成人教育パリ会議は、この権利の重要性を再確認する。

学習権は未来のためにとっておかれる文化的ぜいたく品ではない。

それは、生存の問題が決着したあとにのみ、得られるものではない。

それは、基礎的欲求が満たされたあとの段階で得られるものではない。

学習権は人が生きのびるに、不可欠なものである。

世界の人びとは、もし食糧生産や、人間にとって不可欠なその他の欲求がみたされることをのぞむならば、学習権をもたなければならない。

もし女性と男性がより健康な生活を楽しもうとするなら、彼らは学習権をもたねばならない。

戦争をさけようとするなら、われわれは平和に生きることを学び、たがいに理解することを学ばねばならない。

「学習」はキーワードである。

学習権なしに、人間の発達はありえない。

学習権なしに、農業や工業の躍進も、地域保健の発展も、さらに、学習条件の変化もないであろう。

この権利なしに都市や農村ではたらく人たちの生活水準の改善もないであろう。

すなわち、学習権は、今日の人類の深刻な問題を解決するのに、もっとも貢献できるもののひとつなのである。

しかし学習権は、単なる経済的発展の手段ではない。それは、基本的権利のひとつとして認められなければならない。

学習活動は、あらゆる教育活動の中心に位置づけられ、人間を、できごとのなすがままに動かされる客体から、自分たち自身の歴史を創造する主体へ変えるものである。

それはひとつの基本的人権であり、その合法性は万人に共通している。学習権は人類の一部のものに限定されてはならない。それは、男性や工業国や有産階級や、学校教育を受けられる幸福な若者たちの排他的特権であってはならない。パリ会議は、あらゆる必要な人的・物的条件をととのえることによって、教育制度をより公正な方向へと再検討することによって、さらに、さまざまな地域で成功した方策をとりいれることによって、この権利の具体化と効果的実現に必要な条件の創造を、すべての国に要望する。

われわれは、政府・非政府のあらゆる組織が、国連・ユネスコ、および世界的規模でこの権利を促進する他の専門機関とともに活動することを切望する。

エルシノア、モントリオール、東京、パリとつづいたユネスコ会議におい

て記録された成人教育の偉大な進歩にもかかわらず、一方では問題のスケールと複雑性、他方では適切な解決法を見出す個人やグループの能力とのあいだの間げきはせばめられなかった。

一九八五年三月、ユネスコ本部で開かれた第四回国際成人教育会議は、これまでの会議でおこなわれたアピールをくりかえし、現代の問題のスケールの大きさにもかかわらず、いやそれだからこそ、あらゆる国につぎのことを要請する。すべての国は成人教育活動の強力で明確な発展をもたらす断固とした、想像力に富む努力をおこなうべきである。そしてその活動は、女性及び男性が、自分たちで、目的、必要条件、実施の手順をえらぶタイプの成人教育であり、その展開に必要な教育的、文化的、科学的、技術的条件が、個人的にも集団的にも、自分たちのものにするべきである。

この会議は、女性と女性団体が貢献してきた、人間関係に関する熱意と方向を評価し、絶賛する。その独自の経験と方法は、平和や男女間の平等のような、人類の未来にかかわる基本的問題の中心に向けられたものである。したがって、成人教育の発展と、より人間的な社会をもたらす計画への女性の参加は不可欠である。

人類が将来どうなるかを、だれがきめるのか。これは、すべての政府、非政府組織、個人、グループが直面している問題である。これはまた、成人教育の仕事をしている女性及び男性の問題である。また、個人から集団へ、全体として人類へとつらなるすべての人たちに、自己と自分たちの運命を統御可能にさせようとしている人たちが直面している問題である。(藤田秀雄訳)

◇児童憲章

(一九五一・五・五)
(児童憲章宣言式で宣言)

われらは、日本国憲法の精神にしたがい、児童に対する正しい観念を確立し、すべての児童の幸福をはかるために、この憲章を定める。

児童は、人として尊ばれる。
児童は、社会の一員として重んぜられる。
児童は、よい環境のなかで育てられる。

一　すべての児童は、心身ともに健やかにうまれ、育てられ、その生活を保障される。
二　すべての児童は、家庭で、正しい愛情と知識と技術をもって育てられ、家庭に恵まれない児童には、これにかわる環境が与えられる。
三　すべての児童は、適当な栄養と住居と被服が与えられ、また、疾病と災害からまもられる。
四　すべての児童は、個性と能力に応じて教育され、社会の一員としての責任を自主的に果たすように、みちびかれる。
五　すべての児童は、自然を愛し、科学と芸術を尊ぶように、みちびかれ、また、道徳的心情がつちかわれる。
六　すべての児童は、就学のみちを確保され、また、十分に整った教育の施設を用意される。
七　すべての児童は、職業指導を受ける機会が与えられる。
八　すべての児童は、その労働において、心身の発育が阻害されず、教育を受ける機会が失われず、また、児童としての生活がさまたげられないように、十分に保護される。
九　すべての児童は、よい遊び場と文化財を用意され、わるい環境からまもられる。
十　すべての児童は、虐待・酷使・放任その他不当な取扱からまもられる。あやまちをおかした児童は、適切に保護指導される。
十一　すべての児童は、身体が不自由な場合、または精神の機能が不十分な場合に、適切な治療と教育と保護が与えられる。
十二　すべての児童は、愛とまことによって結ばれ、よい国民として人類の平和と文化に貢献するように、みちびかれる。

2

第２編　学校教育編

第1章　学校教育

◆学校教育法

（昭二二・三・三一
法　　　二六）

最終改正　令四—法七七

第一章　総則

〔この法律における学校の範囲〕

第一条　この法律で、学校とは、幼稚園、小学校、中学校、義務教育学校、高等学校、中等教育学校、特別支援学校、大学及び高等専門学校とする。

〔学校の設置者〕

第二条　学校は、国（国立大学法人法（平成十五年法律第百十二号）第二条第一項に規定する国立大学法人及び独立行政法人国立高等専門学校機構を含む。以下同じ。）、地方公共団体（地方独立行政法人法（平成十五年法律第百十八号）第六十八条第一項に規定する公立大学法人（以下「公立大学法人」という。）を含む。次項及び第百二十七条において同じ。）及び私立学校法（昭和二十四年法律第二百七十号）第三条に規定する学校法人（以下「学校法人」という。）のみが、これを設置することができる。

2　この法律で、国立学校とは、国の設置する学校を、公立学校とは、地方公共団体の設置する学校を、私立学校とは、学校法人の設置する学校をいう。

〔学校の設置基準〕

第三条　学校を設置しようとする者は、学校の種類に応じ、文部科学大臣の定める設備、編制その他に関する設置基準に従い、これを設置しなければならない。

〔学校の設置廃止等〕

第四条　次の各号に掲げる学校の設置廃止、設置者の変更その他政令で定める事項（次条において「設置廃止等」という。）は、それぞれ当該各号に定める者の認可を受けなければならない。これらの学校のうち、高等学校（中等教育学校の後期課程を含む。）の通常の課程（以下「全日制の課程」という。）、夜間その他特別の時間又は時期において授業を行う課程（以下「定時制の課程」という。）及び通信による教育を行う課程（以下「通信制の課程」という。）、大学の学部、大学院及び大学院の研究科並びに第百八条第二項の大学の学科についても、同様とする。

一　公立又は私立の大学及び高等専門学校　文部科学大臣

二　市町村（市町村が単独で又は他の市町村と共同して設立する公立大学法人を含む。次条、第十三条第二項、第十四条、第百三十条第一項及び第百三十一条において同じ。）の設置する高等学校、中等教育学校及び特別支援学校　都道府県の教育委員会

三　私立の幼稚園、小学校、中学校、義務教育学校、高

等学校、中等教育学校及び特別支援学校　都道府県知事

2　前項の規定にかかわらず、同項第一号に掲げる学校を設置する者は、次に掲げる事項を行うときは、同項の認可を受けることを要しない。この場合において、当該学校を設置する者は、文部科学大臣の定めるところにより、あらかじめ、文部科学大臣に届け出なければならない。

一　大学の学部若しくは大学院の研究科又は第百八条第二項の大学の学科の設置であって、当該大学が授与する学位の種類及び分野の変更を伴わないもの

二　大学の学部若しくは大学院の研究科又は第百八条第二項の大学の学科の廃止

三　前二号に掲げるもののほか、政令で定める事項

3　文部科学大臣は、前項の届出があった場合において、その届出に係る事項が、設備、授業その他の事項に関する法令の規定に適合しないと認めるときは、その届出をした者に対し、必要な措置をとるべきことを命ずることができる。

4　地方自治法（昭和二十二年法律第六十七号）第二百五十二条の十九第一項の指定都市（以下「指定都市」という。）（指定都市が単独で又は他の市町村と共同して設立する公立大学法人を含む。）の設置する高等学校、中等教育学校及び特別支援学校については、第一項の規定は、適用しない。この場合において、当該高等学校、中等教育学校及び特別支援学校を設置する者は、同項の規定により認可を受けなければならないとされている事項を行おうとするときは、あらかじめ、都道府県の教育委員会に届け出なければならない。

（略）

〔幼稚園の設置廃止等の届出〕

第四条の二　市町村は、その設置する幼稚園の設置廃止等を行おうとするときは、あらかじめ、都道府県の教育委員会に届け出なければならない。

〔学校の管理、経費の負担〕

第五条　学校の設置者は、その設置する学校を管理し、法令に特別の定のある場合を除いては、その学校の経費を負担する。

〔授業料〕

第六条　学校においては、授業料を徴収することができる。ただし、国立又は公立の小学校及び中学校、義務教育学校、中等教育学校の前期課程又は特別支援学校の小学部及び中学部における義務教育については、これを徴収することができない。

〔校長・教員の配置〕

第七条　学校には、校長及び相当数の教員を置かなければならない。

〔校長・教員の資格〕

第八条　校長及び教員（教育職員免許法（昭和二十四年法律百四十七号）の適用を受ける者を除く。）の資格に関する事項は、別に法律で定めるもののほか、文部科学大臣がこれを定める。

〔校長・教員の欠格事由〕

第九条　次の各号のいずれかに該当する者は、校長又は教員となることができない。

一　禁錮以上の刑に処せられた者

二　教育職員免許法第十条第一項第二号又は第三号に該当することにより免許状がその効力を失い、当該失効の日から三年を経過しない者

三　教育職員免許法第十一条第一項から第三項までの規定により免許状取上げの処分を受け、三年を経過しない者

四　日本国憲法施行の日以後において、日本国憲法又はその下に成立した政府を暴力で破壊することを主張する政党その他の団体を結成し、又はこれに加入した者

〔私立学校長の届出〕

第十条　私立学校は、校長を定め、大学及び高等専門学校にあっては文部科学大臣に、大学及び高等専門学校以外の学校にあっては都道府県知事に届け出なければならない。

〔児童・生徒・学生の懲戒〕〔体罰の禁止〕

第十一条　校長及び教員は、教育上必要があると認めるときは、文部科学大臣の定めるところにより、児童、生徒及び学生に懲戒を加えることができる。ただし、体罰を加えることはできない。

〔健康診断〕
第十二条　学校においては、別に法律で定めるところにより、幼児、児童、生徒及び学生並びに職員の健康の保持増進を図るため、健康診断を行い、その他その保健に必要な措置を講じなければならない。

〔学校閉鎖命令〕
第十三条　第四条第一項各号に掲げる学校が次の各号のいずれかに該当する場合においては、それぞれ同項各号に定める者は、当該学校の閉鎖を命ずることができる。
一　法令の規定に故意に違反したとき
二　法令の規定によりその者がした命令に違反したとき
三　六箇月以上授業を行わなかつたとき
2　前項の規定は、市町村の設置する幼稚園に準用する。この場合において、同項中「それぞれ同項各号に定める者」とあり、及び同項第二号中「その者」とあるのは、「都道府県の教育委員会」と読み替えるものとする。

〔設備・授業等の変更命令〕
第十四条　大学及び高等専門学校以外の市町村の設置する学校については都道府県の教育委員会、大学及び高等専門学校以外の私立学校については都道府県知事は、当該学校が、設備、授業その他の事項について、法令の規定又は都道府県の教育委員会若しくは都道府県知事の定める規程に違反したときは、その変更を命ずることができる。

〔公私立大学等への文部科学大臣の権限〕
第十五条　文部科学大臣は、公立又は私立の大学及び高等専門学校が、設備、授業その他の事項について、法令の規定に違反していると認めるときは、当該学校に対し、必要な措置をとるべきことを勧告することができる。
2　文部科学大臣は、前項の規定による勧告によつてもなお当該勧告に係る事項（次項において「勧告事項」という。）が改善されない場合には、当該学校に対し、その変更を命ずることができる。
3　文部科学大臣は、前項の規定による命令によつてもなお勧告事項が改善されない場合には、当該学校に対し、当該勧告事項に係る組織の廃止を命ずることができる。
4　文部科学大臣は、第一項の規定による勧告又は第二項若しくは前項の規定による命令を行うために必要があると認めるときは、当該学校に対し、報告又は資料の提出を求めることができる。

第二章　義務教育

〔保護者の就学させる義務〕
第十六条　保護者（子に対して親権を行う者（親権を行う者のないときは、未成年後見人）をいう。以下同じ。）は、次条に定めるところにより、子に九年の普通教育を受けさせる義務を負う。

〔就学を保障すべき年齢〕
第十七条　保護者は、子の満六歳に達した日の翌日以後における最初の学年の初めから、満十二歳に達した日の属する学年の終わりまで、これを小学校、義務教育学校の前期課程又は特別支援学校の小学部に就学させる義務を負う。ただし、子が、満十二歳に達した日の属する学年の終わりまでに小学校の課程、義務教育学校の前期課程又は特別支援学校の小学部の課程を修了しないときは、満十五歳に達した日の属する学年の終わり（それまでの間においてこれらの課程を修了したときは、その修了した日の属する学年の終わり）までとする。
2　保護者は、子が小学校の課程、義務教育学校の前期課程又は特別支援学校の小学部の課程を修了した日の翌日以後における最初の学年の初めから、満十五歳に達した日の属する学年の終わりまで、これを中学校、義務教育学校の後期課程、中等教育学校の前期課程又は特別支援学校の中学部に就学させる義務を負う。
3　前二項の義務の履行の督促その他これらの義務の履行に関し必要な事項は、政令で定める。

〔保護者の就学義務の猶予・免除〕
第十八条　前条第一項又は第二項の規定によつて、保護者が就学させなければならない子（以下それぞれ「学齢児童」又は「学齢生徒」という。）で、病弱、発育不完全その他やむを得ない事由のため、就学困難と認められる者の保護者に対しては、市町村の教育委員会は、文部科学大臣の定めるところにより、同条第一項又は第二項の義

務を猶予又は免除することができる。

〔就学の援助〕
第十九条　経済的理由によつて、就学困難と認められる学齢児童又は学齢生徒の保護者に対しては、市町村は、必要な援助を与えなければならない。

〔使用者の就学保障義務〕
第二十条　学齢児童又は学齢生徒を使用する者は、その使用によつて、当該学齢児童又は学齢生徒が、義務教育を受けることを妨げてはならない。

〔義務教育の目標〕
第二十一条　義務教育として行われる普通教育は、教育基本法（平成十八年法律第百二十号）第五条第二項に規定する目的を実現するため、次に掲げる目標を達成するよう行われるものとする。

一　学校内外における社会的活動を促進し、自主、自律及び協同の精神、規範意識、公正な判断力並びに公共の精神に基づき主体的に社会の形成に参画し、その発展に寄与する態度を養うこと。

二　学校内外における自然体験活動を促進し、生命及び自然を尊重する精神並びに環境の保全に寄与する態度を養うこと。

三　我が国と郷土の現状と歴史について、正しい理解に導き、伝統と文化を尊重し、それらをはぐくんできた我が国と郷土を愛する態度を養うとともに、進んで外国の文化の理解を通じて、他国を尊重し、国際社会の平和と発展に寄与する態度を養うこと。

四　家族と家庭の役割、生活に必要な衣、食、住、情報、産業その他の事項について基礎的な理解と技能を養うこと。

五　読書に親しませ、生活に必要な国語を正しく理解し、使用する基礎的な能力を養うこと。

六　生活に必要な数量的な関係を正しく理解し、処理する基礎的な能力を養うこと。

七　生活にかかわる自然現象について、観察及び実験を通じて、科学的に理解し、処理する基礎的な能力を養うこと。

八　健康、安全で幸福な生活のために必要な習慣を養うとともに、運動を通じて体力を養い、心身の調和的発達を図ること。

九　生活を明るく豊かにする音楽、美術、文芸その他の芸術について基礎的な理解と技能を養うこと。

十　職業についての基礎的な知識と技能、勤労を重んずる態度及び個性に応じて将来の進路を選択する能力を養うこと。

第三章　幼稚園

〔幼稚園の目的〕
第二十二条　幼稚園は、義務教育及びその後の教育の基礎を培うものとして、幼児を保育し、幼児の健やかな成長のために適当な環境を与えて、その心身の発達を助長することを目的とする。

〔幼稚園の教育の目標〕
第二十三条　幼稚園における教育は、前条に規定する目的を実現するため、次に掲げる目標を達成するよう行われるものとする。

一　健康、安全で幸福な生活のために必要な基本的な習慣を養い、身体諸機能の調和的発達を図ること。

二　集団生活を通じて、喜んでこれに参加する態度を養うとともに家族や身近な人への信頼感を深め、自主、自律及び協同の精神並びに規範意識の芽生えを養うこと。

三　身近な社会生活、生命及び自然に対する興味を養い、それらに対する正しい理解と態度及び思考力の芽生えを養うこと。

四　日常の会話や、絵本、童話等に親しむことを通じて、言葉の使い方を正しく導くとともに、相手の話を理解しようとする態度を養うこと。

五　音楽、身体による表現、造形等に親しむことを通じて、豊かな感性と表現力の芽生えを養うこと。

〔家庭・地域における幼児期の教育の支援〕
第二十四条　幼稚園においては、第二十二条に規定する目的を実現するための教育を行うほか、幼児期の教育に関する各般の問題につき、保護者及び地域住民その他の関

係者からの相談に応じ、必要な情報の提供及び助言を行うなど、家庭及び地域における幼児期の教育の支援に努めるものとする。

〔教育内容〕
第二十五条　幼稚園の教育課程その他の保育内容に関する事項は、第二十二条及び第二十三条の規定に従い、文部科学大臣が定める。

2　文部科学大臣は、前項の規定により幼稚園の教育課程その他の保育内容に関する事項を定めるに当たっては、児童福祉法（昭和二十二年法律第百六十四号）第四十五条第二項の規定により児童福祉施設に関して内閣府令で定める基準（同項第三号の保育所における保育の内容に係る部分に限る。）並びに就学前の子どもに関する教育、保育等の総合的な提供の推進に関する法律（平成十八年法律第七十七号）第十条第一項の規定により主務大臣が定める幼保連携型認定こども園の教育課程その他の教育及び保育の内容に関する事項との整合性の確保に配慮しなければならない。

3　文部科学大臣は、第一項の幼稚園の教育課程その他の保育内容に関する事項を定めるときは、あらかじめ、内閣総理大臣に協議しなければならない。

〔入園資格〕
第二十六条　幼稚園に入園することのできる者は、満三歳から、小学校就学の始期に達するまでの幼児とする。

〔教職員〕
第二十七条　幼稚園には、園長、教頭及び教諭を置かなければならない。

2　幼稚園には、前項に規定するもののほか、副園長、主幹教諭、指導教諭、養護教諭、栄養教諭、事務職員、養護助教諭その他必要な職員を置くことができる。

3　第一項の規定にかかわらず、副園長を置くときその他特別の事情のあるときは、教頭を置かないことができる。

4　園長は、園務をつかさどり、所属職員を監督する。

5　副園長は、園長を助け、命を受けて園務をつかさどる。

6　教頭は、園長（副園長を置く幼稚園にあっては、園長及び副園長）を助け、園務を整理し、及び必要に応じ幼児の保育をつかさどる。

7　主幹教諭は、園長（副園長を置く幼稚園にあっては、園長及び副園長）及び教頭を助け、命を受けて園務の一部を整理し、並びに幼児の保育をつかさどる。

8　指導教諭は、幼児の保育をつかさどり、並びに教諭その他の職員に対して、保育の改善及び充実のために必要な指導及び助言を行う。

9　教諭は、幼児の保育をつかさどる。

10　特別の事情のあるときは、第一項の規定にかかわらず、教諭に代えて助教諭又は講師を置くことができる。

11　学校の実情に照らし必要があると認めるときは、第七項の規定にかかわらず、園長（副園長を置く幼稚園にあっては、園長及び副園長）及び教頭を助け、命を受けて園務の一部を整理し、並びに幼児の養護又は栄養の指導及び管理をつかさどる主幹教諭を置くことができる。

〔準用規定〕
第二十八条　第三十七条第六項、第八項及び第十二項から第十七項まで並びに第四十二条から第四十四条までの規定は、幼稚園に準用する。

第四章　小学校

〔小学校の目的〕
第二十九条　小学校は、心身の発達に応じて、義務教育として行われる普通教育のうち基礎的なものを施すことを目的とする。

〔小学校の教育の目標〕
第三十条　小学校における教育は、前条に規定する目的を実現するために必要な程度において第二十一条各号に掲げる目標を達成するよう行われるものとする。

2　前項の場合においては、生涯にわたり学習する基盤が培われるよう、基礎的な知識及び技能を習得させるとともに、これらを活用して課題を解決するために必要な思考力、判断力、表現力その他の能力をはぐくみ、主体的に学習に取り組む態度を養うことに、特に意を用いなければならない。

〔体験的学習活
第三十一条　小学校においては、前条第一項の規定による

動〕

目標の達成に資するよう、教育指導を行うに当たり、児童の体験的な学習活動、特にボランティア活動など社会奉仕体験活動、自然体験活動その他の体験活動の充実に努めるものとする。この場合において、社会教育関係団体その他の関係団体及び関係機関との連携に十分配慮しなければならない。

〔修業年限〕
第三十二条 小学校の修業年限は、六年とする。

〔教育課程〕
第三十三条 小学校の教育課程に関する事項は、第二十九条及び第三十条の規定に従い、文部科学大臣が定める。

〔教科書・教材の利用〕
第三十四条 小学校においては、文部科学大臣の検定を経た教科用図書又は文部科学省が著作の名義を有する教科用図書を使用しなければならない。

2 前項に規定する教科用図書（以下この条において「教科用図書」という。）の内容を文部科学大臣の定めるところにより記録した電磁的記録（電子的方式、磁気的方式その他人の知覚によっては認識することができない方式で作られる記録であって、電子計算機による情報処理の用に供されるものをいう。）である教材がある場合には、同項の規定にかかわらず、文部科学大臣の定めるところにより、児童の教育の充実を図るため必要があると認められる教育課程の一部において、教科用図書に代えて当該教材を使用することができる。

3 前項に規定する場合において、視覚障害、発達障害その他の文部科学大臣の定める事由により教科用図書を使用して学習することが困難な児童に対し、教科用図書に用いられた文字、図形等の拡大又は音声への変換その他の同項に規定する教材を電子計算機において用いることにより可能となる方法で指導することにより当該児童の学習上の困難の程度を低減させる必要があると認められるときは、文部科学大臣の定めるところにより、教育課程の全部又は一部において、教科用図書に代えて当該教材を使用することができる。

4 教科用図書及び第二項に規定する教材以外の教材で、有益適切なものは、これを使用することができる。

5 第一項の検定の申請に係る教科用図書に関し調査審議させるための審議会等（国家行政組織法（昭和二十三年法律第百二十号）第八条に規定する機関をいう。以下同じ。）については、政令で定める。

〔児童の出席停止〕
第三十五条 市町村の教育委員会は、次に掲げる行為の一又は二以上を繰り返し行う等性行不良であって他の児童の教育に妨げがあると認める児童があるときは、その保護者に対して、児童の出席停止を命ずることができる。

一 他の児童に傷害、心身の苦痛又は財産上の損失を与える行為
二 職員に傷害又は心身の苦痛を与える行為
三 施設又は設備を損壊する行為
四 授業その他の教育活動の実施を妨げる行為

2 市町村の教育委員会は、前項の規定により出席停止を命ずる場合には、あらかじめ保護者の意見を聴取するとともに、理由及び期間を記載した文書を交付しなければならない。

3 前項に規定するもののほか、出席停止の命令の手続に関し必要な事項は、教育委員会規則で定めるものとする。

4 市町村の教育委員会は、出席停止の命令に係る児童の出席停止の期間における学習に対する支援その他の教育上必要な措置を講ずるものとする。

〔学齢未満の子女の入学禁止〕
第三十六条 学齢に達しない子は、小学校に入学させることができない。

〔教職員〕
第三十七条 小学校には、校長、教頭、教諭、養護教諭及び事務職員を置かなければならない。

2 小学校には、前項に規定するもののほか、副校長、主幹教諭、指導教諭、栄養教諭その他必要な職員を置くことができる。

3 第一項の規定にかかわらず、副校長を置くときその他特別の事情のあるときは教頭を、養護をつかさどる主幹教諭を置くときは養護教諭を、特別の事情のあるときは

事務職員を、それぞれ置かないことができる。

4　校長は、校務をつかさどり、所属職員を監督する。

5　副校長は、校長を助け、命を受けて校務をつかさどる。

6　副校長は、校長に事故があるときはその職務を代理し、校長が欠けたときはその職務を行う。この場合において、副校長が二人以上あるときは、あらかじめ校長が定めた順序で、その職務を代理し、又は行う。

7　教頭は、校長（副校長を置く小学校にあっては、校長及び副校長）を助け、校務を整理し、及び必要に応じ児童の教育をつかさどる。

8　教頭は、校長（副校長を置く小学校にあっては、校長及び副校長）に事故があるときは校長の職務を代理し、校長（副校長を置く小学校にあっては、校長及び副校長）が欠けたときは校長の職務を行う。この場合において、教頭が二人以上あるときは、あらかじめ校長が定めた順序で、校長の職務を代理し、又は行う。

9　主幹教諭は、校長（副校長を置く小学校にあっては、校長及び副校長）及び教頭を助け、命を受けて校務の一部を整理し、並びに児童の教育をつかさどる。

10　指導教諭は、児童の教育をつかさどり、並びに教諭その他の職員に対して、教育指導の改善及び充実のために必要な指導及び助言を行う。

11　教諭は、児童の教育をつかさどる。

12　養護教諭は、児童の養護をつかさどる。

13　栄養教諭は、児童の栄養の指導及び管理をつかさどる。

14　事務職員は、事務をつかさどる。

15　助教諭は、教諭の職務を助ける。

16　講師は、教諭又は助教諭に準ずる職務に従事する。

17　養護助教諭は、養護教諭の職務を助ける。

18　特別の事情のあるときは、第一項の規定にかかわらず、教諭に代えて助教諭又は講師を、養護教諭に代えて養護助教諭を置くことができる。

19　学校の実情に照らし必要があると認めるときは、第九項の規定にかかわらず、校長（副校長を置く小学校にあっては、校長及び副校長）及び教頭を助け、命を受けて校務の一部を整理し、並びに児童の養護又は栄養の指導及び管理をつかさどる主幹教諭を置くことができる。

〔設置義務〕
第三十八条　市町村は、その区域内にある学齢児童を就学させるに必要な小学校を設置しなければならない。ただし、教育上有益かつ適切であると認めるときは、義務教育学校の設置をもってこれに代えることができる。

〔学校組合〕
第三十九条　市町村は、適当と認めるときは、前条の規定による事務の全部又は一部を処理するため、市町村の組合を設けることができる。

〔学齢児童の教育事務の委託〕
第四十条　市町村は、前二条の規定によることを不可能又は不適当と認めるときは、小学校又は義務教育学校の設置に代え、学齢児童の全部又は一部の教育事務を、他の市町村又は前条の市町村の組合に委託することができる。

2　前項の場合においては、地方自治法第二百五十二条の十四第三項において準用する同法第二百五十二条の二の二第二項中「都道府県知事」とあるのは、「都道府県知事及び都道府県の教育委員会」と読み替えるものとする。

〔小学校の設置の補助〕
第四十一条　町村が、前二条の規定による負担に堪えないと都道府県の教育委員会が認めるときは、都道府県は、その町村に対して、必要な補助を与えなければならない。

〔評価に基づく学校運営の改善〕
第四十二条　小学校は、文部科学大臣の定めるところにより当該小学校の教育活動その他の学校運営の状況について評価を行い、その結果に基づき学校運営の改善を図るため必要な措置を講ずることにより、その教育水準の向上に努めなければならない。

〔保護者及び地域住民への情報提供〕
第四十三条　小学校は、当該小学校に関する保護者及び地域住民その他の関係者の理解を深めるとともに、これらの者との連携及び協力の推進に資するため、当該小学校の教育活動その他の学校運営の状況に関する情報を積極的に提供するものとする。

〔私立小学校の所管庁〕
第四十四条　私立の小学校は、都道府県知事の所管に属す

る。

第五章　中学校

〔中学校の目的〕
第四十五条　中学校は、小学校における教育の基礎の上に、心身の発達に応じて、義務教育として行われる普通教育を施すことを目的とする。

〔中学校の教育の目標〕
第四十六条　中学校における教育は、前条に規定する目的を実現するため、第二十一条各号に掲げる目標を達成するよう行われるものとする。

〔修業年限〕
第四十七条　中学校の修業年限は、三年とする。

〔教育課程〕
第四十八条　中学校の教育課程に関する事項は、第四十五条及び第四十六条の規定並びに次条において読み替えて準用する第三十条第二項の規定に従い、文部科学大臣が定める。

〔準用規定〕
第四十九条　第三十条第二項、第三十一条、第三十四条、第三十五条及び第三十七条から第四十四条までの規定は、中学校に準用する。この場合において、第三十条第二項中「前項」とあるのは「第四十六条」と、第三十一条中「前条第一項」とあるのは「第四十六条」と読み替えるものとする。

第五章の二　義務教育学校

〔義務教育学校の目的〕
第四十九条の二　義務教育学校は、心身の発達に応じて、義務教育として行われる普通教育を基礎的なものから一貫して施すことを目的とする。

〔義務教育学校の目標〕
第四十九条の三　義務教育学校における教育は、前条に規定する目的を実現するため、第二十一条各号に掲げる目標を達成するよう行われるものとする。

〔修業年限〕
第四十九条の四　義務教育学校の修業年限は、九年とする。

〔課程の区分〕
第四十九条の五　義務教育学校の課程は、これを前期六年の前期課程及び後期三年の後期課程に区分する。

〔各課程の教育の目標〕
第四十九条の六　義務教育学校の前期課程における教育は、第四十九条の二に規定する目的のうち、心身の発達に応じて、義務教育として行われる普通教育のうち基礎的なものを施すことを実現するために必要な程度において第二十一条各号に掲げる目標を達成するよう行われるものとする。

2　義務教育学校の後期課程における教育は、第四十九条の二に規定する目的のうち、前期課程における教育の基礎の上に、心身の発達に応じて、義務教育として行われる普通教育を施すことを実現するため、第二十一条各号に掲げる目標を達成するよう行われるものとする。

〔教育課程〕
第四十九条の七　義務教育学校の前期課程及び後期課程の教育課程に関する事項は、第四十九条の二、第四十九条の三及び前条の規定並びに次条において読み替えて準用する第三十条第二項の規定に従い、文部科学大臣が定める。

〔準用規定〕
第四十九条の八　第三十条第二項、第三十一条、第三十四条から第三十七条まで及び第四十二条から第四十四条までの規定は、義務教育学校に準用する。この場合において、第三十条第二項中「前項」とあるのは「第四十九条の三」と、第三十一条中「前条第一項」とあるのは「第四十九条の三」と読み替えるものとする。

第六章　高等学校

〔高等学校の目的〕
第五十条　高等学校は、中学校における教育の基礎の上に、心身の発達及び進路に応じて、高度な普通教育及び専門教育を施すことを目的とする。

〔高等学校の教育の目標〕
第五十一条　高等学校における教育は、前条に規定する目的を実現するため、次に掲げる目標を達成するよう行われるものとする。

一　義務教育として行われる普通教育の成果を更に発展拡充させて、豊かな人間性、創造性及び健やかな身体を養い、国家及び社会の形成者として必要な資質を養うこと。

二　社会において果たさなければならない使命の自覚に

基づき、個性に応じて将来の進路を決定させ、一般的な教養を高め、専門的な知識、技術及び技能を習得させること。

三　個性の確立に努めるとともに、社会について、広く深い理解と健全な批判力を養い、社会の発展に寄与する態度を養うこと。

〔学科・教科〕

第五十二条　高等学校の学科及び教育課程に関する事項は、前二条の規定及び第六十二条において読み替えて準用する第三十条第二項の規定に従い、文部科学大臣が定める。

〔定時制の課程〕

第五十三条　高等学校には、全日制の課程のほか、定時制の課程を置くことができる。

2　高等学校には、定時制の課程のみを置くことができる。

〔通信制の課程〕

第五十四条　高等学校には、全日制の課程又は定時制の課程のほか、通信制の課程を置くことができる。

2　高等学校には、通信制の課程のみを置くことができる。

3　市（指定都市を除く。以下この項において同じ。）町村（市町村が単独で又は他の市町村と共同して設立する公立大学法人を含む。）の設置する高等学校については都道府県の教育委員会、私立の高等学校については都道府県知事は、高等学校の通信制の課程のうち、当該高等学校の所在する都道府県の区域内に住所を有する者のほか、全国的に他の都道府県の区域内に住所を有する者を併せて生徒とするものその他政令で定めるもの（以下この項において「広域の通信制の課程」という。）に係る第四条第一項に規定する認可（政令で定める事項に係るものに限る。）を行うときは、あらかじめ、文部科学大臣に届け出なければならない。都道府県（都道府県が単独で又は他の地方公共団体と共同して設立する公立大学法人を含む。）又は指定都市（指定都市が単独で又は他の指定都市若しくは市町村と共同して設立する公立大学法人を含む。）の設置する高等学校の広域の通信制の課程について、当該都道府県又は指定都市の教育委員会（公立大学法人の設置する高等学校にあっては、当該公立大学法人）がこの項前段の政令で定める事項を行うときも、同様とする。

4　通信制の課程に関し必要な事項は、文部科学大臣が、これを定める。

〔技能教育〕

第五十五条　高等学校の定時制の課程又は通信制の課程に在学する生徒が、技能教育のための施設で当該施設の所在地の都道府県の教育委員会の指定するものにおいて教育を受けているときは、校長は、文部科学大臣の定めるところにより、当該施設における学習を当該高等学校における教科の一部の履修とみなすことができる。

2　前項の施設の指定に関し必要な事項は、政令で、これを定める。

〔修業年限〕

第五十六条　高等学校の修業年限は、全日制の課程については、三年とし、定時制の課程及び通信制の課程については、三年以上とする。

〔入学資格〕

第五十七条　高等学校に入学することのできる者は、中学校若しくはこれに準ずる学校若しくは義務教育学校を卒業した者若しくは中等教育学校の前期課程を修了した者又は文部科学大臣の定めるところにより、これと同等以上の学力があると認められた者とする。

〔専攻科・別科〕

第五十八条　高等学校には、専攻科及び別科を置くことができる。

2　高等学校の専攻科は、高等学校若しくはこれに準ずる学校若しくは中等教育学校を卒業した者又は文部科学大臣の定めるところにより、これと同等以上の学力があると認められた者に対して、精深な程度において、特別の事項を教授し、その研究を指導することを目的とし、その修業年限は、一年以上とする。

3　高等学校の別科は、前条に規定する入学資格を有する者に対して、簡易な程度において、特別の技能教育を施すことを目的とし、その修業年限は、一年以上とする。

〔大学編入学〕

第五十八条の二　高等学校の専攻科の課程（修業年限が二年以上であることその他文部科学大臣の定める基準を満

たすものに限る。）を修了した者（第九十条第一項に規定する者に限る。）は、文部科学大臣の定めるところにより、大学に編入学することができる。

〔入学・退学・転学等〕

第五十九条　高等学校に関する入学、退学、転学その他必要な事項は、文部科学大臣が、これを定める。

〔教職員〕

第六十条　高等学校には、校長、教頭、教諭及び事務職員を置かなければならない。

2　高等学校には、前項に規定するもののほか、副校長、主幹教諭、指導教諭、養護教諭、栄養教諭、養護助教諭、実習助手、技術職員その他必要な職員を置くことができる。

3　第一項の規定にかかわらず、副校長を置くときは、教頭を置かないことができる。

4　実習助手は、実験又は実習について、教諭の職務を助ける。

5　特別の事情のあるときは、第一項の規定にかかわらず、教諭に代えて助教諭又は講師を置くことができる。

6　技術職員は、技術に従事する。

〔二以上の課程の教頭の設置〕

第六十一条　高等学校に、全日制の課程、定時制の課程又は通信制の課程のうち二以上の課程を置くときは、それぞれの課程に関する校務を分担して整理する教頭を置かなければならない。ただし、命を受けて当該課程に関する校務をつかさどる副校長が置かれる一の課程については、この限りでない。

〔準用規定〕

第六十二条　第三十条第二項、第三十一条、第三十四条、第三十七条第四項から第十七項まで及び第十九項並びに第四十二条から第四十四条までの規定は、高等学校に準用する。この場合において、第三十条第二項中「前項」とあるのは「第五十一条」と、第三十一条中「前条第一項」とあるのは「第五十一条」と読み替えるものとする。

第七章　中等教育学校

〔目的〕

第六十三条　中等教育学校は、小学校における教育の基礎の上に、心身の発達及び進路に応じて、義務教育として行われる普通教育並びに高度な普通教育及び専門教育を一貫して施すことを目的とする。

〔教育の目標〕

第六十四条　中等教育学校における教育は、前条に規定する目的を実現するため、次に掲げる目標を達成するよう行われるものとする。

一　豊かな人間性、創造性及び健やかな身体を養い、国家及び社会の形成者として必要な資質を養うこと。

二　社会において果たさなければならない使命の自覚に基づき、個性に応じて将来の進路を決定させ、一般的な教養を高め、専門的な知識、技術及び技能を習得させること。

三　個性の確立に努めるとともに、社会について、広く深い理解と健全な批判力を養い、社会の発展に寄与する態度を養うこと。

〔修業年限〕

第六十五条　中等教育学校の修業年限は、六年とする。

〔課程の区分〕

第六十六条　中等教育学校の課程は、これを前期三年の前期課程及び後期三年の後期課程に区分する。

〔各課程の教育の目標〕

第六十七条　中等教育学校の前期課程における教育は、第六十三条に規定する目的のうち、小学校における教育の基礎の上に、心身の発達に応じて、義務教育として行われる普通教育を施すことを実現するため、第二十一条各号に掲げる目標を達成するよう行われるものとする。

2　中等教育学校の後期課程における教育は、第六十三条に規定する目的のうち、心身の発達及び進路に応じて、高度な普通教育及び専門教育を施すことを実現するため、第六十四条各号に掲げる目標を達成するよう行われるものとする。

〔学科・教科〕

第六十八条　中等教育学校の前期課程の教育課程に関する事項並びに後期課程の学科及び教育課程に関する事項は、第六十三条、第六十四条及び前条の規定並びに第七十条第一項において読み替えて準用する第三十条第二項の規定に従い、文部科学大臣が定める。

〔教職員〕

第六十九条　中等教育学校には、校長、教頭、教諭、養護教諭及び事務職員を置かなければならない。

2　中等教育学校には、前項に規定するもののほか、副校長、主幹教諭、指導教諭、栄養教諭、実習助手、技術職員その他必要な職員を置くことができる。

3　第一項の規定にかかわらず、副校長を置くときは教頭を、養護をつかさどる主幹教諭を置くときは養護教諭を、それぞれ置かないことができる。

4　特別の事情のあるときは、第一項の規定にかかわらず、教諭に代えて助教諭又は講師を、養護教諭に代えて養護助教諭を置くことができる。

〔準用規定〕

第七十条　第三十条第二項、第三十一条、第三十四条、第三十七条第四項から第十七項まで及び第十九項、第四十二条から第四十四条まで、第五十九条並びに第六十条第四項及び第六項の規定は中等教育学校に、第五十三条から第五十五条まで、第五十八条、第五十八条の二及び第六十一条の規定は中等教育学校の後期課程に、それぞれ準用する。この場合において、第三十条第二項中「前項」とあるのは「第六十四条」と、第三十一条中「前条第一項」とあるのは「第六十四条」と読み替えるものとする。

2　前項において準用する第五十三条又は第五十四条の規定により後期課程に定時制の課程又は通信制の課程を置く中等教育学校については、第六十五条の規定にかかわらず、当該定時制の課程又は通信制の課程に係る修業年限は、六年以上とする。この場合において、第六十六条中「後期三年の後期課程」とあるのは、「後期三年以上の後期課程」とする。

〔中高一貫教育〕

第七十一条　同一の設置者が設置する中学校及び高等学校においては、文部科学大臣の定めるところにより、中等教育学校に準じて、中学校における教育と高等学校における教育を一貫して施すことができる。

第八章　特別支援教育

〔特別支援学校の目的〕

第七十二条　特別支援学校は、視覚障害者、聴覚障害者、知的障害者、肢体不自由者又は病弱者（身体虚弱者を含む。以下同じ。）に対して、幼稚園、小学校、中学校又は高等学校に準ずる教育を施すとともに、障害による学習上又は生活上の困難を克服し自立を図るために必要な知識技能を授けることを目的とする。

〔当該学校が行う教育内容の明示〕

第七十三条　特別支援学校においては、文部科学大臣の定めるところにより、前条に規定する者に対する教育のうち当該学校が行うものを明らかにするものとする。

〔特別支援学級への助言又は援助〕

第七十四条　特別支援学校においては、第七十二条に規定する目的を実現するための教育を行うほか、幼稚園、小学校、中学校、義務教育学校、高等学校又は中等教育学校の要請に応じて、第八十一条第一項に規定する幼児、児童又は生徒の教育に関し必要な助言又は援助を行うよう努めるものとする。

〔障害の程度〕

第七十五条　第七十二条に規定する視覚障害者、聴覚障害者、知的障害者、肢体不自由者又は病弱者の障害の程度は、政令で定める。

〔小学部・中学部・幼稚部・高等部〕

第七十六条　特別支援学校には、小学部及び中学部を置かなければならない。ただし、特別の必要のある場合においては、そのいずれかのみを置くことができる。

2　特別支援学校には、小学部及び中学部のほか、幼稚部又は高等部を置くことができ、また、特別の必要のある場合においては、前項の規定にかかわらず、小学部及び中学部を置かないで幼稚部又は高等部のみを置くことができる。

〔保育内容・教育課程・学科〕

第七十七条　特別支援学校の幼稚部の教育課程その他の保育内容、小学部及び中学部の教育課程又は高等部の学科及び教育課程に関する事項は、幼稚園、小学校、中学校又は高等学校に準じて、文部科学大臣が定める。

〔寄宿舎の設置〕

第七十八条　特別支援学校には、寄宿舎を設けなければな

らない。ただし、特別の事情のあるときは、これを設けないことができる。

〔寄宿舎指導員〕
第七十九条　寄宿舎を設ける特別支援学校には、寄宿舎指導員を置かなければならない。
2　寄宿舎指導員は、寄宿舎における幼児、児童又は生徒の日常生活上の世話及び生活指導に従事する。

〔特別支援学校の設置義務〕
第八十条　都道府県は、その区域内にある学齢児童及び学齢生徒のうち、視覚障害者、聴覚障害者、知的障害者、肢体不自由者又は病弱者で、その障害が第七十五条の政令で定める程度のものを就学させるに必要な特別支援学校を設置しなければならない。

〔特別支援学級〕
第八十一条　幼稚園、小学校、中学校、義務教育学校、高等学校及び中等教育学校においては、次項各号のいずれかに該当する幼児、児童及び生徒その他教育上特別の支援を必要とする幼児、児童及び生徒に対し、文部科学大臣の定めるところにより、障害による学習上又は生活上の困難を克服するための教育を行うものとする。
2　小学校、中学校、義務教育学校、高等学校及び中等教育学校には、次の各号のいずれかに該当する児童及び生徒のために、特別支援学級を置くことができる。
一　知的障害者
二　肢体不自由者
三　身体虚弱者
四　弱視者
五　難聴者
六　その他障害のある者で、特別支援学級において教育を行うことが適当なもの
3　前項に規定する学校においては、疾病により療養中の児童及び生徒に対して、特別支援学級を設け、又は教員を派遣して、教育を行うことができる。

〔準用規定〕
第八十二条　第二十六条、第二十七条、第三十一条（第四十九条及び第六十二条において読み替えて準用する場合を含む。）、第三十二条、第三十四条（第四十九条及び第六十二条において準用する場合を含む。）、第三十六条、第三十七条（第二十八条、第四十九条及び第六十二条において準用する場合を含む。）、第四十二条から第四十四条まで、第四十七条及び第五十六条から第六十条までの規定は特別支援学校に、第八十四条の規定は特別支援学校の高等部に、それぞれ準用する。

第九章　大学

〔大学の目的〕
第八十三条　大学は、学術の中心として、広く知識を授けるとともに、深く専門の学芸を教授研究し、知的、道徳的及び応用的能力を展開させることを目的とする。
2　大学は、その目的を実現するための教育研究を行い、その成果を広く社会に提供することにより、社会の発展に寄与するものとする。

〔専門職大学〕
第八十三条の二　前条の大学のうち、深く専門の学芸を教授研究し、専門性が求められる職業を担うための実践的かつ応用的な能力を展開させることを目的とするものは、専門職大学とする。
2　専門職大学は、文部科学大臣の定めるところにより、その専門性が求められる職業に就いている者、当該職業に関連する事業を行う者その他の関係者の協力を得て、教育課程を編成し、及び実施し、並びに教員の資質の向上を図るものとする。
3　専門職大学には、第八十七条第二項に規定する課程を置くことができない。

〔通信教育〕
第八十四条　大学は、通信による教育を行うことができる。

〔学部及び学部以外の教育研究組織〕
第八十五条　大学には、学部を置くことを常例とする。ただし、当該大学の教育研究上の目的を達成するため有益かつ適切である場合においては、学部以外の教育研究上の基本となる組織を置くことができる。

〔夜間学部〕
第八十六条　大学には、夜間において授業を行う学部又は通信による教育を行う学部を置くことができる。

〔修業年限〕
第八十七条　大学の修業年限は、四年とする。ただし、特

別の専門事項を教授研究する学部及び前条の夜間において授業を行う学部については、その修業年限は、四年を超えるものとすることができる。

2　医学を履修する課程、歯学を履修する課程、薬学を履修する課程のうち臨床に係る実践的な能力を培うことを主たる目的とするもの又は獣医学を履修する課程については、前項本文の規定にかかわらず、その修業年限は、六年とする。

〔専門職大学の課程〕

第八十七条の二　専門職大学の課程は、これを前期二年の前期課程及び後期二年の後期課程又は前期三年の前期課程及び後期一年の後期課程（前条第一項ただし書の規定により修業年限を四年を超えるものとする学部にあつては、前期二年の前期課程及び後期二年以上の後期課程又は前期三年の前期課程及び後期一年以上の後期課程）に区分することができる。

2　専門職大学の前期課程における教育は、第八十三条の二第一項に規定する目的のうち、専門性が求められる職業を担うための実践的かつ応用的な能力を育成することを実現するために行われるものとする。

3　専門職大学の後期課程における教育は、前期課程における教育の基礎の上に、第八十三条の二第一項に規定する目的を実現するために行われるものとする。

4　第一項の規定により前期課程及び後期課程に区分された専門職大学の課程においては、当該前期課程を修了しなければ、当該前期課程から当該後期課程に進学することができないものとする。

〔修業年限の通算〕

第八十八条　大学の学生以外の者として一の大学において一定の単位を修得した者が当該大学に入学する場合において、当該単位の修得により当該大学の教育課程の一部を履修したと認められるときは、文部科学大臣の定めるところにより、修得した単位数その他の事項を勘案して大学が定める期間を修業年限に通算することができる。ただし、その期間は、当該大学の修業年限の二分の一を超えてはならない。

〔実践的な能力の修行年限への通算〕

第八十八条の二　専門性が求められる職業に係る実務の経験を通じて当該職業を担うための実践的な能力を修得した者が専門職大学等（専門職大学又は第百八条第四項に規定する目的をその目的とする大学（第百四条第五項及び第六項において「専門職短期大学」という。）をいう。以下同じ。）に入学する場合において、当該実践的な能力の修得により当該専門職大学等の教育課程の一部を履修したと認められるときは、文部科学大臣の定めるところにより、修得した実践的な能力の水準その他の事項を勘案して専門職大学等が定める期間を修業年限に通算することができる。ただし、その期間は、当該専門職大学等の修業年限の二分の一を超えない範囲内で文部科学大臣の定める期間を超えてはならない。

〔修業年限の特例〕

第八十九条　大学は、文部科学大臣の定めるところにより、当該大学の学生（第八十七条第二項に規定する課程に在学するものを除く。）で当該大学に三年（同条第一項ただし書の規定により修業年限を四年を超えるものとする学部の学生にあつては、三年以上で文部科学大臣の定める期間）以上在学したもの（これに準ずるものとして文部科学大臣の定める者を含む。）が、卒業の要件として当該大学の定める単位を優秀な成績で修得したと認める場合には、同項の規定にかかわらず、その卒業を認めることができる。

〔入学資格〕

第九十条　大学に入学することのできる者は、高等学校若しくは中等教育学校を卒業した者若しくは通常の課程による十二年の学校教育を修了した者（通常の課程以外の課程によりこれに相当する学校教育を修了した者を含む。）又は文部科学大臣の定めるところにより、これと同等以上の学力があると認められた者とする。

2　前項の規定にかかわらず、次の各号に該当する大学は、文部科学大臣の定めるところにより、高等学校に文部科学大臣の定める年数以上在学した者（これに準ずる者と

して文部科学大臣が定める者を含む。）であって、当該大学の定める分野において特に優れた資質を有すると認めるものを、当該大学に入学させることができる。

一　当該分野に関する教育研究が行われている大学院が置かれていること。

二　当該分野における特に優れた資質を有する者の育成を図るのにふさわしい教育研究上の実績及び指導体制を有すること。

〔教職員〕

第九十二条　大学には学長、教授、准教授、助教、助手及び事務職員を置かなければならない。ただし、教育研究上の組織編制として適切と認められる場合には、准教授、助教又は助手を置かないことができる。

2　大学には前項のほか、副学長、学部長、講師、技術職員その他必要な職員を置くことができる。

3　学長は、校務をつかさどり、所属職員を統督する。

4　副学長は、学長の職務を助け、命を受けて校務をつかさどる。

5　学部長は、学部に関する校務をつかさどる。

6　教授は、専攻分野について、教育上、研究上又は実務上の特に優れた知識、能力及び実績を有する者であって、学生を教授し、その研究を指導し、又は研究に従事する。

7　准教授は、専攻分野について、教育上、研究上又は実務上の優れた知識、能力及び実績を有する者であって、学生を教授し、その研究を指導し、又は研究に従事する。

8　助教は、専攻分野について、教育上、研究上又は実務上の知識及び能力を有する者であって、学生を教授し、その研究を指導し、又は研究に従事する。

9　助手は、その所属する組織における教育研究の円滑な実施に必要な業務に従事する。

10　講師は、教授又は准教授に準ずる職務に従事する。

〔教授会〕

第九十三条　大学に、教授会を置く。

2　教授会は、学長が次に掲げる事項について決定を行うに当たり意見を述べるものとする。

一　学生の入学、卒業及び課程の修了

二　学位の授与

三　前二号に掲げるもののほか、教育研究に関する重要な事項で、教授会の意見を聴くことが必要なものとして学長が定めるもの

3　教授会は、前項に規定するもののほか、学長及び学部長その他の教授会が置かれる組織の長（以下この項において「学長等」という。）がつかさどる教育研究に関する事項について審議し、及び学長等の求めに応じ、意見を述べることができる。

4　教授会の組織には、准教授その他の職員を加えることができる。

〔大学の設置基準〕

第九十四条　大学について第三条に規定する設置基準を定める場合及び第四条第五項に規定する基準を定める場合には、文部科学大臣は、審議会等で政令で定めるものに諮問しなければならない。

〔大学の設置認可〕

第九十五条　大学の設置の認可を行う場合及び大学に対し第四条第三項若しくは第十五条第二項若しくは第三項の規定による命令又は同条第一項の規定による勧告を行う場合には、文部科学大臣は、審議会等で政令で定めるものに諮問しなければならない。

〔研究施設の附置〕

第九十六条　大学には、研究所その他の研究施設を附置することができる。

〔大学院〕

第九十七条　大学には、大学院を置くことができる。

〔公私立大学の所轄庁〕

第九十八条　公立又は私立の大学は、文部科学大臣の所轄とする。

〔大学院の目的〕

第九十九条　大学院は、学術の理論及び応用を教授研究し、その深奥をきわめ、又は高度の専門性が求められる職業を担うための深い学識及び卓越した能力を培い、文化の進展に寄与することを目的とする。

2　大学院のうち、学術の理論及び応用を教授研究し、高度の専門性が求められる職業を担うための深い学識及び卓越した能力を培うことを目的とするものは、専門職大

学院とする。

3　専門職大学院は、文部科学大臣の定めるところにより、その高度の専門性が求められる職業に就いている者、当該職業に関連する事業を行う者その他の関係者の協力を得て、教育課程を編成し、及び実施し、並びに教員の資質の向上を図るものとする。

〔大学院の研究科〕

第百条　大学院を置く大学には、研究科を置くことを常例とする。ただし、当該大学の教育研究上の目的を達成するため有益かつ適切である場合においては、文部科学大臣の定めるところにより、研究科以外の教育研究上の基本となる組織を置くことができる。

〔夜間・通信教育の研究科〕

第百一条　大学院を置く大学には、夜間において授業を行う研究科又は通信による教育を行う研究科を置くことができる。

〔大学院の入学資格〕

第百二条　大学院に入学することのできる者は、第八十三条の大学を卒業した者又は文部科学大臣の定めるところにより、これと同等以上の学力があると認められた者とする。ただし、研究科の教育研究上必要がある場合においては、当該研究科に係る入学資格を、修士の学位若しくは第百四条第一項に規定する文部科学大臣の定める学位を有する者又は文部科学大臣の定めるところにより、これと同等以上の学力があると認められた者とすることができる。

2　前項本文の規定にかかわらず、大学院を置く大学は、文部科学大臣の定めるところにより、第八十三条の大学に文部科学大臣の定める年数以上在学した者（これに準ずる者として文部科学大臣が定める者を含む。）であって、当該大学院を置く大学の定める単位を優秀な成績で修得したと認めるもの（当該単位の修得の状況及びこれに準ずるものとして文部科学大臣が定めるものに基づき、これと同等以上の能力及び資質を有すると認めるものを含む。）を、当該大学院に入学させることができる。

〔大学院大学〕

第百三条　教育研究上特別の必要がある場合においては、第八十五条の規定にかかわらず、学部を置くことなく大学院を置くものを大学とすることができる。

〔学位の授与〕

第百四条　大学（専門職大学及び第百八条第二項の大学（以下この条において「短期大学」という。）を除く。以下この項及び第七項において同じ。）は、文部科学大臣の定めるところにより、大学を卒業した者に対し、学士の学位を授与するものとする。

2　専門職大学は、文部科学大臣の定めるところにより、専門職大学を卒業した者（第八十七条の二第一項の規定によりその課程を前期課程及び後期課程に区分している専門職大学にあっては、前期課程を修了した者を含む。）に対し、文部科学大臣の定める学位を授与するものとする。

3　大学院を置く大学は、文部科学大臣の定めるところにより、大学院（専門職大学院を除く。）の課程を修了した者に対し修士又は博士の学位を、専門職大学院の課程を修了した者に対し文部科学大臣の定める学位を授与するものとする。

4　大学院を置く大学は、文部科学大臣の定めるところにより、前項の規定により博士の学位を授与された者と同等以上の学力があると認める者に対し、博士の学位を授与することができる。

5　短期大学（専門職短期大学を除く。以下この項において同じ。）は、文部科学大臣の定めるところにより、短期大学を卒業した者に対し、短期大学士の学位を授与するものとする。

6　専門職短期大学は、文部科学大臣の定めるところにより、専門職短期大学を卒業した者に対し、文部科学大臣の定める学位を授与するものとする。

7　独立行政法人大学改革支援・学位授与機構は、文部科学大臣の定めるところにより、次の各号に掲げる者に対し、当該各号に定める学位を授与するものとする。

一　短期大学（専門職大学の前期課程を含む。）若しくは

高等専門学校を卒業した者（専門職大学の前期課程にあっては、修了した者）又はこれに準ずる者で、大学における一定の単位の修得又はこれに相当するものとして文部科学大臣の定める学習を行い、大学を卒業した者と同等以上の学力を有すると認める者　学士

二　学校以外の教育施設で学校教育に類する教育を行うもののうち当該教育を行うにつき他の法律に特別の規定があるものに置かれる課程で、大学又は大学院に相当する教育を行うと認めるものを修了した者　学士、修士又は博士

8　学位に関する事項を定めるについては、文部科学大臣は、第九十四条の政令で定める審議会等に諮問しなければならない。

〔履修証明書を交付する課程〕

第百五条　大学は、文部科学大臣の定めるところにより、当該大学の学生以外の者を対象とした特別の課程を編成し、これを修了した者に対し、修了の事実を証する証明書を交付することができる。

〔名誉教授〕

第百六条　大学は、当該大学に学長、副学長、学部長、教授、准教授又は講師として勤務した者であって、教育上又は学術上特に功績のあった者に対し、当該大学の定めるところにより、名誉教授の称号を授与することができる。

〔公開講座〕

第百七条　大学においては、公開講座の施設を設けることができる。

2　公開講座に関し必要な事項は、文部科学大臣が、これを定める。

〔短期大学〕

第百八条　大学は、第八十三条第一項に規定する目的に代えて、深く専門の学芸を教授研究し、職業又は実際生活に必要な能力を育成することを主な目的とすることができる。

2　前項に規定する目的をその目的とする大学は、第八十七条第一項の規定にかかわらず、その修業年限を二年又は三年とする。

3　前項の大学は、短期大学と称する。

4　第二項の大学のうち、深く専門の学芸を教授研究し、専門性が求められる職業を担うための実践的かつ応用的な能力を育成することを目的とするものは、専門職短期大学とする。

5　第八十三条の二第二項の規定は、前項の大学に準用する。

6　第二項の大学には、第八十五条及び第八十六条の規定にかかわらず、学部を置かないものとする。

7　第二項の大学には、学科を置く。

8　第二項の大学には、夜間において授業を行う学科又は通信による教育を行う学科を置くことができる。

9　第二項の大学を卒業した者は、文部科学大臣の定めるところにより、第八十三条の大学に編入学することができる。

10　第九十七条の規定は、第二項の大学については適用しない。

〔点検・評価〕

第百九条　大学は、その教育研究水準の向上に資するため、文部科学大臣の定めるところにより、当該大学の教育及び研究、組織及び運営並びに施設及び設備（次項及び第五項において「教育研究等」という。）の状況について自ら点検及び評価を行い、その結果を公表するものとする。

2　大学は、前項の措置に加え、当該大学の教育研究等の総合的な状況について、政令で定める期間ごとに、文部科学大臣の認証を受けた者（以下「認証評価機関」という。）による評価（以下「認証評価」という。）を受けるものとする。ただし、認証評価機関が存在しない場合その他特別の事由がある場合であって、文部科学大臣の定める措置を講じているときは、この限りでない。

3　専門職大学等又は専門職大学院を置く大学にあっては、前項に規定するもののほか、当該専門職大学等又は専門職大学院の設置の目的に照らし、当該専門職大学等又は専門職大学院の教育課程、教員組織その他教育研究活動

の状況について、政令で定める期間ごとに、認証評価を受けるものとする。ただし、当該専門職大学等又は専門職大学院の課程に係る分野について認証評価を行う認証評価機関が存在しない場合その他特別の事由がある場合であって、文部科学大臣の定める措置を講じているときは、この限りでない。

4　前二項の認証評価は、大学からの求めにより、大学評価基準（前二項の認証評価を行うために認証評価機関が定める基準をいう。以下この条及び次条において同じ。）に従って行うものとする。

5　第二項及び第三項の認証評価においては、それぞれの認証評価の対象たる教育研究等状況（第二項に規定する大学の教育研究等の総合的な状況及び第三項に規定する専門職大学等又は専門職大学院の教育課程、教員組織その他教育研究活動の状況をいう。次項及び第七項において同じ。）が大学評価基準に適合しているか否かの認定を行うものとする。

6　大学は、教育研究等状況について大学評価基準に適合している旨の認証評価機関の認定（次項において「適合認定」という。）を受けるよう、その教育研究水準の向上に努めなければならない。

7　文部科学大臣は、大学が教育研究等状況について適合認定を受けられなかったときは、当該大学に対し、当該大学の教育研究等状況について、報告又は資料の提出を求めるものとする。

〔認証評価機関〕

第百十条　認証評価機関になろうとする者は、文部科学大臣の定めるところにより、申請により、文部科学大臣の認証を受けることができる。

2　文部科学大臣は、前項の規定による認証の申請が次の各号のいずれにも適合すると認めるときは、その認証をするものとする。

一　大学評価基準及び評価方法が認証評価を適確に行うに足りるものであること。

二　認証評価の公正かつ適確な実施を確保するために必要な体制が整備されていること。

三　第四項に規定する措置（同項に規定する通知を除く。）の前に認証評価の結果に係る大学からの意見の申立ての機会を付与していること。

四　認証評価を適確かつ円滑に行うに必要な経理的基礎を有する法人（人格のない社団又は財団で代表者又は管理人の定めのあるものを含む。次号において同じ。）であること。

五　次条第二項の規定により認証を取り消され、その取消しの日から二年を経過しない法人でないこと。

六　その他認証評価の公正かつ適確な実施に支障を及ぼすおそれがないこと。

3　前項に規定する基準を適用するに際して必要な細目は、文部科学大臣が、これを定める。

4　認証評価機関は、認証評価を行ったときは、遅滞なく、その結果を大学に通知するとともに、文部科学大臣の定めるところにより、これを公表し、かつ、文部科学大臣に報告しなければならない。

5　認証評価機関は、大学評価基準、評価方法その他文部科学大臣の定める事項を変更しようとするとき、又は認証評価の業務の全部若しくは一部を休止若しくは廃止しようとするときは、あらかじめ、文部科学大臣に届け出なければならない。

6　文部科学大臣は、認証評価機関の認証をしたとき、又は前項の規定による届出があったときは、その旨を官報で公示しなければならない。

〔認証評価の報告・資料提出〕

第百十一条　文部科学大臣は、認証評価の公正かつ適確な実施が確保されないおそれがあると認めるときは、認証評価機関に対し、必要な報告又は資料の提出を求めることができる。

2　文部科学大臣は、認証評価機関が前項の求めに応じず、又若しくは虚偽の報告若しくは資料の提出をしたとき、又

は前条第二項及び第三項の規定に適合しなくなったと認めるときその他認証評価の公正かつ適確な実施に著しく支障を及ぼす事由があると認めるときは、当該認証評価機関に対してこれを改善すべきことを求め、及びその求めによってもなお改善されないときは、その認証を取り消すことができる。

3　文部科学大臣は、前項の規定により認証評価機関の認証を取り消したときは、その旨を官報で公示しなければならない。

〔審議会への諮問〕

第百十二条　文部科学大臣は、次に掲げる場合には、第九十四条の政令で定める審議会等に諮問しなければならない。

一　認証評価機関の認証をするとき。

二　第百十条第三項の細目を定めるとき。

三　認証評価機関の認証を取り消すとき。

〔教育研究成果の公表〕

第百十三条　大学は、教育研究の成果の普及及び活用の促進に資するため、その教育研究活動の状況を公表するものとする。

〔準用規定〕

第百十四条　第三十七条第十四項及び第六十条第六項の規定は、大学に準用する。

第十章　高等専門学校

〔高等専門学校の目的〕

第百十五条　高等専門学校は、深く専門の学芸を教授し、職業に必要な能力を育成することを目的とする。

2　高等専門学校は、その目的を実現するための教育を行い、その成果を広く社会に提供することにより、社会の発展に寄与するものとする。

〔学科〕

第百十六条　高等専門学校には、学科を置く。

2　前項の学科に関し必要な事項は、文部科学大臣が、これを定める。

〔修業年限〕

第百十七条　高等専門学校の修業年限は、五年とする。ただし、商船に関する学科については、五年六月とする。

〔入学資格〕

第百十八条　高等専門学校に入学することのできる者は、第五十七条に規定する者とする。

〔高等専門学校の専攻科〕

第百十九条　高等専門学校には、専攻科を置くことができる。

2　高等専門学校の専攻科は、高等専門学校を卒業した者又は文部科学大臣の定めるところにより、これと同等以上の学力があると認められた者に対して、精深な程度において、特別の事項を教授し、その研究を指導することを目的とし、その修業年限は、一年以上とする。

〔教職員〕

第百二十条　高等専門学校には、校長、教授、准教授、助教、助手及び事務職員を置かなければならない。ただし、教育上の組織編制として適切と認められる場合には、准教授、助教又は助手を置かないことができる。

2　高等専門学校には、前項のほか、講師、技術職員その他必要な職員を置くことができる。

3　校長は、校務を掌り、所属職員を監督する。

4　教授は、専攻分野について、教育上又は実務上の特に優れた知識、能力及び実績を有する者であって、学生を教授する。

5　准教授は、専攻分野について、教育上又は実務上の優れた知識、能力及び実績を有する者であって、学生を教授する。

6　助教は、専攻分野について、教育上又は実務上の知識及び能力を有する者であって、学生を教授する。

7　助手は、その所属する組織における教育の円滑な実施に必要な業務に従事する。

8　講師は、教授又は准教授に準ずる職務に従事する。

〔準学士〕

第百二十一条　高等専門学校を卒業した者は、準学士と称することができる。

〔大学編入学資格〕

第百二十二条　高等専門学校を卒業した者は、文部科学大臣の定めるところにより、大学に編入学することができる。

〔準用規定〕

第百二十三条　第三十七条第十四項、第五十九条、第六十条第六項、第九十四条（設置基準に係る部分に限る。）、

第九十五条、第九十八条、第百五条から第百七条まで、第百九条（第三項を除く。）及び第百十条から第百十三条までの規定は、高等専門学校に準用する。

第十一章　専修学校

〔専修学校の目的等〕

第百二十四条　第一条に掲げるもの以外の教育施設で、職業若しくは実際生活に必要な能力を育成し、又は教養の向上を図ることを目的として次の各号に該当する組織的な教育を行うもの（当該教育を行うにつき他の法律に特別の規定があるもの及び我が国に居住する外国人を専ら対象とするものを除く。）は、専修学校とする。

一　修業年限が一年以上であること。

二　授業時数が文部科学大臣の定める授業時数以上であること。

三　教育を受ける者が常時四十人以上であること。

〔専修学校の課程〕

第百二十五条　専修学校には、高等課程、専門課程又は一般課程を置く。

2　専修学校の高等課程においては、中学校若しくはこれに準ずる学校若しくは義務教育学校を卒業した者若しくは中等教育学校の前期課程を修了した者又は文部科学大臣の定めるところによりこれと同等以上の学力があると認められた者に対して、中学校における教育の基礎の上に、心身の発達に応じて前条の教育を行うものとする。

3　専修学校の専門課程においては、高等学校若しくはこれに準ずる学校若しくは中等教育学校を卒業した者又は文部科学大臣の定めるところによりこれに準ずる学力があると認められた者に対して、高等学校における教育の基礎の上に、前条の教育を行うものとする。

4　専修学校の一般課程においては、高等課程又は専門課程の教育以外の前条の教育を行うものとする。

〔高等専修学校・専門学校〕

第百二十六条　高等課程を置く専修学校は、高等専修学校と称することができる。

2　専門課程を置く専修学校は、専門学校と称することができる。

〔設置者の制限〕

第百二十七条　専修学校は、国及び地方公共団体のほか、次に該当する者でなければ、設置することができない。

一　専修学校を経営するために必要な経済的基礎を有すること。

二　設置者（設置者が法人である場合にあっては、その経営を担当する当該法人の役員とする。次号において同じ。）が専修学校を経営するために必要な知識又は経験を有すること。

三　設置者が社会的信望を有すること。

〔専修学校の基準〕

第百二十八条　専修学校は、次に掲げる事項について文部科学大臣の定める基準に適合していなければならない。

一　目的、生徒の数又は課程の種類に応じて置かなければならない教員の数

二　目的、生徒の数又は課程の種類に応じて有しなければならない校地及び校舎の面積並びにその位置及び環境

三　目的、生徒の数又は課程の種類に応じて有しなければならない設備

四　目的又は課程の種類に応じた教育課程及び編制の大綱

〔校長・教員〕

第百二十九条　専修学校には、校長及び相当数の教員を置かなければならない。

2　専修学校の校長は、教育に関する識見を有し、かつ、教育、学術又は文化に関する業務に従事した者でなければならない。

3　専修学校の教員は、その担当する教育に関する専門的な知識又は技能に関し、文部科学大臣の定める資格を有する者でなければならない。

〔専修学校の認可〕

第百三十条　国又は都道府県（都道府県が単独で又は他の地方公共団体と共同して設立する公立大学法人を含む。）が設置する専修学校を除くほか、専修学校の設置廃止（高等課程、専門課程又は一般課程の設置廃止を含む。）、

設置者の変更及び目的の変更は、市町村の設置する専修学校にあつては都道府県の教育委員会、私立の専修学校にあつては都道府県知事の認可を受けなければならない。

2 都道府県の教育委員会又は都道府県知事は、専修学校の設置（高等課程、専門課程又は一般課程の設置を含む。）の認可の申請があつたときは、申請の内容が第百二十四条、第百二十五条及び前三条の基準に適合するかどうかを審査した上で、認可に関する処分をしなければならない。

〔政令該当事項の届出〕

第百三十一条 国又は都道府県（都道府県が単独で又は他の地方公共団体と共同して設立する公立大学法人を含む。）が設置する専修学校を除くほか、専修学校の設置者は、その設置する専修学校の名称、位置又は学則を変更しようとするときその他政令で定める場合に該当するときは、市町村の設置する専修学校にあつては都道府県の教育委員会に、私立の専修学校にあつては都道府県知事に届け出なければならない。

（略）

〔大学への編入学〕

第百三十二条 専修学校の専門課程（修業年限が二年以上であることその他の文部科学大臣の定める基準を満たすものに限る。）を修了した者（第九十条第一項に規定する者に限る。）は、文部科学大臣の定めるところにより、大学に編入学することができる。

〔準用規定〕

第百三十三条 第五条、第六条、第九条から第十二条まで、第十三条第一項、第十四条及び第四十二条から第四十四条までの規定は専修学校に、第百五条の規定は専門課程を置く専修学校に準用する。この場合において、第十条中「大学及び高等専門学校にあつては文部科学大臣に、大学及び高等専門学校以外の学校にあつては都道府県知事に」とあるのは「都道府県知事に」と、同項中「第四条第一項各号に掲げる学校」とあるのは「市町村（市町村が単独で又は他の市町村と共同して設立する公立大学法人を含む。）の設置する専修学校又は私立の専修学校」と、「同項各号に定める者」とあるのは「都道府県の教育委員会又は都道府県知事」と、同項第二号中「その者」とあるのは「当該都道府県知事」と、同項第二号中「その者」とあるのは「当該都道府県の教育委員会又は都道府県知事」と、第十四条中「大学及び高等専門学校以外の市町村の設置する学校については都道府県の教育委員会、大学及び高等専門学校以外の私立学校については都道府県知事」とあるのは「市町村（市町村が単独で又は他の市町村と共同して設立する公立大学法人を含む。）の設置する専修学校については都道府県の教育委員会、私立の専修学校については都道府県知事」と読み替えるものとする。

2 都道府県の教育委員会又は都道府県知事は、前項において準用する第十三条第一項の規定による処分をするときは、理由を付した書面をもつて当該専修学校の設置者にその旨を通知しなければならない。

第十二章 雑則

〔各種学校〕

第百三十四条 第一条に掲げるもの以外のもので、学校教育に類する教育を行うもの（当該教育を行うにつき他の法律に特別の規定があるもの及び第百二十四条に規定する専修学校の教育を行うものを除く。）は、各種学校とする。

2 第四条第一項前段、第五条から第七条まで、第九条から第十一条まで、第十三条第一項、第十四条及び第四十二条から第四十四条までの規定は、各種学校に準用する。この場合において、第四条第一項前段中「次の各号に掲げる学校」とあるのは「市町村の設置する各種学校又は私立の各種学校」と、「当該各号に定める者」とあるのは「都道府県の教育委員会又は都道府県知事」と、第十条中「大学及び高等専門学校にあつては文部科学大臣に、大学及び高等専門学校以外の学校にあつては都道府県知事に」とあるのは「都道府県知事に」と、第十三条第一項中「第四条第一項各号に掲げる学校」とあるのは「市町

村の設置する各種学校又は私立の各種学校」と、「同項各号に定める者」とあるのは「都道府県の教育委員会又は都道府県知事」と、同項第二号中「その者」とあるのは「当該都道府県の教育委員会又は都道府県知事」と、第十四条中「大学及び高等専門学校以外の市町村の設置する学校については都道府県の教育委員会、大学及び高等専門学校以外の私立学校については都道府県知事」とあるのは「市町村の設置する各種学校については都道府県の教育委員会、私立の各種学校については都道府県知事」と読み替えるものとする。

3　前項のほか、各種学校に関し必要な事項は、文部科学大臣が、これを定める。

〔学校名の専称〕

第百三十五条　専修学校、各種学校その他第一条に掲げるもの以外の教育施設は、同条に掲げる学校の名称又は大学院の名称を用いてはならない。

2　高等課程を置く専修学校以外の教育施設は高等専修学校の名称を、専門課程を置く専修学校以外の教育施設は専門学校の名称を、専修学校以外の教育施設は専修学校の名称を用いてはならない。

〔準各種学校〕

第百三十六条　都道府県の教育委員会（私人の経営に係るものにあつては、都道府県知事）は、学校以外のもの又は専修学校若しくは各種学校以外のものが専修学校又は各種学校の教育を行うものと認める場合においては、関係者に対して、一定の期間内に専修学校設置又は各種学校設置の認可を申請すべき旨を勧告することができる。ただし、その期間は、一箇月を下ることができない。

2　都道府県の教育委員会（私人の経営に係るものにあつては、都道府県知事）は、前項に規定する関係者が、同項の規定による勧告に従わず引き続き専修学校若しくは各種学校の教育を行つているとき、又は専修学校設置若しくは各種学校設置の認可を申請したがその認可が得られなかつた場合において引き続き専修学校若しくは各種学校の教育を行つているときは、当該関係者に対して、当該教育をやめるべき旨を命ずることができる。

3　都道府県知事は、前項の規定による命令をなす場合においては、あらかじめ私立学校審議会の意見を聞かなければならない。

〔社会教育への利用〕

第百三十七条　学校教育上支障のない限り、学校には、社会教育に関する施設を附置し、又は学校の施設を社会教育その他公共のために、利用させることができる。

〔行政手続法の適用除外〕

第百三十八条　第十七条第三項の政令で定める事項のうち同条第一項又は第二項の義務の履行に関する処分に該当するもので政令で定めるものについては、行政手続法（平成五年法律第八十八号）第三章の規定は、適用しない。

〔都の特別区の取扱い〕

第百四十条　この法律における市には、東京都の区を含むものとする。

〔政令・文部科学大臣への委任〕

第百四十二条　この法律に規定するもののほか、この法律施行のため必要な事項で、地方公共団体の機関が処理しなければならないものについては政令で、その他のものについては文部科学大臣が、これを定める。

第十三章　罰則

〔保護者の就学義務の不履行〕

第百四十四条　第十七条第一項又は第二項の義務の履行の督促を受け、なお履行しない者は、十万円以下の罰金に処する。

（略）

〔子女使用者の義務違反〕

第百四十五条　第二十条の規定に違反した者は、十万円以下の罰金に処する。

附　則

〔施行期日〕

附則第一条　この法律は、昭和二十二年四月一日から、これを施行する。ただし、第二十二条第一項及び第三十九条第一項に規定する盲学校、聾学校及び養護学校における就学義務並びに第七十四条に規定するこれらの学校の設置義務に関する部分の施行期日は、政令で、これを定める。

〔設置についての例外〕

附則第六条　私立の幼稚園は、第二条第一項の規定にかかわらず、当分の間、学校法人によって設置されることを要しない。

附則第七条　小学校、中学校、義務教育学校及び中等教育学校には、第三十七条（第四十九条及び第四十九条の八において準用する場合を含む。）及び第六十九条の規定にかかわらず、当分の間、養護教諭を置かないことができる。

〔教科用図書使用の経過措置〕

附則第九条　高等学校、中等教育学校の後期課程及び特別支援学校並びに特別支援学級においては、当分の間、第三十四条第一項（第四十九条、第四十九条の八、第六十二条、第七十条第一項及び第八十二条において準用する場合を含む。）の規定にかかわらず、文部科学大臣の定めるところにより、第三十四条第一項に規定する教科用図書以外の教科用図書を使用することができる。

提案理由

○国務大臣（高橋誠一郎君）　今回上程に相なりました学校教育法案について、大略御説明申し上げます。

（一九四七年三月一七日　衆議院）

政府は民主的な平和国家、文化国家建設の根基をなします教育の重要性に鑑みまして、さきに内閣に教育刷新委員会を設置いたしまして、日本教育制度の根本的改革につきまして、慎重審議を煩わしてまいったのでございます。このたびの学制改革案は、この教育刷新委員会の改革案を骨子とするものでありますが、この案はまた、昨年三月に来朝いたしました米国教育使節団の勧告書の線に沿うものでありまして、従来の学制を根本的に整備いたしまして、六年、三年、三年、四年の小学校、中学校、高等学校、大学としたのでございます。政府がこの案を実施せんといたしますおもなる理由は、おおよそ次のごとくでございます。

第一に、教育の機会均等の見地から考えまして、従来の学制におきましては、国民学校の初等科六年を修了して、国民学校高等科及び青年学校に進みます者と、中等学校を経まして、高等学校、専門学校に進みます者との、二つの体系に截然と区別せられておりまして、前者は国民学校初等科修了者の七割五分を占めておりますが、彼らには、能力がありましても、高等教育を受ける機会がほとんど与えられていない実情であります。この点改正憲法に規定いたしまする、能力に応じてひとしく教育を受け得るという教育の機会均等が保障せられず、また高等教育を受ける希望を失いまするがために、国民学校高等科及び青年学校の教育そのものも効果をあげ得ないのであります。

第二に、普通教育の普及向上と男女の差別撤廃について申しますと、公民たるの資質を啓発して、文化国家建設の根基に培いますることは、文化国家建設を中外に標榜するわが国の当然の責務であります。このため義務教育の年限を九箇年に延長いたしまするとともに、その範囲を拡充いたしまして、盲聾唖、不具者にもひとしく普通教育の普及徹底をはかりたいと存じます。義務教育の年限は、戦前八箇年に延長することに決定いたしまして、昭和十八年度から実施することになっておったのでありますが、戦時中その実施が延期せられましたので、現在女子は満十二歳まで、男子は青年学校を含めまして満十九歳までとなっております。これは男女平等を規定する憲法の趣旨に抵触すると同時に、心身の発育不十分の時期から職業教育を施しまして、将来の方向を決定さしてしまうことになりまして、個性の伸長をはかるべき教育的見地からも不適当であります。九箇年の普通教育を無償の義務教育といたしまして、男女一般に課するゆえんでございます。

第三に、学制を単純化することにつきましては、従来の国民学校、青年学校、中学校、高等女学校、実業学校、師範学校、専門学校、高等学校、大学など、複雑多岐な学制を単純化しまして、心身の発達の段階に応じまして、原則として六・三・三・四の小学校、中学校、高等学校、大学といたしたのでございます。

第四に、学術文化を進展させます見地から考えますると、大学卒業までの修業年限は、従来のごとく中学校四年修了で、高等学校に進むといたしますれば、現行制度と新制度と同年になりまするが、中学校五年卒業で高等学校に入学いたしますとすれば、一年の短縮になります。しかして大学の数を増加することによりまして、大学教育を受ける人員を増加し、さらに大学の上に大学院を充実することによりまして、高度の文化水準の維持向上も期待できると存ずるのでございます。なお欧米諸国においても、義務教育の年限は大体八箇年あるいは九箇年になっております。六・三・三・四の制度は、米国のみならず、次第に世界の趨勢に相なっておりますので、世界文化の交流の見地からいたしましても、有意義であると存ずるのでございます。

以上が、学制改革実施の主たる理由でございまするが、本案はこの六・

三・三・四の学制を法制化したものでありまして、本案は従来の各学校令を一つの法律にまとめ上げたのでありますが、従来の制度と根本的に異なります点は、各種の学校系統を単一化しまして、六・三・三・四の小学校、中等《ママ》学校、高等学校、大学といたしましたほか、従来の教育における極端なる国家主義の色彩を払拭いたしまして、真理の探究と人格の完成を目標といたし、心身の発達の段階に応じまして、適切なる教育を施すことを目的とし、従来の教育行政における中央集権を打破いたしまして、画一的形式主義の弊を改め、地方の実情に即して、個性の発展を期するために、地方分権の方向を明確にいたし、高等学校、中学校、小学校、幼稚園及びこれに準ずる盲学校、聾学校などは、都道府県の監督に委ね、教科書、教科内容など重要な事項につきましては、当分の間文部大臣が所掌いたしますが、この権限をいつでも下級機関に委任することにいたしてあります。文部大臣は直接には大学のことのみを掌りまして、大学にはまた能う限りの自治を保障せられておるのでございます。

さらに教育の機会均等を保障いたしますがため、高等学校、大学における夜間学校を法規上正式に認めまして、通信教育を制度化し、高等学校にはパート・タイムの学校をも認めておるのであります。なお私立学校の監督は、これまで直接個々の学校校長、教員に対しまして、行政上の裁量で監督できることになっておりましたが、このたびはこれを改めまして、学校の設置基準の設定、教員免許制度の確立等の措置によりまして、法規上の間接監督に止め、私立学校の自由な発展を期待しておるのでございます。

なお本案は昭和二十二年四月一日から施行することになっておりますが、盲、聾、唖等の義務制の施行期日は、別に勅令で定めることにいたしました。また一般の義務教育に関しましては、昭和二十二年度は、満十三歳までを義務教育の対象といたしまして、昭和二十三年度以降における義務教育の施行期日は、勅令で定めることにいたしました。そのほか経過措置といたしまして、現在の学校の存続、昇格、在学者、卒業者、教員等の処置につきましても、遺憾のないようにいたしました。

以上が本案の大要でございます。なお本案は枢密院の御諮詢を経たものであります。何とぞ慎重審議の上、速やかに御協賛くださることを切望いたします。（拍手）

（『第九十二回帝国議会衆議院議事速記録』第一九号 一七〇ページ、一九四七年三月一八日『官報』号外）

◆学校教育法施行令

（昭二八・一〇・三一 政令 三四〇）

最終改正 令四―政令四〇三

第一章 就学義務

第一節 学齢簿

（学齢簿の編製）

第一条 市（特別区を含む。以下同じ。）町村の教育委員会は、当該市町村の区域内に住所を有する学齢児童及び学齢生徒（それぞれ学校教育法（以下「法」という。）第十八条に規定する学齢児童及び学齢生徒をいう。以下同じ。）について、学齢簿を編製しなければならない。

2 前項の規定による学齢簿の編製は、当該市町村の住民基本台帳に基づいて行なうものとする。

（略）

（学齢簿の作成期日）

第二条 市町村の教育委員会は、毎学年の初めから五月前までに、文部科学省令で定める日現在において、当該市町村に住所を有する者で前学年の初めから終わりまでの間に満六歳に達する者について、あらかじめ、前条第一項の学齢簿を作成しなければならない。この場合においては、同条第二項から第四項までの規定を準用する。

（学齢簿の加除訂正）

第三条 市町村の教育委員会は、新たに学齢簿に記載をすべき事項を生じたとき、学齢簿に記載をした事項に変更を生じたとき、又は学齢簿の記載に錯誤若しくは遺漏があるときは、必要な加除訂正を行わなければならない。

（児童生徒等の住所変更に関する届出の通知）

第四条 第二条に規定する者、学齢児童又は学齢生徒（以下「児童生徒等」と総称する。）について、住民基本台帳法（昭和四十二年法律第八十一号）第二十二条又は第二十三条の規定による届出（第二十二条に規定する者にあっては、同条の規定により文部科学省令で定める日の翌日

以後の住所地の変更に係るこれらの規定による届出に限る。）があったときは、市町村長（特別区にあっては区長とし、地方自治法（昭和二十二年法律第六十七号）第二百五十二条の十九第一項の指定都市にあっては区長又は総合区長とする。）は、速やかにその旨を当該市町村の教育委員会に通知しなければならない。

第二節　小学校、中学校、義務教育学校及び中等教育学校

（入学期日等の通知、学校の指定）

第五条　市町村の教育委員会は、就学予定者（法第十七条第一項又は第二項の規定により、翌学年の初めから小学校、中学校、義務教育学校、中等教育学校又は特別支援学校に就学させるべき者をいう。以下同じ。）のうち、認定特別支援学校就学者（視覚障害者、聴覚障害者、知的障害者、肢体不自由者又は病弱者（身体虚弱者を含む。）で、その障害が、第二十二条の三の表に規定する程度のもの（以下「視覚障害者等」という。）のうち、当該市町村の教育委員会が、その者の障害の状態、その者の教育上必要な支援の内容、地域における教育の体制の整備の状況その他の事情を勘案して、その住所の存する都道府県の設置する特別支援学校に就学させることが適当であると認める者をいう。以下同じ。）以外の者について、その保護者に対し、翌学年の初めから二月前までに、小学校、中学校又は義務教育学校の入学期日を通知しなければならない。

2　市町村の教育委員会は、当該市町村の設置する小学校及び義務教育学校の数の合計数が二以上である場合又は当該市町村の設置する中学校（法第七十一条の規定により高等学校における教育と一貫した教育を施すもの（以下「併設型中学校」という。）を除く。以下この項、次条第七号、第六条の三第一項、第七条及び第八条において同じ。）及び義務教育学校の数の合計数が二以上である場合においては、前項の通知において当該就学予定者の就学すべき小学校、中学校又は義務教育学校を指定しなければならない。

3　前二項の規定は、第九条第一項又は第十七条の届出のあった就学予定者については、適用しない。

（前条を準用するもの）

第六条　前条の規定は、次に掲げる者について準用する。この場合において、同条第一項中「翌学年の初めから二月前までに」とあるのは、「速やかに」と読み替えるものとする。

一　就学予定者で前条第一項に規定する通知の期限の翌日以後に当該市町村の教育委員会が作成した学齢簿に新たに記載されたもの又は学齢児童若しくは学齢生徒でその住所地の変更により当該学齢簿に新たに記載されたもの（認定特別支援学校就学者及び当該市町村の設置する小学校、中学校又は義務教育学校に在学する者を除く。）

二　次条第二項の通知を受けた学齢児童又は学齢生徒

三　第六条の三第二項の通知を受けた学齢児童又は学齢生徒（同条第三項の通知に係る学齢児童及び学齢生徒を除く。）

四　第十条又は第十八条の通知を受けた学齢児童又は学齢生徒（認定特別支援学校就学者を除く。）

五　第十二条第一項の通知を受けた学齢児童又は学齢生徒のうち、認定特別支援学校就学者の認定をした者以外の者（同条第三項の通知に係る学齢児童及び学齢生徒を除く。）

六　第十二条の二第一項の通知を受けた学齢児童又は学齢生徒のうち、認定特別支援学校就学者の認定をした者以外の者（同条第三項の通知に係る学齢児童及び学齢生徒を除く。）

七　小学校、中学校又は義務教育学校の新設、廃止等によりその就学させるべき小学校、中学校又は義務教育学校を変更する必要を生じた児童生徒等

（特別支援学校に在学する学齢児童・生徒が障

第六条の二　特別支援学校に在学する学齢児童又は学齢生徒で視覚障害者等でなくなったものがあるときは、当該

〔学齢児童・生徒が障害者でなくなった場合の措置〕

学齢児童又は学齢生徒の在学する特別支援学校の校長は、速やかに、当該学齢児童又は学齢生徒の住所の存する都道府県の教育委員会に対し、その旨を通知しなければならない。

2　都道府県の教育委員会は、前項の通知を受けた学齢児童又は学齢生徒について、当該学齢児童又は学齢生徒の住所の存する市町村の教育委員会に対し、速やかに、その氏名及び視覚障害者等でなくなった旨を通知しなければならない。

〔教育体制の整備その他の事情の変化により特別支援学校に在学する学齢児童・生徒の教育環境に変化が生じた場合の措置〕

第六条の三　特別支援学校に在学する学齢児童又は学齢生徒でその障害の状態、その者の教育上必要な支援の内容、地域における教育の体制の整備の状況その他の事情の変化により当該学齢児童又は学齢生徒の住所の存する市町村の設置する小学校、中学校又は義務教育学校に就学することが適当であると思料するもの（視覚障害者等でなくなった者を除く。）があるときは、当該学齢児童又は学齢生徒の在学する特別支援学校の校長は、速やかに、当該学齢児童又は学齢生徒の住所の存する都道府県の教育委員会に対し、その旨を通知しなければならない。

2　都道府県の教育委員会は、前項の通知を受けた学齢児童又は学齢生徒について、当該学齢児童又は学齢生徒の住所の存する市町村の教育委員会に対し、速やかに、その氏名及び同項の通知があった旨を通知しなければならない。

3　市町村の教育委員会は、前項の通知を受けた学齢児童又は学齢生徒について、当該特別支援学校に引き続き就学させることが適当であると認めたときは、都道府県の教育委員会に対し、速やかに、その旨を通知しなければならない。

4　都道府県の教育委員会は、前項の通知を受けたときは、第一項の校長に対し、速やかに、その旨を通知しなければならない。

〔学齢児童・生徒が障害者でなくなった場合の措置〕

第六条の四　学齢児童及び学齢生徒のうち視覚障害者等で小学校、中学校、義務教育学校又は中等教育学校に在学するもののうち視覚障害者等でなくなったものがあるときは、その在学する小学校、中学校、義務教育学校又は中等教育学校の校長は、速やかに、当該学齢児童又は学齢生徒の住所の存する市町村の教育委員会に対し、その旨を通知しなければならない。

〔就学学校変更の通知〕

第八条　市町村の教育委員会は、第五条第二項（第六条において準用する場合を含む。）の場合において、相当と認めるときは、保護者の申立てにより、その指定した小学校、中学校又は義務教育学校を変更することができる。この場合においては、速やかに、その保護者及び前条の通知をした小学校、中学校又は義務教育学校の校長に対し、その旨を通知するとともに、新たに指定した小学校、中学校又は義務教育学校の校長に対し、同条の通知をしなければならない。

〔区域外就学等〕

第九条　児童生徒等をその住所の存する市町村の設置する小学校、中学校（併設型中学校を除く。）又は義務教育学校以外の小学校、中学校、義務教育学校又は中等教育学校に就学させようとする場合には、その保護者は、就学させようとする小学校、中学校、義務教育学校又は中等教育学校が市町村又は都道府県の設置するものであるときは当該市町村又は都道府県の教育委員会の、その他のものであるときは当該小学校、中学校、義務教育学校又は中等教育学校における就学を承諾する権限を有する者の承諾を証する書面を添え、その旨をその児童生徒等の住所の存する市町村の教育委員会に届け出なければならない。

2　市町村の教育委員会は、前項の承諾（当該市町村の設置する小学校、中学校（併設型中学校を除く。）又は義務教育学校への就学に係るものに限る。）を与えようとする場合には、あらかじめ、児童生徒等の住所の存する市町村の教育委員会に協議するものとする。

第三節　特別支援学校

（特別支援学校への就学についての通知）

第十一条　市町村の教育委員会は、第二条に規定する者のうち認定特別支援学校就学者について、都道府県の教育委員会に対し、翌学年の初めから三月前までに、その氏名及び特別支援学校に就学させるべき旨を通知しなければならない。

2　市町村の教育委員会は、前項の通知をするときは、都道府県の教育委員会に対し、同項の通知に係る者の学齢簿の謄本（第一条第三項の規定により磁気ディスクをもつて学齢簿を調製している市町村の教育委員会にあつては、その者の学齢簿に記録されている事項を記載した書類）を送付しなければならない。

3　前二項の規定は、第九条第一項又は第十七条の届出のあつた者については、適用しない。

（特別支援学校の入学期日等の通知、学校の指定）

第十四条　都道府県の教育委員会は、第十一条第一項（第十一条の二、第十一条の三、第十二条第二項及び第十二条の二第二項において準用する場合を含む。）の通知を受けた児童生徒等及び特別支援学校の新設、廃止等によりその就学させるべき特別支援学校を変更する必要を生じた児童生徒等について、その保護者に対し、第十一条第一項（第十一条の二において準用する場合を含む。）の通知を受けた児童生徒等にあつては翌学年の初めから二月前までに、その他の児童生徒等にあつては速やかに特別支援学校の入学期日を通知しなければならない。

2　都道府県の教育委員会は、当該都道府県の設置する特別支援学校が二校以上ある場合においては、前項の通知において当該児童生徒等を就学させるべき特別支援学校を指定しなければならない。

3　前二項の規定は、前条の通知を受けた児童生徒等については、適用しない。

（視覚障害者等の就学の変更の通知）

第十六条　都道府県の教育委員会は、第十四条第二項の場合において、相当と認めるときは、保護者の申立により、その指定した特別支援学校を変更することができる。この場合においては、速やかに、その保護者並びに前条の通知をした特別支援学校の校長及び市町村の教育委員会に対し、その旨を通知するとともに、新たに指定した特別支援学校の校長に対し、同条第一項の通知をしなければならない。

（区域外就学等）

第十七条　児童生徒等のうち視覚障害者等をその住所の存する都道府県の設置する特別支援学校以外の特別支援学校に就学させようとする場合には、その保護者は、就学させようとする特別支援学校が他の都道府県の設置するものであるときは当該都道府県の教育委員会の、その他のものであるときは当該特別支援学校における就学を承諾する権限を有する者の就学を承諾する書面を添え、その旨をその児童生徒等の住所の存する市町村の教育委員会に届け出なければならない。

第三節の二　保護者及び視覚障害者等の就学に関する専門的知識を有する者の意見聴取

（保護者及び専門的知識を有する者の意見聴取）

第十八条の二　市町村の教育委員会は、児童生徒等のうち視覚障害者等について、第五条（第六条（第二号を除く。）において準用する場合を含む。）又は第十一条第一項（第十一条の二、第十一条の三、第十二条第二項及び第十二条の二第二項において準用する場合を含む。）の通知をしようとするときは、その保護者及び教育学、医学、心理学その他の障害のある児童生徒等の就学に関する専門的知識を有する者の意見を聴くものとする。

第四節　督促等

（校長の義務）

第十九条　小学校、中学校、義務教育学校、中等教育学校、及び特別支援学校の校長は、常に、その学校に在学する学齢児童又は学齢生徒の出席状況を明らかにしておかなければならない。

（長期欠席者等の教育委員会への通知）

第二十条　小学校、中学校、義務教育学校、中等教育学校及び特別支援学校の校長は、当該学校に在学する学齢児童又は学齢生徒が、休業日を除き引き続き七日間出席せず、その他その出席状況が良好でない場合において、そ

の出席させないことについて保護者に正当な事由がないと認められるときは、速やかに、その旨を当該学齢児童又は学齢生徒の住所の存する市町村の教育委員会に通知しなければならない。

（教育委員会の行う出席の督促等）

第二十一条 市町村の教育委員会は、前条の通知を受けたときその他当該市町村に住所を有する学齢児童又は学齢生徒の保護者が法第十七条第一項又は第二項に規定する義務を怠っていると認められるときは、その保護者に対して、当該学齢児童又は学齢生徒の出席を督促しなければならない。

第五節 就学義務の終了

（全課程修了者の通知）

第二十二条 小学校、中学校、義務教育学校、中等教育学校及び特別支援学校の校長は、毎学年の終了後、速やかに、小学校、中学校、義務教育学校の前期課程若しくは後期課程、中等教育学校の前期課程又は特別支援学校の小学部若しくは中学部の全課程を修了した者の氏名をその者の住所の存する市町村の教育委員会に通知しなければならない。

第二章 視覚障害者等の障害の程度

（視覚障害者等の障害の程度）

第二十二条の三 法第七十五条の政令で定める視覚障害者、聴覚障害者、知的障害者、肢体不自由者又は病弱者の障害の程度は、次の表に掲げるとおりとする。

区分	障害の程度
視覚障害者	両眼の視力がおおむね〇・三未満のもの又は視力以外の視機能障害が高度のもののうち、拡大鏡等の使用によっても通常の文字、図形等の視覚による認識が不可能又は著しく困難な程度のもの
聴覚障害者	両耳の聴力レベルがおおむね六〇デシベル以上のもののうち、補聴器等の使用によっても通常の話声を解することが不可能又は著しく困難な程度のもの
知的障害者	一 知的発達の遅滞があり、他人との意思疎通が困難で日常生活を営むのに頻繁に援助を必要とする程度のもの 二 知的発達の遅滞の程度が前号に掲げる程度に達しないもののうち、社会生活への適応が著しく困難なもの
肢体不自由者	一 肢体不自由の状態が補装具の使用によっても歩行、筆記等日常生活における基本的な動作が不可能又は困難な程度のもの 二 肢体不自由の状態が前号に掲げる程度に達しないもののうち、常時の医学的観察指導を必要とする程度のもの
病弱者	一 慢性の呼吸器疾患、腎臓疾患及び神経疾患、悪性新生物その他の疾患の状態が継続して医療又は生活規制を必要とする程度のもの 二 身体虚弱の状態が継続して生活規制を必要とする程度のもの

備考

一 視力の測定は、万国式試視力表によるものとし、屈折異常があるものについては、矯正視力によって測定する。

二 聴力の測定は、日本産業規格によるオージオメータによる。

第三章 認可、届出等

第一節 認可及び届出等

（法第四条第一

第二十三条 法第四条第一項（法第百三十四条第二項にお

項の政令で定める事項）

いて準用する場合を含む。）の政令で定める事項（法第四条の二に規定する幼稚園に係るものを除く。）は、次のとおりとする。

一 市町村（市町村が単独で又は他の市町村と共同して設立する公立大学法人（地方独立行政法人法（平成十五年法律第百十八号）第六十八条第一項に規定する公立大学法人をいう。以下同じ。）を含む。以下この項及び第二十四条の三において同じ。）の設置する特別支援学校の位置の変更

二 高等学校等（高等学校及び中等教育学校の後期課程をいう。以下同じ。）の学科又は市町村の設置する特別支援学校の高等部の学科、専攻科若しくは別科の設置及び廃止

三 特別支援学校の幼稚部、小学部、中学部又は高等部の設置及び廃止

四 市町村の設置する特別支援学校の高等部の学級の編制及びその変更

五 特別支援学校の高等部における通信教育の開設及び廃止並びに大学の学部若しくは大学院の研究科又は法第百八条第二項の大学の学科における通信教育の開設

六 私立の大学の学部の学科の設置

七 専門職大学の課程（法第八十七条の二第一項の規定により前期課程及び後期課程に区分されたものに限る。次条第一項第一号ロにおいて同じ。）の設置及び変更

八 大学の大学院の研究科の専攻の設置及び当該専攻に係る課程（法第百四条第三項に規定する課程をいう。次条第一項第一号ハにおいて同じ。）の変更

九 高等専門学校の学科の設置

十 市町村の設置する高等学校、中等教育学校又は特別支援学校の分校の設置及び廃止

十一 高等学校等の広域の通信制の課程（法第五十四条第三項（法第七十条第一項において準用する場合を含む。第二十四条及び第二十四条の二において同じ。）に規定する広域の通信制の課程をいう。以下同じ。）に係る学則の変更（軽微な変更として文部科学省令で定めるものを除く。）

十二 私立の学校（高等学校等の広域の通信制の課程及び大学を除く。）又は私立の各種学校の収容定員に係る学則の変更

十三 私立の大学の学部若しくは大学院の研究科又は法第百八条第二項の大学の学科の収容定員に係る学則の変更

2 法第四条の二に規定する幼稚園に係る法第四条第一項の政令で定める事項は、分校の設置及び廃止とする。

（法第四条第二項第三号の政令で定める事項）

第二十三条の二 法第四条第二項第三号の政令で定める事項は、次のとおりとする。

一 大学に係る次に掲げる設置又は変更であって、当該大学が授与する学位の種類及び分野の変更を伴わないもの

イ 私立の大学の学部の学科の設置

ロ 専門職大学の課程の変更（前期課程及び後期課程の修業年限の区分の変更（当該区分の廃止を除く。）を伴うものを除く。）

ハ 大学の大学院の研究科の専攻の設置又は当該専攻に係る課程の変更

二 高等専門学校の学科の設置であって、当該高等専門学校が設置する学科の分野の変更を伴わないもの

三 大学の学部若しくは大学院の研究科又は法第百八条第二項の大学の学科における通信教育の開設であって、当該大学が授与する学位の種類及び分野の変更を伴わないもの

四 私立の大学の学部又は法第百八条第二項の大学の学科の収容定員（通信教育及び文部科学大臣の定める分野に係るものを除く。）に係る学則の変更であって、当該収容定員の総数の増加を伴わないもの

五 私立の大学の学部又は法第百八条第二項の大学の学

て、当該収容定員の総数の増加を伴わないもの
六　私立の大学の大学院の研究科の収容定員（通信教育及び文部科学大臣の定める分野に係るものを除く。）に係る学則の変更
七　私立の大学の大学院の研究科の通信教育に係る収容定員に係る学則の変更
八　私立の高等専門学校の収容定員に係る学則の変更であって、当該収容定員の総数の増加を伴わないもの
2　前項第一号の学位の種類及び分野の変更、同項第二号の学科の分野の変更並びに同項第三号の通信教育に係る学位の種類及び分野の変更に関する基準は、文部科学大臣が定める。
3　前項に規定する基準を定める場合には、文部科学大臣は、中央教育審議会に諮問しなければならない。

（法第五十四条第三項の政令で定める通信制の課程）
第二十四条　法第五十四条第三項の政令で定める高等学校等の通信制の課程（法第四条第一項に規定する通信制の課程をいう。以下同じ。）は、当該高等学校等の所在する都道府県の区域内に住所を有する者のほか、他の二以上の都道府県の区域内に住所を有する者を併せて生徒とするものとする。

（法第五十四条第三項の政令で定める事項）
第二十四条の二　法第五十四条第三項の政令で定める事項は、次のとおりとする。
一　学校の設置及び廃止
二　通信制の課程の設置及び廃止
三　設置者の変更
四　学則の記載事項のうち文部科学省令で定めるものに係る変更

（法第百三十一条の政令で定める場合）
第二十四条の三　法第百三十一条の政令で定める場合は、市町村の設置する専修学校にあっては第一号に掲げる場合とし、私立の専修学校にあっては第一号及び第二号に掲げる場合とする。
一　分校を設置し、又は廃止しようとするとき。
二　校地、校舎その他直接教育の用に供する土地及び建物に関する権利を取得し、若しくは処分しようとするとき、又は用途の変更、改築等によりこれらの土地及び建物の現状に重要な変更を加えようとするとき。

第二節　学期、休業日及び学校廃止後の書類の保存

（学期及び休業日）
第二十九条　公立の学校（大学を除く。以下この条において同じ。）の学期並びに夏季、冬季、学年末、農繁期等における休業日又は家庭及び地域における体験的な学習活動その他の学習活動のための休業日（次項において「体験的学習活動等休業日」という。）は、市町村又は都道府県の設置する学校にあっては当該市町村又は都道府県の教育委員会が、公立大学法人の設置する学校にあっては当該公立大学法人の理事長が定める。
2　市町村又は都道府県の教育委員会は、体験的学習活動等休業日を定めるに当たっては、家庭及び地域における幼児、児童、生徒又は学生の体験的な学習活動その他の学習活動の体験的学習活動等休業日における円滑な実施及び充実を図るため、休業日の時期を適切に分散させて定めることその他の必要な措置を講ずるよう努めるものとする。

（学校廃止後の書類の保存）
第三十一条　公立又は私立の学校（私立の大学及び高等専門学校を除く。）が廃止されたときは、市町村又は都道府県の設置する学校（大学を除く。）については当該学校を設置していた市町村又は都道府県の教育委員会が、市町村又は都道府県の設置する大学については当該大学を設置していた市町村又は都道府県の長が、公立大学法人の設置する学校については当該学校を設置していた公立大学法人の設立団体（地方独立行政法人法第六条第三項に規定する設立団体をいう。）の長が、私立の学校については当該学校の所在していた都道府県の知事が、文部科学省令で定めるところにより、それぞれ当該学校に在学し、又はこれを卒業した者の学習及び健康の状況を記録した書類を保存しなければならない。

第五章　認証評価

〔認証評価の期間〕
第四十条　法第百九条第二項（法第百二十三条において準用する場合を含む。）の政令で定める期間は七年以内、法第百九条第三項の政令で定める期間は五年以内とする。

◆学校教育法施行規則

（昭二二・五・二三
文部省令一一）
最終改正　令五―文科省令一八

第一章　総則

第一節　設置廃止等

〔学校の施設・設備〕
第一条　学校には、その学校の目的を実現するために必要な校地、校舎、校具、運動場、図書館又は図書室、保健室その他の設備を設けなければならない。
2　学校の位置は、教育上適切な環境に、これを定めなければならない。

〔私立学校の目的変更等の届出〕
第二条　私立の学校の設置者は、その設置する大学又は高等専門学校について次に掲げる事由があるときは、その旨を文部科学大臣に届け出なければならない。
一　目的、名称、位置又は学則（収容定員に係るものを除く。）を変更しようとするとき。
二　分校を設置し、又は廃止しようとするとき。
三　大学の学部、大学院の研究科、短期大学の学科その他の組織の位置を、我が国から外国に、外国から我が国に、又は一の外国から他の外国に変更するとき。
四　大学における通信教育に関する規程を変更しようとするとき。
五　経費の見積り及び維持方法を変更しようとするとき。
六　校地、校舎その他直接教育の用に供する土地及び建物に関する権利を取得し、若しくは処分しようとするとき、又は用途の変更、改築等によりこれらの土地及び建物の現状に重要な変更を加えようとするとき。

〔学校設置の認可申請・届出手続〕
第三条　学校の設置についての認可の申請又は届出は、それぞれ認可申請書又は届出書に、次の事項（市（特別区を含む。以下同じ。）町村立の小学校、中学校及び義務教育学校（市町村が単独で又は他の市町村と共同して設立する公立大学法人（地方独立行政法人法（平成十五年法律第百十八号）第六十八条第一項に規定する公立大学法人をいう。以下同じ。）の設置する小学校、中学校及び義務教育学校を含む。第七条において同じ。）については、第四号及び第五号の事項を除く。）を記載した書類及び校地、校舎その他直接保育又は教育の用に供する土地及び建物（以下「校地校舎等」という。）の図面を添えてしなければならない。
一　目的
二　名称
三　位置
四　学則
五　経費の見積り及び維持方法
六　開設の時期

〔学則の必要記載事項〕
第四条　前条の学則中には、少くとも、次の事項を記載しなければならない。
一　修業年限、学年、学期及び授業を行わない日（以下「休業日」という。）に関する事項
二　部科及び課程の組織に関する事項
三　教育課程及び授業日時数に関する事項
四　学習の評価及び課程修了の認定に関する事項
五　収容定員及び職員組織に関する事項
六　入学、退学、転学、休学及び卒業に関する事項
七　授業料、入学料その他の費用徴収に関する事項
八　賞罰に関する事項
九　寄宿舎に関する事項
（略）

〔分校設置の認可申請・届出手続〕

第七条　分校（私立学校の分校を含む。第十五条において同じ。）の設置についての認可の申請又は届出は、それぞれ認可申請書又は届出書に、次の事項（市町村立の小学校、中学校及び義務教育学校については、第四号及び第五号の事項を除く。）を記載した書類及び校地校舎等の図面を添えてしなければならない。

一　事由
二　名称
三　位置
四　学則の変更事項
五　経費の見積り及び維持方法
六　開設の時期

〔届出書の記載事項〕

第八条　第二条第三号に掲げる事由に係る届出は、届出書に、次の事項を記載した書類及び校地校舎等の図面を添えてしなければならない。

一　事由
二　名称
三　位置
四　学則の変更事項
五　経費の見積り及び維持方法
六　変更の時期

〔学級編制認可申請書〕

第十条　学級の編制についての認可の申請又は届出は、それぞれ認可申請書又は届出書に、各学年ごとの各学級別の生徒の数（数学年の生徒を一学級に編制する場合にあっては、各学級ごとの各学年別の生徒の数とする。本条中以下同じ。）を記載した書類を添えてしなければならない。

2　学級の編制の変更についての認可の申請又は届出は、それぞれ認可申請書又は届出書に、変更の事由及び時期並びに変更前及び変更後の各学年ごとの各学級別の生徒の数を記載した書類を添えてしなければならない。

第二節　校長、副校長及び教頭の資格

〔校長の資格〕

第二十条　校長（学長及び高等専門学校の校長を除く。）の資格は、次の各号のいずれかに該当するものとする。

一　教育職員免許法（昭和二十四年法律第百四十七号）による教諭の専修免許状又は一種免許状（高等学校及び中等教育学校の校長にあっては、専修免許状）を有し、かつ、次に掲げる職（以下「教育に関する職」という。）に五年以上あったこと

イ　学校教育法第一条に規定する学校及び同法第百二十四条に規定する専修学校の校長（就学前の子どもに関する教育、保育等の総合的な提供の推進に関する法律（平成十八年法律第七十七号）第二条第七項に規定する幼保連携型認定こども園（以下「幼保連携型認定こども園」という。）の園長を含む。）の職

ロ　学校教育法第一条に規定する学校及び幼保連携型認定こども園の教授、准教授、助教、副校長（幼保連携型認定こども園の副園長を含む。）、教頭、主幹教諭（幼保連携型認定こども園の主幹養護教諭及び主幹栄養教諭を含む。）、指導教諭、教諭、助教諭、養護教諭、養護助教諭、栄養教諭、主幹保育教諭、指導保育教諭、保育教諭、助保育教諭、講師（常時勤務の者に限る。）及び同法第百二十四条に規定する専修学校の教員（以下本条中「教員」という。）の職

（略）

二　教育に関する職に十年以上あったこと

〔私立学校長の資格の特例〕

第二十一条　私立学校の設置者は、前条の規定により難い特別の事情のあるときは、五年以上教育に関する職又は教育、学術に関する業務に従事し、かつ、教育に関し高い識見を有する者を校長として採用することができる。

〔校長資格の特例〕

第二十二条　国立若しくは公立の学校の校長の任命権者又は私立学校の設置者は、学校の運営上特に必要がある場合には、前二条に規定するもののほか、第二十条各号に掲げる資格を有する者と同等の資質を有すると認める者を校長として任命し又は採用することができる。

〔副校長及び教

第二十三条　前三条の規定は、副校長及び教頭の資格につ

いて準用する。

〔頭の資格〕

第三節　管理

〔指導要録〕

第二十四条　校長は、その学校に在学する児童等の指導要録（学校教育法施行令第三十一条に規定する児童等の学習及び健康の状況を記録した書類の原本をいう。以下同じ。）を作成しなければならない。

2　校長は、児童等が進学した場合においては、その作成に係る当該児童等の指導要録の抄本又は写しを作成し、これを進学先の校長に送付しなければならない。

3　校長は、児童等が転学した場合においては、その作成に係る当該児童等の指導要録の写しを作成し、その写し（転学してきた児童等については転学により送付を受けた指導要録（就学前の子どもに関する教育、保育等の総合的な提供の推進に関する法律施行令（平成二十六年政令第二百三号）第八条に規定する園児の学習及び健康の状況を記録した書類の原本を含む。）の写しを含む。）及び前項の抄本又は写しを転学先の校長、保育所の長又は認定子ども園の長に送付しなければならない。

〔出席簿〕

第二十五条　校長（学長を除く。）は、当該学校に在学する児童等について出席簿を作成しなければならない。

〔懲戒〕

第二十六条　校長及び教員が児童等に懲戒を加えるに当っては、児童等の心身の発達に応ずる等教育上必要な配慮をしなければならない。

2　懲戒のうち、退学、停学及び訓告の処分は、校長（大学にあっては、学長の委任を受けた学部長を含む。）が行う。

3　前項の退学は、市町村立の小学校、中学校（学校教育法第七十一条の規定により高等学校における教育と一貫した教育を施すもの（以下「併設型中学校」という。）を除く。）若しくは義務教育学校又は公立の特別支援学校に在学する学齢児童又は学齢生徒を除き、次の各号のいずれかに該当する児童等に対して行うことができる。

一　性行不良で改善の見込がないと認められる者

二　学力劣等で成業の見込がないと認められる者

三　正当の理由がなくて出席常でない者

四　学校の秩序を乱し、その他学生又は生徒としての本分に反した者

4　第二項の停学は、学齢児童又は学齢生徒に対しては、行うことができない。

5　学長は、学生に対する第二項の退学、停学及び訓告の処分の手続を定めなければならない。

〔備付表簿〕

第二十八条　学校において備えなければならない表簿は、概ね次のとおりとする。

一　学校に関係のある法令

二　学則、日課表、教科用図書配当表、学校医執務記録簿、学校歯科医執務記録簿、学校薬剤師執務記録簿及び学校日誌

三　職員の名簿、履歴書、出勤簿並びに担任学級、担任の教科又は科目及び時間表

四　指導要録、その写し及び抄本並びに出席簿及び健康診断に関する表簿

五　入学者の選抜及び成績考査に関する表簿

六　資産原簿、出納簿及び経費の予算決算についての帳簿並びに図書機械器具、標本、模型等の教具の目録

七　往復文書処理簿

2　前項の表簿（第二十四条第二項の抄本又は写しを除く。）は、別に定めるもののほか、五年間保存しなければならない。ただし、指導要録及びその写しのうち入学、卒業等の学籍に関する記録については、その保存期間は、二十年間とする。

3　学校教育法施行令第三十一条の規定により指導要録及びその写しを保存しなければならない期間は、前項のこれらの書類の保存期間から当該学校においてこれらの書類を保存していた期間を控除した期間とする。

第二章　義務教育

〔学齢簿の作成日〕
第三十一条　学校教育法施行令第二条の規定による学齢簿の作成は、十月一日現在において行うものとする。

〔就学に際しての保護者の意見聴取〕
第三十二条　市町村の教育委員会は、学校教育法施行令第五条第二項（同令第六条において準用する場合を含む。次項において同じ。）の規定により就学予定者の就学すべき小学校、中学校又は義務教育学校（次項において「就学校」という。）を指定する場合には、あらかじめ、その保護者の意見を聴取することができる。この場合においては、意見の聴取の手続に関し必要な事項を定め、公表するものとする。

2　市町村の教育委員会は、学校教育法施行令第五条第二項の規定による就学校の指定に係る通知において、その指定の変更についての同令第八条に規定する保護者の申立ができる旨を示すものとする。

〔指定変更の要件と手続〕
第三十三条　市町村の教育委員会は、学校教育法施行令第八条の規定により、その指定した小学校、中学校又は義務教育学校を変更することができる場合の要件及び手続に関し必要な事項を定め、公表するものとする。

〔就学義務の猶予・免除の願出手続、教育委員会への認可申請〕
第三十四条　学齢児童又は学齢生徒で、学校教育法第十八条に掲げる事由があるときは、その保護者は、就学義務の猶予又は免除を市町村の教育委員会に願い出なければならない。この場合においては、当該市町村の教育委員会の指定する医師その他の者の証明書等その事由を証するに足る書類を添えなければならない。

〔就学猶予免除者の相当学年への編入〕
第三十五条　学校教育法第十八条の規定により保護者が就学させる義務を猶予又は免除された子について、当該猶予の期間が経過し、又は当該猶予若しくは免除が取り消されたときは、校長は、当該子を、その年齢及び心身の発達状況を考慮して、相当の学年に編入することができる。

第三章　幼稚園

〔設備、編制その他設置に関する事項〕
第三十六条　幼稚園の設備、編制その他設置に関する事項は、この章に定めるもののほか、幼稚園設置基準（昭和三十一年文部省令第三十二号）の定めるところによる。

〔教育日数〕
第三十七条　幼稚園の毎学年の教育週数は、特別の事情のある場合を除き、三十九週を下ってはならない。

〔教育課程〕
第三十八条　幼稚園の教育課程その他の保育内容については、この章に定めるもののほか、教育課程その他の保育内容の基準として文部科学大臣が別に公示する幼稚園教育要領によるものとする。

第四章　小学校

第一節　設備編制

〔設置基準〕
第四十条　小学校の設備、編制その他設置に関する事項は、この節に定めるもののほか、小学校設置基準（平成十四年文部科学省令第十四号）の定めるところによる。

〔標準学級数〕
第四十一条　小学校の学級数は、十二学級以上十八学級以下を標準とする。ただし、地域の実態その他により特別の事情のあるときは、この限りでない。

〔分校の学級数〕
第四十二条　小学校の分校の学級数は、特別の事情のある場合を除き、五学級以下とし、前条の学級数に算入しないものとする。

〔校務分掌〕
第四十三条　小学校においては、調和のとれた学校運営が行われるためにふさわしい校務分掌の仕組みを整えるものとする。

〔教務主任・学年主任〕
第四十四条　小学校には、教務主任及び学年主任を置くものとする。

2　前項の規定にかかわらず、第四項に規定する教務主任の担当する校務を整理する主幹教諭を置くときその他特別の事情のあるときは教務主任を、第五項に規定する学年主任の担当する校務を整理する主幹教諭を置くときその他特別の事情のあるときは学年主任を、それぞれ置か

ないことができる。

3　教務主任及び学年主任は、指導教諭又は教諭をもって、これに充てる。

4　教務主任は、校長の監督を受け、教育計画の立案その他の教務に関する事項について連絡調整及び指導、助言に当たる。

5　学年主任は、校長の監督を受け、当該学年の教育活動に関する事項について連絡調整及び指導、助言に当たる。

〔保健主事〕

第四十五条　小学校においては、保健主事を置くものとする。

2　前項の規定にかかわらず、第四項に規定する保健主事の担当する校務を整理する主幹教諭を置くときその他特別の事情のあるときは、保健主事を置かないことができる。

3　保健主事は、指導教諭、教諭又は養護教諭をもって、これに充てる。

4　保健主事は、校長の監督を受け、小学校における保健に関する事項の管理に当たる。

〔研修主事〕

第四十五条の二　小学校には、研修主事を置くことができる。

2　研修主事は、指導教諭又は教諭をもって、これに充てる。

3　研修主事は、校長の監督を受け、研修計画の立案その他の研修に関する事項について連絡調整及び指導、助言に当たる。

〔事務長及び事務主任〕

第四十六条　小学校には、事務長又は事務主任を置くことができる。

2　事務長及び事務主任は、事務職員をもって、これに充てる。

3　事務長は、校長の監督を受け、事務職員その他の職員が行う事務を総括する。

4　事務主任は、校長の監督を受け、事務に関する事項について連絡調整及び指導、助言に当たる。

〔校務を分担する主任等〕

第四十七条　小学校においては、前四条に規定する教務主任、学年主任、保健主事、研修主事及び事務主任のほか、必要に応じ、校務を分担する主任等を置くことができる。

〔職員会議〕

第四十八条　小学校には、設置者の定めるところにより、校長の職務の円滑な執行に資するため、職員会議を置くことができる。

2　職員会議は、校長が主宰する。

〔学校評議員〕

第四十九条　小学校には、設置者の定めるところにより、学校評議員を置くことができる。

2　学校評議員は、校長の求めに応じ、学校運営に関し意見を述べることができる。

3　学校評議員は、当該小学校の職員以外の者で教育に関する理解及び識見を有するもののうちから、校長の推薦により、当該小学校の設置者が委嘱する。

第二節　教育課程

〔教育課程の編成〕

第五十条　小学校の教育課程は、国語、社会、算数、理科、生活、音楽、図画工作、家庭、体育及び外国語の各教科（以下この節において「各教科」という。）、特別の教科である道徳、外国語活動、総合的な学習の時間並びに特別活動によって編成するものとする。

2　私立の小学校の教育課程を編成する場合は、前項の規定にかかわらず、宗教を加えることができる。この場合においては、宗教をもって前項の特別の教科である道徳に代えることができる。

〔授業時数〕

第五十一条　小学校（第五十二条の二第二項に規定する中学校連携型小学校及び第七十九条の九第二項に規定する中学校併設型小学校を除く。）の各学年における各教科、特別の教科である道徳、外国語活動、総合的な学習の時間及び特別活動の時間のそれぞれの授業時数並びに各学年におけるこれらの総授業時数は、別表第一に定める授業時数を標準とする。

〔教育課程の基準〕

第五十二条　小学校の教育課程については、この節に定めるもののほか、教育課程の基準として文部科学大臣が別

に公示する小学校学習指導要領によるものとする。

〔中学校連携型小学校〕

第五十二条の二　小学校（第七十九条の九第二項に規定する中学校併設型小学校を除く。）においては、中学校における教育との一貫性に配慮した教育を施すため、当該小学校の設置者が当該中学校の設置者との協議に基づき定めるところにより、教育課程を編成することができる。

2　前項の規定により教育課程を編成する小学校（以下「中学校連携型小学校」という。）は、第七十四条の二第一項の規定により教育課程を編成する中学校と連携し、その教育課程を実施するものとする。

〔中学校連携型小学校の教育課程〕

第五十二条の三　中学校連携型小学校の各学年における各教科、特別の教科である道徳、外国語活動、総合的な学習の時間及び特別活動のそれぞれの授業時数並びに各学年におけるこれらの総授業時数は、別表第二の二に定める授業時数を標準とする。

〔中学校連携型小学校の教育課程の特例〕

第五十二条の四　中学校連携型小学校の教育課程については、この章に定めるもののほか、教育課程の基準の特例として文部科学大臣が別に定めるところによるものとする。

〔教育課程編成の特例―合科授業〕

第五十三条　小学校においては、必要がある場合には、一部の各教科について、これらを合わせて授業を行うことができる。

〔履修困難な各教科の学習指導〕

第五十四条　児童が心身の状況によって履修することが困難な各教科は、その児童の心身の状況に適合するように課さなければならない。

〔教育課程等の特例〕

第五十五条　小学校の教育課程に関し、その改善に資する研究を行うため特に必要があり、かつ、児童の教育上適切な配慮がなされていると文部科学大臣が認める場合においては、文部科学大臣が別に定めるところにより、第五十条第一項、第五十一条（中学校連携型小学校にあっては第五十二条の三、第七十九条の九第二項に規定する中学校併設型小学校にあっては第七十九条の十二において準用する第七十九条の五第一項）又は第五十二条の規定によらないことができる。

〔学校又は地域の特色を生かした教育課程編成の特例〕

第五十五条の二　文部科学大臣が、小学校において、当該小学校又は当該小学校が設置されている地域の実態に照らし、より効果的な教育を実施するため、当該小学校又は当該地域の特色を生かした特別の教育課程を編成して教育を実施する必要があり、かつ、当該特別の教育課程について、教育基本法（平成十八年法律第百二十号）及び学校教育法第三十条第一項の規定等に照らして適切であり、児童の教育上適切な配慮がなされているものとして文部科学大臣が定める基準を満たしていると認める場合においては、文部科学大臣が別に定めるところにより、第五十条第一項、第五十一条（中学校連携型小学校にあっては第五十二条の三、第七十九条の九第二項に規定する中学校併設型小学校にあっては第七十九条の十二において準用する第七十九条の五第一項）又は第五十二条の規定の全部又は一部によらないことができる。

〔学校生活への適応が困難である場合の特例〕

第五十六条　小学校において、学校生活への適応が困難であるため相当の期間小学校を欠席し引き続き欠席すると認められる児童を対象として、その実態に配慮した特別の教育課程を編成して教育を実施する必要があると文部科学大臣が認める場合においては、文部科学大臣が別に定めるところにより、第五十条第一項、第五十一条（中学校連携型小学校にあっては第五十二条の三、第七十九条の九第二項に規定する中学校併設型小学校にあっては第七十九条の十二において準用する第七十九条の五第一項）又は第五十二条の規定によらないことができる。

〔日本語に通じない児童に対する特別の指導の特例〕

第五十六条の二　小学校において、日本語に通じない児童のうち、当該児童の日本語を理解し、使用する能力に応じた特別の指導を行う必要があるものを教育する場合には、文部科学大臣が別に定めるところにより、第五十条第一項、第五十一条（中学校連携型小学校にあっては第五十二条の三、第七十九条の九第二項に規定する中学校併設型小学校にあっては第七十九条の十二において準用

する第七十九条の五第一項）及び第五十二条の規定にかかわらず、特別の教育課程によることができる。

〔他の小学校等での授業の扱い〕

第五十六条の三 前条の規定により特別の教育課程による場合においては、校長は、児童が設置者の定めるところにより他の小学校、義務教育学校の前期課程又は特別支援学校の小学部において受けた授業を、当該児童の在学する小学校において受けた当該特別の教育課程に係る授業とみなすことができる。

〔学齢を経過した者の特別の指導の特例〕

第五十六条の四 小学校において、学齢を経過した者のうち、その者の年齢、経験又は勤労の状況その他の実情に応じた特別の指導を行う必要があるものを夜間その他特別の時間において教育する場合には、文部科学大臣が別に定めるところにより、第五十条第一項、第五十一条（中学校連携型小学校にあっては第五十二条の三、第七十九条の九第二項に規定する中学校併設型小学校にあっては第七十九条の十二において準用する第七十九条の五第一項）及び第五十二条の規定にかかわらず、特別の教育課程によることができる。

〔教科用図書代替教材（電子教科書）〕

第五十六条の五 学校教育法第三十四条第二項に規定する教材（以下この条において「教科用図書代替教材」という。）は、同条第一項に規定する教科用図書（以下この条において「教科用図書」という。）の発行者が、その発行する教科用図書の内容の全部（電磁的記録に記録することに伴って変更が必要となる内容を除く。）をそのまま記録した電磁的記録である教材とする。

2 学校教育法第三十四条第二項の規定による教科用図書代替教材の使用は、文部科学大臣が別に定める基準を満たすように行うものとする。

3 学校教育法第三十四条第三項に規定する文部科学大臣の定める事由は、次のとおりとする。

一 視覚障害、発達障害その他の障害

二 日本語に通じないこと

三 前二号に掲げる事由に準ずるもの

4 学校教育法第三十四条第三項の規定による教科用図書代替教材の使用は、文部科学大臣が別に定める基準を満たすように行うものとする。

〔課程の修了・卒業の認定〕

第五十七条 小学校において、各学年の課程の修了又は卒業を認めるに当たっては、児童の平素の成績を評価して、これを定めなければならない。

〔卒業証書の授与〕

第五十八条 校長は、小学校の全課程を修了したと認めた者には、卒業証書を授与しなければならない。

第三節 学年及び授業日

〔学年〕

第五十九条 小学校の学年は、四月一日に始まり、翌年三月三十一日に終る。

〔授業終始の時刻〕

第六十条 授業終始の時刻は、校長が定める。

〔休業日〕

第六十一条 公立小学校における休業日は、次のとおりとする。ただし、第三号に掲げる日を除き、当該学校を設置する地方公共団体の教育委員会（公立大学法人の設置する小学校にあっては、当該公立大学法人の理事長。第三号において同じ。）が必要と認める場合は、この限りでない。

一 国民の祝日に関する法律（昭和二十三年法律第百七十八号）に規定する日

二 日曜日及び土曜日

三 学校教育法施行令第二十九条の規定により教育委員会が定める日

〔私立小学校の休業日〕

第六十二条 私立小学校における学期及び休業日は、当該学校の学則で定める。

〔非常変災等による臨時休業〕

第六十三条 非常変災その他急迫の事情があるときは、校長は、臨時に授業を行わないことができる。この場合において、公立小学校についてはこの旨を当該学校を設置する地方公共団体の教育委員会（公立大学法人の設置する小学校にあっては、当該公立大学法人の理事長）に報告しなければならない。

第四節 職員

〔講師の勤務態様〕

第六十四条 講師は、常時勤務に服しないことができる。

〔学校用務員〕
第六十五条　学校用務員は、学校の環境の整備その他の用務に従事する。

〔医療的ケア看護職員〕
第六十五条の二　医療的ケア看護職員は、小学校における日常生活及び社会生活を営むために恒常的に医療的ケア（人工呼吸器による呼吸管理、喀痰《かくたん》吸引その他の医療行為をいう。）を受けることが不可欠である児童の療養上の世話又は診療の補助に従事する。

〔スクールカウンセラー〕
第六十五条の三　スクールカウンセラーは、小学校における児童の心理に関する支援に従事する。

〔スクールソーシャルワーカー〕
第六十五条の四　スクールソーシャルワーカーは、小学校における児童の福祉に関する支援に従事する。

〔情報通信技術支援員〕
第六十五条の五　情報通信技術支援員は、教育活動その他の学校運営における情報通信技術の活用に関する支援に従事する。

〔特別支援教育支援員〕
第六十五条の六　特別支援教育支援員は、教育上特別の支援を必要とする児童の学習上又は生活上必要な支援に従事する。

〔教育業務支援員〕
第六十五条の七　教員業務支援員は、教員の業務の円滑な実施に必要な支援に従事する。

第五節　学校評価

〔自己評価〕
第六十六条　小学校は、当該小学校の教育活動その他の学校運営の状況について、自ら評価を行い、その結果を公表するものとする。
2　前項の評価を行うに当たっては、小学校は、その実情に応じ、適切な項目を設定して行うものとする。

〔学校関係者評価〕
第六十七条　小学校は、前条第一項の規定による評価の結果を踏まえた当該小学校の児童の保護者その他の当該小学校の関係者（当該小学校の職員を除く。）による評価を行い、その結果を公表するよう努めるものとする。

〔設置者への報告〕
第六十八条　小学校は、第六十六条第一項の規定による評価の結果及び前条の規定により評価を行った場合はその結果を、当該小学校の設置者に報告するものとする。

第五章　中学校

〔設置基準〕
第六十九条　中学校の設備、編制その他設置に関する事項は、この章に定めるもののほか、中学校設置基準（平成十四年文部科学省令第十五号）の定めるところによる。

〔生徒指導主事〕
第七十条　中学校には、生徒指導主事を置くものとする。
2　前項の規定にかかわらず、第四項に規定する生徒指導主事の担当する校務を整理する主幹教諭を置くときその他特別の事情のあるときは、生徒指導主事を置かないことができる。
3　生徒指導主事は、指導教諭又は教諭をもって、これに充てる。
4　生徒指導主事は、校長の監督を受け、生徒指導に関する事項をつかさどり、当該事項について連絡調整及び指導、助言に当たる。

〔進路指導主事〕
第七十一条　中学校には、進路指導主事を置くものとする。
2　前項の規定にかかわらず、第三項に規定する進路指導主事の担当する校務を整理する主幹教諭を置くときは、進路指導主事を置かないことができる。
3　進路指導主事は、指導教諭又は教諭をもって、これに充てる。校長の監督を受け、生徒の職業選択の指導その他の進路の指導に関する事項をつかさどり、当該事項について連絡調整及び指導、助言に当たる。

〔教育課程の編成〕
第七十二条　中学校の教育課程は、国語、社会、数学、理科、音楽、美術、保健体育、技術・家庭及び外国語の各教科（以下本章及び第七章中「各教科」という。）、特別の教科である道徳、総合的な学習の時間並びに特別活動によって編成するものとする。

〔授業時数〕
第七十三条　中学校（併設型中学校、第七十四条の二第二項に規定する小学校連携型中学校、第七十五条第二項に規定する連携型中学校及び第七十九条の九第二項に規定する小学校併設型中学校を除く。）の各学年における各教科、特別の教科である道徳、総合的な学習の時間及び

特別活動のそれぞれの授業時数並びに各学年におけるこれらの総授業時数は、別表第二に定める授業時数を標準とする。

〔教育課程の基準〕

第七十四条　中学校の教育課程については、この章に定めるもののほか、教育課程の基準として文部科学大臣が別に公示する中学校学習指導要領によるものとする。

〔小学校連携型中学校〕

第七十四条の二　中学校（併設型中学校、第七十五条第二項に規定する連携型中学校及び第七十九条の九第二項に規定する小学校併設型中学校を除く。）においては、小学校における教育との一貫性に配慮した教育を施すため、当該中学校の設置者が当該小学校の設置者との協議に基づき定めるところにより、教育課程を編成することができる。

2　前項の規定により教育課程を編成する中学校（以下「小学校連携型中学校」という。）は、中学校連携型小学校と連携し、その教育課程を実施するものとする。

〔小学校連携型中学校の教育課程〕

第七十四条の三　小学校連携型中学校の各学年における各教科、特別の教科である道徳、総合的な学習の時間及び特別活動のそれぞれの授業時数並びに各学年におけるこれらの総授業時数は、別表第二の三に定める授業時数を標準とする。

〔小学校連携型中学校教育課程の特例〕

第七十四条の四　小学校連携型中学校の教育課程については、この章に定めるもののほか、教育課程の基準の特例として文部科学大臣が別に定めるところによるものとする。

〔中・高一貫性を配慮した教育課程の編成〕

第七十五条　中学校（併設型中学校、小学校連携型中学校及び第七十九条の九第二項に規定する小学校併設型中学校を除く。）においては、高等学校における教育との一貫性に配慮した教育を施すため、当該中学校の設置者が当該高等学校の設置者との協議に基づき定めるところにより、教育課程を編成することができる。

2　前項の規定により教育課程を編成する中学校（以下「連携型中学校」という。）は、第八十七条第一項の規定により教育課程を編成する高等学校と連携し、その教育課程を実施するものとする。

〔連携型中学校の授業時数〕

第七十六条　連携型中学校の各学年における各教科、特別の教科である道徳、総合的な学習の時間及び特別活動のそれぞれの授業時数並びに各学年におけるこれらの総授業時数は、別表第四に定める授業時数を標準とする。

〔連携型中学校の教育課程の特例〕

第七十七条　連携型中学校の教育課程については、この章に定めるもののほか、教育課程の基準の特例として文部科学大臣が別に定めるところによるものとする。

〔メディア授業〕

第七十七条の二　中学校は、当該中学校又は当該中学校が設置されている地域の実態に照らし、より効果的な教育を実施するため必要がある場合であって、生徒の教育上適切な配慮がなされているものとして文部科学大臣が定める基準を満たしていると認められるときは、文部科学大臣が別に定めるところにより、授業を、多様なメディアを高度に利用して、当該授業を行う教室以外の場所で履修させることができる。

〔進学生徒の調査書等の送付〕

第七十八条　校長は、中学校卒業後、高等学校、高等専門学校その他の学校に進学しようとする生徒のある場合には、調査書その他必要な書類をその生徒の進学しようとする学校の校長に送付しなければならない。ただし、第九十条第三項（第百三十五条第五項において準用する場合を含む。）及び同条第四項の規定に基づき、調査書を入学者の選抜のための資料としない場合は、調査書の送付を要しない。

第七十八条の二　部活動指導員は、中学校におけるスポーツ、文化、科学等に関する教育活動（中学校の教育課程として行われるものを除く。）に係る技術的な指導に従事する。

〔準用規定〕

第七十九条　第四十一条から第四十九条まで、第五十条第二項、第五十四条から第六十八条までの規定は、中学校に準用する。この場合において、第四十二条中「五学級」とあるのは「二学級」と、第五十五条から第五十六条の

二まで及び第五十六条の四の規定中「第五十条第一項」とあるのは「第七十二条」と、「第五十一条（中学校連携型小学校にあっては第五十二条の三、第七十九条の九第二項に規定する中学校併設型小学校にあっては第七十九条の十二において準用する第七十九条の五第一項）」とあるのは「第七十三条（併設型中学校にあっては第百十七条において準用する第百七条、小学校連携型中学校にあっては第七十四条の三、連携型中学校にあっては第七十六条、第七十九条の九第二項に規定する小学校併設型中学校にあっては第七十九条の十二において準用する第七十九条の五第二項）」と、「第五十二条」とあるのは「第七十四条」と、第五十五条の二中「第三十条第一項」とあるのは「第四十六条」と、第五十六条の三中「他の小学校、義務教育学校の前期課程又は特別支援学校の小学部」とあるのは「他の中学校、義務教育学校の後期課程、中等教育学校の前期課程又は特別支援学校の中学部」と読み替えるものとする。

第五章の二　義務教育学校並びに中学校併設型小学校及び小学校併設型中学校

第一節　義務教育学校

〔義務教育学校の設置基準〕

第七十九条の二　義務教育学校の前期課程の設備、編制その他設置に関する事項については、小学校設置基準の規定を準用する。

2　義務教育学校の後期課程の設備、編制その他設置に関する事項については、中学校設置基準の規定を準用する。

〔学級数の標準〕

第七十九条の三　義務教育学校の学級数は、十八学級以上二十七学級以下を標準とする。ただし、地域の実態その他により特別の事情のあるときは、この限りでない。

〔分校〕

第七十九条の四　義務教育学校の分校の学級数は、特別の事情のある場合を除き、八学級以下とし、前条の学級数に算入しないものとする。

〔義務教育学校の教育課程〕

第七十九条の五　次条第一項において準用する第五十条第一項に規定する義務教育学校の前期課程の各学年における各教科、特別の教科である道徳、外国語活動、総合的な学習の時間及び特別活動のそれぞれの授業時数並びに各学年におけるこれらの総授業時数は、別表第二の二に定める授業時数を標準とする。

2　次条第二項において準用する第七十二条に規定する義務教育学校の後期課程の各学年における各教科、特別の教科である道徳、総合的な学習の時間及び特別活動のそれぞれの授業時数並びに各学年におけるこれらの総授業時数は、別表第二の三に定める授業時数を標準とする。

〔教育課程に関する準用〕

第七十九条の六　義務教育学校の前期課程の教育課程については、第五十条、第五十二条の規定に基づき文部科学大臣が公示する小学校学習指導要領及び第五十五条から第五十六条の四までの規定を準用する。この場合において、第五十五条から第五十六条までの規定中「第五十条第一項、第五十一条（中学校連携型小学校にあっては第五十二条の三、第七十九条の九第二項に規定する中学校併設型小学校にあっては第七十九条の十二において準用する第七十九条の五第一項）又は第五十二条」とあるのは「第七十九条の五第一項又は第七十九条の六第一項において準用する第五十条第一項若しくは第五十二条の規定に基づき文部科学大臣が公示する小学校学習指導要領」と、第五十五条の二中「第三十条第一項」とあるのは「第四十九条の六第一項」と、第五十六条の四中「第五十条第一項、第五十一条（中学校連携型小学校にあっては第五十二条の三、第七十九条の九第二項に規定する中学校併設型小学校にあっては第七十九条の十二において準用する第七十九条の五第一項）及び第五十二条」とあるのは「第七十九条の五第一項並びに第七十九条の六第一項において準用する第五十条第一項及び第五十二条の規定に基づき文部科学大臣が公示する小学校学習指導要領」と読み替えるものとする。

2　義務教育学校の後期課程の教育課程については、第五

十条第二項、第五十五条から第五十六条の四まで及び第七十二条の規定並びに第七十四条の規定に基づき文部科学大臣が公示する中学校学習指導要領の規定を準用する。この場合において、第五十五条から第五十六条までの規定中「第五十条第一項、第五十一条（中学校連携型小学校にあっては第五十二条の三、第七十九条の九第二項に規定する中学校併設型小学校にあっては第七十九条の十二において準用する第七十九条の五第一項）又は第五十二条」とあるのは「第七十九条の五第二項又は第七十九条の六第二項において準用する第七十二条若しくは第七十四条の規定に基づき文部科学大臣が公示する中学校学習指導要領」と、第五十五条の二中「第三十条第一項」とあるのは「第四十九条の六第二項」と、第五十六条の二及び第五十六条の四中「第五十条第一項、第五十一条（中学校連携型小学校にあっては第五十二条の三、第七十九条の九第二項に規定する中学校併設型小学校にあっては第七十九条の十二において準用する第七十九条の五第一項）及び第五十二条」とあるのは「第七十九条の五第二項並びに第七十九条の六第二項において準用する第七十二条及び第七十四条の規定に基づき文部科学大臣が公示する中学校学習指導要領」と、第五十六条の三中「他の小学校、義務教育学校の前期課程又は特別支援学校の小学部」とあるのは「他の中学校、義務教育学校の後期課程、中等教育学校の前期課程又は特別支援学校の中学部」と読み替えるものとする。

〔教育課程の特例〕

第七十九条の七　義務教育学校の教育課程については、この章に定めるもののほか、教育課程の基準の特例として文部科学大臣が別に定めるところによるものとする。

〔準用規定〕

第七十九条の八　第四十三条から第四十九条まで、第五十三条、第五十四条、第五十六条の五から第七十一条まで（第六十九条を除く。）及び第七十八条の規定は、義務教育学校に準用する。

2　第七十七条の二及び第七十八条の二の規定は、義務教育学校の後期課程に準用する。

第二節　中学校併設型小学校及び小学校併設型中学校

〔中学校併設型小学校・小学校併設型中学校〕

第七十九条の九　同一の設置者が設置する小学校（中学校連携型小学校を除く。）及び中学校（併設型中学校、小学校連携型中学校及び連携型中学校を除く。）においては、義務教育学校に準じて、小学校における教育と中学校における教育を一貫して施すことができる。

2　前項の規定により中学校における教育と一貫した教育を施す小学校（以下「中学校併設型小学校」という。）及び同項の規定により小学校における教育と一貫した教育を施す中学校（以下「小学校併設型中学校」という。）においては、小学校における教育と中学校における教育を一貫して施すためにふさわしい運営の仕組みを整えるものとする。

〔中学校併設型の小学校の教育課程〕

第七十九条の十　中学校併設型小学校の教育課程については、第四章に定めるもののほか、教育課程の基準の特例として文部科学大臣が別に定めるところによるものとする。

2　小学校併設型中学校の教育課程については、第五章に定めるもののほか、教育課程の基準の特例として文部科学大臣が別に定めるところによるものとする。

〔教育課程の編成〕

第七十九条の十一　中学校併設型小学校及び小学校併設型中学校においては、小学校における教育と中学校における教育を一貫して施すため、設置者の定めるところにより、教育課程を編成するものとする。

〔準用規定〕

第七十九条の十二　第七十九条の五第一項の規定は中学校併設型小学校に、同条第二項の規定は小学校併設型中学校に準用する。

第六章　高等学校

第一節　設備、編制、学科及び教育課程

〔設置基準〕

第八十条　高等学校の設備、編制、学科の種類その他設置

に関する事項は、この節に定めるもののほか、高等学校設置基準（平成十六年文部科学省令第二十号）の定めるところによる。

〔事務長〕

第八十二条　高等学校には、事務長を置くものとする。

2　事務長は、事務職員をもって、これに充てる。

3　事務長は、校長の監督を受け、事務職員その他の職員が行う事務を総括する。

〔教育課程の編成〕

第八十三条　高等学校の教育課程は、別表第三に定める各教科に属する科目、総合的な探究の時間及び特別活動によって編成するものとする。

〔教育課程の基準〕

第八十四条　高等学校の教育課程については、この章に定めるもののほか、教育課程の基準として文部科学大臣が別に公示する高等学校学習指導要領によるものとする。

〔教育課程等の特例〕

第八十五条　高等学校の教育課程に関し、その改善に資する研究を行なうため特に必要があり、かつ、生徒の教育上適切な配慮がなされていると文部科学大臣が認める場合においては、文部科学大臣が別に定めるところにより、前二条の規定によらないことができる。

〔学校又は地域の特色を生かした教育課程編成の特例〕

第八十五条の二　文部科学大臣が、高等学校において、当該高等学校又は当該高等学校が設置されている地域の実態に照らし、より効果的な教育を実施するため、当該高等学校又は当該地域の特色を生かした特別の教育課程を編成して教育を実施する必要があり、かつ、当該特別の教育課程について、教育基本法及び学校教育法第五十一条の規定等に照らして適切であり、生徒の教育上適切な配慮がなされているものとして文部科学大臣が定める基準を満たしていると認める場合においては、文部科学大臣が別に定めるところにより、第八十三条又は第八十四条の規定の全部又は一部によらないことができる。

〔学校生活への適応が困難である場合の特例〕

第八十六条　高等学校において、学校生活への適応が困難であるため、相当の期間高等学校を欠席すると認められる生徒、高等学校を退学し、その後高等学校に入学していないと認められる者若しくは学校教育法第五十七条に規定する高等学校の入学資格を有するが、高等学校に入学していないと認められる者又は疾病による療養のため若しくは障害のため、相当の期間高等学校を欠席すると認められる生徒、高等学校を退学し、その後高等学校に入学していないと認められる者若しくは学校教育法第五十七条に規定する高等学校の入学資格を有するが、高等学校に入学していないと認められる者を対象として、その実態に配慮した特別の教育課程を編成して教育を実施する必要があると文部科学大臣が認める場合においては、文部科学大臣が別に定めるところにより、第八十三条又は第八十四条の規定によらないことができる。

〔日本語指導が必要な場合の特例〕

第八十六条の二　高等学校において、日本語に通じない生徒のうち、当該生徒の日本語を理解し、使用する能力に応じた特別の指導を行う必要があるものを教育する場合には、文部科学大臣が別に定めるところにより、第八十三条及び第八十四条の規定にかかわらず、特別の教育課程によることができる。

第八十六条の三　前条の規定により特別の教育課程による場合においては、校長は、生徒が設置者の定めるところにより他の高等学校、中等教育学校の後期課程又は特別支援学校の高等部において受けた授業を、当該生徒の在学する高等学校において受けた当該特別の教育課程に係る授業とみなすことができる。

〔設置者の協議による教育課程の編成〕

第八十七条　高等学校（学校教育法第七十一条の規定により中学校における教育と一貫した教育を施すもの（以下「併設型高等学校」という。）を除く。）においては、中学校における教育との一貫性に配慮した教育を施すため、当該高等学校の設置者が当該中学校の設置者との協議に基づき定めるところにより、教育課程を編成することができる。

2　前項の規定により教育課程を編成する高等学校（以下「連携型高等学校」という。）は、連携型中学校と連携し、その教育課程を実施するものとする。

〔連携型高等学校の教育課程の特例〕
第八十八条　連携型高等学校の教育課程については、この章に定めるもののほか、教育課程の基準の特例として文部科学大臣が別に定めるところによるものとする。

〔国際バカロレア認定校の特例〕
第八十八条の二　スイス民法典に基づく財団法人である国際バカロレア事務局から国際バカロレア・ディプロマ・プログラムを提供する学校として認められた高等学校の教育課程については、この章に定めるもののほか、教育課程の基準の特例として文部科学大臣が別に定めるところによるものとする。

〔高等学校の教育方法の特例〕
第八十八条の三　高等学校は、文部科学大臣が別に定めるところにより、授業を、多様なメディアを高度に利用して、当該授業を行う教室等以外の場所で履修させることができる。

〔教科用図書の特例〕
第八十九条　高等学校においては、文部科学大臣の検定を経た教科用図書又は文部科学省が著作の名義を有する教科用図書のない場合には、当該高等学校の設置者の定めるところにより、他の適切な教科用図書を使用することができる。

（略）

第二節　入学、退学、転学、留学、休学及び卒業等

〔入学の許可、入学者の選抜、学力検査〕
第九十条　高等学校の入学は、第七十八条の規定により送付された調査書その他必要な書類、選抜のための学力検査（以下この条においては「学力検査」という。）の成績等を資料として行う入学者の選抜に基づいて、校長が許可する。
2　学力検査は、特別の事情のあるときは、行わないことができる。
3　調査書は、特別の事情のあるときは、入学者の選抜のための資料としないことができる。
4　連携型高等学校における入学者の選抜は、第七十五条第一項の規定により編成する教育課程に係る連携型中学校の生徒については、調査書及び学力検査の成績以外の資料により行うことができる。
5　公立の高等学校（公立大学法人の設置する高等学校を除く。）に係る学力検査は、当該高等学校を設置する都道府県又は市町村の教育委員会が行う。

〔編入学の許可資格〕
第九十一条　第一学年の途中又は第二学年以上に入学を許可される者は、相当年齢に達し、当該学年に在学する者と同等以上の学力があると認められた者とする。

〔転学・転籍〕
第九十二条　他の高等学校に転学を志望する生徒のあるときは、校長は、その事由を具し、生徒の在学証明書その他必要な書類を転学先の校長に送付しなければならない。転学先の校長は、教育上支障がない場合には、転学を許可することができる。
2　全日制の課程、定時制の課程及び通信制の課程相互の間の転学又は転籍については、修得した単位に応じて、相当学年に転入することができる。

〔留学〕
第九十三条　校長は、教育上有益と認めるときは、生徒が外国の高等学校に留学することを許可することができる。
2　校長は、前項の規定により留学することを許可された生徒について、外国の高等学校における履修を高等学校における履修とみなし、三十六単位を超えない範囲で単位の修得を認定することができる。
3　校長は、前項の規定により単位の修得を認定された生徒について、第百四条第一項において準用する第五十九条又は第百四条第二項に規定する学年の途中においても、各学年の課程の修了又は卒業を認めることができる。

〔休・退学〕
第九十四条　生徒が、休学又は退学をしようとするときは、校長の許可を受けなければならない。

〔中学校卒業者と同等以上の学力があると認められる者〕
第九十五条　学校教育法第五十七条の規定により、高等学校入学に関し、中学校を卒業した者と同等以上の学力があると認められる者は、次の各号のいずれかに該当する者とする。
一　外国において、学校教育における九年の課程を修了した者
二　文部科学大臣が中学校の課程と同等の課程を有する

ものとして認定した在外教育施設の当該課程を修了した者
三　文部科学大臣の指定した者
四　就業義務猶予免除者等の中学校卒業程度認定規則（昭和四十一年文部省令第三十六号）により、中学校を卒業した者と同等以上の学力があると認定された者
五　その他高等学校において、中学校を卒業した者と同等以上の学力があると認めた者

〔校長の全課程修了の認定〕

第九十六条　校長は、生徒の高等学校の全課程の修了を認めるに当たつては、高等学校学習指導要領の定めるところにより、七十四単位以上を修得した者について行わなければならない。ただし、第八十五条、第八十五条の二又は第八十六条の規定により、高等学校の教育課程に関し第八十三条又は第八十四条の規定によらない場合においては、文部科学大臣が別に定めるところにより行うものとする。

2　前項前段の規定により全課程の修了の要件として修得すべき七十四単位のうち、第八十八条の三に規定する授業の方法により修得する単位数は三十六単位を超えないものとする。ただし、疾病による療養のため又は障害のため、病院その他の適当な場所で医療の提供その他の支援を受ける必要がある生徒であって、相当の期間高等学校を欠席すると認められるものについては、この限りでない。

〔他校における単位修得〕

第九十七条　校長は、教育上有益と認めるときは、生徒が当該校長の定めるところにより他の高等学校又は中等教育学校の後期課程において一部の科目又は総合的な探究の時間の単位を修得したときは、当該修得した単位数を当該生徒の在学する高等学校が定めた全課程の修了を認めるに必要な単位数のうちに加えることができる。

2　前項の規定により、生徒が他の高等学校又は中等教育学校の後期課程において一部の科目又は総合的な探究の時間の単位を修得する場合においては、当該他の高等学校又は中等教育学校の校長は、当該生徒について一部の科目又は総合的な探究の時間の履修を許可することができる。

3　同一の高等学校に置かれている全日制の課程、定時制の課程及び通信制の課程相互の間の併修については、前二項の規定を準用する。

〔学修による単位授与の特例〕

第九十八条　校長は、教育上有益と認めるときは、当該校長の定めるところにより、生徒が行う次に掲げる学修を当該生徒の在学する高等学校における科目の履修とみなし、当該科目の単位を与えることができる。
一　大学、高等専門学校又は専修学校の高等課程若しくは専門課程における学修その他の教育施設等における学修で文部科学大臣が別に定めるもの
二　知識及び技能に関する審査で文部科学大臣が別に定めるものに係る学修
三　ボランティア活動その他の継続的に行われる活動（当該生徒の在学する高等学校の教育活動として行われるものを除く。）に係る学修で文部科学大臣が別に定めるもの

〔単位数の合計〕

第九十九条　第九十七条の規定に基づき加えることのできる単位数及び前条の規定に基づき与えることのできる単位数の合計数は三十六を超えないものとする。

〔高等学校卒業程度認定試験規則及び高等学校の別科における学修による単位授与の特例〕

第百条　校長は、教育上有益と認めるときは、当該校長の定めるところにより、生徒が行う次に掲げる学修（当該生徒が入学する前に行ったものを含む。）を当該生徒の在学する高等学校における科目の履修とみなし、当該科目の単位を与えることができる。
一　高等学校卒業程度認定試験規則（平成十七年文部科学省令第一号）の定めるところにより合格点を得た試験科目（同令附則第二条の規定による廃止前の大学入学資格検定規程（昭和二十六年文部省令第十三号。以下「旧規程」という。）の定めるところにより合格点を得た受検科目を含む。）に係る学修

二　高等学校の別科における学修で高等学校学習指導要領の定めるところに準じて修得した科目に係る学修

第三節　定時制の課程及び通信制の課程並びに学年による教育課程の区分を設けない場合その他

〔通信教育〕
第百一条　通信制の課程の設備、編制その他に関し必要な事項は、この章に定めるもののほか、高等学校通信教育規程の定めるところによる。

2　第八十条（施設、設備及び編制に係るものに限る。）並びに第百四条において準用する第五十九条及び第六十一条から第六十三条までの規定は、通信制の課程に適用しない。

〔修業年限〕
第百二条　高等学校の定時制の課程又は通信制の課程の修業年限を定めるに当たっては、勤労青年の教育上適切な配慮をするよう努めるものとする。

〔単位制高等学校〕
第百三条　高等学校においては、第百四条第一項において準用する第五十七条（各学年の課程の修了に係る部分に限る。）の規定にかかわらず、学年による教育課程の区分を設けないことができる。

2　前項の規定により学年による教育課程の区分を設けない場合における入学等に関する特例その他必要な事項は、単位制高等学校教育規程（昭和六十三年文部省令第六号）の定めるところによる。

〔方針の策定〕
第百三条の二　高等学校は、当該高等学校、全日制の課程、定時制の課程若しくは通信制の課程又は学科ごとに、次に掲げる方針を定め、公表するものとする。

一　高等学校学習指導要領に定めるところにより育成を目指す資質・能力に関する方針

二　教育課程の編成及び実施に関する方針

三　入学者の受入れに関する方針

〔準用規定等〕
第百四条　第四十三条から第四十九条まで（第四十六条を除く。）、第五十四条、第五十六条の五から第七十一条まで（第六十九条を除く。）及び第七十八条の二の規定は、高等学校に準用する。

2　前項の規定において準用する第五十九条の規定にかかわらず、修業年限が三年を超える定時制の課程を置く場合は、その最終の学年は、四月一日に始まり、九月三十日に終わるものとすることができる。

3　校長は、特別の必要があり、かつ、教育上支障がないときは、第一項において準用する第五十九条に規定する学年の途中においても、学期の区分に従い、入学（第九十一条に規定する入学を除く。）を許可し並びに各学年の課程の修了及び卒業を認めることができる。

第七章　中等教育学校並びに併設型中学校及び併設型高等学校

第一節　中等教育学校

〔設置基準〕
第百五条　中等教育学校の設置基準は、この章に定めるもののほか、別に定める。

〔設備・編制〕
第百六条　中等教育学校の前期課程の設備、編制その他設置に関する事項については、中学校設置基準の規定を準用する。

2　中等教育学校の後期課程の設備、編制、学科の種類その他設置に関する事項については、高等学校設置基準の規定を準用する。

〔標準授業時数〕
第百七条　次条第一項において準用する第七十二条に規定する中等教育学校の前期課程の各学年における各教科、特別の教科である道徳、総合的な学習の時間及び特別活動のそれぞれの授業時数並びに各学年におけるこれらの総授業時数は、別表第四に定める授業時数を標準とする。

〔教育課程〕
第百八条　中等教育学校の前期課程の教育課程については、第五十条第二項、第五十五条から第五十六条の四まで及び第七十二条の規定並びに第七十四条の規定に基づき文部科学大臣が公示する中学校学習指導要領の規定を準用する。この場合において、第五十五条から第五十六条までの規定中「第五十条第一項、第五十一条（中学校連携型小学校にあっては第五十二条の三、第七十九条の九第

二項に規定する中学校併設型小学校にあっては第七十九条の十二において準用する第七十九条の五第一項）又は第五十二条」とあるのは「第百七条又は第百八条第一項において準用する第七十二条若しくは第七十四条の規定に基づき文部科学大臣が公示する中学校学習指導要領」と、第五十五条の二中「第三十条第一項」とあるのは「第六十七条第一項」と、第五十六条の二及び第五十六条の四中「第五十条第一項、第五十一条（中学校連携型小学校にあっては第五十二条の三、第七十九条の九第二項に規定する中学校併設型小学校にあっては第七十九条の十二において準用する第七十九条の五第一項）及び第五十二条」とあるのは「第百七条並びに第百八条第一項において準用する第七十二条及び第七十四条の規定に基づき文部科学大臣が公示する中学校学習指導要領」と、第五十六条の三中「他の小学校、義務教育学校の前期課程又は特別支援学校の小学部」とあるのは「他の中学校、義務教育学校の後期課程、中等教育学校の前期課程又は特別支援学校の中学部」と読み替えるものとする。

2　中等教育学校の後期課程の教育課程については、第八十三条、第八十五条から第八十六条の三まで及び第八十八条の二の規定並びに第八十四条の規定に基づき文部科学大臣が公示する高等学校学習指導要領の規定を準用する。この場合において、第八十五条中「前二条」とあり、並びに第八十五条の二及び第八十六条中「第八十三条又は第八十四条」とあるのは、「第百八条第二項において準用する第八十三条又は第八十四条の規定に基づき文部科学大臣が公示する高等学校学習指導要領」と、第八十五条の二中「第五十一条」とあるのは「第六十七条第二項」と、第八十六条の二中「第八十三条及び第八十四条」とあるのは「第百八条第二項において準用する第八十三条及び第八十四条の規定に基づき文部科学大臣が公示する高等学校学習指導要領」と読み替えるものとする。

〔教育課程の特例〕

第百九条　中等教育学校の教育課程については、この章に定めるもののほか、教育課程の基準の特例として文部科学大臣が別に定めるところによるものとする。

〔入学許可〕

第百十条　中等教育学校の入学は、設置者の定めるところにより、校長が許可する。

2　前項の場合において、公立の中等教育学校については、学力検査を行わないものとする。

〔通信制〕

第百十一条　中等教育学校の後期課程の通信制の課程の設備、編制その他に関し必要な事項は、この章に定めるもののほか、高等学校通信教育規程の規定を準用する。

〔入学等の特例〕

第百十二条　次条第三項において準用する第百三条第一項の規定により学年による教育課程の区分を設けない場合における入学等に関する特例その他必要な事項は、単位制高等学校教育規程の規定を準用する。

〔準用〕

第百十三条　第四十三条から第四十九条まで（第四十六条を除く。）、第五十四条、第五十六条の五から第七十一条まで（第六十九条を除く。）、第七十八条の二、第八十二条、第九十一条、第九十四条及び第百条の三の規定は、中等教育学校に準用する。この場合において、同条中「第百四条第一項」とあるのは、「第百十三条第一項」と読み替えるものとする。

2　第七十七条の二及び第七十八条の規定は、中等教育学校の前期課程に準用する。

3　第八十一条、第八十八条の三、第八十九条、第九十二条、第九十三条、第九十六条から第百条の二まで、第百一条第二項、第百二条、第百三条第一項、第百三条の二（第三号を除く。）及び第百四条第二項の規定は、中等教育学校の後期課程に準用する。この場合において、第九十六条第一項中「第八十五条、第八十五条の二又は第八十六条」とあるのは「第百八条第二項において読み替えて準用する第八十五条、第八十五条の二又は第八十六条」と、「第八十三条又は第八十四条」とあるのは「第百八条第二項において準用する第八十三条又は第八十四条の規定に基づき文部科学大臣が公示する高等学校学習指導

要領」と読み替えるものとする。

第二節 併設型中学校及び併設型高等学校

〔教育課程〕
第百十四条 併設型中学校の教育課程については、第五章に定めるもののほか、教育課程の基準の特例として文部科学大臣が別に定めるところによるものとする。

2 併設型高等学校の教育課程については、第六章に定めるもののほか、教育課程の基準の特例として文部科学大臣が別に定めるところによるものとする。

〔併設型学校〕
第百十五条 併設型中学校及び併設型高等学校においては、中学校における教育と高等学校における教育を一貫して施すため、設置者の定めるところにより、教育課程を編成するものとする。

〔入学者選択〕
第百十六条 第九十条第一項の規定にかかわらず、併設型高等学校においては、当該高等学校に係る併設型中学校の生徒については入学者の選抜は行わないものとする。

〔準用〕
第百十七条 第百七条及び第百十条の規定は、併設型中学校に準用する。

第八章 特別支援教育

〔設置に関する事項及び設備編制〕
第百十八条 特別支援学校の設備、編制その他設置に関する事項及び特別支援学級の設備編制は、この章及び特別支援学校設置基準（令和三年文部科学省令第四十五号）に定めるもののほか、別に定める。

〔特別支援学校における規則の制定と保護者に対する情報提供義務〕
第百十九条 特別支援学校においては、学校教育法第七十二条に規定する者に対する教育のうち当該特別支援学校が行うものを学則その他の設置者の定める規則（次項において「学則等」という。）で定めるとともに、これについて保護者等に対して積極的に情報を提供するものとする。

2 前項の学則等を定めるに当たっては、当該特別支援学校の施設及び設備等の状況並びに当該特別支援学校の所在する地域における障害のある児童等の状況について考慮しなければならない。

〔寮務主任及び舎監〕
第百二十四条 寄宿舎を設ける特別支援学校には、寮務主任及び舎監を置かなければならない。

2 前項の規定にかかわらず、第四項に規定する寮務主任の担当する寮務を整理する主幹教諭を置くときその他特別の事情のあるときは寮務主任を、第五項に規定する舎監の担当する寮務を整理する主幹教諭を置くときは舎監を、それぞれ置かないことができる。

3 寮務主任及び舎監は、指導教諭又は教諭をもって、これに充てる。

4 寮務主任は、校長の監督を受け、寮務に関する事項について連絡調整及び指導、助言に当たる。

5 舎監は、校長の監督を受け、寄宿舎の管理及び寄宿舎における児童等の教育に当たる。

〔主事〕
第百二十五条 特別支援学校には、各部に主事を置くことができる。

2 主事は、その部に属する教諭等をもって、これに充てる。校長の監督を受け、部に関する校務をつかさどる。

〔小学部の教育課程〕
第百二十六条 特別支援学校の小学部の教育課程は、国語、社会、算数、理科、生活、音楽、図画工作、家庭、体育及び外国語の各教科、特別の教科である道徳、外国語活動、総合的な学習の時間、特別活動並びに自立活動によって編成するものとする。

2 前項の規定にかかわらず、知的障害者である児童を教育する場合は、生活、国語、算数、音楽、図画工作及び体育の各教科、特別の教科である道徳、特別活動並びに自立活動によって教育課程を編成するものとする。ただし、必要がある場合には、外国語活動を加えて教育課程を編成することができる。

〔中学部の教育課程〕
第百二十七条 特別支援学校の中学部の教育課程は、国語、社会、数学、理科、音楽、美術、保健体育、技術・家庭及び外国語の各教科、特別の教科である道徳、総合的な学習の時間、特別活動並びに自立活動によって編成するものとする。

2　前項の規定にかかわらず、知的障害者である生徒を教育する場合は、国語、社会、数学、理科、音楽、美術、保健体育及び職業・家庭の各教科、特別の教科である道徳、総合的な学習の時間、特別活動並びに自立活動によって教育課程を編成するものとする。ただし、必要がある場合には、外国語科を加えて教育課程を編成することができる。

〔高等部の教育課程〕

第百二十八条　特別支援学校の高等部の教育課程は、別表第三及び別表第五に定める各教科に属する科目、総合的な探究の時間、特別活動並びに自立活動によって編成するものとする。

2　前項の規定にかかわらず、知的障害者である生徒を教育する場合は、国語、社会、数学、理科、音楽、美術、保健体育、職業、家庭、外国語、情報、家政、農業、工業、流通・サービス及び福祉の各教科、第百二十九条に規定する特別支援学校高等部学習指導要領で定めるこれら以外の教科及び特別の教科である道徳、総合的な探究の時間、特別活動並びに自立活動によって教育課程を編成するものとする。

〔教育課程の基準〕

第百二十九条　特別支援学校の幼稚部の教育課程その他の保育内容並びに小学部、中学部及び高等部の教育課程については、この章に定めるもののほか、教育課程その他の保育内容又は教育課程の基準として文部科学大臣が別に公示する特別支援学校幼稚部教育要領、特別支援学校小学部・中学部学習指導要領及び特別支援学校高等部学習指導要領によるものとする。

〔授業の特例―合科授業〕

第百三十条　特別支援学校の小学部、中学部又は高等部においては、特に必要がある場合は、第百二十六条から第百二十八条までに規定する各教科（次項において「各教科」という。）又は別表第三及び別表第五に定める各教科に属する科目の全部又は一部について、合わせて授業を行うことができる。

2　特別支援学校の小学部、中学部又は高等部においては、知的障害者である児童若しくは生徒又は複数の種類の障害を併せ有する児童若しくは生徒を教育する場合において特に必要があるときは、各教科、特別の教科である道徳、外国語活動、特別活動及び自立活動の全部又は一部について、合わせて授業を行うことができる。

〔特別の教育課程〕

第百三十一条　特別支援学校の小学部、中学部又は高等部において、複数の種類の障害を併せ有する児童若しくは生徒を教育する場合又は教員を派遣して教育を行う場合において、特に必要があるときは、第百二十六条から第百二十九条までの規定にかかわらず、特別の教育課程によることができる。

2　前項の規定により特別の教育課程による場合において、文部科学大臣の検定を経た教科用図書又は文部科学省が著作の名義を有する教科用図書を使用することが適当でないときは、当該学校の設置者の定めるところにより、他の適切な教科用図書を使用することができる。

（略）

〔教育課程編成の特例〕

第百三十二条　特別支援学校の小学部、中学部又は高等部の教育課程に関し、その改善に資する研究を行うため特に必要があり、かつ、児童又は生徒の教育上適切な配慮がなされていると文部科学大臣が認める場合においては、文部科学大臣が別に定めるところにより、第百二十六条から第百二十九条までの規定によらないことができる。

〔学校又は地域の特色を生かした教育課程編成の特例〕

第百三十二条の二　文部科学大臣が、特別支援学校の小学部、中学部又は高等部において、当該特別支援学校又は当該特別支援学校が設置されている地域の実態に照らし、より効果的な教育を実施するため、当該特別支援学校又は当該地域の特色を生かした特別の教育課程を編成して教育を実施する必要があり、かつ、当該特別の教育課程について、教育基本法及び学校教育法第七十二条の規定等に照らして適切であり、児童又は生徒の教育上適切な配慮がなされているものとして文部科学大臣が定める基準を満たしていると認める場合においては、文部科学大

臣が別に定めるところにより、第百二十六条から第百二十九条までの規定の一部又は全部によらないことができる。

第百三十二条の三　特別支援学校の小学部又は中学部において、日本語に通じない児童又は生徒のうち、当該児童又は生徒の日本語を理解し、使用する能力に応じた特別の指導を行う必要があるものを教育する場合には、文部科学大臣が別に定めるところにより、第百二十六条、第百二十七条及び第百二十九条の規定にかかわらず、特別の教育課程によることができる。

第百三十二条の四　前条の規定により特別の教育課程による場合においては、校長は、児童又は生徒が設置者の定めるところにより他の小学校、中学校、義務教育学校、高等学校、中等教育学校又は特別支援学校の小学部、中学部若しくは高等部において受けた授業を、当該児童又は生徒の在学する特別支援学校の小学部、中学部又は高等部において受けた当該特別の教育課程に係る授業とみなすことができる。

第百三十二条の五　特別支援学校の小学部又は中学部において、学齢を経過した者のうち、その者の年齢、経験又は勤労の状況その他の実情に応じた特別の指導を行う必要があるものを夜間その他特別の時間において教育する場合には、文部科学大臣が別に定めるところにより、第百二十六条、第百二十七条及び第百二十九条の規定にかかわらず、特別の教育課程によることができる。

〔個別の教育支援計画〕

第百三十四条の二　校長は、特別支援学校に在学する児童等について個別の教育支援計画（学校と医療、保健、福祉、労働等に関する業務を行う関係機関及び民間団体（次項において「関係機関等」という。）との連携の下に行う当該児童等に対する長期的な支援に関する計画をいう。）を作成しなければならない。

2　校長は、前項の規定により個別の教育支援計画を作成するに当たっては、当該児童等又はその保護者の意向を踏まえつつ、あらかじめ、関係機関等と当該児童等の支援に関する必要な情報の共有を図らなければならない。

〔特別支援学級の一学級の児童又は生徒の数〕

第百三十六条　小学校、中学校若しくは義務教育学校又は中等教育学校の前期課程における特別支援学級の一学級の児童又は生徒の数は、法令に特別の定めのある場合を除き、十五人以下を標準とする。

〔特別支援学級の設置区分〕

第百三十七条　特別支援学級は、特別の事情のある場合を除いては、学校教育法第八十一条第二項各号に掲げる区分に従って置くものとする。

〔特別支援学級に係る教育課程の特例〕

第百三十八条　小学校、中学校若しくは義務教育学校又は中等教育学校の前期課程における特別支援学級に係る教育課程については、特に必要がある場合は、第五十条第一項（第七十九条の六第一項において準用する場合を含む。）、第五十一条、第五十二条（第七十九条の六第一項において準用する場合を含む。）、第五十二条の三、第七十二条（第七十九条の六第二項及び第百八条第一項において準用する場合を含む。）、第七十三条、第七十四条（第七十九条の六第二項及び第百八条第一項において準用する場合を含む。）、第七十四条の三、第七十六条、第七十九条の五（第七十九条の十二において準用する場合を含む。）及び第百七条（第百十七条において準用する場合を含む。）の規定にかかわらず、特別の教育課程によることができる。

〔教科用図書〕

第百三十九条　前条の規定により特別の教育課程による特別支援学級においては、文部科学大臣の検定を経た教科用図書を使用することが適当でない場合には、当該特別支援学級を置く学校の設置者の定めるところにより、他の適切な教科用図書を使用することができる。

（略）

〔準用規定〕

第百三十九条の二　第百三十四条の二の規定は、小学校、中学校若しくは義務教育学校又は中等教育学校の前期課程における特別支援学級の児童又は生徒について準用する。

〔特別の教育課程〕

第百四十条　小学校、中学校、義務教育学校、高等学校又は中等教育学校において、次の各号のいずれかに該当する児童又は生徒（特別支援学級の児童及び生徒を除く。）のうち当該障害に応じた特別の指導を行う必要があるものを教育する場合には、文部科学大臣が別に定めるところにより、第五十条第一項（第七十九条の六第一項において準用する場合を含む。）、第五十一条、第五十二条（第七十九条の六第一項において準用する場合を含む。）、第五十二条の三、第七十二条（第七十九条の六第二項及び第百八条第一項において準用する場合を含む。）、第七十三条、第七十四条（第七十九条の六第二項及び第百八条第一項において準用する場合を含む。）、第七十四条の三、第七十六条、第七十九条の五（第七十九条の十二において準用する場合を含む。）、第八十三条及び第八十四条（第百八条第二項において準用する場合を含む。）並びに第百七条（第百十七条において準用する場合を含む。）の規定にかかわらず、特別の教育課程によることができる。

一　言語障害者

二　自閉症者

三　情緒障害者

四　弱視者

五　難聴者

六　学習障害者

七　注意欠陥多動性障害者

八　その他障害のある者で、この条の規定により特別の教育課程による教育を行うことが適当なもの

〔準用規定〕

第百四十一条の二　第百三十四条の二の規定は、第百四十条の規定により特別の指導が行われている児童又は生徒について準用する。

第九章　大学

第一節　設備、編制、学部及び学科

〔大学の設備、編制、学部及び学科の種類等〕

第百四十二条　大学（専門職大学及び短期大学並びに大学院を除く。以下この項において同じ。）の設備、編制、学部及び学科に関する事項、教員の資格に関する事項、通信教育に関する事項その他大学の設置に関する事項は、大学設置基準（昭和三十一年文部省令第二十八号）及び大学通信教育設置基準（昭和五十六年文部省令第三十三号）の定めるところによる。

2　専門職大学（大学院を除く。以下この項において同じ。）の設備、編制、学部及び学科に関する事項、教員の資格に関する事項その他専門職大学の設置に関する事項は、専門職大学設置基準（平成二十九年文部科学省令第三十三号）の定めるところによる。

3　大学院の設備、編制、研究科、教員の資格に関する事項及び通信教育に関する事項その他大学院の設置に関する事項は、大学院設置基準（昭和四十九年文部省令第二十八号）及び専門職大学院設置基準（平成十五年文部科学省令第十六号）の定めるところによる。

4　短期大学（専門職短期大学を除く。以下この項において同じ。）の設備、編制、学科、教員の資格、通信教育に関する事項その他短期大学の設置に関する事項は、短期大学設置基準（昭和五十年文部省令第二十一号）及び短期大学通信教育設置基準（昭和五十七年文部省令第三号）の定めるところによる。

5　専門職短期大学の設備、編制、学科、教員の資格その他専門職短期大学の設置に関する事項は、専門職短期大学設置基準（平成二十九年文部科学省令第三十四号）の定めるところによる。

第二節　入学及び卒業等

〔学位〕

第百四十五条　学位に関する事項は、学位規則（昭和二十八年文部省令第九号）の定めるところによる。

〔卒業認定の要件〕

第百四十七条　学校教育法第八十九条に規定する卒業の認定は、次の各号に掲げる要件のすべてに該当する場合（学生が授業科目の構成等の特別の事情を考慮して文部科学大臣が別に定める課程に在学する場合を除く。）に限り行うことができる。

一　大学が、学修の成果に係る評価の基準その他の学校教育法第八十九条に規定する卒業の認定の基準を定め、それを公表していること。

二　大学が、大学設置基準第二十七条の二又は専門職大学設置基準第二十二条に規定する履修科目として登録することができる単位数の上限を定め、適切に運用していること。

三　学校教育法第八十七条第一項に定める学部の課程を履修する学生が、卒業の要件として修得すべき単位を修得し、かつ、当該単位を優秀な成績をもって修得したと認められること。

四　学生が、学校教育法第八十九条に規定する卒業を希望していること。

〔大学の入学資格〕

第百五十条　学校教育法第九十条第一項の規定により、大学入学に関し、高等学校を卒業した者と同等以上の学力があると認められる者は、次の各号のいずれかに該当する者とする。

一　外国において学校教育における十二年の課程を修了した者又はこれに準ずる者で文部科学大臣の指定したもの

二　文部科学大臣が高等学校の課程と同等の課程を有するものとして認定した在外教育施設の当該課程を修了した者

三　専修学校の高等課程（修業年限が三年以上であることその他の文部科学大臣が定める基準を満たすものに限る。）で文部科学大臣が別に指定するものを文部科学大臣が定める日以後に修了した者

四　文部科学大臣の指定した者

五　高等学校卒業程度認定試験規則による高等学校卒業程度認定試験に合格した者（旧規程による大学入学資格検定（以下「旧検定」という。）に合格した者を含む。）

五の二　学校教育法第九十条第二項の規定により大学に入学した者であって、高等学校卒業程度認定審査規則（令和四年文部科学省令第十八号）による高等学校卒業程度認定審査に合格した者

六　学校教育法第九十条第二項の規定により大学に入学した者であって、当該者をその後に入学させる大学において、大学における教育を受けるにふさわしい学力があると認めたもの

七　大学において、個別の入学資格審査により、高等学校を卒業した者と同等以上の学力があると認めた者で、十八歳に達したもの

〔大学への飛び入学〕

第百五十一条　学校教育法第九十条第二項の規定により学生を入学させる大学は、特に優れた資質を有すると認めるに当たっては、入学しようとする者の在学する学校の校長の推薦を求める等により、同項の入学に関する制度が適切に運用されるよう工夫を行うものとする。

〔飛び入学の点検・評価の公表〕

第百五十二条　学校教育法第九十条第二項の規定により学生を入学させる大学は、同項の入学に関する制度の運用の状況について、同法第百九条第一項に規定する点検及び評価を行い、その結果を公表しなければならない。

〔飛び入学の高等学校の在学年数〕

第百五十三条　学校教育法第九十条第二項に規定する文部科学大臣の定める年数は、二年とする。

〔飛び入学において高等学校に二年以上在学した者に準ずる者〕

第百五十四条　学校教育法第九十条第二項の規定により、高等学校に文部科学大臣が定める年数以上在学した者に準ずる者を、次の各号のいずれかに該当する者と定める。

一　中等教育学校の後期課程、特別支援学校の高等部又は高等専門学校に二年以上在学した者

二　外国において、学校教育における九年の課程に引き続く学校教育の課程に二年以上在学した者

三　文部科学大臣が高等学校の課程と同等の課程を有するものとして認定した在外教育施設（高等学校の課程に相当する課程を有するものとして指定したものを含む。）の当該課程に一年以上在学した者

四　第百五十条第三号の規定により文部科学大臣が別に指定する専修学校の高等課程に同号に規定する文部科学大臣が定める日以後において二年以上在学した者

五　文部科学大臣が指定した者

六　高等学校卒業程度認定試験規則第四条に定める試験科目の全部（試験の免除を受けた試験科目を除く。）について合格点を得た者（旧規程第四条に規定する受検科目の全部（旧検定の一部免除を受けた者については、その免除を受けた科目を除く。）について合格点を得た者を含む。）で、十七歳に達したもの

〔学年・学期〕

第百六十三条　大学の学年の始期及び終期は、学長が定める。

2　大学は、前項に規定する学年の途中においても、学期の区分に従い、学生を入学させ及び卒業させることができる。

〔学修証明書の交付〕

第百六十三条の二　大学は、大学の定めるところにより、当該大学の学生又は科目等履修生として体系的に開設された授業科目の単位を修得した者に対し、学修証明書（その事実を証する書面をいう。）を交付することができる。

第三節　履修証明書が交付される特別の課程

〔履修証明書が交付される特別の課程〕

第百六十四条　大学（大学院及び短期大学を含む。以下この条において同じ。）は、学校教育法第百五条に規定する特別の課程（以下この条において「特別の課程」という。）の編成に当たっては、当該大学の開設する講習若しくは授業科目又はこれらの一部により体系的に編成するものとする。

2　特別の課程の総時間数は、六十時間以上とする。

3　特別の課程の履修資格は、大学において定めるものとする。ただし、当該資格を有する者は、学校教育法第九十条第一項の規定により大学に入学することができる者でなければならない。

第四節　認証評価その他

〔三つの方針〕

第百六十五条の二　大学は、当該大学、学部又は学科若しくは課程（大学院にあっては、当該大学院、研究科又は専攻）ごとに、その教育上の目的を踏まえて、次に掲げる方針を定めるものとする。

一　卒業又は修了の認定に関する方針

二　教育課程の編成及び実施に関する方針

三　入学者の受入れに関する方針

2　前項第二号に掲げる方針を定めるに当たっては、同項第一号に掲げる方針との一貫性の確保に特に意を用いなければならない。

〔大学の教育研究活動等の情報公開〕

第百七十二条の二　大学は、次に掲げる教育研究活動等の状況についての情報を公表するものとする。

一　大学の教育研究上の目的及び第百六十五条の二第一項の規定により定める方針に関すること

二　教育研究上の基本組織に関すること

三　教育研究実施組織、教員の数並びに各教員が有する学位及び業績に関すること

四　入学者の数、収容定員及び在学する学生の数、卒業又は修了した者の数並びに進学者数及び就職者数その他進学及び就職等の状況に関すること

五　授業科目、授業の方法及び内容並びに年間の授業の計画（大学設置基準第十九条の二第一項（大学院設置基準第十五条において読み替えて準用する場合を含む。）、専門職大学設置基準第十一条第一項、専門職大学院設置基準第六条の三第一項、短期大学設置基準第五条の二第一項及び専門職短期大学設置基準第八条第一項の規定により当該大学が自ら開設したものとみなす授業科目（次号において「連携開設科目」という。）に係るものを含む。）に関すること

六　学修の成果に係る評価（連携開設科目に係るものを含む。）及び卒業又は修了の認定に当たっての基準に関すること

七　校地、校舎等の施設及び設備その他の学生の教育研究環境に関すること

八　授業料、入学料その他の大学が徴収する費用に関すること

九　大学が行う学生の修学、進路選択及び心身の健康等に係る支援に関すること

2　専門職大学等及び専門職大学院を置く大学は、前項各号に掲げる事項のほか、学校教育法第八十三条の二第二項、第九十九条第三項及び第百八条第五項の規定による専門性が求められる職業に就いている者、当該職業に関連する事業を行う者その他の関係者との協力の状況についての情報を公表するものとする。

3　大学院（専門職大学院を除く。）を置く大学は、第一項各号に掲げる事項のほか、大学院設置基準第十四条の二第二項に規定する学位論文に係る評価に当たっての基準についての情報を公表するものとする。

4　大学は、前各項に規定する事項のほか、教育上の目的に応じ学生が修得すべき知識及び能力に関する情報を積極的に公表するよう努めるものとする。

5　前各項の規定による情報の公表は、適切な体制を整えた上で、刊行物への掲載、インターネットの利用その他広く周知を図ることができる方法によって行うものとする。

第十章　高等専門学校

第百七十四条　高等専門学校の設備、編制、学科、教育課程、教員の資格に関する事項その他高等専門学校の設置に関する事項については、高等専門学校設置基準（昭和三十六年文部省令第二十三号）の定めるところによる。

第十一章　専修学校

第百八十条　専修学校の設備、編制、授業、教員の資格その他専修学校の設置に関する事項は、専修学校設置基準（昭和五十一年文部省令第二号）の定めるところによる。

別表第一（第五十一条関係）

〈小学校の標準授業時数〉

区分		第一学年	第二学年	第三学年	第四学年	第五学年	第六学年
各教科の授業時数	国語	三〇六	三一五	二四五	二四五	一七五	一七五
	社会			七〇	九〇	一〇〇	一〇五
	算数	一三六	一七五	一七五	一七五	一七五	一七五
	理科			九〇	一〇五	一〇五	一〇五
	生活	一〇二	一〇五				
	音楽	六八	七〇	六〇	六〇	五〇	五〇
	図画工作	六八	七〇	六〇	六〇	五〇	五〇
	家庭					六〇	五五
	体育	一〇二	一〇五	一〇五	一〇五	九〇	九〇
	外国語					七〇	七〇
特別の教科である道徳の授業時数		三四	三五	三五	三五	三五	三五
外国語活動の授業時数				三五	三五		
総合的な学習の時間の授業時数				七〇	七〇	七〇	七〇
特別活動の授業時数		三四	三五	三五	三五	三五	三五
総授業時数		八五〇	九一〇	九八〇	一〇一五	一〇一五	一〇一五

備考

一　この表の授業時数の一単位時間は、四十五分とする。

二　特別活動の授業時数は、小学校学習指導要領で定める学級活動（学校

給食に係るものを除く。）に充てるものとする。

三　第五十条第二項の場合において、特別の教科である道徳のほかに宗教を加えるときは、宗教の授業時数をもってこの表の特別の教科である道徳の授業時数の一部に代えることができる。（別表第二から別表第二の三まで及び別表第四の場合においても同様とする。）

〈中学校の標準授業時数〉別表第二（第七十三条関係）

区分		第一学年	第二学年	第三学年
各教科の授業時数	国語	一四〇	一四〇	一〇五
	社会	一〇五	一〇五	一四〇
	数学	一四〇	一〇五	一四〇
	理科	一〇五	一四〇	一四〇
	音楽	四五	三五	三五
	美術	四五	三五	三五
	保健体育	一〇五	一〇五	一〇五
	技術・家庭	七〇	七〇	三五
	外国語	一四〇	一四〇	一四〇
特別の教科である道徳の授業時数		三五	三五	三五
総合的な学習の時間の授業時数		五〇	七〇	七〇
特別活動の授業時数		三五	三五	三五
総授業時数		一〇一五	一〇一五	一〇一五

備考

一　この表の授業時数の一単位時間は、五十分とする。

二　特別活動の授業時数は、中学校学習指導要領で定める学級活動（学校給食に係るものを除く。）に充てるものとする。

◆国立大学法人法

（平一五・七・一六 法 一一二）

最終改正　令五—法八八

第一章　総則

第一節　通則

（目的）

第一条　この法律は、大学の教育研究に対する国民の要請にこたえるとともに、我が国の高等教育及び学術研究の水準の向上と均衡ある発展を図るため、国立大学を設置して教育研究を行う国立大学法人の組織及び運営並びに大学共同利用機関を設置して大学の共同利用に供する大学共同利用機関法人の組織及び運営について定めることを目的とする。

（教育研究の特性への配慮）

第三条　国は、この法律の運用に当たっては、国立大学及び大学共同利用機関における教育研究の特性に常に配慮しなければならない。

（法人格）

第六条　国立大学法人等は、法人とする。

第五章　指定国立大学法人等

（指定国立大学法人の指定）

第三十四条　文部科学大臣は、国立大学法人のうち、当該国立大学法人に係る教育研究上の実績、管理運営体制及び財政基盤を総合的に勘案して、世界最高水準の教育研究活動の展開が相当程度見込まれるものを、その申請により、指定国立大学法人として指定することができる。

◆放送大学学園法

（平一四・一二・一三
法　一　五　六）
最終改正　令五—法二一

第一章　総則

（目的）
第一条　この法律は、放送大学の設置及び運営に関し必要な事項を定めることにより、大学教育の機会に対する広範な国民の要請にこたえるとともに、大学教育のための放送の普及発達を図ることを目的とする。

（定義）
第二条　この法律において、「放送大学」とは、放送大学学園が設置する大学をいう。
2　この法律において、「放送」とは、放送法（昭和二十五年法律第百三十二号）第二条第一号に規定する放送（同条第二十号に規定する放送を用いて行われるものに限る。）をいう。

第二章　放送大学学園

（目的）
第三条　放送大学学園は、大学を設置し、当該大学において、放送による授業を行うとともに、全国各地の学習者の身近な場所において面接による授業等を行うことを目的とする学校法人（私立学校法（昭和二十四年法律第二百七十号）第三条に規定する学校法人をいう。）とする。

（業務）
第四条　放送大学学園は、次に掲げる業務を行う。
一　放送大学を設置し、これを運営すること。
二　放送大学における教育に必要な放送を行うこと。
三　前二号に掲げる業務に附帯する業務を行うこと。
2　放送大学学園は、前項に規定する放送以外の放送を行うことはできない。

（役員）
第五条　次の各号のいずれかに該当する者は、放送大学学園の役員となることができない。
一　国家公務員（教育公務員で政令で定めるもの及び非常勤の者を除く。）
二　放送法第三十一条第三項第二号又は第五号から第七号までに掲げる者
三　電波法（昭和二十五年法律第百三十一号）第五条第三項各号に掲げる者
2　電波法第五条第一項第一号及び第二号に掲げる者は、放送大学学園の理事となることができない。

（補助金）
第六条　国は、予算の範囲内において、放送大学学園に対し、第四条第一項に規定する業務に要する経費について補助することができる。
2　前項の規定により国が放送大学学園に対し補助する場合においては、私立学校振興助成法（昭和五十年法律第六十一号）第十二条から第十三条までの規定の適用があるものとする。

（事業計画）
第七条　放送大学学園は、毎会計年度の開始前に、主務省令で定めるところにより、その会計年度の事業計画を作成し、主務大臣の認可を受けなければならない。これを変更しようとするときも、同様とする。

◆国際卓越研究大学の研究及び研究成果の活用のための体制の強化に関する法律

（令四・五・二五
法　五　一）

（目的）
第一条　この法律は、我が国の大学の国際競争力の強化及びイノベーションの創出（科学技術・イノベーション基本法（平成七年法律第百三十号）第二条第一項に規定するイノベーションの創出をいう。第三条第二項第五号において同じ。）の促進を図るためには、国際的に卓越し

た研究の展開及び経済社会に変化をもたらす研究成果の活用が相当程度見込まれる大学について研究及び研究成果の活用のための体制を強化することが重要であることに鑑み、当該体制の強化の推進に関する基本的な方針の作成、国際卓越研究大学（第四条第五項に規定する国際卓越研究大学をいう。以下この条において同じ。）の認定、国際卓越研究大学の研究及び研究成果の活用のための体制の強化を目的とする事業の実施に関する計画の認可、当該事業に関する国立研究開発法人科学技術振興機構（以下「機構」という。）による助成等について定め、もって科学技術の水準の向上並びに学術及び社会の発展に寄与することを目的とする。

（大学における教育及び研究の特性への配慮）

第二条 国は、この法律の運用に当たっては、研究者の自主性の尊重その他の大学における教育及び研究の特性に常に配慮しなければならない。

（基本方針）

第三条 文部科学大臣は、国際的に卓越した研究の展開及び経済社会に変化をもたらす研究成果の活用が相当程度見込まれる大学の研究及び研究成果の活用のための体制の強化の推進に関する基本的な方針（以下「基本方針」という。）を定めるものとする。

2 基本方針には、次に掲げる事項を定めるものとする。

一 国際的に卓越した研究の展開及び経済社会に変化をもたらす研究成果の活用が相当程度見込まれる大学の研究及び研究成果の活用のための体制の強化の推進の意義及び目標に関する事項

二 次条第一項の国際的に卓越した研究の展開及び経済社会に変化をもたらす研究成果の活用が相当程度見込まれる大学であることの認定に関する基本的な事項

三 第五条第一項に規定する国際卓越研究大学研究等体制強化計画についての同項の認可に関する基本的な事項

四 第七条に規定する国際卓越研究大学研究等体制強化助成に関し、機構が遵守すべき基本的な事項

五 科学技術の振興及びイノベーションの創出の促進に関する施策その他の関連する施策との連携に関する基本的な事項

六 その他国際的に卓越した研究の展開及び経済社会に変化をもたらす研究成果の活用が相当程度見込まれる大学の研究及び研究成果の活用のための体制の強化の推進に関する重要事項

3 基本方針は、科学技術・イノベーション基本法第十二条第一項に規定する科学技術・イノベーション基本計画との調和が保たれたものでなければならない。

4 文部科学大臣は、基本方針を定め、又は変更しようとするときは、関係行政機関の長に協議するとともに、総合科学技術・イノベーション会議の意見を聴かなければならない。

5 文部科学大臣は、基本方針を定め、又は変更したときは、当該基本方針を公表しなければならない。

（国際卓越研究大学の認定）

第四条 大学の設置者は、申請により、当該大学が国際的に卓越した研究の展開及び経済社会に変化をもたらす研究成果の活用が相当程度見込まれるものであることの文部科学大臣の認定を受けることができる。

◆独立行政法人大学改革支援・学位授与機構法

（平一五・七・一六
法　一一四）

最終改正　令四―法九四

第一章　総則

（機構の目的）

第三条 独立行政法人大学改革支援・学位授与機構（以下「機構」という。）は、大学等（大学及び高等専門学校並びに国立大学法人法（平成十五年法律第百十二号）第二条第四項に規定する大学共同利用機関をいう。以下同じ。）の教育研究活動の状況についての評価等を行うこ

とにより、その教育研究水準の向上を図るとともに、国立大学法人等（国立大学法人（同条第一項に規定する国立大学法人をいう。第十六条第一項第二号において同じ。）、大学共同利用機関法人（同法第二条第三項に規定する大学共同利用機関法人をいう。同号において同じ。）及び独立行政法人国立高等専門学校機構をいう。第十六条第一項第三号及び第六号において同じ。）の施設の整備等に必要な資金の貸付け及び交付を行うことにより、その教育研究環境の整備充実を図り、あわせて、学校教育法（昭和二十二年法律第二十六号）第百四条第七項の規定による学位の授与を行うことにより、高等教育の段階における多様な学習の成果が適切に評価される社会の実現を図り、もって我が国の高等教育の発展に資することを目的とする。

2 機構は、前項に規定するもののほか、文部科学大臣が定める第十六条の二第一項に規定する基本指針に基づいて学部等（大学の学部、学科及び研究科並びに高等専門学校の学科をいう。以下同じ。）の設置その他組織の変更に関する助成金の交付を行うことにより、中長期的な人材の育成の観点から特に支援が必要と認められる分野における教育研究活動の展開を促進し、もって我が国社会の発展に寄与することを目的とする。

◇大学設置基準

（昭三一・一〇・二二 文部省令二八）

最終改正 令五—文科省令二九

第一章 総則

（趣旨）

第一条 大学（専門職大学及び短期大学を除く。以下同じ。）は、学校教育法（昭和二十二年法律第二十六号）その他の法令の規定によるほか、この省令の定めるところにより設置するものとする。

2 この省令で定める設置基準は、大学を設置するのに必要な最低の基準とする。

3 大学は、この省令で定める設置基準より低下した状態にならないようにすることはもとより、学校教育法第百九条第一項の点検及び評価の結果並びに認証評価の結果を踏まえ、教育研究活動等について不断の見直しを行うことにより、その水準の向上を図ることに努めなければならない。

（教育研究上の目的）

第二条 大学は、学部、学科又は課程ごとに、人材の養成に関する目的その他の教育研究上の目的を学則等に定めるものとする。

（入学者選抜）

第二条の二 入学者の選抜は、学校教育法施行規則（昭和二十二年文部省令第十一号）第百六十五条の二第一項第三号の規定により定める方針に基づき、公正かつ妥当な方法により、適切な体制を整えて行うものとする。

第二章 教育研究上の基本組織

（学部）

第三条 学部は、専攻により教育研究の必要に応じ組織されるものであつて、教育研究上適当な規模内容を有し、教育研究実施組織、教員数その他が学部として適当であると認められるものとする。

（学科）

第四条 学部には、専攻により学科を設ける。

2 前項の学科は、それぞれの専攻分野を教育研究するに必要な組織を備えたものとする。

（課程）

第五条 学部の教育上の目的を達成するため有益かつ適切であると認められる場合には、学科に代えて学生の履修上の区分に応じて組織される課程を設けることができる。

第三章 教育研究実施組織等

（教育研究実施組織等）

第七条 大学は、その教育研究上の目的を達成するため、その規模並びに授与する学位の種類及び分野に応じ、必要な教員及び事務職員等からなる教育研究実施組織を編

制するものとする。

2　大学は、教育研究実施組織を編制するに当たっては、当該大学の教育研究活動等の運営が組織的かつ効果的に行われるよう、教員及び事務職員等相互の適切な役割分担の下での協働や組織的な連携体制を確保しつつ、教育研究に係る責任の所在を明確にするものとする。

3　大学は、学生に対し、課外活動、修学、進路選択及び心身の健康に関する指導及び援助等の厚生補導を組織的に行うため、専属の教員又は事務職員等を置く組織を編制するものとする。

4　大学は、教育研究実施組織及び前項の組織の円滑かつ効果的な業務の遂行のための支援、大学運営に係る企画立案、当該大学以外の者との連携、人事、総務、財務、広報、情報システム並びに施設及び設備の整備その他の大学運営に必要な業務を行うため、専属の教員又は事務職員等を置く組織を編制するものとする。

5　大学は、当該大学及び学部等の教育上の目的に応じ、学生が卒業後自らの資質を向上させ、社会的及び職業的自立を図るために必要な能力を、教育課程の実施及び厚生補導を通じて培うことができるよう、大学内の組織間の有機的な連携を図り、適切な体制を整えるものとする。

6　大学は、教育研究水準の維持向上及び教育研究の活性化を図るため、教員の構成が特定の範囲の年齢に著しく偏ることのないよう配慮するものとする。

7　大学は、二以上の校地において教育を行う場合においては、それぞれの校地ごとに必要な教員及び事務職員等を置くものとする。なお、それぞれの校地には、当該校地における教育に支障のないよう、原則として基幹教員を少なくとも一人以上置くものとする。ただし、その校地が隣接している場合は、この限りでない。

（授業科目の担当）

第八条　大学は、各教育課程上主要と認める授業科目（以下「主要授業科目」という。）については原則として基幹教員（教育課程の編成その他の学部の運営について責任を担う教員（助手を除く。）であって、当該学部の教育課程に係る主要授業科目を担当するもの（専ら当該大学の教育研究に従事するものに限る。）又は一年につき八単位以上の当該学部の教育課程に係る授業科目を担当するものをいう。以下同じ。）に、主要授業科目以外の授業科目についてはなるべく基幹教員に担当させるものとする。

2　大学は、演習、実験、実習又は実技を伴う授業科目については、なるべく助手に補助させるものとする。

3　大学は、各授業科目について、当該授業科目を担当する教員以外の教員、学生その他の大学が定める者（以下「指導補助者」という。）に補助させることができ、また、十分な教育効果を上げることができると認められる場合は、当該授業科目を担当する教員の指導計画に基づき、指導補助者に授業の一部を分担させることができる。

（授業を担当しない教員）

第九条　大学には、教育研究上必要があるときは、授業を担当しない教員を置くことができる。

（基幹教員数）

第十条　大学における基幹教員の数は、別表第一により当該大学に置く学部の種類及び規模に応じ定める基幹教員の数（共同学科を置く学部にあっては、当該学部における共同学科以外の学科を一の学部とみなして同表を適用して得られる基幹教員の数と第四十六条の規定により得られる当該共同学科に係る基幹教員の数を合計した数とし、第五条の規定に基づき学科に代えて課程を設ける工学に関する学部にあっては、第四十九条の四の規定により得られる基幹教員の数とする。）と別表第二により大学全体の収容定員に応じ定める基幹教員の数を合計した数以上とする。

（組織的な研修等）

第十一条　大学は、当該大学の教育研究活動等の適切かつ効果的な運営を図るため、その教員及び事務職員等に必要な知識及び技能を習得させ、並びにその能力及び資質を向上させるための研修（次項に規定する研修に該当するものを除く。）の機会を設けることその他必要な取組を行うものとする。

2　大学は、学生に対する教育の充実を図るため、当該大学の授業の内容及び方法を改善するための組織的な研修及び研究を行うものとする。

3　大学は、指導補助者（教員を除く。）に対し、必要な研修を行うものとする。

第四章　教員の資格

（教授の資格）

第十三条　教授となることのできる者は、次の各号のいずれかに該当し、かつ、大学における教育を担当するにふさわしい教育上の能力を有すると認められる者とする。

一　博士の学位（外国において授与されたこれに相当する学位を含む。）を有し、研究上の業績を有する者

二　研究上の業績が前号の者に準ずると認められる者

三　学位規則（昭和二十八年文部省令第九号）第五条の二に規定する専門職学位（外国において授与されたこれに相当する学位を含む。）を有し、当該専門職学位の専攻分野に関する実務上の業績を有する者

四　大学又は専門職大学において教授、准教授又は基幹教員としての講師の経歴（外国におけるこれらに相当する教員としての経歴を含む。）のある者

五　芸術、体育等については、特殊な技能に秀でていると認められる者

六　専攻分野について、特に優れた知識及び経験を有すると認められる者

（准教授の資格）

第十四条　准教授となることのできる者は、次の各号のいずれかに該当し、かつ、大学における教育を担当するにふさわしい教育上の能力を有すると認められる者とする。

一　前条各号のいずれかに該当する者

二　大学又は専門職大学において助教又はこれに準ずる職員としての経歴（外国におけるこれらに相当する職員としての経歴を含む。）のある者

三　修士の学位又は学位規則第五条の二に規定する専門職学位（外国において授与されたこれらに相当する学位を含む。）を有する者

四　研究所、試験所、調査所等に在職し、研究上の業績を有する者

五　専攻分野について、優れた知識及び経験を有すると認められる者

（講師の資格）

第十五条　講師となることのできる者は、次の各号のいずれかに該当する者とする。

一　第十三条又は前条に規定する教授又は准教授となることのできる者

二　その他特殊な専攻分野について、大学における教育を担当するにふさわしい教育上の能力を有すると認められる者

（助教の資格）

第十六条　助教となることのできる者は、次の各号のいずれかに該当し、かつ、大学における教育を担当するにふさわしい教育上の能力を有すると認められる者とする。

一　第十三条各号又は第十四条各号のいずれかに該当する者

二　修士の学位（医学を履修する課程、歯学を履修する課程、薬学を履修する課程のうち臨床に係る実践的な能力を培うことを主たる目的とするもの又は獣医学を履修する課程を修了した者については、学士の学位）又は学位規則第五条の二に規定する専門職学位（外国において授与されたこれらに相当する学位を含む。）を有する者

三　専攻分野について、知識及び経験を有すると認められる者

（助手の資格）

第十七条　助手となることのできる者は、次の各号のいずれかに該当するものとする。

一　学士の学位又は学位規則第二条の二の表に規定する専門職大学を卒業した者に授与する学位（外国において授与されたこれらに相当する学位を含む。）を有する者

二　前号の者に準ずる能力を有すると認められる者

第六章　教育課程

（教育課程の編成方針）

第十九条　大学は、学校教育法施行規則第百六十五条の二第一項第一号及び第二号の規定により定める方針に基づき、必要な授業科目を自ら開設し、体系的に教育課程を編成するものとする。

2　教育課程の編成に当たっては、大学は、学部等の専攻に係る専門の学芸を教授するとともに、幅広く深い教養及び総合的な判断力を培い、豊かな人間性を涵養するよう適切に配慮しなければならない。

3　大学に専攻分野におけるおおむね五年以上の実務の経験を有し、かつ、高度の実務の能力を有する教員を置く場合であって、当該教員が一年につき六単位以上の授業科目を担当する場合には、大学は、当該教員が教育課程の編成について責任を担うこととするよう努めるものとする。

第十九条の二　大学は、当該大学、学部及び学科又は課程等の教育上の目的を達成するために必要があると認められる場合には、前条第一項の規定にかかわらず、次の各号のいずれかに該当する他の大学、専門職大学又は短期大学（以下この条において「他大学」という。）が当該大学と連携して開設する授業科目（次項に規定する要件に適合するものに限る。以下この条及び第二十七条の三において「連携開設科目」という。）を、当該大学が自ら開設したものとみなすことができる。

一　当該大学の設置者（その設置する他大学と当該大学との緊密な連携が確保されているものとして文部科学大臣が別に定める基準に適合するものに限る。）が設置する他大学

二　大学等連携推進法人（その社員のうちに大学、専門職大学又は短期大学の設置者が二以上ある一般社団法人のうち、その社員が設置する大学、専門職大学又は短期大学の間の連携の推進を目的とするものであつて、当該大学、専門職大学又は短期大学の間の緊密な連携が確保されていることについて文部科学大臣の認定を受けたものをいう。次項第二号及び第四十五条第三項において同じ。）（当該大学の設置者が社員であるものであり、かつ、連携開設科目に係る業務を行うものに限る。）の社員が設置する他大学

（教育課程の編成方法）

第二十条　教育課程は、各授業科目を必修科目、選択科目及び自由科目に分け、これを各年次に配当して編成するものとする。

（単位）

第二十一条　各授業科目の単位数は、大学において定めるものとする。

2　前項の単位数を定めるに当たっては、一単位の授業科目を四十五時間の学修を必要とする内容をもって構成することを標準とし、第二十五条第一項に規定する授業の方法に応じ、当該授業による教育効果、授業時間外に必要な学修等を考慮して、おおむね十五時間から四十五時間までの範囲で大学が定める時間の授業をもって一単位として単位数を計算するものとする。ただし、芸術等の分野における個人指導による実技の授業については、大学が定める時間の授業をもって一単位とすることができる。

3　前項の規定にかかわらず、卒業論文、卒業研究、卒業制作等の授業科目については、これらの学修の成果を評価して単位を授与することが適切と認められる場合には、これらに必要な学修等を考慮して、単位数を定めることができる。

（一年間の授業期間）

第二十二条　一年間の授業を行う期間は、三十五週にわたることを原則とする。

（各授業科目の授業期間）

第二十三条　各授業科目の授業は、十分な教育効果を上げることができるよう、八週、十週、十五週その他の大学が定める適切な期間を単位として行うものとする。

（授業の方法）

第二十五条　授業は、講義、演習、実験、実習若しくは実技のいずれかにより又はこれらの併用により行うものと

する。

2　大学は、文部科学大臣が別に定めるところにより、前項の授業を、多様なメディアを高度に利用して、当該授業を行う教室等以外の場所で履修させることができる。

3　大学は、第一項の授業を、外国において履修させることができる。前項の規定により、多様なメディアを高度に利用して、当該授業を行う教室等以外の場所で履修させる場合についても、同様とする。

4　大学は、文部科学大臣が定めるところにより、第一項の授業の一部を、校舎及び附属施設以外の場所で行うことができる。

（成績評価基準等の明示等）

第二十五条の二　大学は、学生に対して、授業の方法及び内容並びに一年間の授業の計画をあらかじめ明示するものとする。

2　大学は、学修の成果に係る評価及び卒業の認定に当たっては、客観性及び厳格性を確保するため、学生に対してその基準をあらかじめ明示するとともに、当該基準にしたがって適切に行うものとする。

（昼夜開講制）

第二十六条　大学は、教育上必要と認められる場合には、昼夜開講制（同一学部において昼間及び夜間の双方の時間帯において授業を行うことをいう。）により授業を行うことができる。

第七章　卒業の要件等

（単位の授与）

第二十七条　大学は、一の授業科目を履修した学生に対しては、試験その他の大学が定める適切な方法により学修の成果を評価して単位を与えるものとする。

（履修科目の登録の上限）

第二十七条の二　大学は、学生が各年次にわたって適切に授業科目を履修するため、卒業の要件として学生が修得すべき単位数について、学生が一年間又は一学期に履修科目として登録することができる単位数の上限を定めるよう努めなければならない。

2　大学は、その定めるところにより、所定の単位を優れた成績をもって修得した学生については、前項に定める上限を超えて履修科目の登録を認めることができる。

（連携開設科目に係る単位の認定）

第二十七条の三　大学は、学生が他の大学、専門職大学又は短期大学において履修した連携開設科目について修得した単位を、当該大学における授業科目の履修により修得したものとみなすものとする。

（他の大学、専門職大学又は短期大学における授業科目の履修等）

第二十八条　大学は、教育上有益と認めるときは、学生が大学の定めるところにより他の大学、専門職大学又は短期大学において履修した授業科目について修得した単位を、六十単位を超えない範囲で当該大学における授業科目の履修により修得したものとみなすことができる。

2　前項の規定は、学生が、外国の大学（専門職大学に相当する外国の大学を含む。以下同じ。）又は外国の短期大学に留学する場合、外国の大学又は外国の短期大学が行う通信教育における授業科目を我が国において履修する場合及び外国の大学又は外国の短期大学の教育課程を有するものとして当該外国の学校教育制度において位置付けられた教育施設であって、文部科学大臣が別に指定するものの当該教育課程における授業科目を我が国において履修する場合について準用する。

（大学以外の教育施設等における学修）

第二十九条　大学は、教育上有益と認めるときは、学生が行う短期大学又は高等専門学校の専攻科における学修その他文部科学大臣が別に定める学修を、当該大学における授業科目の履修とみなし、大学の定めるところにより単位を与えることができる。

2　前項により与えることができる単位数は、前条第一項及び第二項により当該大学において修得したものとみなす単位数と合わせて六十単位を超えないものとする。

（入学前の既修得単位等の認定）

第三十条　大学は、教育上有益と認めるときは、学生が当該大学に入学する前に大学、専門職大学又は短期大学において履修した授業科目について修得した単位（第三十一条第一項及び第二項の規定により修得した単位を含む。）を、当該大学に入学した後の当該大学における授

業科目の履修により修得したものとみなすことができる。

2　前項の規定は、第二十八条第二項の場合に準用する。

3　大学は、教育上有益と認めるときは、学生が当該大学に入学する前に行った前条第一項に規定する学修を、当該大学における授業科目の履修とみなし、大学の定めるところにより単位を与えることができる。

4　前三項の規定により修得したものとみなし、又は与えることのできる単位数は、編入学、転学等の場合を除き、当該大学において修得した単位（第二十七条の三の規定により修得したものとみなすものとする単位を含む。）以外のものについては、第二十八条第一項（同条第二項において準用する場合を含む。）及び前条第一項により当該大学において修得したものとみなす単位数と合わせて六十単位を超えないものとする。

（長期にわたる教育課程の履修）

第三十条の二　大学は、大学の定めるところにより、学生が、職業を有している等の事情により、修学年限を超えて一定の期間にわたり計画的に教育課程を履修し卒業することを希望する旨を申し出たときは、その計画的な履修を認めることができる。

（科目等履修生等）

第三十一条　大学は、大学の定めるところにより、当該大学の学生以外の者で一又は複数の授業科目を履修する者（以下この条において「科目等履修生」という。）に対し、単位を与えることができる。

2　大学は、大学の定めるところにより、当該大学の学生以外の者で学校教育法第百五条に規定する特別の課程を履修する者（以下この条において「特別の課程履修生」という。）に対し、単位を与えることができる。

3　科目等履修生及び特別の課程履修生に対する単位の授与については、第二十七条の規定を準用する。

（略）

（卒業の要件）

第三十二条　卒業の要件は、百二十四単位以上を修得することのほか、大学が定めることとする。

2　前項の規定にかかわらず、医学又は歯学に関する学科に係る卒業の要件は、百八十八単位以上を修得することのほか、大学が定めることとする。ただし、教育上必要と認められる場合には、大学は、修得すべき単位の一部の修得について、これに相当する授業時間の履修をもって代えることができる。

3　第一項の規定にかかわらず、薬学に関する学科のうち臨床に係る実践的な能力を培うことを主たる目的とするものに係る卒業の要件は、百八十六単位以上（将来の薬剤師としての実務に必要な薬学に関する臨床に係る実践的な能力を培うことを目的として大学の附属病院その他の病院及び薬局で行う実習（以下「薬学実務実習」という。）に係る二十単位以上を含む。）を修得することのほか、大学が定めることとする。

4　第一項の規定にかかわらず、獣医学に関する学科に係る卒業の要件は、百八十二単位以上を修得することのほか、大学が定めることとする。

5　前四項又は第四十二条の九の規定により卒業の要件として修得すべき単位数のうち、第二十五条第二項の授業の方法により修得する単位数は六十単位を超えないものとする。

6　第一項から第四項まで又は第四十二条の九の規定により卒業の要件として修得すべき単位数のうち、第二十七条の三の規定により修得したものとみなすものとする単位数は三十単位を超えないものとする。

第九章　学部等連携課程実施基本組織に関する特例

（学部等連携課程実施基本組織）

第四十一条　大学は、横断的な分野に係る教育課程を実施する上で特に必要があると認められる場合であって、教育研究に支障がないと認められる場合には、当該大学に置かれる二以上の学部等（学部又は学部以外の基本組織（この条の規定により置かれたものを除く。）をいう。以下この条において同じ。）との緊密な連係及び協力の下、

当該二以上の学部等が有する教育研究実施組織並びに施設及び設備等の一部を用いて横断的な分野に係る教育課程を実施する学部以外の基本組織（以下この条において「学部等連係課程実施基本組織」という。）を置くことができる。

第十章　専門職学科に関する特例

（専門職学科とする学科等）

第四十二条　大学の学部の学科（学校教育法第八十七条第二項に規定する課程に係る学科を除く。）のうち、専門性が求められる職業を担うための実践的かつ応用的な能力を展開する教育課程を編成するものは、専門職学科とする。

2　前項に規定する専門職学科のみで組織する学部は、専門職学部とする。

（専門職学科に係る入学者選抜）

第四十二条の二　専門職学科を設ける大学は、専門職学科に係る入学者の選抜に当たつては、第二条の二に定めるところによるほか、実務の経験を有する者その他の入学者の多様性の確保に配慮した入学者選抜を行うよう努めるものとする。

（実務の経験等を有する基幹教員）

第四十二条の三　専門職学科を置く学部に係る第十条の規定による基幹教員数のうち、別表第一イ(2)による専門職学科の基幹教員数のおおむね四割以上は、専攻分野におけるおおむね五年以上の実務の経験を有し、かつ、高度の実務の能力を有する者（次項において「実務の経験等を有する基幹教員」という。）とする。

（略）

（専門職学科に係る教育課程の編成方針）

第四十二条の四　専門職学科の教育課程の編成に当たつては、専門職学科を設ける大学は、第十九条第一項及び第二項に定めるところによるほか、専門性が求められる職業を担うための実践的な能力及び当該職業の分野において創造的な役割を担うための応用的な能力を展開させるとともに、職業倫理を涵養するよう適切に配慮しなければならない。

2　専門職学科を設ける大学は、専門職学科の専攻に係る職業を取り巻く状況を踏まえて必要な授業科目を開発し、当該職業の動向に即した教育課程の編成を行うとともに、当該状況の変化に対応し、授業科目の内容、教育課程の構成等について、不断の見直しを行うものとする。

3　前項の規定による授業科目の開発、教育課程の編成及びそれらの見直しは、次条に規定する教育課程連携協議会の意見を勘案するとともに、適切な体制を整えて行うものとする。

（教育課程連携協議会）

第四十二条の五　専門職学科を設ける大学は、産業界及び地域社会との連携により、専門職学科の教育課程を編成し、及び円滑かつ効果的に実施するため、教育課程連携協議会を設けるものとする。

2　教育課程連携協議会は、次に掲げる者をもって構成する。

一　学長又は専門職学科を設ける学部の長（以下この条において「学長等」という。）が指名する教員その他の職員

二　当該専門職学科の課程に係る職業に就いている者又は当該職業に関連する事業を行う者による団体のうち、広範囲の地域で活動するものの関係者であって、当該職業の実務に関し豊富な経験を有するもの

三　地方公共団体の職員、地域の事業者による団体の関係者その他の地域の関係者

四　臨地実務実習（第四十二条の九第一項第三号に規定する臨地実務実習をいう。）その他の授業科目の開設又は授業の実施において当該専門職学科を設ける大学と協力する事業者

五　当該専門職学科を設ける大学の教員その他の職員以外の者であって学長等が必要と認めるもの

3　教育課程連携協議会は、次に掲げる事項について審議し、学長等に意見を述べるものとする。

一　産業界及び地域社会との連携による授業科目の開設

その他の専門職学科の教育課程の編成に関する基本的な事項

二　産業界及び地域社会との連携による授業の実施その他の専門職学科の教育課程の実施に関する基本的な事項及びその実施状況の評価に関する事項

（専門職学科の授業科目）

第四十二条の六　専門職学科を設ける大学は、次の各号に掲げる授業科目を開設するものとする。

一　一般・基礎科目（幅広く深い教養及び総合的な判断力を培うための授業科目並びに生涯にわたり自らの資質を向上させ、社会的及び職業的自立を図るために必要な能力を育成するための授業科目をいう。）

二　職業専門科目（専攻に係る特定の職業において必要とされる理論的かつ実践的な能力及び当該職業の分野全般にわたり必要な能力を育成するための授業科目をいう。）

三　展開科目（専攻に係る特定の職業の分野に関連する分野における応用的な能力であって、当該職業の分野において創造的な役割を果たすために必要なものを育成するための授業科目をいう。）

四　総合科目（修得した知識及び技能等を総合し、専門性が求められる職業を担うための実践的かつ応用的な能力を総合的に向上させるための授業科目をいう。）

（専門職学科に係る授業を行う学生数）

第四十二条の七　専門職学科を設ける大学が当該専門職学科の一の授業科目について同時に授業を行う学生数は、第二十四条の規定にかかわらず、四十人以下とする。ただし、授業の方法及び施設、設備その他の教育上の諸条件を考慮して、十分な教育効果を上げることができると認められる場合は、この限りでない。

（入学前の実務経験を通じて修得した実践的な能力についての単位認定）

第四十二条の八　専門職学科を設ける大学は、学生が当該大学に入学する前に専門性が求められる職業に係る実務の経験を通じ、当該職業を担うための実践的な能力（当該専門職学科において修得させることとしているものに限る。）を修得している場合において、教育上有益と認めるときは、文部科学大臣が別に定めるところにより、当該実践的な能力の修得を、当該専門職学科における授業科目の履修とみなし、三十単位を超えない範囲で大学の定めるところにより、単位を与えることができる。

（専門職学科に係る卒業の要件）

第四十二条の九　専門職学科に係る卒業の要件は、第三十二条第一項及び第五項に定めるところによるほか、次の各号のいずれにも該当することとする。

一　同条第一項の規定により卒業の要件として修得すべき百二十四単位以上の単位に、一般・基礎科目及び展開科目に係るそれぞれ二十単位以上、職業専門科目に係る六十単位以上並びに総合科目に係る四単位以上が含まれること。

二　実験、実習又は実技による授業科目（やむを得ない事由があり、かつ、教育効果を十分に上げることができると認める場合には、演習、実験、実習又は実技による授業科目）に係る四十単位以上を修得すること。

三　前号の授業科目に係る単位に臨地実務実習（企業その他の事業者の事業所又はこれに類する場所において、当該事業者の実務に従事することにより行う実習による授業科目であって、文部科学大臣が別に定めるところにより開設されるものをいう。以下同じ。）に係る二十単位が含まれること。ただし、やむを得ない事由があり、かつ、教育効果を十分に上げることができると認められる場合には、五単位を超えない範囲で、連携実務演習等（企業その他の事業者と連携して開設する演習、実験、実習又は実技による授業科目のうち、当該事業者の実務に係る課題に取り組むもの（臨地実務実習を除く。）であって、文部科学大臣が別に定めるところにより開設されるものをいう。）をもってこれに代えることができること。

（実務実習に必要な施設）

第四十二条の十　専門職学科を設ける大学は、実験・実習室及び附属の施設のほか、当該専門職学科に係る臨地実務実習その他の実習に必要な施設を確保するものとする。

第十一章　共同教育課程に関する特例

（共同教育課程の編成）

第四十三条　二以上の大学は、その大学等の教育上の目的を達成するために必要があると認められる場合には、第十九条第一項の規定にかかわらず、当該二以上の大学のうち一の大学が開設する授業科目を、当該二以上の大学のうち他の大学の教育課程の一部とみなして、それぞれの大学ごとに同一内容の教育課程（通信教育に係るもの及び大学が外国に設ける学部、学科その他の組織において開設される授業科目の履修により修得する単位を当該学科に係る卒業の要件として修得すべき単位の全部又は一部として修得するものを除く。以下「共同教育課程」という。）を編成することができる。ただし、共同教育課程を編成する大学（以下「構成大学」という。）は、それぞれ当該共同教育課程に係る主要授業科目の一部を必修科目として自ら開設するものとする。（以下略）

第十二章　工学に関する学部の教育課程等に関する特例

（工学に関する学部の教育課程の編成）

第四十九条の二　工学に関する学部を設ける大学であって当該学部を基礎とする大学院の研究科を設けるものは、当該学部における教育及び当該研究科における教育の連続性に配慮した教育課程（以下「工学分野の連続性に配慮した教育課程」という。）を編成することができる。

2　工学分野の連続性に配慮した教育課程を編成する大学は、当該教育課程を履修する学生が幅広く深い教養及び総合的な判断力を向上させることができるよう、当該大学における工学に関する学部において、工学以外の専攻分野に係る授業科目、企業等との連携による授業科目その他多様な授業科目を開設するよう努めるものとする。

第十三章　国際連携学科に関する特例

（国際連携学科の設置）

第五十条　大学は、その学部の教育上の目的を達成するために必要があると認められる場合には、学部に、文部科学大臣が別に定めるところにより、外国の大学と連携して教育研究を実施するための学科（第五条の課程を含む。）（以下「国際連携学科」という。）を設けることができる。

（略）

第十四章　教育課程等に関する事項の改善に係る先導的な取組に関する特例

〔教育課程等に関する事項の改善に係る先導的な取組に関する特例〕

第五十七条　この省令に定める教育課程又は施設及び設備等に関する事項に関し、その改善に係る実証的な成果の創出に資する先導的な取組を行うため特に必要があると認められる場合であって、大学が、当該先導的な取組を行うとともに、教育研究活動等の状況について自ら行う点検、評価及び見直しの体制の整備、教育研究活動等の状況の積極的な公表並びに学生の教育上適切な配慮を行う大学であることの文部科学大臣の認定を受けたときには、文部科学大臣が別に定めるところにより、第十九条第一項、第二十一条、第二十八条、第二十九条第二項、第三十条第四項、第三十二条第五項若しくは第六項、第三十七条、第三十七条の二、第四十一条第三項（基幹教員数に係る部分を除く。）、第四十二条の八、第四十五条第一項から第三項まで、第四十七条、第四十八条、第五十二条第二項、第五十四条第一項若しくは第二項、第五十六条の六又は第五十六条の七第二項若しくは第三項の規定（次項において「特例対象規定」という。）の全部又は一部によらないことができる。

2　教育課程等特例認定大学（前項の規定により認定を受けた大学をいう。）は、特例対象規定の全部又は一部によらない教育を行うための教育課程又は施設及び設備等に関する事項を学則等に定め、公表するものとする。

◆大学通信教育設置基準

（昭五六・一〇・二九
文部省令三三）

最終改正　令四—文科省令三四

（趣旨）

第一条　大学（短期大学を除く。以下同じ。）が行う通信教育に係る設置基準は、この省令の定めるところによる。

2　この省令で定める設置基準は、通信教育を行う大学を設置し、又は大学において通信教育を開設するのに必要な最低の基準とする。

3　大学は、この省令で定める設置基準より低下した状態にならないようにすることはもとより、学校教育法第百九条第一項の点検及び評価の結果並びに認証評価の結果を踏まえ、教育研究活動等について不断の見直しを行うことにより、その水準の向上を図ることに努めなければならない。

（通信教育を行い得る専攻分野）

第二条　大学は、通信教育によって十分な教育効果が得られる専攻分野について、通信教育を行うことができるものとする。

（授業の方法等）

第三条　授業は、印刷教材その他これに準ずる教材を送付若しくは指定し、若しくはその内容をインターネットその他の高度情報通信ネットワーク（以下この項及び第九条第二項において「インターネット等」という。）を通じて提供し、主としてこれにより学修させる授業（次項において「印刷教材等による授業」という。）、主として放送その他これに準ずるもの（インターネット等を通じて提供する映像、音声等を含む。）の視聴により学修させる授業（次項及び第六条第二項において「放送授業」という。）、大学設置基準（昭和三十一年文部省令第二十八号）第二十五条第一項の方法による授業（第六条第二項及び第九条第三項において「面接授業」という。）若しくは同条第二項の方法による授業（第六条第二項において「メディアを利用して行う授業」という。）のいずれかにより又はこれらの併用により行うものとする。

2　印刷教材等による授業及び放送授業の実施に当たっては、添削等による指導を併せ行うものとする。

3　大学は、第一項の授業を、外国において履修させることができる。

（授業の適切な実施）

第四条　授業は、年間を通じて適切に行うものとする。

（単位の計算方法）

第五条　各授業科目の単位数は、一単位の授業科目を四十五時間の学修を必要とする内容をもって構成することを標準とし、第三条第一項に規定する授業の方法に応じ、当該授業による教育効果、授業時間外に必要な学修等を考慮して、おおむね十五時間から四十五時間までの範囲で大学が定める時間の授業をもって一単位として単位数を計算するものとする。ただし、芸術等の分野における個人指導による実技の授業については、大学が定める時間の授業をもって一単位とすることができる。

2　前項の規定にかかわらず、卒業論文、卒業研究、卒業制作等の授業科目については、大学設置基準第二十一条第三項の定めるところによる。

（卒業の要件）

第六条　卒業の要件は、大学設置基準第三十二条第一項の定めるところによる。

2　前項の規定により卒業の要件として修得すべき単位数百二十四単位のうち三十単位以上は、面接授業又はメディアを利用して行う授業により修得するものとする。ただし、当該三十単位のうち十単位までは、放送授業により修得した単位で代えることができる。

（大学以外の教育施設等における学修）

第七条　大学は、大学設置基準第二十九条の定めるところにより単位を与えるほか、あらかじめ当該大学が定めた基準に照らして教育上適当であると認めるときは、通信教育の特性等を考慮して文部科学大臣が別に定める学修を当該大学における履修とみなし、その成果について単

位を与えることができる。

◎専門職大学設置基準

（平二九・九・八）
（文科省令三三）

最終改正　令五―文科省令二六

第一章　総則

（趣旨）
第一条　専門職大学は、学校教育法その他の法令の規定によるほか、この省令の定めるところにより設置するものとする。

2　この省令で定める設置基準は、専門職大学を設置するのに必要な最低の基準とする。

3　専門職大学は、この省令で定める設置基準より低下した状態にならないようにすることはもとより、学校教育法第百九条第一項の点検及び評価の結果並びに認証評価の結果を踏まえ、教育研究活動等について不断の見直しを行うことにより、その水準の向上を図ることに努めなければならない。

（教育研究上の目的）
第二条　専門職大学は、学部、学科又は課程ごとに、人材の養成に関する目的その他の教育研究上の目的を学則等に定めるものとする。

（入学者選抜）
第三条　入学者の選抜は、学校教育法施行規則（昭和二十二年文部省令第十一号）第百六十五条の二第一項第三号の規定により定める方針に基づき、公正かつ妥当な方法により、適切な体制を整えて行うものとする。

2　専門職大学は、実務の経験を有する者その他の入学者の多様性の確保に配慮した入学者選抜を行うよう努めるものとする。

第四章　教育課程

（教育課程の編成方針）
第九条　専門職大学は、学校教育法施行規則第百六十五条の二第一項第一号及び第二号の規定により定める方針に基づき、必要な授業科目を、産業界及び地域社会と連携しつつ、自ら開設し、体系的に教育課程を編成するものとする。

2　教育課程の編成に当たっては、専門職大学は、学部等の専攻に係る専門の学芸を教授し、専門性が求められる職業を担うための実践的な能力及び当該職業の分野において創造的な役割を担うための応用的な能力を展開させるとともに、豊かな人間性及び職業倫理を涵養するよう適切に配慮しなければならない。

3　専門職大学は、専攻に係る職業を取り巻く状況を踏まえて必要な授業科目を開発し、当該職業の動向に即した教育課程の編成を行うとともに、当該状況の変化に対応し、授業科目の内容、教育課程の構成等について、不断の見直しを行うものとする。

4　前項の規定による授業科目の開発、教育課程の編成及びそれらの見直しは、次条に規定する教育課程連携協議会の意見を勘案するとともに、適切な体制を整えて行うものとする。

（教育課程連携協議会）
第十条　専門職大学は、産業界及び地域社会との連携により、教育課程を編成し、及び円滑かつ効果的に実施するため、教育課程連携協議会を設けるものとする。

2　教育課程連携協議会は、次に掲げる者をもって構成する。

一　学長が指名する教員その他の職員
二　当該専門職大学の課程に係る職業に就いている者又は当該職業に関連する事業を行う者による団体のうち、広範囲の地域で活動するものの関係者であって、当該職業の実務に関し豊富な経験を有するもの
三　地方公共団体の職員、地域の事業者による団体の関係者その他の地域の関係者
四　臨地実務実習（第二十九条第一項第三号に規定する臨地実務実習をいう。）その他の授業科目の開設又は

授業の実施において当該専門職大学と協力する事業者

五　当該専門職大学の教員その他の職員以外の者であって学長が必要と認めるもの

3　教育課程連携協議会は、次に掲げる事項について審議し、学長に意見を述べるものとする。

一　産業界及び地域社会との連携による授業科目の開設その他の教育課程の編成に関する基本的な事項

二　産業界及び地域社会との連携による授業の実施その他の教育課程の実施に関する基本的な事項及びその実施状況の評価に関する事項

（連携開設科目）

第十一条　専門職大学は、当該専門職大学、学部及び学科又は課程等の教育上の目的を達成するために必要があると認められる場合には、第九条第一項の規定にかかわらず、次の各号のいずれかに該当する他の大学が当該専門職大学と連携して開設する授業科目（次項に規定する要件に適合するものに限る。以下この条及び第二十三条において「連携開設科目」という。）を、当該専門職大学が自ら開設したものとみなすことができる。

一　当該専門職大学の設置者（その設置する他の大学と当該専門職大学との緊密な連携が確保されているものとして文部科学大臣が別に定める基準に適合するものに限る。）が設置する他の大学

二　大学等連携推進法人（その社員のうちに大学の設置者が二以上ある一般社団法人のうち、その社員が設置する大学の間の連携の推進を目的とするものであって、当該大学の間の緊密な連携が確保されていることについて文部科学大臣の認定を受けたものをいう。次項第二号及び第五十七条第五項において同じ。）（当該専門職大学の設置者が社員であるものであり、かつ、連携開設科目に係る業務を行うものに限る。）の社員が設置する他の大学

（専門職大学の授業科目）

第十三条　専門職大学は、次の各号に掲げる授業科目を開設するものとする。

一　基礎科目（生涯にわたり自らの資質を向上させ、社会的及び職業的自立を図るために必要な能力を育成するための授業科目をいう。）

二　職業専門科目（専攻に係る特定の職業において必要とされる理論的かつ実践的な能力及び当該職業の分野全般にわたり必要な能力を育成するための授業科目をいう。）

三　展開科目（専攻に係る特定の職業の分野に関連する分野における応用的な能力であって、当該職業の分野において創造的な役割を果たすために必要なものを育成するための授業科目をいう。）

四　総合科目（修得した知識及び技能等を総合し、専門性が求められる職業を担うための実践的かつ応用的な能力を総合的に向上させるための授業科目をいう。）

（単位）

第十四条　各授業科目の単位数は、専門職大学において定めるものとする。

2　前項の単位数を定めるに当たっては、一単位の授業科目を四十五時間の学修を必要とする内容をもって構成することを標準とし、第十八条第一項に規定する授業の方法に応じ、当該授業による教育効果、授業時間外に必要な学修等を考慮して、おおむね十五時間から四十五時間までの範囲で専門職大学が定める時間の授業をもって一単位として単位数を計算するものとする。ただし、芸術等の分野における個人指導による実技の授業については、専門職大学が定める時間の授業をもって一単位とすることができる。

3　前項の規定にかかわらず、卒業論文、卒業研究、卒業制作等の授業科目については、これらの学修の成果を評価して単位を授与することが適切と認められる場合には、これらに必要な学修等を考慮して、単位数を定めることができる。

（授業を行う学生数）

第十七条　専門職大学が一の授業科目について同時に授業を行う学生数は、四十人以下とする。ただし、授業の方

法及び施設、設備その他の教育上の諸条件を考慮して、十分な教育効果を上げることができると認められる場合は、この限りでない。

第五章　卒業の要件等

（入学前の既修得単位等の認定）

第二十六条　専門職大学は、教育上有益と認めるときは、学生が当該専門職大学に入学する前に大学又は短期大学において履修した授業科目について修得した単位（第二十八条第一項及び第二項の規定により修得した単位を含む。）を、当該専門職大学に入学した後の当該専門職大学における授業科目の履修により修得したものとみなすことができる。

2　前項の規定は、第二十四条第二項の場合に準用する。

（中略）

4　専門職大学は、学生が当該専門職大学に入学する前に専門性が求められる職業に係る実務の経験を通じ、当該職業を担うための実践的な能力（当該専門職大学において修得させることとしているものに限る。）を修得している場合において、教育上有益と認めるときは、文部科学大臣が別に定めるところにより、当該実践的な能力の修得を、当該専門職大学における授業科目の履修とみなし、三十単位（修業年限が二年の専門職大学の前期課程にあっては十五単位、就業年限が三年の専門職大学の前期課程にあっては二十三単位（夜間等三年制前期課程にあっては、十五単位））を超えない範囲で専門職大学の定めるところにより、単位を与えることができる。

（略）

（長期にわたる教育課程の履修）

第二十七条　専門職大学は、専門職大学の定めるところにより、学生が、職業を有している等の事情により、修業年限を超えて一定の期間にわたり計画的に教育課程を履修し卒業することを希望する旨を申し出たときは、その計画的な履修を認めることができる。

（卒業の要件）

第二十九条　専門職大学の卒業の要件は、次の各号のいずれにも該当することのほか、当該専門職大学が定めることとする。

一　百二十四単位以上（基礎科目及び展開科目に係るそれぞれ二十単位以上、職業専門科目に係る六十単位以上並びに総合科目に係る四単位以上を含む。）を修得すること。

二　実験、実習又は実技による授業科目（やむを得ない事由があり、かつ、教育効果を十分に上げることができると認める場合には、演習、実験、実習又は実技による授業科目）に係る四十単位以上を修得すること。

三　前号の授業科目に係る単位に臨地実務実習（企業その他の事業者の事業所又はこれに類する場所において、当該事業者の実務に従事することにより行う実習による授業科目であって、文部科学大臣が別に定めるところにより開設されるものをいう。以下同じ。）に係る二十単位が含まれること。ただし、やむを得ない事由があり、かつ、教育効果を十分に上げることができると認められる場合には、五単位を超えない範囲で、連携実務演習等（企業その他の事業者と連携して開設する演習、実験、実習又は実技による授業科目のうち、当該事業者の実務に係る課題に取り組むもの（臨地実務実習を除く。）であって、文部科学大臣が別に定めるところにより開設されるものをいう。以下同じ。）をもってこれに代えることができること。

2　前項の規定により卒業の要件として修得すべき百二十四単位のうち、第十八条第二項の授業の方法により修得する単位数は六十単位を超えないものとする。

（前期課程の修了要件）

第三十条　専門職大学の前期課程のうち修業年限が二年のものの修了要件は、次の各号にいずれにも該当することのほか、当該専門職大学が定めることとする。

一　六十二単位以上（基礎科目及び展開科目に係るそれぞれ十単位以上、職業専門科目に係る三十単位以上並びに総合科目に係る二単位以上を含む。）を修得する

こと。

二　実験、実習又は実技による授業科目（やむを得ない事由があり、かつ、教育効果を十分に上げることができると認める場合には、演習、実験、実習又は実技による授業科目）に係る二十単位以上を修得すること。

三　前号の授業科目に係る単位に臨地実務実習に係る十単位が含まれること。ただし、やむを得ない事由があり、かつ、教育効果を十分に上げることができると認められる場合には、二単位を超えない範囲で、連携実務演習等をもってこれに代えることができること。

2　専門職大学の前期課程のうち修業年限が三年のものの修了要件は、次の各号のいずれにも該当することのほか、当該専門職大学が定めることとする。

一　九十三単位以上（基礎科目及び展開科目に係るそれぞれ十五単位以上、職業専門科目に係る四十五単位以上並びに総合科目に係る二単位以上を含む。）を修得すること。

二　実験、実習又は実技による授業科目（やむを得ない事由があり、かつ、教育効果を十分に上げることができると認める場合には、演習、実験、実習又は実技による授業科目）に係る三十単位以上を修得すること。

三　前号の授業科目に係る単位に臨地実務実習に係る十五単位が含まれること。ただし、やむを得ない事由があり、かつ、教育効果を十分に上げることができると認められる場合には、三単位を超えない範囲で、連携実務演習等をもってこれに代えることができること。

（略）

第六章　教育研究実施組織等

（教育研究実施組織等）

第三十一条　専門職大学は、その教育研究上の目的を達成するため、その規模並びに授与する学位の種類及び分野に応じ、必要な教員及び事務職員等からなる教育研究実施組織を編制するものとする。

2　専門職大学は、教育研究実施組織を編制するに当たっては、当該専門職大学の教育研究活動等の運営が組織的かつ効果的に行われるよう、教員及び事務職員等相互の適切な役割分担の下での協働や組織的な連携体制を確保しつつ、教育研究に係る責任の所在を明確にするものとする。

3　専門職大学は、学生に対し、課外活動、修学、進路選択及び心身の健康に関する指導及び援助等の厚生補導を組織的に行うため、専属の教員又は事務職員等を置く組織を編制するものとする。

（授業科目の担当）

第三十二条　専門職大学は、各教育課程上主要と認める授業科目（以下「主要授業科目」という。）については原則として基幹教員（教育課程の編成その他の学部の運営について責任を担う教員（助手を除く。）であって、当該学部の教育課程に係る主要授業科目を担当するもの（専ら当該専門職大学の教育研究に従事するものに限る。）又は一年につき八単位以上の当該学部の教育課程に係る授業科目を担当するものをいう。以下同じ。）に、主要授業科目以外の授業科目についてはなるべく基幹教員に担当させるものとする。

（実務の経験等を有する基幹教員）

第三十五条　必要基幹教員数のおおむね四割以上は、専攻分野におけるおおむね五年以上の実務の経験を有し、かつ、高度の実務の能力を有する者（次項において「実務の経験等を有する基幹教員」という。）とする。

（組織的な研修等）

第三十六条　専門職大学は、当該専門職大学の教育研究活動等の適切かつ効果的な運営を図るため、その教員及び事務職員等に必要な知識及び技能を習得させ、並びにその能力及び資質を向上させるための研修（次項に規定する研修に該当するものを除く。）の機会を設けることその他必要な取組を行うものとする。

2　専門職大学は、学生に対する教育の充実を図るため、当該専門職大学の授業の内容及び方法を改善するための組織的な研修及び研究を行うものとする。

3　専門職大学は、指導補助者（教員を除く。）に対し、必要な研修を行うものとする。

第八章　校地、校舎等の施設及び設備等

（大学等の名称）
第五十四条　専門職大学は、その名称中に専門職大学という文字を用いなければならない。
2　専門職大学、学部及び学科（以下「専門職大学等」という。）の名称は、専門職大学等として適当であるとともに、当該専門職大学等の教育研究上の目的にふさわしいものとする。

◆大学院設置基準

（昭四九・六・二〇　文部省令二八）

最終改正　令五―文科省令二六

第一章　総則

（趣旨）
第一条　大学院は、学校教育法その他の法令の規定によるほか、この省令の定めるところにより設置するものとする。
2　この省令で定める設置基準は、大学院を設置するのに必要な最低の基準とする。
3　大学院は、この省令で定める設置基準より低下した状態にならないようにすることはもとより、学校教育法第百九条第一項の点検及び評価の結果並びに認証評価の結果を踏まえ、教育研究活動等について不断の見直しを行うことにより、その水準の向上を図ることに努めなければならない。

（教育研究上の目的）
第一条の二　大学院は、研究科又は専攻ごとに、人材の養成に関する目的その他の教育研究上の目的を学則等に定めるものとする。

（入学者選抜）
第一条の三　入学者の選抜は、学校教育法施行規則（昭和二十二年文部省令第十一号）第百六十五条の二第一項第三号の規定により定める方針に基づき、公正かつ妥当な方法により、適切な体制を整えて行うものとする。

（大学院の課程）
第二条　大学院における課程は、修士課程、博士課程及び専門職学位課程（学校教育法第九十九条第二項の専門職大学院の課程をいう。以下同じ。）とする。
2　大学院には、修士課程、博士課程及び専門職学位課程のうち二以上を併せ置き、又はそのいずれかを置くものとする。

（専ら夜間において教育を行う大学院の課程）
第二条の二　大学院には、専ら夜間において教育を行う修士課程、博士課程及び専門職学位課程のうち二以上を併せ置き、又はそのいずれかを置くことができる。

（修士課程）
第三条　修士課程は、広い視野に立って精深な学識を授け、専攻分野における研究能力又はこれに加えて高度の専門性が求められる職業を担うための卓越した能力を培うことを目的とする。
2　修士課程の標準修業年限は、二年とする。ただし、教育研究上の必要があると認められる場合には、研究科、専攻又は学生の履修上の区分に応じ、その標準修業年限は、二年を超えるものとすることができる。
3　前項の規定にかかわらず、修士課程においては、主として実務の経験を有する者に対して教育を行う場合であって、教育研究上の必要があり、かつ、昼間と併せて夜間その他特定の時間又は時期において授業又は研究指導を行う等の適切な方法により教育上支障を生じないときは、研究科、専攻又は学生の履修上の区分に応じ、標準修業年限を一年以上二年未満の期間とすることができる。

（博士課程）
第四条　博士課程は、専攻分野について、研究者として自立して研究活動を行い、又はその他の高度に専門的な業務に従事するに必要な高度の研究能力及びその基礎となる豊かな学識を養うことを目的とする。
2　博士課程の標準修業年限は、五年とする。ただし、教育研究上の必要があると認められる場合には、研究科、専攻又は学生の履修上の区分に応じ、その標準修業年限

は、五年を超えるものとすることができる。

3　博士課程は、これを前期二年及び後期三年の課程に区分し、又はこの区分を設けないものとする。ただし、博士課程を前期及び後期の課程に区分する場合において、教育研究上の必要があると認められるときは、研究科、専攻又は学生の履習上の区分に応じ、前期の課程については二年を、後期の課程については三年を超えるものとすることができる。

4　前期二年及び後期三年の課程に区分する博士課程においては、その前期二年の課程は、これを修士課程として取り扱うものとする。前項ただし書の規定により二年を超えるものとした前期の課程についても、同様とする。

5　第二項及び第三項の規定にかかわらず、教育研究上必要がある場合においては、第三項に規定する後期三年の課程のみの博士課程を置くことができる。この場合において、当該課程の標準修業年限は、三年とする。ただし、教育研究上の必要があると認められる場合には、研究科、専攻又は学生の履習上の区分に応じ、その標準修業年限は、三年を超えるものとすることができる。

第五章　教育課程

（授業及び研究指導）
第十二条　大学院の教育は、授業科目の授業及び研究指導によって行うものとする。

（教育方法の特例）
第十四条　大学院の課程においては、教育上特別の必要があると認められる場合には、夜間その他特定の時間又は時期において授業又は研究指導を行う等の適当な方法により教育を行うことができる。

（成績評価基準等の明示等）
第十四条の二　大学院は、学生に対して、授業及び研究指導の方法及び内容並びに一年間の授業及び研究指導の計画をあらかじめ明示するものとする。

2　大学院は、学修の成果及び学位論文に係る評価並びに修了の認定に当たっては、客観性及び厳格性を確保するため、学生に対してその基準をあらかじめ明示するとともに、当該基準にしたがって適切に行うものとする。

第九章の二　研究科等連係課程実施基本組織に関する特例

（研究科等連係課程実施基本組織）
第三十条の二　大学は、横断的な分野に係る教育課程を実施する上で特に必要があると認められる場合であって、教育研究に支障がないと認められる場合には、当該大学に置かれる二以上の研究科等（研究科又は研究科以外の基本組織（この条の規定により置かれたものを除く。）をいう。以下この条において同じ。）との緊密な連係及び協力の下、当該二以上の研究科等が有する教育研究実施組織並びに施設及び設備等の一部を用いて横断的な分野に係る教育課程を実施する研究科以外の基本組織（以下この条において「研究科等連係課程実施基本組織」という。）を置くことができる。

第十一章　工学を専攻する研究科の教育課程に関する特例

（工学を専攻する研究科の教育課程の編成）
第三十四条の二　工学を専攻する研究科を設ける大学院を置く大学であって当該研究科の基礎となる学部を設けるものは、当該学部における教育及び当該研究科における教育の連続性に配慮した教育課程（以下「工学分野の連続性に配慮した教育課程」という。）を編成することができる。

2　工学分野の連続性に配慮した教育課程を編成する大学の大学院は、当該教育課程を履修する学生が工学に関する高度の専門的知識及び能力を修得するとともに、工学に関連する分野の基礎的素養を培うことができるよう、当該大学院における工学を専攻する研究科において、工学以外の専攻分野に係る授業科目、企業等との連携による授業科目その他多様な授業科目を開設するよう努めるものとする。

第十三章　雑則

（学識を教授するために必要な能力を培うための機会等）

第四十二条　大学院は、博士課程（前期及び後期の課程に区分する博士課程における前期の課程を除く。）の学生が修了後自らが有する学識を教授するために必要な能力を培うための機会を設けること又は当該機会に関する情報の提供を行うことに努めるものとする。

（経済的負担の軽減のための措置等に関する情報の明示）

第四十三条　大学院は、授業料、入学料その他の大学院が徴収する費用及び修学に係る経済的負担の軽減を図るための措置に関する情報を整理し、これを学生及び入学を志望する者に対して明示するよう努めるものとする。

◆専門職大学院設置基準

（平一五・三・三一　文科省令一六）

最終改正　令五—文科省令二六

第一章　総則

（趣旨）

第一条　専門職大学院の設置基準は、この省令の定めるところによる。

2　この省令で定める設置基準は、専門職大学院を設置するのに必要な最低の基準とする。

3　専門職大学院は、この省令で定める設置基準より低下した状態にならないようにすることはもとより、学校教育法第百九条第一項の点検及び評価の結果並びに認証評価の結果を踏まえ、教育研究活動等について不断の見直しを行うことにより、その水準の向上を図ることに努めなければならない。

（専門職学位課程）

第二条　専門職学位課程は、高度の専門性が求められる職業を担うための深い学識及び卓越した能力を培うことを目的とする。

2　専門職学位課程の標準修業年限は、二年又は一年以上二年未満の期間（一年以上二年未満の期間は、専攻分野の特性により特に必要があると認められる場合に限る。）とする。

（標準修業年限の特例）

第三条　前条の規定にかかわらず、専門職学位課程の標準修業年限は、教育上の必要があると認められるときは、研究科、専攻又は学生の履修上の区分に応じ、その標準修業年限が二年の課程にあっては一年以上二年未満の期間又は二年を超える期間とし、その標準修業年限が一年以上二年未満の期間の課程にあっては当該期間を超える期間とすることができる。

2　前項の場合において、一年以上二年未満の期間とすることができるのは、主として実務の経験を有する者に対して教育を行う場合であって、かつ、昼間と併せて夜間その他特定の時間又は時期において授業を行う等の適切な方法により教育上支障を生じない場合に限る。

第二章　教育研究実施組織等

（教育研究実施組織等）

第四条　専門職大学院は、研究科及び専攻の種類及び規模に応じ、必要な教員及び事務職員等からなる教育研究実施組織を編制するものとする。

（教員配置）

第五条　専門職大学院には、前条に規定する教員のうち次の各号のいずれかに該当し、かつ、その担当する専門分野に関し高度の教育上の指導能力があると認められる専任教員を、専攻ごとに、文部科学大臣が別に定める数置くものとする。

一　専攻分野について、教育上又は研究上の業績を有する者

二　専攻分野について、高度の技術・技能を有する者

三　専攻分野について、特に優れた知識及び経験を有する者

（略）

第三章　教育課程

（教育課程の編成方針）

第六条　専門職大学院は、学校教育法施行規則（昭和二十二年文部省令第十一号）第百六十五条の二第一項第一号及び第二号の規定により定める方針に基づき、必要な授業科目を、産業界等と連携しつつ、自ら開設し、体系的に教育課程を編成するものとする。

2　専門職大学院は、専攻に係る職業を取り巻く状況を踏まえて必要な授業科目を開発し、当該職業の動向に即した教育課程の編成を行うとともに、当該状況の変化に対応し、授業科目の内容、教育課程の構成等について、不断の見直しを行うものとする。

3　前項の規定による授業科目の開発、教育課程の編成及びそれらの見直しは、次条に規定する教育課程連携協議会の意見を勘案するとともに、適切な体制を整えて行うものとする。

（教育課程連携協議会）

第六条の二　専門職大学院は、産業界等との連携により、教育課程を編成し、及び円滑かつ効果的に実施するため、教育課程連携協議会を設けるものとする。

2　教育課程連携協議会は、次に掲げる者をもって構成する。ただし、専攻分野の特性その他の当該専門職大学院における教育の特性により適当でないと認められる場合は、第三号に掲げる者を置かないことができる。

一　学長又は当該専門職大学院に置かれる研究科（学校教育法第百条ただし書に規定する組織を含む。）の長（第四号及び次項において「学長等」という。）が指名する教員その他の職員

二　当該専門職大学院の課程に係る職業に就いている者又は当該職業に関連する事業を行う者による団体のうち、広範囲の地域で活動するものの関係者であって、当該職業の実務に関し豊富な経験を有するもの

三　地方公共団体の職員、地域の事業者による団体の関係者その他の地域の関係者

四　当該専門職大学院を置く大学の教員その他の職員以外の者であって学長等が必要と認めるもの

3　教育課程連携協議会は、次に掲げる事項について審議し、学長等に意見を述べるものとする。

一　産業界等との連携による授業科目の開設その他の教育課程の編成に関する基本的な事項

二　産業界等との連携による授業の実施その他の教育課程の実施に関する基本的な事項及びその実施状況の評価に関する事項

（授業の方法等）

第八条　専門職大学院においては、その目的を達成し得る実践的な教育を行うよう専攻分野に応じ事例研究、現地調査又は双方向若しくは多方向に行われる討論若しくは質疑応答その他の適切な方法により授業を行うなど適切に配慮しなければならない。

（略）

第七章　教職大学院

（教職大学院の課程）

第二十六条　第二条第一項の専門職学位課程のうち、専ら幼稚園、小学校、中学校、義務教育学校、高等学校、中等教育学校、特別支援学校及び就学前の子どもに関する教育、保育等の総合的な提供の推進に関する法律（平成十八年法律第七十七号）第二条第七項に規定する幼保連携型認定こども園（以下「小学校等」という。）の高度の専門的な能力及び優れた資質を有する教員の養成のための教育を行うことを目的とするものであって、この章の規定に基づくものを置く専門職大学院は、当該課程に関し、教職大学院とする。

2　教職大学院の課程の標準修業年限は、第二条第二項の規定にかかわらず、二年とする。

3　前項の規定にかかわらず、教育上の必要があると認められる場合は、研究科、専攻又は学生の履修上の区分に応じ、その標準修業年限は、一年以上二年未満の期間又は二年を超える期間とすることができる。

4　前項の場合において、一年以上二年未満の期間とすることができるのは、主として実務の経験を有する者に対して教育を行う場合であって、かつ、昼間と併せて夜間その他特定の時間又は時期において授業を行う等の適切な方法により教育上支障を生じない場合に限る。

（教職大学院の課程の修了要件）

第二十九条　教職大学院の課程の修了の要件は、第十五条第一項の規定にかかわらず、教職大学院に二年（二年以外の標準修業年限を定める研究科、専攻又は学生の履修上の区分にあっては、当該標準修業年限）以上在学し、四十五単位以上（高度の専門的な能力及び優れた資質を有する教員に係る実践的な能力を培うことを目的として小学校等その他の関係機関で行う実習に係る十単位以上を含む。）を修得することとする。

2　前項の規定により修了の要件として修得すべき単位数のうち、第十二条の規定により修得したものとみなすものとする単位数は、当該教職大学院が修了要件として定める四十五単位以上の単位数の四分の一を超えないものとする。

3　教職大学院は、教育上有益と認めるときは、当該教職大学院に入学する前の小学校等の教員としての実務の経験を有する者について、十単位を超えない範囲で、第一項に規定する実習により修得する単位の全部又は一部を免除することができる。

（教職大学院における在学期間の短縮）

第三十条　教職大学院における第十六条の適用については、「専門職大学院」とあるのは「教職大学院」と、「第十四条第一項」とあるのは「第二十八条第一項」と、「単位（学校教育法第百二条一項の規定により入学資格を有した後、修得したものに限る。）」とあるのは「単位」と、「専門職学位課程」とあるのは「教職大学院の課程」とする。

（連携協力校）

第三十一条　教職大学院は、第二十九条第一項に規定する実習その他当該教職大学院の教育上の目的を達成するために必要な連携協力を行う小学校等を適切に確保するものとする。

◆短期大学設置基準

（昭五〇・四・二八　文部省令二一）

最終改正　令五―文科省令二六

第一章　総則

（趣旨）

第一条　短期大学（専門職短期大学を除く。以下同じ。）は、学校教育法その他の法令の規定によるほか、この省令の定めるところにより設置するものとする。

2　この省令で定める設置基準は、短期大学を設置するのに必要な最低の基準とする。

3　短期大学は、この省令で定める設置基準より低下した状態にならないようにすることはもとより、学校教育法第百九条第一項の点検及び評価の結果並びに認証評価の結果を踏まえ、教育研究活動等について不断の見直しを行うことにより、その水準の向上を図ることに努めなければならない。

（教育研究上の目的）

第二条　短期大学は、学科又は専攻課程ごとに、人材の養成に関する目的その他の教育研究上の目的を学則等に定めるものとする。

（入学者選抜）

第二条の二　入学者の選抜は、学校教育法施行規則（昭和二十二年文部省令第十一号）第百六十五条の二第一項第三号の規定により定める方針に基づき、公正かつ妥当な方法により、適切な体制を整えて行うものとする。

第二章　学科

（学科）

第三条　学科は、教育研究上の必要に応じ組織されるものであって、教育研究実施組織その他が学科として適当な規模内容をもつと認められるものとする。

2　学科には、教育上特に必要があるときは、専攻課程を置くことができる。

（学科連係課程実施学科）
第三条の二　短期大学は、横断的な分野に係る教育課程を実施する上で特に必要があると認められる場合であって、教育研究に支障がないと認められる場合には、当該短期大学に置かれる二以上の学科（この条の規定により置かれたものを除く。）との緊密な連係及び協力の下、当該二以上の学科が有する教育研究実施組織並びに施設及び設備等の一部を用いて横断的な分野に係る教育課程を実施する学科（以下この条及び別表第一において「学科連係課程実施学科」という。）を置くことができる。

第三章　収容定員

（収容定員）
第四条　収容定員は、学科ごとに学則で定めるものとする。この場合において、学科に専攻課程を置くときは、専攻課程を単位として学科ごとに定めるものとする。
2　前項の場合において、第十二条の規定による昼夜開講制を実施するときは、これに係る収容定員を、第五十一条の規定により外国に学科その他の組織を設けるときは、これに係る収容定員を、それぞれ明示するものとする。
3　収容定員は、教育研究実施組織、校地、校舎その他の教育上の諸条件を総合的に考慮して定めるものとする。
4　短期大学は、教育にふさわしい環境の確保のため、在学する学生の数を収容定員に基づき適正に管理するものとする。

第四章　教育課程

（教育課程の編成方針）
第五条　短期大学は、学校教育法施行規則第百六十五条の二第一項第一号及び第二号の規定により定める方針に基づき、必要な授業科目を自ら開設し、体系的に教育課程を編成するものとする。
2　教育課程の編成に当たっては、短期大学は、学科に係る専門の学芸を教授し、職業又は実際生活に必要な能力を育成するとともに、幅広く深い教養及び総合的な判断力を培い、豊かな人間性を涵《かん》養するよう適切に配慮しなければならない。

（教育課程の編成方法）
第六条　教育課程は、各授業科目を必修科目及び選択科目に分け、これを各年次に配当して編成するものとする。

（単位）
第七条　各授業科目の単位数は、短期大学において定めるものとする。
2　前項の単位数を定めるに当たっては、一単位の授業科目を四十五時間の学修を必要とする内容をもって構成することを標準とし、第十一条第一項に規定する授業の方法に応じ、当該授業による教育効果、授業時間外に必要な学修等を考慮して、おおむね十五時間から四十五時間までの範囲で短期大学が定める時間の授業をもって一単位として単位数を計算するものとする。ただし、芸術等の分野における個人指導による実技の授業については、短期大学が定める時間の授業をもって一単位とすることができる。
3　前項の規定にかかわらず、卒業研究、卒業制作等の授業科目については、これらの学修の成果を評価して単位を授与することが適切と認められる場合には、これらに必要な学修等を考慮して、単位数を定めることができる。

（一年間の授業期間）
第八条　一年間の授業を行う期間は、三十五週にわたることを原則とする。

（各授業科目の授業期間）
第九条　各授業科目の授業は、十分な教育効果を上げることができるよう、八週、十週、十五週その他の短期大学が定める適切な期間を単位として行うものとする。

（昼夜開講制）
第十二条　短期大学は、教育上必要と認められる場合には、昼夜開講制（同一学科において昼間及び夜間の双方の時間帯において授業を行うことをいう。）により授業を行うことができる。

第五章　卒業の要件等

（単位の授与）
第十三条　短期大学は、一の授業科目を履修した学生に対し、試験その他の短期大学が定める適切な方法により学修の成果を評価して単位を与えるものとする。

（入学前の既修得単位等の認定）

第十六条　短期大学は、教育上有益と認めるときは、学生が当該短期大学に入学する前に大学において履修した授業科目について修得した単位（第十七条第一項及び第二項の規定により修得した単位を含む。）を、当該短期大学に入学した後の当該短期大学における授業科目の履修により修得したものとみなすことができる。

2　前項の規定は、第十四条第二項の場合について準用する。

（中略）

4　短期大学は、学生が当該短期大学に入学する前に専門性が求められる職業に係る実務の経験を通じ、当該職業に必要な能力（当該短期大学において修得させることとしているものに限る。）を修得している場合において、教育上有益と認めるときは、文部科学大臣が別に定めるところにより、当該職業に必要な能力の修得を、当該短期大学における授業科目（職業に必要な能力を育成することを目的とする課程において開設するものに限る。）の履修とみなし、修業年限が二年の短期大学にあっては十五単位を、修業年限が三年の短期大学にあっては二十三単位（第十九条の規定により卒業の要件として六十二単位以上を修得することとする短期大学にあっては十五単位）を超えない範囲で短期大学の定めるところにより、単位を与えることができる。

（略）

（卒業の要件）

第十八条　卒業の要件は、修業年限が二年の短期大学においては六十二単位以上を、修業年限が三年の短期大学においては九十三単位以上を修得することのほか、当該短期大学が定めることとする。

（略）

第六章　教育研究実施組織等

（教育研究実施組織等）

第二十条　短期大学は、その教育研究上の目的を達成するため、学科の規模及び授与する学位の分野に応じ、必要な教員及び事務職員等からなる教育研究実施組織を編制するものとする。

2　短期大学は、教育研究実施組織を編制するに当たっては、当該短期大学の教育研究活動等の運営が組織的かつ効果的に行われるよう、教員及び事務職員等相互の適切な役割分担の下での協働や組織的な連携体制を確保しつつ、教育研究に係る責任の所在を明確にするものとする。

3　短期大学は、学生に対し、課外活動、修学、進路選択及び心身の健康に関する指導及び援助等の厚生補導を組織的に行うため、専属の教員又は事務職員等を置く組織を編制するものとする。

（略）

第九章　専門職学科に関する特例

（専門職学科とする学科）

第三十五条　短期大学の学科のうち、専門性が求められる職業を担うための実践的かつ応用的な能力を育成する教育課程を編成するものは、専門職学科とする。

（専門職学科に係る入学者選抜）

第三十五条の二　専門職学科を設ける短期大学は、専門職学科に係る入学者の選抜に当たっては、第二条の二に定めるところによるほか、実務の経験を有する者その他入学者の多様性の確保に配慮した入学者選抜を行うよう努めるものとする。

（専門職学科に係る教育課程の編成方針）

第三十五条の三　専門職学科の教育課程の編成に当たっては、専門職学科を設ける短期大学は、第五条に定めるところによるほか、専門性が求められる職業を担うための実践的な能力及び当該職業の分野において創造的な役割を担うための応用的な能力を育成するとともに、職業倫理を涵養するよう適切に配慮しなければならない。

2　専門職学科を設ける短期大学は、専門職学科の専攻に係る職業を取り巻く状況を踏まえて必要な授業科目を開発し、当該職業の動向に即した教育課程の編成を行うとともに、当該状況の変化に対応し、授業科目の内容、教育課程の構成等について、不断の見直しを行うものとす

る。

3　前項の規定による授業科目の開発、教育課程の編成及びそれらの見直しは、次条に規定する教育課程連携協議会の意見を勘案するとともに、適切な体制を整えて行うものとする。

（教育課程連携協議会）

第三十五条の四　専門職学科を設ける短期大学は、産業界及び地域社会との連携により、専門職学科の教育課程を編成し、及び円滑かつ効果的に実施するため、教育課程連携協議会を設けるものとする。

◇専門職短期大学設置基準

（平二九・九・八文科省令三四）

最終改正　令五—文科省令二六

第一章　総則

（趣旨）

第一条　専門職短期大学は、学校教育法その他の法令の規定によるほか、この省令の定めるところにより設置するものとする。

2　この省令で定める設置基準は、専門職短期大学を設置するのに必要な最低の基準とする。

3　専門職短期大学は、この省令で定める設置基準より低下した状態にならないようにすることはもとより、学校教育法第百九条第一項の点検及び評価の結果並びに認証評価の結果を踏まえ、教育研究活動等について不断の見直しを行うことにより、その水準の向上を図ることに努めなければならない。

（教育研究上の目的）

第二条　専門職短期大学は、学科又は専攻課程ごとに、人材の養成に関する目的その他の教育研究上の目的を学則等に定めるものとする。

（入学者選抜）

第三条　入学者の選抜は、学校教育法施行規則（昭和二十二年文部省令第十一号）第百六十五条の二第一項第三号の規定により定める方針に基づき、公正かつ妥当な方法により、適切な体制を整えて行うものとする。

2　専門職短期大学は、実務の経験を有する者その他の入学者の多様性の確保に配慮した入学者選抜を行うよう努めるものとする。

第二章　学科

（学科）

第四条　学科は、教育研究上の必要に応じ組織されるものであって、教育研究実施組織その他が学科として適当な規模内容をもつと認められるものとする。

2　学科には、教育上特に必要があるときは、専攻課程を置くことができる。

第四章　教育課程

（教育課程の編成方針）

第六条　専門職短期大学は、学校教育法施行規則第百六十五条の二第一項第一号及び第二号の規定により定める方針に基づき、必要な授業科目を、産業界及び地域社会と連携しつつ、自ら開設し、体系的に教育課程を編成するものとする。

2　教育課程の編成に当たっては、専門職短期大学は、学科に係る専門の学芸を教授し、専門性が求められる職業を担うための実践的な能力及び当該職業の分野において創造的な役割を担うための応用的な能力を育成するとともに、豊かな人間性及び職業倫理を涵養するよう適切に配慮しなければならない。

3　専門職短期大学は、学科に係る職業を取り巻く状況を踏まえて必要な授業科目を開発し、当該職業の動向に即した教育課程の編成を行うとともに、当該状況の変化に対応し、授業科目の内容、教育課程の構成等について、不断の見直しを行うものとする。

4　前項の規定による授業科目の開発、教育課程の編成及びそれらの見直しは、次条に規定する教育課程連携協議会の意見を勘案するとともに、適切な体制を整えて行う

ものとする。

（教育課程連携協議会）

第七条　専門職短期大学は、産業界及び地域社会との連携により、教育課程を編成し、及び円滑かつ効果的に実施するため、教育課程連携協議会を設けるものとする。

2　教育課程連携協議会は、次に掲げる者をもって構成する。

一　学長が指名する教員その他の職員

二　当該専門職短期大学の課程に係る職業に就いている者又は当該職業に関連する事業を行う者による団体のうち、広範囲の地域で活動するものの関係者であって、当該職業の実務に関し豊富な経験を有するもの

三　地方公共団体の職員、地域の事業者による団体の関係者その他の地域の関係者

四　臨地実務実習（第二十六条第一項第三号に規定する臨地実務実習をいう。）その他の授業科目の開設又は授業の実施において当該専門職短期大学と協力する事業者

五　当該専門職短期大学の教員その他の職員以外の者であって学長が必要と認めるもの

3　教育課程連携協議会は、次に掲げる事項について審議し、学長に意見を述べるものとする。

一　産業界及び地域社会との連携による授業科目の開設その他の教育課程の編成に関する基本的な事項

二　産業界及び地域社会との連携による授業の実施その他の教育課程の実施に関する基本的な事項及びその実施状況の評価に関する事項

（専門職短期大学の授業科目）

第十条　専門職短期大学は、次の各号に掲げる授業科目を開設するものとする。

一　基礎科目（生涯にわたり自らの資質を向上させ、社会的及び職業的自立を図るために必要な能力を育成するための授業科目をいう。）

二　職業専門科目（専攻に係る特定の職業において必要とされる理論的かつ実践的な能力及び当該職業の分野全般にわたり必要な能力を育成するための授業科目をいう。）

三　展開科目（専攻に係る特定の職業の分野に関連する分野における応用的な能力であって、当該職業の分野において創造的な役割を果たすために必要なものを育成するための授業科目をいう。）

四　総合科目（修得した知識及び技能等を総合し、専門性が求められる職業を担うための実践的かつ応用的な能力を総合的に向上させるための授業科目をいう。）

（授業を行う学生数）

第十四条　専門職短期大学が一の授業科目について同時に授業を行う学生数は、四十人以下とする。ただし、授業の方法及び施設、設備その他の教育上の諸条件を考慮して、十分な教育効果を上げることができると認められる場合は、この限りでない。

第五章　卒業の要件等

（卒業の要件）

第二十六条　修業年限が二年の専門職短期大学の卒業の要件は、次の各号のいずれにも該当することのほか、当該専門職短期大学が定めることとする。

一　六十二単位以上（基礎科目及び展開科目に係るそれぞれ十単位以上、職業専門科目に係る三十単位以上並びに総合科目に係る二単位以上を含む。）を修得すること。

二　実験、実習又は実技による授業科目（やむを得ない事由があり、かつ、教育効果を十分に上げることができると認める場合には、演習、実験、実習又は実技による授業科目）に係る二十単位以上を修得すること。

三　前号の授業科目に係る単位に臨地実務実習（企業その他の事業者の事業所又はこれに類する場所において、当該事業者の実務に従事することにより行う実習による授業科目であって、文部科学大臣が別に定めるところにより開設されるものをいう。以下同じ。）に係る十単位が含まれること。ただし、やむを得ない事由が

あり、かつ、教育効果を十分に上げることができると認められる場合には、二単位を超えない範囲で、連携実務演習等（企業その他の事業者と連携して開設する演習、実験、実習又は実技による授業科目のうち、当該事業者の実務に係る課題に取り組むもの（臨地実務実習を除く。）であって、文部科学大臣が別に定めるところにより開設されるものをいう。以下同じ。）をもってこれに代えることができること。

2　修業年限が三年の専門職短期大学の卒業の要件は、次の各号のいずれにも該当することのほか、当該専門職短期大学が定めることとする。

一　九十三単位以上（基礎科目及び展開科目に係るそれぞれ十五単位以上、職業専門科目に係る四十五単位以上並びに総合科目に係る二単位以上を含む。）を修得すること。

二　実験、実習又は実技による授業科目（やむを得ない事由があり、かつ、教育効果を十分にあげることができると認める場合には、演習、実験、実習又は実技による授業科目）に係る三十単位以上を修得すること。

三　前号の授業科目に係る単位に臨地実務実習に係る十五単位が含まれること。ただし、やむを得ない事由があり、かつ、教育効果を十分に上げることができると認められる場合には、三単位を超えない範囲で、連携実務演習等をもってこれに代えることができること。

3　前二項の規定により卒業の要件として修得すべき単位数のうち、第十五条第二項の授業の方法により修得する単位数は、修業年限が二年の専門職短期大学にあっては三十単位、修業年限が三年の専門職短期大学にあっては四十六単位（第二十七条の専門職短期大学にあっては、三十単位）を超えないものとする。

第六章　教育研究実施組織等

（実務の経験等を有する基幹教員）

第三十二条　必要基幹教員の数のおおむね四割以上は、専攻分野におけるおおむね五年以上の実務の経験を有し、かつ、高度の実務の能力を有する者（次項において「実務の経験等を有する基幹教員」という。）とする。

2　実務の経験等を有する基幹教員のうち、前項に規定するおおむね四割の基幹教員の数に二分の一を乗じて算出される数（小数点以下の端数があるときは、これを四捨五入する。）以上は、次の各号のいずれかに該当する者とする。

一　大学又は高等専門学校において教授、准教授、基幹教員としての講師又は助教の経歴（外国におけるこれらに相当する教員としての経歴を含む。）のある者

二　博士の学位、修士の学位又は学位規則（昭和二十八年文部省令第九号）第五条の二に規定する専門職学位（外国において授与されたこれらに相当する学位を含む。）を有する者

三　企業等に在職し、実務に係る研究上の業績を有する者

3　第一項に規定するおおむね四割の基幹教員の数に二分の一を乗じて算出される数（小数点以下の端数があるときは、これを四捨五入する。）の範囲内については、基幹教員以外の者であっても、一年につき六単位以上の授業科目を担当し、かつ、教育課程の編成その他の学科の運営について責任を担う者で足りるものとする。ただし、当該者の数は、別表第一イ備考第二号ただし書の規定により複数の学科について算入する基幹教員の数並びに同表備考第五号及び別表第一ロ備考第三号の規定により算入する教員の数と合わせて、必要基幹教員数の四分の一を超えないものとする。

第八章　校地、校舎等の施設及び設備等

（専門職短期大学等の名称）

第五十一条　専門職短期大学は、その名称中に専門職短期大学という文字を用いなければならない。

2　専門職短期大学及び学科（以下「専門職短期大学等」という。）の名称は、専門職短期大学等として適当であ

るとともに、当該専門職短期大学等の教育研究上の目的にふさわしいものとする。

◆高等専門学校設置基準

（昭三六・八・三〇 文部省令二三）
最終改正 令四—文科省令三四

第一章 総則

（趣旨）
第一条 高等専門学校は、学校教育法（昭和二十二年法律第二十六号）その他の法令の規定によるほか、この省令の定めるところにより設置するものとする。
2 この省令で定める設置基準は、高等専門学校を設置するのに必要な最低の基準とする。

（教育水準の維持向上）
第二条 高等専門学校は、その組織編制、施設、設備等がこの省令で定める設置基準より低下した状態にならないようにすることはもとより、学校教育法第百二十三条において準用する同法第百九条第一項の点検及び評価の結果並びに認証評価の結果を踏まえ、教育研究活動等について不断の見直しを行うことにより、常にその充実を図り、もって教育水準の維持向上に努めなければならない。
2 前項の場合において、高等専門学校は、その教育内容を学術の進展に即応させるため、必要な研究が行われるように努めるものとする。

（教育上の目的）
第三条 高等専門学校は、学科ごとに、人材の養成に関する目的その他の教育上の目的を学則等に定めるものとする。

第二章 組織編制

（教育研究実施組織等）
第六条 高等専門学校は、学科の種類及び学級数に応じ、必要な教員及び事務職員等からなる教育研究実施組織を編制するものとする。
2 高等専門学校は、教育研究実施組織を編制するに当たっては、当該高等専門学校の教育研究活動等の運営が組織的かつ効果的に行われるよう、教員及び事務職員等相互の適切な役割分担の下での協働や組織的な連携体制を確保しつつ、教育に係る責任の所在を明確にするものとする。
3 高等専門学校は、学生に対し、課外活動、修学、進路選択及び心身の健康に関する指導及び援助等の厚生補導を組織的に行うため、専属の教員又は事務職員等を置く組織を編制するものとする。
4 高等専門学校は、教育研究実施組織及び前項の組織の円滑かつ効果的な業務の遂行のための支援、高等専門学校運営に係る企画立案、当該高等専門学校以外の者との連携、人事、総務、財務、広報、情報システム並びに施設及び設備の整備その他の高等専門学校運営に必要な業務を行うため、専属の教員又は事務職員等を置く組織を編制するものとする。
5 高等専門学校は、当該高等専門学校及び学科の教育上の目的に応じ、学生が卒業後自らの資質を向上させ、社会的及び職業的自立を図るために必要な能力を、教育課程の実施及び厚生補導を通じて培うことができるよう、高等専門学校内の組織間の有機的な連携を図り、適切な体制を整えるものとする。

◆高等学校設置基準

（平一六・三・三一 文科省令二〇）
最終改正 令三—文科省令一四

第一章 総則

（趣旨）
第一条 高等学校は、学校教育法その他の法令の規定によるほか、この省令の定めるところにより設置するものと

する。

2　この省令で定める設置基準は、高等学校を設置するのに必要な最低の基準とする。

3　高等学校の設置者は、高等学校の編制、施設、設備等がこの省令で定める設置基準より低下した状態にならないようにすることはもとより、これらの水準の向上を図ることに努めなければならない。

（設置基準の特例）

第二条　公立の高等学校については都道府県の教育委員会、私立の高等学校については都道府県知事（以下「都道府県教育委員会等」という。）は、高等学校に全日制の課程及び定時制の課程を併置する場合又は二以上の学科を設置する場合その他これらに類する場合において、教育上支障がないと認めるときは、高等学校の編制、施設及び設備に関し、必要と認められる範囲内において、この省令に示す基準に準じて、別段の定めをすることができる。

2　専攻科及び別科の編制、施設、設備等については、この省令に示す基準によらなければならない。ただし、教育上支障がないと認めるときは、都道府県教育委員会等は、専攻科及び別科の編制、施設及び設備に関し、必要と認められる範囲内において、この省令に示す基準に準じて、別段の定めをすることができる。

第二章　学科

（学科の種類）

第五条　高等学校の学科は次のとおりとする。

一　普通教育を主とする学科

二　専門教育を主とする学科

三　普通教育及び専門教育を選択履修を旨として総合的に施す学科

（学科の分野）

第六条　前条第一号に定める学科は、普通科その他普通教育を施す学科として適当な規模及び内容があると認められる学科とする。

2　前条第二号に定める学科は、次に掲げるとおりとする。

一　農業に関する学科

二　工業に関する学科

三　商業に関する学科

四　水産に関する学科

五　家庭に関する学科

六　看護に関する学科

七　情報に関する学科

八　福祉に関する学科

九　理数に関する学科

十　体育に関する学科

十一　音楽に関する学科

十二　美術に関する学科

十三　外国語に関する学科

十四　国際関係に関する学科

十五　その他専門教育を施す学科として適当な規模及び内容があると認められる学科

3　前条第三号に定める学科は、総合学科とする。

第三章　編制

（授業を受ける生徒数）

第七条　同時に授業を受ける一学級の生徒数は、四十人以下とする。ただし、特別の事情があり、かつ、教育上支障がない場合は、この限りでない。

（教諭の数等）

第八条　高等学校に置く副校長及び教頭の数は当該高等学校に置く全日制の課程又は定時制の課程ごとに一人以上とし、主幹教諭、指導教諭及び教諭（以下この条において「教諭等」という。）の数は当該高等学校の収容定員を四十で除して得た数以上で、かつ、教育上支障がないものとする。

2　教諭等は、特別の事情があり、かつ、教育上支障がない場合は、助教諭又は講師をもって代えることができる。

3　高等学校に置く教員等は、教育上必要と認められる場合は、他の学校の教員等と兼ねることができる。

◆単位制高等学校教育規程

（昭六三・三・三一 文部省令六）

最終改正 令三―文科省令一四

（趣旨）

第一条 この省令は、学校教育法施行規則（昭和二十二年文部省令第十一号）第百三条第一項の規定により学年による教育課程の区分を設けない全日制の課程、定時制の課程及び通信制の課程（以下「単位制による課程」という。）に関し、同令の特例その他必要な事項を定めるものとする。

（入学者の選抜の方法）

第二条 単位制による課程のうち定時制の課程又は通信制の課程であるものに係る入学者の選抜の方法は、当該単位制による課程を置く高等学校の設置者が定める。

（入学及び卒業の時期）

第三条 単位制による課程については、教育上支障がないときは、学期の区分に従い、生徒を入学させ、又は卒業させることができる。

（編入学）

第四条 単位制による課程に係る編入学は、相当年齢に達し、相当の学力があると認められた者について、相当の期間を在学すべき期間として、これを許可することができる。

（転入学）

第五条 単位制による課程に係る転学又は転籍は、修得した単位及び在学した期間に応じて、相当の期間を在学すべき期間として、これを許可することができる。

（科目の開設等）

第六条 単位制による課程を置く高等学校においては、高等学校教育の機会に対する多様な要請にこたえるため、多様な科目を開設するよう努めるものとする。

2 単位制による課程のうち定時制の課程又は通信制の課程であるものを置く高等学校においては、高等学校教育の機会に対する多様な要請にこたえるため、複数の時間帯又は特定の時期における授業の実施その他の措置を講ずるよう努めるものとする。

（過去に在学した高等学校において修得した単位）

第七条 単位制による課程を置く高等学校（中等教育学校の後期課程を含む。）の校長は、当該単位制による課程の生徒が過去に在学した高等学校（中等教育学校の後期課程を含む。）において単位を修得しているときは、当該修得した単位数を当該単位制による課程を置く高等学校（中等教育学校の後期課程を含む。）が定めた全課程の修了を認めるに必要な単位数のうちに加えることができる。

◆高等学校通信教育規程

（昭三七・九・一 文部省令三二）

最終改正 令四―文科省令四〇

（趣旨）

第一条 高等学校の通信制の課程については、学校教育法施行規則（昭和二十二年文部省令第十一号）に規定するもののほか、この省令の定めるところによる。

2 この省令で定める基準は、高等学校の通信制の課程において教育を行うために必要な最低の基準とする。

3 通信制の課程を置く高等学校の設置者は、通信制の課程の編制、施設、設備等がこの省令で定める基準より低下した状態にならないようにすることはもとより、これらの水準の向上を図ることに努めなければならない。

（通信教育の方法等）

第二条 高等学校の通信制の課程で行う教育（以下「通信教育」という。）は、添削指導、面接指導及び試験の方法により行うものとする。

2 通信教育においては、前項に掲げる方法のほか、放送その他の多様なメディアを利用した指導等の方法を加えて行なうことができる。

3 通信教育においては、生徒に通信教育用学習図書その他の教材を使用して学習させるものとする。

（通信教育連携協力施設）

第三条　通信制の課程を置く高等学校（以下「実施校」という。）の設置者は、通信教育連携協力施設（当該実施校の行う通信教育について連携協力を行う次に掲げる施設をいう。以下同じ。）を設けることができる。この場合において、当該通信教育連携協力施設が他の設置者が設置するものであるときは、実施校の設置者は、当該通信教育連携協力施設の設置者の同意を得なければならない。

一　面接指導又は試験等の実施について連携協力を行う施設（以下「面接指導等実施施設」という。）

二　生徒の進路選択及び心身の健康等に係る相談、添削指導に附帯する事務の実施その他の学習活動等の支援について連携協力を行う施設であつて、面接指導等実施施設以外のもの（第十条の二第二項において「学習等支援施設」という。）

2　面接指導等実施施設は、実施校の分校又は協力校であることを基本とする。ただし、特別の事情があり、かつ、教育上支障がない場合は、大学、専修学校、指定技能教育施設（学校教育法第五十五条の規定による指定を受けた技能教育のための施設をいう。）その他の学校又は施設を面接指導等実施施設とすることができる。

3　前項に規定する協力校とは、実施校の行う通信教育について連携協力を行うものとしてその設置者が定めた高等学校（中等教育学校の後期課程を含む。）をいう。

4　通信教育連携協力施設は、実施校の設置者の定めるところにより実施校の行う通信教育に連携協力を行うものとする。

（通信制の課程の規模）

第四条　実施校における通信制の課程に係る収容定員は、教員及び職員の数その他教職員組織、施設、設備等を踏まえ、適切に定めるものとする。

2　実施校の設置者は、前条第一項の規定により通信教育連携協力施設を設ける場合には、実施校の通信制の課程に係る収容定員のうち、通信教育連携協力施設ごとの定員を学則で定めるものとする。

（面接指導を受ける生徒数）

第四条の二　同時に面接指導を受ける生徒数は、少人数とすることを基本とし、四十人を超えてはならない。

（通信教育実施計画の作成等）

第四条の三　実施校の校長は、通信教育の実施に当たっては、次に掲げる事項を記載した計画（第十四条第一項第二号において「通信教育実施計画」という。）を作成し、生徒に対して、あらかじめ明示するものとする。

一　通信教育を実施する科目等（学校教育法施行規則別表第三に定める各教科に属する科目、総合的な探究の時間及び特別活動をいう。次号及び第三号において同じ。）の名称及び目標に関すること。

二　通信教育を実施する科目等ごとの通信教育の方法及び内容並びに一年間の通信教育の計画に関すること。

三　通信教育を実施する科目等ごとの学習の成果に係る評価及び単位の修得の認定に当たっての基準に関すること。

（教諭の数等）

第五条　実施校における通信制の課程に係る副校長、教頭、主幹教諭、指導教諭及び教諭の数は、五又は当該過程に在籍する生徒数（新たに設置する通信制の課程にあっては、当該課程に在籍する生徒の見込数）を八十で除して得た数のうちいずれか大きい方の数以上とし、かつ、教育上支障がないものとする。

2　前項の教諭は、特別の事情があり、かつ、教育上支障がない場合は、助教諭又は講師をもってこれに代えることができる。

3　実施校に置く教員等は、教育上必要と認められる場合は、他の学校の教員等と兼ねることができる。

◇中学校設置基準

（平一四・三・二九
文科省令一五）

最終改正　平一九―文科省令四〇

第一章　総則

（趣旨）

第一条　中学校は、学校教育法（昭和二十二年法律第二十六号）その他の法令の規定によるほか、この省令の定めるところにより設置するものとする。

2　この省令で定める設置基準は、中学校を設置するのに必要な最低の基準とする。

3　中学校の設置者は、中学校の編制、施設、設備等がこの省令で定める設置基準より低下した状態にならないようにすることはもとより、これらの水準の向上を図ることに努めなければならない。

第二章　編制

（一学級の生徒数）

第四条　一学級の生徒数は、法令に特別の定めがある場合を除き、四十人以下とする。ただし、特別の事情があり、かつ、教育上支障がない場合は、この限りでない。

（学級の編制）

第五条　中学校の学級は、同学年の生徒で編制するものとする。ただし、特別の事情があるときは、数学年の生徒を一学級に編制することができる。

（教諭の数等）

第六条　中学校に置く主幹教諭、指導教諭及び教諭（以下この条において「教諭等」という。）の数は、一学級当たり一人以上とする。

2　教諭等は、特別の事情があり、かつ、教育上支障がない場合は、校長、副校長若しくは教頭が兼ね、又は助教諭若しくは講師をもって代えることができる。

3　中学校に置く教員等は、教育上必要と認められる場合は、他の学校の教員等と兼ねることができる。

第三章　施設及び設備

（一般的基準）

第七条　中学校の施設及び設備は、指導上、保健衛生上、安全上及び管理上適切なものでなければならない。

（校舎及び運動場の面積等）

第八条　校舎及び運動場の面積は、法令に特別の定めがある場合を除き、別表に定める面積以上とする。ただし、地域の実態その他により特別の事情があり、かつ、教育上支障がない場合は、この限りでない。

2　校舎及び運動場は、同一の敷地内又は隣接する位置に設けるものとする。ただし、地域の実態その他により特別の事情があり、かつ、教育上及び安全上支障がない場合は、その他の適当な位置にこれを設けることができる。

（校舎に備えるべき施設）

第九条　校舎には、少なくとも次に掲げる施設を備えるものとする。

一　教室（普通教室、特別教室等とする。）

二　図書室、保健室

三　職員室

2　校舎には、前項に掲げる施設のほか、必要に応じて、特別支援学級のための教室を備えるものとする。

（その他の施設）

第十条　中学校には、校舎及び運動場のほか、体育館を備えるものとする。ただし、地域の実態その他により特別の事情があり、かつ、教育上支障がない場合は、この限りでない。

（校具及び教具）

第十一条　中学校には、学級数及び生徒数に応じ、指導上、保健衛生上及び安全上必要な種類及び数の校具及び教具を備えなければならない。

2　前項の校具及び教具は、常に改善し、補充しなければならない。

（他の学校等の施設及び設備の使用）

第十二条　中学校は、特別の事情があり、かつ、教育上及び安全上支障がない場合は、他の学校等の施設及び設備を使用することができる。

◇小学校設置基準

（平一四・三・二九
文科省令一四）

最終改正　平一九—文科省令四〇

第一章　総則

（趣旨）

第一条　小学校は、学校教育法（昭和二十二年法律第二十六号）その他の法令の規定によるほか、この省令の定めるところにより設置するものとする。

2　この省令で定める設置基準は、小学校を設置するのに必要な最低の基準とする。

3　小学校の設置者は、小学校の編制、施設、設備等がこの省令で定める設置基準より低下した状態にならないようにすることはもとより、これらの水準の向上を図ることに努めなければならない。

第二章　編制

（一学級の児童数）

第四条　一学級の児童数は、法令に特別の定めがある場合を除き、四十人以下とする。ただし、特別の事情があり、かつ、教育上支障がない場合は、この限りでない。

（学級の編制）

第五条　小学校の学級は、同学年の児童で編制するものとする。ただし、特別の事情があるときは、数学年の児童を一学級に編制することができる。

（教諭の数等）

第六条　小学校に置く主幹教諭、指導教諭及び教諭（以下この条において「教諭等」という。）の数は、一学級当たり一人以上とする。

2　教諭等は、特別の事情があり、かつ、教育上支障がない場合は、校長、副校長若しくは教頭が兼ね、又は助教諭若しくは講師をもって代えることができる。

3　小学校に置く教員等は、教育上必要と認められる場合は、他の学校の教員等と兼ねることができる。

第三章　施設及び設備

（一般的基準）

第七条　小学校の施設及び設備は、指導上、保健衛生上、安全上及び管理上適切なものでなければならない。

（校舎及び運動場の面積等）

第八条　校舎及び運動場の面積は、法令に特別の定めがある場合を除き、別表に定める面積以上とする。ただし、地域の実態その他により特別の事情があり、かつ、教育上支障がない場合は、この限りでない。

2　校舎及び運動場は、同一の敷地内又は隣接する位置に設けるものとする。ただし、地域の実態その他により特別の事情があり、かつ、教育上及び安全上支障がない場合は、その他の適当な位置にこれを設けることができる。

（校舎に備えるべき施設）

第九条　校舎には、少なくとも次に掲げる施設を備えるものとする。

一　教室（普通教室、特別教室等とする。）

二　図書室、保健室

三　職員室

2　校舎には、前項に掲げる施設のほか、必要に応じて、特別支援学級のための教室を備えるものとする。

（その他の施設）

第十条　小学校には、校舎及び運動場のほか、体育館を備えるものとする。ただし、地域の実態その他により特別の事情があり、かつ、教育上支障がない場合は、この限りでない。

（校具及び教具）

第十一条　小学校には、学級数及び児童数に応じ、指導上、保健衛生上及び安全上必要な種類及び数の校具及び教具を備えなければならない。

2　前項の校具及び教具は、常に改善し、補充しなければならない。

（他の学校等の施設及び設備の使用）

第十二条　小学校は、特別の事情があり、かつ、教育上及び安全上支障がない場合は、他の学校等の施設及び設備を使用することができる。

◆幼稚園設置基準

（昭三一・一二・一三 文部省令三二）

最終改正　平二六—文科省令二三

第一章　総則

（趣旨）

第一条　幼稚園設置基準は、学校教育法施行規則（昭和二十二年文部省令第十一号）に定めるもののほか、この省令の定めるところによる。

（基準の向上）

第二条　この省令で定める設置基準は、幼稚園を設置するのに必要な最低の基準を示すものであるから、幼稚園の設置者は、幼稚園の水準の向上を図ることに努めなければならない。

第二章　編制

（一学級の幼児数）

第三条　一学級の幼児数は、三十五人以下を原則とする。

（学級の編制）

第四条　学級は、学年の初めの日の前日において同じ年齢にある幼児で編制することを原則とする。

（教職員）

第五条　幼稚園には、園長のほか、各学級ごとに少なくとも専任の主幹教諭、指導教諭又は教諭（次項において「教諭等」という。）を一人置かなければならない。

2　特別の事情があるときは、教諭等は、専任の副園長又は教頭が兼ね、又は当該幼稚園の学級数の三分の一の範囲内で、専任の助教諭若しくは講師をもって代えることができる。

3　専任でない園長を置く幼稚園にあっては、前二項の規定により置く主幹教諭、指導教諭、教諭、助教諭又は講師のほか、副園長、教頭、主幹教諭、指導教諭、教諭、助教諭又は講師を一人置くことを原則とする。

4　幼稚園に置く教員等は、教育上必要と認められる場合は、他の学校の教員等と兼ねることができる。

（養護教諭・事務職員）

第六条　幼稚園には、養護をつかさどる主幹教諭、養護教諭又は養護助教諭及び事務職員を置くように努めなければならない。

第三章　施設及び設備

（一般的基準）

第七条　幼稚園の位置は、幼児の教育上適切で、通園の際安全な環境にこれを定めなければならない。

2　幼稚園の施設及び設備は、指導上、保健衛生上、安全上及び管理上適切なものでなければならない。

（園地、園舎及び運動場）

第八条　園舎は、二階建以下を原則とする。園舎を二階建とする場合及び特別の事情があるため園舎を三階建以上とする場合にあっては、保育室、遊戯室及び便所の施設は、第一階に置かなければならない。ただし、園舎が耐火建築物で、幼児の待避上必要な施設を備えるものにあっては、これらの施設を第二階に置くことができる。

2　園舎及び運動場は、同一の敷地内又は隣接する位置に設けることを原則とする。

3　園地、園舎及び運動場の面積は、別に定める。

（施設及び設備等）

第九条　幼稚園には、次の施設及び設備を備えなければならない。ただし、特別の事情があるときは、保育室と遊戯室及び職員室と保健室とは、それぞれ兼用することができる。

一　職員室
二　保育室
三　遊戯室
四　保健室
五　便所
六　飲料水用設備、手洗用設備、足洗用設備

2　保育室の数は、学級数を下ってはならない。

3　飲料水用設備は、手洗用設備又は足洗用設備と区別して備えなければならない。

4　飲料水の水質は、衛生上無害であることが証明されたものでなければならない。

（園具及び教具）
第十条　幼稚園には、学級数及び幼児数に応じ、教育上、保健衛生上及び安全上必要な種類及び数の園具及び教具を備えなければならない。
2　前項の園具及び教具は、常に改善し、補充しなければならない。

（施設及び設備）
第十一条　幼稚園には、次の施設及び設備を備えるように努めなければならない。
一　放送聴取設備
二　映写設備
三　水遊び場
四　幼児清浄用設備
五　給食施設
六　図書室
七　会議室

（他の施設及び設備の使用）
第十二条　幼稚園は、特別の事情があり、かつ、教育上及び安全上支障がない場合は、他の学校等の施設及び設備を使用することができる。

第四章　雑則

（保育所等との合同活動等に関する特例）
第十三条　幼稚園は、次に掲げる場合においては、各学級の幼児と当該幼稚園に在籍しない者を共に保育することができる。
一　当該幼稚園及び保育所等（就学前の子どもに関する教育、保育等の総合的な提供の推進に関する法律（平成十八年法律第七十七号）第二条第五項に規定する保育所等をいう。以下同じ。）のそれぞれの用に供される建物及びその附属設備が一体的に設置されている場合における当該保育所等において、満三歳以上の子どもに対し学校教育法第二十三条各号に掲げる目標が達成されるよう保育を行うに当たり、当該幼稚園との緊密な連携協力体制を確保する必要があると認められる場合
二　前号に掲げる場合のほか、経済的社会的条件の変化に伴い幼児の数が減少し、又は幼児が他の幼児と共に活動する機会が減少したことその他の事情により、学校教育法第二十三条第二号に掲げる目標を達成することが困難であると認められることから、幼児の心身の発達を助長するために特に必要があると認められる場合
2　前項の規定により各学級の幼児と当該幼稚園に在籍しない者を共に保育する場合においては、第三条中「一学級の幼児数」とあるのは「一学級の幼児数（当該幼稚園に在籍しない者であって当該学級の幼児と共に保育されるものの数を含む。）」と、第五条第四項中「他の学校の教員等」とあるのは「他の学校の教員等又は保育所等の保育士等」と、第十条第一項中「幼児数」とあるのは「幼児数（当該幼稚園に在籍しない者であって各学級の幼児と共に保育されるものの数を含む。）」と読み替えて、これらの規定を適用する。

◇特別支援学校設置基準

（令和三・九・二四
文科省令四五）

第一章　総則

（趣旨）
第一条　特別支援学校は、学校教育法（昭和二十二年法律第二十六号）その他の法令の規定によるほか、この省令の定めるところにより設置するものとする。
2　この省令で定める設置基準は、特別支援学校を設置するのに必要な最低の基準とする。
3　特別支援学校の設置者は、特別支援学校の編制、施設及び設備等がこの省令で定める設置基準より低下した状態にならないようにすることはもとより、これらの水準の向上を図ることに努めなければならない。

（設置基準の特例）
第二条　高等部を置く特別支援学校で公立のものについ

ては都道府県の教育委員会、私立のものについては都道府県知事（次項において「都道府県教育委員会等」という。）は、二以上の学科を設置する場合その他これに類する場合において、教育上支障がないと認めるときは、特別支援学校の編制、施設及び設備に関し、必要と認められる範囲内において、この省令に示す基準に準じて、別段の定めをすることができる。

2　専攻科及び別科の編制、施設及び設備等については、この省令に示す基準によらなければならない。ただし、教育上支障がないと認めるときは、都道府県教育委員会等は、専攻科及び別科の編制、施設及び設備等に関し、必要と認められる範囲内において、この省令に示す基準に準じて、別段の定めをすることができる。

第二章　学科

（学科の種類）

第三条　特別支援学校の高等部の学科は、次のとおりとする。

一　普通教育を主とする学科

二　専門教育を主とする学科

第四条　前条第一号に定める学科は、普通科とする。

2　前条第二号に定める学科は、次の各号に掲げる区分に応じ、当該各号に掲げる学科その他専門教育を施す学科として適正な規模及び内容があると認められるものとする。

一　視覚障害者である生徒に対する教育を行う学科

イ　家庭に関する学科

ロ　音楽に関する学科

ハ　理療に関する学科

ニ　理学療法に関する学科

二　聴覚障害者である生徒に対する教育を行う学科

イ　農業に関する学科

ロ　工業に関する学科

ハ　商業に関する学科

ニ　家庭に関する学科

ホ　美術に関する学科

ヘ　理容・美容に関する学科

ト　歯科技工に関する学科

三　知的障害者、肢体不自由者又は病弱者（身体虚弱者を含む。第六条第二項及び別表において同じ。）である生徒に対する教育を行う学科

イ　農業に関する学科

ロ　工業に関する学科

ハ　商業に関する学科

ニ　家庭に関する学科

ホ　産業一般に関する学科

第三章　編制

（一学級の幼児、児童又は生徒の数）

第五条　幼稚部の一学級の幼児数は、五人（視覚障害、聴覚障害、知的障害、肢体不自由又は病弱（身体虚弱を含む。以下この条及び別表において同じ。）のうち二以上併せ有する幼児で学級を編制する場合にあっては、三人）以下とする。ただし、特別の事情があり、かつ、教育上支障がない場合は、この限りでない。

2　小学部又は中学部の一学級の児童又は生徒の数は、六人（視覚障害、聴覚障害、知的障害、肢体不自由又は病弱のうち二以上併せ有する児童又は生徒で学級を編制する場合にあっては、三人）以下とする。ただし、特別の事情があり、かつ、教育上支障がない場合は、この限りでない。

3　高等部の一学級の生徒数は、八人（視覚障害、聴覚障害、知的障害、肢体不自由又は病弱のうち二以上併せ有する生徒で学級を編制する場合にあっては、三人）以下とする。ただし、特別の事情があり、かつ、教育上支障がない場合は、この限りでない。

（学級の編制）

第六条　特別支援学校の学級は、特別の事情がある場合を除いては、幼稚部にあっては、学年の初めの日の前日に

おいて同じ年齢にある幼児で編制するものとし、小学部、中学部及び高等部にあっては、同学年の児童又は生徒で編制するものとする。

2 特別支援学校の学級は、特別の事情がある場合を除いては、視覚障害者、聴覚障害者、知的障害者、肢体不自由者又は病弱者の別ごとに編制するものとする。

（教諭等の数等）

第七条 複数の部又は学科を設置する特別支援学校には、相当数の副校長又は教頭を置くものとする。

2 特別支援学校に置く主幹教諭、指導教諭又は教諭（次項において「教諭等」という。）の数は、一学級当たり一人以上とする。

3 教諭等は、特別の事情があり、かつ、教育上支障がない場合は、副校長若しくは教頭が兼ね、又は助教諭若しくは講師をもって代えることができる。

（養護教諭等）

第八条 特別支援学校には、幼児、児童及び生徒（以下「児童等」という。）の数等に応じ、相当数の養護をつかさどる主幹教諭、養護教諭その他の児童等の養護をつかさどる職員を置くよう努めなければならない。

（実習助手）

第九条 高等部を置く特別支援学校には、必要に応じて相当数の実習助手を置くものとする。

（事務職員の数）

第十条 特別支援学校には、部の設置の状況、児童等の数等に応じ、相当数の事務職員を置かなければならない。

（寄宿舎指導員の数）

第十一条 寄宿舎を設ける特別支援学校には、寄宿する児童等の数等に応じ、相当数の寄宿舎指導員を置かなければならない。

（他の学校の教員等との兼務）

第十二条 特別支援学校に置く教員等は、教育上必要と認められる場合は、他の学校の教員等と兼ねることができることとする。

第四章 施設及び設備

（一般的基準）

第十三条 特別支援学校の施設及び設備は、指導上、保健衛生上、安全上及び管理上適切なものでなければならない。

（校舎及び運動場の面積等）

第十四条 校舎及び運動場の面積は、法令に特別の定めがある場合を除き、別表に定める面積以上とする。ただし、地域の実態その他により特別の事情があり、かつ、教育上支障がない場合は、この限りでない。

2 校舎及び運動場は、同一の敷地内又は隣接する位置に設けるものとする。ただし、地域の実態その他により特別の事情があり、かつ、教育上及び安全上支障がない場合は、その他の適当な位置にこれを設けることができる。

（校舎に備えるべき施設）

第十五条 校舎には、少なくとも次に掲げる施設を備えるものとする。ただし、特別の事情があるときは、教室と自立活動室及び保育室と遊戯室とは、それぞれ兼用することができる。

一 教室（普通教室、特別教室等とする。ただし、幼稚部にあっては、保育室及び遊戯室とする。）

二 自立活動室

三 図書室（小学部、中学部又は高等部を置く特別支援学校に限る。）、保健室

四 職員室

2 校舎には、前項に掲げる施設のほか、必要に応じて、専門教育を施すための施設を備えるものとする。

（その他の施設）

第十六条 特別支援学校には、校舎及び運動場のほか、小学部、中学部又は高等部を置く場合にあっては体育館を備えるものとする。ただし、地域の実態その他により特別の事情があり、かつ、教育上支障がない場合は、この限りでない。

（校具及び教具）

第十七条 特別支援学校には、障害の種類及び程度、部及び学科の種類、学級数及び幼児、児童又は生徒の数等に応じ、指導上、保健衛生上及び安全上必要な種類及び数の校具及び教具を備えなければならない。

2 前項の校具及び教具は、常に改善し、補充しなければならない。

（他の学校等の施設及び設備の使用）

第十八条 特別支援学校は、特別の事情があり、かつ、教育上及び安全上支障がない場合は、他の学校等の施設及

び設備を使用することができる。

◆専修学校設置基準

（昭五一・一・一〇 文部省令二）

最終改正 令五—文科省令五

第一章 総則

（趣旨）
第一条 専修学校は、学校教育法（昭和二十二年法律第二十六号）その他の法令の規定によるほか、この省令の定めるところにより設置するものとする。
2 この省令で定める設置基準は、専修学校を設置するのに必要な最低の基準とする。
3 専修学校は、この省令で定める設置基準より低下した状態にならないようにすることはもとより、広く社会の要請に応じ、専修学校の目的を達成するため多様な分野にわたり組織的な教育を行うことをその使命とすることにかんがみ、常にその教育水準の維持向上に努めなければならない。

第二章 組織編制

（教育上の基本組織）
第二条 専修学校の高等課程、専門課程又は一般課程には、専修学校の目的に応じた分野の区分ごとに教育上の基本となる組織（以下「基本組織」という。）を置くものとする。
2 基本組織には、教育上必要な教員組織その他を備えなければならない。

（学科）
第三条 基本組織には、専攻により一又は二以上の学科を置くものとする。
2 前項の学科は、専修学校の教育を行うため適当な規模及び内容があると認められるものでなければならない。

（夜間等学科）
第四条 基本組織には、昼間において授業を行う学科（以下「昼間学科」という。）又は夜間その他特別な時間において授業を行う学科（以下「夜間等学科」という。）を置くことができる。

（通信制の学科の設置）
第五条 昼間学科又は夜間等学科を置く基本組織には、通信による教育を行う学科（当該基本組織に置かれる昼間学科又は夜間等学科と専攻分野を同じくするものに限る。以下「通信制の学科」という。）を置くことができる。
2 通信制の学科は、通信による教育によって十分な教育効果が得られる専攻分野について置くことができる。

（同時に授業を行う生徒）
第六条 専修学校において、一の授業科目について同時に授業を行う生徒数は、四十人以下とする。ただし、特別の事由があり、かつ、教育上支障のない場合は、この限りでない。

（学年又は学科を異にする授業）
第七条 専修学校において、教育上必要があるときは、学年又は学科を異にする生徒を合わせて授業を行うことができる。

第三章 教育課程等

（授業科目）
第八条 専修学校の高等課程においては、中学校における教育の基礎の上に、心身の発達に応じて専修学校の教育を施すにふさわしい授業科目を開設しなければならない。
2 専修学校の専門課程においては、高等学校における教育の基礎の上に、深く専門的な程度において専修学校の教育を施すにふさわしい授業科目を開設しなければならない。
3 前項の専門課程の授業科目の開設に当たつては、豊かな人間性を涵《かん》養するよう適切に配慮しなければならない。
4 専修学校の一般課程においては、その目的に応じて専修学校の教育を施すにふさわしい授業科目を開設しなければならない。

（単位時間）
第九条 専修学校の授業における一単位時間は、五十分とすることを標準とする。

（他の専修学校
第十条 専修学校の高等課程においては、教育上有益と認

（における授業科目の履修等）

めるときは、専修学校の定めるところにより、生徒が行う他の専修学校の高等課程又は専門課程における授業科目の履修を、当該高等課程の修了に必要な総授業時数の二分の一を超えない範囲で、当該高等課程における授業科目の履修とみなすことができる。

2　専修学校の専門課程においては、教育上有益と認めるときは、専修学校の定めるところにより、生徒が行う他の専修学校の専門課程における授業科目の履修を、当該専門課程の修了に必要な総授業時数の二分の一を超えない範囲で、当該専門課程における授業科目の履修とみなすことができる。

◆公立義務教育諸学校の学級編制及び教職員定数の標準に関する法律

（昭三三・五・一　法一一六）

最終改正　令三―法六三

（この法律の目的）

第一条　この法律は、公立の義務教育諸学校に関し、学級規模と教職員の配置の適正化を図るため、学級編制及び教職員定数の標準について必要な事項を定め、もって義務教育水準の維持向上に資することを目的とする。

（学級編制の標準）

第三条　公立の義務教育諸学校の学級は、同学年の児童又は生徒で編制するものとする。ただし、当該義務教育諸学校の児童又は生徒の数が著しく少ないかその他特別の事情がある場合においては、政令で定めるところにより、数学年の児童又は生徒を一学級に編制することができる。

2　各都道府県ごとの、都道府県又は市（地方自治法（昭和二十二年法律第六十七号）第二百五十二条の十九第一項の指定都市（以下単に「指定都市」という。）を除き、特別区を含む。第八条第三号並びに第八条の二第一号及び第二号を除き、以下同じ。）町村の設置する小学校（義務教育学校の前期課程を含む。次条第二項において同じ。）又は中学校（義務教育学校の後期課程及び中等教育学校の前期課程を含む。同項において同じ。）の一学級の児童又は生徒の数の基準は、次の表の上欄に掲げる学校の種類及び同表の中欄に掲げる学級編制の区分に応じ、同表の下欄に掲げる数を標準として、都道府県の教育委員会が定める。ただし、都道府県の教育委員会は、当該都道府県における児童又は生徒の実態を考慮して特に必要があると認める場合については、この項本文の規定により定める数を下回る数を、当該場合に係る一学級の児童又は生徒の数の基準として定めることができる。

学校の種類	学級編制の区分	一学級の児童又は生徒の数
小学校（義務教育学校の前期課程を含む。次条第二項において同じ。）	同学年の児童で編制する学級	三十五人
	二の学年の児童で編制する学級	十六人（第一学年の児童を含む学級にあっては、八人）
	学校教育法第八十一条第二項及び第三項に規定する特別支援学級（以下この表及び第七条第一項第五号において単に「特別支援学級」という。）	八人
中学校（義務教育学校の後期課程及び中等教育学校の前期課程を含む。同項において同じ。）	同学年の生徒で編制する学級	四十人
	二の学年の生徒で編制する学級	八人

特別支援学級	八人

3　各都道府県ごとの、都道府県又は市町村の設置する特別支援学校の小学部又は中学部の一学級の児童又は生徒の数の基準は、六人（文部科学大臣が定める障害を二以上併せ有する児童又は生徒で学級を編制する場合にあっては、三人）を標準として、都道府県の教育委員会が定める。ただし、都道府県の教育委員会は、当該都道府県における児童又は生徒の実態を考慮して特に必要があると認める場合については、この項本文の規定により定める数を下回る数を、当該場合に係る一学級の児童又は生徒の数の基準として定めることができる。

（学級編制）

第四条　都道府県又は市町村の設置する義務教育諸学校の学級編制は、前条第二項又は第三項の規定により都道府県の教育委員会が定めた基準を標準として、当該学校を設置する地方公共団体の教育委員会が、当該学校の児童又は生徒の実態を考慮して行う。

2　指定都市の設置する義務教育諸学校の学級編制は、小学校又は中学校にあっては前条第二項の表の上欄に掲げる学校の種類及び同表の中欄に掲げる学級編制の区分に応じ同表の下欄に掲げる数を一学級の児童又は生徒の数の標準とし、特別支援学校の小学部又は中学部にあっては六人（文部科学大臣が定める障害を二以上併せ有する児童又は生徒で学級を編制する場合にあっては、三人）を一学級の児童又は生徒の数の標準として、当該指定都市の教育委員会が、当該学校の児童又は生徒の実態を考慮して行う。

（学級編制についての都道府県の教育委員会への届出）

第五条　市町村の教育委員会は、毎学年、当該市町村の設置する義務教育諸学校に係る前条第一項の学級編制を行ったときは、遅滞なく、都道府県の教育委員会に届け出なければならない。届け出た学級編制を変更したときも、同様とする。

◇公立高等学校の適正配置及び教職員定数の標準等に関する法律

（昭三六・一一・六　法　一八八）
最終改正　令四—法九二

第一章　総則

（目的）

第一条　この法律は、公立の高等学校に関し、配置、規模及び学級編制の適正化並びに教職員定数の確保を図るため、学校の適正な配置及び規模並びに学級編制及び教職員定数の標準について必要な事項を定めるとともに、公立の中等教育学校の後期課程及び特別支援学校の高等部に関し、学級編制の適正化及び教職員定数の確保を図るため、学級編制及び教職員定数の標準について必要な事項を定め、もって高等学校、中等教育学校の後期課程及び特別支援学校の高等部の教育水準の維持向上に資することを目的とする。

第三章　公立の高等学校の適正な配置及び規模

（公立の高等学校の適正な配置及び規模）

第四条　都道府県は、高等学校の教育の普及及び機会均等を図るため、その区域内の公立の高等学校の配置及び規模の適正化に努めなければならない。この場合において、都道府県は、その区域内の私立の高等学校並びに公立及び私立の中等教育学校の配置状況を充分に考慮しなければならない。

第四章　公立の高等学校等の学級編制の標準

（学級編制の標準）

第六条　公立の高等学校（中等教育学校の後期課程を含む。以下この条において同じ。）の全日制の課程又は定時制の課程における一学級の生徒の数は、四十人を標準とす

る。ただし、やむを得ない事情がある場合及び高等学校を設置する都道府県又は市町村の教育委員会が当該都道府県又は市町村における生徒の実態を考慮して特に必要があると認める場合については、この限りでない。

第五章　公立の高等学校等の教職員定数の標準

（教職員定数の標準）

第七条　公立の高等学校（中等教育学校の後期課程を含む。以下この条において同じ。）に置くべき教職員の当該高等学校を設置する都道府県又は市町村ごとの総数（以下「高等学校等教職員定数」という。）は、次条から第十二条までに規定する数を合計した数を標準として定めるものとする。

（校長の数）

第八条　校長の数は、学校（中等教育学校を除く。）の数に一を乗じて得た数とする。

第六章　公立の特別支援学校の高等部の学級編制の標準

（学級編制の標準）

第十四条　公立の特別支援学校の高等部の一学級の生徒の数は、重複障害生徒（文部科学大臣が定める障害を二以上併せ有する生徒をいう。以下この条において同じ。）で学級を編制する場合にあっては三人、重複障害生徒以外の生徒で学級を編制する場合にあっては八人を標準とする。ただし、やむを得ない事情がある場合及び高等部を置く特別支援学校を設置する都道府県又は市町村の教育委員会が当該都道府県又は市町村における生徒の実態を考慮して特に必要があると認める場合については、この限りでない。

◇義務教育の段階における普通教育に相当する教育の機会の確保等に関する法律

（平二八・一二・一四　法一〇五）

最終改正　令四—法七七

第一章　総則

（目的）

第一条　この法律は、教育基本法（平成十八年法律第百二十号）及び児童の権利に関する条約等の教育に関する条約の趣旨にのっとり、教育機会の確保等に関する施策に関し、基本理念を定め、並びに国及び地方公共団体の責務を明らかにするとともに、基本指針の策定その他の必要な事項を定めることにより、教育機会の確保等に関する施策を総合的に推進することを目的とする。

（定義）

第二条　この法律において、次の各号に掲げる用語の意義は、それぞれ当該各号に定めるところによる。

一　学校　学校教育法（昭和二十二年法律第二十六号）第一条に規定する小学校、中学校、義務教育学校、中等教育学校の前期課程又は特別支援学校の小学部若しくは中学部をいう。

二　児童生徒　学校教育法第十八条に規定する学齢児童又は学齢生徒をいう。

三　不登校児童生徒　相当の期間学校を欠席する児童生徒であって、学校における集団の生活に関する心理的な負担その他の事由のために就学が困難である状況として文部科学大臣が定める状況にあると認められるものをいう。

四　教育機会の確保等　不登校児童生徒に対する教育の機会の確保、夜間その他特別な時間において授業を行う学校における就学の機会の提供その他の義務教育の

段階における普通教育に相当する教育の機会の確保及び当該教育を十分に受けていない者に対する支援をいう。

（基本理念）

第三条　教育機会の確保等に関する施策は、次に掲げる事項を基本理念として行われなければならない。

一　全ての児童生徒が豊かな学校生活を送り、安心して教育を受けられるよう、学校における環境の確保が図られるようにすること。

二　不登校児童生徒が行う多様な学習活動の実情を踏まえ、個々の不登校児童生徒の状況に応じた必要な支援が行われるようにすること。

三　不登校児童生徒が安心して教育を十分に受けられるよう、学校における環境の整備が図られるようにすること。

四　義務教育の段階における普通教育に相当する教育を十分に受けていない者の意思を十分に尊重しつつ、その年齢又は国籍その他の置かれている事情にかかわりなく、その能力に応じた教育を受ける機会が確保されるようにするとともに、その者が、その教育を通じて、社会において自立的に生きる基礎を培い、豊かな人生を送ることができるよう、その教育水準の維持向上が図られるようにすること。

五　国、地方公共団体、教育機会の確保等に関する活動を行う民間の団体その他の関係者の相互の密接な連携の下に行われるようにすること。

（国の責務）

第四条　国は、前条の基本理念にのっとり、教育機会の確保等に関する施策を総合的に策定し、及び実施する責務を有する。

（地方公共団体の責務）

第五条　地方公共団体は、第三条の基本理念にのっとり、教育機会の確保等に関する施策について、国と協力しつつ、当該地域の状況に応じた施策を策定し、及び実施する責務を有する。

（財政上の措置等）

第六条　国及び地方公共団体は、教育機会の確保等に関する施策を実施するため必要な財政上の措置その他の措置を講ずるよう努めるものとする。

第二章　基本指針

第七条　文部科学大臣は、教育機会の確保等に関する施策を総合的に推進するための基本的な指針（以下この条において「基本指針」という。）を定めるものとする。

2　基本指針においては、次に掲げる事項を定めるものとする。

一　教育機会の確保等に関する基本的事項

二　不登校児童生徒等に対する教育機会の確保等に関する事項

三　夜間その他特別な時間において授業を行う学校における就学の機会の提供等に関する事項

四　その他教育機会の確保等に関する施策を総合的に推進するために必要な事項

3　文部科学大臣は、基本指針を作成し、又はこれを変更しようとするときは、内閣総理大臣に協議するとともに、地方公共団体及び教育機会の確保等に関する活動を行う民間の団体その他の関係者の意見を反映させるために必要な措置を講ずるものとする。

4　文部科学大臣は、基本指針を定め、又はこれを変更したときは、遅滞なく、これを公表しなければならない。

第三章　不登校児童生徒等に対する教育機会の確保等

（学校における取組への支援）

第八条　国及び地方公共団体は、全ての児童生徒が豊かな学校生活を送り、安心して教育を受けられるよう、児童生徒と学校の教職員との信頼関係及び児童生徒相互の良好な関係の構築を図るための取組、児童生徒の置かれている環境その他の事情及びその意思を把握するための取組、学校生活上の困難を有する個々の児童生徒の状況に応じた支援その他の学校における取組を支援するために

必要な措置を講ずるよう努めるものとする。

（支援の状況等に係る情報の共有の促進等）

第九条　国及び地方公共団体は、不登校児童生徒に対する適切な支援が組織的かつ継続的に行われることとなるよう、不登校児童生徒の状況及び不登校児童生徒に対する支援の状況に係る情報を学校の教職員、心理、福祉等に関する専門的知識を有する者その他の関係者間で共有することを促進するために必要な措置その他の措置を講ずるものとする。

（特別の教育課程に基づく教育を行う学校の整備等）

第十条　国及び地方公共団体は、不登校児童生徒に対しその実態に配慮して特別に編成された教育課程に基づく教育を行う学校の整備及び当該教育を行う学校における教育の充実のために必要な措置を講ずるよう努めるものとする。

（学習支援を行う教育施設の整備等）

第十一条　国及び地方公共団体は、不登校児童生徒の学習活動に対する支援を行う公立の教育施設の整備及び当該支援を行う公立の教育施設における教育の充実のために必要な措置を講ずるよう努めるものとする。

（学校以外の場における学習活動の状況等の継続的な把握）

第十二条　国及び地方公共団体は、不登校児童生徒が学校以外の場において行う学習活動の状況、不登校児童生徒の心身の状況その他の不登校児童生徒の状況を継続的に把握するために必要な措置を講ずるものとする。

（学校以外の場における学習活動等を行う不登校児童生徒に対する支援）

第十三条　国及び地方公共団体は、不登校児童生徒が学校以外の場において行う多様で適切な学習活動の重要性に鑑み、個々の不登校児童生徒の休養の必要性を踏まえ、当該不登校児童生徒の状況に応じた学習活動が行われることとなるよう、当該不登校児童生徒及びその保護者（学校教育法第十六条に規定する保護者をいう。）に対する必要な情報の提供、助言その他の支援を行うために必要な措置を講ずるものとする。

第四章　夜間その他特別な時間において授業を行う学校における就学の機会の提供等

（就学の機会の提供等）

第十四条　地方公共団体は、学齢期を経過した者（その者の満六歳に達した日の翌日以後における最初の学年の初めから満十五歳に達した日の属する学年の終わりまでの期間を経過した者をいう。次条第二項第三号において同じ。）であって学校における就学の機会が提供されなかったもののうちにその機会の提供を希望する者が多く存在することを踏まえ、夜間その他特別な時間において授業を行う学校における就学の機会の提供その他の必要な措置を講ずるものとする。

（協議会）

第十五条　都道府県及び当該都道府県の区域内の市町村は、前条に規定する就学の機会の提供その他の必要な措置に係る事務についての当該都道府県及び当該市町村の役割分担に関する事項の協議並びに当該事務の実施に係る連絡調整を行うための協議会（以下この条において「協議会」という。）を組織することができる。

2　協議会は、次に掲げる者をもって構成する。

一　都道府県の知事及び教育委員会

二　当該都道府県の区域内の市町村の長及び教育委員会

三　学齢期を経過した者であって学校における就学の機会が提供されなかったもののうちその機会の提供を希望する者に対する支援活動を行う民間の団体その他の当該都道府県及び当該市町村が必要と認める者

（略）

◇義務教育の段階における普通教育に相当する教育の機会の確保等に関する法律第二条第三号の就学が困難である状況を定める省令

（平二九・二・一四　文科省令二）

義務教育の段階における普通教育に相当する教育の機会の確保等に関する法律（以下「法」という。）第二条第三号の学校における集団の生活に関する

心理的な負担その他の事由のために就学が困難である状況として文部科学大臣が定める状況は、何らかの心理的、情緒的、身体的若しくは社会的要因又は背景によって、児童生徒が出席しない又はすることができない状況（病気又は経済的理由による場合を除く。）とする。

◆学校教育の情報化の推進に関する法律

（令元・六・二八 法 四七）

最終改正 令三—法三五

第一章 総則

（目的）

第一条 この法律は、デジタル社会の発展に伴い、学校における情報通信技術の活用により学校教育が直面する課題の解決及び学校教育の一層の充実を図ることが重要となっていることに鑑み、全ての児童生徒がその状況に応じて効果的に教育を受けることができる環境の整備を図るため、学校教育の情報化の推進に関し、基本理念を定め、国、地方公共団体等の責務を明らかにし、及び学校教育の情報化の推進に関する計画の策定その他の必要な事項を定めることにより、学校教育の情報化の推進に関する施策を総合的かつ計画的に推進し、もって次代の社会を担う児童生徒の育成に資することを目的とする。

（定義）

第二条 この法律において「学校」とは、学校教育法（昭和二十二年法律第二十六号）第一条に規定する小学校、中学校、義務教育学校、高等学校、中等教育学校及び特別支援学校（幼稚部を除く。）をいう。

2 この法律において「学校教育の情報化」とは、学校の各教科等の指導等における情報通信技術の活用及び学校における情報教育（情報及び情報手段（電子計算機、情報通信ネットワークその他の情報処理又は情報の流通のための手段をいう。次条第一項において同じ。）を主体的に選択し、及びこれを活用する能力の育成を図るための教育をいう。第十四条において同じ。）の充実並びに学校事務（学校における事務をいう。以下同じ。）における情報通信技術の活用をいう。

3 この法律において「児童生徒」とは、学校に在籍する児童又は生徒をいう。

4 この法律において「デジタル教材」とは、電磁的記録（電子的方式、磁気的方式その他人の知覚によっては認識することができない方式で作られる記録であって、電子計算機による情報処理の用に供されるものをいう。）として作成される教材をいう。

5 この法律において「デジタル教科書」とは、教科書に代えて、又は教科書として使用されるデジタル教材をいう。

（基本理念）

第三条 学校教育の情報化の推進は、情報通信技術の特性を生かして、個々の児童生徒の能力、特性等に応じた教育、双方向性のある教育（児童生徒の主体的な学習を促す教育をいう。）等が学校の教員による適切な指導を通じて行われることにより、各教科等の指導等において、情報及び情報手段を主体的に選択し、及びこれを活用する能力の体系的な育成その他の知識及び技能の習得等（心身の発達に応じて、基礎的な知識及び技能を習得させるとともに、これらを活用して課題を解決するために必要な思考力、判断力、表現力その他の能力を育み、主体的に学習に取り組む態度を養うことをいう。）が効果的に図られるよう行われなければならない。

2 学校教育の情報化の推進は、デジタル教科書その他のデジタル教材を活用した学習その他の情報通信技術を活用した学習とデジタル教材以外の教材を活用した学習、体験学習等とを適切に組み合わせること等により、多様な方法による学習が推進されるよう行われなければならない。

3 学校教育の情報化の推進は、全ての児童生徒が、その家庭の経済的な状況、居住する地域、障害の有無等にか

かわらず、等しく、学校教育の情報化の恵沢を享受し、もって教育の機会均等が図られるよう行われなければならない。

4　学校教育の情報化の推進は、情報通信技術を活用した学校事務の効率化により、学校の教職員の負担が軽減され、児童生徒に対する教育の充実が図られるよう行われなければならない。

5　学校教育の情報化の推進は、児童生徒等の個人情報の適正な取扱い及びサイバーセキュリティ（サイバーセキュリティ基本法（平成二十六年法律第百四号）第二条に規定するサイバーセキュリティをいう。第十七条において同じ。）の確保を図りつつ行われなければならない。

6　学校教育の情報化の推進は、児童生徒による情報通信技術の利用が児童生徒の健康、生活等に及ぼす影響に十分配慮して行われなければならない。

（国の責務）

第四条　国は、前条の基本理念（以下単に「基本理念」という。）にのっとり、学校教育の情報化の推進に関する施策を総合的かつ計画的に策定し、及び実施する責務を有する。

（地方公共団体の責務）

第五条　地方公共団体は、基本理念にのっとり、学校教育の情報化の推進に関し、国との適切な役割分担を踏まえて、その地方公共団体の地域の状況に応じた施策を総合的かつ計画的に策定し、及び実施する責務を有する。

（学校の設置者の責務）

第六条　学校の設置者は、基本理念にのっとり、その設置する学校における学校教育の情報化の推進のために必要な措置を講ずる責務を有する。

（法制上の措置等）

第七条　政府は、学校教育の情報化の推進に関する施策を実施するため必要な法制上又は財政上の措置その他の措置を講じなければならない。

第二章　学校教育情報化推進計画等

（学校教育情報化推進計画）

第八条　文部科学大臣は、学校教育の情報化の推進に関する施策の総合的かつ計画的な推進を図るため、学校教育の情報化の推進に関する計画（以下「学校教育情報化推進計画」という。）を定めなければならない。

2　学校教育情報化推進計画は、次に掲げる事項について定めるものとする。

一　学校教育の情報化の推進に関する基本的な方針

二　学校教育情報化推進計画の期間

三　学校教育情報化推進計画の目標

四　学校教育の情報化の推進に関する施策に関し総合的かつ計画的に講ずべき施策

五　前各号に掲げるもののほか、学校教育の情報化の推進に関する施策を総合的かつ計画的に推進するために必要な事項

3　学校教育情報化推進計画は、教育基本法（平成十八年法律第百二十号）第十七条第一項に規定する基本的な計画との調和が保たれたものでなければならない。

（略）

（都道府県学校教育情報化推進計画等）

第九条　都道府県は、学校教育情報化推進計画を基本として、その都道府県の区域における学校教育の情報化の推進に関する施策についての計画（以下この条において「都道府県学校教育情報化推進計画」という。）を定めるよう努めなければならない。

2　市町村（特別区を含む。以下この条において同じ。）は、学校教育情報化推進計画（都道府県学校教育情報化推進計画が定められているときは、学校教育情報化推進計画及び都道府県学校教育情報化推進計画）を基本として、その市町村の区域における学校教育の情報化の推進に関する施策についての計画（次項において「市町村学校教育情報化推進計画」という。）を定めるよう努めなければならない。

3　都道府県又は市町村は、都道府県学校教育情報化推進計画又は市町村学校教育情報化推進計画を定め、又は変更したときは、遅滞なく、これを公表するよう努めるものとする。

第三章　学校教育の情報化の推進に関する施策

（デジタル教材等の開発及び普及の促進）
第十条　国は、情報通信技術を活用した多様な方法による学習を促進するため、デジタル教材等（デジタル教材及びデジタル教材を利用するための情報通信機器をいう。次項において同じ。）、情報通信技術を活用した教育方法等の開発及び普及の促進に必要な施策を講ずるものとする。

2　国は、前項の施策を講ずるに当たっては、障害の有無にかかわらず全ての児童生徒が円滑に利用することができるデジタル教材等の開発の促進に必要な措置を講ずるものとする。

（教科書に係る制度の見直し）
第十一条　国は、前条第一項の学習を促進するため、教科書として使用することが適切な内容のデジタル教材について各教科等の授業においてデジタル教科書として使用することができるよう、その教育効果を検証しつつ、教科書に係る制度（教科書の位置付け及び教科書に係る検定、義務教育諸学校の児童生徒への教科書の無償の供与、教科書への掲載に係る著作物の利用等に関する制度をいう。次項において同じ。）について検討を加え、その結果に基づき、必要な措置を講ずるものとする。

2　国は、前項の措置の実施の状況等を踏まえ、学校における情報通信技術の活用のための環境の整備の状況等を考慮しつつ、教科書に係る制度の在り方について不断の見直しを行うものとする。

（障害のある児童生徒の教育環境の整備）
第十二条　国は、情報通信技術の活用により可能な限り障害のある児童生徒が障害のない児童生徒と共に教育を受けることができる環境の整備が図られるよう、必要な施策を講ずるものとする。

（相当の期間学校を欠席する児童生徒に対する教育の機会の確保）
第十三条　国は、情報通信技術の活用により疾病による療養その他の事由のため相当の期間学校を欠席する児童生徒に対する教育の機会の確保が図られるよう、必要な施策を講ずるものとする。

（学校の教職員の資質の向上）
第十四条　国は、情報通信技術を活用した効果的な教育方法の普及、情報通信技術の活用による教育方法の改善及び情報教育の充実並びに情報通信技術の活用による学校事務の効率化を図るため、学校の教員の養成及び学校の教職員の研修を通じたその資質の向上のために必要な施策を講ずるものとする。

（学校における情報通信技術の活用のための環境の整備）
第十五条　国は、デジタル教材の円滑な使用を確保するための情報通信機器その他の機器の導入及び情報通信ネットワークを利用できる環境の整備、学校事務に係る情報システムの構築その他の学校における情報通信技術の活用のための環境の整備に必要な施策を講ずるものとする。

（学習の継続的な支援等のための体制の整備）
第十六条　国は、児童生徒に対する学習の継続的な支援等が円滑に行われるよう、情報通信技術の活用により児童生徒の学習活動の状況等に関する情報を学校間及び学校の教職員間で適切に共有する体制を整備するために必要な施策を講ずるものとする。

（個人情報の保護等）
第十七条　国は、児童生徒及び学校の教職員が情報通信技術を適切にかつ安心して利用することができるよう、学校における児童生徒等の個人情報の適正な取扱い及びサイバーセキュリティの確保を図るため、学校におけるサイバーセキュリティに関する統一的な基準の策定、研修の実施その他の必要な施策を講ずるものとする。

（人材の確保等）
第十八条　国は、学校の教職員による情報通信技術の活用を支援する人材の確保、養成及び資質の向上が図られるよう、必要な施策を講ずるものとする。

（調査研究等の推進）
第十九条　国は、デジタル教材の教育効果、情報通信技術の利用が児童生徒の健康、生活等に及ぼす影響等に関する調査研究、情報通信技術の進展に伴う新たなデジタル教材、教育方法等の研究開発等の推進及びその成果の普及に必要な施策を講ずるものとする。

（国民の理解と関心の増進）
第二十条　国は、学校教育の情報化の重要性に関する国民の理解と関心を深めるよう、学校教育の情報化に関する広報活動及び啓発活動の充実その他の必要な施策を講ず

るものとする。

（地方公共団体の施策）
第二十一条　地方公共団体は、第十条から前条までの国の施策を勘案し、その地方公共団体の地域の状況に応じた学校教育の情報化のための施策の推進を図るよう努めるものとする。

第四章　学校教育情報化推進会議

（学校教育情報化推進会議）
第二十二条　政府は、関係行政機関（文部科学省、総務省、経済産業省その他の関係行政機関をいう。次項において同じ。）相互の調整を行うことにより、学校教育の情報化の総合的、一体的かつ効果的な推進を図るため、学校教育情報化推進会議を設けるものとする。

2　関係行政機関は、学校教育の情報化に関し専門的知識を有する者によって構成する学校教育情報化推進専門家会議を設け、前項の調整を行うに際しては、その意見を聴くものとする。

第2章　教科書

◆教科書の発行に関する臨時措置法

（昭二三・七・一〇）
（法　一　三　二）

最終改正　平二八―法四七

（この法律の目的）
第一条　この法律は、現在の経済事情にかんがみ、教科書の需要供給の調整をはかり、発行を迅速確実にし、適正な価格を維持して、学校教育の目的達成を容易ならしめることを目的とする。

（この法律における教科書の定義）
第二条　この法律において「教科書」とは、小学校、中学校、義務教育学校、高等学校、中等教育学校及びこれらに準ずる学校において、教育課程の構成に応じて組織排列された教科の主たる教材として、教授の用に供せられる児童又は生徒用図書であって、文部科学大臣の検定を経たもの又は文部科学省が著作の名義を有するものをいう。

（発行・発行者の定義）
2　この法律において「発行」とは、教科書を製造供給することをいい、「発行者」とは、発行を担当する者をいう。

（教科書の書目の届出）
第四条　発行者は、毎年、文部科学大臣の指示する時期に、発行しようとする教科書の書目を、文部科学大臣に届け出なければならない。

（教科書展示会の開催）
第五条　都道府県の教育委員会は、毎年、文部科学大臣の指示する時期に、教科書展示会を開かなければならない。

2　教科書展示会に関しては、文部科学省令をもってその基準を定める。

（採択教科書需
第七条　市町村の教育委員会並びに学校教育法（昭和二十

（…要数の報告）

二年法律第二十六号）第二条第二項に規定する国立学校、公立学校（地方独立行政法人法（平成十五年法律百十八号）第六十八条第一項に規定する公立大学法人が設置するものに限る。）及び私立学校の長は、採択した教科書の需要数を、都道府県の教育委員会に報告しなければならない。

2　都道府県の教育委員会は、都道府県内の教科書の需要数を、文部科学省令で定めるところにより、文部科学大臣に報告しなければならない。

提案理由　（一九四八年六月一四日　衆議院）

○細野三千雄政府委員　教科書の発行に関する臨時措置法案について御説明申し上げます。

文部省におきましては、本年一月以来教科用図書委員会を設けて、教科書制度民主化の方途を種々研究してまいりましたが、その具体的一歩として今年より教科書の検定を実施することになったことは、すでに御存じのところと思います。教科書の検定は、教科書として教科用に適するということを認めるものでありまして、それ以外に及ぶものではありません。従って検定を受けた教科書の発行は、各発行者の責任において自由に行えるのであります。しかしながら、現在の用紙事情その他の経済事情はきわめて窮屈でありまして、検定教科書の発行を各発行者の自由に任せるときは、一般図書のごとく、教科書が都市に集中するとか、各地方によって値段が異なるとか、いろいろ教育上不都合な事情が生ずると予想されるのであります。

現在出版されております教育上有益適切な参考図書や教科書や教材は、きわめて乏しいのでありまして、教科書の重要性は、こうした現状においては、特に大きいといわなければなりません。

従って自由に選んだ教科書の供給が、期待を裏切らず、確実に教師生徒の手に渡るようにすることは、きわめて重要でありまして、教科書の検定が実施された今、速やかに適切な措置をとる必要があるのであります。これがこの臨時措置法を提出致しました理由であります。

本法は教科書の展示会、需要数の集計、発行の指示発行義務、定価の認可を骨子といたしており、詳しくは関係官に説明いたさせますが、何とぞ教科書の検定制度を意義あらしめるために、ぜひこの法案の必要性が認められて、速やかに御賛成くださらんことをお願いいたします。

（『第二回国会衆議院文教委員会議録』第一一号一二ページ、一九四八年六月一四日『官報』号外）

◇義務教育諸学校の教科用図書の無償に関する法律

（昭三七・三・三一　法六〇）

（趣旨）

第一条　義務教育諸学校の教科用図書は、無償とする。

2　前項に規定する措置に関し必要な事項は、別に法律で定める。

（調査会）

第二条　前条第一項に規定する義務教育諸学校（学校教育法（昭和二十二年法律第二十六号）に規定する小学校、中学校並びに盲学校、聾《ろう》学校及び養護学校の小学部及び中学部をいう。以下同じ。）の教科用図書を無償とする措置につき調査審議するため、文部省に、臨時義務教育教科用図書無償制度調査会（以下「調査会」という。）を置く。

2　調査会は、文部大臣の諮問に応じて義務教育諸学校において使用する教科用図書を無償とする措置に関する重要事項を調査審議し、及びこれに関し必要と認める事項を文部大臣に建議する。

3　調査会は、委員二十人以内で組織し、委員は、学識経験のある者及び関係行政機関の職員のうちから、文部大臣が任命する。

4　調査会は、第二項の規定により文部大臣から諮問のあった事項のうち昭和三十七年度の予算の執行及び昭和三十八年度の予算の作成に関係のある部分については、その調査審議した結果を昭和三十七年十一月三十日までに文部大臣に答申しなければならない。

5　この法律に定めるもののほか、調査会に関し必要な事項は、政令で定める。

（一九六二年二月二八日　衆議院）

提案理由

○長谷川峻政府委員　このたび政府から提出いたしました義務教育諸学校の教科用図書の無償に関する法律案の提案理由及びその内容の概要について御説明申し上げます。

この法律案は、第一条で、義務教育諸学校において使用される教科用図書は無償とする方針を確立し、その措置に関して必要な事項は別途立法措置を講ずることとしているのであります。

教育の目標は、わが国土と民族と文化に対する愛情をつちかい、高い人格と識見を身につけて、国際的にも信頼と敬愛を受けるような国民を育成することにあると思います。世の親に共通する願いも、意識するといなとにかかわらず、このような教育を通じてわが子が健全に成長し、祖国の繁栄と人類の福祉に貢献してくれるようになることにあると思うのであります。この親の願いにこたえる最も身近な問題の一つとして取り上げるところに、義務教育諸学校の教科書を無償とする意義があると信じます。

しかして義務教育諸学校の教科書は学校教育法の定めるところにより主要な教材としてその使用を義務づけられているものであります。感じやすい学童の心に最も影響のあるこの教科書について、かつて各方面からいろいろの批判を受けましたことは御承知の通りでありますが、最近新しい学習指導要領が作られるに及び、日本人としての自覚を持たせるに足る教科書が刊行されるようになりました。

このように教科書は改善されつつありますが、政府は、昭和二十六年以降、小学校一年に入学した児童に対し、あるいは義務教育無償の理想の実現への一つの試みとして、あるいはまた、国民としての自覚を深め、その前途を祝う目的をもって、一部の教科書を無償給与したことがありますが、間もなく廃止されたことは御承知の通りであります。

今日では要保護、準要保護児童生徒合わせて百二十万人に対し無償交付が行なわれています。

そこで、このたび政府は、義務教育諸学校の教科書は無償とするとの方針を確立し、これを宣明することによって、日本国憲法第二十六条に掲げる義務教育無償の理想に向かって具体的に一歩を進めようとするものであります。

このことは、同時に父兄負担の軽減として最も普遍的な効果を持ち、しかも児童生徒が将来の日本をになう国民的自覚を深めることにも、大いに役立つものであると信じます。またこのことはわが国の教育史上、画期的なものであって、まさに後世に誇り得る教育施策の一つであると断言してはばかりません。

しかしながら義務教育諸学校の教科書を無償とする措置を行なうには、その実施の方法、手続、発行、供給のあり方等について、十分検討を加える必要があると考えられます。

政府はとりあえず明年四月小学校第一学年に入学する児童に対しての経費を、ただいま審議を願っておる三十七年度予算に計上いたしましたが、この実施の方法を含めて調査審議を行なうため、文部大臣の諮問機関として臨時義務教育教科用図書無償制度調査会を設置することとしたのであります。

無償の実施に必要な事項は、調査審議の結果を待って別途立法措置を講ずることになります。調査会の存続期間は一カ年、委員は二十人以内とし、学識経験者及び関係行政機関のうちから、文部大臣がこれを任命することといたしました。諮問事項のうち、特に昭和三十七年度の予算の執行及び昭和三十八年度の予算の作成に関係ある事項については、調査審議の結果をおそくとも昭和三十七年十一月三十日までには答申いただくこととし、所要の立法措置及び次年度以降の準備に資することができるよう配慮しているのであります。

なお、この法律の施行期日は本年四月一日からとし、また昭和三十七年度の予算の執行にかかる措置を実施するため必要な事項は、別途政令で定めることができることとして、万全の措置を講じました。

政府は、この法律案をわが国文教政策上の全国民的な重要課題として、御審議を願わんとしているのであります。

以上が、この法律案の提案理由及びその概要であります。

何とぞ、十分御審議の上、すみやかに御賛成下さるようお願い申し上げます。

（『第四〇回国会衆議院文教委員会議録』第八号
一二ページ、一九六二年二月二八日『官報』号外）

◆義務教育諸学校の教科用図書の無償措置に関する法律

（昭三八・一二・二一 法 一 八 二）

最終改正 令四—法六八

第一章 総則

（この法律の目的）

第一条 この法律は、教科用図書の無償給付その他義務教育諸学校の教科用図書を無償とする措置について必要な事項を定めるとともに、当該措置の円滑な実施に資するため、義務教育諸学校の教科用図書の採択及び発行の制度を整備し、もつて義務教育の充実を図ることを目的とする。

（定義）

第二条 この法律において「義務教育諸学校」とは、学校教育法（昭和二十二年法律第二十六号）に規定する小学校、中学校、義務教育学校、中等教育学校の前期課程並びに特別支援学校の小学部及び中学部をいう。

2 この法律において「教科用図書」とは、学校教育法第三十四条第一項（同法第四十九条、第四十九条の八、第七十条第一項及び第八十二条において準用する場合を含む。）及び附則第九条第一項に規定する教科用図書をいう。

3 この法律において「発行」とは、教科用図書を製造供給することをいう。

第二章 無償給付及び給与

（教科用図書の無償給付）

第三条 国は、毎年度、義務教育諸学校の児童及び生徒が各学年の課程において使用する教科用図書で第十三条、第十四条及び第十六条の規定により採択されたものを購入し、義務教育諸学校の設置者に無償で給付するものとする。

（教科用図書の給与）

第五条 義務教育諸学校の設置者は、第三条の規定により国から無償で給付された教科用図書を、それぞれ当該学校の校長を通じて児童又は生徒に給与するものとする。

2 学年の中途において転学した児童又は生徒については、その転学後において使用する教科用図書は、前項の規定にかかわらず、文部科学省令で定める場合を除き、給与しないものとする。

（都道府県の教育委員会の責務）

第六条 都道府県の教育委員会は、政令で定めるところにより、教科用図書の無償給付及び給与の実施に関し必要な事務を行なうものとする。

（政令への委任）

第九条 この章に規定するもののほか、教科用図書の無償給付及び給与に関し必要な事項は、政令で定める。

第三章 採択

（都道府県の教育委員会の任務）

第十条 都道府県の教育委員会は、当該都道府県内の義務教育諸学校において使用する教科用図書の採択の適正な実施を図るため、義務教育諸学校において使用する教科用図書の研究に関し、計画し、及び実施するとともに、市（特別区を含む。以下同じ。）町村の教育委員会及び義務教育諸学校（公立の義務教育諸学校を除く。）の校長の行う採択に関する事務について、適切な指導、助言又は援助を行わなければならない。

（教科用図書選定審議会）

第十一条 都道府県の教育委員会は、前条の規定により指導、助言又は援助を行なおうとするときは、あらかじめ教科用図書選定審議会（以下「選定審議会」という。）の意見をきかなければならない。

2 選定審議会は、毎年度、政令で定める期間、都道府県に置く。

3 選定審議会は、条例で定める人数の委員で組織する。

（採択地区）

第十二条 都道府県の教育委員会は、当該都道府県の区域について、市町村の区域又はこれらの区域を併せた地域

に、教科用図書採択地区（以下この章において「採択地区」という。）を設定しなければならない。

2　都道府県の教育委員会は、採択地区を設定し、又は変更しようとするときは、あらかじめ市町村の教育委員会の意見をきかなければならない。

3　都道府県の教育委員会は、採択地区を設定し、又は変更したときは、すみやかにこれを告示するとともに、文部科学大臣にその旨を報告しなければならない。

（教科用図書の採択）

第十三条　都道府県内の義務教育諸学校（都道府県立の義務教育諸学校を除く。）において使用する教科用図書の採択は、第十条の規定によって当該都道府県の教育委員会が行なう指導、助言又は援助により、種目（教科用図書の教科ごとに分類された単位をいう。以下同じ。）ごとに一種の教科用図書について行なうものとする。

2　都道府県立の義務教育諸学校において使用する教科用図書の採択は、あらかじめ選定審議会の意見をきいて、種目ごとに一種の教科用図書について行なうものとする。

3　公立の中学校で学校教育法第七十一条の規定により高等学校における教育と一貫した教育を施すもの及び公立の中等教育学校の前期課程において使用する教科用図書については、市町村の教育委員会又は都道府県の教育委員会は、前二項の規定にかかわらず、学校ごとに、種目ごとに一種の教科用図書の採択を行なうものとする。

4　第一項の場合において、採択地区が二以上の市町村の区域を併せた地域であるときは、当該採択地区内の市町村の教育委員会は、協議により規約を定め、当該採択地区内の市町村立の小学校、中学校及び義務教育学校において使用する教科用図書の採択について協議を行うための協議会（次項及び第十七条において「採択地区協議会」という。）を設けなければならない。

5　前項の場合において、当該採択地区内の市町村の教育委員会は、採択地区協議会における協議の結果に基づき、種目ごとに同一の教科用図書を採択しなければならない。

6　第一項から第三項まで及び前項の採択は、教科書の発行に関する臨時措置法（昭和二十三年法律第百三十二号。以下「臨時措置法」という。）第六条第一項の規定により文部科学大臣から送付される目録に登載された教科用図書のうちから行わなければならない。ただし、学校教育法附則第九条第一項に規定する教科用図書については、この限りでない。

（同一教科書を採択する期間）

第十四条　義務教育諸学校において使用する教科用図書については、政令で定めるところにより、政令で定める期間、毎年度、種目ごとに同一の教科用図書を採択するものとする。

（採択した教科用図書の種類等の公表）

第十五条　市町村の教育委員会、都道府県の教育委員会及び義務教育諸学校（公立の義務教育諸学校を除く。）の校長は、義務教育諸学校において使用する教科用図書を採択したときは、遅滞なく、当該教科用図書の種類、当該教科用図書を採択した理由その他文部科学省令で定める事項を公表するよう努めるものとする。

◆義務教育諸学校の教科用図書の無償措置に関する法律施行令

（昭三九・二・三　政令一四）

最終改正　令元—政令九七

（選定審議会の委員）

第九条　選定審議会の委員は、次に掲げる者のうちから、都道府県の教育委員会が任命する。この場合において、第一号に掲げる者のうちから任命される委員の数は、委員の定数のおおむね三分の一になるようにしなければならない。

一　義務教育諸学校の校長及び教員

二　都道府県の教育委員会の事務局に置かれる指導主事その他学校教育に専門的知識を有する職員並びに市町村の教育委員会の教育長、委員及び事務局に置かれる指導主事その他学校教育に専門的知識を有する職員

三　教育に関し学識経験を有する者

2　教科用図書の採択に直接の利害関係を有する者は、選定審議会の委員となることができない。

（採択地区協議会の組織及び運営）

第十一条　採択地区協議会は、関係市町村の教育委員会が採択地区協議会の規約の定めるところにより指名する委員をもつて組織する。

（略）

（同一教科用図書を採択する期間）

第十五条　法第十四条の規定により種目ごとに同一の教科用図書を採択する期間（以下この条において「採択期間」という。）は、学校教育法（昭和二十二年法律第二十六号）附則第九条第一項に規定する教科用図書を採択する場合を除き、四年とする。

2　採択期間内において採択した教科用図書（以下この条において「既採択教科用図書」という。）の発行が行われないこととなつた場合その他の文部科学省令で定める場合には、新たに既採択教科用図書以外の教科用図書を採択することができる。

（略）

◆障害のある児童及び生徒のための教科用特定図書等の普及の促進等に関する法律

（平二〇・六・一八
法　　八一）

最終改正　平三〇—法三九

第一章　総則

（目的）

第一条　この法律は、教育の機会均等の趣旨にのっとり、障害のある児童及び生徒のための教科用特定図書等の発行の促進を図るとともに、その使用の支援について必要な措置を講ずること等により、教科用特定図書等の普及の促進等を図り、もって障害その他の特性の有無にかかわらず児童及び生徒が十分な教育を受けることができる学校教育の推進に資することを目的とする。

（定義）

第二条　この法律において「教科用特定図書等」とは、視覚障害のある児童及び生徒の学習の用に供するため文字、図形等を拡大して検定教科用図書等を複製した図書（以下「教科用拡大図書」という。）、点字により検定教科用図書等を複製した図書その他障害のある児童及び生徒の学習の用に供するため作成した教材であって検定教科用図書等に代えて使用し得るものをいう。

（略）

（国の責務）

第三条　国は、児童及び生徒が障害その他の特性の有無にかかわらず十分な教育を受けることができるよう、教科用特定図書等の供給の促進並びに児童及び生徒への給与その他教科用特定図書等の普及の促進等のために必要な措置を講じなければならない。

（教科用図書発行者の責務）

第四条　教科用図書発行者は、児童及び生徒が障害その他の特性の有無にかかわらず十分な教育を受けることがで

きるよう、その発行をする検定教科用図書等について、適切な配慮をするよう努めるものとする。

第三章　小中学校及び高等学校における教科用特定図書等の使用の支援

（小中学校及び高等学校における教科用特定図書等の使用等）

第九条　小中学校（小学校及び中学校（中等教育学校の前期課程を含む。以下同じ。）及び義務教育学校をいい、学校教育法第八十一条第二項及び第三項に規定する特別支援学級（以下単に「特別支援学級」という。）を除く。以下同じ。）及び高等学校（中等教育学校の後期課程を含み、特別支援学級を除く。以下同じ。）においては、当該学校に在学する視覚障害その他の障害のある児童及び生徒が、その障害の状態に応じ、採択された検定教科用図書等に代えて、当該検定教科用図書等に係る教科用特定図書等を使用することができるよう、必要な配慮をしなければならない。

（小中学校の設置者に対する教科用特定図書等の無償給付）

第十条　国は、毎年度、小中学校に在学する視覚障害その他の障害のある児童及び生徒が検定教科用図書等に代えて使用する教科用特定図書等を購入し、小中学校の設置者に無償で給付するものとする。

（略）

（教科用特定図書等の給与）

第十二条　小中学校の設置者は、第十条の規定により国から無償で給付された教科用特定図書等を、それぞれ当該学校の校長を通じて、当該学校に在学する視覚障害その他の障害のある児童又は生徒に給与するものとする。

（略）

（都道府県の教育委員会の責務）

第十三条　都道府県の教育委員会は、政令で定めるところにより、教科用特定図書等の無償給付及び給与の実施に関し必要な事務を行うものとする。

◆教科用図書検定規則

（平元・四・四
文部省令二〇）

最終改正　令三—文科省令五

第一章　総則

（趣旨）

第一条　学校教育法（昭和二十二年法律第二十六号）第三十四条第一項（同法第四十九条、第四十九条の八、第六十二条、第七十条第一項及び第八十二条において準用する場合を含む。）に規定する教科用図書の検定に関し必要な事項は、この省令の定めるところによる。

（教科用図書）

第二条　この省令において「教科用図書」とは、小学校、中学校、義務教育学校、中等教育学校、高等学校並びに特別支援学校の小学部、中学部及び高等部の児童又は生徒が用いるため、教科用として編修された図書をいう。

（検定の基準）

第三条　教科用図書（以下「図書」という。）の検定の基準は、文部科学大臣が別に公示する教科用図書検定基準の定めるところによる。

第二章　検定手続

（検定の申請）

第四条　図書の著作者又は発行者は、その図書の検定を文部科学大臣に申請することができる。

2　前項の申請を行うことができる図書の種目並びに各年度において申請を行うことができる図書の種目及び期間は、文部科学大臣が官報で告示する。

3　教育課程の基準又は教科用図書検定基準（以下この項において「教育課程の基準等」という。）が変更されたときは、検定を経た図書の発行者（当該変更に係る種目の図書を現に発行する者であって、当該変更後においても引き続き当該種目の図書を発行しようとするものに限る。）は、当該変更の内容その他の事情を勘案して文部

科学大臣が特に必要がないと認める場合を除き、文部科学大臣の定めるところにより、当該種目の図書について、当該変更後の教育課程の基準等に基づく検定の申請を行うものとする。

（検定審査申請書）

第五条　前条第一項又は第三項の申請を行おうとする者は、文部科学大臣が別に定める様式による検定審査申請書に、申請図書を添えて文部科学大臣に提出するとともに、第十三条に規定する検定審査料を納付しなければならない。

2　前項の申請図書の作成の要領及び提出部数については、文部科学大臣が別に定める。

（申請図書等の適切な管理）

第六条　検定の申請者は、文部科学大臣が定めるところにより、申請図書その他の検定審査に関する資料及び審査内容（次条第三項において「申請図書等」という。）について適切に管理を行うものとする。

（申請図書の審査）

第七条　文部科学大臣は、申請図書について、検定の決定又は検定審査不合格の決定を行い、その旨を申請者に通知するものとする。ただし、必要な修正を行った後に再度審査を行うことが適当である場合には、決定を留保して検定意見を申請者に通知するものとする。

2　文部科学大臣は、申請図書が図書の検定、採択又は発行に関して文部科学大臣が別に定める不公正な行為をした申請者によるものであって当該行為がなされた図書の属する種目と同一の種目に属する場合には、前項の規定にかかわらず、当該種目の申請を行うことができる年度（以下この項及び次項第二号において「申請年度」という。）のうち当該行為が認められたときから直近の一の年度（第四条第二項の規定に基づき当該種目が連続する二以上の年度にわたって申請を行うことができる種目として告示されている場合には当該二以上の年度とし、当該行為が認められた後に当該申請者による申請図書の検定審査が行われる当該行為が認められた年度を含む。）に行われる検定審査（検定審査不合格の決定が行われた後に当該図書について不公正な行為が認められた場合であって、当該種目の申請年度以外の年度に第十二条第一項の規定による再申請を行うことが可能であるときは、当該再申請に基づいて行われる検定審査）に限り当該申請図書について検定審査不合格の決定を行い、その旨を申請者に通知するものとする。

3　前項に定めるもののほか、文部科学大臣は、申請図書が特定行為（申請図書等の不適切な情報管理その他の検定審査に重大な影響を及ぼすものとして文部科学大臣が別に定める行為をいう。以下この項において同じ。）を行った申請者によるものであるときは、第一項の規定にかかわらず、次の各号に掲げる場合に応じ、それぞれ当該各号に定める検定審査に限り、当該申請図書について検定審査不合格の決定を行い、その旨を申請者に通知するものとする。

一　当該申請図書に係る特定行為が、検定の申請から検定の決定又は検定審査不合格の決定が行われるまでの期間に認められた場合　当該期間に行われる検定審査

二　検定の決定又は検定審査不合格の決定が行われた図書に係る当該申請者の特定行為が認められた場合（次号に掲げる場合を除く。）　当該特定行為がなされた図書の属する種目と同一の種目の図書について、当該種目の申請年度のうち当該行為が行われたときから直近の一の年度（第四条第二項の規定に基づき当該種目が連続する二以上の年度にわたって申請を行うことができる種目として告示されている場合には、当該二以上の年度（当該特定行為に基づいて、この項の検定審査不合格の決定が行われた後の年度を除く。））に行われる検定審査

三　検定審査不合格の決定が行われた後に当該図書に係る特定行為が認められた場合であって、当該図書について第十二条第一項の規定による再申請が可能であるとき　当該特定行為が認められたときから直近の再申請に基づいて行われる検定審査

（不合格理由の事前通知及び反論の聴取）

第八条　文部科学大臣は、前条の検定審査不合格の決定を行おうとするとき（第三項及び第四項の規定により決定を行おうとするときを除く。）は、検定審査不合格となるべき理由を申請者に対し事前に通知するものとする。

2　前項の通知を受けた者は、通知のあった日の翌日から起算して二十日以内に、文部科学大臣が別に定める様式による反論書を文部科学大臣に提出することができる。

3　前項の反論書の提出がないときは、文部科学大臣は、前条の検定審査不合格の決定を行うものとする。

4　第二項の反論書の提出があったときは、文部科学大臣は、これを踏まえ、当該申請図書について前条の検定の決定又は検定審査不合格の決定を行うものとする。ただし、必要な修正を行った後に再度審査を行うことが適当である場合には、前条の検定意見の通知を行うものとする。

（検定意見に対する意見の申立て）

第九条　第七条第一項の検定意見の通知を受けた者は、通知のあった日の翌日から起算して二十日以内に、文部科学大臣が別に定める様式による検定意見に対する意見申立書を文部科学大臣に提出することができる。

2　前項の意見申立書の提出があった場合において、文部科学大臣は、申し立てられた意見を相当と認めるときは、当該検定意見を取り消すものとする。

（修正が行われた申請図書の審査）

第十条　第七条第一項の検定意見の通知を受けた者は、文部科学大臣が指示する期間内に、申請図書について検定意見に従って修正した内容を、文部科学大臣が別に定める様式による修正表提出届により、文部科学大臣に提出するものとする。

2　文部科学大臣は、前項の修正が行われた申請図書について、検定の決定又は検定審査不合格の決定を行い、その旨を申請者に通知するものとする。

3　第一項の修正表提出届の提出がないときは、文部科学大臣は、検定審査不合格の決定を行い、その旨を申請者に通知するものとする。

（教科書調査官による調査）

第十一条　第七条第一項、第八条第四項、第九条第二項、前条第二項又は第三項の場合において、教科書調査官は、申請図書に係る専門的な調査審議のために教科用図書検定調査審議会に提出される調査意見（第十八条において同じ。）を記載した資料その他の必要な資料を作成するため、申請図書について必要な調査を行うものとする。

（不合格図書の再申請）

第十二条　申請図書又は修正が行われた申請図書について、第七条第一項若しくは第三項又は第十条第二項若しくは第三項の検定審査不合格の決定の通知を受けた者は、その図書に必要な修正を加えた上、文部科学大臣が別に定める期間内に再申請することができる。

2　前項の規定による再申請は、一の図書につき二回を超えて行うことができない。

第三章　検定済図書の訂正

（検定済図書の訂正）

第十四条　検定を経た図書について、誤記、誤植、脱字若しくは誤った事実の記載又は客観的事情の変更に伴い明白に誤りとなった事実の記載若しくは学習する上に支障を生ずるおそれのある記載があることを発見したときは、発行者は、文部科学大臣の承認を受け、必要な訂正を行わなければならない。

2　検定を経た図書について、前項に規定する記載を除くほか、更新を行うことが適切な事実の記載若しくは統計資料の記載又は変更を行うことが適切な体裁その他の記載（検定を経た図書の基本的な構成を変更しないものに限る。次項において同じ。）があることを発見したときは、発行者は、文部科学大臣が別に定める日以降に申請を行い、文部科学大臣の承認を受け、必要な訂正を行うことができる。

3　第一項に規定する記載の訂正が、客観的に明白な誤記、誤植若しくは脱字に係るものであって、内容の同一性を失わない範囲のものであるとき、又は前項に規定する記

載の訂正が、同一性をもった資料により統計資料の記載の更新を行うもの若しくは変更を行うことが適切な体裁その他の記載の更新に係るものであって、内容の同一性を失わない範囲のものであるときは、発行者は、前二項の規定にかかわらず、文部科学大臣が別に定める日までにあらかじめ文部科学大臣へ届け出ることにより訂正を行うことができる。

4　文部科学大臣は、検定を経た図書について、第一項及び第二項に規定する記載があると認めるときは、発行者に対し、その訂正の申請を勧告することができる。

5　第三条の規定は、第一項又は第二項の承認について準用する。

（検定済図書の訂正の手続）

第十五条　前条第一項又は第二項の承認を受けようとする者は、文部科学大臣が別に定める様式による訂正申請書に、訂正本一部を添えて文部科学大臣に提出するものとする。

2　前条第三項の届出をしようとする者は、文部科学大臣が別に定める様式による訂正届出書を文部科学大臣に提出するものとする。

3　前条第一項若しくは第二項の承認を受けた者又は同条第三項の訂正を行った者は、その図書の供給が既に完了しているときは、速やかに当該訂正の内容を、その図書を現に使用している学校の校長並びに当該学校を所管する教育委員会及び当該学校の存する都道府県の教育委員会に通知しなければならない。

（参照するウェブサイトの内容の変更の手続）

第十五条の二　検定を経た図書について、当該図書中にウェブサイトのアドレス（二次元コードその他のこれに代わるものを含む。）が記載されている場合であって、当該ウェブサイトの内容を変更しようとするときは、発行者は、文部科学大臣が別に定める日までにあらかじめ文部科学大臣へ報告するものとする。

2　前項の報告をしようとする者は、文部科学大臣が別に定める様式による変更報告書を文部科学大臣に提出するものとする。

第四章　雑則

（検定済の表示等）

第十六条　検定を経た図書には、その表紙に「文部科学省検定済教科書」の文字、その図書の目的とする学校及び教科の種類並びにその図書の名称を、その奥付に検定の年月日をそれぞれ表示しなければならない。

（見本の提出）

第十七条　第七条第一項又は第十条第二項の規定による検定の決定の通知を受けた者は、文部科学大臣が別に定める期間内に、図書として完成した見本を作成し、文部科学大臣が別に定める様式による見本提出届に、文部科学大臣が別に定める部数の見本を添えて文部科学大臣に提出するものとする。

（申請図書等の公開）

第十八条　文部科学大臣は、検定審査終了後、別に定めるところにより、申請図書、見本、調査意見及び検定意見の内容その他検定の申請に係る資料を公開するものとする。

（検定済図書の告示等）

第十九条　文部科学大臣は、検定を経た図書の名称、目的とする学校及び教科の種類、検定の年月日、著作者の氏名並びに発行者の氏名及び住所（法人にあっては、その名称、代表者の氏名及び主たる事務所の所在地）を官報で告示する。

2　検定を経た図書の著作者の氏名又は発行者の氏名若しくは住所（法人にあっては、その名称、代表者の氏名又は主たる事務所の所在地）の記載を変更したときは、発行者は、速やかにその内容を文部科学大臣に届け出なければならない。

◆義務教育諸学校教科用図書検定基準

（平二九・八・一〇
文科省告示一〇五）

最終改正　令三―文科省告示一九九

第一章　総則

(1)　本基準は、教科用図書検定規則第三条の規定に基づき、学校教育法に規定する小学校、中学校、義務教育学校、中等教育学校の前期課程並びに特別支援学校の小学部及び中学部において使用される義務教育諸学校教科用図書について、その検定のために必要な審査基準を定めることを目的とする。

(2)　本基準による審査においては、その教科用図書が、教育課程の構成に応じて組織排列された教科の主たる教材として、教授の用に供せられる児童又は生徒用図書であることにかんがみ、知・徳・体の調和がとれ、生涯にわたって自己実現を目指す自立した人間、公共の精神を尊び、国家・社会の形成に主体的に参画する国民及び我が国の伝統と文化を基盤として国際社会を生きる日本人の育成を目指す教育基本法に示す教育の目標並びに学校教育法及び学習指導要領に示す目標を達成するため、これらの目標に基づき、第二章及び第三章に掲げる各項目に照らして適切であるかどうかを審査するものとする。

第二章　教科共通の条件

1　基本的条件

（教育基本法及び学校教育法との関係）

(1)　教育基本法第一条の教育の目的及び同法第二条に掲げる教育の目標に一致していること。また、同法第五条第二項の義務教育の目的及び学校教育法第二一条に掲げる義務教育の目標並びに同法に定める各学校の目的及び教育の目標に一致していること。

（学習指導要領との関係）

(2)　学習指導要領の総則や教科の目標に一致していること。

(3)　小学校学習指導要領（平成二九年文部科学省告示第六三号）又は中学校学習指導要領（平成二九年文部科学省告示第六四号）（以下「学習指導要領」という。）に示す教科及び学年、分野又は言語の「目標」（以下「学習指導要領に示す目標」という。）に従い、学習指導要領に示す学年、分野又は言語の「内容」（以下「学習指導要領に示す内容」という。）及び「内容の取扱い」（「指導計画の作成と内容の取扱い」を含む。以下「学習指導要領に示す内容の取扱い」という。）に示す事項を不足なく取り上げていること。

(4)　本文、問題、説明文、注、資料、作品、挿絵、写真、図など教科用図書の内容（以下「図書の内容」という。）には、学習指導要領に示す目標、学習指導要領に示す内容及び学習指導要領に示す内容の取扱いに照らして不必要なものは取り上げていないこと。

（心身の発達段階への適応）

(5)　図書の内容は、その使用される学年の児童又は生徒の心身の発達段階に適応しており、また、心身の健康や安全及び健全な情操の育成について必要な配慮を欠いているところはないこと。

2　選択・扱い及び構成・排列

（学習指導要領との関係）

(1)　図書の内容の選択及び扱いには、学習指導要領の総則、学習指導要領に示す目標、学習指導要領に示す内容及び学習指導要領に示す内容の取扱いに照らして不適切なところその他児童又は生徒が学習する上に支障を生ずるおそれのあるところはないこと。その際、知識及び技能の活用、思考力、判断力、表現力等及び学びに向かう力、人間性等の発揮により、資質・能力の育成に向けた児童又は生徒の主体的・対話的で深い学びの実現に資する学習及び指導ができるよう適切な配慮がなされていること。

(2)　図書の内容に、学習指導要領に示す他の教科などの内容と矛盾するところはなく、話題や題材が他の教科などにわたる場合には、十分な配慮なく専門的な知識を扱っていないこと。

(3)　学習指導要領の内容及び学習指導要領の内容の取扱いに示す事項が、学校教育法施行規則別表第1又は別表第2に定める授業時数に照らして図書の内容に適切に配分されていること。

（政治・宗教の扱い）

(4)　政治や宗教の扱いは、教育基本法第一四条（政治教育）及び第一五条（宗教教育）の規定に照らして適切かつ公正であり、特定の政党や宗派又はその主義や信条に偏っていたり、それらを非難していたりするところはないこと。

（選択・扱いの公正）

(5)　話題や題材の選択及び扱いは、児童又は生徒が学習内容を理解する上に支障を生ずるおそれがないよう、特定の事項、事象、分野などに偏ることなく、全体として調和がとれていること。

(6)　図書の内容に、児童又は生徒が学習内容を理解する上に支障を生ずるおそれがないよう、特定の事柄を特別に強調し過ぎていたり、一面的な見解を十分な配慮なく取り上げていたりするところはないこと。

（特定の企業、個人、団体の扱い）

(7)　図書の内容に、特定の営利企業、商品などの宣伝や非難になるおそれのあるところはないこと。

(8)　図書の内容に、特定の個人、団体などについて、その活動に対する政治的又は宗教的な援助や助長となるおそれのあるところはなく、また、その権利や利益を侵害するおそれのあるところはないこと。

（引用資料）

(9)　引用、掲載された教材、写真、挿絵、統計資料などは、信頼性のある適切なものが選ばれており、その扱いは公正であること。

(10)　引用、掲載された教材、写真、挿絵などについては、著作権法上必要な出所や著作者名その他必要に応じて出典、年次など学習上必要な事項が示されていること。また、児童又は生徒がそれらの教材、写真、挿絵などの読み取りや活用を的確に行うことができるよう適切な配慮がされていること。

(11)　統計資料については、原則として、最新のものを用いており、児童又は生徒が学習する上に支障を生ずるおそれのあることはなく、出典、年次など学習上必要な事項が示されていること。

（構成・排列）

(12)　図書の内容は、全体として系統的、発展的に構成されており、網羅的、羅列的になっているところはなく、その組織及び相互の関連は適切であること。

(13)　図書の内容のうち、説明文、注、資料などは、主たる記述と適切に関連付けて扱われていること。

(14)　実験、観察、実習、調べる活動などに関するものについては、児童又は生徒が自ら当該活動を行うことができるよう適切な配慮がされていること。

（発展的な学習内容）

(15)　1の(4)にかかわらず、児童又は生徒の理解や習熟の程度に応じ、学習内容を確実に身に付けることができるよう、学習指導要領に示す内容及び学習指導要領に示す内容の取扱いに示す事項を超えた事項（以下「発展的な学習内容」という。）を取り上げることができること。

(16)　発展的な学習内容を取り上げる場合には、学習指導要領に示す内容や学習指導要領に示す内容の取扱いに示す事項との適切な関連の下、学習指導要領の総則、学習指導要領に示す目標や学習指導要領に示す内容の趣旨を逸脱せず、児童又は生徒の負担過重とならないものとし、その内容の選択及び扱いには、これらの趣旨に照らして不適切なところその他児童又は生徒が学習する上に支障を生ずるおそれのあるところはないこと。

(17)　発展的な学習内容を取り上げる場合には、それ以外の内容と客観的に区別され、発展的な学習内容であることが明示されていること。その際、原則として当該内容を学習すべき学校種及び学年などの学習指導要領上の位置付けを明示すること。

（ウェブページのアドレス等）

(18)　学習上の参考に供するために真に必要であり、図書中にウェブページのアドレス又は二次元コードその他のこれに代わるものを掲載する場合には、当該ウェブページのアドレス等が参照させるものは図書の内容と密接な関連を有するとともに、児童又は生徒に不適切であることが客観的に明白な情報を参照させるものではなく、情報の扱いは公正であること。なお、図書中に掲載するウェブページのアドレス等は発行者の責任において管理できるものを参照させていること。

3　正確性及び表記・表現

(1)　図書の内容に、誤りや不正確なところ、相互に矛盾しているところはないこと（(2)の場合を除く。）。

(2)　図書の内容に、客観的に明白な誤記、誤植又は脱字がないこと。

(3)　図書の内容に、児童又は生徒がその意味を理解し難い表現や、誤解するおそれのある表現はないこと。

(4)　漢字、仮名遣い、送り仮名、ローマ字つづり、用語、記号、計量単位などの表記は適切であって不統一はなく、別表に掲げる表記の基準によっていること。

(5)　図、表、グラフ、地図などは、各教科に応じて、通常の約束、方法に従って記載されていること。

第三章　教科固有の条件

［社会科（「地図」を除く。）］

1　選択・扱い及び構成・排列

(1)　（略）

(2)　図書の内容全体を通じて、多様な見解のある社会的事象の取り上げ方に不適切なところはなく、考えが深まるよう様々な見解を提示するなど児童又は生徒が当該事象について多面的・多角的に考えられるよう適切な配慮がされていること。

(3)　未確定な時事的事象について断定的に記述していたり、特定の事柄を強調し過ぎていたり、一面的な見解を十分な配慮なく取り上げていたりするところはないこと。

(4)　近現代の歴史的事象のうち、通説的な見解がない数字などの事項について記述する場合には、通説的な見解がないことが明示されているとともに、児童又は生徒が誤解するおそれのある表現がないこと。

(5)　閣議決定その他の方法により示された政府の統一的な見解又は最高裁判所の判例が存在する場合には、それらに基づいた記述がされていること。

(6)　近隣のアジア諸国との間の近現代の歴史的事象の扱いに国際理解と国際協調の見地から必要な配慮がされていること。

(7)　著作物、史料などを引用する場合には、評価の定まったものや信頼度の高いものを用いており、その扱いは公正であること。また、法文を引用する場合には、原典の表記を尊重していること。

(8)　日本の歴史の紀年について、重要なものには元号及び西暦を併記していること。

第3章　学校図書館

◆学校図書館法

（昭二八・八・八　法一八五）

最終改正　平二七―法四六

（この法律の目的）

第一条　この法律は、学校図書館が、学校教育において欠くことのできない基礎的な設備であることにかんがみ、その健全な発達を図り、もつて学校教育を充実することを目的とする。

（定義）

第二条　この法律において「学校図書館」とは、小学校（義務教育学校の前期課程及び特別支援学校の小学部を含む。）、中学校（義務教育学校の後期課程、中等教育学校の前期課程及び特別支援学校の中学部を含む。）及び高等学校（中等教育学校の後期課程及び特別支援学校の高等部を含む。）（以下「学校」という。）において、図書、視覚聴覚教育の資料その他学校教育に必要な資料（以下「図書館資料」という。）を収集し、整理し、及び保存し、これを児童又は生徒及び教員の利用に供することによつて、学校の教育課程の展開に寄与するとともに、児童又は生徒の健全な教養を育成することを目的として設けられる学校の設備をいう。

（設置義務）

第三条　学校には、学校図書館を設けなければならない。

（学校図書館の運営）

第四条　学校は、おおむね左の各号に掲げるような方法によつて、学校図書館を児童又は生徒及び教員の利用に供するものとする。

一　図書館資料を収集し、児童又は生徒及び教員の利用

に供すること。

二　図書館資料の分類排列を適切にし、及びその目録を整備すること。

三　読書会、研究会、鑑賞会、映写会、資料展示会等を行うこと。

四　図書館資料の利用その他学校図書館の利用に関し、児童又は生徒に対し指導を行うこと。

五　他の学校の学校図書館、図書館、博物館、公民館等と緊密に連絡し、及び協力すること。

2　学校図書館は、その目的を達成するのに支障のない限度において、一般公衆に利用させることができる。

（司書教諭）

第五条　学校には、学校図書館の専門的職務を掌らせるため、司書教諭を置かなければならない。

2　前項の司書教諭は、主幹教諭（養護又は栄養の指導及び管理をつかさどる主幹教諭を除く。）、指導教諭又は教諭（以下この項において「主幹教諭等」という。）をもって充てる。この場合において、当該主幹教諭等は、司書教諭の講習を修了した者でなければならない。

3　前項に規定する司書教諭の講習は、大学その他の教育機関が文部科学大臣の委嘱を受けて行う。

4　前項に規定するものを除くほか、司書教諭の講習に関し、履修すべき科目及び単位その他必要な事項は、文部科学省令で定める。

（学校司書）

第六条　学校には、前条第一項の司書教諭のほか、学校図書館の運営の改善及び向上を図り、児童又は生徒及び教員による学校図書館の利用の一層の促進に資するため、専ら学校図書館の職務に従事する職員（次項において「学校司書」という。）を置くよう努めなければならない。

2　国及び地方公共団体は、学校司書の資質の向上を図るため、研修の実施その他の必要な措置を講ずるよう努めなければならない。

（設置者の任務）

第七条　学校の設置者は、この法律の目的が十分に達成されるようその設置する学校の学校図書館を整備し、及び充実を図ることに努めなければならない。

（国の任務）

第八条　国は、第六条第二項に規定するもののほか、学校図書館を整備し、及びその充実を図るため、次の各号に掲げる事項の実施に努めなければならない。

一　学校図書館の整備及び充実並びに司書教諭の養成に関する総合的計画を樹立すること。

二　学校図書館の設置及び運営に関し、専門的、技術的な指導及び勧告を与えること。

三　前二号に掲げるもののほか、学校図書館の整備及び充実のため必要と認められる措置を講ずること。

◆学校図書館司書教諭講習規程

（昭二九・八・六　文部省令二一）

最終改正　令二―文科省令三四

（この省令の趣旨）

第一条　学校図書館法第五条に規定する司書教諭の講習（以下「講習」という。）については、この省令の定めるところによる。

（受講資格）

第二条　講習を受けることができる者は、教育職員免許法（昭和二十四年法律第百四十七号）に定める小学校、中学校、高等学校若しくは特別支援学校の教諭の免許状を有する者又は大学に二年以上在学する学生で六十二単位以上を修得した者とする。

（履修すべき科目及び単位）

第三条　司書教諭の資格を得ようとする者は、講習において、次の表の上欄に掲げる科目について、それぞれ、同表の下欄に掲げる数の単位を修得しなければならない。

科目	単位数
学校経営と学校図書館	二

学校図書館メディアの構成	二
学習指導と学校図書館	二
読書と豊かな人間性	二
情報メディアの活用	二

2　講習を受ける者が大学において修得した科目の単位又は図書館法（昭和二十五年法律第百十八号）第六条に規定する司書の講習において修得した科目の単位であって、前項に規定する科目の単位に相当するものとして文部科学大臣が認めたものは、これをもって前項の規定により修得した科目の単位とみなす。

（単位計算の基準）

第四条　前条に規定する単位の計算方法は、大学設置基準（昭和三十一年文部省令第二十八号）第二十一条第二項に定める基準によるものとする。

（単位修得の認定）

第五条　単位修得の認定は、講習を行う大学その他の教育機関が、試験、論文、報告書その他による成績審査に合格した受講者に対して行う。

（修了証書の授与）

第六条　文部科学大臣は、第三条の定めるところにより十単位を修得した者に対して、講習の修了証書を与えるものとする。

（雑則）

第七条　受講者の人数、選定の方法並びに講習を行う大学その他の教育機関、講習の期間その他講習実施の細目については、毎年インターネットの利用その他の適切な方法により公示する。

第4章　私立学校

◆私立学校法

（昭二四・一二・一五
法　二七〇）
最終改正　令五―法六三

第一章　総則

（この法律の目的）

第一条　この法律は、私立学校の特性にかんがみ、その自主性を重んじ、公共性を高めることによって、私立学校の健全な発達を図ることを目的とする。

（定義）

第二条　この法律において「学校」とは、学校教育法（昭和二十二年法律第二十六号）第一条に規定する学校及び就学前の子どもに関する教育、保育等の総合的な提供の推進に関する法律（平成十八年法律第七十七号）第二条第七項に規定する幼保連携型認定こども園（以下「幼保連携型認定こども園」という。）をいう。

2　この法律において、「専修学校」とは学校教育法第百二十四条に規定する専修学校をいい、「各種学校」とは同法第百三十四条第一項に規定する各種学校をいう。

3　この法律において「私立学校」とは、学校法人の設置する学校をいう。

（学校法人）

第三条　この法律において「学校法人」とは、私立学校の設置を目的として、この法律の定めるところにより設立される法人をいう。

（所轄庁）

第四条　この法律中「所轄庁」とあるのは、第一号、第三号及び第五号に掲げるものにあっては文部科学大臣とし、

第二号及び第四号に掲げるものにあっては都道府県知事（第二号に掲げるもののうち地方自治法（昭和二十二年法律第六十七号）第二百五十二条の十九第一項の指定都市又は同法第二百五十二条の二十二第一項の中核市（以下この条において「指定都市等」という。）の区域内の幼保連携型認定こども園にあっては、当該指定都市等の長）とする。

一　私立大学及び私立高等専門学校

二　前号に掲げる私立学校以外の私立学校並びに私立専修学校及び私立各種学校

三　第一号に掲げる私立学校を設置する学校法人

四　第二号に掲げる私立学校を設置する学校法人及び第六十四条第四項の法人

五　第一号に掲げる私立学校と第二号に掲げる私立学校、私立専修学校又は私立各種学校とを併せて設置する学校法人

第二章　私立学校に関する教育行政

（学校教育法の特例）

第五条　私立学校（幼保連携型認定こども園を除く。第八条第一項において同じ。）には、学校教育法第十四条の規定は、適用しない。

（私立学校審議会等への諮問）

第八条　都道府県知事は、私立大学及び私立高等専門学校以外の私立学校について、学校教育法第四条第一項又は第十三条第一項に規定する事項を行う場合においては、あらかじめ、私立学校審議会の意見を聴かなければならない。

2　文部科学大臣は、私立大学又は私立高等専門学校について、学校教育法第四条第一項又は第十三条第一項に規定する事項（同法第九十五条の規定により諮問すべきこととされている事項を除く。）を行う場合においては、あらかじめ、同法第九十五条に規定する審議会等の意見を聴かなければならない。

（私立学校審議会）

第九条　この法律の規定によりその権限に属せしめられた事項を審議させるため、都道府県に、私立学校審議会を置く。

2　私立学校審議会は、私立大学及び私立高等専門学校以外の私立学校並びに私立専修学校及び私立各種学校に関する重要事項について、都道府県知事に建議することができる。

第三章　学校法人

第一節　通則

（学校法人の責務）

第二十四条　学校法人は、自主的にその運営基盤の強化を図るとともに、その設置する私立学校の教育の質の向上及びその運営の透明性の確保を図るよう努めなければならない。

（資産）

第二十五条　学校法人は、その設置する私立学校に必要な施設及び設備又はこれらに要する資金並びにその設置する私立学校の経営に必要な財産を有しなければならない。

2　前項に規定する私立学校に必要な施設及び設備についての基準は、別に法律で定めるところによる。

（収益事業）

第二十六条　学校法人は、その設置する私立学校の教育に支障のない限り、その収益を私立学校の経営に充てるため、収益を目的とする事業を行うことができる。

（略）

（特別の利益供与の禁止）

第二十六条の二　学校法人は、その事業を行うに当たり、その理事、監事、評議員、職員（当該学校法人の設置する私立学校の校長、教員その他の職員を含む。以下同じ。）その他の政令で定める学校法人の関係者に対し特別の利益を与えてはならない。

第三節　管理

（役員）

第三十五条　学校法人には、役員として、理事五人以上及び監事二人以上を置かなければならない。

2　理事のうち一人は、寄附行為の定めるところにより、理事長となる。

（評議員会）

第四十一条　学校法人に、評議員会を置く。

2　評議員会は、理事の定数の二倍をこえる数の評議員をもって、組織する。
3　評議員会は、理事長が招集する。
4　評議員会に、議長を置く。
5　理事長は、評議員総数の三分の一以上の評議員から会議に付議すべき事項を示して評議員会の招集を請求された場合には、その請求のあった日から二十日以内に、これを招集しなければならない。
6　評議員会は、評議員の過半数の出席がなければ、その議事を開き、議決をすることができない。
（略）

（役員の学校法人に対する損害賠償責任）
第四十四条の二　役員は、その任務を怠ったときは、学校法人に対し、これによって生じた損害を賠償する責任を負う。

提案理由

（一九四九年一一月一八日　衆議院）

○高瀬荘太郎国務大臣　ただいま上程になりました私立学校法案について、大要御説明申し上げます。

私立学校は、その数において、新制高等学校以上の学校の半数以上を占めているのみならず、その特有な学風及び伝統をもって、わが国の学校教育に貢献をしたことは、まことに大なるものがあるのであります。この点にかんがみますとき、私立学校の教育を振興するということは、わが国の教育全般の振興をはかる上からもゆるがせにすることのできない重要問題でありまして、ただいま私立学校法案を上程いたしました理由も、一にここにあるのであります。

以上の趣旨によりまして、私立学校に関する教育行政について、私立学校の特性を尊重した特別な立法の必要なことは、つとに認められていたところであり、また、特に、昨年の教育委員会法の施行以来、私立高等学校以下の教育行政について、緊急に、特別の措置を講ずる必要のあることも広く認められていたところであります。また、私立学校を設置する法人につきましても、これを特別法人として、民法による財団法人以上に教育的な、また、基礎の強固なものとすることが必要であります。このことにつきましては、教育刷新審議会の建議もあり、学校教育法におきましても、私立学校を設置する法人について、別に法律が制定されることを予想しているのであります。ここに、政府といたしましては、私立学校法案に関する教育刷新審議会の建議の線に沿い、また、私立学校代表者との一年有余にわたる研究の結果、成案を得て、取急ぎ本臨時国会に上程した次第であります。

さて、本法案の目的とするところは、その第一条に明らかにされておりますように、まず、私立学校の自主性を高めるということであります。しかしながら、私立学校も学校教育法に定める学校として、教育基本法のいわゆる「公の性質」を有するものでありまして、設置者がほしいままに経営すべきものではないのであります。このため私立学校については、その自主性を尊重するとともに、あわせてその公共性を高めることが必要とされるのであります。

この目的を達成するため本法案におきましては、まず私立学校の自主性を重んずるという点から、私立学校に対する監督事項を整理するとともに、所轄庁がこの監督事項を処理する場合にも、主として私立学校の代表者から構成される私立学校審議会または私立大学審議会に諮問することといたしました。なお、私立学校審議会及び私立大学審議会の委員のうち、私立学校側から任命される者につきましては、その候補者を、私立学校によって自主的に結成された団体が推薦する方法をとることといたしまして、自主性尊重の目的をさらに徹底させたのであります。

他方、私立学校の公共性を高めるという趣旨は、主として学校法人に関する規定のうちに盛られております。すなわち、私立学校を設置する法人を学校法人という特別法人といたしまして、民法による財団法人よりも、さらに教育的に運営できるようにし、また、学校法人の財的基礎を強固にする一助として、教育上支障のない限り、収益事業を行うことを認める等の特別な規定を設けたのであります。

さらに、私立学校に対して、国または地方公共団体が補助、貸付等の助成を行い得ることを明らかにいたしました。これは、多くの私立学校が戦災による被害に加えて、最近の経済的困難によって、深刻に苦しんでいるという当面の理由から、特に必要であるのみならず、わが国の学校教育の振興という点からも、私立学校の助成がきわめて必要と考えられるからであります。これについては、従来憲法第八十九条の解釈をめぐって、疑問があったのでありますが、本法案におきましては、私立学校は諸種の点において「公の支配」に属する教育の事業であるという見解のもとに、助成に関する若干の必

要規定を新たに設けて、学校法人に対して、国または地方公共団体が補助、貸付等の助成を行い得ることを明らかにしたのであります。

本法案提出の理由及びその大綱は、以上に述べたところでありますが、何とぞ慎重御審議の上、すみやかに議決くださるようお願いいたします。

（『第六回国会衆議院文部委員会議録』第五号一二ページ～一三ページ、一九四九年一一月一八日『官報』号外）

◆日本私立学校振興・共済事業団法

（平九・五・九　法　四八）
最終改正　令五―法三一

第一章　総則

（設立の目的）
第一条　日本私立学校振興・共済事業団は、私立学校の教育の充実及び向上並びにその経営の安定並びに私立学校教職員の福利厚生を図るため、補助金の交付、資金の貸付けその他私立学校教育に対する援助に必要な業務を総合的かつ効率的に行うとともに、私立学校教職員共済法（昭和二十八年法律第二百四十五号。以下「共済法」という。）の規定による共済制度を運営し、もって私立学校教育の振興に資することを目的とする。

第三章　業務

（業務）
第二十三条　事業団は、第一条の目的を達成するため、次の業務を行う。
一　私立学校の教育に必要な経費に対する国の補助金で政令で定めるものの交付を受け、これを財源として、学校法人に対し、補助金を交付すること。
二　学校法人又は準学校法人に対し、その設置する私立学校又は職業に必要な技術の教授を目的とする私立の専修学校若しくは各種学校で政令で定めるものの施設の整備その他経営のため必要な資金を貸し付け、及び私立学校教育（私立の専修学校及び各種学校の教育を含む。以下この項において同じ。）に関連してその振興上必要と認められる事業を行う者に対し、その事業について必要な資金を貸し付けること。
三　私立学校教育の振興上必要と認められる事業を行う学校法人、準学校法人その他の者に対し、その事業について助成金を交付すること。
四　私立学校教育の振興のための寄付金を募集し、管理し、及び学校法人、準学校法人その他私立学校教育の振興上必要と認められる事業を行う者に対し、その配付を行うこと。
五　私立学校の教育条件及び経営に関し、情報の収集、調査及び研究を行い、並びに関係者の依頼に応じてその成果の提供その他の指導を行うこと。
（略）
4　事業団は、前三項の規定により行う業務のほか、大学等における修学の支援に関する法律（令和元年法律第八号）第十条に規定する減免費用（私立学校である大学及び高等専門学校に係るものに限る。）に充てるための資金（以下この項及び第二十七条において「減免資金」という。）を交付するために必要な国の資金の交付を受け、これを財源として、学校法人に対し、減免資金を交付する業務を行う。
（略）

◆私立学校振興助成法

（昭五〇・七・一一　法　六一）
最終改正　令五―法二一

（目的）
第一条　この法律は、学校教育における私立学校の果たす

重要な役割にかんがみ、国及び地方公共団体が行う私立学校に対する助成の措置について規定することにより、私立学校の教育条件の維持及び向上並びに私立学校に在学する幼児、児童、生徒又は学生に係る修学上の経済的負担の軽減を図るとともに私立学校の経営の健全性を高め、もって私立学校の健全な発達に資することを目的とする。

（学校法人の責務）

第三条　学校法人は、この法律の目的にかんがみ、自主的にその財政基盤の強化を図り、その設置する学校に在学する幼児、児童、生徒又は学生に係る修学上の経済的負担の適正化を図るとともに、当該学校の教育水準の向上に努めなければならない。

（私立大学及び私立高等専門学校の経常的経費についての補助）

第四条　国は、大学又は高等専門学校を設置する学校法人に対し、当該学校における教育又は研究に係る経常的経費について、その二分の一以内を補助することができる。

2　前項の規定により補助することができる経常的経費の範囲、算定方法その他必要な事項は、政令で定める。

（補助金の減額等）

第五条　国は、学校法人又は学校法人の設置する大学若しくは高等専門学校が次の各号の一に該当する場合には、その状況に応じ、前条第一項の規定により当該学校法人に交付する補助金を減額して交付することができる。

一　法令の規定、法令の規定に基づく所轄庁の処分又は寄附行為に違反している場合

二　学則に定めた収容定員を超える数の学生を在学させている場合

三　在学している学生の数が学則に定めた収容定員に満たない場合

四　借入金の償還が適正に行われていない等財政状況が健全でない場合

五　その他教育条件又は管理運営が適正を欠く場合

（学校法人に対する都道府県の補助に対する国の補助）

第九条　都道府県が、その区域内にある幼稚園、小学校、中学校、義務教育学校、高等学校、中等教育学校、特別支援学校又は幼保連携型認定こども園を設置する学校法人に対し、当該学校における教育に係る経常的経費について補助する場合には、国は、都道府県に対し、政令で定めるところにより、その一部を補助することができる。

（間接補助）

第十一条　国は、日本私立学校振興・共済事業団法（平成九年法律第四十八号）の定めるところにより、この法律の規定による助成で補助金の支出又は貸付金に係るものを日本私立学校振興・共済事業団を通じて行うことができる。

（所轄庁の権限）

第十二条　所轄庁は、この法律の規定により助成を受ける学校法人に対して、次の各号に掲げる権限を有する。

一　助成に関し必要があると認める場合において、当該学校法人からその業務若しくは会計の状況に関し報告を徴し、又は当該職員に当該学校法人の関係者に対し質問させ、若しくはその帳簿、書類その他の物件を検査させること。

二　当該学校法人が、学則に定めた収容定員を著しく超えて入学又は入園させた場合において、その是正を命ずること。

三　当該学校法人の予算が助成の目的に照らして不適当であると認める場合において、その予算について必要な変更をすべき旨を勧告すること。

四　当該学校法人の役員が法令の規定、法令の規定に基づく所轄庁の処分又は寄附行為に違反した場合において、当該役員の解職をすべき旨を勧告すること。

第３編　教育振興・奨励編

第１章　教育振興

第２章　就学奨励

第1章　教育振興

◆理科教育振興法

（昭二八・八・八）
（法　一八六）

最終改正　平二八―法四七

第一章　総則

（この法律の目的）

第一条　この法律は、理科教育が文化的な国家の建設の基盤として特に重要な使命を有することにかんがみ、教育基本法（平成十八年法律第百二十号）及び学校教育法（昭和二十二年法律第二十六号）の精神にのっとり、理科教育を通じて、科学的な知識、技能及び態度を習得させるとともに、工夫創造の能力を養い、もって日常生活を合理的に営み、且つ、わが国の発展に貢献しうる有為な国民を育成するため、理科教育の振興を図ることを目的とする。

（定義）

第二条　この法律で「理科教育」とは、小学校（義務教育学校の前期課程及び特別支援学校の小学部を含む。以下同じ。）、中学校（義務教育学校の後期課程、中等教育学校の前期課程及び特別支援学校の中学部を含む。以下同じ。）又は高等学校（中等教育学校の後期課程及び特別支援学校の高等部を含む。以下同じ。）において行われる理科、算数及び数学に関する教育をいう。

◆産業教育振興法

（昭二六・六・一一）
（法　二二八）

最終改正　平二八―法四七

第一章　総則

（目的）

第一条　この法律は、産業教育がわが国の産業経済の発展及び国民生活の向上の基礎であることにかんがみ、教育基本法（平成十八年法律第百二十号）の精神にのっとり、産業教育を通じて、勤労に対する正しい信念を確立し、産業技術を習得させるとともに工夫創造の能力を養い、もって経済自立に貢献する有為な国民を育成するため、産業教育の振興を図ることを目的とする。

（定義）

第二条　この法律で「産業教育」とは、中学校（義務教育学校の後期課程、中等教育学校の前期課程及び特別支援学校の中学部を含む。以下同じ。）、高等学校（中等教育学校の後期課程及び特別支援学校の高等部を含む。以下同じ。）、大学又は高等専門学校が、生徒又は学生等に対して、農業、工業、商業、水産業その他の産業に従事するために必要な知識、技能及び態度を習得させる目的をもって行う教育（家庭科教育を含む。）をいう。

◆高等学校の定時制教育及び通信教育振興法

（昭二八・八・一八）
（法　二三八）

最終改正　令三―法六三

（この法律の目的）

第一条　この法律は、勤労青年教育の重要性にかんがみ、教育基本法（平成十八年法律第百二十号）の精神にのっ

とり、働きながら学ぶ青年に対し、教育の機会均等を保障し、勤労と修学に対する正しい信念を確立させ、もって国民の教育水準と生産能力の向上に寄与するため、高等学校（中等教育学校の後期課程を含む。以下同じ。）の定時制教育及び通信教育の振興を図ることを目的とする。

◆へき地教育振興法

（昭二九・六・一 法一四三）

最終改正 令三―法六三

（目的）

第一条 この法律は、教育の機会均等の趣旨に基き、かつ、へき地における教育の特殊事情にかんがみ、国及び地方公共団体がへき地における教育を振興するために実施しなければならない諸施策を明らかにし、もってへき地における教育の水準の向上を図ることを目的とする。

（定義）

第二条 この法律において「へき地学校」とは、交通条件及び自然的、経済的、文化的諸条件に恵まれない山間地、離島その他の地域に所在する公立の小学校、中学校及び義務教育学校並びに中等教育学校の前期課程並びに学校給食法（昭和二十九年法律第百六十号）第六条に規定する施設（以下「共同調理場」という。）をいう。

第2章 就学奨励

◆就学困難な児童及び生徒に係る就学奨励についての国の援助に関する法律

（昭三一・三・三〇 法四〇）

最終改正 平二七―法四六

（目的）

第一条 この法律は、経済的理由によって就学困難な児童及び生徒について学用品を給与する等就学奨励を行う地方公共団体に対し、国が必要な援助を与えることとし、もって小学校、中学校及び義務教育学校並びに中等教育学校の前期課程における義務教育の円滑な実施に資することを目的とする。

（国の補助）

第二条 国は、市（特別区を含む。）町村が、その区域内に住所を有する学校教育法（昭和二十二年法律第二十六号）第十八条に規定する学齢児童又は学齢生徒（以下「児童生徒」という。）の同法第十六条に規定する保護者で生活保護法（昭和二十五年法律第百四十四号）第六条第二項に規定する要保護者であるものに対して、児童生徒に係る次に掲げる費用等（当該児童生徒について、同法第十三条の規定による教育扶助が行われている場合にあつては、当該教育扶助に係る第一号又は第二号に掲げるものを除く。）を支給する場合には、予算の範囲内において、これに要する経費を補助する。

一 学用品又はその購入費

二 通学に要する交通費

三　修学旅行費

◆就学前の子どもに関する教育、保育等の総合的な提供の推進に関する法律

（平一八・六・一五　法　七七）

最終改正　令五―法五八

第一章　総則

（目的）

第一条　この法律は、幼児期の教育及び保育が生涯にわたる人格形成の基礎を培う重要なものであること並びに我が国における急速な少子化の進行並びに家庭及び地域を取り巻く環境の変化に伴い小学校就学前の子どもの教育及び保育に対する需要が多様なものとなっていることに鑑み、地域における創意工夫を生かしつつ、小学校就学前の子どもに対する教育及び保育並びに保護者に対する子育て支援の総合的な提供を推進するための措置を講じ、もって地域において子どもが健やかに育成される環境の整備に資することを目的とする。

（定義）

第二条　この法律において「子ども」とは、小学校就学の始期に達するまでの者をいう。

2　この法律において「幼稚園」とは、学校教育法（昭和二十二年法律第二十六号）第一条に規定する幼稚園をいう。

3　この法律において「保育所」とは、児童福祉法（昭和二十二年法律第百六十四号）第三十九条第一項に規定する保育所をいう。

4～5　略

6　この法律において「認定こども園」とは、次条第一項又は第三項の認定を受けた施設、同条第十項の規定による公示がされた施設及び幼保連携型認定こども園をいう。

7　この法律において「幼保連携型認定こども園」とは、義務教育及びその後の教育の基礎を培うものとしての満三歳以上の子どもに対する教育並びに保育を必要とする子どもに対する保育を一体的に行い、これらの子どもの健やかな成長が図られるよう適当な環境を与えて、その心身の発達を助長するとともに、保護者に対する子育ての支援を行うことを目的として、この法律の定めるところにより設置される施設をいう。

8　この法律において「教育」とは、教育基本法（平成十八年法律第百二十号）第六条第一項に規定する法律に定める学校（第九条において単に「学校」という。）において行われる教育をいう。

9　この法律において「保育」とは、児童福祉法第六条の三第七項第一号に規定する保育をいう。

10　この法律において「保育を必要とする子ども」とは、児童福祉法第六条の三第九項第一号に規定する保育を必要とする乳児・幼児をいう。

11　この法律において「保護者」とは、児童福祉法第六条に規定する保護者をいう。

12　この法律において「子育て支援事業」とは、地域の子どもの養育に関する各般の問題につき保護者からの相談に応じ必要な情報の提供及び助言を行う事業、保護者の疾病その他の理由により家庭において養育を受けることが一時的に困難となった地域の子どもに対する保育を行う事業、地域の子どもの養育に関する援助を受けることを希望する保護者と当該援助を行うことを希望する民間の団体若しくは個人との連絡及び調整を行う事業又は地域の子どもの養育に関する援助を行う民間の団体若しくは個人に対する必要な情報の提供及び助言を行う事業であって主務省令で定めるものをいう。

第二章　幼保連携型認定こども園以外の認定こども園に関する認定手続等

（幼保連携型認定こども園以外の認定こども園の認定等）

第三条　幼稚園又は保育所等の設置者（都道府県及び地方自治法（昭和二十二年法律第六十七号）第二百五十二条の十九第一項の指定都市又は同法第二百五十二条の二十二第一項の中核市（以下「指定都市等」という。）を除く。）は、その設置する幼稚園又は保育所等が都道府県（当該幼稚園又は保育所等が指定都市等所在施設（指定都市等の区域内に所在する施設であって、都道府県が単独で又は他の地方公共団体と共同して設立する公立大学法人（地方独立行政法人法（平成十五年法律第百十八号）第六十八条第一項に規定する公立大学法人をいう。以下同じ。）が設置する施設以外のものをいう。以下同じ。）である場合にあっては、当該指定都市等）の条例で定める要件に適合している旨の都道府県知事（当該幼稚園又は保育所等が指定都市所在施設である場合にあっては、当該指定都市の長）（保育所に係る児童福祉法の規定による認可その他の処分をする権限に係る事務を地方自治法第百八十条の二の規定に基づく都道府県知事又は指定都市の長の委任を受けて当該都道府県又は指定都市の教育委員会が行う場合その他の主務省令で定める場合にあっては、都道府県又は指定都市の教育委員会。以下この章及び第四章において同じ。）の認定を受けることができる。

2　前項の条例で定める要件は、次に掲げる基準に従い、かつ、主務大臣が定める施設の設備及び運営に関する基準を参酌して定めるものとする。

一　当該施設が幼稚園である場合にあっては、幼稚園教育要領（学校教育法第二十五条第一項の規定に基づき幼稚園に関して文部科学大臣が定める事項をいう。第十条第二項において同じ。）に従って編成された教育課程に基づく教育を行うほか、当該教育のための時間の終了後、当該幼稚園に在籍している子どものうち保育を必要とする子どもに該当する者に対する教育を行うこと。

二　当該施設が保育所等である場合にあっては、保育を必要とする子どもに対する保育を行うほか、当該保育を必要とする子ども以外の満三歳以上の子ども（当該施設が保育所である場合にあっては、当該保育所が所在する市町村（特別区を含む。以下同じ。）における児童福祉法第二十四条第四項に規定する保育の利用に対する需要の状況に照らして適当と認められる数の子どもに限る。）を保育し、かつ、満三歳以上の子どもに対し学校教育法第二十三条各号に掲げる目標が達成されるよう保育を行うこと。

三　子育て支援事業のうち、当該施設の所在する地域における教育及び保育に対する需要に照らし当該地域において実施することが必要と認められるものを、保護者の要請に応じ適切に提供し得る体制の下で行うこと。

3　幼稚園及び保育機能施設のそれぞれの用に供される建物及びその附属設備が一体的に設置されている場合における当該幼稚園及び保育機能施設（以下「連携施設」という。）の設置者（都道府県及び指定都市等を除く。）は、その設置する連携施設が都道府県（当該連携施設が指定都市等所在施設である場合にあっては、当該指定都市等）の条例で定める要件に適合している旨の都道府県知事（当該連携施設が指定都市所在施設である場合にあっては、当該指定都市の長）の認定を受けることができる。

4　前項の条例で定める要件は、次に掲げる基準に従い、かつ、主務大臣が定める施設の設備及び運営に関する基準を参酌して定めるものとする。

一　次のいずれかに該当する施設であること。

イ　当該連携施設を構成する保育機能施設において、満三歳以上の子どもに対し学校教育法第二十三条各号に掲げる目標が達成されるよう保育を行い、かつ、当該保育を実施するに当たり当該連携施設を構成す

る幼稚園との緊密な連携協力体制が確保されていること。

ロ　当該連携施設を構成する保育機能施設に入所していた子どもを引き続き当該連携施設を構成する幼稚園に入園させて一貫した教育及び保育を行うこと。

二　子育て支援事業のうち、当該連携施設の所在する地域における教育及び保育に対する需要に照らし当該地域において実施することが必要と認められるものを、保護者の要請に応じ適切に提供し得る体制の下で行うこと。（以下略）

（教育及び保育の内容）

第六条　第三条第一項又は第三項の認定を受けた施設及び同条第十項の規定による公示がされた施設の設置者は、当該施設において教育又は保育を行うに当たっては、第十条第一項の幼保連携型認定こども園の教育課程その他の教育及び保育の内容に関する事項を踏まえて行わなければならない。

第三章　幼保連携型認定こども園

（教育及び保育の目標）

第九条　幼保連携型認定こども園においては、第二条第七項に規定する目的を実現するため、子どもに対する学校としての教育及び児童福祉施設（児童福祉法第七条第一項に規定する児童福祉施設をいう。次条第二項において同じ。）としての保育並びにその実施する保護者に対する子育て支援事業の相互の有機的な連携を図りつつ、次に掲げる目標を達成するよう当該教育及び当該保育を行うものとする。

一　健康、安全で幸福な生活のために必要な基本的な習慣を養い、身体諸機能の調和的発達を図ること。

二　集団生活を通じて、喜んでこれに参加する態度を養うとともに家族や身近な人への信頼感を深め、自主、自律及び協同の精神並びに規範意識の芽生えを養うこと。

三　身近な社会生活、生命及び自然に対する興味を養い、それらに対する正しい理解と態度及び思考力の芽生えを養うこと。

四　日常の会話や、絵本、童話等に親しむことを通じて、言葉の使い方を正しく導くとともに、相手の話を理解しようとする態度を養うこと。

五　音楽、身体による表現、造形等に親しむことを通じて、豊かな感性と表現力の芽生えを養うこと。

六　快適な生活環境の実現及び子どもと保育教諭その他の職員との信頼関係の構築を通じて、心身の健康の確保及び増進を図ること。

（教育及び保育の内容）

第十条　幼保連携型認定こども園の教育課程その他の教育及び保育の内容に関する事項は、第二条第七項に規定する目的及び前条に規定する目標に従い、主務大臣が定める。

2　主務大臣が前項の規定により幼保連携型認定こども園の教育課程その他の教育及び保育の内容に関する事項を定めるに当たっては、幼稚園教育要領及び児童福祉法第四十五条第二項の規定に基づき児童福祉施設に関して内閣府令で定める基準（同項第三号に規定する保育所における保育の内容に係る部分に限る。）との整合性の確保並びに小学校（学校教育法第一条に規定する小学校をいう。）及び義務教育学校（学校教育法第一条に規定する義務教育学校をいう。）における教育との円滑な接続に配慮しなければならない。

3　幼保連携型認定こども園の設置者は、第一項の教育及び保育の内容に関する事項を遵守しなければならない。

（入園資格）

第十一条　幼保連携型認定こども園に入園することのできる者は、満三歳以上の子ども及び満三歳未満の保育を必要とする子どもとする。

（設置者）

第十二条　幼保連携型認定こども園は、国、地方公共団体（公立大学法人を含む。第十七条第一項において同じ。）、学校法人及び社会福祉法人のみが設置することができる。

◆高等学校等就学支援金の支給に関する法律

（平二二・三・三一 法 一八）

最終改正 令四―法六八

第一章 総則

（目的）

第一条 この法律は、高等学校等の生徒等がその授業料に充てるために高等学校等就学支援金の支給を受けることができることとすることにより、高等学校等における教育に係る経済的負担の軽減を図り、もって教育の機会均等に寄与することを目的とする。

（定義）

第二条 この法律において「高等学校等」とは、次に掲げるものをいう。

一 高等学校（専攻科及び別科を除く。以下同じ。）

二 中等教育学校の後期課程（専攻科及び別科を除く。次条第三項及び第五条第三項において同じ。）

三 特別支援学校の高等部

四 高等専門学校（第一学年から第三学年までに限る。）

五 専修学校及び各種学校（これらのうち高等学校の課程に類する課程を置くものとして文部科学省令で定めるものに限り、学校教育法（昭和二十二年法律第二十六号）第一条に規定する学校以外の教育施設で学校教育に類する教育を行うもののうち当該教育を行うにつき同法以外の法律に特別の規定があるものであって、高等学校の課程に類する課程を置くものとして文部科学省令で定めるもの（第四条及び第六条第一項において「特定教育施設」という。）を含む。）

第二章 高等学校等就学支援金の支給

（受給資格）

第三条 高等学校等就学支援金（以下「就学支援金」という。）は、高等学校等に在学する生徒又は学生で日本国内に住所を有する者に対し、当該高等学校等（その者が同時に二以上の高等学校等の課程に在学するときは、これらのうちいずれか一の高等学校等の課程）における就学について支給する。

2 就学支援金は、前項に規定する者が次の各号のいずれかに該当するときは、支給しない。

一 高等学校等（修業年限が三年未満のものを除く。）を卒業し又は修了した者

二 前号に掲げる者のほか、高等学校に在学した期間が通算して三十六月を超える者

三 前二号に掲げる者のほか、前項に規定する者の保護者（学校教育法第十六条に規定する保護者をいう。）その他の同項に規定する者の就学に要する経費を負担すべき者として政令で定める者（以下「保護者等」という。）の収入の状況に照らして、就学支援金の支給により当該保護者等の経済的負担を軽減する必要があるとは認められない者として政令で定める者

3 前項第二号の期間は、その初日において高等学校に在学していた月を一月（その初日において高等学校又は中等教育学校の後期課程の定時制の課程又は通信制の課程のみに在学していた月その他の政令で定める月にあっては、一月を超えない範囲内で政令で定める月数）として計算する。

（就学支援金の額）

第五条 就学支援金は、前条の認定を受けた者（以下「受給権者」という。）がその初日において当該認定に係る高等学校等（以下「支給対象高等学校等」という。）に在学する月について、月を単位として支給されるものとし、その額は、一月につき、支給対象高校等の授業料の月額（授業料の額が年額その他月額以外の方法により定めら

れている場合にあっては、授業料の月額に相当するものとして文部科学省令で定めるところにより算定した額をいい、受給権者が授業料の減免を受けた場合にあっては、文部科学省令で定めるところにより当該授業料の月額から当該減免に係る額を控除した額をいう。）に相当する額（その額が支給対象高等学校等の設置者、種類及び課程の区分に応じて政令で定める額（以下この項において「支給限度額」という。）を超える場合にあっては、支給限度額）とする。

2　支給対象高等学校等が政令で定める高等学校等である受給権者であって、その保護者等の収入の状況に照らして特に当該保護者等の経済的負担を軽減する必要があるものとして政令で定めるものに対して支給される就学支援金に係る前項の規定の適用については、同項中「定める額」とあるのは、「定める額に政令で定める額を加えた額」とする。

3　第一項の支給限度額は、地方公共団体の設置する高等学校、中等教育学校の後期課程及び特別支援学校の高等部の授業料の月額その他の情を勘案して定めるものとする。

（就学支援金の支給）

第六条　都道府県知事（支給対象高等学校等が地方公共団体の設置するものである場合（支給対象高等学校等が特定教育施設である場合を除く。）にあっては、都道府県教育委員会。以下同じ。）は、受給権者に対し、就学支援金を支給する。（以下略）

（代理受領等）

第七条　支給対象高等学校等の設置者は、受給権者に代わって就学支援金を受領し、その有する当該受給権者の授業料に係る債権の弁済に充てるものとする。

◆高等学校等就学支援金の支給に関する法律施行規則

（平二二・四・一　文科省令一三）

最終改正　令五―文科省令一一

（専修学校及び各種学校）

第一条　高等学校等就学支援金の支給に関する法律（平成二十二年法律第十八号。以下「法」という。）第二条第五号に掲げる専修学校及び各種学校のうち高等学校の課程に類する課程を置くものとして文部科学省令で定めるものは、次に掲げるものとする。

一　専修学校の高等課程

二　専修学校の一般課程であって、次に掲げる教育施設の指定を受けたもの

イ　保健師助産師看護師法（昭和二十三年法律第二百三号）第二十二条第一号に規定する学校又は同条第二号に規定する准看護師養成所

ロ　調理師法（昭和三十三年法律第百四十七号）第三条第一項第一号に規定する調理師養成施設

ハ　製菓衛生師法（昭和四十一年法律第百十五号）第五条第一号に規定する製菓衛生師養成施設

三　各種学校であって、前号イからハまでに掲げる教育施設の指定を受けたもの

四　各種学校であって、我が国に居住する外国人を専ら対象とするもののうち、次に掲げるもの

イ　高等学校に対応する外国の学校の課程と同等の課程を有するものとして当該外国の学校教育制度において位置付けられたものであって、文部科学大臣が指定したもの

ロ　イに掲げるもののほか、その教育活動等について、文部科学大臣が指定する団体の認定を受けたものであって、文部科学大臣が指定したもの

2　前項第四号の指定又は指定の変更は、官報に告示して行うものとする。

3　法第二条第五項の学校教育法（昭和二十二年法律第二十六号）第一条に規定する学校以外の教育施設で学校教育に類する教育を行うもののうち当該教育を行うにつき同法以外の法律に特別の規定があるものであって、高等学校の課程に類する課程を置くものとして文部科学省令で定めるものは、独立行政法人海技教育機構法（平成十一年法律第二百十四号）による独立行政法人海技教育機構海技士教育科海技課程の本科とする。

◆特別支援学校への就学奨励に関する法律

（昭二九・六・一
法一四四）

最終改正　平二八—法四七

（この法律の目的）

第一条　この法律は、教育の機会均等の趣旨に則り、かつ、特別支援学校への就学の特殊事情にかんがみ、国及び地方公共団体が特別支援学校に就学する児童又は生徒について行う必要な援助を規定し、もって特別支援学校における教育の普及奨励を図ることを目的とする。

◆大学等における修学の支援に関する法律

（令元・五・一七
法八）

第一章　総則

（目的）

第一条　この法律は、真に支援が必要な低所得者世帯の者に対し、社会で自立し、及び活躍することができる豊かな人間性を備えた創造的な人材を育成するために必要な質の高い教育を実施する大学等における修学の支援を行い、その修学に係る経済的負担を軽減することにより、子どもを安心して生み、育てることができる環境の整備を図り、もって我が国における急速な少子化の進展への対処に寄与することを目的とする。

（定義）

第二条　この法律において「大学等」とは、大学（学校教育法（昭和二十二年法律第二十六号）第百三条に規定する大学を除く。以下同じ。）、高等専門学校及び専門課程を置く専修学校（第七条第一項及び第十条において「専門学校」という。）をいう。

2　この法律において「学生等」とは、大学の学部、短期大学の学科及び専攻科（大学の学部に準ずるものとして文部科学省令で定める専攻科に限る。）並びに高等専門学校の学科（第四学年及び第五学年に限る。）及び専攻科（大学の学部に準ずるものとして文部科学省令で定める専攻科に限る。）の学生並びに専修学校の専門課程の生徒をいう。

3　この法律において「確認大学等」とは、第七条第一項の確認を受けた大学等をいう。

第二章　大学等における修学の支援

第一節　通則

第三条　大学等における修学の支援は、確認大学等に在学する学生等のうち、特に優れた者であって経済的理由により極めて修学に困難があるものに対して行う学資支給及び授業料等減免とする。

第二節　学資支給

第四条　学資支給は、学資支給金（独立行政法人日本学生支援機構法（平成十五年法律第九十四号）第十七条の二第一項に規定する学資支給金をいう。）の支給とする。

第五条　学資支給については、この法律に別段の定めがあ

るものを除き、独立行政法人日本学生支援機構法の定めるところによる。

第三節　授業料等減免

（授業料等減免）
第六条　授業料等減免は、第八条第一項の規定による授業料等（授業料及び入学金をいう。同項において同じ。）の減免とする。

（大学等の確認）
第七条　次の各号に掲げる大学等の設置者は、授業料等減免を行おうとするときは、文部科学省令で定めるところにより、当該各号に定める者（以下「文部科学大臣等」という。）に対し、当該大学等が次項各号に掲げる要件を満たしていることについて確認を求めることができる。
一　大学及び高等専門学校（いずれも学校教育法第二条第二項に規定する国立学校又は私立学校であるものに限る。第十条第一号において同じ。）並びに国立大学法人（国立大学法人法（平成十五年法律第百十二号）第二条第一項に規定する国立大学法人をいう。第十条第一号において同じ。）が設置する専門学校　文部科学大臣
二　国が設置する専門学校　当該専門学校が属する国の行政機関の長
三　独立行政法人（独立行政法人通則法（平成十一年法律第百三号）第二条第一項に規定する独立行政法人をいう。以下この号及び第十条第一号において同じ。）が設置する専門学校　当該独立行政法人の主務大臣（同法第六十八条に規定する主務大臣をいう。）
四　地方公共団体が設置する大学等　当該地方公共団体の長
五　公立大学法人（地方独立行政法人法（平成十五年法律第百十八号）第六十八条第一項に規定する公立大学法人をいう。以下この項及び第十条第三号において同じ。）が設置する大学等　当該公立大学法人を設立する地方公共団体の長
六　地方独立行政法人（地方独立行政法人法第二条第一項に規定する地方独立行政法人をいい、公立大学法人を除く。以下この号及び第十条第四号において同じ。）が設置する専門学校　当該地方独立行政法人を設立する地方公共団体の長
七　専門学校（前各号に掲げるものを除く。）　当該専門学校を所管する都道府県知事
2　文部科学大臣等は、前項の確認（以下単に「確認」という。）を求められた場合において、当該求めに係る大学等が次に掲げる要件（第九条第一項第一号及び第十五条第一項第一号において「確認要件」という。）を満たしていると認めるときは、その確認をするものとする。
一　大学等の教育の実施体制に関し、大学等が社会で自立し、及び活躍することができる豊かな人間性を備えた創造的な人材を育成するために必要なものとして文部科学省令で定める基準に適合するものであること。
二　大学等の経営基盤に関し、大学等がその経営を継続的かつ安定的に行うために必要なものとして文部科学省令で定める基準に適合するものであること。
三　当該大学等の設置者が、第十五条第一項の規定により確認を取り消された大学等の設置者又はこれに準ずる者として政令で定める者で、その取消しの日又はこれに準ずる日として政令で定める日から起算して三年を経過しないものでないこと。
四　当該大学等の設置者が法人である場合において、その役員のうちに、この法律若しくはこの法律に基づく命令若しくはこれらに基づく処分に違反した者又はこれに準ずる者として政令で定める者で、その違反行為をした日又はこれに準ずる日として政令で定める日から起算して三年を経過しないものがないこと。
3　文部科学大臣等は、確認をしたときは、遅滞なく、その旨をインターネットの利用その他の方法により公表しなければならない。

（確認大学等の
第八条　確認大学等の設置者は、当該確認大学等に在学す

（設置者による授業料等の減免）

る学生等のうち、文部科学省令で定める基準及び方法に従い、特に優れた者であって経済的理由により極めて修学に困難があるものと認められるものを授業料等減免対象者として認定し、当該授業料等減免対象者に対して授業料等の減免を行うものとする。

2　前項の規定により確認大学等の設置者が行う授業料等減免の額は、確認大学等の種別その他の事情を考慮して、政令で定めるところによる。

3　前二項に定めるもののほか、授業料等減免の期間その他の確認大学等の設置者が行う授業料等減免に関し必要な事項は、政令で定める。

（減免費用の支弁）

第十条　次の各号に掲げる大学等に係る授業料等減免に要する費用（以下「減免費用」という。）は、それぞれ当該各号に定める者（第十二条第三項において「国等」という。）が支弁する。

一　大学及び高等専門学校並びに国、国立大学法人及び独立行政法人が設置する専門学校　国

二　地方公共団体が設置する大学等　当該地方公共団体

三　公立大学法人が設置する大学等　当該公立大学法人を設立する地方公共団体

四　地方独立行政法人が設置する専門学校　当該地方独立行政法人を設立する地方公共団体

五　専門学校（前各号に掲げるものを除く。）当該専門学校を所管する都道府県知事の統轄する都道府県

（国の負担）

第十一条　国は、政令で定めるところにより、前条（第五号に係る部分に限る。）の規定により都道府県が支弁する減免費用の二分の一を負担する。

（認定の取消し等）

第十二条　確認大学等の設置者は、文部科学省令で定めるところにより、当該確認大学等に在学する授業料等減免対象者が偽りその他不正の手段により授業料等減免を受けた又は次の各号のいずれかに該当するに至ったと認めるときは、当該授業料等減免対象者に係る第八条第一項の規定による認定（以下この条において単に「認定」という。）を取り消すことができる。

一　学業成績が著しく不良となったと認められるとき。

二　学生等たるにふさわしくない行為があったと認められるとき。

2　確認大学等の設置者は、前項の規定により認定を取り消したときは、文部科学省令で定めるところにより、その旨を当該確認大学等に係る確認をした文部科学大臣等に届け出なければならない。

3　第一項の規定により認定を取り消した確認大学等の設置者に対し減免費用を支弁する国等は、前項の規定による届出があった場合において、当該認定を取り消された学生等に対する授業料等減免に係る減免費用を既に支弁しているときは、国税徴収の例により、当該確認大学等の設置者から当該減免費用に相当する金額を徴収することができる。

4　前項の規定による徴収金の先取特権の順位は、国税及び地方税に次ぐものとする。

（勧告、命令等）

第十四条　文部科学大臣等は、確認大学等の設置者が授業料等減免を適切に行っていないと認める場合その他授業料等減免の適正な実施を確保するため必要があると認める場合には、当該確認大学等の設置者に対し、期限を定めて、授業料等減免の実施の方法の改善その他必要な措置をとるべきことを勧告することができる。

2　文部科学大臣等は、前項の規定による勧告をした場合において、その勧告を受けた確認大学等の設置者が、同項の期限内にこれに従わなかったときは、その旨を公表することができる。

3　文部科学大臣等は、第一項の規定による勧告を受けた確認大学等の設置者が、正当な理由がなくてその勧告に係る措置をとらなかったときは、当該確認大学等の設置者に対し、期限を定めて、その勧告に係る措置をとるべきことを命ずることができる。

4　文部科学大臣等は、前項の規定による命令をした場合

においては、その旨を公示しなければならない。

（確認の取消し）

第十五条　文部科学大臣等は、次の各号のいずれかに該当する場合においては、当該確認大学等に係る確認を取り消すことができる。

一　確認大学等が、確認要件を満たさなくなったとき。

二　確認大学等の設置者が、不正の手段により確認を受けていたとき。

三　前号に掲げるもののほか、確認大学等の設置者が、減免費用の支弁に関し不正な行為をしたとき。

四　確認大学等の設置者が、第十三条第二項の規定により報告又は帳簿書類その他の物件の提出若しくは提示を命ぜられてこれに従わず、又は虚偽の報告若しくは虚偽の物件の提出若しくは提示をしたとき。

五　確認大学等の設置者が、第十三条第二項の規定により出頭を求められてこれに応ぜず、同項の規定による質問に対して答弁をせず、若しくは虚偽の答弁をし、又は同項の規定による検査を拒み、妨げ、若しくは忌避したとき。

六　前各号に掲げる場合のほか、確認大学等の設置者が、この法律若しくはこの法律に基づく命令又はこれらに基づく処分に違反したとき。

2　第七条第三項の規定は、前項の規定による確認の取消しをしたときについて準用する。

◆大学等における修学の支援に関する法律施行規則

（令元・六・二八　文科省令六）

最終改正　令五―文科省令一六

（大学等の確認要件）

第二条　法第七条第二項第一号の文部科学省令で定める基準は、次の各号のいずれにも適合するものであることとする。

一　大学（学校教育法（昭和二十二年法律第二十六号）第百三条に規定する大学を除き、短期大学の認定専攻科を含む。）、高等専門学校（第四学年、第五学年及び認定専攻科に限る。）及び専門学校（専門課程を置く専修学校をいい、専門課程に限る。以下同じ。）（以下「大学等」という。）の学部等（学部、学科又はこれらに準ずるもの（法第三条に規定する大学等における修学の支援の対象者が在学できないことが明らかにされているものを除く。）をいう。第四条第一項において同じ。）ごとに、実務の経験を有する教員が担当する授業科目その他の実践的な教育が行われる授業科目（実践的な教育が行われる旨が第三号イに規定する授業計画書に記載されているものに限る。）の単位数又は授業時数が別表第一に定める基準数以上であること。

二　大学等の設置者（国立大学法人（国立大学法人法（平成十五年法律第百十二号）第二条第一項に規定する国立大学法人をいう。次条第一号及び第四条第二項において同じ。）、独立行政法人国立高等専門学校機構、公立大学法人（地方独立行政法人法（平成十五年法律第百十八号）第六十八条第一項に規定する公立大学法人をいう。次条第一号において同じ。）及び学校法人等（私立学校法（昭和二十四年法律第二百七十号）第三条に規定する学校法人及び同法六十四条第四項に規定する法人をいう。次条第二号イ及びロにおいて同じ。）（第四号ロ及び第四条第三項において「大学等の設置及び運営を主たる目的とする法人」という。）に限る。）の役員（監事を除く。）のうちに、その任命又は選任の際現に当該大学等の設置者の役員又は職員でない者（第三項において「学外者」という。）が二人以上含まれること。

三　大学等において、客観性及び厳格性が確保された学

修の成果に係る評価（イにおいて「成績評価」という。）の適正な管理に関する事項として次に掲げる事項を実施すること。

イ　毎年度、授業計画書（授業科目、授業の方法及び内容、年間の授業の計画、成績評価の方法及び基準その他の授業の実施に関する事項を記載したものをいう。）を公表すること。

ロ　大学等が定める適切な方法により学修の成果を評価して単位の授与又は履修の認定を行うこと。

ハ　学生等の履修科目に係る成績の平均を数値で表す客観的な指標又はこれに準ずるもの（以下「ＧＰＡ等」という。）及びその算出方法の設定、公表及び適切な運用を行うとともに、別表第二備考第二号に規定する学部等ごとにＧＰＡ等の分布状況を把握すること。

ニ　卒業又は全課程の修了の認定に関する方針を公表するとともに、当該方針を踏まえ卒業又は全課程の修了の認定を行うこと。

四　次に掲げるものを公表すること。

イ　大学等の設置者（国及び地方公共団体を除く。）が関係法令の規定に基づき作成すべき財務諸表等（当該関係法令の規定に基づき財務諸表等の作成を要しないときは、貸借対照表及び収支計算書又はこれらに準ずる書類）

ロ　大学等の設置者（大学等の設置及び運営を主たる目的とする法人に限る。）の役員（監事を除く。）の氏名が記載された名簿

ハ　学校教育法第百九条第一項（同法第百二十三条において準用する場合を含む。）に規定する点検及び評価の結果

ニ　学校教育法施行規則（昭和二十二年文部省令第十一号）第百七十二条の二第一項各号（同令第百七十九条において準用する場合を含む。）に掲げる情報（専門学校にあっては、同令第百八十九条において準用する同令第六十七条の規定による評価の結果及び様式第二号の申請書に記載すべき情報）

2　前項第一号の実務の経験は、その者の担当する授業科目に関連する実務の経験でなければならない。

3　学外者である役員が再任される場合において、その最初の任命又は選任の際現に大学等の設置者の役員又は職員でなかったときの第一項第二号の規定の適用については、その再任の際現に当該大学等の設置者の役員又は職員でない者とみなす。

4　第一項第四号に規定する公表は、刊行物への掲載、インターネットの利用その他広く周知を図ることができる方法によって行うものとする。

（確認の申請等）

第五条　大学等の設置者は、法第七条第一項の確認（以下単に「確認」という。）を受けようとするときは、当該確認を受けようとする年度の五月初日から六月末日までに、同項各号に定める者（以下「文部科学大臣等」という。）に対し、様式第一号及び様式第二号の一から様式第二号の四までの申請書（以下「確認申請書」という。）を提出するものとする。

2　前項の規定にかかわらず、確認を受けようとする大学等が学校教育法第四条第一項又は同法第百三十条第一項の認可（大学等の設置に係るものに限る。）を受けようとするものであるときは、当該認可を受けた後遅滞なく、確認申請書を提出するものとする。

3　確認大学等の設置者は、毎年六月末日までに、当該確認大学等に係る確認をした文部科学大臣等に対し、第一項の規定により提出した確認申請書に記載した事項についての直近の情報及び次の各号に掲げる事項を記載した確認申請書（第七条第二項及び附則第三条第二項において「更新確認申請書」という。）を提出するものとする。

一　当該確認大学等における前年度の授業料等減免対象者及び給付奨学生（独立行政法人日本学生支援機構に

関する省令（平成十六年文部科学省令第二十三号。以下「機構省令」という。）第二十三条の四第四項に規定する給付奨学生をいう。以下同じ。）の数

二　前年度に第十五条第一項の規定により授業料等減免対象者としての認定の取消しを受けた者及び機構省令第二十三条の十第一項の規定により給付奨学生認定の取消しを受けた者の数

三　前年度に第十五条第三項及び機構省令第二十三条の十第三項の規定により学業成績が不振である旨の警告を受けた者の数

四　前年度に第十八条第一項第四号の規定により授業料等減免対象者としての認定の効力の停止を受けた者及び機構省令第二十三条の十二第一項第四号の規定により給付奨学生認定の効力の停止を受けた者の数

（確認の通知等）

第七条　文部科学大臣等は、確認をしたときは、遅滞なく、その旨を当該確認を受けた大学等の設置者に通知するものとする。

2　確認大学等の設置者は、前項の規定により確認をした旨の通知を受け、又は第五条第三項の規定により更新確認申請書を提出したときは、遅滞なく、当該確認に係る確認申請書又は当該更新確認申請書（いずれも様式第二号の一から様式第二号の四までの申請書の部分に限る。）をインターネットの利用により公表するものとする。

◇独立行政法人日本学生支援機構法

（平一五・六・一八
法　九　四）

最終改正　令四—法六八

第一章　総則

（機構の目的）

第三条　独立行政法人日本学生支援機構（以下「機構」という。）は、教育の機会均等に寄与するために学資の貸与及び支給その他学生等（大学及び高等専門学校の学生並びに専修学校の専門課程の生徒をいう。以下同じ。）の修学の援助を行い、大学等（大学、高等専門学校及び専門課程を置く専修学校をいう。以下同じ。）が学生等に対して行う修学、進路選択その他の事項に関する相談及び指導について支援を行うとともに、留学生交流（外国人留学生の受入れ及び外国への留学生の派遣をいう。以下同じ。）の推進を図るための事業を行うことにより、我が国の大学等において学ぶ学生等に対する適切な修学の環境を整備し、もって次代の社会を担う豊かな人間性を備えた創造的な人材の育成に資するとともに、国際相互理解の増進に寄与することを目的とする。

第三章　業務

（業務の範囲）

第十三条　機構は、第三条の目的を達成するため、次の業務を行う。

一　経済的理由により修学に困難がある優れた学生等に対し、学資の貸与及び支給その他必要な援助を行うこと。

二　外国人留学生、我が国に留学を志願する外国人及び外国に派遣される留学生に対し、学資の支給その他必要な援助を行うこと。

三　（以下略）

（学資の貸与）

第十四条　前条第一項第一号に規定する学資として貸与する資金（以下「学資貸与金」という。）は、無利息の学資貸与金（以下「第一種学資貸与金」という。）及び利息付きの学資貸与金（以下「第二種学資貸与金」という。）とする。

2　第一種学資貸与金は、優れた学生等であって経済的理由により修学に困難があるもののうち、文部科学省令で定める基準及び方法に従い、特に優れた者であって経済的理由により著しく修学に困難があるものと認定された者に対して貸与するものとする。

3　第二種学資貸与金は、前項の規定による認定を受けた者以外の学生等のうち、文部科学省令で定める基準及び方法に従い、大学その他政令で定める学校に在学する優れた者であって経済的理由により修学に困難があるものと認定された者に対して貸与するものとする。（以下略）

（学資貸与金の返還の条件等）

第十五条　学資貸与金の返還の期限及び返還の方法は、政令で定める。

2　機構は、学資貸与金の貸与を受けた者が災害又は傷病により学資貸与金を返還することが困難となったとき、その他政令で定める事由があるときは、その返還の期限を猶予することができる。

3　機構は、学資貸与金の貸与を受けた者が死亡又は精神若しくは身体の障害により学資貸与金を返還することができなくなったときは、政令で定めるところにより、その学資貸与金の全部又は一部の返還を免除することができる。

〔返済の免除〕

第十六条　機構は、大学院において第一種学資貸与金の貸与を受けた学生等のうち、在学中に特に優れた業績を挙げたと認められる者には、政令の定めるところにより、その学資貸与金の全部又は一部の返還を免除することができる。

（学資の支給）

第十七条の二　第十三条第一項第一号に規定する学資として支給する資金（以下「学資支給金」という。）は、大学等における修学の支援に関する法律（令和元年法律第八号）第二条第三項に規定する確認大学等（以下この項において「確認大学等」という。）に在学する優れた学生等であって経済的理由により修学に困難があるもののうち、文部科学省令で定める基準及び方法に従い、特に優れた者であって経済的理由により極めて修学に困難があるものと認定された者（同法第十五条第一項の規定による同法第七条第一項の確認の取消し又は確認大学等の設置者による当該確認大学等に係る同項の確認の辞退の際、当該確認大学等に在学している当該認定された者を含む。）に対して支給するものとする。

2　学資支給金の額は、学校等の種別その他の事情を考慮して、政令で定めるところによる。

3　前二項に定めるもののほか、学資支給金の支給に関し必要な事項は、政令で定める。

第４編　学校保健・学校安全編

4

◆学校保健安全法

（昭三三・四・一〇
法　五　六）

最終改正　平二七―法四六

第一章　総則

（目的）

第一条　この法律は、学校における児童生徒等及び職員の健康の保持増進を図るため、学校における保健管理に関し必要な事項を定めるとともに、学校における教育活動が安全な環境において実施され、児童生徒等の安全の確保が図られるよう、学校における安全管理に関し必要な事項を定め、もって学校教育の円滑な実施とその成果の確保に資することを目的とする。

（定義）

第二条　この法律において「学校」とは、学校教育法（昭和二十二年法律第二十六号）第一条に規定する学校をいう。

2　この法律において「児童生徒等」とは、学校に在学する幼児、児童、生徒又は学生をいう。

（国及び地方公共団体の責務）

第三条　国及び地方公共団体は、相互に連携を図り、各学校において保健及び安全に係る取組が確実かつ効果的に実施されるようにするため、学校における保健及び安全に関する最新の知見及び事例を踏まえつつ、財政上の措置その他の必要な施策を講ずるものとする。

2　国は、各学校における安全に係る取組を総合的かつ効果的に推進するため、学校安全の推進に関する計画の策定その他所要の措置を講ずるものとする。

3　地方公共団体は、国が講ずる前項の措置に準じた措置を講ずるように努めなければならない。

第二章　学校保健

第一節　学校の管理運営等

（学校保健に関する学校の設置者の責務）

第四条　学校の設置者は、その設置する学校の児童生徒等及び職員の心身の健康の保持増進を図るため、当該学校の施設及び設備並びに管理運営体制の整備充実その他の必要な措置を講ずるよう努めるものとする。

（学校保健計画の策定等）

第五条　学校においては、児童生徒等及び職員の心身の健康の保持増進を図るため、児童生徒等及び職員の健康診断、環境衛生検査、児童生徒等に対する指導その他保健に関する事項について計画を策定し、これを実施しなければならない。

（学校環境衛生基準）

第六条　文部科学大臣は、学校における換気、採光、照明、保温、清潔保持その他環境衛生に係る事項（学校給食法（昭和二十九年法律第百六十号）第九条第一項（夜間課程を置く高等学校における学校給食に関する法律（昭和三十一年法律第百五十七号）第七条及び特別支援学校の幼稚部及び高等部における学校給食に関する法律（昭和三十二年法律第百十八号）第六条において準用する場合を含む。）に規定する事項を除く。）について、児童生徒等及び職員の健康を保護する上で維持されることが望ましい基準（以下この条において「学校環境衛生基準」という。）を定めるものとする。

2　学校の設置者は、学校環境衛生基準に照らしてその設置する学校の適切な環境の維持に努めなければならない。

3　校長は、学校環境衛生基準に照らし、学校の環境衛生に関し適正を欠く事項があると認めた場合には、遅滞なく、その改善のために必要な措置を講じ、又は当該措置を講ずることができないときは、当該学校の設置者に対し、その旨を申し出るものとする。

（保健室）

第七条　学校には、健康診断、健康相談、保健指導、救急処置その他の保健に関する措置を行うため、保健室を設けるものとする。

第二節　健康相談等

（健康相談）
第八条　学校においては、児童生徒等の心身の健康に関し、健康相談を行うものとする。

（保健指導）
第九条　養護教諭その他の職員は、相互に連携して、健康相談又は児童生徒等の健康状態の日常的な観察により、児童生徒等の心身の状況を把握し、健康上の問題があると認めるときは、遅滞なく、当該児童生徒等に対して必要な指導を行うとともに、必要に応じ、その保護者（学校教育法第十六条に規定する保護者をいう。第二十四条及び第三十条において同じ。）に対して必要な助言を行うものとする。

（地域の医療機関等との連携）
第十条　学校においては、救急処置、健康相談又は保健指導を行うに当たつては、必要に応じ、当該学校の所在する地域の医療機関その他の関係機関との連携を図るよう努めるものとする。

第三節　健康診断

（就学時の健康診断）
第十一条　市（特別区を含む。以下同じ。）町村の教育委員会は、学校教育法第十七条第一項の規定により翌学年の初めから同項に規定する学校に就学させるべき者で、当該市町村の区域内に住所を有するものの就学に当たつて、その健康診断を行わなければならない。

（教育委員会の勧告・助言・措置）
第十二条　市町村の教育委員会は、前条の健康診断の結果に基づき、治療を勧告し、保健上必要な助言を行い、及び学校教育法第十七条第一項に規定する義務の猶予若しくは免除又は特別支援学校への就学に関し指導を行う等適切な措置をとらなければならない。

（児童生徒等の健康診断）
第十三条　学校においては、毎学年定期に、児童生徒等（通信による教育を受ける学生を除く。）の健康診断を行わなければならない。
2　学校においては、必要があるときは、臨時に、児童生徒等の健康診断を行うものとする。

（学校による適切な措置）
第十四条　学校においては、前条の健康診断の結果に基づき、疾病の予防処置を行い、又は治療を指示し、並びに運動及び作業を軽減する等適切な措置をとらなければならない。

（職員の健康診断）
第十五条　学校の設置者は、毎学年定期に、学校の職員の健康診断を行わなければならない。
2　学校の設置者は、必要があるときは、臨時に、学校の職員の健康診断を行うものとする。

（学校の設置者による適切な措置）
第十六条　学校の設置者は、前条の健康診断の結果に基づき、治療を指示し、及び勤務を軽減する等適切な措置をとらなければならない。

（健康診断の方法及び技術的基準等）
第十七条　健康診断の方法及び技術的基準については、文部科学省令で定める。
2　第十一条から前条までに定めるもののほか、健康診断の時期及び検査の項目その他健康診断に関し必要な事項は、前項に規定するものを除き、第十一条の健康診断に関するものについては政令で、第十三条及び第十五条の健康診断に関するものについては文部科学省令で定める。
3　前二項の文部科学省令は、健康増進法（平成十四年法律第百三号）第九条第一項に規定する健康診査等指針と調和が保たれたものでなければならない。

（保健所との連絡）
第十八条　学校の設置者は、この法律の規定による健康診断を行おうとする場合その他政令で定める場合においては、保健所と連絡するものとする。

第四節　感染症の予防

（出席停止）
第十九条　校長は、感染症にかかつており、かかつている疑いがあり、又はかかるおそれのある児童生徒等があるときは、政令で定めるところにより、出席を停止させることができる。

（臨時休業）
第二十条　学校の設置者は、感染症の予防上必要があるときは、臨時に、学校の全部又は一部の休業を行うことができる。

第五節　学校保健技師並びに学校医、学校歯科医及び学校薬剤師

（学校保健技師）
第二十二条　都道府県の教育委員会の事務局に、学校保健

技師を置くことができる。

2 学校保健技師は、学校における保健管理に関する専門的事項について学識経験がある者でなければならない。

3 学校保健技師は、上司の命を受け、学校における保健管理に関し、専門的技術的指導及び技術に従事する。

（学校医、学校歯科医及び学校薬剤師）

第二十三条 学校には、学校医を置くものとする。

2 大学以外の学校には、学校歯科医及び学校薬剤師を置くものとする。

3 学校医、学校歯科医及び学校薬剤師は、それぞれ医師、歯科医師又は薬剤師のうちから、任命し、又は委嘱する。

4 学校医、学校歯科医及び学校薬剤師は、学校における保健管理に関する専門的事項に関し、技術及び指導に従事する。

5 学校医、学校歯科医及び学校薬剤師の職務執行の準則は、文部科学省令で定める。

第六節 地方公共団体の援助及び国の補助

（地方公共団体の援助）

第二十四条 地方公共団体は、その設置する小学校、中学校、義務教育学校、中等教育学校の前期課程又は特別支援学校の小学部若しくは中学部の児童又は生徒が、感染性又は学習に支障を生ずるおそれのある疾病で政令で定めるものにかかり、学校において治療の指示を受けたときは、当該児童又は生徒の保護者で次の各号のいずれかに該当するものに対して、その疾病の治療のための医療に要する費用について必要な援助を行うものとする。

一 生活保護法（昭和二十五年法律第百四十四号）第六条第二項に規定する要保護者

二 生活保護法第六条第二項に規定する要保護者に準ずる程度に困窮している者で政令で定めるもの

（国の補助）

第二十五条 国は、地方公共団体が前条の規定により同条第一号に掲げる者に対して援助を行う場合には、予算の範囲内において、その援助に要する経費の一部を補助することができる。

2 前項の規定により国が補助を行う場合の補助の基準については、政令で定める。

第三章 学校安全

（学校安全に関する学校の設置者の責務）

第二十六条 学校の設置者は、児童生徒等の安全の確保を図るため、その設置する学校において、事故、加害行為、災害等（以下この条及び第二十九条第三項において「事故等」という。）により児童生徒等に生ずる危険を防止し、及び事故等により児童生徒等に危険又は危害が現に生じた場合（同条第一項及び第二項において「危険等発生時」という。）において適切に対処することができるよう、当該学校の施設及び設備並びに管理運営体制の整備充実その他の必要な措置を講ずるよう努めるものとする。

（学校安全計画の策定等）

第二十七条 学校においては、児童生徒等の安全の確保を図るため、当該学校の施設及び設備の安全点検、児童生徒等に対する通学を含めた学校生活その他の日常生活における安全に関する指導、職員の研修その他学校における安全に関する事項について計画を策定し、これを実施しなければならない。

（学校環境の安全の確保）

第二十八条 校長は、当該学校の施設又は設備について、児童生徒等の安全の確保を図る上で支障となる事項があると認めた場合には、遅滞なく、その改善を図るために必要な措置を講じ、又は当該措置を講ずることができないときは、当該学校の設置者に対し、その旨を申し出るものとする。

（危険等発生時対処要領の作成等）

第二十九条 学校においては、児童生徒等の安全の確保を図るため、当該学校の実情に応じて、危険等発生時において当該学校の職員がとるべき措置の具体的内容及び手順を定めた対処要領（次項において「危険等発生時対処要領」という。）を作成するものとする。

2 校長は、危険等発生時対処要領の職員に対する周知、訓練の実施その他の危険等発生時において職員が適切に対処するために必要な措置を講ずるものとする。

3 学校においては、事故等により児童生徒等に危害が生

じた場合において、当該児童生徒等及び当該事故等により心理的外傷その他の心身の健康に対する影響を受けた児童生徒等その他の関係者の心身の健康を回復させるため、これらの者に対して必要な支援を行うものとする。この場合においては、第十条の規定を準用する。

（地域の関係機関等との連携）
第三十条　学校においては、児童生徒等の安全の確保を図るため、児童生徒等の保護者との連携を図るとともに、当該学校が所在する地域の実情に応じて、当該地域を管轄する警察署その他の関係機関、地域の安全を確保するための活動を行う団体その他の関係団体、当該地域の住民その他の関係者との連携を図るよう努めるものとする。

◆学校保健安全法施行令

（昭三三・六・一〇　政令一七四）
最終改正　平二七―政令四二一

（就学時の健康診断の時期）
第一条　学校保健安全法（昭和三十三年法律第五十六号。以下「法」という。）第十一条の健康診断（以下「就学時の健康診断」という。）は、学校教育法施行令（昭和二十八年政令第三百四十号）第二条の規定により学齢簿が作成された後翌学年の初めから四月前（同令第五条、第七条、第十一条、第十四条、第十五条及び第十八条の二に規定する就学に関する手続の実施に支障がない場合にあっては、三月前）までの間に行うものとする。
（以下略）

（検査の項目）
第二条　就学時の健康診断における検査の項目は、次のとおりとする。
一　栄養状態
二　脊柱《せき》及び胸郭の疾病及び異常の有無
三　視力及び聴力
四　眼の疾病及び異常の有無
五　耳鼻咽《いん》頭疾患及び皮膚疾患の有無
六　歯及び口腔《くう》の疾病及び異常の有無
七　その他の疾病及び異常の有無

◆学校保健安全法施行規則

（昭三三・六・一三　文部省令一八）
最終改正　令五―文科省令二二

第一章　環境衛生検査等

（環境衛生検査）
第一条　学校保健安全法（昭和三十三年法律第五十六号。以下「法」という。）第五条の環境衛生検査は、他の法令に基づくもののほか、毎学年定期に、法第六条に規定する学校環境衛生基準に基づき行わなければならない。
2　学校においては、必要があるときは、臨時に、環境衛生検査を行うものとする。

（日常における環境衛生）
第二条　学校においては、前条の環境衛生検査のほか、日常的な点検を行い、環境衛生の維持又は改善を図らなければならない。

第二章　健康診断

第一節　児童生徒等の健康診断

（時期）
第五条　法第十三条第一項の健康診断は、毎学年、六月三十日までに行うものとする。ただし、疾病その他やむを得ない事由によって当該期日に健康診断を受けることのできなかった者に対しては、その事由のなくなった後すみやかに健康診断を行うものとする。
2　第一項の健康診断における結核の有無の検査において結核発病のおそれがあると診断された者（第六条第三項第四号に該当する者に限る。）については、おおむね六か月の後に再度結核の有無の検査を行うものとする。

（検査の項目）
第六条　法第十三条第一項の健康診断における検査の項目

は、次のとおりとする。

一　身長及び体重
二　栄養状態
三　脊柱及び胸郭の疾病及び異常の有無並びに四肢の状態
四　視力及び聴力
五　眼の疾病及び異常の有無
六　耳鼻咽《いん》頭疾患及び皮膚疾患の有無
七　歯及び口腔《くう》の疾病及び異常の有無
八　結核の有無
九　心臓の疾病及び異常の有無
十　尿
十一　その他の疾病及び異常の有無

2　前項各号に掲げるもののほか、胸囲及び肺活量、背筋力、握力等の機能を、検査の項目に加えることができる。

（略）

（健康診断票）

第八条　学校においては、法第十三条第一項の健康診断を行ったときは、児童生徒等の健康診断票を作成しなければならない。

2　校長は、児童又は生徒が進学した場合においては、その作成に係る当該児童又は生徒の健康診断票を進学先の校長に送付しなければならない。

3　校長は、児童生徒等が転学した場合においては、その作成に係る当該児童生徒等の健康診断票を転学先の校長、保育所の長又は認定こども園の長に送付しなければならない。

4　児童生徒等の健康診断票は、五年間保存しなければならない。ただし、第二項の規定により送付を受けた児童又は生徒の健康診断票は、当該健康診断票に係る児童又は生徒が進学前の学校を卒業した日から五年間とする。

第三章　感染症の予防

（感染症の種類）

第十八条　学校において予防すべき感染症の種類は、次のとおりとする。

一　第一種　エボラ出血熱、クリミア・コンゴ出血熱、痘そう、南米出血熱、ペスト、マールブルグ病、ラッサ熱、急性灰白髄炎、ジフテリア、重症急性呼吸器症候群（病原体がベータコロナウイルス属SARSコロナウイルスであるものに限る。）、中東呼吸器症候群（病原体がベータコロナウイルス属MERSコロナウイルスであるものに限る。）及び特定鳥インフルエンザ（感染症の予防及び感染症の患者に対する医療に関する法律平成十年法律第百十四号）第六条第三項第六号に規定する特定鳥インフルエンザをいう。次号及び第十九条第二号イにおいて同じ。）

二　第二種　インフルエンザ（特定鳥インフルエンザを除く。）、百日咳《せき》、麻しん、流行性耳下腺炎、風しん、水痘、咽頭結膜熱、新型コロナウイルス感染症（病原体がベータコロナウイルス属のコロナウイルス（令和二年一月に、中華人民共和国から世界保健機関に対して、人に伝染する能力を有することが新たに報告されたものに限る。）であるものに限る。次条第二号チにおいて同じ。）、結核及び髄膜炎菌性髄膜炎

三　第三種　コレラ、細菌性赤痢、腸管出血性大腸菌感染症、腸チフス、パラチフス、流行性角結膜炎、急性出血性結膜炎その他の感染症

2　感染症の予防及び感染症の患者に対する医療に関する法律第六条第七項から第九項までに規定する新型インフルエンザ等感染症、指定感染症及び新感染症は、前項の規定にかかわらず、第一種の感染症とみなす。

（出席停止の期間の基準）

第十九条　令第六条第二項の出席停止の期間の基準は、前条の感染症の種類に従い、次のとおりとする。

一　第一種の感染症にかかった者については、治癒するまで。

二　第二種の感染症（結核及び髄膜炎菌性髄膜炎を除く。）にかかった者については、次の期間。ただし、病

状により学校医その他の医師において感染のおそれがないと認めたときは、この限りでない。

イ　インフルエンザ（特定鳥インフルエンザ及び新型インフルエンザ等感染症を除く。）にあっては、発症した後五日を経過し、かつ、解熱した後二日（幼児にあっては、三日）を経過するまで。

ロ　百日咳《せき》にあっては、特有の咳《せき》が消失するまで又は五日間の適正な抗菌性物質製剤による治療が終了するまで。

ハ　麻しんにあっては、解熱した後三日を経過するまで。

ニ　流行性耳下腺炎にあっては、耳下腺、顎下腺又は舌下腺の腫《ちょう》脹が発現した後五日を経過し、かつ、全身状態が良好になるまで。

ホ　風しんにあっては、発しんが消失するまで。

ヘ　水痘にあっては、すべての発しんが痂《か》皮化するまで。

ト　咽頭結膜熱にあっては、主要症状が消退した後二日を経過するまで。

チ　新型コロナウイルス感染症にあっては、発症した後五日を経過し、かつ、症状が軽快した後一日を経過するまで。

三　結核、髄膜炎菌性髄膜炎及び第三種の感染症にかかった者については、病状により学校医その他の医師において感染のおそれがないと認めるまで。

四　第一種若しくは第二種の感染症患者のある家に居住する者又はこれらの感染症にかかっている疑いがある者については、予防処置の施行の状況その他の事情により学校医その他の医師において感染のおそれがないと認めるまで。

（略）

◇学校給食法

（昭二九・六・三
法　一　六　〇）

最終改正　平二七—法四六

第一章　総則

（この法律の目的）

第一条　この法律は、学校給食が児童及び生徒の心身の健全な発達に資するものであり、かつ、児童及び生徒の食に関する正しい理解と適切な判断力を養う上で重要な役割を果たすものであることにかんがみ、学校給食及び学校給食を活用した食に関する指導の実施に関し必要な事項を定め、もって学校給食の普及充実及び学校における食育の推進を図ることを目的とする。

（学校給食の目標）

第二条　学校給食を実施するに当たっては、義務教育諸学校における教育の目的を実現するために、次に掲げる目標が達成されるよう努めなければならない。

一　適切な栄養の摂取による健康の保持増進を図ること。

二　日常生活における食事について正しい理解を深め、健全な食生活を営むことができる判断力を培い、及び望ましい食習慣を養うこと。

三　学校生活を豊かにし、明るい社交性及び協同の精神を養うこと。

四　食生活が自然の恩恵の上に成り立つものであることについての理解を深め、生命及び自然を尊重する精神並びに環境の保全に寄与する態度を養うこと。

五　食生活が食にかかわる人々の様々な活動に支えられていることについての理解を深め、勤労を重んずる態度を養うこと。

六　我が国や各地域の優れた伝統的な食文化についての理解を深めること。

七　食料の生産、流通及び消費について、正しい理解に

導くこと。

（定義）

第三条　この法律で「学校給食」とは、前条各号に掲げる目標を達成するために、義務教育諸学校において、その児童又は生徒に対し実施される給食をいう。

2　この法律で「義務教育諸学校」とは、学校教育法（昭和二十二年法律第二十六号）に規定する小学校、中学校、義務教育学校、中等教育学校の前期課程又は特別支援学校の小学部若しくは中学部をいう。

（義務教育諸学校の設置者の任務）

第四条　義務教育諸学校の設置者は、当該義務教育諸学校において学校給食が実施されるように努めなければならない。

（国及び地方公共団体の任務）

第五条　国及び地方公共団体は、学校給食の普及と健全な発達を図るように努めなければならない。

第二章　学校給食の実施に関する基本的な事項

（二以上の義務教育諸学校の学校給食の実施に必要な施設）

第六条　義務教育諸学校の設置者は、その設置する義務教育諸学校の学校給食を実施するための施設として、二以上の義務教育諸学校の学校給食の実施に必要な施設（以下「共同調理場」という。）を設けることができる。

（学校給食栄養管理者）

第七条　義務教育諸学校又は共同調理場において学校給食の栄養に関する専門的事項をつかさどる職員（第十条第三項において「学校給食栄養管理者」という。）は、教育職員免許法（昭和二十四年法律第百四十七号）第四条第二項に規定する栄養教諭の免許状を有する者又は栄養士法（昭和二十二年法律第二百四十五号）第二条第一項の規定による栄養士の免許を有する者で学校給食の実施に必要な知識若しくは経験を有するものでなければならない。

（学校給食実施基準）

第八条　文部科学大臣は、児童又は生徒に必要な栄養量その他の学校給食の内容及び学校給食を適切に実施するために必要な事項（次条第一項に規定する事項を除く。）について維持されることが望ましい基準（次項において「学校給食実施基準」という。）を定めるものとする。

2　学校給食を実施する義務教育諸学校の設置者は、学校給食実施基準に照らして適切な学校給食の実施に努めるものとする。

（学校給食衛生管理基準）

第九条　文部科学大臣は、学校給食の実施に必要な施設及び設備の整備及び管理、調理の過程における衛生管理その他の学校給食の適切な衛生管理を図る上で必要な事項について維持されることが望ましい基準（以下この条において「学校給食衛生管理基準」という。）を定めるものとする。

2　学校給食を実施する義務教育諸学校の設置者は、学校給食衛生管理基準に照らして適切な衛生管理に努めるものとする。

3　義務教育諸学校の校長又は共同調理場の長は、学校給食衛生管理基準に照らし、衛生管理上適正を欠く事項があると認めた場合には、遅滞なく、その改善のために必要な措置を講じ、又は当該措置を講ずることができないときは、当該義務教育諸学校若しくは共同調理場の設置者に対し、その旨を申し出るものとする。

第三章　学校給食を活用した食に関する指導

（栄養教諭による指導）

第十条　栄養教諭は、児童又は生徒が健全な食生活を自ら営むことができる知識及び態度を養うため、学校給食において摂取する食品と健康の保持増進との関連性についての指導、食に関して特別の配慮を必要とする児童又は生徒に対する個別的な指導その他の学校給食を活用した食に関する実践的な指導を行うものとする。この場合において、校長は、当該指導が効果的に行われるよう、学校給食と関連付けつつ当該義務教育諸学校における食に関する指導の全体的な計画を作成することその他の必要な措置を講ずるものとする。

2　栄養教諭が前項前段の指導を行うに当たつては、当該義務教育諸学校が所在する地域の産物を学校給食に活用することその他の創意工夫を地域の実情に応じて行い、

当該地域の食文化、食に係る産業又は自然環境の恵沢に対する児童又は生徒の理解の増進を図るよう努めるものとする。

3　栄養教諭以外の学校給食栄養管理者は、栄養教諭に準じて、第一項前段の指導を行うよう努めるものとする。この場合においては、同項後段及び前項の規定を準用する。

第四章　雑則

（経費の負担）

第十一条　学校給食の実施に必要な施設及び設備に要する経費並びに学校給食の運営に要する経費のうち政令で定めるものは、義務教育諸学校の設置者の負担とする。

2　前項に規定する経費以外の学校給食に要する経費（以下「学校給食費」という。）は、学校給食を受ける児童又は生徒の学校教育法第十六条に規定する保護者の負担とする。

（国の補助）

第十二条　国は、私立の義務教育諸学校の設置者に対し、政令で定めるところにより、予算の範囲内において、学校給食の開設に必要な施設又は設備に要する経費の一部を補助することができる。

2　国は、公立の小学校、中学校、義務教育学校又は中等教育学校の設置者が、学校給食を受ける児童又は生徒の学校教育法第十六条に規定する保護者（以下この項において「保護者」という。）で生活保護法（昭和二十五年法律第百四十四号）第六条第二項に規定する要保護者（その児童又は生徒について、同法第十三条の規定による教育扶助で学校給食費に関するものが行われている場合の保護者である者を除く。）であるものに対して、学校給食費の全部又は一部を補助する場合には、当該設置者に対し、当分の間、政令で定めるところにより、予算の範囲内において、これに要する経費の一部を補助することができる。

◆学校給食実施基準

（平二一・三・三一）
（文科省告示六一）

最終改正　令三―文科省告示一〇

（学校給食の実施の対象）

第一条　学校給食（学校給食法第三条第一項に規定する「学校給食」をいう。以下同じ。）は、これを実施する学校においては、当該学校に在学するすべての児童又は生徒に対し実施されるものとする。

（学校給食の実施回数等）

第二条　学校給食は、年間を通じ、原則として毎週五回、授業日の昼食時に実施されるものとする。

（児童生徒の個別の健康状態への配慮）

第三条　学校給食の実施に当たっては、児童又は生徒の個々の健康及び生活活動等の実態並びに地域の実情等に配慮するものとする。

（学校給食に供する食物の栄養内容）

第四条　学校給食に供する食物の栄養内容の基準は、別表に掲げる児童又は生徒一人一回当たりの学校給食摂取基準とする。

◆食育基本法

（平一七・六・一七）
（法　　六　三）

最終改正　平二七―法六六

二十一世紀における我が国の発展のためには、子どもたちが健全な心と身体を培い、未来や国際社会に向かって羽ばたくことができるようにするとともに、すべての国民が心身の健康を確保し、生涯にわたって生き生きと暮らすことができるようにすることが大切である。

子どもたちが豊かな人間性をはぐくみ、生きる力を身に付けていくためには、何よりも「食」が重要である。今、改めて、食育を、生きる上での基本であって、知育、徳育及び体育の基礎となるべきものと位置付けるとともに、

様々な経験を通じて「食」に関する知識と「食」を選択する力を習得し、健全な食生活を実践することができる人間を育てる食育を推進することが求められている。もとより、食育はあらゆる世代の国民に必要なものであるが、子どもたちに対する食育は、心身の成長及び人格の形成に大きな影響を及ぼし、生涯にわたって健全な心と身体を培い豊かな人間性をはぐくんでいく基礎となるものである。

一方、社会経済情勢がめまぐるしく変化し、日々忙しい生活を送る中で、人々は、毎日の「食」の大切さを忘れがちである。国民の食生活においては、栄養の偏り、不規則な食事、肥満や生活習慣病の増加、過度の痩《そう》身志向などの問題に加え、新たな「食」の安全上の問題や、「食」の海外への依存の問題が生じており、「食」に関する情報が社会に氾《はん》濫する中で、人々は、食生活の改善の面からも、「食」の安全の確保の面からも、自ら「食」のあり方を学ぶことが求められている。また、豊かな緑と水に恵まれた自然の下で先人からはぐくまれてきた、地域の多様性と豊かな味覚や文化の香りあふれる日本の「食」が失われる危機にある。

こうした「食」をめぐる環境の変化の中で、国民の「食」に関する考え方を育て、健全な食生活を実現することが求められるとともに、都市と農山漁村の共生・対流を進め、「食」に関する消費者と生産者との信頼関係を構築して、地域社会の活性化、豊かな食文化の継承及び発展、環境と調和のとれた食料の生産及び消費の推進並びに食料自給率の向上に寄与することが期待されている。

国民一人一人が「食」について改めて意識を高め、自然の恩恵や「食」に関わる人々の様々な活動への感謝の念や理解を深めつつ、「食」に関して信頼できる情報に基づく適切な判断を行う能力を身に付けることによって、心身の健康を増進する健全な食生活を実践するために、今こそ、家庭、学校、保育所、地域等を中心に、国民運動として、食育の推進に取り組んでいくことが、我々に課せられている課題である。さらに、食育の推進に関する我が国の取組が、海外との交流等を通じて食育に関して国際的に貢献することにつながることも期待される。

ここに、食育について、基本理念を明らかにしてその方向性を示し、国、地方公共団体及び国民の食育の推進に関する取組を総合的かつ計画的に推進するため、この法律を制定する。

第一章　総則

（目的）

第一条　この法律は、近年における国民の食生活をめぐる環境の変化に伴い、国民が生涯にわたって健全な心身を培い、豊かな人間性をはぐくむための食育を推進することが緊要な課題となっていることにかんがみ、食育に関し、基本理念を定め、及び国、地方公共団体等の責務を明らかにするとともに、食育に関する施策の基本となる事項を定めることにより、食育に関する施策を総合的かつ計画的に推進し、もって現在及び将来にわたる健康で文化的な国民の生活と豊かで活力ある社会の実現に寄与することを目的とする。

（国民の心身の健康の増進と豊かな人間形成）

第二条　食育は、食に関する適切な判断力を養い、生涯にわたって健全な食生活を実現することにより、国民の心身の健康の増進と豊かな人間形成に資することを旨として、行われなければならない。

（食に関する感謝の念と理解）

第三条　食育の推進に当たっては、国民の食生活が、自然の恩恵の上に成り立っており、また、食に関わる人々の様々な活動に支えられていることについて、感謝の念や理解が深まるよう配慮されなければならない。

（食育推進運動の展開）

第四条　食育を推進するための活動は、国民、民間団体等の自発的意思を尊重し、地域の特性に配慮し、地域住民その他の社会を構成する多様な主体の参加と協力を得るものとするとともに、その連携を図りつつ、あまねく全国において展開されなければならない。

（子どもの食育における保護者、教育関係者等の役割）

第五条　食育は、父母その他の保護者にあっては、家庭が食育において重要な役割を有していることを認識するとともに、子どもの教育、保育等を行う者にあっては、教育、保育等における食育の重要性を十分自覚し、積極的に子どもの食育の推進に関する活動に取り組むこととなるよう、行われなければならない。

（食に関する体験活動と食育推進活動の実践）

第六条　食育は、広く国民が家庭、学校、保育所、地域その他のあらゆる機会とあらゆる場所を利用して、食料の

生産から消費等に至るまでの食に関する様々な体験活動を行うとともに、自ら食育の推進のための活動を実践することにより、食に関する理解を深めることを旨として、行われなければならない。

（伝統的な食文化、環境と調和した生産等への配意及び農山漁村の活性化と食料自給率の向上への貢献）

第七条　食育は、我が国の伝統のある優れた食文化、地域の特性を生かした食生活、環境と調和のとれた食料の生産とその消費等に配意し、我が国の食料の需要及び供給の状況についての国民の理解を深めるとともに、食料の生産者と消費者との交流等を図ることにより、農山漁村の活性化と我が国の食料自給率の向上に資するよう、推進されなければならない。

（食品の安全性の確保等における食育の役割）

第八条　食育は、食品の安全性が確保され安心して消費できることが健全な食生活の基礎であることにかんがみ、食品の安全性をはじめとする食に関する幅広い情報の提供及びこれについての意見交換が、食に関する知識と理解を深め、国民の適切な食生活の実践に資することを旨として、国際的な連携を図りつつ積極的に行われなければならない。

（国の責務）

第九条　国は、第二条から前条までに定める食育に関する基本理念（以下「基本理念」という。）にのっとり、食育の推進に関する施策を総合的かつ計画的に策定し、及び実施する責務を有する。

（国民の責務）

第十三条　国民は、家庭、学校、保育所、地域その他の社会のあらゆる分野において、基本理念にのっとり、生涯にわたり健全な食生活の実現に自ら努めるとともに、食育の推進に寄与するよう努めるものとする。

◇健康増進法

（平一四・八・二）
（法一〇三）

最終改正　令四—法七七

第一章　総則

（目的）

第一条　この法律は、我が国における急速な高齢化の進展及び疾病構造の変化に伴い、国民の健康の増進の重要性が著しく増大していることにかんがみ、国民の健康の増進の総合的な推進に関し基本的な事項を定めるとともに、国民の栄養の改善その他の国民の健康の増進を図るための措置を講じ、もって国民保健の向上を図ることを目的とする。

（国民の責務）

第二条　国民は、健康な生活習慣の重要性に対する関心と理解を深め、生涯にわたって、自らの健康状態を自覚するとともに、健康の増進に努めなければならない。

（国及び地方公共団体の責務）

第三条　国及び地方公共団体は、教育活動及び広報活動を通じた健康の増進に関する正しい知識の普及、健康の増進に関する情報の収集、整理、分析及び提供並びに研究の推進並びに健康の増進に係る人材の養成及び資質の向上を図るとともに、健康増進事業実施者その他の関係者に対し、必要な技術的援助を与えることに努めなければならない。

（健康増進事業実施者の責務）

第四条　健康増進事業実施者は、健康教育、健康相談その他国民の健康の増進のために必要な事業（以下「健康増進事業」という。）を積極的に推進するよう努めなければならない。

（関係者の協力）

第五条　国、都道府県、市町村（特別区を含む。以下同じ。）、健康増進事業実施者、医療機関その他の関係者は、国民の健康の増進の総合的な推進を図るため、相互に連携を図りながら協力するよう努めなければならない。

第六章　受動喫煙防止

第一節　総則

（定義）
第二十五条の四　この章において、次の各号に掲げる用語の意義は、当該各号に定めるところによる。
一　たばこ　たばこ事業法（昭和五十九年法律第六十八号）第二条第三号に掲げる製造たばこであって、同号に規定する喫煙用に供されるもの及び同法第三十八条第二項に規定する製造たばこ代用品をいう。
二　喫煙　人が吸入するため、たばこを燃焼させ、又は加熱することにより煙（蒸気を含む。次号において同じ。）を発生させることをいう。
三　受動喫煙　人が他人の喫煙によりたばこから発生した煙にさらされることをいう。
四　特定施設　多数の者が利用する施設のうち、次に掲げるものをいう。
イ　学校、病院、児童福祉施設その他の受動喫煙により健康を損なうおそれが高い者が主として利用する施設として政令で定めるもの
ロ　国及び地方公共団体の行政機関の庁舎（行政機関がその事務を処理するために使用する施設に限る。）
五　特定屋外喫煙場所　特定施設の屋外の場所の一部の場所のうち、当該特定施設の管理権原者によって区画され、厚生労働省令で定めるところにより、喫煙をすることができる場所である旨を記載した標識の掲示その他の厚生労働省令で定める受動喫煙を防止するために必要な措置がとられた場所をいう。
六　喫煙関連研究場所　たばこに関する研究開発（喫煙を伴うものに限る。）の用に供する場所をいう。

第二節　受動喫煙を防止するための措置

（特定施設における喫煙の禁止等）
第二十五条の五　何人も、正当な理由がなくて、特定施設においては、特定屋外喫煙場所及び喫煙関連研究場所以外の場所（以下この節において「喫煙禁止場所」という。）で喫煙をしてはならない。
2　都道府県知事は、前項の規定に違反して喫煙をしている者に対し、喫煙の中止又は特定施設の喫煙禁止場所からの退出を命ずることができる。

（特定施設の管理権原者等の責務）
第二十五条の六　特定施設の管理権原者等（管理権原者及び施設の管理者をいう。以下この節において同じ。）は、当該特定施設の喫煙禁止場所に専ら喫煙の用に供させるための器具及び設備を喫煙の用に供することができる状態で設置してはならない。
2　特定施設の管理権原者等は、当該特定施設の喫煙禁止場所において、喫煙をし、又は喫煙をしようとする者に対し、喫煙の中止又は当該喫煙禁止場所からの退出を求めるよう努めなければならない。
3　前項に定めるもののほか、特定施設の管理権原者等は、当該特定施設における受動喫煙を防止するために必要な措置をとるよう努めなければならない。

◆独立行政法人日本スポーツ振興センター法

（平一四・一二・一三　法一六二）
最終改正　令四―法七七

第一章　総則

（センターの目的）
第三条　独立行政法人日本スポーツ振興センター（以下「センター」という。）は、スポーツの振興及び児童、生徒、学生又は幼児（以下「児童生徒等」という。）の健康の保持増進を図るため、その設置するスポーツ施設の適切かつ効率的な運営、スポーツの振興のために必要な援助、小学校、中学校、義務教育学校、高等学校、中等教育学校、高等専門学校、特別支援学校、幼稚園、幼保連携型認定こども園又は専修学校（高等課程に係るものに限る。）（第十五条第一項第八号を除き、以下「学

校」と総称する。）の管理下における児童生徒等の災害に関する必要な給付その他スポーツ及び児童生徒等の健康の保持増進に関する調査研究並びに資料の収集及び提供等を行い、もって国民の心身の健全な発達に寄与することを目的とする。

第三章　業務

（業務の範囲）

第十五条　センターは、第三条の目的を達成するため、次の業務を行う。

一　その設置するスポーツ施設及び附属施設を運営し、並びにこれらの施設を利用してスポーツの振興のため必要な業務を行うこと。

二　スポーツ団体（スポーツの振興のための事業を行うことを主たる目的とする団体をいう。）が行う次に掲げる活動に対し資金の支給その他の援助を行うこと。

イ　スポーツに関する競技水準の向上を図るため計画的かつ継続的に行う合宿その他の活動

ロ　国際的又は全国的な規模のスポーツの競技会、研究集会又は講習会の開催

三　優秀なスポーツの選手若しくは指導者が行う競技技術の向上を図るための活動又は優秀なスポーツの選手が受ける職業若しくは実際生活に必要な能力を育成するための教育に対し資金の支給その他の援助を行うこと。

四　国際的に卓越したスポーツの活動を行う計画を有する者が行うその活動に対し資金の支給その他の援助を行うこと。

五　投票法に規定する業務を行うこと。

六　スポーツを行う者の権利利益の保護、心身の健康の保持増進及び安全の確保に関する業務、スポーツにおけるドーピングの防止活動の推進に関する業務その他のスポーツに関する活動が公正かつ適切に実施されるようにするため必要な業務を行うこと。

七　学校の管理下における児童生徒等の災害（負傷、疾病、障害又は死亡をいう。以下同じ。）につき、当該児童生徒等の保護者（学校教育法（昭和二十二年法律第二十六号）第十六条に規定する保護者をいい、同条に規定する保護者のない場合における里親（児童福祉法（昭和二十二年法律第百六十四号）第二十七条第一項第三号の規定により委託を受けた里親をいう。）その他の政令で定める者を含む。以下同じ。）又は当該児童生徒等のうち生徒若しくは学生が成年に達している場合にあっては当該生徒若しくは学生その他政令で定める者に対し、災害共済給付（医療費、障害見舞金又は死亡見舞金の支給をいう。以下同じ。）を行うこと。

八　スポーツ及び学校安全（学校（学校教育法第一条に規定する学校、就学前の子どもに関する教育、保育等の総合的な提供の推進に関する法律（平成十八年法律第七十七号）第二条第七項に規定する幼保連携型認定こども園（第三十条において「幼保連携型認定こども園」という。）及び学校教育法第百二十四条に規定する専修学校（同法第百二十五条第一項に規定する高等課程に係るものに限る。）をいう。以下この号において同じ。）における安全教育及び安全管理をいう。）その他の学校における児童生徒等の健康の保持増進に関する国内外における調査研究並びに資料の収集及び提供を行うこと。

九　前号に掲げる業務に関連する講演会の開催、出版物の刊行その他普及の事業を行うこと。

十　前各号に掲げる業務に附帯する業務を行うこと。

2　センターは、前項に規定する業務のほか、当該業務の遂行に支障のない範囲内で、同項第一号に掲げる施設を一般の利用に供する業務を行うことができる。

◇独立行政法人日本スポーツ振興センター法施行令

（平一五・八・八）
（政令三六九）

最終改正　令五—政令一二六

（学校の管理下における災害の範囲）

第五条　災害共済給付に係る災害は、次に掲げるものとする。

一　児童生徒等の負傷でその原因である事由が学校の管理下において生じたもの。ただし、療養に要する費用が五千円以上のものに限る。

二　学校給食に起因する中毒その他児童生徒等の疾病でその原因である事由が学校の管理下において生じたもののうち、内閣府令で定めるもの。ただし、療養に要する費用が五千円以上のものに限る。

三　第一号の負傷又は前号の疾病が治った場合において存する障害のうち、内閣府令で定める程度のもの

四　児童生徒等の死亡でその原因である事由が学校の管理下において生じたもののうち、内閣府令で定めるもの

五　前号に掲げるもののほか、これに準ずるものとして内閣府令で定めるもの

2　前項第一号、第二号及び第四号において「学校の管理下」とは、次に掲げる場合をいう。

一　児童生徒等が、法令の規定により学校が編成した教育課程に基づく授業を受けている場合

二　児童生徒等が学校の教育計画に基づいて行われる課外指導を受けている場合

三　前二号に掲げる場合のほか、児童生徒等が休憩時間中に学校にある場合その他校長の指示又は承認に基づいて学校にある場合

四　児童生徒等が通常の経路及び方法により通学する場合

五　前各号に掲げる場合のほか、これらの場合に準ずる場合として内閣府令で定める場合

◇予防接種法

（昭二三・六・三〇）
（法　六　八）

最終改正　令五—法三一

◇アレルギー疾患対策基本法

（平二六・六・二七）
（法　九　八）

最終改正　平二六—法六七

第５編　社会教育・生涯学習編

5

◆社会教育法

（昭二四・六・一〇）
（法　二　〇　七）
最終改正　令四—法六八

第一章　総則

（この法律の目的）
第一条　この法律は、教育基本法（平成十八年法律第百二十号）の精神に則り、社会教育に関する国及び地方公共団体の任務を明らかにすることを目的とする。

（社会教育の定義）
第二条　この法律において「社会教育」とは、学校教育法（昭和二十二年法律第二十六号）又は就学前の子どもに関する教育、保育等の総合的な提供の推進に関する法律（平成十八年法律第七十七号）に基づき、学校の教育課程として行われる教育活動を除き、主として青少年及び成人に対して行われる組織的な教育活動（体育及びレクリエーションの活動を含む。）をいう。

（国及び地方公共団体の任務）
第三条　国及び地方公共団体は、この法律及び他の法令の定めるところにより、社会教育の奨励に必要な施設の設置及び運営、集会の開催、資料の作製、頒布その他の方法により、すべての国民があらゆる機会、あらゆる場所を利用して、自ら実際生活に即する文化的教養を高め得るような環境を醸成するように努めなければならない。

2　国及び地方公共団体は、前項の任務を行うに当たつては、国民の学習に対する多様な需要を踏まえ、これに適切に対応するために必要な学習の機会の提供及びその奨励を行うことにより、生涯学習の振興に寄与することとなるよう努めるものとする。

3　国及び地方公共団体は、第一項の任務を行うに当たつては、社会教育が学校教育及び家庭教育との密接な関連性を有することにかんがみ、学校教育との連携の確保に努め、及び家庭教育の向上に資することとなるよう必要な配慮をするとともに、学校、家庭及び地域住民その他の関係者相互間の連携及び協力の促進に資することとなるよう努めるものとする。

（国の地方公共団体に対する援助）
第四条　前条第一項の任務を達成するために、国は、この法律及び他の法令の定めるところにより、地方公共団体に対し、予算の範囲内において、財政的援助並びに物資の提供及びそのあつせんを行う。

（市町村の教育委員会の事務）
第五条　市（特別区を含む。以下同じ。）町村の教育委員会は、社会教育に関し、当該地方の必要に応じ、予算の範囲内において、次の事務を行う。

一　社会教育に必要な援助を行うこと。
二　社会教育委員の委嘱に関すること。
三　公民館の設置及び管理に関すること。
四　所管に属する図書館、博物館、青年の家その他の社会教育施設の設置及び管理に関すること。
五　所管に属する学校の行う社会教育のための講座の開設及びその奨励に関すること。
六　講座の開設及び討論会、講習会、講演会、展示会その他の集会の開催並びにこれらの奨励に関すること。
七　家庭教育に関する学習の機会を提供するための講座の開設及び集会の開催並びに家庭教育に関する情報の提供並びにこれらの奨励に関すること。
八　職業教育及び産業に関する科学技術指導のための集会の開催並びにその奨励に関すること。
九　生活の科学化の指導のための集会の開催及びその奨励に関すること。
十　情報化の進展に対応して情報の収集及び利用を円滑かつ適正に行うために必要な知識又は技能に関する学習の機会を提供するための講座の開設及び集会の開催並びにこれらの奨励に関すること。
十一　運動会、競技会その他体育指導のための集会の開催及びその奨励に関すること。

十二　音楽、演劇、美術その他芸術の発表会等の開催及びその奨励に関すること。
十三　主として学齢児童及び学齢生徒（それぞれ学校教育法第十八条に規定する学齢児童及び学齢生徒をいう。）に対し、学校の授業の終了後又は休業日において学校、社会教育施設その他適切な施設を利用して行う学習その他の活動の機会を提供する事業の実施並びにその奨励に関すること。
十四　青少年に対しボランティア活動など社会奉仕体験活動、自然体験活動その他の体験活動の機会を提供する事業の実施及びその奨励に関すること。
十五　社会教育における学習の機会を利用して行った学習の成果を活用して学校、社会教育施設その他地域において行う教育活動その他の活動の機会を提供する事業の実施及びその奨励に関すること。
十六　社会教育に関する情報の収集、整理及び提供に関すること。
十七　視聴覚教育、体育及びレクリエーションに必要な設備、器材及び資料の提供に関すること。
十八　情報の交換及び調査研究に関すること。
十九　その他第三条第一項の任務を達成するために必要な事務

2　市町村の教育委員会は、前項第十三条から第十五条までに規定する活動であって地域住民その他の関係者（以下この項及び第九条の七第二項において「地域住民等」という。）が学校と協働して行うもの（以下「地域学校協働活動」という。）の機会を提供する事業を実施するに当たっては、地域住民等の積極的な参加を得て当該地域学校協働活動が学校との適切な連携の下に円滑かつ効果的に実施されるよう、地域住民等と学校との連携協力体制の整備、地域学校協働活動に関する普及啓発その他の必要な措置を講ずるものとする。

3　地方教育行政の組織及び運営に関する法律（昭和三十一年法律第百六十二号）第二十三条第一項の条例の定めるところによりその長が同項第一号に掲げる事務（以下「特定事務」という。）を管理し、及び執行することとされた地方公共団体（以下「特定地方公共団体」という。）である市町村にあっては、第一項の規定にかかわらず、同項第三号及び第四号の事務のうち特定事務に関するものは、その長が行うものとする。

（都道府県の教育委員会の事務）

第六条　都道府県の教育委員会は、社会教育に関し、当該地方の必要に応じ、予算の範囲内において、前条第一項各号の事務（同項第三号の事務を除く。）を行うほか、次の事務を行う。
一　公民館及び図書館の設置及び管理に関し、必要な指導及び調査を行うこと。
二　社会教育を行う者の研修に必要な施設の設置及び運営、講習会の開催、資料の配布等に関すること。
三　社会教育施設の設置及び運営に必要な物資の提供及びそのあっせんに関すること。
四　市町村の教育委員会との連絡に関すること。
五　その他法令によりその職務権限に属する事項

2　前条第二項の規定は、都道府県の教育委員会が地域学校協働活動の機会を提供する事業を実施する場合に準用する。

3　特定地方公共団体である都道府県にあっては、第一項の規定にかかわらず、前条第一項第四号の事務のうち特定事務に関するものは、その長が行うものとする。

（図書館及び博物館）

第九条　図書館及び博物館は、社会教育のための機関とする。

2　図書館及び博物館に関し必要な事項は、別に法律をもって定める。

第二章　社会教育主事等

（社会教育主事及び社会教育主事補の設置）

第九条の二　都道府県及び市町村の教育委員会の事務局に、社会教育主事を置く。

2　都道府県及び市町村の教育委員会の事務局に、社会教育主事補を置くことができる。

（社会教育主事及び社会教育主事補の職務）

第九条の三　社会教育主事は、社会教育を行う者に専門的技術的な助言と指導を与える。ただし、命令及び監督をしてはならない。

2　社会教育主事は、学校が社会教育関係団体、地域住民その他の関係者の協力を得て教育活動を行う場合には、その求めに応じて、必要な助言を行うことができる。

3　社会教育主事補は、社会教育主事の職務を助ける。

（社会教育主事の資格）

第九条の四　次の各号のいずれかに該当する者は、社会教育主事となる資格を有する。

一　大学に二年以上在学して六十二単位以上を修得し、又は高等専門学校を卒業し、かつ、次に掲げる期間を通算した期間が三年以上になる者で、次条の規定による社会教育主事の講習を修了したもの

イ　社会教育主事補の職にあった期間

ロ　官公署、学校、社会教育施設又は社会教育関係団体における職で司書、学芸員その他の社会教育主事補の職と同等以上の職として文部科学大臣の指定するものにあった期間

ハ　官公署、学校、社会教育施設又は社会教育関係団体が実施する社会教育に関係のある事業における業務であって、社会教育主事として必要な知識又は技能の習得に資するものとして文部科学大臣が指定するものに従事した期間（イ又はロに掲げる期間に該当する期間を除く。）

二　教育職員の普通免許状を有し、かつ、五年以上文部科学大臣の指定する教育に関する職にあった者で、次条の規定による社会教育主事の講習を修了したもの

三　大学に二年以上在学して、六十二単位以上を修得し、かつ、大学において文部科学省令で定める社会教育に関する科目の単位を修得した者で、第一号イからハまでに掲げる期間を通算した期間が一年以上になるもの

四　次条の規定による社会教育主事の講習を修了した者（第一号及び第二号に掲げる者を除く。）で、社会教育に関する専門的事項について前三号に掲げる者に相当する教養と経験があると都道府県の教育委員会が認定したもの

（社会教育主事の講習）

第九条の五　社会教育主事の講習は、文部科学大臣の委嘱を受けた大学その他の教育機関が行う。

2　受講資格その他社会教育主事の講習に関し必要な事項は、文部科学省令で定める。

（社会教育主事及び社会教育主事補の研修）

第九条の六　社会教育主事及び社会教育主事補の研修は、任命権者が行うもののほか、文部科学大臣及び都道府県が行う。

（地域学校協働活動推進員）

第九条の七　教育委員会は、地域学校協働活動の円滑かつ効果的な実施を図るため、社会的信望があり、かつ、地域学校協働活動の推進に熱意と識見を有する者のうちから、地域学校協働活動推進員を委嘱することができる。

2　地域学校協働活動推進員は、地域学校協働活動に関する事項につき、教育委員会の施策に協力して、地域住民等と学校との間の情報の共有を図るとともに、地域学校協働活動を行う地域住民等に対する助言その他の援助を行う。

第三章　社会教育関係団体

（社会教育関係団体の定義）

第十条　この法律で「社会教育関係団体」とは、法人であると否とを問わず、公の支配に属しない団体で社会教育に関する事業を行うことを主たる目的とするものをいう。

（国及び地方公共団体との関係）

第十二条　国及び地方公共団体は、社会教育関係団体に対し、いかなる方法によっても、不当に統制的支配を及ぼし、又はその事業に干渉を加えてはならない。

第四章　社会教育委員

（社会教育委員の設置）

第十五条　都道府県及び市町村に社会教育委員を置くことができる。

（社会教育委員の職務）
第十七条　社会教育委員は、社会教育に関し教育委員会に助言するため、次の職務を行う。
一　社会教育に関する諸計画を立案すること。
二　定時又は臨時に会議を開き、教育委員会の諮問に応じ、これに対して、意見を述べること。
三　前二号の職務を行うために必要な研究調査を行うこと。
2　社会教育委員は、教育委員会の会議に出席して社会教育に関し意見を述べることができる。
3　市町村の社会教育委員は、当該市町村の教育委員会から委嘱を受けた青少年教育に関する特定の事項について、社会教育関係団体、社会教育指導者その他関係者に対し、助言と指導を与えることができる。

第五章　公民館

（目的）
第二十条　公民館は、市町村その他一定区域内の住民のために、実際生活に即する教育、学術及び文化に関する各種の事業を行い、もって住民の教養の向上、健康の増進、情操の純化を図り、生活文化の振興、社会福祉の増進に寄与することを目的とする。

（公民館の設置者）
第二十一条　公民館は、市町村が設置する。
2　前項の場合を除くほか、公民館は、公民館の設置を目的とする一般社団法人又は一般財団法人（以下この章において「法人」という。）でなければ設置することができない。
3　公民館の事業の運営上必要があるときは、公民館に分館を設けることができる。

（公民館の事業）
第二十二条　公民館は、第二十条の目的達成のために、おおむね、左の事業を行う。但し、この法律及び他の法令によって禁じられたものは、この限りでない。
一　定期講座を開設すること。
二　討論会、講習会、講演会、実習会、展示会等を開催すること。
三　図書、記録、模型、資料等を備え、その利用を図ること。
四　体育、レクリエーション等に関する集会を開催すること。
五　各種の団体、機関等の連絡を図ること。
六　その施設を住民の集会その他の公共的利用に供すること。

（公民館の運営方針）
第二十三条　公民館は、次の行為を行ってはならない。
一　もっぱら営利を目的として事業を行い、特定の営利事務に公民館の名称を利用させその他営利事業を援助すること。
二　特定の政党の利害に関する事業を行い、又は公私の選挙に関し、特定の候補者を支持すること。
2　市町村の設置する公民館は、特定の宗教を支持し、又は特定の教派、宗派若しくは教団を支援してはならない。

（公民館の基準）
第二十三条の二　文部科学大臣は、公民館の健全な発達を図るために、公民館の設置及び運営上必要な基準を定めるものとする。
2　文部科学大臣及び都道府県の教育委員会は、市町村の設置する公民館が前項の基準に従って設置され及び運営されるように、当該市町村に対し、指導、助言その他の援助に努めるものとする。

（公民館の設置）
第二十四条　市町村が公民館を設置しようとするときは、条例で、公民館の設置及び管理に関する事項を定めなければならない。

（公民館の職員）
第二十七条　公民館に館長を置き、主事その他必要な職員を置くことができる。
2　館長は、公民館の行う各種の事業の企画実施その他必要な事務を行い、所属職員を監督する。
3　主事は、館長の命を受け、公民館の事業の実施にあたる。

（公民館の職員
第二十八条　市町村の設置する公民館の館長、主事その他

の任命）

必要な職員は、当該市町村の教育委員会（特定地方公共団体である市町村の長がその設置、管理及び廃止に関する事務を管理し、及び執行することとされた公民館（第三十条第一項及び第四十条第一項において「特定公民館」という。）の館長、主事その他必要な職員にあっては、当該市町村の長）が任命する。

（公民館の職員の研修）

第二十八条の二　第九条の六の規定は、公民館の職員の研修について準用する。

（公民館運営審議会）

第二十九条　公民館に公民館運営審議会を置くことができる。

2　公民館運営審議会は、館長の諮問に応じ、公民館における各種の事業の企画実施につき調査審議するものとする。

（公民館運営審議会の委員）

第三十条　市町村の設置する公民館にあっては、公民館運営審議会の委員は、当該市町村の教育委員会（特定公民館に置く公民館運営審議会の委員にあっては、当該市町村の長）が委嘱する。

2　前項の公民館運営審議会の委員の委嘱の基準、定数及び任期その他当該公民館運営審議会に関し必要な事項は、当該市町村の条例で定める。この場合において、委員の委嘱の基準については、文部科学省令で定める基準を参酌するものとする。

（法人の設置する公民館の指導）

第三十九条　文部科学大臣及び都道府県の教育委員会は、法人の設置する公民館の運営その他に関し、その求めに応じて、必要な指導及び助言を与えることができる。

第六章　学校施設の利用

（適用範囲）

第四十三条　社会教育のためにする国立学校（学校教育法第一条に規定する学校（以下この条において「第一条学校」という。）及び就学前の子どもに関する教育、保育等の総合的な提供の推進に関する法律第二条第七項に規定する幼保連携型認定こども園（以下「幼保連携型認定こども園」という。）であって国（国立大学法人法（平成十五年法律第百十二号）第二条第一項に規定する国立大学法人（次条第二項において「国立大学法人」という。）及び独立行政法人国立高等専門学校機構を含む。）が設置するものをいう。以下同じ。）又は公立学校（第一条学校及び幼保連携型認定こども園であって地方公共団体（地方独立行政法人法（平成十五年法律第百十八号）第六十八条第一項に規定する公立大学法人（次条第二項及び第四十八条第一項において「公立大学法人」という。）を含む。）が設置するものをいう。以下同じ。）の施設の利用に関しては、この章の定めるところによる。

（学校施設の利用）

第四十四条　学校（国立学校又は公立学校をいう。以下この章において同じ。）の管理機関は、学校教育上支障がないと認める限り、その管理する学校の施設を社会教育のために利用に供するように努めなければならない。

2　前項において「学校の管理機関」とは、国立学校にあっては設置者である国立大学法人の学長若しくは理事長又は独立行政法人国立高等専門学校機構の理事長、公立学校のうち、大学及び幼保連携型認定こども園にあっては設置者である地方公共団体の長又は公立大学法人の理事長、大学及び幼保連携型認定こども園以外の公立学校にあっては設置者である地方公共団体に設置されている教育委員会又は公立大学法人の理事長をいう。

（学校施設利用の許可）

第四十五条　社会教育のために学校の施設を利用しようとする者は、当該学校の管理機関の許可を受けなければならない。

2　前項の規定により、学校の管理機関が学校施設の利用を許可しようとするときは、あらかじめ、学校の長の意見を聞かなければならない。

（学校の管理機関との協議）

第四十六条　国又は地方公共団体が社会教育のために、学校の施設を利用しようとするときは、前条の規定にかかわらず、当該学校の管理機関と協議するものとする。

（社会教育の講

第四十八条　文部科学大臣は国立学校に対し、地方公共団

座）

体の長は当該地方公共団体が設置する大学若しくは幼保連携型認定こども園又は当該地方公共団体が設立する公立大学法人が設置する公立学校に対し、地方公共団体に設置されている教育委員会は当該地方公共団体が設置する大学及び幼保連携型認定こども園以外の公立学校に対し、その教育組織及び学校の施設の状況に応じ、文化講座、専門講座、夏期講座、社会学級講座等学校施設の利用による社会教育のための講座の開設を求めることができる。

2　文化講座は、成人の一般的教養に関し、専門講座は、成人の専門的学術知識に関し、夏期講座は、夏期休暇中、成人の一般的教養又は専門的学術知識に関し、それぞれ大学、高等専門学校又は高等学校において開設する。

3　社会学級講座は、成人の一般的教養に関し、小学校、中学校又は義務教育学校において開設する。

4　第一項の規定する講座を担当する講師の報酬その他必要な経費は、予算の範囲内において、国又は地方公共団体が負担する。

第七章　通信教育

（適用範囲）

第四十九条　学校教育法第五十四条、第七十条第一項、第八十二条及び第八十四条の規定により行うものを除き、通信による教育に関しては、この章の定めるところによる。

（通信教育の定義）

第五十条　この法律において「通信教育」とは、通信の方法により一定の教育計画の下に、教材、補助教材等を受講者に送付し、これに基き、設問解答、添削指導、質疑応答等を行う教育をいう。

2　通信教育を行う者は、その計画実現のために、必要な指導者を置かなければならない。

（通信教育の認定）

第五十一条　文部科学大臣は、学校又は一般社団法人若しくは一般財団法人の行う通信教育で社会教育上奨励すべきものについて、通信教育の認定（以下「認定」という。）を与えることができる。

2　認定を受けようとする者は、文部科学大臣の定めるところにより、文部科学大臣に申請しなければならない。

3　文部科学大臣が、第一項の規定により、認定を与えようとするときは、あらかじめ、第十三条の政令で定める審議会等に諮問しなければならない。

提案理由　（一九四九年五月一四日　衆議院）

○国務大臣（高瀬荘太郎君）　今回政府から提出いたしました社会教育法案について御説明申上げます。

終戦後早くも四年になろうといたしておりますが、祖国再建のための重要なる施策の中で、最も重要なるものの一つは教育でありますことは勿論であります。なかんずく、祖国再建を担う現在の国民の間で行われる社会教育の重要性は、今更多くの言葉を用いる必要のないことと存じます。元来社会教育は、国民相互の間において行われる自主的な自己教育ではありますが、教育基本法第七条にもありますように一面国及び地方公共団体によって積極的に奨励されなければならないものであります。然るに、従来国及び地方公共団体の社会教育に関する任務はあまり明瞭でありません。社会教育の重要性が叫ばれましても、それがなかなか実際の行政面に具体的に現われて来なかったのであります。従いまして、社会教育を推進いたしますためには、これに必要な法的根拠を与えて、国及び地方公共団体の任務を明らかにいたしますことが、是非とも必要と思われるのであります。

このことは政府のみならず、一般識者の間において強く認識されておるところでありまして、昨年四月の教育刷新委員会の建議を初めといたしまして、各方面よりの社会教育法制定に対する要望があり、文部省はこれらの要望を背景として、その意見を基礎として急速に社会教育法制定を進めて参った次第であります。

次にこの法案の骨子について申し述べます。

第一に、この法律案は、教育基本法の精神に則りまして、社会教育に関する国及び地方公共団体の任務を明らかにすることを目的としております。殊にすでに発足を見ました教育委員会制度に即応して、従来都道府県及び市町村の教育委員会として社会教育に関し如何なる権限と任務を持つべきかということについて明確を欠いた点がありますので、この際、できるだけ具体的

に国及び地方公共団体の社会教育に関する事務の内容を明確にしたいと思います。これがこの法律の目的とするところであります。

第二に、社会教育関係の各種の団体と国及び地方公共団体との関係について規定しておるのでありますが、国及び地方公共団体としては、民間の社会教育関係団体が、できるだけ自主的に且つ積極的に活動を続けて行くことができるようにこれを助長することが大切でありまして、そのために各団体の指導者の養成に努め、それらの団体の情報センターたるの機能を果すべきものと考えております。従って本法案中に、国及び地方公共団体がこれらの任務に応じ得るように規定しているのでありますが、一面各団体の自主性を確保するためには、団体に対して不当に統制的支配を及ぼしたり、その事業に干渉を加えたりするような事態に陥らぬようにし、又補助金を与えることも差し控えるべきであると考えて、そのように規定いたしておるのであります。

第三に、都道府県及び市町村に社会教育委員を置くことができることとし、社会教育に関し、教育長に助言を行う機関とするように定めてあります。

第四に、現在すでに約五千の設置を見ております公民館の目的、事業、運営方針、職員の取扱等を明らかにすると共に、政府においても積極的にその運営に対する財政的援助をなしうる途を開き、公民館が真に市町村においての社会教育の総合的な中心施設として発展するように定めてあります。

第五に、国立又は公立の学校の施設の公共性を明らかにいたしまして、学校教育に支障のない限り、十分に社会教育のために利用されるよう、その方法等について定めてあります。

第六に、社会教育の有力な手段であるところの通信による教育につきまして、社会教育上奨励すべきものと認められますものを、文部大臣が認定いたしまして、認定した通信教育に種々の利便を与えて、通信教育の発展を図るように定めてあります。

以上本法案の提案の理由と、その内容の骨子について御説明いたしましたが、この社会教育法案が成立いたしまして、社会教育に法的根拠が与えられますならば、我が国社会教育の進展に資するところは、甚だ大きいと存じます。

何卒、この法案の必要性を認められて、十分御審議の上、速かに御賛成下されんことを、お願いいたします。

（『衆議院・参議院法制度『第五回国会制定法審議要録』四九一～二ページ、一九四九年五月一四日）

◇公民館の設置及び運営に関する基準（平一五・六・六 文科省告示一一二）

（趣旨）

第一条 この基準は、社会教育法（昭和二十四年法律第二百七号）第二十三条の二第一項の規定に基づく公民館の設置及び運営上必要な基準であり、公民館の健全な発達を図ることを目的とする。

2 公民館及びその設置者は、この基準に基づき、公民館の水準の維持及び向上に努めるものとする。

（対象区域）

第二条 公民館を設置する市（特別区を含む。以下同じ。）町村は、公民館活動の効果を高めるため、人口密度、地形、交通条件、日常生活圏、社会教育関係団体の活動状況等を勘案して、当該市町村の区域内において、公民館の事業の主たる対象となる区域（第六条第二項において「対象区域」という。）を定めるものとする。

（地域の学習拠点としての機能の発揮）

第三条 公民館は、講座の開設、講習会の開催等を自ら行うとともに、必要に応じて学校、社会教育施設、社会教育関係団体、NPO（特定非営利活動促進法（平成十年法律第七号）第二条第二項に規定する特定非営利活動法人をいう。）その他の民間団体、関係行政機関等と共同してこれらを行う等の方法により、多様な学習機会の提供に努めるものとする。

2 公民館は、地域住民の学習活動に資するよう、インターネットその他の高度情報通信ネットワークの活用等の方法により、学習情報の提供の充実に努めるものとする。

（地域の家庭教育支援拠点としての機能の発揮）

第四条 公民館は、家庭教育に関する学習機会及び学習情報の提供、相談及び助言の実施、交流機会の提供等の方法により、家庭教育への支援の充実に努めるものとする。

（奉仕活動・体験活動の推進）

第五条 公民館は、ボランティアの養成のための研修会を開催する等の方法により、奉仕活動・体験活動に関する

学習機会及び学習情報の提供の充実に努めるものとする。

（学校、家庭及び地域社会との連携等）
第六条　公民館は、事業を実施するに当たっては、関係機関及び関係団体との緊密な連絡、協力等の方法により、学校、家庭及び地域社会との連携の推進に努めるものとする。

2　公民館は、その対象区域内に公民館に類似する施設がある場合には、必要な協力及び支援に努めるものとする。

3　公民館は、その実施する事業への青少年、高齢者、障害者、乳幼児の保護者等の参加を促進するよう努めるものとする。

4　公民館は、その実施する事業において、地域住民等の学習の成果並びに知識及び技能を生かすことができるよう努めるものとする。

（地域の実情を踏まえた運営）
第七条　公民館の設置者は、社会教育法第二十九条第一項に規定する公民館運営審議会を置く等の方法により、地域の実情に応じ、地域住民の意向を適切に反映した公民館の運営がなされるよう努めるものとする。

2　公民館は、開館日及び開館時間の設定に当たっては、地域の実情を勘案し、夜間開館の実施等の方法により、地域住民の利用の便宜を図るよう努めるものとする。

（職員）
第八条　公民館に館長を置き、公民館の規模及び活動状況に応じて主事その他必要な職員を置くよう努めるものとする。

2　公民館の館長及び主事には、社会教育に関する識見と経験を有し、かつ公民館の事業に関する専門的な知識及び技術を有する者をもって充てるよう努めるものとする。

3　公民館の設置者は、館長、主事その他職員の資質及び能力の向上を図るため、研修の機会の充実に努めるものとする。

（施設及び設備）
第九条　公民館は、その目的を達成するため、地域の実情に応じて、必要な施設及び設備を備えるものとする。

2　公民館は、青少年、高齢者、障害者、乳幼児の保護者等の利用の促進を図るため必要な施設及び設備を備えるよう努めるものとする。

（事業の自己評価等）
第十条　公民館は、事業の水準の向上を図り、当該公民館の目的を達成するため、各年度の事業の状況について、公民館運営審議会等の協力を得つつ、自ら点検及び評価を行い、その結果を地域住民に対して公表するよう努めるものとする。

◆社会教育主事講習等規程

（昭二六・六・二一
文部省令一二）

最終改正　令四—文科省令三四

第一章　社会教育主事の講習

（趣旨）
第一条　社会教育法（昭和二十四年法律第二百七号。以下「法」という。）第九条の五に規定する社会教育主事の講習（この章中以下「講習」という。）については、この章の定めるところによる。

（講習の受講資格者）
第二条　講習を受けることができる者は、次の各号のいずれかに該当するものとする。

一　大学に二年以上在学して六十二単位以上を修得した者、高等専門学校を卒業した者又は社会教育法の一部を改正する法律（昭和二十六年法律第十七号。以下「改正法」という。）附則第二項の規定に該当する者

二　教育職員の普通免許状を有する者

三　二年以上法第九条の四第一号イ及びロに規定する職にあった者又は同号ハに規定する業務に従事した者

四　四年以上法第九条の四第二号に規定する職にあった者

五　その他文部科学大臣が前各号に掲げる者と同等以上の資格を有すると認めた者

（受講申込）
第二条の二　講習を受講しようとする者は、講習を実施す

る大学その他の教育機関に申込書を提出しなければならない。

（科目の単位）

第三条　社会教育主事となる資格を得ようとする者は、講習において次の表に掲げるすべての科目の単位を修得しなければならない。

科目	単位数
生涯学習概論	二
生涯学習支援論	二
社会教育経営論	二
社会教育演習	二

（単位の計算方法）

第六条　講習における単位の計算方法は、大学設置基準（昭和三十一年文部省令第二十八号）第二十一条第二項及び大学通信教育設置基準（昭和五十六年文部省令第三十三号）第五条第一項に定める基準によるものとする。

（単位修得の認定）

第七条　単位修得の認定は、講習を行う大学その他の教育機関が試験、論文、報告書その他による成績審査に合格した受講者に対して行う。

2　講習を行う大学その他の教育機関は、受講者がすでに大学において第三条の規定により受講者が修得すべき科目に相当する科目の単位を修得している場合には、その単位修得をもって同条の規定により受講者が修得すべき科目の単位を修得したものと認定することができる。

3　講習を行う大学その他の教育機関は、受講者が、文部科学大臣が別に定める学修で、第三条に規定する科目の履修に相当するものを行っている場合には、当該学修を当該科目の履修とみなし、当該科目の単位の認定をすることができる。

（修了証書の授与）

第八条　講習を行う大学その他の教育機関の長は、第三条の規定により八単位以上の単位を修得した者に対して、講習の修了証書を与えるものとする。

2　講習を行う大学その他の教育機関の長は、前項の規定により修了証書を与えたときは、修了者の氏名等を文部科学大臣に報告しなければならない。

3　第一項に規定する修了証書を授与された者は、社会教育士（講習）と称することができる。

（講習の委嘱）

第八条の二　法第九条の五第一項の規定により文部科学大臣が大学その他の教育機関に講習を委嘱する場合には、その職員組織、施設及び設備の状況並びに受講者に係る地域の状況等を勘案し、講習を委嘱するのに適当と認められるものについて、講習の科目、期間その他必要な事項を指定して行うものとする。

（実施細目）

第九条　受講者の人数、選定の方法並びに講習を行う大学その他の教育機関、講習の期間その他講習実施の細目については、毎年インターネットの利用その他の適切な方法により公示する。

第三章　社会教育に関する科目の単位

（大学において修得すべき科目の単位）

第十一条　法第九条の四第三号の規定により大学において修得すべき社会教育主事の養成に係る社会教育に関する科目の単位は、次の表に掲げるものとする。

科目	単位数
生涯学習概論	四
生涯学習支援論	四
社会教育経営論	四
社会教育特講	八
社会教育実習	一
社会教育演習、社会教育実習又は社会教育課題研究のうち一以上の科目	三

2　前項の規定により修得すべき科目の単位のうち、すでに大学において修得した科目の単位は、これをもって、前項の規定により修得すべき科目の単位に替えることができる。

3　第一項の規定により修得すべき科目の単位を全て修得した者は、社会教育士（養成課程）と称することができる。

◆生涯学習の振興のための施策の推進体制等の整備に関する法律

（平二・六・二九 法 七一）

最終改正　平一四—法一五

◆図書館法

（昭二五・四・三〇 法 一一八）

最終改正　令元—法二六

第一章　総則

（この法律の目的）

第一条　この法律は、社会教育法（昭和二十四年法律第二百七号）の精神に基き、図書館の設置及び運営に関して必要な事項を定め、その健全な発達を図り、もつて国民の教育と文化の発展に寄与することを目的とする。

（定義）

第二条　この法律において「図書館」とは、図書、記録その他必要な資料を収集し、整理し、保存して、一般公衆の利用に供し、その教養、調査研究、レクリエーション等に資することを目的とする施設で、地方公共団体、日本赤十字社又は一般社団法人若しくは一般財団法人が設置するもの（学校に附属する図書館又は図書室を除く。）をいう。

2　前項の図書館のうち、地方公共団体の設置する図書館を公立図書館といい、日本赤十字社又は一般社団法人若しくは一般財団法人の設置する図書館を私立図書館という。

（図書館奉仕）

第三条　図書館は、図書館奉仕のため、土地の事情及び一般公衆の希望に沿い、更に学校教育を援助し、及び家庭教育の向上に資することとなるように留意し、おおむね次に掲げる事項の実施に努めなければならない。

一　郷土資料、地方行政資料、美術品、レコード及びフィルムの収集にも十分留意して、図書、記録、視聴覚教育の資料その他必要な資料（電磁的記録（電子的方式、磁気的方式その他人の知覚によっては認識することができない方式で作られた記録をいう。）を含む。以下「図書館資料」という。）を収集し、一般公衆の利用に供すること。

二　図書館資料の分類排列を適切にし、及びその目録を整備すること。

三　図書館の職員が図書館資料について十分な知識を持ち、その利用のための相談に応ずるようにすること。

四　他の図書館、国立国会図書館、地方公共団体の議会に附置する図書室及び学校に附属する図書館又は図書室と緊密に連絡し、協力し、図書館資料の相互貸借を行うこと。

五　分館、閲覧所、配本所等を設置し、及び自動車文庫、貸出文庫の巡回を行うこと。

六　読書会、研究会、鑑賞会、映写会、資料展示会等を主催し、及びこれらの開催を奨励すること。

七　時事に関する情報及び参考資料を紹介し、及び提供すること。

八　社会教育における学習の機会を利用して行った学習の成果を活用して行う教育活動その他の活動の機会を提供し、及びその提供を奨励すること。

九　学校、博物館、公民館、研究所等と緊密に連絡し、協力すること。

（司書及び司書補）
第四条　図書館に置かれる専門的職員を司書及び司書補と称する。
2　司書は、図書館の専門的事務に従事する。
3　司書補は、司書の職務を助ける。

（司書及び司書補の資格）
第五条　次の各号のいずれかに該当する者は、司書となる資格を有する。
一　大学を卒業した者（専門職大学の前期課程を修了した者を含む。次号において同じ。）で大学において文部科学省令で定める図書館に関する科目を履修したもの
二　大学又は高等専門学校を卒業した者で次条の規定による司書の講習を修了したもの
三　次に掲げる職にあった期間が通算して三年以上になる者で次条の規定による司書の講習を修了したもの
イ　司書補の職
ロ　国立国会図書館又は大学若しくは高等専門学校の附属図書館における職で司書補の職に相当するもの
ハ　ロに掲げるもののほか、官公署、学校又は社会教育施設における職で社会教育主事、学芸員その他の司書補の職と同等以上の職として文部科学大臣が指定するもの
2　次の各号のいずれかに該当する者は、司書補となる資格を有する。
一　司書の資格を有する者
二　学校教育法（昭和二十二年法律第二十六号）第九十条第一項の規定により大学に入学することのできる者で次条の規定による司書補の講習を修了したもの

（司書及び司書補の講習）
第六条　司書及び司書補の講習は、大学が、文部科学大臣の委嘱を受けて行う。
2　司書及び司書補の講習に関し、履修すべき科目、単位その他必要な事項は、文部科学省令で定める。ただし、その履修すべき単位数は、十五単位を下ることができない。

（協力の依頼）
第八条　都道府県の教育委員会は、当該都道府県内の図書館奉仕を促進するために、市（特別区を含む。以下同じ。）町村の教育委員会（地方教育行政の組織及び運営に関する法律（昭和三十一年法律第百六十二号）第二十三条第一項の条例の定めるところによりその長が図書館の設置、管理及び廃止に関する事務を管理し、及び執行することとされた地方公共団体（第十三条第一項において「特定地方公共団体」という。）である市町村にあっては、その長又は教育委員会）に対し、総合目録の作製、貸出文庫の巡回、図書館資料の相互貸借等に関して協力を求めることができる。

（公の出版物の収集）
第九条　政府は、都道府県の設置する図書館に対し、官報その他一般公衆に対する広報の用に供せられる独立行政法人国立印刷局の刊行物を二部提供するものとする。
2　国及び地方公共団体の機関は、公立図書館の求めに応じ、これに対して、それぞれの発行する刊行物その他の資料を無償で提供することができる。

第二章　公立図書館

（設置）
第十条　公立図書館の設置に関する事項は、当該図書館を設置する地方公共団体の条例で定めなければならない。

（職員）
第十三条　公立図書館に館長並びに当該図書館を設置する地方公共団体の教育委員会（特定地方公共団体の長がその設置、管理及び廃止に関する事務を管理し、及び執行することとされた図書館（第十五条において「特定図書館」という。）にあっては、当該特定地方公共団体の長）が必要と認める専門的職員、事務職員及び技術職員を置く。
2　館長は、館務を掌理し、所属職員を監督して、図書館奉仕の機能の達成に努めなければならない。

（図書館協議会）
第十四条　公立図書館に図書館協議会を置くことができる。
2　図書館協議会は、図書館の運営に関し館長の諮問に応ずるとともに、図書館の行う図書館奉仕につき、館長に対して意見を述べる機関とする。

（図書館協議会
第十五条　図書館協議会の委員は、当該図書館を設置する

の委員）
地方公共団体の教育委員会（特定図書館に置く図書館協議会の委員にあっては、当該地方公共団体の長）が任命する。

〔条例による定め〕
第十六条　図書館協議会の設置、その委員の任命の基準、定数及び任期その他図書館協議会に関し必要な事項については、当該図書館を設置する地方公共団体の条例で定めなければならない。この場合において、委員の任命の基準については、文部科学省令で定める基準を参酌するものとする。

（入館料等）
第十七条　公立図書館は、入館料その他図書館資料の利用に対するいかなる対価をも徴収してはならない。

（図書館の補助）
第二十条　国は、図書館を設置する地方公共団体に対し、予算の範囲内において、図書館の施設、設備に要する経費その他必要な経費の一部を補助することができる。
2　前項の補助金の交付に関し必要な事項は、政令で定める。

◆博物館法

（昭二六・一二・一
法　二　八　五）
最終改正　令四—法二四

第一章　総則

（目的）
第一条　この法律は、社会教育法（昭和二十四年法律第二百七号）及び文化芸術基本法（平成十三年法律第百四十八号）の精神に基づき、博物館の設置及び運営に関して必要な事項を定め、その健全な発達を図り、もって国民の教育、学術及び文化の発展に寄与することを目的とする。

（定義）
第二条　この法律において「博物館」とは、歴史、芸術、民俗、産業、自然科学等に関する資料を収集し、保管（育成を含む。以下同じ。）し、展示して教育的配慮の下に一般公衆の利用に供し、その教養、調査研究、レクリエーション等に資するために必要な事業を行い、併せてこれらの資料に関する調査研究をすることを目的とする機関（社会教育法による公民館及び図書館法（昭和二十五年法律第百十八号）による図書館を除く。）のうち、次章の規定による登録を受けたものをいう。
2　この法律において「公立博物館」とは、地方公共団体又は地方独立行政法人（地方独立行政法人法（平成十五年法律第百十八号）第二条第一項に規定する地方独立行政法人をいう。以下同じ。）の設置する博物館をいう。
3　この法律において「私立博物館」とは、博物館のうち、公立博物館以外のものをいう。
4　この法律において「博物館資料」とは、博物館が収集し、保管し、又は展示する資料（電磁的記録（電子的方式、磁気的方式その他人の知覚によっては認識することができない方式で作られた記録をいう。次条第一項第三号において同じ。）を含む。）をいう。

（博物館の事業）
第三条　博物館は、前条第一項に規定する目的を達成するため、おおむね次に掲げる事業を行う。
一　実物、標本、模写、模型、文献、図表、写真、フィルム、レコード等の博物館資料を豊富に収集し、保管し、及び展示すること。
二　分館を設置し、又は博物館資料を当該博物館外で展示すること。
三　博物館資料に係る電磁的記録を作成し、公開すること。第三条第一項中第十一号を第十二号とし、同号の前に次の一号を加える。
四　一般公衆に対して、博物館資料の利用に関し必要な説明、助言、指導等を行い、又は研究室、実験室、工作室、図書室等を設置してこれを利用させること。
五　博物館資料に関する専門的、技術的な調査研究を行うこと。
六　博物館資料の保管及び展示等に関する技術的研究を

行うこと。
七　博物館資料に関する案内書、解説書、目録、図録、年報、調査研究の報告書等を作成し、及び頒布すること。
八　博物館資料に関する講演会、講習会、映写会、研究会等を主催し、及びその開催を援助すること。
九　当該博物館の所在地又はその周辺にある文化財保護法（昭和二十五年法律第二百十四号）の適用を受ける文化財について、解説書又は目録を作成する等一般公衆の当該文化財の利用の便を図ること。
十　社会教育における学習の機会を利用して行った学習の成果を活用して行う教育活動その他の活動の機会を提供し、及びその提供を奨励すること。
十一　学芸員その他の博物館の事業に従事する人材の養成及び研修を行うこと。第三条第二項を次のように改める。
十二　学校、図書館、研究所、公民館等の教育、学術又は文化に関する諸施設と協力し、その活動を援助すること。

2　博物館は、前項各号に掲げる事業の充実を図るため、他の博物館、第三十一条第二項に規定する指定施設その他これらに類する施設との間において、資料の相互貸借、職員の交流、刊行物及び情報の交換その他の活動を通じ、相互に連携を図りながら協力するよう努めるものとする。

3　博物館は、第一項各号に掲げる事業の成果を活用するとともに、地方公共団体、学校、社会教育施設その他の関係機関及び民間団体と相互に連携を図りながら協力し、当該博物館が所在する地域における教育、学術及び文化の振興、文化観光（有形又は無形の文化的所産その他の文化に関する資源（以下この項において「文化資源」という。）の観覧、文化資源に関する体験活動その他の活動を通じて文化についての理解を深めることを目的とする観光をいう。）その他の活動の推進を図り、もって地域の活力の向上に寄与するよう努めるものとする。

（館長、学芸員その他の職員）

第四条　博物館に、館長を置く。

2　館長は、館務を掌理し、所属職員を監督して、博物館の任務の達成に努める。

3　博物館に、専門的職員として学芸員を置く。

4　学芸員は、博物館資料の収集、保管、展示及び調査研究その他これと関連する事業についての専門的事項をつかさどる。

5　博物館に、館長及び学芸員のほか、学芸員補その他の職員を置くことができる。

6　学芸員補は、学芸員の職務を助ける。

（学芸員の資格）

第五条　次の各号のいずれかに該当する者は、学芸員となる資格を有する。
一　学士の学位（学校教育法（昭和二十二年法律第二十六号）第百四条第二項に規定する文部科学大臣の定める学位（専門職大学を卒業した者に対して授与されるものに限る。）を含む。）を有する者で、大学において文部科学省令で定める博物館に関する科目の単位を修得したもの
二　次条各号のいずれかに該当する者で、三年以上学芸員補の職にあったもの
三　文部科学大臣が、文部科学省令で定めるところにより、前二号に掲げる者と同等以上の学力及び経験を有する者と認めた者

2　前項第二号の学芸員補の職には、官公署、学校又は社会教育施設（博物館の事業に類する事業を行う施設を含む。）における職で、社会教育主事、司書その他の学芸員補の職と同等以上の職として文部科学大臣が指定するものを含むものとする。

第三章　公立博物館

（博物館協議会）

第二十三条　公立博物館に、博物館協議会を置くことができる。

2　博物館協議会は、博物館の運営に関し館長の諮問に応ずるとともに、館長に対して意見を述べる機関とする。

〔博物館協議会の委員〕

第二十四条　博物館協議会の委員は、当該博物館を設置する地方公共団体の教育委員会が任命する。

〔条例による定め〕

第二十五条　博物館協議会の設置、その委員の任命の基準、定数及び任期その他博物館協議会に関し必要な事項は、当該博物館を設置する地方公共団体の条例で定めなければならない。この場合において、委員の任命の基準については、文部科学省令で定める基準を参酌するものとする。

◇文化財保護法

（昭二五・五・三〇
法　二一　四）

最終改正　令四―法六八

第一章　総則

〔この法律の目的〕

第一条　この法律は、文化財を保存し、且つ、その活用を図り、もって国民の文化的向上に資するとともに、世界文化の進歩に貢献することを目的とする。

〔文化財の定義〕

第二条　この法律で「文化財」とは、次に掲げるものをいう。

一　建造物、絵画、彫刻、工芸品、書跡、典籍、古文書その他の有形の文化的所産で我が国にとって歴史上又は芸術上価値の高いもの（これらのものと一体をなしてその価値を形成している土地その他の物件を含む。）並びに考古資料及びその他の学術上価値の高い歴史資料（以下「有形文化財」という。）

二　演劇、音楽、工芸技術その他の無形の文化的所産で我が国にとって歴史上又は芸術上価値の高いもの（以下「無形文化財」という。）

三　衣食住、生業、信仰、年中行事等に関する風俗慣習、民俗芸能、民俗技術及びこれらに用いられる衣服、器具、家屋その他の物件で我が国民の生活の推移の理解のため欠くことのできないもの（以下「民俗文化財」という。）

四　貝づか、古墳、都城跡、城跡、旧宅その他の遺跡で我が国にとって歴史上又は学術上価値の高いもの、庭園、橋梁《りょう》、峡谷、海浜、山岳その他の名勝地で我が国にとって芸術上又は観賞上価値の高いもの並びに動物（生息地、繁殖地及び渡来地を含む。）、植物（自生地を含む。）及び地質鉱物（特異な自然の現象の生じている土地を含む。）で我が国にとって学術上価値の高いもの（以下「記念物」という。）

五　地域における人々の生活又は生業及び当該地域の風土により形成された景観地で我が国民の生活又は生業の理解のため欠くことのできないもの（以下「文化的景観」という。）

六　周囲の環境と一体をなして歴史的風致を形成している伝統的な建造物群で価値の高いもの（以下「伝統的建造物群」という。）

（略）

〔政府及び地方公共団体の任務〕

第三条　政府及び地方公共団体は、文化財がわが国の歴史、文化等の正しい理解のため欠くことのできないものであり、且つ、将来の文化の向上発展の基礎をなすものであることを認識し、その保存が適切に行われるように、周到の注意をもってこの法律の趣旨の徹底に努めなければならない。

◇子どもの読書活動の推進に関する法律

（平一三・一二・一二
法　一五四）

◆文字・活字文化振興法

（平一七・七・二九
法　九一）

◆文化芸術基本法

（平一三・一二・七
法　一四八）

最終改正　令元—法二六

文化芸術を創造し、享受し、文化的な環境の中で生きる喜びを見出すことは、人々の変わらない願いである。また、文化芸術は、人々の創造性をはぐくみ、その表現力を高めるとともに、人々の心のつながりや相互に理解し尊重し合う土壌を提供し、多様性を受け入れることができる心豊かな社会を形成するものであり、世界の平和に寄与するものである。更に、文化芸術は、それ自体が固有の意義と価値を有するとともに、それぞれの国やそれぞれの時代における国民共通のよりどころとして重要な意味を持ち、国際化が進展する中にあって、自己認識の基点となり、文化的な伝統を尊重する心を育てるものである。

我々は、このような文化芸術の役割が今後においても変わることなく、心豊かな活力ある社会の形成にとって極めて重要な意義を持ち続けると確信する。

しかるに、現状をみるに、経済的な豊かさの中にありながら、文化芸術がその役割を果たすことができるような基盤の整備及び環境の形成は十分な状態にあるとはいえない。二十一世紀を迎えた今、文化芸術により生み出される様々な価値を生かして、これまで培われてきた伝統的な文化芸術を継承し、発展させるとともに、独創性のある新たな文化芸術の創造を促進することは、我々に課された緊要な課題となっている。

このような事態に対処して、我が国の文化芸術の振興を図るためには、文化芸術の礎たる表現の自由の重要性を深く認識し、文化芸術活動を行う者の自主性を尊重することを旨としつつ、文化芸術を国民の身近なものとし、それを尊重し大切にするよう包括的に施策を推進していくことが不可欠である。

ここに、文化芸術に関する施策についての基本理念を明らかにしてその方向を示し、文化芸術に関する施策を総合的かつ計画的に推進するため、この法律を制定する。

第一章　総則

（目的）

第一条　この法律は、文化芸術が人間に多くの恵沢をもたらすものであることに鑑み、文化芸術に関する施策に関し、基本理念を定め、並びに国及び地方公共団体の責務等を明らかにするとともに、文化芸術に関する施策の基本となる事項を定めることにより、文化芸術に関する活動（以下「文化芸術活動」という。）を行う者（文化芸術活動を行う団体を含む。以下同じ。）の自主的な活動の促進を旨として、文化芸術の振興に関する施策の総合的かつ計画的な推進を図り、もって心豊かな国民生活及び活力ある社会の実現に寄与することを目的とする。

（基本理念）

第二条　文化芸術に関する施策の推進に当たっては、文化芸術活動を行う者の自主性が十分に尊重されなければならない。

2　文化芸術に関する施策の推進に当たっては、文化芸術活動を行う者の創造性が十分に尊重されるとともに、その地位の向上が図られ、その能力が十分に発揮されるよう考慮されなければならない。

3　文化芸術に関する施策の推進に当たっては、文化芸術を創造し、享受することが人々の生まれながらの権利であることに鑑み、国民がその年齢、障害の有無、経済的な状況又は居住する地域にかかわらず等しく、文化芸術を鑑賞し、これに参加し、又はこれを創造することができるような環境の整備が図られなければならない。

4　文化芸術に関する施策の推進に当たっては、我が国及び世界において文化芸術活動が活発に行われるような環境を醸成することを旨として文化芸術の発展が図られるよう考慮されなければならない。

5　文化芸術に関する施策の推進に当たっては、多様な文化芸術の保護及び発展が図られなければならない。
6　文化芸術に関する施策の推進に当たっては、地域の人々により主体的に文化芸術活動が行われるよう配慮するとともに、各地域の歴史、風土等を反映した特色ある文化芸術の発展が図られなければならない。
7　文化芸術に関する施策の推進に当たっては、我が国の文化芸術が広く世界へ発信されるよう、文化芸術に係る国際的な交流及び貢献の推進が図られなければならない。
8　文化芸術に関する施策の推進に当たっては、乳幼児、児童、生徒等に対する文化芸術に関する教育の重要性に鑑み、学校等、文化芸術活動を行う団体（以下「文化芸術団体」という。）、家庭及び地域における活動の相互の連携が図られるよう配慮されなければならない。
9　文化芸術に関する施策の推進に当たっては、文化芸術活動を行う者その他広く国民の意見が反映されるよう十分配慮されなければならない。
10　文化芸術に関する施策の推進に当たっては、文化芸術により生み出される様々な価値を文化芸術の継承、発展及び創造に活用することが重要であることに鑑み、文化芸術の固有の意義と価値を尊重しつつ、観光、まちづくり、国際交流、福祉、教育、産業その他の各関連分野における施策との有機的な連携が図られるよう配慮されなければならない。

（国の責務）
第三条　国は、前条の基本理念（以下「基本理念」という。）にのっとり、文化芸術に関する施策を総合的に策定し、及び実施する責務を有する。

（地方公共団体の責務）
第四条　地方公共団体は、基本理念にのっとり、文化芸術に関し、国との連携を図りつつ、自主的かつ主体的に、その地域の特性に応じた施策を策定し、及び実施する責務を有する。

（国民の関心及び理解）
第五条　国は、現在及び将来の世代にわたって人々が文化芸術を創造し、享受することができるとともに、文化芸術が将来にわたって発展するよう、国民の文化芸術に対する関心及び理解を深めるように努めなければならない。

（文化芸術団体の役割）
第五条の二　文化芸術団体は、その実情を踏まえつつ、自主的かつ主体的に、文化芸術活動の充実を図るとともに、文化芸術の継承、発展及び創造に積極的な役割を果たすよう努めなければならない。

（関係者相互の連携及び協働）
第五条の三　国、独立行政法人、地方公共団体、文化芸術団体、民間事業者その他の関係者は、基本理念の実現を図るため、相互に連携を図りながら協働するよう努めなければならない。

（法制上の措置等）
第六条　政府は、文化芸術に関する施策を実施するため必要な法制上、財政上又は税制上の措置その他の措置を講じなければならない。

第三章　文化芸術に関する基本的施策

（文化財等の保存及び活用）
第十三条　国は、有形及び無形の文化財並びにその保存技術（以下「文化財等」という。）の保存及び活用を図るため、文化財等に関し、修復、防災対策、公開等への支援その他の必要な施策を講ずるものとする。

（学校教育における文化芸術活動の充実）
第二十四条　国は、学校教育における文化芸術活動の充実を図るため、文化芸術に関する体験学習等文化芸術に関する教育の充実、芸術家等及び文化芸術団体による学校における文化芸術活動に対する協力への支援その他の必要な施策を講ずるものとする。

◆障害者による文化芸術活動の推進に関する法律

（平三〇・六・一三
法　四七）

（目的）
第一条　この法律は、文化芸術が、これを創造し、又は享

受する者の障害の有無にかかわらず、人々に心の豊かさや相互理解をもたらすものであることに鑑み、文化芸術基本法（平成十三年法律第百四十八号）及び障害者基本法（昭和四十五年法律第八十四号）の基本的な理念にのっとり、障害者による文化芸術活動（文化芸術に関する活動をいう。以下同じ。）の推進に関し、基本理念、基本計画の策定その他の基本となる事項を定めることにより、障害者による文化芸術活動の推進に関する施策を総合的かつ計画的に推進し、もって文化芸術活動を通じた障害者の個性と能力の発揮及び社会参加の促進を図ることを目的とする。

（基本理念）

第三条　障害者による文化芸術活動の推進は、次に掲げる事項を旨として行われなければならない。

一　文化芸術を創造し、享受することが人々の生まれながらの権利であることに鑑み、国民が障害の有無にかかわらず、文化芸術を鑑賞し、これに参加し、又はこれを創造することができるよう、障害者による文化芸術活動を幅広く促進すること。

二　専門的な教育に基づかずに人々が本来有する創造性が発揮された文化芸術の作品が高い評価を受けており、その中心となっているものが障害者による作品であること等を踏まえ、障害者による芸術上価値が高い作品等の創造に対する支援を強化すること。

三　地域において、障害者が創造する文化芸術の作品等（以下「障害者の作品等」という。）の発表、障害者による文化芸術活動を通じた交流等を促進することにより、住民が心豊かに暮らすことのできる住みよい地域社会の実現に寄与すること。

2　障害者による文化芸術活動の推進に関する施策を講ずるに当たっては、その内容に応じ、障害者による文化芸術活動を特に対象とする措置が講ぜられ、又は文化芸術の振興に関する一般的な措置の実施において障害者による文化芸術活動に対する特別の配慮がなされなければならない。

（国の責務）

第四条　国は、前条の基本理念にのっとり、障害者による文化芸術活動の推進に関する施策を総合的に策定し、及び実施する責務を有する。

（地方公共団体の責務）

第五条　地方公共団体は、第三条の基本理念にのっとり、障害者による文化芸術活動の推進に関し、国との連携を図りつつ、自主的かつ主体的に、その地域の特性に応じた施策を策定し、及び実施する責務を有する。

（財政上の措置等）

第六条　政府は、障害者による文化芸術活動の推進に関する施策を実施するため必要な財政上の措置その他の措置を講じなければならない。

◆視覚障害者等の読書環境の整備の推進に関する法律

（令元・六・二八法　四　九）

第一章　総則

（目的）

第一条　この法律は、視覚障害者等の読書環境の整備の推進に関し、基本理念を定め、並びに国及び地方公共団体の責務を明らかにするとともに、基本計画の策定その他の視覚障害者等の読書環境の整備の推進に関する施策の基本となる事項を定めること等により、視覚障害者等の読書環境の整備を総合的かつ計画的に推進し、もって障害の有無にかかわらず全ての国民が等しく読書を通じて文字・活字文化（文字・活字文化振興法（平成十七年法律第九十一号）第二条に規定する文字・活字文化をいう。）の恵沢を享受することができる社会の実現に寄与することを目的とする。

（定義）

第二条　この法律において「視覚障害者等」とは、視覚障害、発達障害、肢体不自由その他の障害により、書籍

（雑誌、新聞その他の刊行物を含む。以下同じ。）について、視覚による表現の認識が困難な者をいう。

2 この法律において「視覚障害者等が利用しやすい書籍」とは、点字図書、拡大図書その他の視覚障害者等がその内容を容易に認識することができる書籍をいう。

3 この法律において「視覚障害者等が利用しやすい電子書籍等」とは、電子書籍その他の書籍に相当する文字、音声、点字等の電磁的記録（電子的方式、磁気的方式その他人の知覚によっては認識することができない方式で作られる記録をいう。第十一条第二項及び第十二条第二項において同じ。）であって、電子計算機等を利用して視覚障害者等がその内容を容易に認識することができるものをいう。

（基本理念）

第三条 視覚障害者等の読書環境の整備の推進は、次に掲げる事項を旨として行われなければならない。

一 視覚障害者等が利用しやすい電子書籍等が視覚障害者等の読書に係る利便性の向上に著しく資する特性を有することに鑑み、情報通信その他の分野における先端的な技術等を活用して視覚障害者等が利用しやすい電子書籍等の普及が図られるとともに、視覚障害者等の需要を踏まえ、引き続き、視覚障害者等が利用しやすい書籍が提供されること。

二 視覚障害者等が利用しやすい書籍及び視覚障害者等が利用しやすい電子書籍等（以下「視覚障害者等が利用しやすい書籍等」という。）の量的拡充及び質の向上が図られること。

三 視覚障害者等の障害の種類及び程度に応じた配慮がなされること。

（国の責務）

第四条 国は、前条の基本理念にのっとり、視覚障害者等の読書環境の整備の推進に関する施策を総合的に策定し、及び実施する責務を有する。

（地方公共団体の責務）

第五条 地方公共団体は、第三条の基本理念にのっとり、国との連携を図りつつ、その地域の実情を踏まえ、視覚障害者等の読書環境の整備の推進に関する施策を策定し、及び実施する責務を有する。

（財政上の措置等）

第六条 政府は、視覚障害者等の読書環境の整備の推進に関する施策を実施するため必要な財政上の措置その他の措置を講じなければならない。

◆アイヌの人々の誇りが尊重される社会を実現するための施策の推進に関する法律

（平三一・四・二六
法　一六）

最終改正　令四—法六八

第一章　総則

（目的）

第一条 この法律は、日本列島北部周辺、とりわけ北海道の先住民族であるアイヌの人々の誇りの源泉であるアイヌの伝統及びアイヌ文化（以下「アイヌの伝統等」という。）が置かれている状況並びに近年における先住民族をめぐる国際情勢に鑑み、アイヌ施策の推進に関し、基本理念、国等の責務、政府による基本方針の策定、民族共生象徴空間構成施設の管理に関する措置、市町村（特別区を含む。以下同じ。）によるアイヌ施策推進地域計画の作成及びその内閣総理大臣による認定、当該認定を受けたアイヌ施策推進地域計画に基づく事業に対する特別の措置、アイヌ政策推進本部の設置等について定めることにより、アイヌの人々が民族としての誇りを持って生活することができ、及びその誇りが尊重される社会の実現を図り、もって全ての国民が相互に人格と個性を尊重し合いながら共生する社会の実現に資することを目的とする。

（基本理念）

第三条 アイヌ施策の推進は、アイヌの人々の民族としての誇りが尊重されるよう、アイヌの人々の誇りの源泉で

あるアイヌの伝統等並びに我が国を含む国際社会において重要な課題である多様な民族の共生及び多様な文化の発展についての国民の理解を深めることを旨として、行われなければならない。

2 アイヌ施策の推進は、アイヌの人々が民族としての誇りを持って生活することができるよう、アイヌの人々の自発的意思の尊重に配慮しつつ、行われなければならない。

3 アイヌ施策の推進は、国、地方公共団体その他の関係する者の相互の密接な連携を図りつつ、アイヌの人々が北海道のみならず全国において生活していることを踏まえて全国的な視点に立って行われなければならない。

第四条 何人も、アイヌの人々に対して、アイヌであることを理由として、差別することその他の権利利益を侵害する行為をしてはならない。

（国及び地方公共団体の責務）

第五条 国及び地方公共団体は、前二条に定める基本理念にのっとり、アイヌ施策を策定し、及び実施する責務を有する。

2 国及び地方公共団体は、アイヌ文化を継承する者の育成について適切な措置を講ずるよう努めなければならない。

3 国及び地方公共団体は、教育活動、広報活動その他の活動を通じて、アイヌに関し、国民の理解を深めるよう努めなければならない。

4 国は、アイヌ文化の振興等に資する調査研究を推進するよう努めるとともに、地方公共団体が実施するアイヌ施策を推進するために必要な助言その他の措置を講ずるよう努めなければならない。

（国民の努力）

第六条 国民は、アイヌの人々が民族としての誇りを持って生活することができ、及びその誇りが尊重される社会の実現に寄与するよう努めるものとする。

第二章　基本方針等

（基本方針）

第七条 政府は、アイヌ施策の総合的かつ効果的な推進を図るための基本的な方針（以下「基本方針」という。）を定めなければならない。

2 基本方針には、次に掲げる事項を定めるものとする。

一 アイヌ施策の意義及び目標に関する事項

二 政府が実施すべきアイヌ施策に関する基本的な方針

三 民族共生象徴空間構成施設の管理に関する基本的な事項

四 第十条第一項に規定するアイヌ施策推進地域計画の同条第九項の認定に関する基本的な事項

五 前各号に掲げるもののほか、アイヌ施策の推進のために必要な事項

（略）

（都道府県方針）

第八条 都道府県知事は、基本方針に基づき、当該都道府県の区域内におけるアイヌ施策を推進するための方針（以下この条及び第十条において「都道府県方針」という。）を定めるよう努めるものとする。

（略）

第三章　民族共生象徴空間構成施設の管理に関する措置

第九条 国土交通大臣及び文部科学大臣は、第二十条第一項の規定による指定をしたときは、民族共生象徴空間構成施設の管理を当該指定を受けた者（次項において「指定法人」という。）に委託するものとする。

2 前項の規定により管理の委託を受けた指定法人は、当該委託を受けて行う民族共生象徴空間構成施設の管理に要する費用に充てるために、民族共生象徴空間構成施設につき入場料その他の料金（第二十二条第二項において「入場料等」という。）を徴収することができる。

（略）

第四章　アイヌ施策推進地域計画の認定等

（アイヌ施策推進地域計画の認定）
第十条　市町村は、単独で又は共同して、基本方針に基づき（当該市町村を包括する都道府県の知事が都道府県方針を定めているときは、基本方針に基づくとともに、当該都道府県方針を勘案して）、内閣府令で定めるところにより、当該市町村の区域内におけるアイヌ施策を推進するための計画（以下「アイヌ施策推進地域計画」という。）を作成し、内閣総理大臣の認定を申請することができる。

（略）

（交付金の交付等）
第十五条　国は、認定市町村に対し、認定アイヌ施策推進地域計画に基づく事業（第十条第二項第二号に規定するものに限る。）の実施に要する経費に充てるため、内閣府令で定めるところにより、予算の範囲内で、交付金を交付することができる。

（略）

（国有林野における共用林野の設定）
第十六条　農林水産大臣は、国有林野の経営と認定市町村（第十条第四項に規定する事項を記載した認定アイヌ施策推進地域計画を作成した市町村に限る。以下この項において同じ。）の住民の利用とを調整することが土地利用の高度化を図るため必要であると認めるときは、契約により、当該認定市町村の住民又は当該認定市町村内の一定の区域に住所を有する者に対し、これらの者が同条第四項の規定により記載された事項に係る国有林野をアイヌにおいて継承されてきた儀式の実施その他のアイヌ文化の振興等に利用するための林産物の採取に共同して使用する権利を取得させることができる。

（略）

（漁業法及び水産資源保護法による許可についての配慮）
第十七条　農林水産大臣又は都道府県知事は、認定アイヌ施策推進地域計画に記載された内水面さけ採捕事業の実施のため漁業法第六十五条第一項若しくは第二項又は水産資源保護法（昭和二十六年法律第三百十三号）第四条第一項若しくは第二項の規定に基づく農林水産省令又は都道府県の規則の規定による許可が必要とされる場合において、当該許可を求められたときは、当該内水面さけ採捕事業が円滑に実施されるよう適切な配慮をするものとする。

（地方債についての配慮）
第十九条　認定市町村が認定アイヌ施策推進地域計画に基づいて行う事業に要する経費に充てるため起こす地方債については、国は、当該認定市町村の財政状況が許す限り起債ができるよう、及び資金事情が許す限り財政融資資金をもって引き受けるよう特別の配慮をするものとする。

第六章　指定法人

（指定等）
第二十条　国土交通大臣及び文部科学大臣は、アイヌ文化の振興等を目的とする一般社団法人又は一般財団法人であって、次条に規定する業務を適正かつ確実に行うことができると認められるものを、その申請により、全国を通じて一に限り、同条に規定する業務を行う者として指定することができる。

（略）

（業務）
第二十一条　指定法人は、次に掲げる業務を行うものとする。
一　第九条第一項の規定による委託を受けて民族共生象徴空間構成施設の管理を行うこと。
二　アイヌ文化を継承する者の育成その他のアイヌ文化の振興に関する業務を行うこと。
三　アイヌの伝統等に関する広報活動その他のアイヌの伝統等に関する知識の普及及び啓発を行うこと。
四　アイヌ文化の振興等に資する調査研究を行うこと。
五　アイヌ文化の振興、アイヌの伝統等に関する知識の普及及び啓発又はアイヌ文化の振興等に資する調査研究を行う者に対して、助言、助成その他の援助を行うこと。

六　前各号に掲げるもののほか、アイヌ文化の振興等を図るために必要な業務を行うこと。

第七章　アイヌ政策推進本部

（設置）
第三十二条　アイヌ施策を総合的かつ効果的に推進するため、内閣に、アイヌ政策推進本部（以下「本部」という。）を置く。

（アイヌ政策推進本部長）
第三十五条　本部の長は、アイヌ政策推進本部長（以下「本部長」という。）とし、内閣官房長官をもって充てる。

（略）

◇日本語教育の推進に関する法律

（令元・六・二八）
（法　四　八）
最終改正　令五—法五六

第一章　総則

（目的）
第一条　この法律は、日本語教育の推進が、我が国に居住する外国人が日常生活及び社会生活を国民と共に円滑に営むことができる環境の整備に資するとともに、我が国に対する諸外国の理解と関心を深める上で重要であることに鑑み、日本語教育の推進に関し、基本理念を定め、並びに国、地方公共団体及び事業主の責務を明らかにするとともに、基本方針の策定その他日本語教育の推進に関する施策の基本となる事項を定めることにより、日本語教育の推進に関する施策を総合的かつ効果的に推進し、もって多様な文化を尊重した活力ある共生社会の実現に資するとともに、諸外国との交流の促進並びに友好関係の維持及び発展に寄与することを目的とする。

（基本理念）
第三条　日本語教育の推進は、日本語教育を受けることを希望する外国人等に対し、その希望、置かれている状況及び能力に応じた日本語教育を受ける機会が最大限に確保されるよう行われなければならない。

2　日本語教育の推進は、日本語教育の水準の維持向上が図られるよう行われなければならない。

3　日本語教育の推進は、外国人等に係る教育及び労働、出入国管理その他の関連施策並びに外交政策との有機的な連携が図られ、総合的に行われなければならない。

4　日本語教育の推進は、国内における日本語教育が地域の活力の向上に寄与するものであるとの認識の下に行われなければならない。

5　日本語教育の推進は、海外における日本語教育を通じて我が国に対する諸外国の理解と関心を深め、諸外国との交流を促進するとともに、諸外国との友好関係の維持及び発展に寄与することとなるよう行われなければならない。

6　日本語教育の推進は、日本語を学習する意義についての外国人等の理解と関心が深められるように配慮して行われなければならない。

7　日本語教育の推進は、我が国に居住する幼児期及び学齢期（満六歳に達した日の翌日以後における最初の学年の初めから満十五歳に達した日の属する学年の終わりまでの期間をいう。）にある外国人等の家庭における教育等において使用される言語の重要性に配慮して行われなければならない。

（国の責務）
第四条　国は、前条の基本理念（以下単に「基本理念」という。）にのっとり、日本語教育の推進に関する施策を総合的に策定し、及び実施する責務を有する。

（地方公共団体の責務）
第五条　地方公共団体は、基本理念にのっとり、日本語教育の推進に関し、国との適切な役割分担を踏まえて、その地方公共団体の地域の状況に応じた施策を策定し、及び実施する責務を有する。

（事業主の責務）
第六条　外国人等を雇用する事業主は、基本理念にのっとり、国又は地方公共団体が実施する日本語教育の推進に

関する施策に協力するとともに、その雇用する外国人等及びその家族に対する日本語学習（日本語を習得するための学習をいう。以下同じ。）の機会の提供その他の日本語学習に関する支援に努めるものとする。

◆日本語教育の適正かつ確実な実施を図るための日本語教育機関の認定等に関する法律

（令五・六・二法四一）

第一章　総則

（目的）

第一条　この法律は、日本語に通じない外国人が我が国において生活するために必要な日本語を理解し、使用する能力を習得させるための教育（以下「日本語教育」という。）を行うことを目的とした課程（以下「日本語教育課程」という。）を置く教育機関（以下「日本語教育機関」という。）のうち一定の要件を満たすものを認定する制度を創設し、かつ、当該認定を受けた日本語教育機関において日本語教育を行う者の資格について定めることにより、日本語教育の適正かつ確実な実施を図り、もって我が国に居住する外国人が日常生活及び社会生活を国民と共に円滑に営むことができる環境の整備に寄与することを目的とする。

第二章　日本語教育機関の認定

（認定）

第二条　日本語教育機関の設置者は、当該日本語教育機関について、申請により、日本語教育を適正かつ確実に実施することができる日本語教育機関である旨の文部科学大臣の認定を受けることができる。

（認定日本語教育機関の表示）

第五条　認定日本語教育機関の設置者は、生徒の募集のための広告その他の文部科学省令で定めるもの（次項において「広告等」という。）に、文部科学大臣の定める表示を付することができる。

2　何人も、前項の規定による場合を除くほか、広告等に同項の表示又はこれと紛らわしい表示を付してはならない。

（報告徴収）

第十一条　文部科学大臣は、認定日本語教育機関における日本語教育の適正かつ確実な実施を確保するために必要な限度において、認定日本語教育機関の設置者に対し、日本語教育の実施状況に関し必要な報告又は資料の提出を求めることができる。

（勧告及び命令）

第十二条　文部科学大臣は、認定日本語教育機関が第二条第三項各号のいずれかに適合しなくなったと認めるときは、当該認定日本語教育機関の設置者に対し、これらの規定に適合するため必要な措置をとるべきことを勧告することができる。

2　文部科学大臣は、前項の規定による勧告を受けた認定日本語教育機関の設置者が、正当な理由がなくてその勧告に係る措置をとらなかったときは、当該認定日本語教育機関の設置者に対し、期限を定めて、その勧告に係る措置をとるべきことを命ずることができる。

（審議会等の意見の聴取等）

第十五条　文部科学大臣は、第二条第三項第二号の文部科学省令を制定し、又は改廃するときは、あらかじめ、法務大臣に協議するとともに、審議会等（国家行政組織法（昭和二十三年法律第百二十号）第八条に規定する機関をいう。次項において同じ。）で政令で定めるものの意見を聴くものとする。

2　前項に規定する場合のほか、次に掲げる場合には、文部科学大臣は、あらかじめ、同項の政令で定める審議会等の意見を聴くものとする。

一　認定をするとき又は前条第二項の規定により認定を取り消すとき。

二　第十二条第一項の規定による勧告又は同条第二項の

規定による命令をするとき。

（関係行政機関の長との協力）

第十六条　文部科学大臣及び法務大臣その他の関係行政機関の長は、認定日本語教育機関における日本語教育の適正かつ確実な実施を図るため、相互に連携を図りながら協力するものとする。

第三章　認定日本語教育機関の教員の資格

第一節　登録日本語教員

（登録）

第十七条　日本語教員試験（日本語教育を行うために必要な知識及び技能を有するかどうかを判定するために行う試験をいう。以下この章において同じ。）に合格し、かつ、実践研修（認定日本語教育機関において日本語教育を行うために必要な実践的な技術を習得するための研修をいう。以下この章において同じ。）を修了した者は、文部科学大臣の登録を受けることができる。

第二節　日本語教員試験

（日本語教員試験の内容等）

第二十二条　日本語教員試験においては、基礎試験及び応用試験を行うものとし、基礎試験にあっては日本語教育を行うために必要な基礎的な知識及び技能を有するかどうか、応用試験にあっては日本語教育を行うために必要な知識及び技能のうち応用に関するものを有するかどうかを判定するものとする。

2　日本語教員試験は、毎年一回以上、文部科学大臣が行う。

（試験の免除）

第二十三条　次の各号に掲げる者に対しては、その申請により、当該各号に定める試験を免除する。

一　文部科学大臣の登録を受けた者が実施する日本語教育を行うために必要な基礎的な知識及び技能を習得させるための課程（第六節において「養成課程」という。）を修了した者又は基礎試験に合格した者と同等以上の知識及び技能を有することを示す資格として文部科学省令で定めるものを有する者　基礎試験

二　応用試験に合格した者と同等以上の知識及び技能を有することを示す資格として文部科学省令で定めるものを有する者　応用試験

◇スポーツ基本法

（平二三・六・二四 法七八）

最終改正　平三〇—法五七

スポーツは、世界共通の人類の文化である。

スポーツは、心身の健全な発達、健康及び体力の保持増進、精神的な充足感の獲得、自律心その他の精神の涵《かん》養等のために個人又は集団で行われる運動競技その他の身体活動であり、今日、国民が生涯にわたり心身ともに健康で文化的な生活を営む上で不可欠のものとなっている。スポーツを通じて幸福で豊かな生活を営むことは、全ての人々の権利であり、全ての国民がその自発性の下に、各々の関心、適性等に応じて、安全かつ公正な環境の下で日常的にスポーツに親しみ、スポーツを楽しみ、又はスポーツを支える活動に参画することのできる機会が確保されなければならない。

スポーツは、次代を担う青少年の体力を向上させるとともに、他者を尊重しこれと協同する精神、公正さと規律を尊ぶ態度や克己心を培い、実践的な思考力や判断力を育む等人格の形成に大きな影響を及ぼすものである。

また、スポーツは、人と人との交流及び地域と地域との交流を促進し、地域の一体感や活力を醸成するものであり、人間関係の希薄化等の問題を抱える地域社会の再生に寄与するものである。さらに、スポーツは、心身の健康の保持増進にも重要な役割を果たすものであり、健康で活力に満ちた長寿社会の実現に不可欠である。

スポーツ選手の不断の努力は、人間の可能性の極限を追求する有意義な営みであり、こうした努力に基づく国際競技大会における日本人選手の活躍は、国民に誇りと喜び、夢と感動を与え、国民のスポーツへの関心を高めるものである。これらを通じて、スポーツは、我が国社会に活力を生み出し、国民経済の発展に広く寄与するものである。また、スポーツの国際的な交流や貢献が、国際相互理解を促進し、国際平和に大きく貢献するなど、スポーツは、我が国の国際的地位の向上にも極めて重要な役割を果たすものである。

そして、地域におけるスポーツを推進する中から優れたスポーツ選手が育まれ、そのスポーツ選手が地域におけるスポーツの推進に寄与することは、スポーツに係る多様な主体の連携と協働による我が国のスポーツの発展を支える好循環をもたらすものである。

このような国民生活における多面にわたるスポーツの果たす役割の重要性に鑑み、スポーツ立国を実現することは、二十一世紀の我が国の発展のために不可欠な重要課題である。

ここに、スポーツ立国の実現を目指し、国家戦略として、スポーツに関する施策を総合的かつ計画的に推進するため、この法律を制定する。

第一章　総則

（目的）

第一条　この法律は、スポーツに関し、基本理念を定め、並びに国及び地方公共団体の責務並びにスポーツ団体の努力等を明らかにするとともに、スポーツに関する施策の基本となる事項を定めることにより、スポーツに関する施策を総合的かつ計画的に推進し、もって国民の心身の健全な発達、明るく豊かな国民生活の形成、活力ある社会の実現及び国際社会の調和ある発展に寄与することを目的とする。

（基本理念）

第二条　スポーツは、これを通じて幸福で豊かな生活を営むことが人々の権利であることに鑑み、国民が生涯にわたりあらゆる機会とあらゆる場所において、自主的かつ自律的にその適性及び健康状態に応じて行うことができるようにすることを旨として、推進されなければならない。

2　スポーツは、とりわけ心身の成長の過程にある青少年のスポーツが、体力を向上させ、公正さと規律を尊ぶ態度や克己心を培う等人格の形成に大きな影響を及ぼすものであり、国民の生涯にわたる健全な心と身体を培い、豊かな人間性を育む基礎となるものであるとの認識の下に、学校、スポーツ団体（スポーツの振興のための事業を行うことを主たる目的とする団体をいう。以下同じ。）、家庭及び地域における活動の相互の連携を図りながら推進されなければならない。

3　スポーツは、人々がその居住する地域において、主体的に協働することにより身近に親しむことができるようにするとともに、これを通じて、当該地域における全ての世代の人々の交流が促進され、かつ、地域間の交流の基盤が形成されるものとなるよう推進されなければならない。

4　スポーツは、スポーツを行う者の心身の健康の保持増進及び安全の確保が図られるよう推進されなければならない。

5　スポーツは、障害者が自主的かつ積極的にスポーツを行うことができるよう、障害の種類及び程度に応じ必要な配慮をしつつ推進されなければならない。

6　スポーツは、我が国のスポーツ選手（プロスポーツの選手を含む。以下同じ。）が国際競技大会（オリンピック競技大会、パラリンピック競技大会その他の国際的な規模のスポーツの競技会をいう。以下同じ。）又は全国的な規模のスポーツの競技会において優秀な成績を収めることができるよう、スポーツに関する競技水準（以下「競技水準」という。）の向上に資する諸施策相互の有機的な連携を図りつつ、効果的に推進されなければならない。

7　スポーツは、スポーツに係る国際的な交流及び貢献を推進することにより、国際相互理解の増進及び国際平和に寄与するものとなるよう推進されなければならない。

8　スポーツは、スポーツを行う者に対し、不当に差別的取扱いをせず、また、スポーツに関するあらゆる活動を公正かつ適切に実施することを旨として、ドーピングの防止の重要性に対する国民の認識を深めるなど、スポーツに対する国民の幅広い理解及び支援が得られるよう推進されなければならない。

（国の責務）

第三条　国は、前条の基本理念（以下「基本理念」という。）にのっとり、スポーツに関する施策を総合的に策定し、及び実施する責務を有する。

（地方公共団体の責務）

第四条　地方公共団体は、基本理念にのっとり、スポーツに関する施策に関し、国との連携を図りつつ、自主的かつ主体的に、その地域の特性に応じた施策を策定し、及び実施する責務を有する。

（スポーツ団体の努力）

第五条　スポーツ団体は、スポーツの普及及び競技水準の向上に果たすべき重要な役割に鑑み、基本理念にのっとり、スポーツを行う者の権利利益の保護、心身の健康の保持増進及び安全の確保に配慮しつつ、スポーツの推進に主体的に取り組むよう努めるものとする。

2　スポーツ団体は、スポーツの振興のための事業を適正に行うため、その運営の透明性の確保を図るとともに、その事業活動に関し自らが遵守すべき基準を作成するよう努めるものとする。

3　スポーツ団体は、スポーツに関する紛争について、迅速かつ適正な解決に努めるものとする。

（関係者相互の連携及び協働）

第七条　国、独立行政法人、地方公共団体、学校、スポーツ団体及び民間事業者その他の関係者は、基本理念の実現を図るため、相互に連携を図りながら協働するよう努めなければならない。

第三章　基本的施策

第一節　スポーツの推進のための基礎的条件の整備等

（指導者等の養成等）

第十一条　国及び地方公共団体は、スポーツの指導者その他スポーツの推進に寄与する人材（以下「指導者等」という。）の養成及び資質の向上並びにその活用のため、系統的な養成システムの開発又は利用への支援、研究集会又は講習会（以下「研究集会等」という。）の開催その他の必要な施策を講ずるよう努めなければならない。

（学校施設の利用）

第十三条　学校教育法（昭和二十二年法律第二十六号）第二条第二項に規定する国立学校及び公立学校並びに国（国立大学法人法（平成十五年法律第百十二号）第二条第一項に規定する国立大学法人を含む。）及び地方公共団体（地方独立行政法人法（平成十五年法律第百十八号）第六十八条第一項に規定する公立大学法人を含む。）が設置する幼保連携型認定こども園（就学前の子どもに関する教育、保育等の総合的な提供の推進に関する法律（平成十八年法律第七十七号）第二条第七項に規定する幼保連携型認定こども園をいう。）の設置者は、その設置する学校の教育に支障のない限り、当該学校のスポーツ施設を一般のスポーツのための利用に供するよう努めなければならない。

2　国及び地方公共団体は、前項の利用を容易にさせるため、又はその利用上の利便性の向上を図るため、当該学校のスポーツ施設の改修、照明施設の設置その他の必要な施策を講ずるよう努めなければならない。

（スポーツ事故の防止等）

第十四条　国及び地方公共団体は、スポーツ事故その他スポーツによって生じる外傷、障害等の防止及びこれらの軽減に資するため、指導者等の研修、スポーツ施設の整備、スポーツにおける心身の健康の保持増進及び安全の確保に関する知識（スポーツ用具の適切な使用に係る知識を含む。）の普及その他の必要な措置を講ずるよう努めなければならない。

（スポーツに関する紛争の迅速かつ適正な解決）

第十五条　国は、スポーツに関する紛争の仲裁又は調停の中立性及び公正性が確保され、スポーツを行う者の権利利益の保護が図られるよう、スポーツに関する紛争の仲裁又は調停を行う機関への支援、仲裁人等の資質の向上、紛争解決手続についてのスポーツ団体の理解の増進その他のスポーツに関する紛争の迅速かつ適正な解決に資するために必要な施策を講ずるものとする。

（学校における体育の充実）

第十七条　国及び地方公共団体は、学校における体育が青少年の心身の健全な発達に資するものであり、かつ、スポーツに関する技能及び生涯にわたってスポーツに親しむ態度を養う上で重要な役割を果たすものであることに鑑み、体育に関する指導の充実、体育館、運動場、水泳プール、武道場その他のスポーツ施設の整備、体育に関

する教員の資質の向上、地域におけるスポーツの指導者等の活用その他の必要な施策を講ずるよう努めなければならない。

（地域におけるスポーツの振興のための事業への支援等）

第二十一条　国及び地方公共団体は、国民がその興味又は関心に応じて身近にスポーツに親しむことができるよう、住民が主体的に運営するスポーツ団体（以下「地域スポーツクラブ」という。）が行う地域におけるスポーツの振興のための事業への支援、住民が安全かつ効果的にスポーツを行うための指導者等の配置、住民が快適にスポーツを行い相互に交流を深めることができるスポーツ施設の整備その他の必要な施策を講ずるよう努めなければならない。

（国民スポーツ大会及び全国障害者スポーツ大会）

第二十六条　国民スポーツ大会は、公益財団法人日本スポーツ協会（昭和二年八月八日に財団法人大日本体育協会という名称で設立された法人をいう。以下同じ。）、国及び開催地の都道府県が共同して開催するものとし、これらの開催者が定める方法により選出された選手が参加して総合的に運動競技をするものとする。

2　全国障害者スポーツ大会は、公益財団法人日本障がい者スポーツ協会（昭和四十年五月二十四日に財団法人日本身体障害者スポーツ協会という名称で設立された法人をいう。以下同じ。）、国及び開催地の都道府県が共同して開催するものとし、これらの開催者が定める方法により選出された選手が参加して総合的に運動競技をするものとする。

3　国は、国民スポーツ大会及び全国障害者スポーツ大会の円滑な実施及び運営に資するため、これらの開催者である公益財団法人日本スポーツ協会又は公益財団法人日本障がい者スポーツ協会及び開催地の都道府県に対し、必要な援助を行うものとする。

◆スポーツ振興投票の実施等に関する法律

（平一〇・五・二〇）
（法　六　三）

最終改正　令四―法六八

第一章　総則

（目的）

第一条　この法律は、スポーツの振興のために必要な資金を得るため、スポーツ振興投票の実施等に関する事項を定め、スポーツを支える者の協力の下にスポーツを行う者の心身の健康の保持増進及び安全の確保等を図り、もってスポーツの振興に寄与し、国民の心身の健全な発達、明るく豊かな国民生活の形成、活力ある社会の実現及び国際社会の調和ある発展に資することを目的とする。

（定義）

第二条　この法律において「スポーツ振興投票」とは、次に掲げる行為をいう。

一　サッカー又はバスケットボールの一又は二以上の試合の結果についてあらかじめ発売されたスポーツ振興投票券によって投票をさせ、当該投票と当該試合の結果との合致の割合が文部科学省令で定める割合（以下この号、第十三条第一項及び第十四条において「試合に係る合致割合」という。）に該当したスポーツ振興投票券を所有する者に対して、試合に係る合致割合ごとに一定の金額を払戻金として交付すること。

二　サッカー又はバスケットボールの一又は二以上の競技会の経過又は結果についてスポーツ振興投票券によって投票をさせ、当該投票と当該競技会の経過又は結果との合致の割合が文部科学省令で定める割合（以下この号並びに第十三条第一項及び第三項において「競技会に係る合致割合」という。）に該当したスポーツ振興投票券を所有する者に対して、競技会に係る合致割合ごとに一定の金額を払戻金として交付すること。

第６編　児童・社会福祉編

第１章　児童福祉

第２章　社会福祉

6

第1章 児童福祉

◆児童福祉法

（昭二二・一二・一二 法 一六 四）

最終改正 令五—法六三

第一章 総則

〔児童の権利〕
第一条 全て児童は、児童の権利に関する条約の精神にのっとり、適切に養育されること、その生活を保障されること、愛され、保護されること、その心身の健やかな成長及び発達並びにその自立が図られることその他の福祉を等しく保障される権利を有する。

〔児童福祉の理念と責任〕
第二条 全て国民は、児童が良好な環境において生まれ、かつ、社会のあらゆる分野において、児童の年齢及び発達の程度に応じて、その意見が尊重され、その最善の利益が優先して考慮され、心身ともに健やかに育成されるよう努めなければならない。

2 児童の保護者は、児童を心身ともに健やかに育成することについて第一義的責任を負う。

3 国及び地方公共団体は、児童の保護者とともに、児童を心身ともに健やかに育成する責任を負う。

〔児童の福祉を保障するための原理の尊重〕
第三条 前二条に規定するところは、児童の福祉を保障するための原理であり、この原理は、すべて児童に関する法令の施行にあたつて、常に尊重されなければならない。

第一節 国及び地方公共団体の責務

〔国・地方公共団体の責任〕
第三条の二 国及び地方公共団体は、児童が家庭において心身ともに健やかに養育されるよう、児童の保護者を支援しなければならない。ただし、児童及びその保護者の心身の状況、これらの者の置かれている環境その他の状況を勘案し、児童を家庭において養育することが困難であり又は適当でない場合にあつては児童が家庭における養育環境と同様の養育環境において継続的に養育されるよう、児童を家庭及び当該養育環境において養育することが適当でない場合にあつては児童ができる限り良好な家庭的環境において養育されるよう、必要な措置を講じなければならない。

〔市町村・都道府県・国の役割〕
第三条の三 市町村（特別区を含む。以下同じ。）は、児童が心身ともに健やかに育成されるよう、基礎的な地方公共団体として、第十条第一項各号に掲げる業務の実施、障害児通所給付費の支給、第二十四条第一項の規定による保育の実施その他この法律に基づく児童の身近な場所における児童の福祉に関する支援に係る業務を適切に行わなければならない。

2 都道府県は、市町村の行うこの法律に基づく児童の福祉に関する業務が適正かつ円滑に行われるよう、市町村に対する必要な助言及び適切な援助を行うとともに、児童が心身ともに健やかに育成されるよう、専門的な知識及び技術並びに各市町村の区域を超えた広域的な対応が必要な業務として、第十一条第一項各号に掲げる業務の実施、小児慢性特定疾病医療費の支給、障害児入所給付費の支給、第二十七条第一項第三号の規定による委託又は入所の措置その他この法律に基づく児童の福祉に関する業務を適切に行わなければならない。

3 国は、市町村及び都道府県の行うこの法律に基づく児童の福祉に関する業務が適正かつ円滑に行われるよう、児童が適切に養育される体制の確保に関する施策、市町村及び都道府県に対する助言及び情報の提供その他の必要な各般の措置を講じなければならない。

第二節　定義

〔児童等〕
第四条　この法律で、児童とは、満十八歳に満たない者をいい、児童を左のように分ける。
一　乳児　満一歳に満たない者
二　幼児　満一歳から、小学校就学の始期に達するまでの者
三　少年　小学校就学の始期から、満十八歳に達するまでの者

（以下略）

〔妊産婦〕
第五条　この法律で、妊産婦とは、妊娠中又は出産後一年以内の女子をいう。

〔保護者〕
第六条　この法律で、保護者とは、親権を行う者、未成年後見人その他の者で、児童を現に監護する者をいう。

〔児童自立生活援助事業等〕
第六条の三　この法律で、児童自立生活援助事業とは、次に掲げる者に対しこれらの者が共同生活を営むべき住居における相談その他の日常生活上の援助及び生活指導並びに就業の支援（以下「児童自立生活援助」という。）を行い、あわせて児童自立生活援助の実施を解除された者に対し相談その他の援助を行う事業をいう。

（略）

2　この法律で、放課後児童健全育成事業とは、小学校に就学している児童であって、その保護者が労働等により昼間家庭にいないものに、授業の終了後に児童厚生施設等の施設を利用して適切な遊び及び生活の場を与えて、その健全な育成を図る事業をいう。

〔児童福祉施設等〕
第七条　この法律で、児童福祉施設とは、助産施設、乳児院、母子生活支援施設、保育所、幼保連携型認定こども園、児童厚生施設、児童養護施設、障害児入所施設、児童発達支援センター、児童心理治療施設、児童自立支援施設、児童家庭支援センター及び里親支援センターとする。

2　この法律で、障害児入所支援とは、障害児入所施設に入所し、又は独立行政法人国立病院機構若しくは国立研究開発法人国立精神・神経医療研究センターの設置する医療機関であって内閣総理大臣が指定するもの（以下「指定発達支援医療機関」という。）に入院する障害児に対して行われる保護、日常生活における基本的な動作及び独立自活に必要な知識技能の習得のための支援並びに障害児入所施設に入所し、又は指定発達支援医療機関に入院する障害児のうち知的障害のある児童、肢体不自由のある児童又は重度の知的障害及び重度の肢体不自由が重複している児童（以下「重症心身障害児」という。）に対し行われる治療をいう。

第四節　実施機関

〔市町村の業務〕
第十条　市町村は、この法律の施行に関し、次に掲げる業務を行わなければならない。
一　児童及び妊産婦の福祉に関し、必要な実情の把握に努めること。
二　児童及び妊産婦の福祉に関し、必要な情報の提供を行うこと。
三　児童及び妊産婦の福祉に関し、家庭その他からの相談に応ずること並びに必要な調査及び指導を行うこと並びにこれらに付随する業務を行うこと。
四　児童及び妊産婦の福祉に関し、心身の状況等に照らし包括的な支援を必要とすると認められる要支援児童等その他の者に対して、これらの者に対する支援の種類及び内容その他の内閣府令で定める事項を記載した計画の作成その他の包括的かつ計画的な支援を行うこと。
五　前各号に掲げるもののほか、児童及び妊産婦の福祉に関し、家庭その他につき、必要な支援を行うこと。

2　市町村長は、前項第三号に掲げる業務のうち専門的な知識及び技術を必要とするものについては、児童相談所の技術的援助及び助言を求めなければならない。

3　市町村長は、第一項第三号に掲げる業務を行うに当たって、医学的、心理学的、教育学的、社会学的及び精神

保健上の判定を必要とする場合には、児童相談所の判定を求めなければならない。

4　市町村は、この法律による事務を適切に行うために必要な体制の整備に努めるとともに、当該事務に従事する職員の人材の確保及び資質の向上のために必要な措置を講じなければならない。

5　国は、市町村における前項の体制の整備及び措置の実施に関し、必要な支援を行うように努めなければならない。

第十条の二　市町村は、こども家庭センターの設置に努めなければならない。

2　こども家庭センターは、次に掲げる業務を行うことにより、児童及び妊産婦の福祉に関する包括的な支援を行うことを目的とする施設とする。

一　前条第一項第一号から第四号までに掲げる業務を行うこと。

二　児童及び妊産婦の福祉に関する機関との連絡調整を行うこと。

三　児童及び妊産婦の福祉並びに児童の健全育成に資する支援を行う者の確保、当該支援を行う者が相互の有機的な連携の下で支援を円滑に行うための体制の整備その他の児童及び妊産婦の福祉並びに児童の健全育成に係る支援を促進すること。

四　前三号に掲げるもののほか、児童及び妊産婦の福祉に関し、家庭その他につき、必要な支援を行うこと。

3　こども家庭センターは、前項各号に掲げる業務を行うに当たって、次条第一項に規定する地域子育て相談機関と密接に連携を図るものとする。

第十条の三　市町村は、地理的条件、人口、交通事情その他の社会的条件、子育てに関する施設の整備の状況等を総合的に勘案して定める区域ごとに、その住民からの子育てに関する相談に応じ、必要な助言を行うことができる地域子育て相談機関（当該区域に所在する保育所、認定こども園、地域子育て支援拠点事業を行う場所その他の内閣府令で定める場所であって、的確な相談及び助言を行うに足りる体制を有すると市町村が認めるものをいう。以下この条において同じ。）の整備に努めなければならない。

2　地域子育て相談機関は、前項の相談及び助言を行うほか、必要に応じ、こども家庭センターと連絡調整を行うとともに、地域の住民に対し、子育て支援に関する情報の提供を行うよう努めなければならない。

3　市町村は、その住民に対し、地域子育て相談機関の名称、所在地その他必要な情報を提供するよう努めなければならない。

〔都道府県の業務〕

第十一条　都道府県は、この法律の施行に関し、次に掲げる業務を行わなければならない。

一　第十条第一項各号に掲げる市町村の業務の実施に関し、市町村相互間の連絡調整、市町村に対する情報の提供、市町村職員の研修その他必要な援助を行うこと及びこれらに付随する業務を行うこと。

二　児童及び妊産婦の福祉に関し、主として次に掲げる業務を行うこと。

イ　各市町村の区域を超えた広域的な見地から、実情の把握に努めること。

ロ　児童に関する家庭その他からの相談のうち、専門的な知識及び技術を必要とするものに応ずること。

ハ　児童及びその家庭につき、必要な調査並びに医学的、心理学的、教育学的、社会学的及び精神保健上の判定を行うこと。

ニ　児童及びその保護者につき、ハの調査又は判定に基づいて心理又は児童の健康及び心身の発達に関する専門的な知識及び技術を必要とする指導その他必要な指導を行うこと。

ホ　児童の一時保護を行うこと。

ヘ　児童の権利の保護の観点から、一時保護の解除後

の家庭その他の環境の調整、当該児童の状況の把握その他の措置により当該児童の安全を確保すること。

ト　里親に関する次に掲げる業務を行うこと。

(1)　里親に関する普及啓発を行うこと。

(2)　里親につき、その相談に応じ、必要な情報の提供、助言、研修その他の援助を行うこと。

(3)　里親と第二十七条第一項第三号の規定により入所の措置が採られて乳児院、児童養護施設、児童心理治療施設又は児童自立支援施設に入所している児童及び里親相互の交流の場を提供すること。

(4)　第二十七条第一項第三号の規定による里親への委託に資するよう、里親の選定及び里親と児童との間の調整を行うこと。

(5)　第二十七条第一項第三号の規定により里親に委託しようとする児童及びその保護者並びに里親の意見を聴いて、当該児童の養育の内容その他の内閣府令で定める事項について当該児童の養育に関する計画を作成すること。

チ　養子縁組により養子となる児童、その父母及び当該養子となる児童の養親となる者、養子縁組により養子となった児童、その養親となった者及び当該養子となった児童の父母（特別養子縁組により親族関係が終了した当該養子となった児童の実方の父母を含む。）その他の児童を養子とする養子縁組に関する者につき、その相談に応じ、必要な情報の提供、助言その他の援助を行うこと。

リ　児童養護施設その他の施設への入所の措置、一時保護の措置その他の措置の実施及びこれらの措置の実施中における処遇に対する児童の意見又は意向に関し、都道府県児童福祉審議会その他の機関の調査審議及び意見の具申が行われるようにすることその他の児童の権利の擁護に係る環境の整備を行うこと。

ヌ　措置解除者等の実情を把握し、その自立のために必要な援助を行うこと。

三　前二号に掲げるもののほか、児童及び妊産婦の福祉に関し、広域的な対応が必要な業務並びに家庭その他につき専門的な知識及び技術を必要とする支援を行うこと。

2　都道府県知事は、市町村の第十条第一項各号に掲げる業務の適切な実施を確保するため必要があると認めるときは、市町村に対し、体制の整備その他の措置について必要な助言を行うことができる。

3　都道府県知事は、第一項又は前項の規定による都道府県の事務の全部又は一部を、その管理に属する行政庁に委任することができる。

（以下略）

〔児童相談所の設置〕

第十二条　都道府県は、児童相談所を設置しなければならない。

3　児童相談所は、児童の福祉に関し、主として前条第一項第一号に掲げる業務（市町村職員の研修を除く。）並びに同項第二号（イを除く。）及び第三号に掲げる業務並びに障害者の日常生活及び社会生活を総合的に支援するための法律第二十二条第二項及び第三項並びに第二十六条第一項に規定する業務を行うものとする。

（以下略）

〔職員〕

第十二条の二　児童相談所には、所長及び所員を置く。

2　所長は、都道府県知事の監督を受け、所務を掌理する。

3　所員は、所長の監督を受け、前条に規定する業務をつかさどる。

（以下略）

第五節　児童福祉司

〔児童福祉司〕

第十三条　都道府県は、その設置する児童相談所に、児童福祉司を置かなければならない。

2　児童福祉司の数は、各児童相談所の管轄区域内の人口、児童虐待に係る相談に応じた件数、第二十七条第一項第

三号の規定による里親への委託の状況及び市町村におけるこの法律による事務の実施状況その他の条件を総合的に勘案して政令で定める基準を標準として都道府県が定めるものとする。

3　児童福祉司は、都道府県知事の補助機関である職員とし、次の各号のいずれかに該当する者のうちから、任用しなければならない。

一　児童虐待を受けた児童の保護その他児童の福祉に関する専門的な対応を要する事項について、児童及びその保護者に対する相談及び必要な指導等を通じて的確な支援を実施できる十分な知識及び技術を有する者として内閣府令で定めるもの

二　都道府県知事の指定する児童福祉司若しくは児童福祉施設の職員を養成する学校その他の施設を卒業し、又は都道府県知事の指定する講習会の課程を修了した者

三　学校教育法に基づく大学又は旧大学令に基づく大学において、心理学、教育学若しくは社会学を専修する学科又はこれらに相当する課程を修めて卒業した者（当該学科又は当該課程を修めて同法に基づく専門職大学の前期課程を修了した者を含む。）であって、内閣府令で定める施設において一年以上相談援助業務（児童その他の者の福祉に関する相談に応じ、助言、指導その他の援助を行う業務をいう。第七号において同じ。）に従事したもの

四　医師

五　社会福祉士

六　精神保健福祉士

七　公認心理師

八　社会福祉主事として二年以上児童福祉事業に従事した者であって、内閣総理大臣が定める講習会の課程を修了したもの

九　第二号から前号までに掲げる者と同等以上の能力を有すると認められる者であって、内閣府令で定めるもの

4　児童福祉司は、児童相談所長の命を受けて、児童の保護その他児童の福祉に関する事項について、相談に応じ、専門的技術に基づいて必要な指導を行う等児童の福祉増進に努める。

5　児童福祉司の中には、他の児童福祉司が前項の職務を行うため必要な専門的技術に関する指導及び教育を行う児童福祉司（次項及び第七項において「指導教育担当児童福祉司」という。）が含まれなければならない。

6　指導教育担当児童福祉司は、児童福祉司としておおむね五年以上（第三項第一号に規定する者のうち、内閣府令で定める施設において二年以上相談援助業務に従事した者その他の内閣府令で定めるものにあっては、おおむね三年以上）勤務した者であって、内閣総理大臣が定める基準に適合する研修の課程を修了したものでなければならない。

7　指導教育担当児童福祉司の数は、政令で定める基準を参酌して都道府県が定めるものとする。

8　児童福祉司は、児童相談所長が定める担当区域により、第四項の職務を行い、担当区域内の市町村長に協力を求めることができる。

9　児童福祉司は、内閣総理大臣が定める基準に適合する研修を受けなければならない。

10　第三項第一号の施設及び講習会の指定に関し必要な事項は、政令で定める。

第六節　児童委員

〔児童委員〕

第十六条　市町村の区域に児童委員を置く。

2　民生委員法（昭和二十三年法律第百九十八号）による民生委員は、児童委員に充てられたものとする。

3　厚生労働大臣は、児童委員のうちから、主任児童委員を指名する。

4　前項の規定による厚生労働大臣の指名は、民生委員法

第五条の規定による推薦によつて行う。

〔児童委員の職務〕

第十七条 児童委員は、次に掲げる職務を行う。

一 児童及び妊産婦につき、その生活及び取り巻く環境の状況を適切に把握しておくこと。

二 児童及び妊産婦につき、その保護、保健その他福祉に関し、サービスを適切に利用するために必要な情報の提供その他の援助及び指導を行うこと。

三 児童及び妊産婦に係る社会福祉を目的とする事業を経営する者又は児童の健やかな育成に関する活動を行う者と密接に連携し、その事業又は活動を支援すること。

四 児童福祉司又は福祉事務所の社会福祉主事の行う職務に協力すること。

五 児童の健やかな育成に関する気運の醸成に努めること。

六 前各号に掲げるもののほか、必要に応じて、児童及び妊産婦の福祉の増進を図るための活動を行うこと。

2 主任児童委員は、前項各号に掲げる児童委員の職務について、児童の福祉に関する機関と児童委員（主任児童委員である者を除く。以下この項において同じ。）との連絡調整を行うとともに、児童委員の活動に対する援助及び協力を行う。

3 前項の規定は、主任児童委員が第一項各号に掲げる児童委員の職務を行うことを妨げるものではない。

4 児童委員は、その職務に関し、都道府県知事の指揮監督を受ける。

第七節 保育士

〔定義〕

第十八条の四 この法律で、保育士とは、第十八条の十八第一項の登録を受け、保育士の名称を用いて、専門的知識及び技術をもつて、児童の保育及び児童の保護者に対する保育に関する指導を行うことを業とする者をいう。

〔欠格事由〕

第十八条の五 次の各号のいずれかに該当する者は、保育士となることができない。

一 心身の故障により保育士の業務を適正に行うことができない者として内閣府令で定めるもの

二 禁錮以上の刑に処せられた者

三 この法律の規定その他児童の福祉に関する法律の規定であつて政令で定めるものにより、罰金の刑に処せられ、その執行を終わり、又は執行を受けることがなくなつた日から起算して三年を経過しない者

四 第十八条の十九第一項第二号若しくは第三号又は第二項の規定により登録を取り消され、その取消しの日から起算して三年を経過しない者

（以下略）

〔保育士の資格〕

第十八条の六 次の各号のいずれかに該当する者は、保育士となる資格を有する。

一 都道府県知事の指定する保育士を養成する学校その他の施設（以下「指定保育士養成施設」という。）を卒業した者（学校教育法に基づく専門職大学の前期課程を修了した者を含む。）

二 保育士試験に合格した者

〔保育士試験の実施〕

第十八条の八 保育士試験は、内閣総理大臣の定める基準により、保育士として必要な知識及び技能について行う。

2 保育士試験は、毎年一回以上、都道府県知事が行う。

（以下略）

〔登録〕

第十八条の十八 保育士となる資格を有する者が保育士となるには、保育士登録簿に、氏名、生年月日その他内閣府令で定める事項の登録を受けなければならない。

2 保育士登録簿は、都道府県に備える。

3 都道府県知事は、保育士の登録をしたときは、申請者に第一項に規定する事項を記載した保育士登録証を交付する。

〔登録の取消し等〕

第十八条の十九 都道府県知事は、保育士が次の各号のいずれかに該当する場合には、その登録を取り消さなければならない。

一 第十八条の五各号（第四号を除く。）のいずれかに

該当するに至った場合
二　虚偽又は不正の事実に基づいて登録を受けた場合
三　第一号に掲げる場合のほか、児童生徒性暴力等（教育職員等による児童生徒性暴力等の防止等に関する法律（令和三年法律第五十七号）第二条第三項に規定する児童生徒性暴力等をいう。以下同じ。）を行ったと認められる場合
2　都道府県知事は、保育士が第十八条の二十一又は第十八条の二十二の規定に違反したときは、その登録を取り消し、又は期間を定めて保育士の名称の使用の停止を命ずることができる。

〔信用失墜行為の禁止〕
第十八条の二十一　保育士は、保育士の信用を傷つけるような行為をしてはならない。

〔秘密保持の義務〕
第十八条の二十二　保育士は、正当な理由がなく、その業務に関して知り得た人の秘密を漏らしてはならない。保育士でなくなった後においても、同様とする。

〔名称の使用制限〕
第十八条の二十三　保育士でない者は、保育士又はこれに紛らわしい名称を使用してはならない。

第二章　福祉の保障

第二節　居宅生活の支援

第六款　子育て支援事業

〔市町村の責務〕
第二十一条の八　市町村は、次条に規定する子育て支援事業に係る福祉サービスその他地域の実情に応じたきめ細かな福祉サービスが積極的に提供され、保護者が、その児童及び保護者の心身の状況、これらの者の置かれている環境その他の状況に応じて、当該児童を養育するために最も適切な支援が総合的に受けられるように、福祉サービスを提供する者又はこれに参画する者の活動の連携及び調整を図るようにすることその他の地域の実情に応じた体制の整備に努めなければならない。

〔子育て支援事業の実施〕
第二十一条の九　市町村は、児童の健全な育成に資するため、その区域内において、放課後児童健全育成事業、子育て短期支援事業、乳児家庭全戸訪問事業、養育支援訪問事業、地域子育て支援拠点事業、一時預かり事業、病児保育事業、子育て援助活動支援事業、子育て世帯訪問支援事業、児童育成支援拠点事業及び親子関係形成支援事業並びに次に掲げる事業であって主務省令で定めるもの（以下「子育て支援事業」という。）が着実に実施されるよう、必要な措置の実施に努めなければならない。
一　児童及びその保護者又はその他の者の居宅において保護者の児童の養育を支援する事業
二　保育所その他の施設において保護者の児童の養育を支援する事業
三　地域の児童の養育に関する各般の問題につき、保護者からの相談に応じ、必要な情報の提供及び助言を行う事業

〔放課後児童健全育成事業〕
第二十一条の十　市町村は、児童の健全な育成に資するため、地域の実情に応じた放課後児童健全育成事業を行うとともに、当該市町村以外の放課後児童健全育成事業を行う者との連携を図る等により、第六条の三第二項に規定する児童の放課後児童健全育成事業の利用の促進に努めなければならない。

〔乳児家庭全戸訪問事業等〕
第二十一条の十の二　市町村は、児童の健全な育成に資するため、乳児家庭全戸訪問事業及び養育支援訪問事業を行うよう努めるとともに、乳児家庭全戸訪問事業により要支援児童等（特定妊婦を除く。）を把握したとき又は当該市町村の長が第二十六条第一項第三号の規定による送致若しくは同項第八号の規定による通知若しくは児童虐待の防止等に関する法律第八条第二項第二号の規定による送致若しくは同項第四号の規定による通知を受けたときは、養育支援訪問事業の実施その他の必要な支援を行うものとする。
2　市町村は、母子保健法（昭和四十年法律第百四十一号）第十条、第十一条第一項若しくは第二項（同法第十九条第二項において準用する場合を含む。）、第十七条第一項

又は第十九条第一項の指導に併せて、乳児家庭全戸訪問事業を行うことができる。（以下略）

〔要支援児童等の把握・通知〕

第二十一条の十の四　都道府県知事は、母子保健法に基づく母子保健に関する事業又は事務の実施に際して要支援児童等と思われる者を把握したときは、これを当該者の現在地の市町村長に通知するものとする。

第二十一条の十の五　病院、診療所、児童福祉施設、学校その他児童又は妊産婦の医療、福祉又は教育に関する機関及び医師、歯科医師、保健師、助産師、看護師、児童福祉施設の職員、学校の教職員その他児童又は妊産婦の医療、福祉又は教育に関連する職務に従事する者は、要支援児童等と思われる者を把握したときは、当該者の情報をその現在地の市町村に提供するよう努めなければならない。

〔子育て支援事業に関する情報提供、相談・助言〕

第二十一条の十一　市町村は、子育て支援事業に関し必要な情報の収集及び提供を行うとともに、保護者から求めがあったときは、当該保護者の希望、その児童の養育の状況、当該児童に必要な支援の内容その他の事情を勘案し、当該保護者が最も適切な子育て支援事業の利用ができるよう、相談に応じ、必要な助言を行うものとする。

（以下略）

第三節　助産施設、母子生活支援施設及び保育所への入所等

〔保育の実施〕

第二十四条　市町村は、この法律及び子ども・子育て支援法の定めるところにより、保護者の労働又は疾病その他の事由により、その監護すべき乳児、幼児その他の児童について保育を必要とする場合において、次項に定めるところによるほか、当該児童を保育所（認定こども園法第三条第一項の認定を受けたもの及び同条第十項の規定による公示がされたものを除く。）において保育しなければならない。

２　市町村は、前項に規定する児童に対し、認定こども園法第二条第六項に規定する認定こども園（子ども・子育て支援法第二十七条第一項の確認を受けたものに限る。）又は家庭的保育事業等（家庭的保育事業、小規模保育事業、居宅訪問型保育事業又は事業所内保育事業をいう。以下同じ。）により必要な保育を確保するための措置を講じなければならない。

（略）

第六節　要保護児童の保護措置等

第二十五条　要保護児童を発見した者は、これを市町村、都道府県の設置する福祉事務所若しくは児童相談所又は児童委員を介して市町村、都道府県の設置する福祉事務所若しくは児童相談所に通告しなければならない。ただし、罪を犯した満十四歳以上の児童については、この限りでない。この場合においては、これを家庭裁判所に通告しなければならない。

２　刑法の秘密漏示罪の規定その他の守秘義務に関する法律の規定は、前項の規定による通告をすることを妨げるものと解釈してはならない。

第三十三条の二　児童相談所長は、一時保護が行われた児童で親権を行う者又は未成年後見人のないものに対し、親権を行う者又は未成年後見人があるに至るまでの間、親権を行う。ただし、民法第七百九十七条の規定による縁組の承諾をするには、内閣府令の定めるところにより、都道府県知事の許可を得なければならない。

２　児童相談所長は、一時保護が行われた児童で親権を行う者又は未成年後見人のあるものについても、監護及び教育に関し、その児童の福祉のため必要な措置をとることができる。この場合において、児童相談所長は、児童の人格を尊重するとともに、その年齢及び発達の程度に配慮しなければならず、かつ、体罰その他の児童の心身の健全な発達に有害な影響を及ぼす言動をしてはならない。

３　前項の児童の親権を行う者又は未成年後見人は、同項の規定による措置を不当に妨げてはならない。

4 第二項の規定による措置は、児童の生命又は身体の安全を確保するため緊急の必要があると認めるときは、その親権を行う者又は未成年後見人の意に反しても、これをとることができる。

第七節 被措置児童等虐待の防止等

〔被措置児童等虐待〕

第三十三条の十 この法律で、被措置児童等虐待とは、小規模住居型児童養育事業に従事する者、里親若しくはその同居人、乳児院、児童養護施設、障害児入所施設、児童心理治療施設若しくは児童自立支援施設の長、その職員その他の従業者、指定発達支援医療機関の管理者その他の従業者、一時保護施設を設けている児童相談所の所長、当該施設の職員その他の従業者又は第三十三条第一項若しくは第二項の委託を受けて児童の一時保護を行う業務に従事する者（以下「施設職員等」と総称する。）が、委託された児童、入所する児童又は一時保護が行われた児童（以下「被措置児童等」という。）について行う次に掲げる行為をいう。

一 被措置児童等の身体に外傷が生じ、又は生じるおそれのある暴行を加えること。

二 被措置児童等にわいせつな行為をすること又は被措置児童等をしてわいせつな行為をさせること。

三 被措置児童等の心身の正常な発達を妨げるような著しい減食又は長時間の放置、同居人若しくは生活を共にする他の児童による前二号又は次号に掲げる行為の放置その他の施設職員等としての養育又は業務を著しく怠ること。

四 被措置児童等に対する著しい暴言又は著しく拒絶的な対応その他の被措置児童等に著しい心理的外傷を与える言動を行うこと。

〔施設職員等の禁止行為〕

第三十三条の十一 施設職員等は、被措置児童等虐待その他被措置児童等の心身に有害な影響を及ぼす行為をしてはならない。

第八節 雑則

〔禁止行為〕

第三十四条 何人も、次に掲げる行為をしてはならない。

一 身体に障害又は形態上の異常がある児童を公衆の観覧に供する行為

二 児童にこじきをさせ、又は児童を利用してこじきをする行為

三 公衆の娯楽を目的として、満十五歳に満たない児童にかるわざ又は曲馬をさせる行為

四 満十五歳に満たない児童に戸々について、又は道路その他これに準ずる場所で歌謡、遊芸その他の演技を業務としてさせる行為

四の二 児童に午後十時から午前三時までの間、戸々について、又は道路その他これに準ずる場所で物品の販売、配布、展示若しくは拾集又は役務の提供を業務としてさせる行為

四の三 戸々について、又は道路その他これに準ずる場所で物品の販売、配布、展示若しくは拾集又は役務の提供を業務として行う満十五歳に満たない児童を、当該業務を行うために、風俗営業等の規制及び業務の適正化等に関する法律（昭和二十三年法律第百二十二号）第二条第四項の接待飲食等営業、同条第六項の店舗型性風俗特殊営業及び同条第九項の店舗型電話異性紹介営業に該当する営業を営む場所に立ち入らせる行為

五 満十五歳に満たない児童に酒席に侍する行為を業務としてさせる行為

六 児童に淫《いん》行をさせる行為

七 前各号に掲げる行為をするおそれのある者その他児童に対し、刑罰法令に触れる行為をなすおそれのある者に、情を知って、児童を引き渡す行為及び当該引渡し行為のなされるおそれがあるの情を知って、他人に児童を引き渡す行為

八 成人及び児童のための正当な職業紹介の機関以外の

者が、営利を目的として、児童の養育をあっせんする行為

九　児童の心身に有害な影響を与える行為をさせる目的をもって、これを自己の支配下に置く行為

2　児童養護施設、障害児入所施設、児童発達支援センター又は児童自立支援施設においては、それぞれ第四十一条から第四十三条まで及び第四十四条に規定する目的に反して、入所した児童を酷使してはならない。

第三章　事業、養育里親及び養子縁組里親並びに施設

〔助産施設〕

第三十六条　助産施設は、保健上必要があるにもかかわらず、経済的理由により、入院助産を受けることができない妊産婦を入所させて、助産を受けさせることを目的とする施設とする。

〔乳児院〕

第三十七条　乳児院は、乳児（保健上、安定した生活環境の確保その他の理由により特に必要のある場合には、幼児を含む。）を入院させて、これを養育し、あわせて退院した者について相談その他の援助を行うことを目的とする施設とする。

〔母子生活支援施設〕

第三十八条　母子生活支援施設は、配偶者のない女子又はこれに準ずる事情にある女子及びその者の監護すべき児童を入所させて、これらの者を保護するとともに、これらの者の自立の促進のためにその生活を支援し、あわせて退所した者について相談その他の援助を行うことを目的とする施設とする。

〔保育所〕

第三十九条　保育所は、保育を必要とする乳児・幼児を日々保護者の下から通わせて保育を行うことを目的とする施設（利用定員が二十人以上であるものに限り、幼保連携型認定こども園を除く。）とする。

2　保育所は、前項の規定にかかわらず、特に必要があるときは、保育を必要とするその他の児童を日々保護者の下から通わせて保育することができる。

〔幼保連携型認定こども園〕

第三十九条の二　幼保連携型認定こども園は、義務教育及びその後の教育の基礎を培うものとしての満三歳以上の幼児に対する教育（教育基本法（平成十八年法律第百二十号）第六条第一項に規定する法律に定める学校において行われる教育をいう。）及び保育を必要とする乳児・幼児に対する保育を一体的に行い、これらの乳児又は幼児の健やかな成長が図られるよう適当な環境を与えて、その心身の発達を助長することを目的とする施設とする。

2　幼保連携型認定こども園に関しては、この法律に定めるもののほか、認定こども園法の定めるところによる。

〔児童厚生施設〕

第四十条　児童厚生施設は、児童遊園、児童館等児童に健全な遊びを与えて、その健康を増進し、又は情操をゆたかにすることを目的とする施設とする。

〔児童養護施設〕

第四十一条　児童養護施設は、保護者のない児童（乳児を除く。ただし、安定した生活環境の確保その他の理由により特に必要のある場合には、乳児を含む。以下この条において同じ。）、虐待されている児童その他環境上養護を要する児童を入所させて、これを養護し、あわせて退所した者に対する相談その他の自立のための援助を行うことを目的とする施設とする。

〔障害児入所施設〕

第四十二条　障害児入所施設は、次の各号に掲げる区分に応じ、障害児を入所させて、当該各号に定める支援を行うことを目的とする施設とする。

一　福祉型障害児入所施設　保護並びに日常生活における基本的な動作及び独立自活に必要な知識技能の習得のための支援

二　医療型障害児入所施設　保護、日常生活の指導、独立自活に必要な知識技能の付与及び治療

〔児童発達支援センター〕

第四十三条　児童発達支援センターは、地域の障害児の健全な発達において中核的な役割を担う機関として、障害児を日々保護者の下から通わせて、高度の専門的な知識及び技術を必要とする児童発達支援を提供し、あわせて障害児の家族、指定障害児通所支援事業者その他の関係

者に対し、相談、専門的な助言その他の必要な援助を行うことを目的とする施設とする。

〔児童心理治療施設〕

第四十三条の二　児童心理治療施設は、家庭環境、学校における交友関係その他の環境上の理由により社会生活への適応が困難となった児童を、短期間、入所させ、又は保護者の下から通わせて、社会生活に適応するために必要な心理に関する治療及び生活指導を主として行い、あわせて退所した者について相談その他の援助を行うことを目的とする施設とする。

〔児童自立支援施設〕

第四十四条　児童自立支援施設は、不良行為をなし、又はなすおそれのある児童及び家庭環境その他の環境上の理由により生活指導等を要する児童を入所させ、又は保護者の下から通わせて、個々の児童の状況に応じて必要な指導を行い、その自立を支援し、あわせて退所した者について相談その他の援助を行うことを目的とする施設とする。

〔児童家庭支援センター〕

第四十四条の二　児童家庭支援センターは、地域の児童の福祉に関する各般の問題につき、児童に関する家庭その他からの相談のうち、専門的な知識及び技術を必要とするものに応じ、必要な助言を行うとともに、市町村の求めに応じ、技術的助言その他必要な援助を行うほか、第二十六条第一項第二号及び第二十七条第一項第二号の規定による指導を行い、あわせて児童相談所、児童福祉施設等との連絡調整その他内閣府令の定める援助を総合的に行うことを目的とする施設とする。

2　児童家庭支援センターの職員は、その職務を遂行するに当たっては、個人の身上に関する秘密を守らなければならない。

第四十四条の三　里親支援センターは、里親支援事業を行うほか、里親及び里親に養育される児童並びに里親になろうとする者について相談その他の援助を行うことを目的とする施設とする。

〔児童福祉施設の設備及び運営の基準〕

第四十五条　都道府県は、児童福祉施設の設備及び運営について、条例で基準を定めなければならない。この場合において、その基準は、児童の身体的、精神的及び社会的な発達のために必要な生活水準を確保するものでなければならない。

2　都道府県が前項の条例を定めるに当たっては、次に掲げる事項については内閣府令で定める基準に従い定めるものとし、その他の事項については内閣府令で定める基準を参酌するものとする。

一　児童福祉施設に配置する従業者及びその員数

二　児童福祉施設に係る居室及び病室の床面積その他児童福祉施設の設備に関する事項であって児童の健全な発達に密接に関連するものとして内閣府令で定めるもの

三　児童福祉施設の運営に関する事項であって、保育所における保育の内容その他児童（助産施設にあっては、妊産婦）の適切な処遇の確保及び秘密の保持並びに児童の健全な発達に密接に関連するものとして内閣府令で定めるもの

3　内閣総理大臣は、前項の内閣府令で定める基準（同項第三号の保育所における保育の内容に関する事項に限る。）を定めるに当たっては、学校教育法第二十五条第一項の規定により文部科学大臣が定める幼稚園の教育課程その他の保育内容に関する事項並びに認定こども園法第十条第一項の規定により主務大臣が定める幼保連携型認定こども園の教育課程その他の教育及び保育の内容に関する事項との整合性の確保並びに小学校及び義務教育学校における教育との円滑な接続に配慮しなければならない。

4　内閣総理大臣は、前項の内閣府令で定める基準を定めるときは、あらかじめ、文部科学大臣に協議しなければならない。

5　児童福祉施設の設置者は、第一項の基準を遵守しなければならない。

6　児童福祉施設の設置者は、児童福祉施設の設備及び運営についての水準の向上を図ることに努めるものとする。

第四十七条　児童福祉施設の長は、入所中の児童等で親権を行う者又は未成年後見人のないものに対し、親権を行う者又は未成年後見人があるに至るまでの間、親権を行う。ただし、民法第七百九十七条の規定による縁組の承諾をするには、内閣府令の定めるところにより、都道府県知事の許可を得なければならない。

2　児童相談所長は、小規模住居型児童養育事業を行う者又は里親に委託中の児童で親権を行う者又は未成年後見人のないものに対し、親権を行う者又は未成年後見人があるに至るまでの間、親権を行う。ただし、民法第七百九十七条の規定による縁組の承諾をするには、内閣府令の定めるところにより、都道府県知事の許可を得なければならない。

3　児童福祉施設の長、その住居において養育を行う第六条の三第八項に規定する内閣府令で定める者又は里親（以下この項において「施設長等」という。）は、入所中又は受託中の児童で親権を行う者又は未成年後見人のあるものについても、監護、教育及び懲戒に関し、その児童等の福祉のため必要な措置をとることができる。この場合において、施設長等は、児童の人格を尊重するとともに、その年齢及び発達の程度に配慮しなければならず、かつ、体罰その他の児童の心身の健全な発達に有害な影響を及ぼす言動をしてはならない。

4　前項の児童等の親権を行う者又は未成年後見人は、同項の規定による措置を不当に妨げてはならない。

5　第三項の規定による措置は、児童の生命又は身体の安全を確保するため緊急の必要があると認めるときは、その親権を行う者又は未成年後見人の意に反しても、これをとることができる。この場合において、児童福祉施設の長、小規模住居型児童養育事業を行う者又は里親は、速やかに、そのとった措置について、当該児童に係る通所給付決定若しくは入所給付決定、第二十一条の六、第二十四条第五項若しくは第六項若しくは第二十七条第一項第三号の措置、助産の実施若しくは母子保護の実施又は当該児童に係る子ども・子育て支援法第二十条第四項に規定する教育・保育給付認定を行った都道府県又は市町村の長に報告しなければならない。

（児童福祉施設等に入所中の児童の教育）

第四十八条　児童養護施設、障害児入所施設、児童心理治療施設及び児童自立支援施設の長、その住居において養育を行う第六条の三第八項に規定する内閣府令で定める者並びに里親は、学校教育法に規定する保護者に準じて、その施設に入所中又は受託中の児童を就学させなければならない。

（保育所による情報提供、保育に関する相談・助言）

第四十八条の四　保育所は、当該保育所が主として利用される地域の住民に対して、その行う保育に関し情報の提供を行わなければならない。

2　保育所は、当該保育所が主として利用される地域の住民に対して、その行う保育に支障がない限りにおいて、乳児、幼児等の保育に関する相談に応じ、及び助言を行うよう努めなければならない。

3　保育所に勤務する保育士は、乳児、幼児等の保育に関する相談に応じ、及び助言を行うために必要な知識及び技能の修得、維持及び向上に努めなければならない。

◇児童福祉施設の設備及び運営に関する基準

（昭二三・一二・二九 厚令 六三）

最終改正　令五―内閣府令七二

第一章　総則

（趣旨）

第一条　児童福祉法（昭和二十二年法律第百六十四号。以下「法」という。）第四十五条第二項の厚生労働省令で定める基準（以下「設備運営基準」という。）は、次の各号

に掲げる基準に応じ、それぞれ当該各号に定める規定による基準とする。

（略）

2　設備運営基準は、都道府県知事の監督に属する児童福祉施設に入所している者が、明るくて、衛生的な環境において、素養があり、かつ、適切な訓練を受けた職員（児童福祉施設の長を含む。以下同じ。）の指導により、心身ともに健やかにして、社会に適応するように育成されることを保障するものとする。

3　内閣総理大臣は、設備運営基準を常に向上させるように努めるものとする。

（最低基準の目的）

第二条　法第四十五条第一項の規定により都道府県が条例で定める基準（以下「最低基準」という。）は、都道府県知事の監督に属する児童福祉施設に入所している者が、明るくて、衛生的な環境において、素養があり、かつ、適切な訓練を受けた職員の指導により、心身ともに健やかにして、社会に適応するように育成されることを保障するものとする。

第五章　保育所

（設備の基準）

第三十二条　保育所の設備の基準は、次のとおりとする。

一　乳児又は満二歳に満たない幼児を入所させる保育所には、乳児室又はほふく室、医務室、調理室及び便所を設けること。

二　乳児室の面積は、乳児又は前号の幼児一人につき一・六五平方メートル以上であること。

三　ほふく室の面積は、乳児又は第一号の幼児一人につき三・三平方メートル以上であること。

四　乳児室又はほふく室には、保育に必要な用具を備えること。

五　満二歳以上の幼児を入所させる保育所には、保育室又は遊戯室、屋外遊戯場（保育所の付近にある屋外遊戯場に代わるべき場所を含む。次号において同じ。）、調理室及び便所を設けること。

六　保育室又は遊戯室の面積は、前号の幼児一人につき一・九八平方メートル以上、屋外遊戯場の面積は、前号の幼児一人につき三・三平方メートル以上であること。

七　保育室又は遊戯室には、保育に必要な用具を備えること。

八　乳児室、ほふく室、保育室又は遊戯室（以下「保育室等」という。）を二階に設ける建物は、次のイ、ロ及びへの要件に、保育室等を三階以上に設ける建物は、次に掲げる要件に該当するものであること。

（略）

（職員）

第三十三条　保育所には、保育士（特区法第十二条の四第五項に規定する事業実施区域内にある保育所にあっては、保育士又は当該事業実施区域に係る国家戦略特別区域限定保育士。次項において同じ。）、嘱託医及び調理員を置かなければならない。ただし、調理業務の全部を委託する施設にあっては、調理員を置かないことができる。

2　保育士の数は、乳児おおむね三人につき一人以上、満一歳以上満三歳に満たない幼児おおむね六人につき一人以上、満三歳以上満四歳に満たない幼児おおむね二十人につき一人以上、満四歳以上の幼児おおむね三十人につき一人以上とする。ただし、保育所一につき二人を下ることはできない。

（保育時間）

第三十四条　保育所における保育時間は、一日につき八時間を原則とし、その地方における乳幼児の保護者の労働時間その他家庭の状況等を考慮して、保育所の長がこれを定める。

（保育の内容）

第三十五条　保育所における保育は、養護及び教育を一体的に行うことをその特性とし、その内容については、厚生労働大臣が定める指針に従う。

（保護者との連絡）

第三十六条　保育所の長は、常に入所している乳幼児の保護者と密接な連絡をとり、保育の内容等につき、その保護者の理解及び協力を得るよう努めなければならない。

（業務の質の評価等）

第三十六条の二　保育所は、自らその行う法第三十九条に規定する業務の質の評価を行い、常にその改善を図らなければならない。

2　保育所は、定期的に外部の者による評価を受けて、それらの結果を公表し、常にその改善を図るよう努めなければならない。

第七章　児童養護施設

（設備の基準）

第四十一条　児童養護施設の設備の基準は、次のとおりとする。

一　児童の居室、相談室、調理室、浴室及び便所を設けること。

二　児童の居室の一室の定員は、これを四人以下とし、その面積は、一人につき四・九五平方メートル以上とすること。ただし、乳幼児のみの居室の一室の定員は、これを六人以下とし、その面積は、一人につき三・三平方メートル以上とする。

三　入所している児童の年齢等に応じ、男子と女子の居室を別にすること。

四　便所は、男子用と女子用とを別にすること。ただし、少数の児童を対象として設けるときは、この限りでない。

五　児童三十人以上を入所させる児童養護施設には、医務室及び静養室を設けること。

六　入所している児童の年齢、適性等に応じ職業指導に必要な設備（以下「職業指導に必要な設備」という。）を設けること。

（職員）

第四十二条　児童養護施設には、児童指導員、嘱託医、保育士（特区法第十二条の四第五項に規定する事業実施区域内にある児童養護施設にあっては、保育士又は当該事業実施区域に係る国家戦略特別区域限定保育士。第六項及び第四十六条において同じ。）個別対応職員、家庭支援専門相談員、栄養士及び調理員並びに乳児が入所している施設にあっては看護師を置かなければならない。ただし、児童四十人以下を入所させる施設にあっては栄養士を、調理業務の全部を委託する施設にあっては調理員を置かないことができる。

2　家庭支援専門相談員は、社会福祉士若しくは精神保健福祉士の資格を有する者、児童養護施設において児童の指導に五年以上従事した者又は法第十三条第三項各号のいずれかに該当する者でなければならない。

3　心理療法を行う必要があると認められる児童十人以上に心理療法を行う場合には、心理療法担当職員を置かなければならない。

4　心理療法担当職員は、学校教育法の規定による大学（短期大学を除く。）若しくは大学院において、心理学を専修する学科、研究科若しくはこれに相当する課程を修めて卒業した者であって、個人及び集団心理療法の技術を有するもの又はこれと同等以上の能力を有すると認められる者でなければならない。

5　実習設備を設けて職業指導を行う場合には、職業指導員を置かなければならない。

6　児童指導員及び保育士の総数は、通じて、満二歳に満たない幼児おおむね一・六人につき一人以上、満二歳以上満三歳に満たない幼児おおむね二人につき一人以上、満三歳以上の幼児おおむね四人につき一人以上、少年おおむね五・五人につき一人以上とする。ただし、児童四十五人以下を入所させる施設にあっては、更に一人以上を加えるものとする。

7　看護師の数は、乳児おおむね一・六人につき一人以上とする。ただし、一人を下ることはできない。

（児童指導員の資格）

第四十三条　児童指導員は、次の各号のいずれかに該当する者でなければならない。

一　都道府県知事の指定する児童福祉施設の職員を養成する学校その他の養成施設を卒業した者

二　社会福祉士の資格を有する者

三　精神保健福祉士の資格を有する者
四　学校教育法の規定による大学（短期大学を除く。次号において同じ。）において、社会福祉学、心理学、教育学若しくは社会学を専修する学科又はこれらに相当する課程を修めて卒業した者
五　学校教育法の規定による大学において、社会福祉学、心理学、教育学又は社会学に関する科目の単位を優秀な成績で修得したことにより、同法第百二条第二項の規定により大学院への入学を認められた者
六　学校教育法の規定による大学院において、社会福祉学、心理学、教育学若しくは社会学を専攻する研究科又はこれらに相当する課程を修めて卒業した者
七　外国の大学において、社会福祉学、心理学、教育学若しくは社会学を専修する学科又はこれらに相当する課程を修めて卒業した者
八　学校教育法の規定による高等学校若しくは中等教育学校を卒業した者、同法第九十条第二項の規定により大学への入学を認められた者若しくは通常の課程による十二年の学校教育を修了した者（通常の課程以外の課程によりこれに相当する学校教育を修了した者を含む。）又は文部科学大臣がこれと同等以上の資格を有すると認定した者であって、二年以上児童福祉事業に従事したもの

（略）

（養護）

第四十四条　児童養護施設における養護は、児童に対して安定した生活環境を整えるとともに、生活指導、学習指導、職業指導及び家庭環境の調整を行いつつ児童を養育することにより、児童の心身の健やかな成長とその自立を支援することを目的として行わなければならない。

（生活指導、学習指導、職業指導及び家庭環境の調整）

第四十五条　児童養護施設における生活指導は、児童の自主性を尊重しつつ、基本的生活習慣を確立するとともに豊かな人間性及び社会性を養い、かつ、将来自立した生活を営むために必要な知識及び経験を得ることができるように行わなければならない。

2　児童養護施設における学習指導は、児童がその適性、能力等に応じた学習を行うことができるよう、適切な相談、助言、情報の提供等の支援により行わなければならない。

3　児童養護施設における職業指導は、勤労の基礎的な能力及び態度を育てるとともに、児童がその適性、能力等に応じた職業選択を行うことができるよう、適切な相談、助言、情報の提供等及び必要に応じ行う実習、講習等の支援により行わなければならない。

4　児童養護施設における家庭環境の調整は、児童の家庭の状況に応じ、親子関係の再構築等が図られるように行わなければならない。

（児童と起居を共にする職員）

第四十六条　児童養護施設の長は、児童指導員及び保育士のうち少なくとも一人を児童と起居を共にさせなければならない。

（関係機関との連携）

第四十七条　児童養護施設の長は、児童の通学する学校及び児童相談所並びに必要に応じ児童家庭支援センター、里親支援センター、児童委員、公共職業安定所等関係機関と密接に連携して児童の指導及び家庭環境の調整に当たらなければならない。

◆児童虐待の防止等に関する法律

（平一二・五・二四
法　　八　二）

最終改正　令四―法一〇四

（目的）

第一条　この法律は、児童虐待が児童の人権を著しく侵害し、その心身の成長及び人格の形成に重大な影響を与えるとともに、我が国における将来の世代の育成にも懸念を及ぼすことにかんがみ、児童に対する虐待の禁止、児童虐待の予防及び早期発見その他の児童虐待の防止に関

する国及び地方公共団体の責務、児童虐待を受けた児童の保護及び自立の支援のための措置等を定めることにより、児童虐待の防止等に関する施策を促進し、もって児童の権利利益の擁護に資することを目的とする。

（児童虐待の定義）

第二条　この法律において、「児童虐待」とは、保護者（親権を行う者、未成年後見人その他の者で、児童を現に監護するものをいう。以下同じ。）がその監護する児童（十八歳に満たない者をいう。以下同じ。）について行う次に掲げる行為をいう。

一　児童の身体に外傷が生じ、又は生じるおそれのある暴行を加えること。

二　児童にわいせつな行為をすること又は児童をしてわいせつな行為をさせること。

三　児童の心身の正常な発達を妨げるような著しい減食又は長時間の放置、保護者以外の同居人による前二号又は次号に掲げる行為と同様の行為の放置その他の保護者としての監護を著しく怠ること。

四　児童に対する著しい暴言又は著しく拒絶的な対応、児童が同居する家庭における配偶者に対する暴力（配偶者（婚姻の届出をしていないが、事実上婚姻関係と同様の事情にある者を含む。）の身体に対する不法な攻撃であって生命又は身体に危害を及ぼすもの及びこれに準ずる心身に有害な影響を及ぼす言動をいう。）その他の児童に著しい心理的外傷を与える言動を行うこと。

（児童に対する虐待の禁止）

第三条　何人も、児童に対し、虐待をしてはならない。

（国及び地方公共団体の責務等）

第四条　国及び地方公共団体は、児童虐待の予防及び早期発見、迅速かつ適切な児童虐待を受けた児童の保護及び自立の支援（児童虐待を受けた後十八歳となった者に対する自立の支援を含む。第三項及び次条第二項において同じ。）並びに児童虐待を行った保護者に対する親子の再統合の促進への配慮その他の児童虐待を受けた児童が家庭（家庭における養育環境と同様の養育環境及び良好な家庭的環境を含む。）で生活するために必要な配慮をした適切な指導及び支援を行うため、関係省庁相互間又は関係地方公共団体相互間、市町村、児童相談所、福祉事務所、配偶者からの暴力の防止及び被害者の保護等に関する法律（平成十三年法律第三十一号）第三条第一項に規定する配偶者暴力相談支援センター（次条第一項において単に「配偶者暴力相談支援センター」という。）、学校及び医療機関の間その他関係機関及び民間団体の間の連携の強化、民間団体の支援、医療の提供体制の整備その他児童虐待の防止等のために必要な体制の整備に努めなければならない。

2　国及び地方公共団体は、児童相談所等関係機関の職員及び学校の教職員、児童福祉施設の職員、医師、歯科医師、保健師、助産師、看護師、弁護士その他児童の福祉に職務上関係のある者が児童虐待を早期に発見し、その他児童虐待の防止に寄与することができるよう、研修等必要な措置を講ずるものとする。

3　国及び地方公共団体は、児童虐待を受けた児童の保護及び自立の支援を専門的知識に基づき適切に行うことができるよう、児童相談所等関係機関の職員、学校の教職員、児童福祉施設の職員その他児童虐待を受けた児童の保護及び自立の支援の職務に携わる者の人材の確保及び資質の向上を図るため、研修等必要な措置を講ずるものとする。

4　国及び地方公共団体は、児童虐待の防止に資するため、児童の人権、児童虐待が児童に及ぼす影響、児童虐待に係る通告義務等について必要な広報その他の啓発活動に努めなければならない。

5　国及び地方公共団体は、児童虐待を受けた児童がその心身に著しく重大な被害を受けた事例の分析を行うとともに、児童虐待の予防及び早期発見のための方策、児童虐待を受けた児童のケア並びに児童虐待を行った保護者の指導及び支援のあり方、学校の教職員及び児童福祉施

設の職員が児童虐待の防止に果たすべき役割その他児童虐待の防止等のために必要な事項についての調査研究及び検証を行うものとする。

6 児童相談所の所長は、児童虐待を受けた児童が住所又は居所を当該児童相談所の管轄区域外に移転する場合においては、当該児童の家庭環境その他の環境の変化による影響に鑑み、当該児童及び当該児童虐待を行った保護者について、その移転の前後において指導、助言その他の必要な支援が切れ目なく行われるよう、移転先の住所又は居所を管轄する児童相談所の所長に対し、速やかに必要な情報の提供を行うものとする。この場合において、当該情報の提供を受けた児童相談所長は、児童福祉法（昭和二十二年法律百六十四号）第二十五条の二第一項に規定する要保護児童対策地域協議会が速やかに当該情報の交換を行うことができるための措置その他の緊密な連携を図るために必要な措置を講ずるものとする。

7 児童の親権を行う者は、児童を心身ともに健やかに育成することについて第一義的責任を有するものであって、親権を行うに当たっては、できる限り児童の利益を尊重するよう努めなければならない。

8 何人も、児童の健全な成長のために、家庭（家庭における養育環境と同様の養育環境及び良好な家庭的環境を含む。）及び近隣社会の連帯が求められていることに留意しなければならない。

（児童虐待の早期発見等）

第五条 学校、児童福祉施設、病院、都道府県警察、女性相談支援センター、教育委員会、配偶者暴力相談支援センターその他児童の福祉に業務上関係のある団体及び学校の教職員、児童福祉施設の職員、医師、歯科医師、保健師、助産師、看護師、弁護士、警察官、女性相談支援員その他児童の福祉に職務上関係のある者は、児童虐待を発見しやすい立場にあることを自覚し、児童虐待の早期発見に努めなければならない。

2 前項に規定する者は、児童虐待の予防その他の児童虐待の防止並びに児童虐待を受けた児童の保護及び自立の支援に関する国及び地方公共団体の施策に協力するよう努めなければならない。

3 第一項に規定する者は、正当な理由がなく、その職務に関して知り得た児童虐待を受けたと思われる児童に関する秘密を漏らしてはならない。

4 前項の規定その他の守秘義務に関する法律の規定は、第二項の規定による国及び地方公共団体の施策に協力するように努める義務の遵守を妨げるものと解釈してはならない。

5 学校及び児童福祉施設は、児童及び保護者に対して、児童虐待の防止のための教育又は啓発に努めなければならない。

（児童虐待に係る通告）

第六条 児童虐待を受けたと思われる児童を発見した者は、速やかに、これを市町村、都道府県の設置する福祉事務所若しくは児童相談所又は児童委員を介して市町村、都道府県の設置する福祉事務所若しくは児童相談所に通告しなければならない。

2 前項の規定による通告は、児童福祉法第二十五条第一項の規定による通告とみなして、同法の規定を適用する。

3 刑法（明治四十年法律第四十五号）の秘密漏示罪の規定その他の守秘義務に関する法律の規定は、第一項の規定による通告をする義務の遵守を妨げるものと解釈してはならない。

（児童の人格の尊重等）

第十四条 児童の親権を行う者は、児童のしつけに際して、児童の人格を尊重するとともに、その年齢及び発達の程度に配慮しなければならず、かつ、体罰その他の児童の心身の健全な発達に有害な影響を及ぼす言動をしてはならない。

2 児童の親権を行う者は、児童虐待に係る暴行罪、傷害罪その他の犯罪について、当該児童の親権を行う者であることを理由として、その責めを免れることはない。

◆児童買春、児童ポルノに係る行為等の規制及び処罰並びに児童の保護等に関する法律

（平一一・五・二六法五二）

最終改正　令四—法七七

（目的）

第一条　この法律は、児童に対する性的搾取及び性的虐待が児童の権利を著しく侵害することの重大性に鑑み、あわせて児童の権利の擁護に関する国際的動向を踏まえ、児童買春、児童ポルノに係る行為等を規制し、及びこれらの行為等を処罰するとともに、これらの行為等により心身に有害な影響を受けた児童の保護のための措置等を定めることにより、児童の権利を擁護することを目的とする。

（定義）

第二条　この法律において「児童」とは、十八歳に満たない者をいう。

2　この法律において「児童買春」とは、次の各号に掲げる者に対し、対償を供与し、又はその供与の約束をして、当該児童に対し、性交等（性交若しくは性交類似行為をし、又は自己の性的好奇心を満たす目的で、児童の性器等（性器、肛門又は乳首をいう。以下同じ。）を触り、若しくは児童に自己の性器等を触らせることをいう。以下同じ。）をすることをいう。

一　児童

二　児童に対する性交等の周旋をした者

三　児童の保護者（親権を行う者、未成年後見人その他の者で、児童を現に監護するものをいう。以下同じ。）又は児童をその支配下に置いている者

3　この法律において「児童ポルノ」とは、写真、電磁的記録（電子的方式、磁気的方式その他人の知覚によっては認識することができない方式で作られる記録であって、電子計算機による情報処理の用に供されるものをいう。以下同じ。）に係る記録媒体その他の物であって、次の各号のいずれかに掲げる児童の姿態を視覚により認識することができる方法により描写したものをいう。

一　児童を相手方とする又は児童による性交又は性交類似行為に係る児童の姿態

二　他人が児童の性器等を触る行為又は児童が他人の性器等を触る行為に係る児童の姿態であって性欲を興奮させ又は刺激するもの

三　衣服の全部又は一部を着けない児童の姿態であって、殊更に児童の性的な部位（性器等若しくはその周辺部、臀部又は胸部をいう。）が露出され又は強調されているものであり、かつ、性欲を興奮させ又は刺激するもの

（適用上の注意）

第三条　この法律の適用に当たっては、学術研究、文化芸術活動、報道等に関する国民の権利及び自由を不当に侵害しないように留意し、児童に対する性的搾取及び性的虐待から児童を保護しその権利を擁護するとの本来の目的を逸脱して他の目的のためにこれを濫用するようなことがあってはならない。

（児童買春、児童ポルノの所持その他児童に対する性的搾取及び性的虐待に係る行為の禁止）

第三条の二　何人も、児童買春をし、又はみだりに児童ポルノを所持し、若しくは第二条第三項各号のいずれかに掲げる児童の姿態を視覚により認識することができる方法により描写した情報を記録した電磁的記録を保管することその他児童に対する性的搾取又は性的虐待に係る行為をしてはならない。

（児童買春）

第四条　児童買春をした者は、五年以下の懲役又は三百万円以下の罰金に処する。

（児童買春周旋）

第五条　児童買春の周旋をした者は、五年以下の懲役若しくは五百万円以下の罰金に処し、又はこれを併科する。

2　児童買春の周旋をすることを業とした者は、七年以下の懲役及び千万円以下の罰金に処する。

（児童買春勧

第六条　児童買春の周旋をする目的で、人に児童買春をす

誘）

るように勧誘した者は、五年以下の懲役若しくは五百万円以下の罰金に処し、又はこれを併科する。

2　前項の目的で、人に児童買春をするように勧誘することを業とした者は、七年以下の懲役及び千万円以下の罰金に処する。

（児童ポルノ所持、提供等）

第七条　自己の性的好奇心を満たす目的で、児童ポルノを所持した者（自己の意思に基づいて所持するに至った者であり、かつ、当該者であることが明らかに認められる者に限る。）は、一年以下の懲役又は百万円以下の罰金に処する。自己の性的好奇心を満たす目的で、第二条第三項各号のいずれかに掲げる児童の姿態を視覚により認識することができる方法により描写した情報を記録した電磁的記録を保管した者（自己の意思に基づいて保管するに至った者であり、かつ、当該者であることが明らかに認められる者に限る。）も、同様とする。

2　児童ポルノを提供した者は、三年以下の懲役又は三百万円以下の罰金に処する。電気通信回線を通じて第二条第三項各号のいずれかに掲げる児童の姿態を視覚により認識することができる方法により描写した情報を記録した電磁的記録その他の記録を提供した者も、同様とする。

3　前項に掲げる行為の目的で、児童ポルノを製造し、所持し、運搬し、本邦に輸入し、又は本邦から輸出した者も、同項と同様とする。同項に掲げる行為の目的で、同項の電磁的記録を保管した者も、同様とする。

4　前項に規定するもののほか、児童に第二条第三項各号のいずれかに掲げる姿態をとらせ、これを写真、電磁的記録に係る記録媒体その他の物に描写することにより、当該児童に係る児童ポルノを製造した者も、第二項と同様とする。

5　前二項に規定するもののほか、ひそかに第二条第三項各号のいずれかに掲げる児童の姿態を写真、電磁的記録に係る記録媒体その他の物に描写することにより、当該児童に係る児童ポルノを製造した者も、第二項と同様とする。

6　児童ポルノを不特定若しくは多数の者に提供し、又は公然と陳列した者は、五年以下の懲役若しくは五百万円以下の罰金に処し、又はこれを併科する。電気通信回線を通じて第二条第三項各号のいずれかに掲げる児童の姿態を視覚により認識することができる方法により描写した情報を記録した電磁的記録その他の記録を不特定又は多数の者に提供した者も、同様とする。

7　前項に掲げる行為の目的で、児童ポルノを製造し、所持し、運搬し、本邦に輸入し、又は本邦から輸出した者も、同項と同様とする。同項に掲げる行為の目的で、同項の電磁的記録を保管した者も、同様とする。

8　第六項に掲げる行為の目的で、児童ポルノを外国に輸入し、又は外国から輸出した日本国民も、同項と同様とする。

◆少年法

（昭二三・七・一五
法　一六八）

最終改正　令五―法六七

第一章　総則

（この法律の目的）

第一条　この法律は、少年の健全な育成を期し、非行のある少年に対して性格の矯正及び環境の調整に関する保護処分を行うとともに、少年の刑事事件について特別の措置を講ずることを目的とする。

（少年、成人、保護者）

第二条　この法律において「少年」とは、二十歳に満たない者をいう。

2　この法律において「保護者」とは、少年に対して法律上監護教育の義務ある者及び少年を現に監護する者をいう。

（審判に付すべき少年）

第二章　少年の保護事件

第一節　通則

第三条　次に掲げる少年は、これを家庭裁判所の審判に付する。
一　罪を犯した少年
二　十四歳に満たないで刑罰法令に触れる行為をした少年
三　次に掲げる事由があつて、その性格又は環境に照して、将来、罪を犯し、又は刑罰法令に触れる行為をする虞のある少年
イ　保護者の正当な監督に服しない性癖のあること。
ロ　正当の理由がなく家庭に寄り附かないこと。
ハ　犯罪性のある人若しくは不道徳な人と交際し、又はいかがわしい場所に出入すること。
ニ　自己又は他人の徳性を害する行為をする性癖のあること。
2　家庭裁判所は、前項第二号に掲げる少年及び同項第三号に掲げる少年で十四歳に満たない者については、都道府県知事又は児童相談所長から送致を受けたときに限り、これを審判に付することができる。

◆少年院法

（平二六・六・一一　法　五八）
最終改正　令五—法二八

第一章　総則

（目的）
第一条　この法律は、少年院の適正な管理運営を図るとともに、在院者の人権を尊重しつつ、その特性に応じた適切な矯正教育その他の在院者の健全な育成に資する処遇を行うことにより、在院者の改善更生及び円滑な社会復帰を図ることを目的とする。

第二章　少年院の運営

（少年院）
第三条　少年院は、次に掲げる者を収容し、これらの者に対し矯正教育その他の必要な処遇を行う施設とする。
一　保護処分の執行を受ける者
二　少年院において懲役又は禁錮の刑（国際受刑者移送法第十六条第一項各号の共助刑を含む。以下単に「刑」という。）の執行を受ける者

（少年院の種類）
第四条　少年院の種類は、次の各号に掲げるとおりとし、それぞれ当該各号に定める者を収容するものとする。
一　第一種　保護処分の執行を受ける者（第五号に定める者を除く。次号及び第三号において同じ。）であって、心身に著しい障害がないおおむね十二歳以上二十三歳未満のもの（次号に定める者を除く。）
二　第二種　保護処分の執行を受ける者であって、心身に著しい障害がない犯罪的傾向が進んだおおむね十六歳以上二十三歳未満のもの
三　第三種　保護処分の執行を受ける者であって、心身に著しい障害があるおおむね十二歳以上二十六歳未満のもの
四　第四種　少年院において刑の執行を受ける者
五　第五種　少年法第六十四条第一項第二号の保護処分の執行を受け、かつ、同法第六十六条第一項の規定による決定を受けた者
2　法務大臣は、各少年院について、一又は二以上の前項各号に掲げる少年院の種類を指定する。

第五章　矯正教育

第一節　矯正教育の目的等

第二十三条　矯正教育は、在院者の犯罪的傾向を矯正し、並びに在院者に対し、健全な心身を培わせ、社会生活に適応するのに必要な知識及び能力を習得させることを目

的とする。

2　矯正教育を行うに当たっては、在院者の特性に応じ、次節に規定する指導を適切に組み合わせ、体系的かつ組織的にこれを行うものとする。

（被害者等の心情等の考慮）

第二十三条の二　少年院の長は、矯正教育を行うに当たっては、被害者等（在院者が刑若しくは保護処分を言い渡される理由となった犯罪若しくは刑罰法令に触れる行為により害を被った者（以下この項において「被害者」という。）又はその法定代理人若しくは被害者が死亡した場合若しくはその心身に重大な故障がある場合におけるその配偶者、直系の親族若しくは兄弟姉妹をいう。以下この章及び第四十四条第三項において同じ。）の被害に関する心情、被害者等の置かれている状況及び次項の規定により聴取した心情等を考慮するものとする。

2　少年院の長は、在院者について、被害者等から、被害に関する心情、被害者等の置かれている状況又は当該在院者の生活及び行動に関する意見（以下この章及び第四十四条第三項において「心情等」という。）を述べたい旨の申出があったときは、法務省令で定めるところにより、当該心情等を聴取するものとする。ただし、当該被害に係る事件の性質、当該被害者等と当該在院者との関係その他の被害者等に関する事情を考慮して相当でないと認めるときは、この限りでない。

第二節　矯正教育の内容

（生活指導）

第二十四条　少年院の長は、在院者に対し、善良な社会の一員として自立した生活を営むための基礎となる知識及び生活態度を習得させるため必要な生活指導を行うものとする。

2　将来の進路を定めていない在院者に対し前項の生活指導を行うに当たっては、その特性に応じた将来の進路を選択する能力の習得に資するよう特に配慮しなければならない。

3　次に掲げる事情を有する在院者に対し第一項の生活指導を行うに当たっては、その事情の改善に資するよう特に配慮しなければならない。

一　犯罪又は刑罰法令に触れる行為により害を被った者及びその家族又は遺族の心情を理解しようとする意識が低いこと。

二　麻薬、覚醒剤その他の薬物に対する依存があること。

三　その他法務省令で定める事情

4　少年院の長は、第一項の生活指導を行うに当たっては、被害者等の被害に関する心情、被害者等の置かれている状況及び前条第二項の規定により聴取した心情等を考慮するものとする。

5　少年院の長は、法務省令で定めるところにより、被害者等から、前条第二項の規定により聴取した心情等を在院者に伝達することを希望する旨の申出があったときは、第一項の生活指導を行うに当たり、当該心情等を在院者に伝達するものとする。ただし、その伝達をすることが当該在院者の改善更生を妨げるおそれがあるときその他当該被害に係る事件の性質、矯正教育の実施状況その他の処遇に関する事情を考慮して相当でないと認めるときは、この限りでない。

（職業指導）

第二十五条　少年院の長は、在院者に対し、勤労意欲を高め、職業上有用な知識及び技能を習得させるため必要な職業指導を行うものとする。

2　前項の職業指導の実施による収入があるときは、その収入は、国庫に帰属する。

3　少年院の長は、第一項の職業指導を受けた在院者に対しては、出院の際に、法務大臣が定める基準に従い算出した金額の範囲内で、職業上有用な知識及び技能の習得の状況その他の事情を考慮して相当と認められる金額の報奨金（次項において「職業能力習得報奨金」という。）を支給することができる。

4　少年院の長は、在院者がその出院前に職業能力習得報奨金の支給を受けたい旨の申出をした場合において、そ

の使用の目的が、第六十七条第一項第一号に規定する自弁物品等の購入その他相当なものであると認めるときは、前項の規定にかかわらず、法務省令で定めるところにより、その時に出院したとするならばその在院者に支給することができる職業能力習得報奨金に相当する金額の範囲内で、申出の額の全部又は一部の金額を支給することができる。この場合には、その支給額に相当する金額を同項の規定により支給することができる職業能力習得報奨金の金額から減額する。

（教科指導）
第二十六条　少年院の長は、学校教育法（昭和二十二年法律第二十六号）に定める義務教育を終了しない在院者その他の社会生活の基礎となる学力を欠くことにより改善更生及び円滑な社会復帰に支障があると認められる在院者に対しては、教科指導（同法による学校教育の内容に準ずる内容の指導をいう。以下同じ。）を行うものとする。

2　少年院の長は、前項に規定するもののほか、学力の向上を図ることが円滑な社会復帰に特に資すると認められる在院者に対し、その学力の状況に応じた教科指導を行うことができる。

（学校の教育課程に準ずる教育の教科指導）
第二十七条　教科指導により学校教育法第一条に規定する学校（以下単に「学校」という。）のうち、いずれかの学校の教育課程に準ずる教育の全部又は一部を修了した在院者は、その修了に係る教育の範囲に応じて当該教育課程の全部又は一部を修了したものとみなす。

2　少年院の長は、学校の教育課程に準ずる教育について教科指導を行う場合には、当該教科指導については、文部科学大臣の勧告に従わなければならない。

（体育指導）
第二十八条　少年院の長は、在院者に対し、善良な社会の一員として自立した生活を営むための基礎となる健全な心身を培わせるため必要な体育指導を行うものとする。

（特別活動指導）
第二十九条　少年院の長は、在院者に対し、その情操を豊かにし、自主、自律及び協同の精神を養うことに資する社会貢献活動、野外活動、運動競技、音楽、演劇その他の活動の実施に関し必要な指導を行うものとする。

第三節　矯正教育の計画等

（矯正教育課程）
第三十条　法務大臣は、在院者の年齢、心身の障害の状況及び犯罪的傾向の程度、在院者が社会生活に適応するために必要な能力その他の事情に照らして一定の共通する特性を有する在院者の類型ごとに、その類型に該当する在院者に対して行う矯正教育の重点的な内容及び標準的な期間（以下「矯正教育課程」という。）を定めるものとする。

（各少年院における矯正教育課程の指定）
第三十一条　法務大臣は、各少年院について、その少年院において実施すべき矯正教育課程を指定するものとする。

◇こども家庭庁設置法

（令四・六・二二　法　七五）
最終改正　令四―法一〇四

第一章　総則

（目的）
第一条　この法律は、こども家庭庁の設置並びに任務及びこれを達成するため必要となる明確な範囲の所掌事務を定めるとともに、その所掌する行政事務を能率的に遂行するため必要な組織を定めることを目的とする。

第二章　こども家庭庁の設置並びに任務及び所掌事務等

第一節　こども家庭庁の設置

（設置）
第二条　内閣府設置法（平成十一年法律第八十九号）第四十九条第三項の規定に基づいて、内閣府の外局として、こども家庭庁を設置する。

2　こども家庭庁の長は、こども家庭庁長官（以下「長官」という。）とする。

第二節　こども家庭庁の任務及び所掌事務等

（任務）

第三条　こども家庭庁は、心身の発達の過程にある者（以下「こども」という。）が自立した個人としてひとしく健やかに成長することのできる社会の実現に向け、子育てにおける家庭の役割の重要性を踏まえつつ、こどもの年齢及び発達の程度に応じ、その意見を尊重し、その最善の利益を優先して考慮することを基本とし、こども及びこどものある家庭の福祉の増進及び保健の向上その他のこどもの健やかな成長及びこどものある家庭における子育てに対する支援並びにこどもの権利利益の擁護に関する事務を行うことを任務とする。

2　前項に定めるもののほか、こども家庭庁は、同項の任務に関連する特定の内閣の重要政策に関する内閣の事務を助けることを任務とする。

3　こども家庭庁は、前項の任務を遂行するに当たり、内閣官房を助けるものとする。

（所掌事務）

第四条　こども家庭庁は、前条第一項の任務を達成するため、次に掲げる事務をつかさどる。

一　小学校就学前のこどもの健やかな成長のための環境の確保及び小学校就学前のこどものある家庭における子育て支援に関する基本的な政策の企画及び立案並びに推進に関すること。

二　子ども・子育て支援法（平成二十四年法律第六十五号）の規定による子ども・子育て支援給付その他の子ども及び子どもを養育している者に必要な支援に関すること（同法第六十九条第一項の規定による拠出金の徴収に関することを除く。）。

三　就学前の子どもに関する教育、保育等の総合的な提供の推進に関する法律（平成十八年法律第七十七号）に規定する認定こども園に関する制度に関すること。

四　こどもの保育及び養護に関すること。

五　こどものある家庭における子育ての支援体制の整備並びに地域におけるこどもの適切な遊び及び生活の場の確保に関すること。

六　こどもの福祉のための文化の向上に関すること。

七　母子家庭及び父子家庭並びに寡婦の福祉の増進に関すること。

八　第四号から前号までに掲げるもののほか、こども、こどものある家庭及び妊産婦その他母性の福祉の増進に関すること。

九　こどもの安全で安心な生活環境の整備に関する基本的な政策の企画及び立案並びに推進に関すること。

十　独立行政法人日本スポーツ振興センターが行う独立行政法人日本スポーツ振興センター法（平成十四年法律第百六十二号）第十五条第一項第七号に規定する災害共済給付に関すること。

十一　青少年が安全に安心してインターネットを利用できる環境の整備等に関する法律（平成二十年法律第七十九号）第八条第一項に規定する基本計画の作成及び推進に関すること。

十二　こどもの保健の向上に関すること（児童福祉法（昭和二十二年法律第百六十四号）の規定による小児慢性特定疾病医療費の支給等に関することを除く。）。

十三　妊産婦その他母性の保健の向上に関すること。

十四　成育過程にある者及びその保護者並びに妊産婦に対し必要な成育医療等を切れ目なく提供するための施策の総合的な推進に関する法律（平成三十年法律第百四号）第十一条第一項に規定する成育医療等基本方針の策定及び推進に関すること。

十五　旧優生保護法に基づく優生手術等を受けた者に対する一時金の支給等に関する法律（平成三十一年法律第十四号）の規定による一時金の支給等に関すること。

十六　こどもの虐待の防止に関すること。

十七　いじめ防止対策推進法（平成二十五年法律第七十一号）の規定によるいじめの防止等に関する相談の体制その他の地域における体制の整備に関すること。

十八　前二号に掲げるもののほか、こどもの権利利益の擁護に関すること（他省の所掌に属するものを除く。）。
十八の二　こども基本法（令和四年法律第七十七号）第九条第一項に規定するこども大綱の策定及び推進に関すること。
十九　少子化社会対策基本法（平成十五年法律第百三十三号）第七条第一項に規定する大綱の策定及び推進に関すること。
二十　子ども・若者育成支援推進法（平成二十一年法律第七十一号）第八条第一項に規定する子ども・若者育成支援推進大綱の策定及び推進に関すること。
二十一　前号に掲げるもののほか、子ども・若者育成支援（子ども・若者育成支援推進法第一条に規定する子ども・若者育成支援をいう。次項第三号において同じ。）に関する関係行政機関の事務の連絡調整及びこれに伴い必要となる当該事務の実施の推進に関すること。
二十二　子どもの貧困対策の推進に関する法律（平成二十五年法律第六十四号）第八条第一項に規定する大綱の策定及び推進に関すること。
二十三　大学等における修学の支援に関する法律（令和元年法律第八号）の規定による大学等における修学の支援に関する関係行政機関の経費の配分計画に関すること。
二十四　こども、こどものある家庭及び妊産婦その他母性に関する総合的な調査に関すること。
二十五　所掌事務に係る国際協力に関すること。
二十六　政令で定める文教研修施設において所掌事務に関する研修を行うこと。
二十七　前各号に掲げるもののほか、法律（法律に基づく命令を含む。）に基づきこども家庭庁に属させられた事務

2　前項に定めるもののほか、こども家庭庁は、前条第二項の任務を達成するため、行政各部の施策の統一を図るために必要となる次に掲げる事項の企画及び立案並びに総合調整に関する事務（内閣官房が行う内閣法（昭和二十二年法律第五号）第十二条第二項第二号に掲げる事務を除く。）をつかさどる。
一　こどもが自立した個人としてひとしく健やかに成長することのできる社会の実現に向けた基本的な政策に関する事項
二　結婚、出産又は育児に希望を持つことができる社会環境の整備等少子化の克服に向けた基本的な政策に関する事項
三　子ども・若者育成支援に関する事項

3　前二項に定めるもののほか、こども家庭庁は、前条第二項の任務を達成するため、内閣府設置法第四条第二項に規定する事務のうち、前条第一項の任務に関連する特定の内閣の重要政策について、当該重要政策に関して閣議において決定された基本的な方針に基づいて、行政各部の施策の統一を図るために必要となる企画及び立案並びに総合調整に関する事務をつかさどる。

（資料の提出要求等）
第五条　長官は、こども家庭庁の所掌事務を遂行するため必要があると認めるときは、関係行政機関の長に対し、資料の提出、説明その他必要な協力を求めることができる。

第三章　こども家庭庁に置かれる機関

第一節　審議会等

（設置）
第六条　こども家庭庁に、こども家庭審議会を置く。
2　前項に定めるもののほか、別に法律で定めるところによりこども家庭庁に置かれる審議会等は、旧優生保護法一時金認定審査会とし、旧優生保護法に基づく優生手術等を受けた者に対する一時金の支給等に関する法律（これに基づく命令を含む。）の定めるところによる。

（こども家庭審議会）
第七条　こども家庭審議会は、次に掲げる事務をつかさどる。

一　内閣総理大臣、関係各大臣又は長官の諮問に応じて、こどもが自立した個人としてひとしく健やかに成長することのできる社会の実現に向けた基本的な政策に関する重要事項を調査審議すること。
二　前号に規定する重要事項に関し、内閣総理大臣、関係各大臣又は長官に意見を述べること。
三　内閣総理大臣又は長官の諮問に応じて、次に掲げる重要事項を調査審議すること。
イ　子ども・子育て支援法の施行に関する重要事項
ロ　こども、こどものある家庭及び妊産婦その他母性の福祉の増進に関する重要事項
ハ　こども及び妊産婦その他母性の保健の向上に関する重要事項
ニ　こどもの権利利益の擁護に関する重要事項
四　前号イに掲げる重要事項に関し内閣総理大臣、関係各大臣又は長官に、同号ロからニまでに掲げる重要事項に関し内閣総理大臣又は長官に、それぞれ意見を述べること。
五　次に掲げる法律の規定によりその権限に属させられた事項を処理すること。
イ　児童福祉法
ロ　児童買春、児童ポルノに係る行為等の規制及び処罰並びに児童の保護等に関する法律（平成十一年法律第五十二号）
ハ　次世代育成支援対策推進法（平成十五年法律第百二十号）
ニ　就学前の子どもに関する教育、保育等の総合的な提供の推進に関する法律
ホ　子ども・子育て支援法
ヘ　成育過程にある者及びその保護者並びに妊産婦に対し必要な成育医療等を切れ目なく提供するための施策の総合的な推進に関する法律
2　こども家庭審議会の委員その他の職員で政令で定めるものは、内閣総理大臣が任命する。
3　前二項に定めるもののほか、こども家庭審議会の組織及び委員その他の職員その他こども家庭審議会に関し必要な事項については、政令で定める。

第二節　特別の機関

（こども政策推進会議）
第八条　別に法律の定めるところによりこども家庭庁に置かれる特別の機関は、こども政策推進会議とする。
2　こども政策推進会議については、こども基本法（これに基づく命令を含む。）の定めるところによる。

◆こども基本法

（令四・六・二二 法　七七）

第一章　総則

（目的）
第一条　この法律は、日本国憲法及び児童の権利に関する条約の精神にのっとり、次代の社会を担う全てのこどもが、生涯にわたる人格形成の基礎を築き、自立した個人としてひとしく健やかに成長することができ、心身の状況、置かれている環境等にかかわらず、その権利の擁護が図られ、将来にわたって幸福な生活を送ることができる社会の実現を目指して、社会全体としてこども施策に取り組むことができるよう、こども施策に関し、基本理念を定め、国の責務等を明らかにし、及びこども施策の基本となる事項を定めるとともに、こども政策推進会議を設置すること等により、こども施策を総合的に推進することを目的とする。

（定義）
第二条　この法律において「こども」とは、心身の発達の過程にある者をいう。
2　この法律において「こども施策」とは、次に掲げる施策その他のこどもに関する施策及びこれと一体的に講ずべき施策をいう。

一　新生児期、乳幼児期、学童期及び思春期の各段階を経て、おとなになるまでの心身の発達の過程を通じて切れ目なく行われるこどもの健やかな成長に対する支援

二　子育てに伴う喜びを実感できる社会の実現に資するため、就労、結婚、妊娠、出産、育児等の各段階に応じて行われる支援

三　家庭における養育環境その他のこどもの養育環境の整備

（基本理念）

第三条　こども施策は、次に掲げる事項を基本理念として行われなければならない。

一　全てのこどもについて、個人として尊重され、その基本的人権が保障されるとともに、差別的取扱いを受けることがないようにすること。

二　全てのこどもについて、適切に養育されること、その生活を保障されること、愛され保護されること、その健やかな成長及び発達並びにその自立が図られることその他の福祉に係る権利が等しく保障されるとともに、教育基本法（平成十八年法律第百二十号）の精神にのっとり教育を受ける機会が等しく与えられること。

三　全てのこどもについて、その年齢及び発達の程度に応じて、自己に直接関係する全ての事項に関して意見を表明する機会及び多様な社会的活動に参画する機会が確保されること。

四　全てのこどもについて、その年齢及び発達の程度に応じて、その意見が尊重され、その最善の利益が優先して考慮されること。

五　こどもの養育については、家庭を基本として行われ、父母その他の保護者が第一義的責任を有するとの認識の下、これらの者に対してこどもの養育に関し十分な支援を行うとともに、家庭での養育が困難なこどもにはできる限り家庭と同様の養育環境を確保することにより、こどもが心身ともに健やかに育成されるようにすること。

六　家庭や子育てに夢を持ち、子育てに伴う喜びを実感できる社会環境を整備すること。

（国の責務）

第四条　国は、前条の基本理念（以下単に「基本理念」という。）にのっとり、こども施策を総合的に策定し、及び実施する責務を有する。

（地方公共団体の責務）

第五条　地方公共団体は、基本理念にのっとり、こども施策に関し、国及び他の地方公共団体との連携を図りつつ、その区域内におけるこどもの状況に応じた施策を策定し、及び実施する責務を有する。

（事業主の努力）

第六条　事業主は、基本理念にのっとり、その雇用する労働者の職業生活及び家庭生活の充実が図られるよう、必要な雇用環境の整備に努めるものとする。

（国民の努力）

第七条　国民は、基本理念にのっとり、こども施策について関心と理解を深めるとともに、国又は地方公共団体が実施するこども施策に協力するよう努めるものとする。

（年次報告）

第八条　政府は、毎年、国会に、我が国におけるこどもをめぐる状況及び政府が講じたこども施策の実施の状況に関する報告を提出するとともに、これを公表しなければならない。

2　前項の報告は、次に掲げる事項を含むものでなければならない。

一　少子化社会対策基本法（平成十五年法律第百三十三号）第九条第一項に規定する少子化の状況及び少子化に対処するために講じた施策の概況

二　子ども・若者育成支援推進法（平成二十一年法律第七十一号）第六条第一項に規定する我が国における子ども・若者の状況及び政府が講じた子ども・若者育成支援施策の実施の状況

三　子どもの貧困対策の推進に関する法律（平成二十五年法律第六十四号）第七条第一項に規定する子どもの貧困の状況及び子どもの貧困対策の実施の状況

第二章　基本的施策

（こども施策に関する大綱）

第九条　政府は、こども施策を総合的に推進するため、こども施策に関する大綱（以下「こども大綱」という。）を定めなければならない。

2　こども大綱は、次に掲げる事項について定めるものとする。

一　こども施策に関する基本的な方針

二　こども施策に関する重要事項

三　前二号に掲げるもののほか、こども施策を推進するために必要な事項

3　こども大綱は、次に掲げる事項を含むものでなければならない。

一　少子化社会対策基本法第七条第一項に規定する総合的かつ長期的な少子化に対処するための施策

二　子ども・若者育成支援推進法第八条第二項各号に掲げる事項

三　子どもの貧困対策の推進に関する法律第八条第二項各号に掲げる事項

4　こども大綱に定めるこども施策については、原則として、当該こども施策の具体的な目標及びその達成の期間を定めるものとする。

5　内閣総理大臣は、こども大綱の案につき閣議の決定を求めなければならない。

6　内閣総理大臣は、前項の規定による閣議の決定があったときは、遅滞なく、こども大綱を公表しなければならない。

7　前二項の規定は、こども大綱の変更について準用する。

（都道府県こども計画等）

第十条　都道府県は、こども大綱を勘案して、当該都道府県におけるこども施策についての計画（以下この条において「都道府県こども計画」という。）を定めるよう努めるものとする。

2　市町村は、こども大綱（都道府県こども計画が定められているときは、こども大綱及び都道府県こども計画）を勘案して、当該市町村におけるこども施策についての計画（以下この条において「市町村こども計画」という。）を定めるよう努めるものとする。

3　都道府県又は市町村は、都道府県こども計画又は市町村こども計画を定め、又は変更したときは、遅滞なく、これを公表しなければならない。

4　都道府県こども計画は、子ども・若者育成支援推進法第九条第一項に規定する都道府県子ども・若者計画、子どもの貧困対策の推進に関する法律第九条第一項に規定する都道府県計画その他法令の規定により都道府県が作成する計画であってこども施策に関する事項を定めるものと一体のものとして作成することができる。

5　市町村こども計画は、子ども・若者育成支援推進法第九条第二項に規定する市町村子ども・若者計画、子どもの貧困対策の推進に関する法律第九条第二項に規定する市町村計画その他法令の規定により市町村が作成する計画であってこども施策に関する事項を定めるものと一体のものとして作成することができる。

（こども施策に対するこども等の意見の反映）

第十一条　国及び地方公共団体は、こども施策を策定し、実施し、及び評価するに当たっては、当該こども施策の対象となるこども又はこどもを養育する者その他の関係者の意見を反映させるために必要な措置を講ずるものとする。

（こども施策に係る支援の総合的かつ一体的な提供のための体制の整備等）

第十二条　国は、こども施策に係る支援が、支援を必要とする事由、支援を行う関係機関、支援の対象となる者の年齢又は居住する地域等にかかわらず、切れ目なく行われるようにするため、当該支援を総合的かつ一体的に行う体制の整備その他の必要な措置を講ずるものとする。

（関係者相互の有機的な連携の確保等）

第十三条　国は、こども施策が適正かつ円滑に行われるよう、医療、保健、福祉、教育、療育等に関する業務を行う関係機関相互の有機的な連携の確保に努めなければならない。

2　都道府県及び市町村は、こども施策が適正かつ円滑に行われるよう、前項に規定する業務を行う関係機関及び地域においてこどもに関する支援を行う民間団体相互の有機的な連携の確保に努めなければならない。

3　都道府県又は市町村は、前項の有機的な連携の確保に資するため、こども施策に係る事務の実施に係る協議及び連絡調整を行うための協議会を組織することができる。

4　前項の協議会は、第二項の関係機関及び民間団体その他の都道府県又は市町村が必要と認める者をもって構成する。

第十四条　国は、前条第一項の有機的な連携の確保に資するため、個人情報の適正な取扱いを確保しつつ、同項の関係機関が行うこどもに関する支援に資する情報の共有を促進するための情報通信技術の活用その他の必要な措置を講ずるものとする。

2　都道府県及び市町村は、前条第二項の有機的な連携の確保に資するため、個人情報の適正な取扱いを確保しつつ、同項の関係機関及び民間団体が行うこどもに関する支援に資する情報の共有を促進するための情報通信技術の活用その他の必要な措置を講ずるよう努めるものとする。

（この法律及び児童の権利に関する条約の趣旨及び内容についての周知）

第十五条　国は、この法律及び児童の権利に関する条約の趣旨及び内容について、広報活動等を通じて国民に周知を図り、その理解を得るよう努めるものとする。

（こども施策の充実及び財政上の措置等）

第十六条　政府は、こども大綱の定めるところにより、こども施策の幅広い展開その他のこども施策の一層の充実を図るとともに、その実施に必要な財政上の措置その他の措置を講ずるよう努めなければならない。

第三章　こども政策推進会議

（設置及び所掌事務等）

第十七条　こども家庭庁に、特別の機関として、こども政策推進会議（以下「会議」という。）を置く。

2　会議は、次に掲げる事務をつかさどる。

一　こども大綱の案を作成すること。

二　前号に掲げるもののほか、こども施策に関する重要事項について審議し、及びこども施策の実施を推進すること。

三　こども施策について必要な関係行政機関相互の調整をすること。

四　前三号に掲げるもののほか、他の法令の規定により会議に属させられた事務

3　会議は、前項の規定によりこども大綱の案を作成するに当たり、こども及びこどもを養育する者、学識経験者、地域においてこどもに関する支援を行う民間団体その他の関係者の意見を反映させるために必要な措置を講ずるものとする。

（組織等）

第十八条　会議は、会長及び委員をもって組織する。

2　会長は、内閣総理大臣をもって充てる。

3　委員は、次に掲げる者をもって充てる。

一　内閣府設置法（平成十一年法律第八十九号）第九条第一項に規定する特命担当大臣であって、同項の規定により命を受けて同法第十一条の三に規定する事務を掌理するもの

二　会長及び前号に掲げる者以外の国務大臣のうちから、内閣総理大臣が指定する者

◆次世代育成支援対策推進法

（平一五・七・一六
法　一二〇）

最終改正　令四—法七六

第一章　総則

（目的）

第一条　この法律は、我が国における急速な少子化の進行並びに家庭及び地域を取り巻く環境の変化にかんがみ、次世代育成支援対策に関し、基本理念を定め、並びに国、

地方公共団体、事業主及び国民の責務を明らかにするとともに、行動計画策定指針並びに地方公共団体及び事業主の行動計画の策定その他の次世代育成支援対策を推進するために必要な事項を定めることにより、次世代育成支援対策を迅速かつ重点的に推進し、もって次代の社会を担う子どもが健やかに生まれ、かつ、育成される社会の形成に資することを目的とする。

（定義）

第二条　この法律において「次世代育成支援対策」とは、次代の社会を担う子どもを育成し、又は育成しようとする家庭に対する支援その他の次代の社会を担う子どもが健やかに生まれ、かつ、育成される環境の整備のための国若しくは地方公共団体が講ずる施策又は事業主が行う雇用環境の整備その他の取組をいう。

（基本理念）

第三条　次世代育成支援対策は、父母その他の保護者が子育てについての第一義的責任を有するという基本的認識の下に、家庭その他の場において、子育ての意義についての理解が深められ、かつ、子育てに伴う喜びが実感されるように配慮して行われなければならない。

（国及び地方公共団体の責務）

第四条　国及び地方公共団体は、前条の基本理念（次条及び第七条第一項において「基本理念」という。）にのっとり、相互に連携を図りながら、次世代育成支援対策を総合的かつ効果的に推進するよう努めなければならない。

（事業主の責務）

第五条　事業主は、基本理念にのっとり、その雇用する労働者に係る多様な労働条件の整備その他の労働者の職業生活と家庭生活との両立が図られるようにするために必要な雇用環境の整備を行うことにより自ら次世代育成支援対策を実施するよう努めるとともに、国又は地方公共団体が講ずる次世代育成支援対策に協力しなければならない。

（国民の責務）

第六条　国民は、次世代育成支援対策の重要性に対する関心と理解を深めるとともに、国又は地方公共団体が講ずる次世代育成支援対策に協力しなければならない。

第二章　行動計画

第一節　行動計画策定指針

〔行動計画策定指針〕

第七条　主務大臣は、次世代育成支援対策の総合的かつ効果的な推進を図るため、基本理念にのっとり、次条第一項の市町村行動計画及び第九条第一項の都道府県行動計画並びに第十二条第一項の一般事業主行動計画及び第十九条第一項の特定事業主行動計画（次項において「市町村行動計画等」という。）の策定に関する指針（以下「行動計画策定指針」という。）を定めなければならない。

2　行動計画策定指針においては、次に掲げる事項につき、市町村行動計画等の指針となるべきものを定めるものとする。

一　次世代育成支援対策の実施に関する基本的な事項
二　次世代育成支援対策の内容に関する事項
三　その他次世代育成支援対策の実施に関する重要事項

3　主務大臣は、少子化の動向、子どもを取り巻く環境の変化その他の事情を勘案して必要があると認めるときは、速やかに行動計画策定指針を変更するものとする。

4　主務大臣は、行動計画策定指針を定め、又はこれを変更しようとするときは、あらかじめ、こども家庭審議会の意見を聴くとともに、次条第一項の市町村行動計画及び第九条第一項の都道府県行動計画に係る部分について総務大臣に協議しなければならない。

5　主務大臣は、行動計画策定指針を定め、又はこれを変更したときは、遅滞なく、これを公表しなければならない。

第二節　市町村行動計画及び都道府県行動計画

（市町村行動計画）

第八条　市町村は、行動計画策定指針に即して、五年ごとに、当該市町村の事務及び事業に関し、五年を一期として、地域における子育ての支援、母性並びに乳児及び幼児の健康の確保及び増進、子どもの心身の健やかな成長に資する教育環境の整備、子どもを育成する家庭に適した良

質な住宅及び良好な居住環境の確保、職業生活と家庭生活との両立の推進その他の次世代育成支援対策の実施に関する計画（以下「市町村行動計画」という。）を策定することができる。

（略）

（都道府県行動計画）

第九条　都道府県は、行動計画策定指針に即して、五年ごとに、当該都道府県の事務及び事業に関し、五年を一期として、地域における子育ての支援、保護を要する子どもの養育環境の整備、母性並びに乳児及び幼児の健康の確保及び増進、子どもの心身の健やかな成長に資する教育環境の整備、子どもを育成する家庭に適した良質な住宅及び良好な居住環境の確保、職業生活と家庭生活との両立の推進その他の次世代育成支援対策の実施に関する計画（以下「都道府県行動計画」という。）を策定することができる。

（略）

第三節　一般事業主行動計画

（一般事業主行動計画の策定等）

第十二条　国及び地方公共団体以外の事業主（以下「一般事業主」という。）であって、常時雇用する労働者の数が百人を超えるものは、行動計画策定指針に即して、一般事業主行動計画（一般事業主が実施する次世代育成支援対策に関する計画をいう。以下同じ。）を策定し、厚生労働省令で定めるところにより、厚生労働大臣にその旨を届け出なければならない。これを変更したときも同様とする。

（略）

◆少子化社会対策基本法

（平一五・七・三〇　法一三三）

最終改正　令四—法七七

我が国における急速な少子化の進展は、平均寿命の伸長による高齢者の増加とあいまって、我が国の人口構造にひずみを生じさせ、二十一世紀の国民生活に、深刻かつ多大な影響をもたらす。我らは、紛れもなく、有史以来の未曾《ぞ》有の事態に直面している。

しかしながら、我らはともすれば高齢社会に対する対応にのみ目を奪われ、少子化という、社会の根幹を揺るがしかねない事態に対する国民の意識や社会の対応は、著しく遅れている。少子化は、社会における様々なシステムや人々の価値観と深くかかわっており、この事態を克服するためには、長期的な展望に立った不断の努力の積重ねが不可欠で、極めて長い時間を要する。急速な少子化という現実を前にして、我らに残された時間は、極めて少ない。

もとより、結婚や出産は個人の決定に基づくものではあるが、こうした事態に直面して、家庭や子育てに夢を持ち、かつ、次代の社会を担う子どもを安心して生み、育てることができる環境を整備し、子どもがひとしく心身ともに健やかに育ち、子どもを生み、育てる者が真に誇りと喜びを感じることのできる社会を実現し、少子化の進展に歯止めをかけることが、今、我らに、強く求められている。生命を尊び、豊かで安心して暮らすことのできる社会の実現に向け、新たな一歩を踏み出すことは、我らに課せられている喫緊の課題である。

ここに、少子化社会において講ぜられる施策の基本理念を明らかにし、少子化に的確に対処するための施策を総合的に推進するため、この法律を制定する。

第一章　総則

（目的）

第一条　この法律は、我が国において急速に少子化が進展しており、その状況が二十一世紀の国民生活に深刻かつ多大な影響を及ぼすものであることにかんがみ、このよ

うな事態に対し、長期的な視点に立って的確に対処するため、少子化社会において講ぜられる施策の基本理念を明らかにするとともに、国及び地方公共団体の責務、少子化に対処するために講ずべき施策の基本となる事項その他の事項を定めることにより、少子化に対処するための施策を総合的に推進し、もって国民が豊かで安心して暮らすことのできる社会の実現に寄与することを目的とする。

（施策の基本理念）

第二条　少子化に対処するための施策は、父母その他の保護者が子育てについての第一義的責任を有するとの認識の下に、国民の意識の変化、生活様式の多様化等に十分留意しつつ、男女共同参画社会の形成とあいまって、家庭や子育てに夢を持ち、かつ、次代の社会を担う子どもを安心して生み、育てることができる環境を整備することを旨として講ぜられなければならない。

2　少子化に対処するための施策は、人口構造の変化、財政の状況、経済の成長、社会の高度化その他の状況に十分配意し、長期的な展望に立って講ぜられなければならない。

3　少子化に対処するための施策を講ずるに当たっては、子どもの安全な生活が確保されるとともに、子どもがひとしく心身ともに健やかに育つことができるよう配慮しなければならない。

4　社会、経済、教育、文化その他あらゆる分野における施策は、少子化の状況に配慮して、講ぜられなければならない。

（国の責務）

第三条　国は、前条の施策の基本理念（次条において「基本理念」という。）にのっとり、少子化に対処するための施策を総合的に策定し、及び実施する責務を有する。

（地方公共団体の責務）

第四条　地方公共団体は、基本理念にのっとり、少子化に対処するための施策に関し、国と協力しつつ、当該地域の状況に応じた施策を策定し、及び実施する責務を有する。

（事業主の責務）

第五条　事業主は、子どもを生み、育てる者が充実した職業生活を営みつつ豊かな家庭生活を享受することができるよう、国又は地方公共団体が実施する少子化に対処するための施策に協力するとともに、必要な雇用環境の整備に努めるものとする。

（国民の責務）

第六条　国民は、家庭や子育てに夢を持ち、かつ、安心して子どもを生み、育てることができる社会の実現に資するよう努めるものとする。

（施策の大綱）

第七条　政府は、少子化に対処するための施策の指針として、総合的かつ長期的な少子化に対処するための施策の大綱を定めなければならない。

2　こども基本法（令和四年法律第七十七号）第九条第一項の規定により定められた同項のこども大綱のうち前項に規定する総合的かつ長期的な少子化に対処するための施策に係る部分は、同項の規定により定められた大綱とみなす。

（法制上の措置等）

第八条　政府は、この法律の目的を達成するため、必要な法制上又は財政上の措置その他の措置を講じなければならない。

（年次報告）

第九条　政府は、毎年、国会に、少子化の状況及び少子化に対処するために講じた施策の概況に関する報告を提出するとともに、これを公表しなければならない。

2　こども基本法第八条第一項の規定による国会への報告及び公表がされたときは、前項の規定による国会への報告及び公表がされたものとみなす。

◆子ども・若者育成支援推進法

（平二一・七・八
法　七　一）

最終改正　令四―法七七

第一章　総則

（目的）

第一条　この法律は、子ども・若者が次代の社会を担い、その健やかな成長が我が国社会の発展の基礎をなすものであることにかんがみ、日本国憲法及び児童の権利に関する条約の理念にのっとり、子ども・若者をめぐる環境が悪化し、社会生活を円滑に営む上での困難を有する子ども・若者の問題が深刻な状況にあることを踏まえ、子ども・若者の健やかな育成、子ども・若者が社会生活を円滑に営むことができるようにするための支援その他の取組（以下「子ども・若者育成支援」という。）について、その基本理念、国及び地方公共団体の責務並びに施策の基本となる事項を定めること等により、他の関係法律による施策と相まって、総合的な子ども・若者育成支援のための施策（以下「子ども・若者育成支援施策」という。）を推進することを目的とする。

（基本理念）

第二条　子ども・若者育成支援は、次に掲げる事項を基本理念として行われなければならない。

一　一人一人の子ども・若者が、健やかに成長し、社会とのかかわりを自覚しつつ、自立した個人としての自己を確立し、他者とともに次代の社会を担うことができるようになることを目指すこと。

二　子ども・若者について、個人としての尊厳が重んぜられ、不当な差別的取扱いを受けることがないようにするとともに、その意見を十分に尊重しつつ、その最善の利益を考慮すること。

三　子ども・若者が成長する過程においては、様々な社会的要因が影響を及ぼすものであるとともに、とりわけ良好な家庭的環境で生活することが重要であることを旨とすること。

四　子ども・若者育成支援において、家庭、学校、職域、地域その他の社会のあらゆる分野におけるすべての構成員が、各々の役割を果たすとともに、相互に協力しながら一体的に取り組むこと。

五　子ども・若者の発達段階、生活環境、特性その他の状況に応じてその健やかな成長が図られるよう、良好な社会環境（教育、医療及び雇用に係る環境を含む。以下同じ。）の整備その他必要な配慮を行うこと。

六　教育、福祉、保健、医療、矯正、更生保護、雇用その他の各関連分野における知見を総合して行うこと。

七　修学及び就業のいずれもしていない子ども・若者その他の子ども・若者であって、社会生活を円滑に営む上での困難を有するものに対しては、その困難の内容及び程度に応じ、当該子ども・若者の意思を十分に尊重しつつ、必要な支援を行うこと。

（国の責務）

第三条　国は、前条に定める基本理念（以下「基本理念」という。）にのっとり、子ども・若者育成支援施策を策定し、及び実施する責務を有する。

（地方公共団体の責務）

第四条　地方公共団体は、基本理念にのっとり、子ども・若者育成支援に関し、国及び他の地方公共団体との連携を図りつつ、その区域内における子ども・若者の状況に応じた施策を策定し、及び実施する責務を有する。

（法制上の措置等）

第五条　政府は、子ども・若者育成支援施策を実施するため必要な法制上又は財政上の措置その他の措置を講じなければならない。

（年次報告）

第六条　政府は、毎年、国会に、我が国における子ども・若者の状況及び政府が講じた子ども・若者育成支援施策の実施の状況に関する報告を提出するとともに、これを公表しなければならない。

2　こども基本法（令和四年法律第七十七号）第八条第一

項の規定による国会への報告及び公表がされたときは、前項の規定による国会への報告及び公表がされたものとみなす。

第二章　子ども・若者育成支援施策

（子ども・若者育成支援施策の基本）
第七条　子ども・若者育成支援施策は、基本理念にのっとり、国及び地方公共団体の関係機関相互の密接な連携並びに民間の団体及び国民一般の理解と協力の下に、関連分野における総合的な取組として行われなければならない。

（子ども・若者育成支援推進大綱）
第八条　政府は、子ども・若者育成支援施策の推進を図るための大綱（以下「子ども・若者育成支援推進大綱」という。）を定めなければならない。

2　子ども・若者育成支援推進大綱は、次に掲げる事項について定めるものとする。
一　子ども・若者育成支援施策に関する基本的な方針
二　子ども・若者育成支援施策に関する次に掲げる事項
イ　教育、福祉、保健、医療、矯正、更生保護、雇用その他の各関連分野における施策に関する事項
ロ　子ども・若者の健やかな成長に資する良好な社会環境の整備に関する事項
ハ　第二条第七号に規定する支援に関する事項
ニ　イからハまでに掲げるもののほか、子ども・若者育成支援施策に関する重要事項
三　子ども・若者育成支援施策を総合的に実施するために必要な国の関係行政機関、地方公共団体及び民間の団体の連携及び協力に関する事項
四　子ども・若者育成支援に関する国民の理解の増進に関する事項
五　子ども・若者育成支援施策を推進するために必要な調査研究に関する事項
六　子ども・若者育成支援に関する人材の養成及び資質の向上に関する事項
七　子ども・若者育成支援に関する国際的な協力に関する事項
八　前各号に掲げるもののほか、子ども・若者育成支援施策を推進するために必要な事項

3　こども基本法第九条第一項の規定により定められた同項のこども大綱のうち前項各号に掲げる事項に係る部分は、第一項の規定により定められた子ども・若者育成支援推進大綱とみなす。

（都道府県子ども・若者計画等）
第九条　都道府県は、子ども・若者育成支援推進大綱を勘案して、当該都道府県の区域内における子ども・若者育成支援についての計画（以下この条において「都道府県子ども・若者計画」という。）を作成するよう努めるものとする。

2　市町村は、子ども・若者育成支援推進大綱（都道府県子ども・若者計画が作成されているときは、子ども・若者育成支援推進大綱及び都道府県子ども・若者計画）を勘案して、当該市町村の区域内における子ども・若者育成支援についての計画（次項において「市町村子ども・若者計画」という。）を作成するよう努めるものとする。

（略）

（意見の反映）
第十二条　国は、子ども・若者育成支援施策の策定及び実施に関して、子ども・若者を含めた国民の意見をその施策に反映させるために必要な措置を講ずるものとする。

（子ども・若者総合相談センター）
第十三条　地方公共団体は、子ども・若者育成支援に関する相談に応じ、関係機関の紹介その他の必要な情報の提供及び助言を行う拠点（第二十条第三項において「子ども・若者総合相談センター」という。）としての機能を担う体制を、単独で又は共同して、確保するよう努めるものとする。

第三章　子ども・若者が社会生活を円滑に営むことができるようにするための支援

（関係機関等による支援）
第十五条　国及び地方公共団体の機関、公益社団法人及び

公益財団法人、特定非営利活動促進法（平成十年法律第七号）第二条第二項に規定する特定非営利活動法人その他の団体並びに学識経験者その他の者であって、教育、福祉、保健、医療、矯正、更生保護、雇用その他の子ども・若者育成支援に関連する分野の事務に従事するもの（以下「関係機関等」という。）は、修学及び就業のいずれもしていない子ども・若者その他の子ども・若者であって、社会生活を円滑に営む上での困難を有するものに対する次に掲げる支援（以下この章において単に「支援」という。）を行うよう努めるものとする。

一　社会生活を円滑に営むことができるようにするために、関係機関等の施設、子ども・若者の住居その他の適切な場所において、必要な相談、助言又は指導を行うこと。

二　医療及び療養を受けることを助けること。

三　生活環境を改善すること。

四　修学又は就業を助けること。

五　前号に掲げるもののほか、社会生活を営むために必要な知識技能の習得を助けること。

六　前各号に掲げるもののほか、社会生活を円滑に営むことができるようにするための援助を行うこと。

2　関係機関等は、前項に規定する子ども・若者に対する支援に寄与するため、当該子ども・若者の家族その他子ども・若者が円滑な社会生活を営むことに関係する者に対し、相談及び助言その他の援助を行うよう努めるものとする。

（子ども・若者支援地域協議会）

第十九条　地方公共団体は、関係機関等が行う支援を適切に組み合わせることによりその効果的かつ円滑な実施を図るため、単独で又は共同して、関係機関等により構成される子ども・若者支援地域協議会（以下「協議会」という。）を置くよう努めるものとする。

（略）

（子ども・若者支援調整機関）

第二十一条　協議会を設置した地方公共団体の長は、構成機関等のうちから一の機関又は団体を限り子ども・若者支援調整機関（以下「調整機関」という。）として指定することができる。

2　調整機関は、協議会に関する事務を総括するとともに、必要な支援が適切に行われるよう、協議会の定めるところにより、構成機関等が行う支援の状況を把握しつつ、必要に応じて他の構成機関等が行う支援を組み合わせるなど構成機関等相互の連絡調整を行うものとする。

（子ども・若者指定支援機関）

第二十二条　協議会を設置した地方公共団体の長は、当該協議会において行われる支援の全般について主導的な役割を果たす者を定めることにより必要な支援が適切に行われることを確保するため、構成機関等（調整機関を含む。）のうちから一の団体を限り子ども・若者指定支援機関（以下「指定支援機関」という。）として指定することができる。

2　指定支援機関は、協議会の定めるところにより、調整機関と連携し、構成機関等が行う支援の状況を把握しつつ、必要に応じ、第十五条第一項第一号に掲げる支援その他の支援を実施するものとする。

◆子ども・子育て支援法

（平二四・八・二二　法　六五）

最終改正　令五―法五八

第一章　総則

（目的）

第一条　この法律は、我が国における急速な少子化の進行並びに家庭及び地域を取り巻く環境の変化に鑑み、児童福祉法（昭和二十二年法律第百六十四号）その他の子どもに関する法律による施策と相まって、子ども・子育て支援給付その他の子ども及び子どもを養育している者に必要な支援を行い、もって一人一人の子どもが健やか

に成長することができる社会の実現に寄与することを目的とする。

（基本理念）
第二条　子ども・子育て支援は、父母その他の保護者が子育てについての第一義的責任を有するという基本的認識の下に、家庭、学校、地域、職域その他の社会のあらゆる分野における全ての構成員が、各々の役割を果たすとともに、相互に協力して行われなければならない。
2　子ども・子育て支援給付その他の子ども・子育て支援の内容及び水準は、全ての子どもが健やかに成長するように支援するものであって、良質かつ適切なものであり、かつ、子どもの保護者の経済的負担の軽減について適切に配慮されたものでなければならない。
3　子ども・子育て支援給付その他の子ども・子育て支援は、地域の実情に応じて、総合的かつ効率的に提供されるよう配慮して行われなければならない。

（市町村等の責務）
第三条　市町村（特別区を含む。以下同じ。）は、この法律の実施に関し、次に掲げる責務を有する。
一　子どもの健やかな成長のために適切な環境が等しく確保されるよう、子ども及びその保護者に必要な子ども・子育て支援給付及び地域子ども・子育て支援事業を総合的かつ計画的に行うこと。
二　子ども及びその保護者が、確実に子ども・子育て支援給付を受け、及び地域子ども・子育て支援事業その他の子ども・子育て支援を円滑に利用するために必要な援助を行うとともに、関係機関との連絡調整その他の便宜の提供を行うこと。
三　子ども及びその保護者が置かれている環境に応じて、子どもの保護者の選択に基づき、多様な施設又は事業者から、良質かつ適切な教育及び保育その他の子ども・子育て支援が総合的かつ効率的に提供されるよう、その提供体制を確保すること。
2　都道府県は、市町村が行う子ども・子育て支援給付及び地域子ども・子育て支援事業が適正かつ円滑に行われるよう、市町村に対する必要な助言及び適切な援助を行うとともに、子ども・子育て支援のうち、特に専門性の高い施策及び各市町村の区域を超えた広域的な対応が必要な施策を講じなければならない。
3　国は、市町村が行う子ども・子育て支援給付及び地域子ども・子育て支援事業その他この法律に基づく業務が適正かつ円滑に行われるよう、市町村及び都道府県と相互に連携を図りながら、子ども・子育て支援の提供体制の確保に関する施策その他の必要な各般の措置を講じなければならない。

（事業主の責務）
第四条　事業主は、その雇用する労働者に係る多様な労働条件の整備その他の労働者の職業生活と家庭生活との両立が図られるようにするために必要な雇用環境の整備を行うことにより当該労働者の子育ての支援に努めるとともに、国又は地方公共団体が講ずる子ども・子育て支援に協力しなければならない。

（国民の責務）
第五条　国民は、子ども・子育て支援の重要性に対する関心と理解を深めるとともに、国又は地方公共団体が講ずる子ども・子育て支援に協力しなければならない。

（定義）
第六条　この法律において「子ども」とは、十八歳に達する日以後の最初の三月三十一日までの間にある者をいい、「小学校就学前子ども」とは、子どものうち小学校就学の始期に達するまでの者をいう。
2　この法律において「保護者」とは、親権を行う者、未成年後見人その他の者で、子どもを現に監護する者をいう。
第七条　この法律において「子ども・子育て支援」とは、全ての子どもの健やかな成長のために適切な環境が等しく確保されるよう、国若しくは地方公共団体又は地域における子育ての支援を行う者が実施する子ども及び子どもの保護者に対する支援をいう。
2　この法律において「教育」とは、満三歳以上の小学校就学前子どもに対して義務教育及びその後の教育の基礎

を培うものとして教育基本法（平成十八年法律第百二十号）第六条第一項に規定する法律に定める学校において行われる教育をいう。

3　この法律において「保育」とは、児童福祉法第六条の三第七項第一号に規定する保育をいう。

4　この法律において「教育・保育施設」とは、就学前の子どもに関する教育、保育等の総合的な提供の推進に関する法律（平成十八年法律第七十七号。以下「認定こども園法」という。）第二条第六項に規定する認定こども園（以下「認定こども園」という。）、学校教育法（昭和二十二年法律第二十六号）第一条に規定する幼稚園（認定こども園法第三条第一項又は第三項の認定を受けたもの及び同条第十一項の規定による公示がされたものを除く。以下「幼稚園」という。）及び児童福祉法第三十九条第一項に規定する保育所（認定こども園法第三条第一項の認定を受けたもの及び同条第十一項の規定による公示がされたものを除く。以下「保育所」という。）をいう。

5　この法律において「地域型保育」とは、家庭的保育、小規模保育、居宅訪問型保育及び事業所内保育をいい、「地域型保育事業」とは、地域型保育を行う事業をいう。

6　この法律において「家庭的保育」とは、児童福祉法第六条の三第九項に規定する家庭的保育事業として行われる保育をいう。

7　この法律において「小規模保育」とは、児童福祉法第六条の三第十項に規定する小規模保育事業として行われる保育をいう。

8　この法律において「居宅訪問型保育」とは、児童福祉法第六条の三第十一項に規定する居宅訪問型保育事業として行われる保育をいう。

9　この法律において「事業所内保育」とは、児童福祉法第六条の三第十二項に規定する事業所内保育事業として行われる保育をいう。

10　この法律において「子ども・子育て支援施設等」とは、次に掲げる施設又は事業をいう。

一　認定こども園（保育所等（認定こども園法第二条第五項に規定する保育所等をいう。第五号において同じ。）であるもの及び第二十七条第一項に規定する特定教育・保育施設であるものを除く。第三十条の十一第一項第一号、第五十八条の四第一項第一号、第五十八条の十第一項第二号、第五十九条第三号ロ及び第六章において同じ。）

二　幼稚園（第二十七条第一項に規定する特定教育・保育施設であるものを除く。第三十条の十一第一項第二号、第三章第二節（第五十八条の九第六項第三号ロを除く。）、第五十九条第三号ロ及び第六章において同じ。）

三　特別支援学校（学校教育法第一条に規定する特別支援学校をいい、同法第七十六条第二項に規定する幼稚部に限る。以下同じ。）

四　児童福祉法第五十九条の二第一項に規定する施設（同項の規定による届出がされたものに限り、次に掲げるものを除く。）のうち、当該施設に配置する従業者及びその員数その他の事項について内閣府令で定める基準を満たすもの

イ　認定こども園法第三条第一項又は第三項の認定を受けたもの

ロ　認定こども園法第三条第十一項の規定による公示がされたもの

ハ　第五十九条の二第一項の規定による助成を受けているもののうち政令で定めるもの

五　認定こども園、幼稚園又は特別支援学校において行われる教育・保育（教育又は保育をいう。以下同じ。）であって、次のイ又はロに掲げる当該施設の区分に応じそれぞれイ又はロに定める一日当たりの時間及び期間の範囲外において、家庭において保育を受けることが一時的に困難となった当該イ又はロに掲げる

施設に在籍している小学校就学前子どもに対して行われるものを提供する事業のうち、その事業を実施するために必要なものとして内閣府令で定める基準を満たすもの

イ　認定こども園（保育所等であるものを除く。）、幼稚園又は特別支援学校　当該施設における教育に係る標準的な一日当たりの時間及び期間

ロ　認定こども園（保育所等であるものに限る。）　イに定める一日当たりの時間及び期間を勘案して内閣府令で定める一日当たりの時間及び期間

六　児童福祉法第六条の三第七項に規定する一時預かり事業（前号に掲げる事業に該当するものを除く。）

七　児童福祉法第六条の三第十三項に規定する病児保育事業のうち、当該事業に従事する従業者及びその員数その他の事項について内閣府令で定める基準を満たすもの

八　児童福祉法第六条の三第十四項に規定する子育て援助活動支援事業（同項第一号に掲げる援助を行うものに限る。）のうち、市町村が実施するものであることその他の内閣府令で定める基準を満たすもの

第二章　子ども・子育て支援給付

第一節　通則

（子ども・子育て支援給付の種類）

第八条　子ども・子育て支援給付は、子どものための現金給付、子どものための教育・保育給付及び子育てのための施設利用給付とする。

第二節　子どものための現金給付

第九条　子どものための現金給付は、児童手当（児童手当法（昭和四十六年法律第七十三号）に規定する児童手当をいう。以下同じ。）の支給とする。

第十条　子どものための現金給付については、この法律に別段の定めがあるものを除き、児童手当法の定めるところによる。

第三節　子どものための教育・保育給付

第一款　通則

（子どものための教育・保育給付）

第十一条　子どものための教育・保育給付は、施設型給付費、特例施設型給付費、地域型保育給付費及び特例地域型保育給付費の支給とする。

第二款　教育・保育給付認定等

（支給要件）

第十九条　子どものための教育・保育給付は、次に掲げる小学校就学前子どもの保護者に対し、その小学校就学前子どもの第二十七条第一項に規定する特定教育・保育、第二十八条第一項第二号に規定する特別利用保育、同項第三号に規定する特別利用教育、第二十九条第一項に規定する特定地域型保育又は第三十条第一項第四号に規定する特例保育の利用について行う。

一　満三歳以上の小学校就学前子ども（次号に掲げる小学校就学前子どもに該当するものを除く。）

二　満三歳以上の小学校就学前子どもであって、保護者の労働又は疾病その他の内閣府令で定める事由により家庭において必要な保育を受けることが困難であるもの

三　満三歳未満の小学校就学前子どもであって、前号の内閣府令で定める事由により家庭において必要な保育を受けることが困難であるもの

（市町村の認定等）

第二十条　前条各号に掲げる小学校就学前子どもの保護者は、子どものための教育・保育給付を受けようとするときは、内閣府令で定めるところにより、市町村に対し、その小学校就学前子どもごとに、子どものための教育・保育給付を受ける資格を有すること及びその該当する同項各号に掲げる小学校就学前子どもの区分についての認定を申請し、その認定を受けなければならない。

2　前項の認定は、小学校就学前子どもの保護者の居住地の市町村が行うものとする。ただし、小学校就学前子どもの保護者が居住地を有しないとき、又は明らかでないときは、その小学校就学前子どもの保護者の現在地の市

町村が行うものとする。

3　市町村は、第一項の規定による申請があった場合において、当該申請に係る小学校就学前子どもが前条第二号又は第三号に掲げる小学校就学前子どもに該当すると認めるときは、政令で定めるところにより、当該小学校就学前子どもに係る保育必要量（月を単位として内閣府令で定める期間において施設型給付費、特例施設型給付費、地域型保育給付費又は特例地域型保育給付費を支給する保育の量をいう。以下同じ。）の認定を行うものとする。

4　市町村は、第一項及び前項の認定（以下「教育・保育給付認定」という。）を行ったときは、その結果を当該教育・保育給付認定に係る保護者（以下「教育・保育給付認定保護者」という。）に通知しなければならない。この場合において、市町村は、内閣府令で定めるところにより、当該教育・保育給付認定に係る小学校就学前子ども（以下「教育・保育給付認定子ども」という。）の該当する前条各号に掲げる小学校就学前子どもの区分、保育必要量その他の内閣府令で定める事項を記載した認定証（以下「支給認定証」という。）を交付するものとする。

5　市町村は、第一項の規定による申請について、当該保護者が子どものための教育・保育給付を受ける資格を有すると認められないときは、理由を付して、その旨を当該申請に係る保護者に通知するものとする。

6　第一項の規定による申請に対する処分は、当該申請のあった日から三十日以内にしなければならない。ただし、当該申請に係る保護者の労働又は疾病の状況の調査に日時を要することその他の特別な理由がある場合には、当該申請のあった日から三十日以内に、当該保護者に対し、当該申請に対する処分をするためになお要する期間（次項において「処理見込期間」という。）及びその理由を通知し、これを延期することができる。

7　第一項の規定による申請をした日から三十日以内に当該申請に対する処分がされないとき、若しくは前項ただし書の規定による通知がないとき、又は処理見込期間が経過した日までに当該申請に対する処分がされないときは、当該申請に係る保護者は、市町村が当該申請を却下したものとみなすことができる。

第四節　子育てのための施設等利用給付

第一款　通則

（子育てのための施設等利用給付）

第三十条の二　子育てのための施設等利用給付は、施設等利用費の支給とする。

第二款　施設等利用給付認定等

（支給要件）

第三十条の四　子育てのための施設等利用給付は、次に掲げる小学校就学前子ども（保育認定子どもに係る教育・保育給付認定保護者が、現に施設型給付費、特例施設型給付費（第二十八条第一項第三号に係るものを除く。次条第七項において同じ。）、地域型保育給付費若しくは特例地域型保育給付費の支給を受けている場合における当該保育認定子ども又は第七条第十項第四号ハの政令で定める施設を利用している小学校就学前子どもを除く。以下この節及び第五十八条の三において同じ。）の保護者に対し、その小学校就学前子どもの第三十条の十一第一項に規定する特定子ども・子育て支援の利用について行う。

一　満三歳以上の小学校就学前子ども（次号及び第三号に掲げる小学校就学前子どもに該当するものを除く。）

二　満三歳に達する日以後の最初の三月三十一日を経過した小学校就学前子どもであって、第十九条第二号の内閣府令で定める事由により家庭において必要な保育を受けることが困難であるもの

三　満三歳に達する日以後の最初の三月三十一日までの間にある小学校就学前子どもであって、第十九条第二号の内閣府令で定める事由により家庭において必要な保育を受けることが困難であるもののうち、その保護

者及び当該保護者と同一の世帯に属する者が第三十条の十一第一項に規定する特定子ども・子育て支援のあった月の属する年度（政令で定める場合にあっては、前年度）分の地方税法（昭和二十五年法律第二百二十六号）の規定による市町村民税（同法の規定による特別区民税を含み、同法第三百二十八条の規定によって課する所得割を除く。以下この号において同じ。）を課されない者（これに準ずる者として政令で定める者を含むものとし、当該市町村民税の賦課期日において同法の施行地に住所を有しない者を除く。次条第七項第二号において「市町村民税世帯非課税者」という。）であるもの

第四章　地域子ども・子育て支援事業

〔市町村の地域子ども・子育て支援事業の内容〕

第五十九条　市町村は、内閣府令で定めるところにより、第六十一条第一項に規定する市町村子ども・子育て支援事業計画に従って、地域子ども・子育て支援事業として、次に掲げる事業を行うものとする。

一　子ども及びその保護者が、確実に子ども・子育て支援給付を受け、及び地域子ども・子育て支援事業その他の子ども・子育て支援を円滑に利用できるよう、子ども及びその保護者の身近な場所において、地域の子ども・子育て支援に関する各般の問題につき、子ども又は子どもの保護者からの相談に応じ、必要な情報の提供及び助言を行うとともに、関係機関との連絡調整その他の内閣府令で定める便宜の提供を総合的に行う事業

二　教育・保育給付認定保護者であって、その保育認定子どもが、やむを得ない理由により利用日及び利用時間帯（当該教育・保育給付認定保護者が特定教育・保育施設等又は特例保育を行う事業者と締結した特定保育（特定教育・保育（保育に限る。）、特定地域型保育又は特例保育をいう。以下この号において同じ。）の提供に関する契約において、当該保育認定子どもが当該特定教育・保育施設等又は特例保育を行う事業者による特定保育を受ける日及び時間帯として定められた日及び時間帯をいう。）以外の日及び時間において当該特定教育・保育施設等又は特例保育を行う事業者による保育（保育必要量の範囲内のものを除く。以下この号において「時間外保育」という。）を受けたものに対し、内閣府令で定めるところにより、当該教育・保育給付認定保護者が支払うべき時間外保育の費用の全部又は一部の助成を行うことにより、必要な保育を確保する事業

三　教育・保育給付認定保護者又は施設等利用給付認定保護者のうち、その属する世帯の所得の状況その他の事情を勘案して市町村が定める基準に該当するものに対し、当該教育・保育給付認定保護者又は施設等利用給付認定保護者が支払うべき次に掲げる費用の全部又は一部を助成する事業

イ　当該教育・保育給付認定保護者に係る教育・保育給付認定子どもが特定教育・保育、特別利用保育、特別利用教育、特定地域型保育又は特例保育（以下このイにおいて「特定教育・保育等」という。）を受けた場合における日用品、文房具その他の特定教育・保育等に必要な物品の購入に要する費用又は特定教育・保育等に係る行事への参加に要する費用その他これらに類する費用として市町村が定めるもの

ロ　当該施設等利用給付認定保護者に係る施設等利用給付認定子どもが特定子ども・子育て支援施設等である認定こども園又は幼稚園が提供するもの（特定子ども・子育て支援（特定子ども・子育て支援施設等である認定こども園又は幼稚園が提供するものに限る。）を受けた場合における食事の提供に要する費用として内閣府令で定めるもの

四　特定教育・保育施設等への民間事業者の参入の促進に関する調査研究その他多様な事業者の能力を活用し

た特定教育・保育施設等の設置又は運営を促進するための事業
五　児童福祉法第六条の三第二項に規定する放課後児童健全育成事業
六　児童福祉法第六条の三第三項に規定する子育て短期支援事業
七　児童福祉法第六条の三第四項に規定する乳児家庭全戸訪問事業
八　児童福祉法第六条の三第五項に規定する養育支援訪問事業その他同法第二十五条の二第一項に規定する要保護児童対策地域協議会その他の者による同法第二十五条の七第一項に規定する要保護児童等に対する支援に資する事業
九　児童福祉法第六条の三第六項に規定する地域子育て支援拠点事業
十　児童福祉法第六条の三第七項に規定する一時預かり事業
十一　児童福祉法第六条の三第十三項に規定する病児保育事業
十二　児童福祉法第六条の三第十四項に規定する子育て援助活動支援事業
十三　母子保健法（昭和四十年法律第百四十一号）第十三条第一項の規定に基づき妊婦に対して健康診査を実施する事業

◆子どもの貧困対策の推進に関する法律

（平二五・六・二六 法　六四）

最終改正　令四―法七七

第一章　総則

（目的）

第一条　この法律は、子どもの現在及び将来がその生まれ育った環境によって左右されることのないよう、全ての子どもが心身ともに健やかに育成され、及びその教育の機会均等が保障され、子ども一人一人が夢や希望を持つことができるようにするため、子どもの貧困の解消に向けて、児童の権利に関する条約の精神にのっとり、子どもの貧困対策に関し、基本理念を定め、国等の責務を明らかにし、及び子どもの貧困対策の基本となる事項を定めることにより、子どもの貧困対策を総合的に推進することを目的とする。

（基本理念）

第二条　子どもの貧困対策は、社会のあらゆる分野において、子どもの年齢及び発達の程度に応じて、その意見が尊重され、その最善の利益が優先して考慮され、子どもが心身ともに健やかに育成されることを旨として、推進されなければならない。

2　子どもの貧困対策は、子ども等に対する教育の支援、生活の安定に資するための支援、職業生活の安定と向上に資するための就労の支援、経済的支援等の施策を、子どもの現在及び将来がその生まれ育った環境によって左右されることのない社会を実現することを旨として、子ども等の生活及び取り巻く環境の状況に応じて包括的かつ早期に講ずることにより、推進されなければならない。

3　子どもの貧困対策は、子どもの貧困の背景に様々な社会的な要因があることを踏まえ、推進されなければならない。

4　子どもの貧困対策は、国及び地方公共団体の関係機関相互の密接な連携の下に、関連分野における総合的な取組として行われなければならない。

（法制上の措置等）

第六条　政府は、この法律の目的を達成するため、必要な法制上又は財政上の措置その他の措置を講じなければならない。

（子どもの貧困の状況及び子どもの貧困対策の実施の状況の公表）

第七条　政府は、毎年、国会に、子どもの貧困の状況及び子どもの貧困対策の実施の状況に関する報告を提出するとともに、これを公表しなければならない。

2　こども基本法（令和四年法律第七十七号）第八条第一項の規定による国会への報告及び公表がされたときは、前項の規定による国会への報告及び公表がされたものとみなす。

第二章　基本的施策

（子どもの貧困対策に関する大綱）

第八条　政府は、子どもの貧困対策を総合的に推進するため、子どもの貧困対策に関する大綱（以下「大綱」という。）を定めなければならない。

2　大綱は、次に掲げる事項について定めるものとする。

一　子どもの貧困対策に関する基本的な方針

二　子どもの貧困率、一人親世帯の貧困率、生活保護世帯に属する子どもの高等学校等進学率、生活保護世帯に属する子どもの大学等進学率等子どもの貧困に関する指標及び当該指標の改善に向けた施策

三　教育の支援、生活の安定に資するための支援、保護者に対する職業生活の安定と向上に資するための就労の支援、経済的支援その他の子どもの貧困対策に関する事項

四　子どもの貧困に関する調査及び研究に関する事項

五　子どもの貧困対策に関する施策の実施状況についての検証及び評価その他の子どもの貧困対策に関する施策の推進体制に関する事項

3　こども基本法第九条第一項の規定により定められた同項のこども大綱のうち前項各号に掲げる事項に係る部分は、第一項の規定により定められた大綱とみなす。

4　第二項第二号の「子どもの貧困率」、「一人親世帯の貧困率」、「生活保護世帯に属する子どもの高等学校等進学率」及び「生活保護世帯に属する子どもの大学等進学率」の定義は、政令で定める。

（都道府県計画等）

第九条　都道府県は、大綱を勘案して、当該都道府県における子どもの貧困対策についての計画（次項及び第三項において「都道府県計画」という。）を定めるよう努めるものとする。

2　市町村は、大綱（都道府県計画が定められているときは、大綱及び都道府県計画）を勘案して、当該市町村における子どもの貧困対策についての計画（次項において「市町村計画」という。）を定めるよう努めるものとする。

3　都道府県又は市町村は、都道府県計画又は市町村計画を定め、又は変更したときは、遅滞なく、これを公表しなければならない。

（教育の支援）

第十条　国及び地方公共団体は、教育の機会均等が図られるよう、就学の援助、学資の援助、学習の支援その他の貧困の状況にある子どもの教育に関する支援のために必要な施策を講ずるものとする。

（生活の安定に資するための支援）

第十一条　国及び地方公共団体は、貧困の状況にある子ども及びその保護者に対する生活に関する相談、貧困の状況にある子どもに対する社会との交流の機会の提供その他の貧困の状況にある子どもの生活の安定に資するための支援に関し必要な施策を講ずるものとする。

（保護者に対する職業生活の安定と向上に資するための就労の支援）

第十二条　国及び地方公共団体は、貧困の状況にある子どもの保護者に対する職業訓練の実施及び就職のあっせんその他の貧困の状況にある子どもの保護者の所得の増大その他の職業生活の安定と向上に資するための就労の支援に関し必要な施策を講ずるものとする。

（経済的支援）

第十三条　国及び地方公共団体は、各種の手当等の支給、貸付金の貸付けその他の貧困の状況にある子どもに対する経済的支援のために必要な施策を講ずるものとする。

◆いじめ防止対策推進法

（平二五・六・二八 法 七 一）
最終改正 令五―法八八

第一章 総則

（目的）
第一条 この法律は、いじめが、いじめを受けた児童等の教育を受ける権利を著しく侵害し、その心身の健全な成長及び人格の形成に重大な影響を与えるのみならず、その生命又は身体に重大な危険を生じさせるおそれがあるものであることに鑑み、児童等の尊厳を保持するため、いじめの防止等（いじめの防止、いじめの早期発見及びいじめへの対処をいう。以下同じ。）のための対策に関し、基本理念を定め、国及び地方公共団体等の責務を明らかにし、並びにいじめの防止等のための対策に関する基本的な方針の策定について定めるとともに、いじめの防止等のための対策の基本となる事項を定めることにより、いじめの防止等のための対策を総合的かつ効果的に推進することを目的とする。

（定義）
第二条 この法律において「いじめ」とは、児童等に対して、当該児童等が在籍する学校に在籍している等当該児童等と一定の人的関係にある他の児童等が行う心理的又は物理的な影響を与える行為（インターネットを通じて行われるものを含む。）であって、当該行為の対象となった児童等が心身の苦痛を感じているものをいう。
2 この法律において「学校」とは、学校教育法（昭和二十二年法律第二十六号）第一条に規定する小学校、中学校、義務教育学校、高等学校、中等教育学校及び特別支援学校（幼稚部を除く。）をいう。
3 この法律において「児童等」とは、学校に在籍する児童又は生徒をいう。
4 この法律において「保護者」とは、親権を行う者（親権を行う者のないときは、未成年後見人）をいう。

（基本理念）
第三条 いじめの防止等のための対策は、いじめが全ての児童等に関係する問題であることに鑑み、児童等が安心して学習その他の活動に取り組むことができるよう、学校の内外を問わずいじめが行われなくなるようにすることを旨として行われなければならない。
2 いじめの防止等のための対策は、全ての児童等がいじめを行わず、及び他の児童等に対して行われるいじめを認識しながらこれを放置することがないようにするため、いじめが児童等の心身に及ぼす影響その他のいじめの問題に関する児童等の理解を深めることを旨として行われなければならない。
3 いじめの防止等のための対策は、いじめを受けた児童等の生命及び心身を保護することが特に重要であることを認識しつつ、国、地方公共団体、学校、地域住民、家庭その他の関係者の連携の下、いじめの問題を克服することを目指して行われなければならない。

（いじめの禁止）
第四条 児童等は、いじめを行ってはならない。

（国の責務）
第五条 国は、第三条の基本理念（以下「基本理念」という。）にのっとり、いじめの防止等のための対策を総合的に策定し、及び実施する責務を有する。

（地方公共団体の責務）
第六条 地方公共団体は、基本理念にのっとり、いじめの防止等のための対策について、国と協力しつつ、当該地域の状況に応じた施策を策定し、及び実施する責務を有する。

（学校の設置者の責務）
第七条 学校の設置者は、基本理念にのっとり、その設置する学校におけるいじめの防止等のために必要な措置を講ずる責務を有する。

（学校及び学校の教職員の責務）
第八条 学校及び学校の教職員は、基本理念にのっとり、当該学校に在籍する児童等の保護者、地域住民、児童相談所その他の関係者との連携を図りつつ、学校全体でいじめの防止及び早期発見に取り組むとともに、当該学校

に在籍する児童等がいじめを受けていると思われるときは、適切かつ迅速にこれに対処する責務を有する。

（保護者の責務等）

第九条　保護者は、子の教育について第一義的責任を有するものであって、その保護する児童等がいじめを行うことのないよう、当該児童等に対し、規範意識を養うための指導その他の必要な指導を行うよう努めるものとする。

2　保護者は、その保護する児童等がいじめを受けた場合には、適切に当該児童等をいじめから保護するものとする。

3　保護者は、国、地方公共団体、学校の設置者及びその設置する学校が講ずるいじめの防止等のための措置に協力するよう努めるものとする。

4　第一項の規定は、家庭教育の自主性が尊重されるべきことに変更を加えるものと解してはならず、また、前三項の規定は、いじめの防止等に関する学校の設置者及びその設置する学校の責任を軽減するものと解してはならない。

（財政上の措置等）

第十条　国及び地方公共団体は、いじめの防止等のための対策を推進するために必要な財政上の措置その他の必要な措置を講ずるよう努めるものとする。

第二章　いじめ防止基本方針等

（いじめ防止基本方針）

第十一条　文部科学大臣は、関係行政機関の長と連携協力して、いじめの防止等のための対策を総合的かつ効果的に推進するための基本的な方針（以下「いじめ防止基本方針」という。）を定めるものとする。

2　いじめ防止基本方針においては、次に掲げる事項を定めるものとする。

一　いじめの防止等のための対策の基本的な方向に関する事項

二　いじめの防止等のための対策の内容に関する事項

三　その他いじめの防止等のための対策に関する重要事項

（地方いじめ防止基本方針）

第十二条　地方公共団体は、いじめ防止基本方針を参酌し、その地域の実情に応じ、当該地方公共団体におけるいじめの防止等のための対策を総合的かつ効果的に推進するための基本的な方針（以下「地方いじめ防止基本方針」という。）を定めるよう努めるものとする。

（学校いじめ防止基本方針）

第十三条　学校は、いじめ防止基本方針又は地方いじめ防止基本方針を参酌し、その学校の実情に応じ、当該学校におけるいじめの防止等のための対策に関する基本的な方針を定めるものとする。

（いじめ問題対策連絡協議会）

第十四条　地方公共団体は、いじめの防止等に関係する機関及び団体の連携を図るため、条例の定めるところにより、学校、教育委員会、児童相談所、法務局又は地方法務局、都道府県警察その他の関係者により構成されるいじめ問題対策連絡協議会を置くことができる。

2　都道府県は、前項のいじめ問題対策連絡協議会を置いた場合には、当該いじめ問題対策連絡協議会におけるいじめの防止等に関係する機関及び団体の連携が当該都道府県の区域内の市町村が設置する学校におけるいじめの防止等に活用されるよう、当該いじめ問題対策連絡協議会と当該市町村の教育委員会との連携を図るために必要な措置を講ずるものとする。

3　前二項の規定を踏まえ、教育委員会といじめ問題対策連絡協議会との円滑な連携の下に、地方いじめ防止基本方針に基づく地域におけるいじめの防止等のための対策を実効的に行うようにするため必要があるときは、教育委員会に附属機関として必要な組織を置くことができるものとする。

第三章　基本的施策

（学校におけるいじめの防止）

第十五条　学校の設置者及びその設置する学校は、児童等の豊かな情操と道徳心を培い、心の通う対人交流の能力の素地を養うことがいじめの防止に資することを踏まえ、全ての教育活動を通じた道徳教育及び体験活動等の充実を図らなければならない。

2　学校の設置者及びその設置する学校は、当該学校におけるいじめを防止するため、当該学校に在籍する児童等の保護者、地域住民その他の関係者との連携を図りつつ、いじめの防止に資する活動であって当該学校に在籍する児童等が自主的に行うものに対する支援、当該学校に在籍する児童等及びその保護者並びに当該学校の教職員に対するいじめを防止することの重要性に関する理解を深めるための啓発その他必要な措置を講ずるものとする。

（いじめの早期発見のための措置）

第十六条　学校の設置者及びその設置する学校は、当該学校におけるいじめを早期に発見するため、当該学校に在籍する児童等に対する定期的な調査その他の必要な措置を講ずるものとする。

2　国及び地方公共団体は、いじめに関する通報及び相談を受け付けるための体制の整備に必要な施策を講ずるものとする。

3　学校の設置者及びその設置する学校は、当該学校に在籍する児童等及びその保護者並びに当該学校の教職員がいじめに係る相談を行うことができる体制（次項において「相談体制」という。）を整備するものとする。

4　学校の設置者及びその設置する学校は、相談体制を整備するに当たっては、家庭、地域社会等との連携の下、いじめを受けた児童等の教育を受ける権利その他の権利利益が擁護されるよう配慮するものとする。

（関係機関等との連携等）

第十七条　国及び地方公共団体は、いじめを受けた児童等又はその保護者に対する支援、いじめを行った児童等に対する指導又はその保護者に対する助言その他のいじめの防止等のための対策が関係者の連携の下に適切に行われるよう、関係省庁相互間その他関係機関、学校、家庭、地域社会及び民間団体の間の連携の強化、民間団体の支援その他必要な体制の整備に努めるものとする。

（いじめの防止等のための対策に従事する人材の確保及び資質の向上）

第十八条　国及び地方公共団体は、いじめを受けた児童等又はその保護者に対する支援、いじめを行った児童等に対する指導又はその保護者に対する助言その他のいじめの防止等のための対策が専門的知識に基づき適切に行われるよう、教員の養成及び研修の充実を通じた教員の資質の向上、生徒指導に係る体制等の充実のための教諭、養護教諭その他の教員の配置、心理、福祉等に関する専門的知識を有する者であっていじめの防止を含む教育相談に応じるものの確保、いじめへの対処に関し助言を行うために学校の求めに応じて派遣される者の確保等必要な措置を講ずるものとする。

2　学校の設置者及びその設置する学校は、当該学校の教職員に対し、いじめの防止等のための対策に関する研修の実施その他のいじめの防止等のための対策に関する資質の向上に必要な措置を計画的に行わなければならない。

（インターネットを通じて行われるいじめに対する対策の推進）

第十九条　学校の設置者及びその設置する学校は、当該学校に在籍する児童等及びその保護者が、発信された情報の高度の流通性、発信者の匿名性その他のインターネットを通じて送信される情報の特性を踏まえて、インターネットを通じて行われるいじめを防止し、及び効果的に対処することができるよう、これらの者に対し、必要な啓発活動を行うものとする。

2　国及び地方公共団体は、児童等がインターネットを通じて行われるいじめに巻き込まれていないかどうかを監視する関係機関又は関係団体の取組を支援するとともに、インターネットを通じて行われるいじめに関する事案に対処する体制の整備に努めるものとする。

3　インターネットを通じていじめが行われた場合において、当該いじめを受けた児童等又はその保護者は、当該いじめに係る情報の削除を求め、又は発信者情報（特定電気通信役務提供者の損害賠償責任の制限及び発信者情報の開示に関する法律（平成十三年法律第百三十七号）第二条第六項に規定する発信者情報をいう。）の開示を請求しようとするときは、必要に応じ、法務局又は地方法務局の協力を求めることができる。

（いじめの防止

第二十条　国及び地方公共団体は、いじめの防止及び早期

（等のための対策の調査研究の推進等）
発見のための方策等、いじめを受けた児童等又はその保護者に対する支援及びいじめを行った児童等に対する指導又はその保護者に対する助言の在り方、インターネットを通じて行われるいじめへの対応の在り方その他のいじめの防止等のために必要な事項やいじめの防止等のための対策の実施の状況についての調査研究及び検証を行うとともに、その成果を普及するものとする。

（啓発活動）
第二十一条　国及び地方公共団体は、いじめが児童等の心身に及ぼす影響、いじめを防止することの重要性、いじめに係る相談制度又は救済制度等について必要な広報その他の啓発活動を行うものとする。

第四章　いじめの防止等に関する措置

（学校におけるいじめの防止等の対策のための組織）
第二十二条　学校は、当該学校におけるいじめの防止等に関する措置を実効的に行うため、当該学校の複数の教職員、心理、福祉等に関する専門的な知識を有する者その他の関係者により構成されるいじめの防止等の対策のための組織を置くものとする。

（いじめに対する措置）
第二十三条　学校の教職員、地方公共団体の職員その他の児童等からの相談に応じる者及び児童等の保護者は、児童等からいじめに係る相談を受けた場合において、いじめの事実があると思われるときは、いじめを受けたと思われる児童等が在籍する学校への通報その他の適切な措置をとるものとする。

2　学校は、前項の規定による通報を受けたときその他当該学校に在籍する児童等がいじめを受けていると思われるときは、速やかに、当該児童等に係るいじめの事実の有無の確認を行うための措置を講ずるとともに、その結果を当該学校の設置者に報告するものとする。

3　学校は、前項の規定による事実の確認によりいじめがあったことが確認された場合には、いじめをやめさせ、及びその再発を防止するため、当該学校の複数の教職員によって、心理、福祉等に関する専門的な知識を有する者の協力を得つつ、いじめを受けた児童等又はその保護者に対する支援及びいじめを行った児童等に対する指導又はその保護者に対する助言を継続的に行うものとする。

4　学校は、前項の場合において必要があると認めるときは、いじめを行った児童等についていじめを受けた児童等が使用する教室以外の場所において学習を行わせる等いじめを受けた児童等その他の児童等が安心して教育を受けられるようにするために必要な措置を講ずるものとする。

5　学校は、当該学校の教職員が第三項の規定による支援又は指導若しくは助言を行うに当たっては、いじめを受けた児童等の保護者といじめを行った児童等の保護者との間で争いが起きることのないよう、いじめの事案に係る情報をこれらの保護者と共有するための措置その他の必要な措置を講ずるものとする。

6　学校は、いじめが犯罪行為として取り扱われるべきものであると認めるときは所轄警察署と連携してこれに対処するものとし、当該学校に在籍する児童等の生命、身体又は財産に重大な被害が生じるおそれがあるときは直ちに所轄警察署に通報し、適切に、援助を求めなければならない。

（学校の設置者による措置）
第二十四条　学校の設置者は、前条第二項の規定による報告を受けたときは、必要に応じ、その設置する学校に対し必要な支援を行い、若しくは必要な措置を講ずることを指示し、又は当該報告に係る事案について自ら必要な調査を行うものとする。

（校長及び教員による懲戒）
第二十五条　校長及び教員は、当該学校に在籍する児童等がいじめを行っている場合であって教育上必要があると認めるときは、学校教育法第十一条の規定に基づき、適切に、当該児童等に対して懲戒を加えるものとする。

（出席停止制度の適切な運用等）
第二十六条　市町村の教育委員会は、いじめを行った児童等の保護者に対して学校教育法第三十五条第一項（同法第四十九条において準用する場合を含む。）の規定に基

づき当該児童等の出席停止を命ずる等、いじめを受けた児童等その他の児童等が安心して教育を受けられるようにするために必要な措置を速やかに講ずるものとする。

（学校相互間の連携協力体制の整備）

第二十七条　地方公共団体は、いじめを受けた児童等といじめを行った児童等が同じ学校に在籍していない場合であっても、学校がいじめを受けた児童等又はその保護者に対する支援及びいじめを行った児童等に対する指導又はその保護者に対する助言を適切に行うことができるようにするため、学校相互間の連携協力体制を整備するものとする。

第五章　重大事態への対処

（学校の設置者又はその設置する学校による対処）

第二十八条　学校の設置者又はその設置する学校は、次に掲げる場合には、その事態（以下「重大事態」という。）に対処し、及び当該重大事態と同種の事態の発生の防止に資するため、速やかに、当該学校の設置者又はその設置する学校の下に組織を設け、質問票の使用その他の適切な方法により当該重大事態に係る事実関係を明確にするための調査を行うものとする。

一　いじめにより当該学校に在籍する児童等の生命、心身又は財産に重大な被害が生じた疑いがあると認めるとき。

二　いじめにより当該学校に在籍する児童等が相当の期間学校を欠席することを余儀なくされている疑いがあると認めるとき。

2　学校の設置者又はその設置する学校は、前項の規定による調査を行ったときは、当該調査に係るいじめを受けた児童等及びその保護者に対し、当該調査に係る重大事態の事実関係等その他の必要な情報を適切に提供するものとする。

3　第一項の規定により学校が調査を行う場合においては、当該学校の設置者は、同項の規定による調査及び前項の規定による情報の提供について必要な指導及び支援を行うものとする。

（国立大学に附属して設置される学校に係る対処）

第二十九条　国立大学法人（国立大学法人法（平成十五年法律第百十二号）第二条第一項に規定する国立大学法人をいう。以下この条において同じ。）が設置する国立大学に附属して設置される学校は、前条第一項各号に掲げる場合には、当該国立大学法人の学長又は理事長を通じて、重大事態が発生した旨を、文部科学大臣に報告しなければならない。

2　前項の規定による報告を受けた文部科学大臣は、当該報告に係る重大事態への対処又は当該重大事態と同種の事態の発生の防止のため必要があると認めるときは、前条第一項の規定による調査の結果について調査を行うことができる。

3　文部科学大臣は、前項の規定による調査の結果を踏まえ、当該調査に係る国立大学法人又はその設置する国立大学に附属して設置される学校が当該調査に係る重大事態への対処又は当該重大事態と同種の事態の発生の防止のために必要な措置を講ずることができるよう、国立大学法人法第三十五条の二において準用する独立行政法人通則法（平成十一年法律第百三号）第六十四条第一項に規定する権限の適切な行使その他の必要な措置を講ずるものとする。

（公立の学校に係る対処）

第三十条　地方公共団体が設置する学校は、第二十八条第一項各号に掲げる場合には、当該地方公共団体の教育委員会を通じて、重大事態が発生した旨を、当該地方公共団体の長に報告しなければならない。

2　前項の規定による報告を受けた地方公共団体の長は、当該報告に係る重大事態への対処又は当該重大事態と同種の事態の発生の防止のため必要があると認めるときは、附属機関を設けて調査を行う等の方法により、第二十八条第一項の規定による調査の結果について調査を行うことができる。

3　地方公共団体の長は、前項の規定による調査を行った

ときは、その結果を議会に報告しなければならない。

4　第二項の規定は、地方公共団体の長に対し、地方教育行政の組織及び運用に関する法律（昭和三十一年法律第百六十二号）第二十一条に規定する事務を管理し、又は執行する権限を与えるものと解釈してはならない。

5　地方公共団体の長及び教育委員会は、第二項の規定による調査の結果を踏まえ、自らの権限及び責任において、当該調査に係る重大事態への対処又は当該重大事態と同種の事態の発生の防止のために必要な措置を講ずるものとする。

第三十条の二　第二十九条の規定は、公立大学法人（地方独立行政法人法（平成十五年法律第百十八号）第六十八条第一項に規定する公立大学法人をいう。）が設置する公立大学に附属して設置される学校について準用する。この場合において、第二十九条第一項中「文部科学大臣」とあるのは「当該公立大学法人を設立する地方公共団体の長（以下この条において単に「地方公共団体の長」という。）」と、同条第二項及び第三項中「文部科学大臣」とあるのは「地方公共団体の長」と、同項中「国立大学法人法第三十五条の二において準用する独立行政法人通則法（平成十一年法律第百三号）第六十四条第一項」とあるのは「地方独立行政法人法第百二十一条第一項」と読み替えるものとする。

（私立の学校に係る対処）

第三十一条　学校法人（私立学校法（昭和二十四年法律第二百七十号）第三条に規定する学校法人をいう。以下この条において同じ。）が設置する学校は、第二十八条第一項各号に掲げる場合には、重大事態が発生した旨を、当該学校を所轄する都道府県知事（以下この条において単に「都道府県知事」という。）に報告しなければならない。

2　前項の規定による報告を受けた都道府県知事は、当該報告に係る重大事態への対処又は当該重大事態と同種の事態の発生の防止のため必要があると認めるときは、附属機関を設けて調査を行う等の方法により、第二十八条第一項の規定による調査の結果について調査を行うことができる。

3　都道府県知事は、前項の規定による調査の結果を踏まえ、当該調査に係る学校法人又はその設置する学校が当該調査に係る重大事態への対処又は当該重大事態と同種の事態の発生の防止のために必要な措置を講ずることができるよう、私立学校法第六条に規定する権限の適切な行使その他の必要な措置を講ずるものとする。

4　前二項の規定は、都道府県知事に対し、学校法人が設置する学校に対して行使することができる権限を新たに与えるものと解釈してはならない。

（略）

第2章 社会福祉

◆社会福祉士及び介護福祉士法

（昭六二・五・二六　法　三〇）
最終改正　令四—法六八

第一章　総則

（目的）
第一条　この法律は、社会福祉士及び介護福祉士の資格を定めて、その業務の適正を図り、もって社会福祉の増進に寄与することを目的とする。

（定義）
第二条　この法律において「社会福祉士」とは、第二十八条の登録を受け、社会福祉士の名称を用いて、専門的知識及び技術をもって、身体上若しくは精神上の障害があること又は環境上の理由により日常生活を営むのに支障がある者の福祉に関する相談に応じ、助言、指導、福祉サービスを提供する者又は医師その他の保健医療サービスを提供する者その他の関係者（第四十七条において「福祉サービス関係者等」という。）との連絡及び調整その他の援助を行うこと（第七条及び第四十七条の二において「相談援助」という。）を業とする者をいう。

2　この法律において「介護福祉士」とは、第四十二条第一項の登録を受け、介護福祉士の名称を用いて、専門的知識及び技術をもって、身体上又は精神上の障害があることにより日常生活を営むのに支障がある者につき心身の状況に応じた介護（喀痰《かくたん》吸引その他のその者が日常生活を営むのに必要な行為であって、医師の指示の下に行われるもの（厚生労働省令で定めるものに限る。以下「喀痰吸引等」という。）を含む。）を行い、並びにその者及びその介護者に対して介護に関する指導を行うこと（以下「介護等」という。）を業とする者をいう。

（欠格事由）
第三条　次の各号のいずれかに該当する者は、社会福祉士又は介護福祉士となることができない。
一　心身の故障により社会福祉士又は介護福祉士の業務を適正に行うことができない者として厚生労働省令で定めるもの
二　禁錮以上の刑に処せられ、その執行を終わり、又は執行を受けることがなくなった日から起算して二年を経過しない者
三　この法律の規定その他社会福祉又は保健医療に関する法律の規定であって政令で定めるものにより、罰金の刑に処せられ、その執行を終わり、又は執行を受けることがなくなった日から起算して二年を経過しない者
四　第三十二条第一項第二号又は第二項（これらの規定を第四十二条第二項において準用する場合を含む。）の規定により登録を取り消され、その取消しの日から起算して二年を経過しない者

第二章　社会福祉士

（社会福祉士の資格）
第四条　社会福祉士試験に合格した者は、社会福祉士となる資格を有する。

（社会福祉士試験）
第五条　社会福祉士試験は、社会福祉士として必要な知識及び技能について行う。

（社会福祉士試験の実施）
第六条　社会福祉士試験は、毎年一回以上、厚生労働大臣が行う。

（受験資格）
第七条　社会福祉士試験は、次の各号のいずれかに該当する者でなければ、受けることができない。
一　学校教育法（昭和二十二年法律第二十六号）に基づく大学（短期大学を除く。以下この条において同じ。）において文部科学省令・厚生労働省令で定める社会福

祉に関する科目（以下この条において「指定科目」という。）を修めて卒業した者その他その者に準ずるものとして厚生労働省令で定める者

二　学校教育法に基づく大学において文部科学省令・厚生労働省令で定める社会福祉に関する基礎科目（以下この条において「基礎科目」という。）を修めて卒業した者その他その者に準ずるものとして厚生労働省令で定める者であって、文部科学大臣及び厚生労働大臣の指定した学校又は都道府県知事の指定した養成施設（以下「社会福祉士短期養成施設等」という。）において六月以上社会福祉士として必要な知識及び技能を修得したもの

三　学校教育法に基づく大学を卒業した者その他その者に準ずるものとして厚生労働省令で定める者であって、文部科学大臣及び厚生労働大臣の指定した学校又は都道府県知事の指定した養成施設（以下「社会福祉士一般養成施設等」という。）において一年以上社会福祉士として必要な知識及び技能を修得したもの

四　学校教育法に基づく短期大学（修業年限が三年であるものに限り、同法に基づく専門職大学の三年の前期課程を含む。次号及び第六号において同じ。）において指定科目を修めて卒業した者（同法に基づく専門職大学の前期課程にあっては、修了した者。以下この条において同じ。）（夜間において授業を行う学科又は通信による教育を行う学科を卒業した者を除く。）その他その者に準ずるものとして厚生労働省令で定める者であって、厚生労働省令で定める施設（以下この条において「指定施設」という。）において一年以上相談援助の業務に従事したもの

五　学校教育法に基づく短期大学において基礎科目を修めて卒業した者（夜間において授業を行う学科又は通信による教育を行う学科を卒業した者を除く。）その他その者に準ずるものとして厚生労働省令で定める者であって、指定施設において一年以上相談援助の業務に従事した後、社会福祉士短期養成施設等において六月以上社会福祉士として必要な知識及び技能を修得したもの

六　学校教育法に基づく短期大学を卒業した者（夜間において授業を行う学科又は通信による教育を行う学科を卒業した者を除く。）その他その者に準ずるものとして厚生労働省令で定める者であって、指定施設において一年以上相談援助の業務に従事した後、社会福祉士一般養成施設等において一年以上社会福祉士として必要な知識及び技能を修得したもの

七　学校教育法に基づく短期大学（同法に基づく専門職大学の前期課程を含む。次条及び第十号において同じ。）において指定科目を修めて卒業した者その他その者に準ずるものとして厚生労働省令で定める者であって、指定施設において二年以上相談援助の業務に従事したもの

八　学校教育法に基づく短期大学において基礎科目を修めて卒業した者その他その者に準ずるものとして厚生労働省令で定める者であって、指定施設において二年以上相談援助の業務に従事した後、社会福祉士短期養成施設等において六月以上社会福祉士として必要な知識及び技能を修得したもの

九　社会福祉法（昭和二十六年法律第四十五号）第十九条第一項第二号に規定する養成機関の課程を修了した者であって、指定施設において二年以上相談援助の業務に従事した後、社会福祉士短期養成施設等において六月以上社会福祉士として必要な知識及び技能を修得したもの

十　学校教育法に基づく短期大学又は高等専門学校を卒業した者その他その者に準ずるものとして厚生労働省令で定める者であって、指定施設において二年以上相談援助の業務に従事した後、社会福祉士一般養成施設

等において一年以上社会福祉士として必要な知識及び技能を修得したもの

十一　指定施設において四年以上相談援助の業務に従事した後、社会福祉士一般養成施設等において一年以上社会福祉士として必要な知識及び技能を修得した者

（後略）

（登録）

第二十八条　社会福祉士となる資格を有する者が社会福祉士となるには、社会福祉士登録簿に、氏名、生年月日その他厚生労働省令で定める事項の登録を受けなければならない。

（社会福祉士登録簿）

第二十九条　社会福祉士登録簿は、厚生労働省に備える。

（社会福祉士登録証）

第三十条　厚生労働大臣は、社会福祉士の登録をしたときは、申請者に第二十八条に規定する事項を記載した社会福祉士登録証（以下この章において「登録証」という。）を交付する。

第三章　介護福祉士

（介護福祉士の資格）

第三十九条　介護福祉士試験に合格した者は、介護福祉士となる資格を有する。

（介護福祉士試験）

第四十条　介護福祉士試験は、介護福祉士として必要な知識及び技能について行う。

2　介護福祉士試験は、次の各号のいずれかに該当する者でなければ、受けることができない。

一　学校教育法第九十条第一項の規定により大学に入学することができる者（この号の規定により文部科学大臣及び厚生労働大臣の指定した学校が大学である場合において、当該大学が同条第二項の規定により当該大学に入学させた者を含む。）であつて、文部科学大臣及び厚生労働大臣の指定した学校又は都道府県知事の指定した養成施設において二年以上介護福祉士として必要な知識及び技能を修得したもの

二　学校教育法に基づく大学において文部科学省令・厚生労働省令で定める社会福祉に関する科目を修めて卒業した者（当該科目を修めて同法に基づく専門職大学の前期課程を修了した者を含む。）その他その者に準ずるものとして厚生労働省令で定める者であつて、文部科学大臣及び厚生労働大臣の指定した学校又は都道府県知事の指定した養成施設において一年以上介護福祉士として必要な知識及び技能を修得したもの

三　学校教育法第九十条第一項の規定により大学に入学することができる者（この号の厚生労働省令で定める学校が大学である場合において、当該大学が同条第二項の規定により当該大学に入学させた者を含む。）であつて、厚生労働省令で定める学校又は養成所を卒業した後、文部科学大臣及び厚生労働大臣の指定した学校又は都道府県知事の指定した養成施設において一年以上介護福祉士として必要な知識及び技能を修得したもの

四　学校教育法に基づく高等学校又は中等教育学校であつて文部科学大臣及び厚生労働大臣の指定したものにおいて三年以上（専攻科において二年以上必要な知識及び技能を修得する場合にあつては、二年以上）介護福祉士として必要な知識及び技能を修得した者

五　三年以上介護等の業務に従事した者であつて、文部科学大臣及び厚生労働大臣の指定した学校又は都道府県知事の指定した養成施設において六月以上介護福祉士として必要な知識及び技能を修得したもの

六　前各号に掲げる者と同等以上の知識及び技能を有すると認められる者であつて、厚生労働省令で定めるもの

3　第六条、第八条及び第九条の規定は、介護福祉士試験について準用する。

◆生活保護法

（昭二五・五・四
法　一　四　四）

最終改正　令五—法三一

第一章　総則

（この法律の目的）

第一条　この法律は、日本国憲法第二十五条に規定する理念に基き、国が生活に困窮するすべての国民に対し、その困窮の程度に応じ、必要な保護を行い、その最低限度の生活を保障するとともに、その自立を助長することを目的とする。

第三章　保護の種類及び範囲

（種類）

第十一条　保護の種類は、次のとおりとする。

一　生活扶助
二　教育扶助
三　住宅扶助
四　医療扶助
五　介護扶助
六　出産扶助
七　生業扶助
八　葬祭扶助

2　前項各号の扶助は、要保護者の必要に応じ、単給又は併給として行われる。

（教育扶助）

第十三条　教育扶助は、困窮のため最低限度の生活を維持することのできない者に対して、左に掲げる事項の範囲内において行われる。

一　義務教育に伴って必要な教科書その他の学用品
二　義務教育に伴って必要な通学用品
三　学校給食その他義務教育に伴って必要なもの

第五章　保護の方法

（教育扶助の方法）

第三十二条　教育扶助は、金銭給付によって行うものとする。但し、これによることができないとき、これによることが適当でないとき、その他保護の目的を達するために必要があるときは、現物給付によって行うことができる。

2　教育扶助のための保護金品は、被保護者、その親権者若しくは未成年後見人又は被保護者の通学する学校の長に対して交付するものとする。

◆障害者基本法

（昭四五・五・二一
法　八　四）

最終改正　平二五—法六五

第一章　総則

（目的）

第一条　この法律は、全ての国民が、障害の有無にかかわらず、等しく基本的人権を享有するかけがえのない個人として尊重されるものであるとの理念にのっとり、全ての国民が、障害の有無によつて分け隔てられることなく、相互に人格と個性を尊重し合いながら共生する社会を実現するため、障害者の自立及び社会参加の支援等のための施策に関し、基本原則を定め、及び国、地方公共団体等の責務を明らかにするとともに、障害者の自立及び社会参加の支援等のための施策の基本となる事項を定めること等により、障害者の自立及び社会参加の支援等のための施策を総合的かつ計画的に推進することを目的とする。

（定義）

第二条　この法律において、次の各号に掲げる用語の意義は、それぞれ当該各号に定めるところによる。

一　障害者　身体障害、知的障害、精神障害（発達障害

を含む。）その他の心身の機能の障害（以下「障害」と総称する。）がある者であって、障害及び社会的障壁により継続的に日常生活又は社会生活に相当な制限を受ける状態にあるものをいう。

二　社会的障壁　障害がある者にとって日常生活又は社会生活を営む上で障壁となるような社会における事物、制度、慣行、観念その他一切のものをいう。

（地域社会における共生等）

第三条　第一条に規定する社会の実現は、全ての障害者が、障害者でない者と等しく、基本的人権を享有する個人としてその尊厳が重んぜられ、その尊厳にふさわしい生活を保障される権利を有することを前提としつつ、次に掲げる事項を旨として図られなければならない。

一　全て障害者は、社会を構成する一員として社会、経済、文化その他あらゆる分野の活動に参加する機会が確保されること。

二　全て障害者は、可能な限り、どこで誰と生活するかについての選択の機会が確保され、地域社会において他の人々と共生することを妨げられないこと。

三　全て障害者は、可能な限り、言語（手話を含む。）その他の意思疎通のための手段についての選択の機会が確保されるとともに、情報の取得又は利用のための手段についての選択の機会の拡大が図られること。

（差別の禁止）

第四条　何人も、障害者に対して、障害を理由として、差別することその他の権利利益を侵害する行為をしてはならない。

2　社会的障壁の除去は、それを必要としている障害者が現に存し、かつ、その実施に伴う負担が過重でないときは、それを怠ることによって前項の規定に違反することとならないよう、その実施について必要かつ合理的な配慮がされなければならない。

3　国は、第一項の規定に違反する行為の防止に関する啓発及び知識の普及を図るため、当該行為の防止を図るために必要となる情報の収集、整理及び提供を行うものとする。

（国及び地方公共団体の責務）

第六条　国及び地方公共団体は、第一条に規定する社会の実現を図るため、前三条に定める基本原則（以下「基本原則」という。）にのっとり、障害者の自立及び社会参加の支援等のための施策を総合的かつ計画的に実施する責務を有する。

（国民の理解）

第七条　国及び地方公共団体は、基本原則に関する国民の理解を深めるよう必要な施策を講じなければならない。

（国民の責務）

第八条　国民は、基本原則にのっとり、第一条に規定する社会の実現に寄与するよう努めなければならない。

（障害者週間）

第九条　国民の間に広く基本原則に関する関心と理解を深めるとともに、障害者が社会、経済、文化その他あらゆる分野の活動に参加することを促進するため、障害者週間を設ける。

2　障害者週間は、十二月三日から十二月九日までの一週間とする。

3　国及び地方公共団体は、障害者の自立及び社会参加の支援等に関する活動を行う民間の団体等と相互に緊密な連携協力を図りながら、障害者週間の趣旨にふさわしい事業を実施するよう努めなければならない。

（施策の基本方針）

第十条　障害者の自立及び社会参加の支援等のための施策は、障害者の性別、年齢、障害の状態及び生活の実態に応じて、かつ、有機的連携の下に総合的に、策定され、及び実施されなければならない。

2　国及び地方公共団体は、障害者の自立及び社会参加の支援等のための施策を講ずるに当たっては、障害者その他の関係者の意見を聴き、その意見を尊重するよう努めなければならない。

（障害者基本計画等）

第十一条　政府は、障害者の自立及び社会参加の支援等のための施策の総合的かつ計画的な推進を図るため、障害者のための施策に関する基本的な計画（以下「障害者基本計画」という。）を策定しなければならない。（以下略）

第二章　障害者の自立及び社会参加の支援等のための基本的施策

（教育）
第十六条　国及び地方公共団体は、障害者が、その年齢及び能力に応じ、かつ、その特性を踏まえた十分な教育が受けられるようにするため、可能な限り障害者である児童及び生徒が障害者でない児童及び生徒と共に教育を受けられるよう配慮しつつ、教育の内容及び方法の改善及び充実を図る等必要な施策を講じなければならない。

2　国及び地方公共団体は、前項の目的を達成するため、障害者である児童及び生徒並びにその保護者に対し十分な情報の提供を行うとともに、可能な限りその意向を尊重しなければならない。

3　国及び地方公共団体は、障害者である児童及び生徒と障害者でない児童及び生徒との交流及び共同学習を積極的に進めることによって、その相互理解を促進しなければならない。

4　国及び地方公共団体は、障害者の教育に関し、調査及び研究並びに人材の確保及び資質の向上、適切な教材等の提供、学校施設の整備その他の環境の整備を促進しなければならない。

◆障害を理由とする差別の解消の推進に関する法律

（平二五・六・二六法　六五）
最終改正　令四―法六八

第一章　総則

（目的）
第一条　この法律は、障害者基本法（昭和四十五年法律第八十四号）の基本的な理念にのっとり、全ての障害者が、障害者でない者と等しく、基本的人権を享有する個人としてその尊厳が重んぜられ、その尊厳にふさわしい生活を保障される権利を有することを踏まえ、障害を理由とする差別の解消の推進に関する基本的な事項、行政機関等及び事業者における障害を理由とする差別を解消するための措置等を定めることにより、障害を理由とする差別の解消を推進し、もって全ての国民が、障害の有無によって分け隔てられることなく、相互に人格と個性を尊重し合いながら共生する社会の実現に資することを目的とする。

（国及び地方公共団体の責務）
第三条　国及び地方公共団体は、この法律の趣旨にのっとり、障害を理由とする差別の解消の推進に関して必要な施策を策定し、及びこれを実施しなければならない。

2　国及び地方公共団体は、障害を理由とする差別の解消の推進に関して必要な施策の効率的かつ効果的な実施が促進されるよう、適切な役割分担を行うとともに、相互に連携を図りながら協力しなければならない。

（国民の責務）
第四条　国民は、第一条に規定する社会を実現する上で障害を理由とする差別の解消が重要であることに鑑み、障害を理由とする差別の解消の推進に寄与するよう努めなければならない。

（社会的障壁の除去の実施についての必要かつ合理的な配慮に関する環境の整備）
第五条　行政機関等及び事業者は、社会的障壁の除去の実施についての必要かつ合理的な配慮を的確に行うため、自ら設置する施設の構造の改善及び設備の整備、関係職員に対する研修その他の必要な環境の整備に努めなければならない。

第三章　行政機関等及び事業者における障害を理由とする差別を解消するための措置

（行政機関等における障害を理由とする差別の禁止）
第七条　行政機関等は、その事務又は事業を行うに当たり、障害を理由として障害者でない者と不当な差別的取扱いをすることにより、障害者の権利利益を侵害してはならない。

2 行政機関等は、その事務又は事業を行うに当たり、障害者から現に社会的障壁の除去を必要としている旨の意思の表明があった場合において、その実施に伴う負担が過重でないときは、障害者の権利利益を侵害することとならないよう、当該障害者の性別、年齢及び障害の状態に応じて、社会的障壁の除去の実施について必要かつ合理的な配慮をしなければならない。

（事業者における障害を理由とする差別の禁止）

第八条 事業者は、その事業を行うに当たり、障害を理由として障害者でない者と不当な差別的取扱いをすることにより、障害者の権利利益を侵害してはならない。

2 事業者は、その事業を行うに当たり、障害者から現に社会的障壁の除去を必要としている旨の意思の表明があった場合において、その実施に伴う負担が過重でないときは、障害者の権利利益を侵害することとならないよう、当該障害者の性別、年齢及び障害の状態に応じて、社会的障壁の除去の実施について必要かつ合理的な配慮をしなければならない。

◆障害者虐待の防止、障害者の養護者に対する支援等に関する法律

（平二三・六・二四 法 七 九）

最終改正 令四―法一〇四

第一章 総則

（目的）

第一条 この法律は、障害者に対する虐待が障害者の尊厳を害するものであり、障害者の自立及び社会参加にとって障害者に対する虐待を防止することが極めて重要であること等に鑑み、障害者に対する虐待の禁止、障害者虐待の予防及び早期発見その他の障害者虐待の防止等に関する国等の責務、障害者虐待を受けた障害者に対する保護及び自立の支援のための措置、養護者の負担の軽減を図ること等の養護者に対する養護者による障害者虐待の防止に資する支援（以下「養護者に対する支援」という。）のための措置等を定めることにより、障害者虐待の防止、養護者に対する支援等に関する施策を促進し、もって障害者の権利利益の擁護に資することを目的とする。

（定義）

第二条 この法律において「障害者」とは、障害者基本法（昭和四十五年法律第八十四号）第二条第一号に規定する障害者をいう。

2 この法律において「障害者虐待」とは、養護者による障害者虐待、障害者福祉施設従事者等による障害者虐待及び使用者による障害者虐待をいう。

（略）

（障害者に対する虐待の禁止）

第三条 何人も、障害者に対し、虐待をしてはならない。

（国及び地方公共団体の責務等）

第四条 国及び地方公共団体は、障害者虐待の予防及び早期発見その他の障害者虐待の防止、障害者虐待を受けた障害者の迅速かつ適切な保護及び自立の支援並びに適切な養護者に対する支援を行うため、関係省庁相互間その他関係機関及び民間団体の間の連携の強化、民間団体の支援その他必要な体制の整備に努めなければならない。

2 国及び地方公共団体は、障害者虐待の防止、障害者虐待を受けた障害者の保護及び自立の支援並びに養護者に対する支援が専門的知識に基づき適切に行われるよう、これらの職務に携わる専門的知識及び技術を有する人材その他必要な人材の確保及び資質の向上を図るため、関係機関の職員の研修等必要な措置を講ずるよう努めなければならない。

（略）

第五章 就学する障害者等に対する虐待の防止等

（就学する障害者に対する虐待の防止等）

第二十九条 学校（学校教育法（昭和二十二年法律第二十六号）第一条に規定する学校、同法第百二十四条に規定

する専修学校又は同法第百三十四条第一項に規定する各種学校をいう。以下同じ。）の長は、教職員、児童、生徒、学生その他の関係者に対する障害及び障害者に関する理解を深めるための研修の実施及び普及啓発、就学する障害者に対する虐待に関する相談に係る体制の整備、就学する障害者に対する虐待に対処するための措置その他の当該学校に就学する障害者に対する虐待を防止するため必要な措置を講ずるものとする。

◆発達障害者支援法

（平一六・一二・一〇 法 一六七）

最終改正 平二八—法六四

第一章 総則

（目的）

第一条 この法律は、発達障害者の心理機能の適正な発達及び円滑な社会生活の促進のために発達障害の症状の発現後できるだけ早期に発達支援を行うとともに、切れ目なく発達障害者の支援を行うことが特に重要であることに鑑み、障害者基本法（昭和四十五年法律第八十四号）の基本的な理念にのっとり、発達障害者が基本的人権を享有する個人としての尊厳にふさわしい日常生活又は社会生活を営むことができるよう、発達障害を早期に発見し、発達支援を行うことに関する国及び地方公共団体の責務を明らかにするとともに、学校教育における発達障害者への支援、発達障害者の就労の支援、発達障害者支援センターの指定等について定めることにより、発達障害者の自立及び社会参加のためのその生活全般にわたる支援を図り、もって全ての国民が、障害の有無によって分け隔てられることなく、相互に人格と個性を尊重し合いながら共生する社会の実現に資することを目的とする。

（定義）

第二条 この法律において「発達障害」とは、自閉症、アスペルガー症候群その他の広汎性発達障害、学習障害、注意欠陥多動性障害その他これに類する脳機能の障害であってその症状が通常低年齢において発現するものとして政令で定めるものをいう。

2 この法律において「発達障害者」とは、発達障害を有する者であって発達障害及び社会的障壁により日常生活又は社会生活に制限を受ける者をいい、「発達障害児」とは、発達障害者のうち十八歳未満のものをいう。

3 この法律において「社会的障壁」とは、発達障害がある者にとって日常生活又は社会生活を営む上で障壁となるような社会における事物、制度、慣行、観念その他一切のものをいう。

4 この法律において「発達支援」とは、発達障害者に対し、その心理機能の適正な発達を支援し、及び円滑な社会生活を促進するため行う個々の発達障害者の特性に対応した医療的、福祉的及び教育的援助をいう。

（基本理念）

第二条の二 発達障害者の支援は、全ての発達障害者が社会参加の機会が確保されること及びどこで誰と生活するかについての選択の機会が確保され、地域社会において他の人々と共生することを妨げられないことを旨として、行われなければならない。

2 発達障害者の支援は、社会的障壁の除去に資することを旨として、行われなければならない。

3 発達障害者の支援は、個々の発達障害者の性別、年齢、障害の状態及び生活の実態に応じて、かつ、医療、保健、福祉、教育、労働等に関する業務を行う関係機関及び民間団体相互の緊密な連携の下に、その意思決定の支援に配慮しつつ、切れ目なく行われなければならない。

（国及び地方公共団体の責務）

第三条 国及び地方公共団体は、発達障害者の心理機能の適正な発達及び円滑な社会生活の促進のために発達障害の症状の発現後できるだけ早期に発達支援を行うことが特に重要であることに鑑み、前条の基本理念（次項及び次条において「基本理念」という。）にのっとり、発達障

害の早期発見のため必要な措置を講じるものとする。

2　国及び地方公共団体は、基本理念にのっとり、発達障害児に対し、発達障害の症状の発現後できるだけ早期に、その者の状況に応じて適切に、就学前の発達支援、学校における発達支援その他の発達支援が行われるとともに、発達障害者に対する就労、地域における生活等に関する支援及び発達障害者の家族に対する支援が行われるよう、必要な措置を講じるものとする。

3　国及び地方公共団体は、発達障害者及びその家族その他の関係者からの各種の相談に対し、個々の発達障害者の特性に配慮しつつ総合的に応ずることができるようにするため、医療、保健、福祉、教育、労働等に関する業務を行う関係機関及び民間団体相互の有機的連携の下に必要な相談体制の整備を行うものとする。

4　発達障害者の支援等の施策が講じられるに当たっては、発達障害者及び発達障害児の保護者（親権を行う者、未成年後見人その他の者で、児童を現に監護するものをいう。以下同じ。）の意思ができる限り尊重されなければならないものとする。

5　国及び地方公共団体は、発達障害者の支援等の施策を講じるに当たっては、医療、保健、福祉、教育、労働等に関する業務を担当する部局の相互の緊密な連携を確保するとともに、発達障害者が被害を受けること等を防止するため、これらの部局と消費生活、警察等に関する業務を担当する部局その他の関係機関との必要な協力体制の整備を行うものとする。

（国民の責務）

第四条　国民は、個々の発達障害の特性その他発達障害に関する理解を深めるとともに、基本理念にのっとり、発達障害者の自立及び社会参加に協力するように努めなければならない。

第二章　児童の発達障害の早期発見及び発達障害者の支援のための施策

（保育）

第七条　市町村は、児童福祉法（昭和二十二年法律第百六十四号）第二十四条第一項の規定により保育所における保育を行う場合又は同条第二項の規定による必要な保育を確保するための措置を講じる場合は、発達障害児の健全な発達が他の児童と共に生活することを通じて図られるよう適切な配慮をするものとする。

（教育）

第八条　国及び地方公共団体は、発達障害児（十八歳以上の発達障害者であって高等学校、中等教育学校及び特別支援学校並びに専修学校の高等課程に在学する者を含む。以下この項において同じ。）が、その年齢及び能力に応じ、かつ、その特性を踏まえた十分な教育を受けられるようにするため、可能な限り発達障害児が発達障害児でない児童と共に教育を受けられるよう配慮しつつ、適切な教育的支援を行うこと、個別の教育支援計画の作成（教育に関する業務を行う関係機関と医療、保健、福祉、労働等に関する業務を行う関係機関及び民間団体との連携の下に行う個別の長期的な支援に関する計画の作成をいう。）及び個別の指導に関する計画の作成の推進、いじめの防止等のための対策の推進その他の支援体制の整備を行うことその他必要な措置を講じるものとする。

2　大学及び高等専門学校は、個々の発達障害者の特性に応じ、適切な教育上の配慮をするものとする。

（放課後児童健全育成事業の利用）

第九条　市町村は、放課後児童健全育成事業について、発達障害児の利用の機会の確保を図るため、適切な配慮をするものとする。

（権利利益の擁護）

第十二条　国及び地方公共団体は、発達障害者が、その発達障害のために差別され、並びにいじめ及び虐待を受けること、消費生活における被害を受けること等権利利益を害されることがないようにするため、その差別の解消、いじめの防止等及び虐待の防止等のための対策を推進す

ること、成年後見制度が適切に行われ又は広く利用されるようにすることその他の発達障害者の権利利益の擁護のために必要な支援を行うものとする。

◆人権教育及び人権啓発の推進に関する法律

（平一二・一二・六 法一四七）

（目的）
第一条　この法律は、人権の尊重の緊要性に関する認識の高まり、社会的身分、門地、人種、信条又は性別による不当な差別の発生等の人権侵害の現状その他人権の擁護に関する内外の情勢にかんがみ、人権教育及び人権啓発に関する施策の推進について、国、地方公共団体及び国民の責務を明らかにするとともに、必要な措置を定め、もって人権の擁護に資することを目的とする。

（定義）
第二条　この法律において、人権教育とは、人権尊重の精神の涵《かん》養を目的とする教育活動をいい、人権啓発とは、国民の間に人権尊重の理念を普及させ、及びそれに対する国民の理解を深めることを目的とする広報その他の啓発活動（人権教育を除く。）をいう。

（基本理念）
第三条　国及び地方公共団体が行う人権教育及び人権啓発は、学校、地域、家庭、職域その他の様々な場を通じて、国民が、その発達段階に応じ、人権尊重の理念に対する理解を深め、これを体得することができるよう、多様な機会の提供、効果的な手法の採用、国民の自主性の尊重及び実施機関の中立性の確保を旨として行われなければならない。

（国の責務）
第四条　国は、前条に定める人権教育及び人権啓発の基本理念（以下「基本理念」という。）にのっとり、人権教育及び人権啓発に関する施策を策定し、及び実施する責務を有する。

（地方公共団体の責務）
第五条　地方公共団体は、基本理念にのっとり、国との連携を図りつつ、その地域の実情を踏まえ、人権教育及び人権啓発に関する施策を策定し、及び実施する責務を有する。

（国民の責務）
第六条　国民は、人権尊重の精神の涵養に努めるとともに、人権が尊重される社会の実現に寄与するよう努めなければならない。

（基本計画の策定）
第七条　国は、人権教育及び人権啓発に関する施策の総合的かつ計画的な推進を図るため、人権教育及び人権啓発に関する基本的な計画を策定しなければならない。

（年次報告）
第八条　政府は、毎年、国会に、政府が講じた人権教育及び人権啓発に関する施策についての報告を提出しなければならない。

（財政上の措置）
第九条　国は、人権教育及び人権啓発に関する施策を実施する地方公共団体に対し、当該施策に係る事業の委託その他の方法により、財政上の措置を講ずることができる。

◆更生保護法

（平一九・六・一五 法八八）

最終改正　令五—法二八

◆保護司法

（昭二五・五・二五 法二〇四）

最終改正　令四—法六八

第7編　教育行財政編

7

第1章 教育行政

◆地方教育行政の組織及び運営に関する法律

（昭三一・六・三〇 法一六二）

最終改正 令五—法一九

第一章 総則

（この法律の趣旨）

第一条 この法律は、教育委員会の設置、学校その他の教育機関の職員の身分取扱その他地方公共団体における教育行政の組織及び運営の基本を定めることを目的とする。

（基本理念）

第一条の二 地方公共団体における教育行政は、教育基本法（平成十八年法律第百二十号）の趣旨にのっとり、教育の機会均等、教育水準の維持向上及び地域の実情に応じた教育の振興が図られるよう、国との適切な役割分担及び相互の協力の下、公正かつ適正に行われなければならない。

（大綱の策定等）

第一条の三 地方公共団体の長は、教育基本法第十七条第一項に規定する基本的な方針を参酌し、その地域の実情に応じ、当該地方公共団体の教育、学術及び文化の振興に関する総合的な施策の大綱（以下単に「大綱」という。）を定めるものとする。

2 地方公共団体の長は、大綱を定め、又はこれを変更しようとするときは、あらかじめ、次条第一項の総合教育会議において協議するものとする。

3 地方公共団体の長は、大綱を定め、又はこれを変更したときは、遅滞なく、これを公表しなければならない。

4 第一項の規定は、地方公共団体の長に対し、第二十一条に規定する事務を管理し、又は執行する権限を与えるものと解釈してはならない。

（総合教育会議）

第一条の四 地方公共団体の長は、大綱の策定に関する協議及び次に掲げる事項についての協議並びにこれらに関する次項各号に掲げる構成員の事務の調整を行うため、総合教育会議を設けるものとする。

一 教育を行うための諸条件の整備その他の地域の実情に応じた教育、学術及び文化の振興を図るため重点的に講ずべき施策

二 児童、生徒等の生命又は身体に現に被害が生じ、又はまさに被害が生ずるおそれがあると見込まれる場合等の緊急の場合に講ずべき措置

2 総合教育会議は、次に掲げる者をもって構成する。

一 地方公共団体の長

二 教育委員会

3 総合教育会議は、地方公共団体の長が招集する。

4 教育委員会は、その権限に属する事務に関して協議する必要があると思料するときは、地方公共団体の長に対し、協議すべき具体的事項を示して、総合教育会議の招集を求めることができる。

5 総合教育会議は、第一項の協議を行うに当たって必要があると認めるときは、関係者又は学識経験を有する者から、当該協議すべき事項に関して意見を聴くことができる。

6 総合教育会議は、公開する。ただし、個人の秘密を保つため必要があると認めるとき、又は会議の公正が害されるおそれがあると認めるときその他公益上必要があると認めるときは、この限りでない。

7 地方公共団体の長は、総合教育会議の終了後、遅滞なく、総合教育会議の定めるところにより、その議事録を作成し、これを公表するよう努めなければならない。

8 総合教育会議においてその構成員の事務の調整が行われた事項については、当該構成員は、その調整の結果を

尊重しなければならない。

9　前各項に定めるもののほか、総合教育会議の運営に関し必要な事項は、総合教育会議が定める。

第二章　教育委員会の設置及び組織

第一節　教育委員会の設置、教育長及び委員並びに会議

（設置）

第二条　都道府県、市（特別区を含む。以下同じ。）町村及び第二十一条に規定する事務の全部又は一部を処理する地方公共団体の組合に教育委員会を置く。

（組織）

第三条　教育委員会は、教育長及び四人の委員をもって組織する。ただし、条例で定めるところにより、都道府県若しくは市又は地方公共団体の組合のうち都道府県若しくは市が加入するものの教育委員会にあっては教育長及び五人以上の委員、町村又は地方公共団体の組合のうち町村のみが加入するものの教育委員会にあっては教育長及び二人以上の委員をもって組織することができる。

（任命）

第四条　教育長は、当該地方公共団体の長の被選挙権を有する者で、人格が高潔で、教育行政に関し識見を有するもののうちから、地方公共団体の長が、議会の同意を得て、任命する。

2　委員は、当該地方公共団体の長の被選挙権を有する者で、人格が高潔で、教育、学術及び文化（以下単に「教育」という。）に関し識見を有するもののうちから、地方公共団体の長が、議会の同意を得て、任命する。

3　次の各号のいずれかに該当する者は、教育長又は委員となることができない。

一　破産手続開始の決定を受けて復権を得ない者

二　禁錮以上の刑に処せられた者

4　教育長及び委員の任命については、そのうち委員の定数に一を加えた数の二分の一以上の者が同一の政党に所属することとなってはならない。

5　地方公共団体の長は、第二項の規定による委員の任命に当たっては、委員の年齢、性別、職業等に著しい偏りが生じないように配慮するとともに、委員のうちに保護者（親権を行う者及び未成年後見人をいう。第四十七条の五第二項第二号及び第五項において同じ。）である者が含まれるようにしなければならない。

（任期）

第五条　教育長の任期は三年とし、委員の任期は四年とする。ただし、補欠の教育長又は委員の任期は、前任者の残任期間とする。

2　教育長及び委員は、再任されることができる。

（兼職禁止）

第六条　教育長及び委員は、地方公共団体の議会の議員若しくは長、地方公共団体に執行機関として置かれる委員会の委員（教育委員会にあっては、教育長及び委員）若しくは委員又は地方公共団体の常勤の職員若しくは地方公務員法（昭和二十五年法律第二百六十一号）第二十二条の四第一項に規定する短時間勤務の職を占める職員と兼ねることができない。

（罷免）

第七条　地方公共団体の長は、教育長若しくは委員が心身の故障のため職務の遂行に堪えないと認める場合又は職務上の義務違反その他教育長若しくは委員たるに適しない非行があると認める場合においては、当該地方公共団体の議会の同意を得て、その教育長又は委員を罷免することができる。

2　地方公共団体の長は、教育長及び委員のうち委員の定数に一を加えた数の二分の一から一を減じた数（その数に一人未満の端数があるときは、これを切り上げて得た数）の者が既に所属している政党に新たに所属するに至った教育長又は委員があるときは、その教育長及び委員を直ちに罷免するものとする。

3　地方公共団体の長は、教育長及び委員のうち委員の定数に一を加えた数の二分の一以上の者が同一の政党に所属することとなった場合（前項の規定に該当する場合を除く。）には、同一の政党に所属する教育長及び委員の数が委員の定数に一を加えた数の二分の一から一を減じ

た数（その数に一人未満の端数があるときは、これを切り上げて得た数）になるように、当該地方公共団体の議会の同意を得て、教育長又は委員を罷免するものとする。ただし、政党所属関係について異動のなかった教育長又は委員を罷免することはできない。
4　教育長及び委員は、前三項の場合を除き、その意に反して罷免されることがない。

（解職請求）
第八条　地方公共団体の長の選挙権を有する者は、政令で定めるところにより、その総数の三分の一（その総数が四十万を超え八十万以下の場合にあってはその四十万を超える数に六分の一を乗じて得た数と四十万に三分の一を乗じて得た数とを合算して得た数、その総数が八十万を超える場合にあってはその八十万を超える数に八分の一を乗じて得た数と四十万に六分の一を乗じて得た数と四十万に三分の一を乗じて得た数とを合算して得た数）以上の者の連署をもって、その代表者から、当該地方公共団体の長に対し、教育長又は委員の解職を請求することができる。
2　地方自治法（昭和二十二年法律第六十七号）第八十六条第二項、第三項及び第四項前段、第八十七条並びに第八十八条第二項の規定は、前項の規定による教育長又は委員の解職の請求について準用する。この場合において、同法第八十七条第一項中「前条第一項に掲げる職に在る者」とあるのは「教育委員会の教育長又は委員」と、同法第八十八条第二項中「第八十六条第一項の規定による選挙管理委員若しくは監査委員又は公安委員会の委員の解職の請求」とあるのは「地方教育行政の組織及び運営に関する法律（昭和三十一年法律第百六十二号）第八条第一項の規定による教育委員会の教育長又は委員の解職の請求」と読み替えるものとする。

（失職）
第九条　教育長及び委員は、前条第二項において準用する地方自治法第八十七条の規定によりその職を失う場合のほか、次の各号のいずれかに該当する場合においては、その職を失う。
一　第四条第三項各号のいずれかに該当するに至った場合
二　前号に掲げる場合のほか、当該地方公共団体の長の被選挙権を有する者でなくなった場合
2　地方自治法第百四十三条第一項後段及び第二項の規定は、前項第二号に掲げる場合における地方公共団体の長の被選挙権の有無の決定及びその決定に関する争訟について準用する。

（辞職）
第十条　教育長及び委員は、当該地方公共団体の長及び教育委員会の同意を得て、辞職することができる。

（服務等）
第十一条　教育長は、職務上知ることができた秘密を漏らしてはならない。その職を退いた後も、また、同様とする。
2　教育長又は教育長であった者が法令による証人、鑑定人等となり、職務上の秘密に属する事項を発表する場合においては、教育委員会の許可を受けなければならない。
3　前項の許可は、法律に特別の定めがある場合を除き、これを拒むことができない。
4　教育長は、常勤とする。
5　教育長は、法律又は条例に特別の定めがある場合を除くほか、その勤務時間及び職務上の注意力の全てをその職責遂行のために用い、当該地方公共団体がなすべき責を有する職務にのみ従事しなければならない。
6　教育長は、政党その他の政治的団体の役員となり、又は積極的に政治運動をしてはならない。
7　教育長は、教育委員会の許可を受けなければ、営利を目的とする私企業を営むことを目的とする会社その他の団体の役員その他人事委員会規則（人事委員会を置かない地方公共団体においては、地方公共団体の規則）で定める地位を兼ね、若しくは自ら営利を目的とする私企業を営み、又は報酬を得ていかなる事業若しくは事務にも従事してはならない。

8　教育長は、その職務の遂行に当たつては、自らが当該地方公共団体の教育行政の運営について負う重要な責任を自覚するとともに、第一条の二に規定する基本理念及び大綱に則して、かつ、児童、生徒等の教育を受ける権利の保障に万全を期して当該地方公共団体の教育行政の運営が行われるよう意を用いなければならない。

（準用規定）
第十二条　前条第一項から第三項まで、第六項及び第八項の規定は、委員の服務について準用する。
2　委員は、非常勤とする。

（教育長）
第十三条　教育長は、教育委員会の会務を総理し、教育委員会を代表する。
2　教育長に事故があるとき、又は教育長が欠けたときは、あらかじめその指名する委員がその職務を行う。

（会議）
第十四条　教育委員会の会議は、教育長が招集する。
2　教育長は、委員の定数の三分の一以上の委員から会議に付議すべき事件を示して会議の招集を請求された場合には、遅滞なく、これを招集しなければならない。
3　教育委員会は、教育長及び在任委員の過半数が出席しなければ、会議を開き、議決をすることができない。ただし、第六項の規定による除斥のため過半数に達しないとき、又は同一の事件につき再度招集しても、なお過半数に達しないときは、この限りでない。
4　教育委員会の会議の議事は、第七項ただし書の発議に係るものを除き、出席者の過半数で決し、可否同数のときは、教育長の決するところによる。
5　教育長に事故があり、又は教育長が欠けた場合の前項の規定の適用については、前条第二項の規定により教育長の職務を行う者は、教育長とみなす。
6　教育委員会の教育長及び委員は、自己、配偶者若しくは三親等以内の親族の一身上に関する事件又は自己若しくはこれらの者の従事する業務に直接の利害関係のある事件については、その議事に参与することができない。ただし、教育委員会の同意があるときは、会議に出席し、発言することができる。
7　教育委員会の会議は、公開する。ただし、人事に関する事件その他の事件について、教育長又は委員の発議により、出席者の三分の二以上の多数で議決したときは、これを公開しないことができる。
8　前項ただし書の教育長又は委員の発議は、討論を行わないでその可否を決しなければならない。
9　教育長は、教育委員会規則で定めるところにより、教育委員会の会議の終了後、遅滞なく、教育委員会規則で定めるところにより、その議事録を作成し、これを公表するよう努めなければならない。

（教育委員会規則の制定等）
第十五条　教育委員会は、法令又は条例に違反しない限りにおいて、その権限に属する事務に関し、教育委員会規則を制定することができる。
2　教育委員会規則その他教育委員会の定める規程で公表を要するものの公布に関し必要な事項は、教育委員会規則で定める。

（教育委員会の議事運営）
第十六条　この法律に定めるもののほか、教育委員会の会議その他教育委員会の議事の運営に関し必要な事項は、教育委員会規則で定める。

第二節　事務局

（事務局）
第十七条　教育委員会の権限に属する事務を処理させるため、教育委員会に事務局を置く。
2　教育委員会の事務局の内部組織は、教育委員会規則で定める。

（指導主事その他の職員）
第十八条　都道府県に置かれる教育委員会（以下「都道府県委員会」という。）の事務局に、指導主事、事務職員及び技術職員を置くほか、所要の職員を置く。
2　市町村に置かれる教育委員会（以下「市町村委員会」という。）の事務局に、前項の規定に準じて指導主事その他の職員を置く。
3　指導主事は、上司の命を受け、学校（学校教育法（昭和二十二年法律第二十六号）第一条に規定する学校及び就学前の子どもに関する教育、保育等の総合的な提供の

推進に関する法律（平成十八年法律第七十七号）第二条第七項に規定する幼保連携型認定こども園（以下「幼保連携型認定こども園」という。以下同じ。）における教育課程、学習指導その他学校教育に関する専門的事項の指導に関する事務に従事する。

4　指導主事は、教育に関し識見を有し、かつ、学校における教育課程、学習指導その他学校教育に関する専門的事項について教養と経験がある者でなければならない。指導主事は、大学以外の公立学校（地方公共団体が設置する学校をいう。以下同じ。）の教員（教育公務員特例法（昭和二十四年法律第一号）第二条第二項に規定する教員をいう。以下同じ。）をもって充てることができる。

5　事務職員は、上司の命を受け、事務に従事する。

6　技術職員は、上司の命を受け、技術に従事する。

7　第一項及び第二項の職員は、教育委員会が任命する。

8　教育委員会は、事務局の職員のうち所掌事務に係る教育行政に関する相談に関する事務を行う職員を指定するものとする。

9　前各項に定めるもののほか、教育委員会の事務局に置かれる職員に関し必要な事項は、政令で定める。

（事務局職員の定数）

第十九条　前条第一項及び第二項に規定する事務局の職員の定数は、当該地方公共団体の条例で定める。ただし、臨時又は非常勤の職員については、この限りでない。

（事務局職員の身分取扱い）

第二十条　第十八条第一項及び第二項に規定する事務局の職員の任免、人事評価、給与、懲戒、服務、退転管理その他の身分取扱いに関する事項は、この法律及び教育公務員特例法に特別の定めがあるものを除き、地方公務員法の定めるところによる。

第三章　教育委員会及び地方公共団体の長の職務権限

（教育委員会の職務権限）

第二十一条　教育委員会は、当該地方公共団体が処理する教育に関する事務で、次に掲げるものを管理し、及び執行する。

一　教育委員会の所管に属する第三十条に規定する学校その他の教育機関（以下「学校その他の教育機関」という。）の設置、管理及び廃止に関すること。

二　教育委員会の所管に属する学校その他の教育機関の用に供する財産（以下「教育財産」という。）の管理に関すること。

三　教育委員会及び教育委員会の所管に属する学校その他の教育機関の職員の任免その他の人事に関すること。

四　学齢生徒及び学齢児童の就学並びに生徒、児童及び幼児の入学、転学及び退学に関すること。

五　教育委員会の所管に属する学校の組織編制、教育課程、学習指導、生徒指導及び職業指導に関すること。

六　教科書その他の教材の取扱いに関すること。

七　校舎その他の施設及び教具その他の設備の整備に関すること。

八　校長、教員その他の教育関係職員の研修に関すること。

九　校長、教員その他の教育関係職員並びに生徒、児童及び幼児の保健、安全、厚生及び福利に関すること。

十　教育委員会の所管に属する学校その他の教育機関の環境衛生に関すること。

十一　学校給食に関すること。

十二　青少年教育、女性教育及び公民館の事業その他社会教育に関すること。

十三　スポーツに関すること。

十四　文化財の保護に関すること。

十五　ユネスコ活動に関すること。

十六　教育に関する法人に関すること。

十七　教育に係る調査及び基幹統計その他の統計に関すること。

十八　所掌事務に係る広報及び所掌事務に係る教育行政に関する相談に関すること。

十九　前各号に掲げるもののほか、当該地方公共団体の区域内における教育に関する事務に関すること。

（長の職務権限）
第二十二条　地方公共団体の長は、大綱の策定に関する事務のほか、次に掲げる教育に関する事務を管理し、及び執行する。
一　大学に関すること。
二　幼保連携認定こども園に関すること。
三　私立学校に関すること。
四　教育財産を取得し、及び処分すること。
五　教育委員会の所掌に係る事項に関する契約を結ぶこと。
六　前号に掲げるもののほか、教育委員会の所掌に係る事項に関する予算を執行すること。

（職務権限の特例）
第二十三条　前二条の規定にかかわらず、地方公共団体は、前条各号に掲げるもののほか、条例の定めるところにより、当該地方公共団体の長が、次の各号に掲げる教育に関する事務のいずれか又は全てを管理し、及び執行することとすることができる。
一　図書館、博物館、公民館その他の社会教育に関する教育機関のうち当該条例で定めるもの（以下「特定社会教育機関」という。）の設置、管理及び廃止に関すること（第二十一条第七号から第九号まで及び第十二号に掲げる事務のうち、特定社会教育機関のみに係るものを含む。）。
二　スポーツに関すること（学校における体育に関することを除く。）。
三　文化に関すること（次号に掲げるものを除く。）。
四　文化財の保護に関すること。
2　地方公共団体の議会は、前項の条例の制定又は改廃の議決をする前に、当該地方公共団体の教育委員会の意見を聴かなければならない。

（事務処理の法令準拠）
第二十四条　教育委員会及び地方公共団体の長は、それぞれ前三条の事務を管理し、及び執行するに当たっては、法令、条例、地方公共団体の規則並びに地方公共団体の機関の定める規則及び規程に基づかなければならない。

（事務の委任等）
第二十五条　教育委員会は、教育委員会規則で定めるところにより、その権限に属する事務の一部を教育長に委任し、又は教育長をして臨時に代理させることができる。
2　前項の規定にかかわらず、次に掲げる事務は、教育長に委任することができない。
一　教育に関する事務の管理及び執行の基本的な方針に関すること。
二　教育委員会規則その他教育委員会の定める規程の制定又は改廃に関すること。
三　教育委員会の所管に属する学校その他の教育機関の設置及び廃止に関すること。
四　教育委員会及び教育委員会の所管に属する学校その他の教育機関の職員の任免その他の人事に関すること。
五　次条の規定による点検及び評価に関すること。
六　第二十七条及び第二十九条に規定する意見の申出に関すること。
3　教育長は、教育委員会規則で定めるところにより、第一項の規定により委任された事務又は臨時に代理した事務の管理及び執行の状況を教育委員会に報告しなければならない。
4　教育長は、第一項の規定により委任された事務その他の権限に属する事務の一部を事務局の職員若しくは教育委員会の所管に属する学校その他の教育機関の職員（以下この項及び次条第一項において「事務局職員等」という。）に委任し、又は事務局職員等をして臨時に代理させることができる。

（教育に関する事務の管理及び執行の状況の点検及び評価等）
第二十六条　教育委員会は、毎年、その権限に属する事務（前条第一項の規定により教育長に委任された事務その他教育長の権限に属する事務（同条第四項の規定により事務局職員等に委任された事務を含む。）の管理及び執行の状況について点検及び評価を行い、その結

果に関する報告書を作成し、これを議会に提出するとともに、公表しなければならない。

2　教育委員会は、前項の点検及び評価を行うに当たっては、教育に関し学識経験を有する者の知見の活用を図るものとする。

（幼保連携型認定こども園に関する意見聴取）

第二十七条　地方公共団体の長は、当該地方公共団体が設置する幼保連携型認定こども園に関する事務のうち、幼保連携型認定こども園における教育課程に関する基本的事項の策定その他の当該地方公共団体の教育委員会の権限に属する事務と密接な関連を有するものとして当該地方公共団体の規則で定めるものの実施に当たっては、当該教育委員会の意見を聴かなければならない。

2　地方公共団体の長は、前項の規則を制定し、又は改廃しようとするときは、あらかじめ、当該地方公共団体の教育委員会の意見を聴かなければならない。

（幼保連携型認定こども園に関する意見の陳述）

第二十七条の二　教育委員会は、当該地方公共団体が設置する幼保連携型認定こども園に関する事務の管理及び執行について、その職務に関して必要と認めるときは、当該地方公共団体の長に対し、意見を述べることができる。

（幼保連携型認定こども園に関する資料の提供等）

第二十七条の三　教育委員会は、前二条の規定による権限を行うため必要があるときは、当該地方公共団体の長に対し、必要な資料の提供その他の協力を求めることができる。

（幼保連携型認定こども園に係る事務に係る教育委員会の助言又は援助）

第二十七条の四　地方公共団体の長は、第二十二条第二号に掲げる幼保連携型認定こども園に関する事務を管理し、及び執行するに当たり、必要と認めるときは、当該地方公共団体の教育委員会に対し、学校教育に関する専門的事項について助言又は援助を求めることができる。

（私立学校に関する事務に係る都道府県委員会の助言又は援助）

第二十七条の五　都道府県知事は、第二十二条第三号に掲げる私立学校に関する事務を管理し、及び執行するに当たり、必要と認めるときは、当該都道府県委員会に対し、学校教育に関する専門的事項について助言又は援助を求めることができる。

（教育財産の管理等）

第二十八条　教育財産は、地方公共団体の長の総括の下に、教育委員会が管理するものとする。

2　地方公共団体の長は、教育委員会の申出をまって、教育財産の取得を行うものとする。

3　地方公共団体の長は、教育財産を取得したときは、すみやかに教育委員会に引き継がなければならない。

（教育委員会の意見聴取）

第二十九条　地方公共団体の長は、歳入歳出予算のうち教育に関する事務に係る部分その他特に教育に関する事務について定める議会の議決を経るべき事件の議案を作成する場合においては、教育委員会の意見をきかなければならない。

第四章　教育機関

第一節　通則

（教育機関の設置）

第三十条　地方公共団体は、法律で定めるところにより、学校、図書館、博物館、公民館その他の教育機関を設置するほか、条例で、教育に関する専門的、技術的事項の研究又は教育関係職員の研修、保健若しくは福利厚生に関する施設その他の必要な教育機関を設置することができる。

（教育機関の職員）

第三十一条　前条に規定する学校に、法律で定めるところにより、学長、校長、園長、教員、事務職員、技術職員その他の所要の職員を置く。

2　前条に規定する学校以外の教育機関に、法律又は条例で定めるところにより、事務職員、技術職員その他の所要の職員を置く。

3　前二項に規定する職員の定数は、この法律に特別の定めがある場合を除き、当該地方公共団体の条例で定めなければならない。ただし、臨時又は非常勤の職員については、この限りでない。

（教育機関の所管）

第三十二条　学校その他の教育機関のうち、大学及び幼保連携型認定こども園は地方公共団体の長が、その他のものは教育委員会が所管する。ただし、特定社会教育機関

並びに第二十三条第一項第二号から第四号までに掲げる事務のうち同項の条例の定めるところにより地方公共団体の長が管理し、及び執行することとされたもののみに係る教育機関は、地方公共団体の長が所管する。

（学校等の管理）

第三十三条　教育委員会は、法令又は条例に違反しない限りにおいて、その所管に属する学校その他の教育機関の施設、設備、組織編制、教育課程、教材の取扱いその他の管理運営の基本的事項について、必要な教育委員会規則を定めるものとする。この場合において、当該教育委員会規則で定めようとする事項のうち、その実施のためには新たに予算を伴うこととなるものについては、教育委員会は、あらかじめ当該地方公共団体の長に協議しなければならない。

2　前項の場合において、教育委員会は、学校における教科書以外の教材の使用について、あらかじめ、教育委員会に届け出させ、又は教育委員会の承認を受けさせることとする定めを設けるものとする。

3　第二十三条第一項の条例の定めるところにより同項第一号に掲げる事務を管理し、及び執行することとされた地方公共団体の長は、法令又は条例に違反しない限りにおいて、特定社会教育機関の施設、設備、組織編制その他の管理運営の基本的事項について、必要な地方公共団体の規則を定めるものとする。この場合において、当該規則で定めようとする事項については、当該地方公共団体の長は、あらかじめ当該地方公共団体の教育委員会に協議しなければならない。

（教育機関の職員の任命）

第三十四条　教育委員会の所管に属する学校その他の教育機関の校長、園長、教員、事務職員、技術職員その他の職員は、この法律に特別の定めがある場合を除き、教育委員会が任命する。

（職員の身分取扱い）

第三十五条　第三十一条第一項又は第二項に規定する職員の任免、人事評価、給与、懲戒、服務、退転管理その他の身分取扱いに関する事項は、この法律及び他の法律に特別の定めがある場合を除き、地方公務員法の定めるところによる。

（所属職員の進退に関する意見の申出）

第三十六条　学校その他の教育機関の長は、この法律及び教育公務員特例法に特別の定がある場合を除き、その所属の職員の任免その他の進退に関する意見を任命権者に対して申し出ることができる。この場合において、大学附置の学校の校長にあっては、学長を経由するものとする。

第二節　市町村立学校の教職員

（任命権者）

第三十七条　市町村立学校職員給与負担法（昭和二十三年法律第百三十五号）第一条及び第二条に規定する職員（以下「県費負担教職員」という。）の任命権は、都道府県委員会に属する。

2　前項の都道府県委員会の権限に属する事務に係る第二十五条第二項の規定の適用については、同項第四号中「職員」とあるのは、「職員並びに第三十七条第一項に規定する県費負担教職員」とする。

（市町村委員会の内申）

第三十八条　都道府県委員会は、市町村委員会の内申をまって、県費負担教職員の任免その他の進退を行うものとする。

2　前項の規定にかかわらず、都道府県委員会は、同項の内申が県費負担教職員の転任（地方自治法第二百五十二条の七第一項の規定により教育委員会を共同設置する一の市町村の県費負担教職員を免職し、引き続いて当該教育委員会を共同設置する他の市町村の県費負担教職員に採用する場合を含む。以下この項において同じ。）に係るものであるときは、当該内申に基づき、その転任を行うものとする。ただし、次の各号のいずれかに該当するときは、この限りでない。

一　都道府県内の教職員の適正な配置と円滑な交流の観点から、一の市町村（地方自治法第二百五十二条の七第一項の規定により教育委員会を共同設置する場合における当該教育委員会を共同設置する他の市町村を含

む。以下この号において同じ。）における県費負担教職員の標準的な在職期間その他の都道府県委員会が定める県費負担教職員の任用に関する基準に従い、一の市町村の県費負担教職員を免職し、引き続いて当該都道府県内の他の市町村の県費負担教職員に採用する必要がある場合

二　前号に掲げる場合のほか、やむを得ない事情により当該内申に係る転任を行うことが困難である場合

3　市町村委員会は、次条の規定による校長の意見の申出があつた県費負担教職員について第一項又は前項の内申を行うときは、当該校長の意見を付するものとする。

（校長の所属教職員の進退に関する意見の申出）

第三十九条　市町村立学校職員給与負担法第一条及び第二条に規定する学校の校長は、所属の県費負担教職員の任免その他の進退に関する意見を市町村委員会に申し出ることができる。

（県費負担教職員の任用等）

第四十条　第三十七条の場合において、都道府県委員会（この条に掲げる一の市町村に係る県費負担教職員の免職に関する事務を行う者及びこの条に掲げる他の市町村に係る県費負担教職員の採用に関する事務を行う者の一方又は双方が第五十五条第一項、又は第六十一条第一項の規定により当該事務を行うこととされた市町村委員会である場合にあつては、当該一の市町村に係る県費負担教職員の免職に関する事務を行う教育委員会及び当該他の市町村に係る県費負担教職員の採用に関する事務を行う教育委員会）は、地方公務員法第二十七条第二項及び第二十八条第一項の規定にかかわらず、一の市町村の県費負担教職員を免職し、引き続いて当該都道府県内の他の市町村の県費負担教職員に採用することができるものとする。この場合において、当該県費負担教職員が当該免職された市町村において同法第二十二条（同法第二十二条の二第七項及び教育公務員特例法第十二条第一項の規定において読み替えて適用する場合を含む。）の規定により正式任用になつていた者であるときは、当該県費負担教職員の当該他の市町村における採用については、地方公務員法第二十二条の規定は、適用しない。

（県費負担教職員の定数）

第四十一条　県費負担教職員の定数は、都道府県の条例で定める。ただし、臨時又は非常勤の職員については、この限りでない。

2　県費負担教職員の市町村別の学校の種類ごとの定数は、前項の規定により定められた定数の範囲内で、都道府県委員会が、当該市町村における児童又は生徒の実態、当該市町村が設置する学校の学級編制に係る事情等を総合的に勘案して定める。

3　前項の場合において、都道府県委員会は、あらかじめ、市町村委員会の意見を聴き、その意見を十分に尊重しなければならない。

（県費負担教職員の給与、勤務時間その他の勤務条件）

第四十二条　県費負担教職員の給与、勤務時間その他の勤務条件については、地方公務員法第二十四条第五項の規定により条例で定めるものとされている事項は、都道府県の条例で定める。

（服務の監督）

第四十三条　市町村委員会は、県費負担教職員の服務を監督する。

2　県費負担教職員は、その職務を遂行するに当つて、法令、当該市町村の条例及び規則並びに当該市町村委員会の定める教育委員会規則及び規程（前条又は次項の規定によつて都道府県が制定する条例を含む。）に従い、かつ、市町村委員会その他職務上の上司の職務上の命令に忠実に従わなければならない。

3　県費負担教職員の任免、分限又は懲戒に関して、地方公務員法の規定により条例で定めるものとされている事項は、都道府県の条例で定める。

4　都道府県委員会は、県費負担教職員の任免その他の進退を適切に行うため、市町村委員会の行う県費負担教職員の服務の監督又は前条若しくは前項の規定により都道府県が制定する条例の実施について、技術的な基準を設けることができる。

（人事評価）

第四十四条　県費負担教職員の人事評価は、地方公務員法第二十三条の二第一項の規定にかかわらず、都道府県委員会の計画の下に、市町村委員会が行うものとする。

（研修）

第四十五条　県費負担教職員の研修は、地方公務員法第三十九条第二項の規定にかかわらず、市町村委員会も行うことができる。

2　市町村委員会は、都道府県委員会が行う県費負担教職員の研修に協力しなければならない。

第四十六条　削除（平二六法三四）

（県費負担教職員の免職及び都道府県の職への採用）

第四十七条の二　都道府県委員会は、地方公務員法第二十七条第二項及び第二十八条第一項の規定にかかわらず、その任命に係る市町村の県費負担教職員（教諭、養護教諭、栄養教諭、助教諭及び養護助教諭並びに講師（同法第二十二条の二第一項各号に掲げる者を除く。）に限る。）で次の各号のいずれにも該当するもの（同法第二十八条第一項各号又は第二項各号のいずれかに該当する者を除く。）を免職し、引き続いて当該都道府県の常時勤務を要する職（指導主事並びに校長、園長及び教員の職を除く。）に採用することができる。

一　児童又は生徒に対する指導が不適切であること。

二　研修等必要な措置が講じられたとしてもなお児童又は生徒に対する指導を適切に行うことができないと認められること。

2　事実の確認の方法その他前項の県費負担教職員が同項各号に該当するかどうかを判断するための手続に関し必要な事項は、都道府県の教育委員会規則で定めるものとする。

3　都道府県委員会は、第一項の規定による採用に当たつては、公務の能率的な運営を確保する見地から、同項の県費負担教職員の適性、知識等について十分に考慮するものとする。

4　第四十条後段の規定は、第一項の場合について準用する。この場合において、同条後段中「当該他の市町村」とあるのは、「当該都道府県」と読み替えるものとする。

（初任者研修に係る非常勤講師の派遣）

第四十七条の三　市（地方自治法第二百五十二条の十九第一項の指定都市（以下「指定都市」という。）を除く。以下この条において同じ。）町村の教育委員会は、都道府県委員会が教育公務員特例法第二十三条第一項の初任者研修を実施する場合において、市町村の設置する小学校、中学校、義務教育学校、高等学校、中等教育学校（後期課程に定時制の課程（学校教育法第四条第一項に規定する定時制の課程をいう。以下同じ。）のみを置くものに限る。）又は特別支援学校に非常勤の講師（地方公務員法第二十二条の四第一項に規定する短時間勤務の職を占める者を除く。以下この条及び第六十一条第一項において同じ。）（高等学校にあつては、定時制の課程の授業を担任する非常勤の講師に限る。）を勤務させる必要があると認めるときは、都道府県委員会に対し、当該都道府県委員会の事務局の非常勤の職員の派遣を求めることができる。

2　前項の規定による求めに応じて派遣される職員（第四項において「派遣職員」という。）は、派遣を受けた市町村の職員の身分を併せ有することとなるものとし、その報酬、職務を行うために要する費用の弁償、期末手当及び勤勉手当（地方公務員法第二十二条の二第一項第二号に掲げる者にあつては、給料及び旅費）は、当該職員の派遣をした都道府県の負担とする。

3　市町村の教育委員会は、第一項の規定に基づき派遣された非常勤の講師の服務を監督する。

4　前項に規定するもののほか、派遣職員の身分取扱いに関しては、当該職員の派遣をした都道府県の非常勤の講師に関する定めの適用があるものとする。

第三節　共同学校事務室

（共同学校事務室の設置）

第四十七条の四　教育委員会は、教育委員会規則で定めるところにより、その所管に属する学校のうちその指定する二以上の学校に係る事務（学校教育法第三十七条第十

四項（同法第二十八条、第四十九条、第四十九条の八、第六十二条、第七十条第一項及び第八十二条において準用する場合を含む。）の規定により事務職員がつかさどる事務その他の事務であつて共同処理することが当該事務の効果的な処理に資するものとして政令で定めるものに限る。）を当該学校の事務職員が共同処理するための組織として、当該指定する二以上の学校のうちいずれか一の学校に、共同学校事務室を置くことができる。

2 共同学校事務室に、室長及び所要の職員を置く。

3 室長は、共同学校事務室の室務をつかさどる。

4 共同学校事務室の室長及び職員は、第一項の規定による指定を受けた学校であつて、当該共同学校事務室がその事務を共同処理する学校の事務職員をもつて充てる。ただし、当該事務職員をもつて室長に充てることが困難であるときその他特別の事情があるときは、当該事務職員以外の者をもつて室長に充てることができる。

5 前三項に定めるもののほか、共同学校事務室の室長及び職員に関し必要な事項は、政令で定める。

第四節　学校運営協議会

（学校運営協議会の設置）

第四十七条の五　教育委員会は、教育委員会規則で定めるところにより、その所管に属する学校ごとに、当該学校の運営及び当該運営への必要な支援に関して協議する機関として、学校運営協議会を置くように努めなければならない。ただし、二以上の学校の運営に関し相互に密接な連携を図る必要がある場合として文部科学省令で定める場合には、二以上の学校について一の学校運営協議会を置くことができる。

2 学校運営協議会の委員は、次に掲げる者について、教育委員会が任命する。

一　対象学校（当該学校運営協議会が、その運営及び当該運営への必要な支援に関して協議する学校をいう。以下この条において同じ。）の所在する地域の住民

二　対象学校に在籍する生徒、児童又は幼児の保護者

三　社会教育法（昭和二十四年法律第二百七号）第九条の七第一項に規定する地域学校協働活動推進員その他の対象学校の運営に資する活動を行う者

四　その他当該教育委員会が必要と認める者

3 対象学校の校長は、前項の委員の任命に関する意見を教育委員会に申し出ることができる。

4 対象学校の校長は、当該対象学校の運営に関して、教育課程の編成その他教育委員会規則で定める事項について基本的な方針を作成し、当該対象学校の学校運営協議会の承認を得なければならない。

5 学校運営協議会は、前項に規定する基本的な方針に基づく対象学校の運営及び当該運営への必要な支援に関し、対象学校の所在する地域の住民、対象学校に在籍する生徒、児童又は幼児の保護者その他の関係者の理解を深めるとともに、対象学校とこれらの者との連携及び協力の推進に資するため、対象学校の運営及び当該運営への必要な支援に関する協議の結果に関する情報を積極的に提供するよう努めるものとする。

6 学校運営協議会は、対象学校の運営に関する事項（次項に規定する事項を除く。）について、教育委員会又は校長に対して、意見を述べることができる。

7 学校運営協議会は、対象学校の職員の採用その他の任用に関して教育委員会規則で定める事項について、当該職員の任命権者に対して意見を述べることができる。この場合において、当該職員が県費負担教職員（第五十五条第一項又は第六十一条第一項の規定により市町村委員会がその任用に関する事務を行う職員を除く。）であるときは、市町村委員会を経由するものとする。

8 対象学校の職員の任命権者は、当該職員の任用に当たつては、前項の規定により述べられた意見を尊重するものとする。

9 教育委員会は、学校運営協議会の運営が適正を欠くことにより、対象学校の運営に現に支障が生じ、又は生ず

るおそれがあると認められる場合においては、当該学校運営協議会の適正な運営を確保するために必要な措置を講じなければならない。

10　学校運営協議会の委員の任免の手続及び任期、学校運営協議会の議事の手続その他学校運営協議会の運営に関し必要な事項については、教育委員会規則で定める。

第五章　文部科学大臣及び教育委員会相互間の関係等

（文部科学大臣又は都道府県委員会の指導、助言及び援助）

第四十八条　地方自治法第二百四十五条の四第一項の規定によるほか、文部科学大臣は都道府県又は市町村に対し、都道府県委員会は市町村に対し、都道府県又は市町村の教育に関する事務の適正な処理を図るため、必要な指導、助言又は援助を行うことができる。

2　前項の指導、助言又は援助を例示すると、おおむね次のとおりである。

一　学校その他の教育機関の設置及び管理並びに整備に関し、指導及び助言を与えること。

二　学校の組織編制、教育課程、学習指導、生徒指導、職業指導、教科書その他の教材の取扱いその他学校運営に関し、指導及び助言を与えること。

三　学校における保健及び安全並びに学校給食に関し、指導及び助言を与えること。

四　教育委員会の委員及び校長、教員その他の教育関係職員の研究集会、講習会その他研修に関し、指導及び助言を与え、又はこれらを主催すること。

五　生徒及び児童の就学に関する事務に関し、指導及び助言を与えること。

六　青少年教育、女性教育及び公民館の事業その他社会教育の振興並びに芸術の普及及び向上に関し、指導及び助言を与えること。

七　スポーツの振興に関し、指導及び助言を与えること。

八　指導主事、社会教育主事その他の職員を派遣すること。

九　教育及び教育行政に関する資料、手引書等を作成し、利用に供すること。

十　教育に係る調査及び統計並びに広報及び教育行政に関する相談に関し、指導及び助言を与えること。

十一　教育委員会の組織及び運営に関し、指導及び助言を与えること。

3　文部科学大臣は、都道府県委員会に対し、第一項の規定による市町村に対する指導、助言又は援助に関し、必要な指示をすることができる。

4　地方自治法第二百四十五条の四第三項の規定によるほか、都道府県知事又は都道府県委員会は文部科学大臣に対し、市町村長又は市町村委員会は文部科学大臣又は都道府県委員会に対し、教育に関する事務の処理について必要な指導、助言又は援助を求めることができる。

（是正の要求の方式）

第四十九条　文部科学大臣は、都道府県委員会又は市町村委員会の教育に関する事務の管理及び執行が法令の規定に違反するものがある場合又は当該事務の管理及び執行を怠るものがある場合において、児童、生徒等の教育を受ける機会が妨げられていることその他の教育を受ける権利が侵害されていることが明らかであるとして地方自治法第二百四十五条の五第一項若しくは第四項の規定による求め又は同条第二項の指示を行うときは、当該教育委員会が講ずべき措置の内容を示して行うものとする。

（文部科学大臣の指示）

第五十条　文部科学大臣は、都道府県委員会又は市町村委員会の教育に関する事務の管理及び執行が法令の規定に違反するものがある場合又は当該事務の管理及び執行を怠るものがある場合において、児童、生徒等の生命又は身体に現に被害が生じ、又はまさに被害が生ずるおそれがあると見込まれ、その被害の拡大又は発生を防止するため、緊急の必要があるときは、当該教育委員会に対し、当該違反を是正し、又は当該怠る事務の管理及び執行を改めるべきことを指示することができる。ただし、他の

措置によっては、その是正を図ることが困難である場合に限る。

（文部科学大臣の通知）

第五十条の二　文部科学大臣は、第四十九条に規定する求め若しくは指示又は前条の規定による指示を行ったときは、遅滞なく、当該地方公共団体（第四十九条に規定する指示を行ったときにあっては、当該指示に係る市町村）の長及び議会に対して、その旨を通知するものとする。

（文部科学大臣及び教育委員会相互間の関係）

第五十一条　文部科学大臣は都道府県委員会又は市町村委員会相互の間の、都道府県委員会は市町村委員会相互の間の連絡調整を図り、並びに教育委員会は、相互の間の連絡を密にし、及び文部科学大臣又は他の教育委員会と協力し、教職員の適正な配置と円滑な交流及び教職員の勤務能率の増進を図り、もってそれぞれその所掌する教育に関する事務の適正な執行と管理に努めなければならない。

第五十二条　削除（平一一法八七）

（調査）

第五十三条　文部科学大臣又は都道府県委員会は、第四十八条第一項及び第五十一条の規定による権限を行うため必要があるときは、地方公共団体の長又は教育委員会が管理し、及び執行する教育に関する事務について、必要な調査を行うことができる。

2　文部科学大臣は、前項の調査に関し、都道府県委員会に対し、市町村長又は市町村委員会が管理し、及び執行する教育に関する事務について、その特に指定する事項の調査を行うよう指示をすることができる。

（資料及び報告）

第五十四条　教育行政機関は、的確な調査、統計その他の資料に基いて、その所掌する事務の適切かつ合理的な処理に努めなければならない。

2　文部科学大臣は地方公共団体の長又は教育委員会に対し、都道府県委員会は市町村長又は市町村委員会に対し、それぞれ都道府県又は市町村の区域内の教育に関する事務に関し、必要な調査、統計その他の資料又は報告の提出を求めることができる。

（幼保連携型認定こども園に係る事務の処理に関する指導、助言及び援助等）

第五十四条の二　地方公共団体の長が管理し、及び執行する当該地方公共団体が設置する幼保連携型認定こども園に関する事務に係る第四十八条から第五十条の二まで、第五十三条及び前条第二項の規定の適用については、これらの規定（第四十八条第四項を除く。）中「都道府県委員会」とあるのは「都道府県知事」と、第四十八条第四項中「都道府県委員会に」とあるのは「都道府県知事に」と、第四十九条及び第五十条中「市町村委員会」とあるのは「市町村長」と、「当該教育委員会」とあるのは「当該地方公共団体の長」と、第五十条の二中「長及び議会」とあるのは「議会」と、第五十三条第一項中「第四十八条第一項及び第五十一条」とあるのは「第四十八条第一項」と、「地方公共団体の長又は教育委員会」とあるのは「地方公共団体の長」と、同条第二項中「市町村長又は市町村委員会」とあるのは「市町村長」と、前条第二項中「地方公共団体の長又は教育委員会」とあるのは「地方公共団体の長」と、「市町村長又は市町村委員会」とあるのは「市町村長」とする。

（職務権限の特例に係る事務の処理に関する指導、助言及び援助等）

第五十四条の三　第二十三条第一項の条例の定めるところにより都道府県知事が管理し、及び執行する事務に係る第四十八条、第五十三条及び第五十四条第二項の規定の適用については、これらの規定（第四十八条第四項を除く。）中「都道府県委員会」とあるのは「都道府県知事」と、第四十八条第四項中「都道府県委員会に」とあるのは「都道府県知事に」と、第五十三条第一項中「第四十八条第一項及び第五十一条」とあるのは「第四十八条第一項」とする。

（条例による事務処理の特例）

第五十五条　都道府県は、都道府県委員会の権限に属する事務の一部を、条例の定めるところにより、市町村が処理することとすることができる。この場合においては、当該市町村が処理することとされた事務は、当該市町村の教育委員会が管理し及び執行するものとする。

2　前項の条例を制定し又は改廃する場合においては、都

道府県知事は、あらかじめ、当該都道府県委員会の権限に属する事務の一部を処理し又は処理することとなる市町村の長に協議しなければならない。

3　市町村長は、前項の規定による協議を受けたときは、当該市町村委員会に通知するとともに、その意見を踏まえて当該協議に応じなければならない。ただし、第二十三条第一項の条例の定めるところにより、当該市町村委員会が、当該市町村が処理し又は処理することとする事務の全てを管理し、及び執行しない場合は、この限りでない。

（略）

第六章　雑則

（抗告訴訟等の取扱い）

第五十六条　教育委員会は、教育委員会若しくはその権限に属する事務の委任を受けた行政庁の処分（行政事件訴訟法（昭和三十七年法律第百三十九号）第三条第二項に規定する処分をいう。以下この条において同じ。）若しくは裁決（同条第三項に規定する裁決をいう。以下この条において同じ。）又は教育委員会の所管に属する学校その他の教育機関の職員の処分若しくは裁決に係る同法第十一条第一項（同法第三十八条第一項（同法第四十三条第二項において準用する場合を含む。）又は同法第四十三条第一項において準用する場合を含む。）の規定による地方公共団体を被告とする訴訟について、当該地方公共団体を代表する。

（保健所との関係）

第五十七条　教育委員会は、健康診断その他学校における保健に関し、政令で定めるところにより、保健所を設置する地方公共団体の長に対し、保健所の協力を求めるものとする。

2　保健所は、学校の環境衛生の維持、保健衛生に関する資料の提供その他学校における保健に関し、政令で定めるところにより、教育委員会に助言と援助を与えるものとする。

第五十八条　削除（平二六法五一）

（中核市に関する特例）

第五十九条　地方自治法第二百五十二条の二十二第一項の中核市（以下「中核市」という。）の県費負担教職員の研修は、第四十五条及び地方公務員特例法第三十九条第二項の規定にかかわらず、教育公務員特例法第四章の定めるところにより、当該中核市の教育委員会が行う。

2　前項の規定にかかわらず、中核市の県費負担教職員の研修は、都道府県委員会も行うことができる。

（中等教育学校を設置する市町村に関する特例）

第六十一条　市（指定都市を除く。以下この項において同じ。）町村の設置する中等教育学校（後期課程に定時制の課程のみを置くものを除く。以下この条において同じ。）の県費負担教職員の任免、給与（非常勤の講師にあっては、報酬、職務を行うために要する費用の弁償、期末手当及び勤勉手当の額）の決定、休職及び懲戒に関する事務は、第三十七条第一項の規定にかかわらず、当該市町村の教育委員会が行う。

2　市（指定都市及び中核市を除く。以下この条において同じ。）町村が設置する中等教育学校の県費負担教職員の研修は、第四十五条及び地方公務員特例法第三十九条第二項の規定にかかわらず、教育公務員特例法第四章の定めるところにより、当該市町村の教育委員会が行う。

3　前項の規定にかかわらず、市町村が設置する中等教育学校の県費負担教職員の研修は、都道府県委員会も行うことができる。

提案理由

（一九五六年三月一四日　衆議院）

○清瀬一郎国務大臣　今回政府から提出いたしました地方教育行政の組織及び運営に関する法律案について、提案の趣旨を御説明申し上げます。

この法案は、現在の教育委員会制度を改正いたしますとともに、地方公共団体における教育行政の組織、運営に諸種の改善を加えようとするものでございます。

御承知のごとく、地方公共団体における教育事務は、その一部を除き教育委員会が担当しているのであります。この教育委員会は、まず昭和二十三年

秋都道府県、五大市及び若干の市町村に設置され、昭和二十五年秋また若干の市に設置された後、昭和二十七年秋に至って全国すべての市町村に置かれたのでありまして、いわゆる六・三制の実施、教科内容の改善、社会教育の振興等に漸次その成果をあげて参ったのでございます。しかしながら、教育委員会制度は、占領下早急の間に他の諸施策とともに、採用、実施せられた制度でもあり、検討を加えなければならない問題を数多く包蔵しているのでございます。昭和二十七年全市町村に教育委員会が設置された後も、教育委員会制度に対する改正意見が、公の機関やその他の機関または団体からいろいろと述べられて参った次第でございます。

政府は、かねてより、これら諸種の見解を慎重に研究し、教育委員会の実情をもいろいろと検討をいたして参りましたが、この際現行の制度を再検討すべきであると考え、現行制度のとるべき点はとり、改むべき点は改め、加えるべき事項はこれを付加して、新たな立法を行うこととし、この法案を作成いたした次第でございます。

この法律案を提出いたしますについて、特に考慮を払いました重点は、次の二点でございます。

第一に、地方公共団体における教育行政と一般行政との調和を進めるとともに、教育の政治的中立と教育行政の安定を確保することを目標といたしたのでございます。

わが国の教育は、地方公共団体の努力に負うところがきわめて大きいのであります。すなわち、国立及び私立の学校を除いて小中学校の義務教育はもとより、高等学校、幼稚園さらには大学に至るまで市町村や都道府県の手によって維持運営されておるのでありまするし、青少年教育、婦人教育をはじめ、各般の社会教育もそれらの地方公共団体の手によって推進されているのであります。したがって、わが国の教育の振興をはかりますためには、これらの地方《ママ》団体における教育行政の運営が中正かつ円滑に行われることが必要であります。

知事や市町村長は、申すまでもなく、民主的な公選による機関でありますが、本来独任制でありますから、教育のごとく中立を要求せられる事務については、別に合議制機関をもって事務を担当せしめる必要があります。

しかしすでに述べましたごとく、教育の振興のために、わけても義務教育の普及をはかりますために教育に関する事務の相当な部分を市町村が担当しているのでありまして、学校その他の教育施設の整備だけでなく、学校の運営を管理助成し、教職員の指導に努め、社会教育の振興をはかる上には、この市町村に期待するところ大きいものがあります。その上町村合併の進展の結果、市町村の行政能力は、強化されようとしているのでありますから、この法律案は、都道府県のみならず、すべての市町村に合議体の執行機関として教育委員会を存置することといたしました。

なお、従来の運営の実際にかんがみ、その組織及び権限に必要な改正を加えたのであります。すなわち、委員の選任方法は直接公選の制度を改め、地方公共団体の長が議会の同意を得て任命すること等の措置を講ずるとともに、教育委員会と知事や市町村長との間の権限に調整を加えることといたしたのであります。すなわち、いわゆる予算案、条例案の二本建制度を廃止しますとともに、教育財産の取得及び処分の権限、教育事務にかかる契約の締結の権限、収入または支出の命令の権限を知事や市町村長に移すことといたして、両者の関係を調整し、地方公共団体における教育行政の円滑な運営とその振興をはかりたい所存であります。

第二にこの法案の重点といたします点は、国、都道府県、市町村一体としての教育行政制度を樹立しようということであります。わが国の教育は前にも述べました通り都道府県、市町村の個々の地方公共団体の努力に負うているのでありますが、それらは決して個々独自のものではなく、全体として国の教育を構成すべきものでありますから、まずもって、国の教育としての必要な水準を保持するものであることの必要であることは、いうまでもありません。さらにまた各都道府県ごとに、府県内の教育運営の調整がはかられなければならないことも、もちろんであります。

この点を考慮いたしまして、現行の教育委員会法が、個々の地方団体ごとの教育事務の処理を強調しているにとどまるのに対し、この法案では次のごとく是正いたしておるのであります。すなわち、小中学校の教職員等の人事権を都道府県の教育委員会が行使することとしたのであります。これは、一つには、これらの教職員の適正な配置と人事の交流を促進するということを考慮したものであります。さらに、給与の負担団体と任命権者の属する団体とを一致させることとしたものであります。

御承知の通り、教育委員会が市町村に設置されてから、都道府県内の教職員の適正配置に支障が生じたことは、広く各方面から指摘されたところであります。このことは、市町村の設置する学校でありましても、個々の市町村ごとに人事を管理することが無理であることの証左でありますし、また現在

都道府県が小中学校の教職員の給与を負担いたしておりますことも、市町村の担当する義務教育等の振興をはかる上に、都道府県の協力が必要であることを物語っているものであります。

今回、小中学校の教職員の任命権を都道府県委員会に担当させようとしますことは、これらの学校の運営を円滑に行う趣旨にほかなりません。しかしながら、都道府県の教育委員会が単独でこの任命権を行使いたすことは、事実上困難でございますので、市町村の教育委員会の内申をまって行うことといたすとともに、市町村立学校における教育は当該市町村の事業であること、これらの教職員は当該市町村に属する職員であるとすることからして、市町村の教育委員会は、これらの教職員の服務の監督を行い、その職務の遂行の適正を期すべきものといたしておるのであります。

このほか、文部大臣及び教育委員会相互の間の関係を次のように考えておるのでございます。

現行制度のもとにおきましては、文部大臣や都道府県委員会は、都道府県または市町村に対して技術的な指導、助言または勧告の範囲を越えることはできないこととされているのであります。このような現状を改めるため、文部大臣や都道府県教育委員会の積極的な指導的地位を明らかにいたしますとともに、文部大臣は、教育委員会や地方公共団体の長の事務処理に、法令違反等の事由がある場合には、必要な是正措置を要求して、教育行政の適正な運営を確保いたしたい所存であります。

また教育長の任命につきまして、文部大臣なり、都道府県の教育委員会の承認を要することといたしたゆえんのものは、教育委員会における教育長の地位に照らし、これにより教育行政の国、都道府県、市町村一体としての運営を期したいと考えたからにほかなりません。

以上が、この法案の基本的な考え方となっているものであります。

なお、最後に、五大市に対する特例と、この法律の施行期日について簡単に付言をいたします。

五大市に対しましては、この法律で、教職員の人事権を大幅に法定委任いたしましたが、それは五大市の規模と能力にかんがみ、実情に即させようとする意図に出たものであります。

また、現行制度からの移行を円滑ならしめるため、本法の施行期日を本年十月一日といたしました。

なおただいま、地方教育行政の組織及び運営に関する法律案の提案理由と、その趣旨を御説明申し上げたとおり、同法案によって、教育委員会の委員の選任方法は公選制によらず任命制に改められ、市町村立学校の教職員の任命権は都道府県の教育委員会に属せしめられることとなり、さらに教育長の選任方法に変更が加えられるほか、教育財産の取得及び処分を地方公共団体の長が行うものとすること、文部大臣及び教育委員会相互の関係を明らかにし、指導機能を強化するとともに文部大臣の教育に対する責任を明確にすること等の措置がとられることになりますので、これに関連して、多数の関係法律との調整をはかる必要が生ずるのでございます。ここにそれら所要の規定を取りまとめて、この法律案を提出した次第であります。

（『第二四回国会衆議院文教委員会議録』一五号（一一～一三ページ、一九五六年三月一四日『官報』号外））

◇文部科学省設置法

（平一一・七・一六
法　九六）

最終改正　令五―法六〇

第一章　総則

（目的）

第一条　この法律は、文部科学省の設置並びに任務及びこれを達成するため必要となる明確な範囲の所掌事務を定めるとともに、その所掌する行政事務を能率的に遂行するため必要な組織を定めることを目的とする。

第二章　文部科学省の設置並びに任務及び所掌事務

第一節　文部科学省の設置

（設置）

第二条　国家行政組織法（昭和二十三年法律第百二十号）第三条第二項の規定に基づいて、文部科学省を設置する。

2　文部科学省の長は、文部科学大臣とする。

第二節　文部科学省の任務及び所掌事務

（任務）

第三条　文部科学省は、教育の振興及び生涯学習の推進を中核とした豊かな人間性を備えた創造的な人材の育成、

学術の振興、科学技術の総合的な振興並びにスポーツ及び文化に関する施策の総合的な推進を図るとともに、宗教に関する行政事務を適切に行うことを任務とする。

2　前項に定めるもののほか、文部科学省は、同項の任務に関連する特定の内閣の重要政策に関する内閣の事務を助けることを任務とする。

3　文部科学省は、前項の任務を遂行するに当たり、内閣官房を助けるものとする。

（所掌事務）

第四条　文部科学省は、前条第一項の任務を達成するため、次に掲げる事務をつかさどる。

一　豊かな人間性を備えた創造的な人材の育成のための教育改革に関すること。

二　生涯学習に係る機会の整備の推進に関すること。

三　地方教育行政に関する制度の企画及び立案並びに地方教育行政の組織及び一般的運営に関する指導、助言及び勧告に関すること。

四　地方教育費に関する企画に関すること。

五　地方公務員である教育関係職員の任免、給与その他の身分取扱いに関する制度の企画及び立案並びにこれらの制度の運営に関する指導、助言及び勧告に関すること。

六　地方公務員である教育関係職員の福利厚生に関すること。

七　初等中等教育（幼稚園、小学校、中学校、義務教育学校、高等学校、中等教育学校、特別支援学校及び幼保連携型認定こども園における教育をいう。以下同じ。）の振興に関する企画及び立案並びに援助及び助言に関すること。

八　初等中等教育のための補助に関すること。

九　初等中等教育の基準の設定に関すること。

十　教科用図書の検定に関すること。

十一　教科用図書その他の教授上用いられる図書の発行及び義務教育諸学校（小学校、中学校、義務教育学校、中等教育学校の前期課程並びに特別支援学校の小学部及び中学部をいう。）において使用する教科用図書の無償措置に関すること。

十二　学校保健（学校における保健教育及び保健管理をいう。）、学校安全（学校における安全教育及び安全管理をいう。）及び学校給食に関すること。

十二の二　公認心理師に関する事務のうち所掌に係るものに関すること。

十三　教育職員の養成並びに資質の保持及び向上に関すること。

十四　海外に在留する邦人の子女のための在外教育施設及び関係団体が行う教育、海外から帰国した児童及び生徒の教育並びに本邦に在留する外国人の児童及び生徒の学校生活への適応のための指導に関すること。

十五　大学及び高等専門学校における教育の振興に関する企画及び立案並びに援助及び助言に関すること。

十六　大学及び高等専門学校における教育のための補助に関すること。

十七　大学及び高等専門学校における教育の基準の設定に関すること。

十八　大学及び高等専門学校の設置、廃止、設置者の変更その他の事項の認可に関すること。

十九　大学の入学者の選抜及び学位の授与に関すること。

二十　学生及び生徒の奨学、厚生及び補導に関すること。

二十一　外国人留学生の受入れの連絡及び教育並びに海外への留学生の派遣に関すること。

二十二　政府開発援助のうち外国人留学生に係る技術協力に関すること（外交政策に係るものを除く。）。

二十三　専修学校及び各種学校における教育の振興に関する企画及び立案並びに援助及び助言に関すること。

二十四　専修学校及び各種学校における教育の基準の設定に関すること。

二十五　国立大学（国立大学法人法（平成十五年法律第

百十二号）第二条第二項に規定する国立大学をいう。）及び大学共同利用機関（同条第四項に規定する大学共同利用機関をいう。）における教育及び研究に関すること。
二十六　国立高等専門学校（独立行政法人国立高等専門学校機構法（平成十五年法律第百十三号）第三条に規定する国立高等専門学校をいう。）における教育に関すること。
二十七　国立研究開発法人宇宙航空研究開発機構における学術研究及び教育に関すること。
二十八　私立学校に関する行政の制度の企画及び立案並びにこれらの行政の組織及び一般的運営に関する指導、助言及び勧告に関すること。
二十九　文部科学大臣が所轄庁である学校法人についての認可及び認定並びにその経営に関する指導及び助言に関すること。
三十　私立学校教育の振興のための学校法人その他の私立学校の設置者、地方公共団体及び関係団体に対する助成に関すること。
三十一　私立学校教職員の共済制度に関すること。
三十二　社会教育の振興に関する企画及び立案並びに援助及び助言に関すること。
三十三　社会教育のための補助に関すること。
三十四　青少年教育に関する施設において行う青少年の団体宿泊訓練に関すること。
三十五　通信教育及び視聴覚教育に関すること。
三十六　外国人に対する日本語教育に関すること（外交政策に係るものを除く。）。
三十七　家庭教育の支援に関すること。
三十八　公立及び私立の文教施設並びに地方独立行政法人が設置する文教施設の整備に関する指導及び助言に関すること。
三十九　公立の文教施設の整備のための補助に関すること。
四十　学校施設及び教育用品の基準の設定に関すること。
四十一　学校環境の整備に関する指導及び助言に関すること。
四十二　青少年の健全な育成の推進に関すること（こども家庭庁の所掌に属するものを除く。）。
四十三　科学技術に関する基本的な政策の企画及び立案並びに推進に関すること（内閣府の所掌に属するものを除く。）。
四十四　科学技術に関する研究及び開発（以下「研究開発」という。）に関する計画の作成及び推進に関すること。
四十五　科学技術に関する関係行政機関の事務の調整に関すること（内閣府の所掌に属するものを除く。）。
四十六　学術の振興に関すること。
四十七　研究者の養成及び資質の向上に関すること。
四十八　技術者の養成及び資質の向上に関すること（文部科学省に置かれる試験研究機関及び文部科学大臣が所管する法人において行うものに限る。）。
四十九　技術士に関すること。
五十　研究開発に必要な施設及び設備（関係行政機関に重複して設置することが多額の経費を要するため適当でないと認められるものに限る。）の整備（共用に供することを含む。）、研究開発に関する情報処理の高度化及び情報の流通の促進その他の科学技術に関する研究開発の基盤の整備に関すること。
五十一　科学技術に関する研究開発に係る交流の助成に関すること。
五十二　前二号に掲げるもののほか、科学技術に関する研究開発の推進のための環境の整備に関すること。
五十三　科学技術に関する研究開発の成果の普及及び成果の活用の促進に関すること。
五十四　発明及び実用新案の奨励並びにこれらの実施化

の推進に関すること。
五十五　科学技術に関する知識の普及並びに国民の関心及び理解の増進に関すること。
五十六　科学技術に関する研究開発が経済社会及び国民生活に及ぼす影響に関し、評価を行うことその他の措置に関すること。
五十七　科学技術に関する基礎研究及び科学技術に関する共通的な研究開発（二以上の府省のそれぞれの所掌に係る研究開発に共通する研究開発をいう。）に関すること。
五十八　科学技術に関する研究開発で、関係行政機関に重複して設置することが多額の経費を要するため適当でないと認められる施設及び設備を必要とするものに関すること。
五十九　科学技術に関する研究開発で多数部門の協力を要する総合的なものに関すること（他の府省の所掌に属するものを除く。）。
六十　国立研究開発法人理化学研究所の行う科学技術に関する試験及び研究に関すること。
六十一　放射線の利用に関する研究開発に関すること。
六十二　宇宙の開発及び原子力に関する技術開発で科学技術の水準の向上を図るためのものに関すること。
六十三　宇宙の利用の推進に関する事務のうち科学技術の水準の向上を図るためのものに関すること。
六十四　放射性同位元素の利用の推進に関すること。
六十五　資源の総合的利用に関すること（他の府省の所掌に属するものを除く。）。
六十六　原子力政策のうち科学技術に関するものに関すること。
六十七　原子力に関する関係行政機関の試験及び研究に係る経費その他これに類する経費の配分計画に関すること。
六十八　原子力損害の賠償に関すること。
六十九　スポーツに関する基本的な政策の企画及び立案並びに推進に関すること。
七十　スポーツに関する関係行政機関の事務の調整に関すること。
七十一　スポーツの振興に関する企画及び立案並びに援助及び助言に関すること。
七十二　スポーツのための助成に関すること。
七十三　心身の健康の保持増進に資するスポーツの機会の確保に関すること。
七十四　国際的又は全国的な規模において行われるスポーツ事業に関すること。
七十五　スポーツに関する競技水準の向上に関すること。
七十六　スポーツ振興投票に関すること。
七十七　文化に関する基本的な政策の企画及び立案並びに推進に関すること。
七十八　文化に関する関係行政機関の事務の調整に関すること。
七十九　文化（文化財（文化財保護法（昭和二十五年法律第二百十四号）第二条第一項に規定する文化財をいう。第八十五号において同じ。）に係る事項を除く。次号及び第八十二号において同じ。）の振興に関する企画及び立案並びに援助及び助言に関すること。
八十　文化の振興のための助成に関すること。
八十一　劇場、音楽堂、美術館その他の文化施設に関すること。
八十二　文化に関する展示会、講習会その他の催しを主催すること。
八十三　国語の改善及びその普及に関すること。
八十四　著作者の権利、出版権及び著作隣接権の保護及び利用に関すること。
八十五　文化財の保存及び活用に関すること。
八十六　アイヌ文化の振興に関すること。
八十六の二　興行入場券（特定興行入場券の不正転売の

禁止等による興行入場券の適正な流通の確保に関する法律（平成三十年法律第百三号）第二条第二項に規定する興行入場券をいう。）の適正な流通の確保に関する関係行政機関の事務の調整に関すること。

八十七　宗教法人の規則、規則の変更、合併及び任意解散の認証並びに宗教に関する情報資料の収集及び宗教団体との連絡に関すること。

八十八　国際文化交流の振興に関すること（外交政策に係るものを除く。）。

八十九　ユネスコ活動（ユネスコ活動に関する法律（昭和二十七年法律第二百七号）第二条に規定するユネスコ活動をいう。）の振興に関すること（外交政策に係るものを除く。）。

九十　文化功労者に関すること。

九十一　地方公共団体の機関、大学、高等専門学校、研究機関その他の関係機関に対し、教育、学術、スポーツ、文化及び宗教に係る専門的、技術的な指導及び助言を行うこと。

九十二　教育関係職員、研究者、社会教育に関する団体、社会教育指導者、スポーツの指導者その他の関係者に対し、教育、学術、スポーツ及び文化に係る専門的、技術的な指導及び助言を行うこと。

九十三　所掌事務に係る国際協力に関すること。

九十四　政令で定める文教研修施設において所掌事務に関する研修を行うこと。

九十五　前各号に掲げるもののほか、法律（法律に基づく命令を含む。）に基づき文部科学省に属させられた事務

2　前項に定めるもののほか、文部科学省は、前条第二項の任務を達成するため、同条第一項の任務に関連する特定の内閣の重要政策について、当該重要政策に関して閣議において決定された基本的な方針に基づいて、行政各部の施策の統一を図るために必要となる企画及び立案並びに総合調整に関する事務をつかさどる。

第三章　本省に置かれる職及び機関

第一節　特別な職

（文部科学審議官）

第五条　文部科学省に、文部科学審議官二人を置く。

2　文部科学審議官は、命を受けて、文部科学省の所掌事務に係る重要な政策に関する事務を総括整理する。

第二節　審議会等

第一款　設置

〔審議会等〕

第六条　本省に、科学技術・学術審議会を置く。

2　前項に定めるもののほか、別に法律で定めるところにより文部科学省に置かれる審議会等で本省に置かれるものは、国立大学法人評価委員会とする。

第二款　科学技術・学術審議会

〔科学技術・学術審議会〕

第七条　科学技術・学術審議会は、次に掲げる事務をつかさどる。

一　文部科学大臣の諮問に応じて次に掲げる重要事項を調査審議すること。

イ　科学技術の総合的な振興に関する重要事項

ロ　学術の振興に関する重要事項

二　前号イ及びロに掲げる重要事項に関し、文部科学大臣に意見を述べること。

三　文部科学大臣又は関係各大臣の諮問に応じて海洋の開発に関する総合的かつ基本的な事項を調査審議すること。

四　測地学及び政府機関における測地事業計画に関する事項を調査審議すること。

五　前二号に規定する事項に関し、文部科学大臣又は関係各大臣に意見を述べること。

六　技術士法（昭和五十八年法律第二十五号）及び国際卓越研究大学の研究及び研究成果の活用のための体制

の強化に関する法律（令和四年法律第五十一号）の規定によりその権限に属させられた事項を処理すること。

2　文部科学大臣は、大学の研究及び研究成果の活用のための体制の強化に関して高い識見を有する外国人（日本の国籍を有しない者をいう。次項において同じ。）を科学技術・学術審議会の委員に任命することができる。

3　前項の場合において、外国人である科学技術・学術審議会の委員は、科学技術・学術審議会の会務を総理し、科学技術・学術審議会を代表する者となることはできず、当該委員の数は、科学技術・学術審議会の委員の総数の五分の一を超えてはならない。

4　前三項に定めるもののほか、科学技術・学術審議会の組織及び委員その他の職員その他科学技術・学術審議会に関し必要な事項については、政令で定める。

第三節　特別の機関

（設置）

第九条　本省に、日本学士院を置く。

2　前項に定めるもののほか、別に法律で定めるところにより文部科学省に置かれる特別の機関で本省に置かれるものは、次のとおりとする。

地震調査研究推進本部
火山調査研究推進本部
日本ユネスコ国内委員会

（日本学士院）

第十条　日本学士院については、日本学士院法（昭和三十一年法律第二十七号）の定めるところによる。

（地震調査研究推進本部）

第十一条　地震調査研究推進本部については、地震防災対策特別措置法（平成七年法律第百十一号。これに基づく命令を含む。）の定めるところによる。

（火山調査研究推進本部）

第十一条の二　火山調査研究推進本部については、活動火山対策特別措置法（昭和四十八年法律第六十一号。これに基づく命令を含む。）の定めるところによる。

（日本ユネスコ国内委員会）

第十二条　日本ユネスコ国内委員会については、ユネスコ活動に関する法律（これに基づく命令を含む。）の定めるところによる。

第四章　外局

第一節　設置

（設置）

第十三条　国家行政組織法第三条第二項の規定に基づいて、文部科学省に、次の外局を置く。

スポーツ庁
文化庁

第二節　スポーツ庁

（長官）

第十四条　スポーツ庁の長は、スポーツ庁長官とする。

（任務）

第十五条　スポーツ庁は、スポーツの振興その他のスポーツに関する施策の総合的な推進を図ることを任務とする。

（所掌事務）

第十六条　スポーツ庁は、前条の任務を達成するため、第四条第一項第三号、第五号、第三十号、第三十八号、第三十九号、第六十九号から第七十六号まで、第八十八号（スポーツの振興に係るものに限る。）、第八十九号及び第九十一号から第九十五号までに掲げる事務並びに学校における体育及び保健教育の基準の設定に関する事務をつかさどる。

第三節　文化庁

第一款　任務及び所掌事務

（長官）

第十七条　文化庁の長は、文化庁長官とする。

（任務）

第十八条　文化庁は、文化の振興その他の文化に関する施策の総合的な推進並びに国際文化交流の振興及び博物館による社会教育の振興を図るとともに、宗教に関する行政事務を適切に行うことを任務とする。

（所掌事務）

第十九条　文化庁は、前条の任務を達成するため、第四条第一項第三号、第五号、第三十号、第三十二号（博物館に係るものに限る。）、第三十三号（博物館に係るものに限る。）、第三十八号、第三十九号、第七十七号から第八十七号まで、第八十八号（学術及びスポーツの振興に係るものを除く。）、第八十九号及び第九十号から第九十五号までに掲げる事務並びに学校における芸術に関する教育の基準の設定に関する事務をつかさどる。

第二款　審議会等

（設置）
第二十条　文化庁に、文化審議会を置く。
2　前項に定めるもののほか、別に法律で定めるところにより文部科学省に置かれる審議会等で文化庁に置かれるものは、宗教法人審議会とする。

（文化審議会）
第二十一条　文化審議会は、次に掲げる事務をつかさどる。
一　文部科学大臣又は文化庁長官の諮問に応じて文化の振興その他の文化に関する施策の総合的な推進並びに国際文化交流の振興（学術及びスポーツの振興に係るものを除く。）及び博物館による社会教育の振興に関する重要事項（第三号に規定するものを除く。）を調査審議すること。
二　前号に規定する重要事項に関し、文部科学大臣又は文化庁長官に意見を述べること。
三　文部科学大臣又は文化庁長官の諮問に応じて国語の改善及びその普及に関する事項を調査審議すること。
四　前号に規定する事項に関し、文部科学大臣、関係各大臣又は文化庁長官に意見を述べること。
五　文化芸術基本法（平成十三年法律第百四十八号）第七条第三項、展覧会における美術品損害の補償に関する法律（平成二十三年法律第十七号）第十二条第二項、著作権法（昭和四十五年法律第四十八号）、万国著作権条約の実施に伴う著作権法の特例に関する法律（昭和三十一年法律第八十六号）第五条第四項、著作権等管理事業法（平成十二年法律第百三十一号）第二十四条第四項、文化財保護法第百五十三条及び文化功労者年金法（昭和二十六年法律第百二十五号）第二条第二項の規定によりその権限に属させられた事項を処理すること。
2　文化審議会の委員その他の職員で政令で定めるものは、文部科学大臣が任命する。
3　前二項に定めるもののほか、文化審議会の組織及び委員その他の職員その他文化審議会に関し必要な事項については、政令で定める。

（宗教法人審議会）
第二十二条　宗教法人審議会については、宗教法人法（昭和二十六年法律第百二十六号）の定めるところによる。

第三款　特別の機関

（日本芸術院）
第二十三条　文化庁に、日本芸術院を置く。
2　日本芸術院は、次に掲げる事務をつかさどる。
一　芸術上の功績顕著な芸術家の優遇に関すること。
二　芸術の発達に寄与する活動を行い、並びに芸術に関する重要事項を審議し、及びこれに関し、文部科学大臣又は文化庁長官に意見を述べること。
3　日本芸術院の長及び会員は、政令で定めるところにより、文部科学大臣が任命する。
4　日本芸術院の会員には、予算の範囲内で、文部科学大臣の定めるところにより、年金を支給することができる。
5　日本芸術院の組織、会員その他の職員及び運営については、政令で定める。

附　則

（所掌事務の特例）
2　文部科学省は、第三条の任務を達成するため、第四条各号に掲げる事務のほか、当分の間、高等学校（中等教育学校の後期課程を含む。）の職業に関する教科の教科用図書及び特別支援学校の教科用図書の編修及び改訂に関する事務をつかさどる。

◆独立行政法人通則法

（平一一・七・一六　法　一〇三）
最終改正　令四―法六八

第一章　総則

第一節　通則

（目的等）
第一条　この法律は、独立行政法人の運営の基本その他の

制度の基本となる共通の事項を定め、各独立行政法人の名称、目的、業務の範囲等に関する事項を定める法律（以下「個別法」という。）と相まって、独立行政法人制度の確立並びに独立行政法人が公共上の見地から行う事務及び事業の確実な実施を図り、もって国民生活の安定及び社会経済の健全な発展に資することを目的とする。

2　各独立行政法人の組織、運営及び管理については、個別法に定めるもののほか、この法律の定めるところによる。

（定義）

第二条　この法律において「独立行政法人」とは、国民生活及び社会経済の安定等の公共上の見地から確実に実施されることが必要な事務及び事業であって、国が自ら主体となって直接に実施する必要のないもののうち、民間の主体に委ねた場合には必ずしも実施されないおそれがあるもの又は一の主体に独占して行わせることが必要であるもの（以下この条において「公共上の事務等」という。）を効果的かつ効率的に行わせるため、中期目標管理法人、国立研究開発法人又は行政執行法人として、この法律及び個別法の定めるところにより設立される法人をいう。

2　この法律において「中期目標管理法人」とは、公共上の事務等のうち、その特性に照らし、一定の自主性及び自律性を発揮しつつ、中期的な視点に立って執行することが求められるもの（国立研究開発法人が行うものを除く。）を国が中期的な期間について定める業務運営に関する目標を達成するための計画に基づき行うことにより、国民の需要に的確に対応した多様で良質なサービスの提供を通じた公共の利益の増進を推進することを目的とする独立行政法人として、個別法で定めるものをいう。

3　この法律において「国立研究開発法人」とは、公共上の事務等のうち、その特性に照らし、一定の自主性及び自律性を発揮しつつ、中長期的な視点に立って執行することが求められる科学技術に関する試験、研究又は開発（以下「研究開発」という。）に係るものを主要な業務として国が中長期的な期間について定める業務運営に関する目標を達成するための計画に基づき行うことにより、我が国における科学技術の水準の向上を通じた国民経済の健全な発展その他の公益に資するため研究開発の最大限の成果を確保することを目的とする独立行政法人として、個別法で定めるものをいう。

4　この法律において「行政執行法人」とは、公共上の事務等のうち、その特性に照らし、国の行政事務と密接に関連して行われる国の指示その他の国の相当な関与の下に確実に執行することが求められるものを国が事業年度ごとに定める業務運営に関する目標を達成するための計画に基づき行うことにより、その公共上の事務等を正確かつ確実に執行することを目的とする独立行政法人として、個別法で定めるものをいう。

（業務の公共性、透明性及び自主性等）

第三条　独立行政法人は、その行う事務及び事業が国民生活及び社会経済の安定等の公共上の見地から確実に実施されることが必要なものであることに鑑み、適正かつ効率的にその業務を運営するよう努めなければならない。

2　独立行政法人は、この法律の定めるところによりその業務の内容を公表すること等を通じて、その組織及び運営の状況を国民に明らかにするよう努めなければならない。

3　この法律及び個別法の運用に当たっては、独立行政法人の事務及び事業が内外の社会経済情勢を踏まえつつ適切に行われるよう、独立行政法人の事務及び事業の特性並びに独立行政法人の業務運営における自主性は、十分配慮されなければならない。

（名称）

第四条　各独立行政法人の名称は、個別法で定める。

2　国立研究開発法人については、その名称中に、国立研究開発法人という文字を使用するものとする。

（目的）

第五条　各独立行政法人の目的は、第二条第二項、第三項又は第四項の目的の範囲内で、個別法で定める。

（法人格）

第六条　独立行政法人は、法人とする。

（財産的基礎等）

第八条　独立行政法人は、その業務を確実に実施するために必要な資本金その他の財産的基礎を有しなければならない。

2　政府は、その業務を確実に実施させるために必要があると認めるときは、個別法で定めるところにより、各独立行政法人に出資することができる。

3　独立行政法人は、業務の見直し、社会経済情勢の変化その他の事由により、その保有する重要な財産であって主務省令（当該独立行政法人を所管する内閣府又は各省の内閣府令又は省令をいう。ただし、原子力規制委員会が所管する独立行政法人については、原子力規制委員会規則とする。以下同じ。）で定めるものが将来にわたり業務を確実に実施する上で必要がなくなったと認められる場合には、第四十六条の二又は第四十六条の三の規定により、当該財産（以下「不要財産」という。）を処分しなければならない。

（一般社団法人及び一般財団法人に関する法律の準用）

第十一条　一般社団法人及び一般財団法人に関する法律（平成十八年法律第四十八号）第四条及び第七十八条の規定は、独立行政法人について準用する。

第二節　独立行政法人評価制度委員会

（設置）

第十二条　総務省に、独立行政法人評価制度委員会（以下「委員会」という。）を置く。

◇地方独立行政法人法

（平一五・七・一六 法 一一八）

最終改正　令五―法五八

第一章　総則

第一節　通則

（目的）

第一条　この法律は、地方独立行政法人の運営の基本その他の制度の基本となる事項を定め、地方独立行政法人制度の確立並びに地方独立行政法人が公共上の見地から行う事務及び事業の確実な実施を図り、もって住民の生活の安定並びに地域社会及び地域経済の健全な発展に資することを目的とする。

◇地方自治法

（昭二二・四・一七 法 六七）

最終改正　令五―法八四

第一編　総則

（目的）

第一条　この法律は、地方自治の本旨に基いて、地方公共団体の区分並びに地方公共団体の組織及び運営に関する事項の大綱を定め、併せて国と地方公共団体との間の基本的関係を確立することにより、地方公共団体における民主的にして能率的な行政の確保を図るとともに、地方公共団体の健全な発達を保障することを目的とする。

（地方公共団体の役割と国の役割）

第一条の二　地方公共団体は、住民の福祉の増進を図ることを基本として、地域における行政を自主的かつ総合的に実施する役割を広く担うものとする。

2　国は、前項の規定の趣旨を達成するため、国においては国際社会における国家としての存立にかかわる事務、全国的に統一して定めることが望ましい国民の諸活動若しくは地方自治に関する基本的な準則に関する事務又は全国的な規模で若しくは全国的な視点に立って行わなければならない施策及び事業の実施その他の国が本来果たすべき役割を重点的に担い、住民に身近な行政はできる限り地方公共団体にゆだねることを基本として、地方公共団体との間で適切に役割を分担するとともに、地方公共団体に関する制度の策定及び施策の実施に当たって、地方公共団体の自主性及び自立性が十分に発揮されるよ

うにしなければならない。

〔地方公共団体の種類〕
第一条の三　地方公共団体は、普通地方公共団体及び特別地方公共団体とする。
2　普通地方公共団体は、都道府県及び市町村とする。
3　特別地方公共団体は、特別区、地方公共団体の組合及び財産区とする。

〔地方公共団体の法人格とその事務〕
第二条　地方公共団体は、法人とする。
2　普通地方公共団体は、地域における事務及びその他の事務で法律又はこれに基づく政令により処理することとされるものを処理する。
（略）

第二編　普通地方公共団体

第三章　条例及び規則

〔条例〕
第十四条　普通地方公共団体は、法令に違反しない限りにおいて第二条第二項の事務に関し、条例を制定することができる。
（略）

〔規則〕
第十五条　普通地方公共団体の長は、法令に違反しない限りにおいて、その権限に属する事務に関し、規則を制定することができる。
（略）

第六章　議会

第二節　権限

〔意見書の提出〕
第九十九条　普通地方公共団体の議会は、当該普通地方公共団体の公益に関する事件につき意見書を国会又は関係行政庁に提出することができる。

第七章　執行機関

第三節　委員会及び委員

第一款　通則

〔委員会及び委員の種類〕
第百八十条の五　執行機関として法律の定めるところにより普通地方公共団体に置かなければならない委員会及び委員は、左の通りである。
一　教育委員会
二　選挙管理委員会
三　人事委員会又は人事委員会を置かない普通地方公共団体にあっては公平委員会
四　監査委員
（略）

第二款　教育委員会

〔教育委員会の事務等〕
第百八十条の八　教育委員会は、別に法律の定めるところにより、学校その他の教育機関を管理し、学校の組織編制、教育課程、教科書その他の教材の取扱及び教育職員の身分取扱に関する事務を行い、並びに社会教育その他教育、学術及び文化に関する事務を管理し及びこれを執行する。

第十章　公の施設

（公の施設）
第二百四十四条　普通地方公共団体は、住民の福祉を増進する目的をもってその利用に供するための施設（これを公の施設という。）を設けるものとする。
2　普通地方公共団体（次条第三項に規定する指定管理者を含む。次項において同じ。）は、正当な理由がない限り、住民が公の施設を利用することを拒んではならない。
3　普通地方公共団体は、住民が公の施設を利用することについて、不当な差別的取扱いをしてはならない。

第十一章　国と普通地方公共団体との関係及び普通地方公共団体相互間の関係

第一節　普通地方公共団体に対する国又は都道府県の関与等

第一款　普通地方公共団体に対する国又は都道府県の関与等

（是正の要求）

第二百四十五条の五　各大臣は、その担任する事務に関し、都道府県の自治事務の処理が法令の規定に違反していると認めるとき、又は著しく適正を欠き、かつ、明らかに公益を害していると認めるときは、当該都道府県に対し、当該自治事務の処理について違反の是正又は改善のため必要な措置を講ずべきことを求めることができる。

2　各大臣は、その担任する事務に関し、市町村の次の各号に掲げる事務の処理が法令の規定に違反していると認めるとき、又は著しく適正を欠き、かつ、明らかに公益を害していると認めるときは、当該各号に定める都道府県の執行機関に対し、当該事務の処理について違反の是正又は改善のため必要な措置を講ずべきことを当該市町村に求めるよう指示をすることができる。

一　市町村長その他の市町村の執行機関（教育委員会及び選挙管理委員会を除く。）の担任する事務（第一号法定受託事務を除く。次号及び第三号において同じ。）　都道府県知事

二　市町村教育委員会の担任する事務　都道府県教育委員会

三　市町村選挙管理委員会の担任する事務　都道府県選挙管理委員会

3　前項の指示を受けた都道府県の執行機関は、当該市町村に対し、当該事務の処理について違反の是正又は改善のため必要な措置を講ずべきことを求めなければならない。

4　各大臣は、第二項の規定によるほか、その担任する事務に関し、市町村の事務（第一号法定受託事務を除く。）の処理が法令の規定に違反していると認める場合、又は著しく適正を欠き、かつ、明らかに公益を害していると認める場合において、緊急を要するときその他特に必要があると認めるときは、自ら当該市町村に対し、当該事務の処理について違反の是正又は改善のため必要な措置を講ずべきことを求めることができる。

5　普通地方公共団体は、第一項、第三項又は前項の規定による求めを受けたときは、当該事務の処理について違反の是正又は改善のための必要な措置を講じなければならない。

（是正の勧告）

第二百四十五条の六　次の各号に掲げる都道府県の執行機関は、市町村の当該各号に定める自治事務の処理が法令の規定に違反していると認めるとき、又は著しく適正を欠き、かつ、明らかに公益を害していると認めるときは、当該市町村に対し、当該自治事務の処理について違反の是正又は改善のため必要な措置を講ずべきことを勧告することができる。

一　都道府県知事　市町村長その他の市町村の執行機関（教育委員会及び選挙管理委員会を除く。）の担任する自治事務

二　都道府県教育委員会　市町村教育委員会の担任する自治事務

三　都道府県選挙管理委員会　市町村選挙管理委員会の担任する自治事務

（代執行等）

第二百四十五条の八　各大臣は、その所管する法律若しくはこれに基づく政令に係る都道府県知事の法定受託事務の管理若しくは執行が法令の規定若しくは当該各大臣の処分に違反するものがある場合又は当該法定受託事務の管理若しくは執行を怠るものがある場合において、本項から第八項までに規定する措置以外の方法によってその是正を図ることが困難であり、かつ、それを放置することにより著しく公益を害することが明らかであるときは、

文書により、当該都道府県知事に対して、その旨を指摘し、期限を定めて、当該違反を是正し、又は当該怠る法定受託事務の管理若しくは執行を改めるべきことを勧告することができる。

2　各大臣は、都道府県知事が前項の期限までに同項の規定による勧告に係る事項を行わないときは、文書により、当該都道府県知事に対し、期限を定めて当該事項を行うべきことを指示することができる。

3　各大臣は、都道府県知事が前項の期限までに当該事項を行わないときは、高等裁判所に対し、訴えをもって、当該事項を行うべきことを命ずる旨の裁判を請求することができる。

4　各大臣は、高等裁判所に対し前項の規定により訴えを提起したときは、直ちに、文書により、その旨を当該都道府県知事に通告するとともに、当該高等裁判所に対し、その通告をした日時、場所及び方法を通知しなければならない。

5　当該高等裁判所は、第三項の規定により訴えが提起されたときは、速やかに口頭弁論の期日を定め、当事者を呼び出さなければならない。その期日は、同項の訴えの提起があった日から十五日以内の日とする。

6　当該高等裁判所は、各大臣の請求に理由があると認めるときは、当該都道府県知事に対し、期限を定めて当該事項を行うべきことを命ずる旨の裁判をしなければならない。

7　第三項の訴えは、当該都道府県の区域を管轄する高等裁判所の専属管轄とする。

8　各大臣は、都道府県知事が第六項の裁判に従い同項の期限までに、なお、当該事項を行わないときは、当該都道府県知事に代わって当該事項を行うことができる。この場合においては、各大臣は、あらかじめ当該都道府県知事に対し、当該事項を行う日時、場所及び方法を通知しなければならない。

◆国家賠償法

（昭二二・一〇・二七　法一二五）

〔公務員の不法行為と賠償責任、求償権〕

第一条　国又は公共団体の公権力の行使に当る公務員が、その職務を行うについて、故意又は過失によって違法に他人に損害を加えたときは、国又は公共団体が、これを賠償する責に任ずる。

2　前項の場合において、公務員に故意又は重大な過失があったときは、国又は公共団体は、その公務員に対して求償権を有する。

〔営造物の設置管理の瑕疵と賠償責任、求償権〕

第二条　道路、河川その他の公の営造物の設置又は管理に瑕疵があったために他人に損害を生じたときは、国又は公共団体は、これを賠償する責に任ずる。

2　前項の場合において、他に損害の原因について責に任ずべき者があるときは、国又は公共団体は、これに対して求償権を有する。

〔費用負担者の損害賠償責任・内部関係で責任ある者に対する求償権〕

第三条　前二条の規定によって国又は公共団体が損害を賠償する責に任ずる場合において、公務員の選任若しくは監督又は公の営造物の設置若しくは管理に当る者と公務員の俸給、給与その他の費用又は公の営造物の設置若しくは管理の費用を負担する者とが異なるときは、費用を負担する者もまた、その損害を賠償する責に任ずる。

2　前項の場合において、損害を賠償した者は、内部関係でその損害を賠償する責任ある者に対して求償権を有する。

◆構造改革特別区域法

（平一四・一二・一八　法　一八九）
最終改正　令五—法四三

第一章　総則

（目的）
第一条　この法律は、地方公共団体の自発性を最大限に尊重した構造改革特別区域を設定し、当該地域の特性に応じた規制の特例措置の適用を受けて地方公共団体が特定の事業を実施し又はその実施を促進することにより、教育、物流、研究開発、農業、社会福祉その他の分野における経済社会の構造改革を推進するとともに地域の活性化を図り、もって国民生活の向上及び国民経済の発展に寄与することを目的とする。

（定義）
第二条　この法律において「構造改革特別区域」とは、地方公共団体が当該地域の活性化を図るために自発的に設定する区域であって、当該地域の特性に応じた特定事業を実施し又はその実施を促進するものをいう。

2　この法律において「特定事業」とは、地方公共団体が実施し又はその実施を促進する事業のうち、別表に掲げる事業で、規制の特例措置の適用を受けるものをいう。

3　この法律において「規制の特例措置」とは、法律により規定された規制についての第十二条から第十五条まで、第十八条から第二十条まで及び第二十三条から第三十四条までに規定する法律の特例に関する措置並びに政令又は主務省令（以下この項において「政令等」という。）により規定された規制についての第三十五条の規定による政令等又は第三十六条の規定による条例で規定する政令等の特例に関する措置をいい、これらの措置の適用を受ける場合において当該規制の趣旨に照らし地方公共団体がこれらの措置と併せて実施し又はその実施を促進することが必要となる措置を含むものとする。

4　この法律（第四十三条第一項を除く。）において「地方公共団体」とは、都道府県、市町村（特別区を含む。第四条第四項及び第七項並びに第十九条第一項において同じ。）又は地方自治法（昭和二十二年法律第六十七号）第二百八十四条第一項の一部事務組合若しくは広域連合をいう。

第四章　構造改革特別区域における規制の特例措置

（学校教育法の特例）
第十二条　地方公共団体が、その設定する構造改革特別区域において、地域の特性を生かした教育の実施の必要性、地域産業を担う人材の育成の必要性その他の特別の事情に対応するための教育又は研究を株式会社の設置する学校（学校教育法（昭和二十二年法律第二十六号）第一条に規定する学校をいう。以下この条及び別表第二号において同じ。）が行うことが適切かつ効果的であると認めて内閣総理大臣の認定を申請し、その認定を受けたときは、当該認定の日以後は、同法第二条第一項中「及び私立学校法（昭和二十四年法律第二百七十号）第三条に規定する学校法人（以下「学校法人」という。）」とあるのは、「私立学校法（昭和二十四年法律第二百七十号）第三条に規定する学校法人（以下「学校法人」という。）及び構造改革特別区域法（平成十四年法律第百八十九号）第十二条第二項に規定する特別の事情に対応するための教育又は研究を行い、かつ、同項各号に掲げる要件の全てに適合している株式会社（次項、第四条第一項第三号、第九十五条及び附則第六条において「学校設置会社」という。）」と、同条第二項中「学校法人」とあるのは「学校法人又は学校設置会社」と、同法第四条第一項第三号中「都道府県知事」とあるのは「都道府県知事（学校設置会社の設置するものにあっては、構造改革特別区域法第十二条第一項の認定を受けた地方公共団体の

長。第十条、第十四条、第四十四条（第二十八条、第四十九条、第六十二条、第七十条第一項及び第八十二条において準用する場合を含む。）及び第五十四条第三項（第七十条第一項において準用する場合を含む。）において同じ。）」と、同法第九十五条（同法第百二十三条において準用する場合を含む。）中「諮問しなければならない」とあるのは「諮問しなければならない。学校設置会社の設置する大学について第四条第一項の規定による認可を行う場合（設置の認可を行う場合を除く。）及び学校設置会社の設置する大学に対し第十三条第一項の規定による命令を行う場合も、同様とする」と、同法附則第六条中「学校法人」とあるのは「学校法人又は学校設置会社」とする。

2　前項の規定により学校教育法第四条第一項の認可を受けて学校を設置することができる株式会社（以下この条及び第十九条第一項第一号並びに別表第二号において「学校設置会社」という。）は、その構造改革特別区域に設置する学校において、地域の特性を生かした教育の実施の必要性、地域産業を担う人材の育成の必要性その他の特別の事情に対応するための教育又は研究を行うものとし、次に掲げる要件のすべてに適合していなければならない。

一　文部科学省令で定める基準に適合する施設及び設備又はこれらに要する資金並びに当該学校の経営に必要な財産を有すること。

二　当該学校の経営を担当する役員が学校を経営するために必要な知識又は経験を有すること。

三　当該学校設置会社の経営を担当する役員が社会的信望を有すること。

（略）

〔学校教育法の特例、学校設置非営利法人〕

第十三条　地方公共団体が、その設定する構造改革特別区域において、学校生活への適応が困難であるため相当の期間学校（学校教育法第一条に規定する学校をいい、大学及び高等専門学校を除く。以下この条及び別表第三号において同じ。）を欠席していると認められる児童、生徒若しくは幼児又は発達の障害により学習上若しくは行動上著しい困難を伴うため教育上特別の指導が必要であると認められる児童、生徒若しくは幼児（次項において「不登校児童等」という。）を対象として、当該構造改革特別区域に所在する学校の設置者による教育によっては満たされない特別の需要に応ずるための教育を特定非営利活動法人（特定非営利活動促進法（平成十年法律第七号）第二条第二項の特定非営利活動法人をいう。次項において同じ。）の設置する学校が行うことにより、当該構造改革特別区域における学校教育の目的の達成に資するものと認めて内閣総理大臣の認定を申請し、その認定を受けたときは、当該認定の日以後は、学校教育法第二条第一項中「設置することができる」とあるのは「設置することができる。ただし、構造改革特別区域法（平成十四年法律第百八十九号）第十三条第二項に規定する特別の需要に応ずるための教育を行い、かつ、同項各号に掲げる要件のすべてに適合している特定非営利活動促進法（平成十年法律第七号）第二条第二項の特定非営利活動法人（次項、第四条第一項第三号及び附則第六条において学校設置非営利法人という。）は、大学及び高等専門学校以外の学校を設置することができる」と、同条第二項中「学校法人」とあるのは「学校法人又は学校設置非営利法人」と、同法第四条第一項第三号中「都道府県知事」とあるのは「都道府県知事（学校設置非営利法人の設置するものにあっては、構造改革特別区域法第十三条第一項の認定を受けた地方公共団体の長。第十条、第十四条、第四十四条（第二十八条、第四十九条、第六十二条、第七十条第一項及び第八十二条において準用する場合を含む。）及び第五十四条第三項（第七十条第一項において準用する場合を含む。）において同じ。）」と、同法附則第六条中「学校法人」とあるのは「学校法人又

は学校設置非営利法人」とする。

2　前項の規定により学校教育法第四条第一項の認可を受けて学校を設置することができる特定非営利活動法人（以下この条及び第十九条第一項第二号並びに別表第三号において「学校設置非営利法人」という。）は、その構造改革特別区域に設置する学校において、不登校児童等を対象として、当該構造改革特別区域に所在する学校の設置者による教育によっては満たされない特別の需要に応ずるための教育を行うものとし、次に掲げる要件のすべてに適合していなければならない。

一　文部科学省令で定める基準に適合する施設及び設備又はこれらに要する資金並びに当該学校の経営に必要な財産を有すること。

二　当該学校の経営を担当する役員が学校を経営するために必要な知識又は経験を有すること。

三　当該学校設置非営利法人の経営を担当する役員が社会的信望を有すること。

四　不登校児童等を対象として行う特定非営利活動促進法第二条第一項に規定する特定非営利活動の実績が相当程度あること。

（略）

◆国家戦略特別区域法

（平二五・一二・一三　法　一〇七）
最終改正　令五—法二一

第一章　総則

（目的）

第一条　この法律は、我が国を取り巻く国際経済環境の変化その他の経済社会情勢の変化に対応して、我が国の経済社会の活力の向上及び持続的発展を図るためには、国が定めた国家戦略特別区域において、経済社会の構造改革を重点的に推進することにより、産業の国際競争力を強化するとともに、国際的な経済活動の拠点を形成することが重要であることに鑑み、国家戦略特別区域に関し、規制改革その他の施策を総合的かつ集中的に推進するために必要な事項を定め、もって国民経済の発展及び国民生活の向上に寄与することを目的とする。

（基本理念）

第三条　国家戦略特別区域における産業の国際競争力の強化及び国際的な経済活動の拠点の形成は、国が、これらの実現のために必要な政策課題の迅速な解決を図るため、適切に国家戦略特別区域を定めるとともに、規制の特例措置の整備その他必要な施策を、関連する諸制度の改革を推進しつつ総合的かつ集中的に講ずることを基本とし、地方公共団体及び民間事業者その他の関係者が、国と相互に密接な連携を図りつつ、これらの施策を活用して、我が国の経済社会の活力の向上及び持続的発展を図ることを旨として、行われなければならない。

（関連する施策との連携）

第四条　国及び地方公共団体は、国家戦略特別区域における産業の国際競争力の強化及び国際的な経済活動の拠点の形成に関する施策の推進に当たっては、構造改革特別区域（構造改革特別区域法（平成十四年法律第百八十九号）第二条第一項に規定する構造改革特別区域をいう。第十条第三項及び第三十八条第二項において同じ。）における経済社会の構造改革の推進に関する施策その他の関連する施策との連携を図るよう努めなければならない。

（学校教育法等の特例）

第十二条の三　国家戦略特別区域会議が、第八条第二項第二号に規定する特定事業として、公立国際教育学校等管理事業（国家戦略特別区域内において、都道府県又は地方自治法第二百五十二条の十九第一項の指定都市（以下この条において「都道府県等」という。）が設置する学校教育法（昭和二十二年法律第二十六号）第一条に規定する中学校（同法第七十一条の規定により高等学校における教育と一貫した教育を施すものに限る。）、高等学校又は中等教育学校のうち、国際理解教育及び外国語教育

を重点的に行うものその他の産業の国際競争力の強化及び国際的な経済活動の拠点の形成に寄与する人材の育成の必要性に対応するための教育を行うものとして政令で定める基準に適合するもの（以下この項及び第三項第三号において「公立国際教育学校等」という。）の管理を、私立学校法（昭和二十四年法律第二百七十号）第三条に規定する学校法人、同法第六十四条第四項の規定により設立された法人、一般社団法人、一般財団法人又は特定非営利活動促進法（平成十年法律第七号）第二条第二項に規定する特定非営利活動法人であって、当該公立国際教育学校等の管理を担当する役員が当該管理を行うために必要な知識又は経験を有するものとして都道府県等が指定するもの（以下この条において「指定公立国際教育学校等管理法人」という。）に行わせる事業をいう。別表の一の二の項において同じ。）を定めた区域計画について、内閣総理大臣の認定を申請し、その認定を受けたときは、当該認定の日以後は、都道府県等は、学校教育法第五条の規定にかかわらず、条例の定めるところにより、指定公立国際教育学校等管理法人に公立国際教育学校等の管理を行わせることができる。（略）

◆地域における大学の振興及び若者の雇用機会の創出による若者の修学及び就業の促進に関する法律

（平三〇・六・一 法 三七）

最終改正 令三—法三六

（目的）

第一条 この法律は、我が国における急速な少子化の進行及び地域の若者の著しい減少により地域の活力が低下していることに鑑み、地域における大学（学校教育法（昭和二十二年法律第二十六号）第一条に規定する大学をいう。以下同じ。）の振興及び若者の雇用機会の創出のための措置を講ずることにより、地域における若者の修学及び就業を促進し、もって地域の活力の向上及び持続的発展を図ることを目的とする。

（基本理念）

第二条 地域における大学の振興及び若者の雇用機会の創出による若者の修学及び就業の促進は、国、地方公共団体及び大学の相互の密接な連携並びに事業者の理解と協力の下に、若者にとって魅力ある修学の環境の整備及び就業の機会の創出を図ることを旨として、行われなければならない。

2 地域における大学の振興及び若者の雇用機会の創出による若者の修学及び就業の促進は、まち・ひと・しごと創生法（平成二十六年法律第百三十六号）の基本理念に基づき行われなければならない。

（国及び地方公共団体等の責務）

第三条 国は、前条の基本理念にのっとり、地方公共団体の自主性及び自立性を尊重しつつ、地域における若者の修学及び就業の促進に関する施策を総合的に策定し、及び実施する責務を有する。

2 地方公共団体は、前条の基本理念にのっとり、地域における地理的及び自然的特性、文化的所産並びに経済的環境の変化を踏まえつつ、国の施策と相まって、効果的に地域における若者の修学及び就業を促進するよう所要の施策を策定し、及び実施する責務を有する。

3 国及び地方公共団体は、地域における若者の修学及び就業の促進に関する施策で大学に係るものを策定し、及びこれを実施するに当たっては、大学の自主性及び自律性その他大学における教育研究の特性に配慮しなければならない。

（基本指針）

第四条 内閣総理大臣は、地域における若者の修学及び就業を促進するため、地域における大学の振興、これを通じた地域における中核的な産業の振興及び当該産業に関する専門的な知識を有する人材の育成並びに地域におけ

る事業者による若者の雇用機会の創出（以下「地域における大学振興・若者雇用創出」という。）に関する基本指針（以下この条及び次条において「基本指針」という。）を定めなければならない。

2　基本指針においては、次に掲げる事項を定めるものとする。

一　地域における大学振興・若者雇用創出の意義及び目標に関する事項

二　地域における大学振興・若者雇用創出のために政府が実施すべき施策に関する基本的な方針

三　地域における大学振興・若者雇用創出のために地方公共団体が重点的に取り組むことが必要な課題に関する基本的な事項

四　地域における大学振興・若者雇用創出に係る地方公共団体、大学、事業者その他の関係者間における連携及び協力に関する基本的な事項

五　次条第一項に規定する計画の同条第六項の認定に関する基本的な事項

六　前各号に掲げるもののほか、地域における大学振興・若者雇用創出の推進のために必要な事項

3　内閣総理大臣は、基本指針を定めようとするときは、あらかじめ、文部科学大臣、厚生労働大臣及び経済産業大臣に協議するものとする。

4　内閣総理大臣は、基本指針を定めたときは、遅滞なく、これを公表しなければならない。

5　内閣総理大臣は、情勢の推移により必要が生じたときは、基本指針を変更するものとする。

6　第三項及び第四項の規定とは、前項の規定による基本指針の変更について準用する。

第2章　教育財政

◆地方財政法

（昭二三・七・七
法一〇九）

最終改正　令五―法八三

（この法律の目的）

第一条　この法律は、地方公共団体の財政（以下地方財政という。）の運営、国の財政と地方財政との関係等に関する基本原則を定め、もって地方財政の健全性を確保し、地方自治の発達に資することを目的とする。

（地方財政運営の基本）

第二条　地方公共団体は、その財政の健全な運営に努め、いやしくも国の政策に反し、又は国の財政若しくは他の地方公共団体の財政に累を及ぼすような施策を行ってはならない。

2　国は、地方財政の自主的な且つ健全な運営を助長することに努め、いやしくもその自律性をそこない、又は地方公共団体に負担を転嫁するような施策を行ってはならない。

（国がその全部又は一部を負担する法令に基づいて実施しなければならない事務に要する経費）

第十条　地方公共団体が法令に基づいて実施しなければならない事務であって、国と地方公共団体相互の利害に関係がある事務のうち、その円滑な運営を期するためには、なお、国が進んで経費を負担する必要がある次に掲げるものについては、国が、その経費の全部又は一部を負担する。

一　義務教育職員の給与（退職手当、退職年金及び退職一時金並びに旅費を除く。）に要する経費

三　義務教育諸学校の建物の建築に要する経費

九　身体障害者の更生援護に要する経費
十一　知的障害者の援護に要する経費
十四　児童一時保護所、未熟児、小児慢性特定疾病児童等、身体障害児及び結核にかかっている児童の保護、児童福祉施設（地方公共団体の設置する保育所及び幼保連携型認定こども園を除く。）並びに里親に要する経費
十五　児童手当に要する経費
十八　重度障害児に対する障害児福祉手当及び特別障害者に対する特別障害者手当の支給に要する経費
二十　職業能力開発校及び障害者職業能力開発校の施設及び設備に要する経費
二十五　特別支援学校への就学奨励に要する経費
二十九　高等学校等就学支援金の支給に要する経費
三十　新型インフルエンザ等緊急事態における埋葬及び火葬に要する経費並びに新型インフルエンザ等対策に係る臨時の医療施設における医療の提供、損失の補償若しくは実費の弁償又は損害の補償に要する経費
（略）

（国がその全部又は一部を負担する建設事業に要する経費）
第十条の二　地方公共団体が国民経済に適合するように総合的に樹立された計画に従って実施しなければならない法律又は政令で定める土木その他の建設事業に要する次に掲げる経費については、国が、その経費の全部又は一部を負担する。
（略）
五　児童福祉施設その他社会福祉施設の建設に要する経費
（略）

（国がその一部を負担する災害に係る事務に要する経費）
第十条の三　地方公共団体が実施しなければならない法律又は政令で定める災害に係る事務で、地方税法又は地方交付税法によってはその財政需要に適合した財源を得ることが困難なものを行うために要する次に掲げる経費については、国が、その経費の一部を負担する。
七　学校の災害復旧に要する経費
八　社会福祉施設及び保健衛生施設の災害復旧に要する経費
（略）

（都道府県が住民にその負担を転嫁してはならない経費）
第二十七条の三　都道府県は、当該都道府県立の高等学校の施設の建設事業費について、住民に対し、直接であると間接であるとを問わず、その負担を転嫁してはならない。

（市町村が住民にその負担を転嫁してはならない経費）
第二十七条の四　市町村は、法令の規定に基づき当該市町村の負担に属するものとされている経費で政令で定めるものについて、住民に対し、直接であると間接であるとを問わず、その負担を転嫁してはならない。

◆地方交付税法

（昭二五・五・三〇
法　二一一）
最終改正　令五―法八三

（この法律の目的）
第一条　この法律は、地方団体が自主的にその財産を管理し、事務を処理し、及び行政を執行する権能をそこなわずに、その財源の均衡化を図り、及び地方交付税の交付の基準の設定を通じて地方行政の計画的な運営を保障することによって、地方自治の本旨の実現に資するとともに、地方団体の独立性を強化することを目的とする。

（運営の基本）
第三条　総務大臣は、常に各地方団体の財政状況の的確な把握に努め、地方交付税（以下「交付税」という。）の総額を、この法律の定めるところにより、財政需要額が財政収入額をこえる地方団体に対し、衡平にその超過額を補てんすることを目途として交付しなければならない。
2　国は、交付税の交付に当っては、地方自治の本旨を尊重し、条件をつけ、又はその使途を制限してはならない。
3　地方団体は、その行政について、合理的、且つ、妥当

な水準を維持するように努め、少くとも法律又はこれに基く政令により義務づけられた規模と内容とを備えるようにしなければならない。

◆義務教育費国庫負担法

（昭二七・八・八法三〇三）

最終改正　平二九—法五

（この法律の目的）

第一条　この法律は、義務教育について、義務教育無償の原則に則り、国民のすべてに対しその妥当な規模と内容とを保障するため、国が必要な経費を負担することにより、教育の機会均等とその水準の維持向上とを図ることを目的とする。

（教職員の給与及び報酬等に要する経費の国庫負担）

第二条　国は、毎年度、各都道府県ごとに、公立の小学校、中学校、義務教育学校、中等教育学校の前期課程並びに特別支援学校の小学部及び中学部（学校給食法（昭和二十九年法律第百六十号）第六条に規定する施設を含むものとし、以下「義務教育諸学校」という。）に要する経費のうち、次に掲げるものについて、その実支出額の三分の一を負担する。ただし、特別の事情があるときは、各都道府県ごとの国庫負担額の最高限度を政令で定めることができる。

一　市（地方自治法（昭和二十二年法律第六十七号）第二百五十二条の十九第一項の指定都市（以下「指定都市」という。）を除き、特別区を含む。）町村立の義務教育諸学校に係る市町村立学校職員給与負担法（昭和二十三年法律第百三十五号）第一条に掲げる職員の給料その他の給与（退職手当、退職年金及び退職一時金並びに旅費を除く。）及び報酬等に要する経費（以下「教職員の給与及び報酬等に要する経費」という。）

二　都道府県立の中学校（学校教育法（昭和二十二年法律第二十六号）第七十一条の規定により高等学校における教育と一貫した教育を施すものに限る。）、中等教育学校及び特別支援学校に係る教職員の給与及び報酬等に要する経費

三　都道府県立の義務教育諸学校（前号に規定するものを除く。）に係る教職員の給与及び報酬等に要する経費（学校生活への適応が困難であるため相当の期間学校を欠席していると認められる児童又は生徒に対して特別の指導を行うための教育課程及び夜間その他特別の時間において主として学齢を経過した者に対して指導を行うための教育課程の実施を目的として配置される教職員に係るものに限る。）

◆義務教育諸学校等の施設費の国庫負担等に関する法律

（昭三三・四・二五法八一）

最終改正　平二七—法五二

（目的）

第一条　この法律は、公立の義務教育諸学校等の施設の整備を促進するため、公立の義務教育諸学校等の建物の建築に要する経費について国がその一部を負担することを定めるとともに、文部科学大臣による施設整備基本方針の策定及び地方公共団体による施設整備計画に基づく事業に充てるための交付金の交付等について定め、もって義務教育諸学校等における教育の円滑な実施を確保することを目的とする。

（定義）

第二条　この法律において「義務教育諸学校」とは、学校教育法（昭和二十二年法律第二十六号）に規定する小学校、中学校、義務教育学校、中等教育学校の前期課程並びに特別支援学校の小学部及び中学部をいう。

2　この法律において「建物」とは、校舎、屋内運動場及

び寄宿舎をいう。

3　この法律において「学級数」とは、公立義務教育諸学校の学級編制及び教職員定数の標準に関する法律（昭和三十三年法律第百十六号）に規定する学級編制の標準により算定した学級の数をいう。ただし、第五条第一項の規定により、同項の政令で定める事情があるため、校舎又は屋内運動場の不足を生ずるおそれがある場合における校舎又は屋内運動場の新築又は増築に係る工事費の算定を行うとき、及び同条第二項の規定により、同項第一号に掲げる場合における校舎又は屋内運動場の新築又は増築に係る工事費の算定を行うとき、並びに第五条の三第一項の規定により、特別支援学校の校舎又は屋内運動場の新築又は増築に係る工事費の算定を行うときは、文部科学大臣が同法に規定する学級編制の標準に準じて定める方法により算定した学級の数をいう。

（国の負担）

第三条　国は、政令で定める限度において、次の各号に掲げる経費について、その一部を負担する。この場合において、その負担割合は、それぞれ当該各号に定める割合によるものとする。

一　公立の小学校、中学校（第二号の二に該当する中学校を除く。同号を除き、以下同じ。）及び義務教育学校における教室の不足を解消するための校舎の新築又は増築（買収その他これに準ずる方法による取得を含む。以下同じ。）に要する経費　二分の一

二　公立の小学校、中学校及び義務教育学校の屋内運動場の新築又は増築に要する経費　二分の一

二の二　公立の中学校で学校教育法第七十一条の規定により高等学校における教育と一貫した教育を施すもの及び公立の中等教育学校の前期課程（以下「中等教育学校等」という。）の建物の新築又は増築に要する経費　二分の一

三　公立の特別支援学校の小学部及び中学部の建物の新築又は増築に要する経費　二分の一

四　公立の小学校、中学校及び義務教育学校を適正な規模にするため統合しようとすることに伴って必要となり、又は統合したことに伴って必要となった校舎又は屋内運動場の新築又は増築に要する経費　二分の一

2　前項第一号の教室の不足の範囲及び同項第四号の適正な規模の条件は、政令で定める。

◆公立学校施設災害復旧費国庫負担法

（昭二八・八・二七
法　二四七）

最終改正　平二八―法四七

（目的）

第一条　この法律は、公立学校の施設の災害復旧に要する経費について、国の負担する割合等を定め、もって学校教育の円滑な実施を確保することを目的とする。

（用語の意義）

第二条　この法律において「公立学校」とは、公立の学校（地方独立行政法人法（平成十五年法律第百十八号）第六十八条第一項に規定する公立大学法人が設置するものを含む。）で、学校教育法（昭和二十二年法律第二十六号）第一条に規定するものをいう。

2　この法律において「施設」とは、建物、建物以外の工作物、土地及び設備をいう。

3　この法律において「災害」とは、暴風、こう水、高潮、地震、大火その他の異常な現象により生ずる災害をいう。

（国の負担）

第三条　国は、公立学校の施設の災害復旧に要する経費について、その三分の二を負担する。

第８編　教育職員編

第１章　人事通則

第２章　免　許

第３章　給　与

第４章　労　働

第1章 人事通則

◆教育公務員特例法

（昭二四・一・一二 法一）

最終改正 令四—法六八

第一章 総則

（この法律の趣旨）

第一条 この法律は、教育を通じて国民全体に奉仕する教育公務員の職務とその責任の特殊性に基づき、教育公務員の任免、人事評価、給与、分限、懲戒、服務及び研修等について規定する。

（定義）

第二条 この法律において「教育公務員」とは、地方公務員のうち、学校（学校教育法（昭和二十二年法律第二十六号）第一条に規定する学校及び就学前の子どもに関する教育、保育等の総合的な提供の推進に関する法律（平成十八年法律第七十七号）第二条第七項に規定する幼保連携型認定こども園（以下「幼保連携型認定こども園」という。）をいう。以下同じ。）であって地方公共団体が設置するもの（以下「公立学校」という。）の学長、校長（園長を含む。以下同じ。）、教員及び部局長並びに教育委員会の専門的教育職員をいう。

2 この法律において「教員」とは、公立学校の教授、准教授、助教、副校長（副園長を含む。以下同じ。）、教頭、主幹教諭（幼保連携型認定こども園の主幹養護教諭及び主幹栄養教諭を含む。以下同じ。）、指導教諭、教諭、助教諭、養護教諭、養護助教諭、栄養教諭、主幹保育教諭、指導保育教諭、保育教諭、助保育教諭及び講師をいう。

3 この法律で「部局長」とは、大学（公立学校であるものに限る。第二十二条の六第三項、第二十二条の七第二項第二号及び第二十六条第一項を除き、以下同じ。）の副学長、学部長その他政令で指定する部局の長をいう。

4 この法律で「評議会」とは、大学に置かれる会議であって当該大学を設置する地方公共団体の定めるところにより学長、学部長その他の者で構成するものをいう。

5 この法律で「専門的教育職員」とは、指導主事及び社会教育主事をいう。

第二章 任免、人事評価、給与、分限及び懲戒

第一節 大学の学長、教員及び部局長

（採用及び昇任の方法）

第三条 学長及び部局長の採用（現に当該学長の職以外の職に任命されている者を当該学長の職に任命する場合及び現に当該部局長の職以外の職に任命されている者を当該部局長の職に任命する場合を含む。次項から第四項までにおいて同じ。）並びに教員の採用（現に当該教員の職が置かれる部局に置かれる教員の職以外の職に任命されている者を当該部局に置かれる教員の職に任命する場合を含む。以下この項及び第五項において同じ。）及び昇任（採用に該当するものを除く。同項において同じ。）は、選考によるものとする。

2 学長の採用のための選考は、人格が高潔で、学識が優れ、かつ、教育行政に関し識見を有する者について、評議会（評議会を置かない大学にあっては、教授会。以下同じ。）の議に基づき学長の定める基準により、評議会が行う。

3 学部長の採用のための選考は、当該学部の教授会の議に基づき、学長が行う。

4 学部長以外の部局長の採用のための選考は、評議会の議に基づき学長の定める基準により、学長が行う。

5 教員の採用及び昇任のための選考は、評議会の議に基

づき学長の定める基準により、教授会の議に基づき学長が行う。

6　前項の選考について教授会が審議する場合において、その教授会が置かれる組織の長は、当該大学の教員人事の方針を踏まえ、その選考に関し、教授会に対して意見を述べることができる。

（転任）

第四条　学長、教員及び部局長は、学長及び教員にあっては評議会、部局長にあっては学長の審査の結果によるのでなければ、その意に反して転任（現に学長の職に任命されている者を当該学長の職以外の職に任命する場合、現に教員の職に任命されている者を当該教員の職が置かれる部局に置かれる教員の職以外の職に任命する場合及び現に部局長の職に任命されている者を当該部局長の職以外の職に任命する場合をいう。）をされることはない。

2　評議会及び学長は、前項の審査を行うに当たっては、その者に対し、審査の事由を記載した説明書を交付しなければならない。

3　評議会及び学長は、審査を受ける者が前項の説明書を受領した後十四日以内に請求した場合には、その者に対し、口頭又は書面で陳述する機会を与えなければならない。

4　評議会及び学長は、第一項の審査を行う場合において必要があると認めるときは、参考人の出頭を求め、又はその意見を徴することができる。

5　前三項に規定するもののほか、第一項の審査に関し必要な事項は、学長及び教員にあっては評議会、部局長にあっては学長が定める。

（降任及び免職）

第五条　学長、教員及び部局長は、学長及び教員にあっては評議会、部局長にあっては学長の審査の結果によるのでなければ、その意に反して免職されることはない。教員の降任（前条第一項の転任に該当するものを除く。）についても、また同様とする。

2　前条第二項から第五項までの規定は、前項の審査の場合に準用する。

（人事評価）

第五条の二　学長、教員及び部局長の人事評価及びその結果に応じた措置は、学長にあっては評議会が、教員及び学部長にあっては教授会の議に基づき学長が、学部長以外の部局長にあっては学長が行う。

2　前項の人事評価の基準及び方法に関する事項その他人事評価に関し必要な事項は、評議会の議に基づき学長が定める。

（休職の期間）

第六条　学長、教員及び部局長の休職の期間は、心身の故障のため長期の休養を要する場合の休職においては、個々の場合について、評議会の議に基づき学長が定める。

（任期）

第七条　学長及び部局長の任期については、評議会の議に基づき学長が定める。

（定年）

第八条　大学の教員に対する地方公務員法（昭和二十五年法律第二百六十一号）第二十八条の六第一項、第二項及び第四項の規定の適用については、同条第一項中「定年に達した日以後における最初の三月三十一日までの間において、条例で定める日」とあるのは「定年に達した日から起算して一年を超えない範囲内で評議会の議に基づき学長があらかじめ指定する日」と、同条第二項中「国の職員につき定められている定年を基準として条例で」とあるのは「評議会の議に基づき学長が」と、同条第四項中「臨時的に任用される職員その他の法律により任期を定めて任用される職員」とあるのは「臨時的に任用される職員」とする。

2　大学の教員については、地方公務員法第二十八条の六第三項及び第二十八条の七の規定は、適用しない。

（懲戒）

第九条　学長、教員及び部局長は、学長及び教員にあっては評議会、部局長にあっては学長の審査の結果によるのでなければ、懲戒処分を受けることはない。

2　第四条第二項から第五項までの規定は、前項の審査の場合に準用する。

（任命権者）

第十条　大学の学長、教員及び部局長の任用、免職、休職、

復職、退職及び懲戒処分は、学長の申出に基づいて、任命権者が行う。

2　大学の学長、教員及び部局長に係る標準職務遂行能力は、評議会の議に基づく学長の申出に基づいて、任命権者が定める。

第二節　大学以外の公立学校の校長及び教員

（採用及び昇任の方法）

第十一条　公立学校の校長の採用（現に校長の職以外の職に任命されている者を校長の職に任命する場合を含む。）並びに教員の採用（現に教員の職以外の職に任命されている者を教員の職に任命する場合を含む。以下この条において同じ。）及び昇任（採用に該当するものを除く。）は、選考によるものとし、その選考は、大学附置の学校にあつては当該大学の学長が、大学附置の学校以外の公立学校（幼保連携型認定こども園を除く。）にあつてはその校長及び教員の任命権者である教育委員会の教育長が、大学附置の学校以外の公立学校（幼保連携型認定こども園に限る。）にあつてはその校長及び教員の任命権者である地方公共団体の長が行う。

（条件付任用）

第十二条　公立の小学校、中学校、義務教育学校、高等学校、中等教育学校、特別支援学校、幼稚園及び幼保連携型認定こども園（以下「小学校等」という。）の教諭、助教諭、保育教諭、助保育教諭及び講師（以下「教諭等」という。）に係る地方公務員法第二十二条に規定する採用については、同条中「六月」とあるのは「一年」として同条の規定を適用する。

2　地方教育行政の組織及び運営に関する法律（昭和三十一年法律第百六十二号）第四十条に定める場合のほか、公立の小学校等の校長又は教員で地方公務員法第二十二条（同法第二十二条の二第七項及び前項の規定において読み替えて適用する場合を含む。）の規定により正式任用になつている者が、引き続き同一都道府県内の公立の小学校等の校長又は教員に任用された場合には、その任用については、同法第二十二条の規定は適用しない。

（校長及び教員の給与）

第十三条　公立の小学校等の校長及び教員の給与は、これらの者の職務と責任の特殊性に基づき条例で定めるものとする。

2　前項に規定する給与のうち地方自治法（昭和二十二年法律第六十七号）第二百四条第二項の規定により支給することができる義務教育等教員特別手当は、これらの者のうち次に掲げるものを対象とするものとし、その内容は、条例で定める。

一　公立の小学校、中学校、義務教育学校、中等教育学校の前期課程又は特別支援学校の小学部若しくは中学部に勤務する校長及び教員

二　前号に規定する校長及び教員との権衡上必要があると認められる公立の高等学校、中等教育学校の後期課程、特別支援学校の高等部若しくは幼稚部、幼稚園又は幼保連携型認定こども園に勤務する校長及び教員

（休職の期間及び効果）

第十四条　公立学校の校長及び教員の休職の期間は、結核性疾患のため長期の休養を要する場合の休職においては、満二年とする。ただし、任命権者は、特に必要があると認めるときは、予算の範囲内において、その休職の期間を満三年まで延長することができる。

2　前項の規定による休職者には、その休職の期間中、給与の全額を支給する。

第三節　専門的教育職員

（採用及び昇任の方法）

第十五条　専門的教育職員の採用（現に指導主事の職以外の職に任命されている者を指導主事の職に任命する場合及び現に社会教育主事の職以外の職に任命されている者を社会教育主事の職に任命する場合を含む。以下この条において同じ。）及び昇任（採用に該当するものを除く。）は、選考によるものとし、その選考は、当該教育委員会の教育長が行う。

第三章　服務

（兼職及び他の

第十七条　教育公務員は、教育に関する他の職を兼ね、又

（事業等の従事）

は教育に関する他の事業若しくは事務に従事することが本務の遂行に支障がないと任命権者（地方教育行政の組織及び運営に関する法律第三十七条第一項に規定する県費負担教職員（以下「県費負担教職員」という。）については、市町村（特別区を含む。以下同じ。）の教育委員会）において認める場合には、給与を受け、又は受けないで、その職を兼ね、又はその事業若しくは事務に従事することができる。

２　前項の規定は、非常勤の講師（地方公務員法第二十二条の四第一項に規定する短時間勤務の職を占める者及び同法第二十二条の二第一項第二号に掲げる者を除く。）については、適用しない。

３　第一項の場合においては、地方公務員法第三十八条第二項の規定により人事委員会が定める許可の基準によることを要しない。

（公立学校の教育公務員の政治的行為の制限）

第十八条　公立学校の教育公務員の政治的行為の制限については、当分の間、地方公務員法第三十六条の規定にかかわらず、国家公務員の例による。

２　前項の規定は、政治的行為の制限に違反した者の処罰につき国家公務員法（昭和二十二年法律第百二十号）第百十一条の二の例による趣旨を含むものと解してはならない。

（大学の学長、教員及び部局長の服務）

第十九条　大学の学長、教員及び部局長の服務について、地方公務員法第三十条の根本基準の実施に関し必要な事項は、前条第一項並びに同法第三十一条から第三十五条まで、第三十七条及び第三十八条に定めるものを除いては、評議会の議に基づき学長が定める。

第四章　研修

（研修実施者及び指導助言者）

第二十条　この章において「研修実施者」とは、次の各号に掲げる者の区分に応じ当該各号に定める者をいう。

一　市町村が設置する中等教育学校（後期課程に学校教育法第四条第一項に規定する定時制の課程のみを置くものを除く。次号において同じ。）の校長及び教員のうち県費負担教職員である者　当該市町村の教育委員会

二　地方自治法第二百五十二条の二十二第一項の中核市（以下この号及び次項第二号において「中核市」という。）が設置する小学校等（中等教育学校を除く。）の校長及び教員のうち県費負担教職員である者　当該中核市の教育委員会

三　前二号に掲げる者以外の教育公務員　当該教育公務員の任命権者

２　この章において「指導助言者」とは、次の各号に掲げる者の区分に応じ当該各号に定める者をいう。

一　前項第一号に掲げる者　同号に定める市町村の教育委員会

二　前項第二号に掲げる者　同号に定める中核市の教育委員会

三　公立の小学校等の校長及び教員のうち県費負担教職員である者（前二号に掲げる者を除く。）　当該校長及び教員の属する市町村の教育委員会

四　公立の小学校等の校長及び教員のうち県費負担教職員以外の者　当該校長及び教員の任命権者

（研修）

第二十一条　教育公務員は、その職責を遂行するために、絶えず研究と修養に努めなければならない。

２　教育公務員の研修実施者は、教育公務員（公立の小学校等の校長及び教員（臨時的に任用された者その他の政令で定める者を除く。以下この章において同じ。）を除く。）の研修について、それに要する施設、研修を奨励するための方途その他研修に関する計画を樹立し、その実施に努めなければならない。

（研修の機会）

第二十二条　教育公務員には、研修を受ける機会が与えられなければならない。

２　教員は、授業に支障のない限り、本属長の承認を受けて、勤務場所を離れて研修を行うことができる。

3 教育公務員は、任命権者（第二十条第一項第一号に掲げる者については、同号に定める市町村の教育委員会。以下この章において同じ。）の定めるところにより、現職のままで、長期にわたる研修を受けることができる。

（校長及び教員としての資質の向上に関する指標の策定に関する指針）

第二十二条の二 文部科学大臣は、公立の小学校等の校長及び教員の計画的かつ効果的な資質の向上を図るため、次条第一項に規定する指標の策定に関する指針（以下この条及び次条第一項において「指針」という。）を定めなければならない。

2 指針においては、次に掲げる事項を定めるものとする。

一 公立の小学校等の校長及び教員の資質の向上に関する基本的な事項

二 次条第一項に規定する指標の内容に関する事項

三 その他公立の小学校等の校長及び教員の資質の向上を図るに際し配慮すべき事項

3 文部科学大臣は、指針を定め、又はこれを変更したときは、遅滞なく、これを公表しなければならない。

（校長及び教員としての資質の向上に関する指標）

第二十二条の三 公立の小学校等の校長及び教員の任命権者は、指針を参酌し、その地域の実情に応じ、当該校長及び教員の職責、経験及び適性に応じて向上を図るべき校長及び教員としての資質に関する指標（以下この章において「指標」という。）を定めるものとする。

2 公立の小学校等の校長及び教員の任命権者は、指標を定め、又はこれを変更しようとするときは、第二十二条の七第一項に規定する協議会において協議するものとする。

3 公立の小学校等の校長及び教員の任命権者は、指標を定め、又はこれを変更したときは、遅滞なく、これを公表するよう努めるものとする。

4 独立行政法人教職員支援機構は、指標を策定する者に対して、当該指標の策定に関する専門的な助言を行うものとする。

（教員研修計画）

第二十二条の四 公立の小学校等の校長及び教員の研修実施者は、指標を踏まえ、当該校長及び教員の研修について、毎年度、体系的かつ効果的に実施するための計画（以下この条及び第二十二条の六第二項において「教員研修計画」という。）を定めるものとする。

2 教員研修計画においては、おおむね次に掲げる事項を定めるものとする。

一 研修実施者が実施する第二十三条第一項に規定する初任者研修、第二十四条第一項に規定する中堅教諭等資質向上研修その他の研修（以下この項及び次条第二項第一号において「研修実施者実施研修」という。）に関する基本的な方針

二 研修実施者実施研修の体系に関する事項

三 研修実施者実施研修の時期、方法及び施設に関する事項

四 研修実施者が指導助言者として行う第二十二条の六第二項に規定する資質の向上に関する指導助言等の方法に関して必要な事項（研修実施者が都道府県の教育委員会である場合においては、県費負担教職員について第二十条第二項第三号に定める市町村の教育委員会が指導助言者として行う第二十二条の六第二項に規定する資質の向上に関する指導助言等に関する基本的な事項を含む。）

五 前号に掲げるもののほか、研修を奨励するための方途に関する事項

六 前各号に掲げるもののほか、研修の実施に関し必要な事項として文部科学省令で定める事項

3 公立の小学校等の校長及び教員の研修実施者は、教員研修計画を定め、又はこれを変更したときは、遅滞なく、これを公表するよう努めるものとする。

（研修等に関する記録）

第二十二条の五 公立の小学校等の校長及び教員の任命権者は、文部科学省令で定めるところにより、当該校長及び教員ごとに、研修の受講その他の当該校長及び教員の資質の向上のための取組の状況に関する記録（以下この

条及び次条第二項において「研修等に関する記録」という。）を作成しなければならない。

２　研修等に関する記録には、次に掲げる事項を記載するものとする。

一　当該校長及び教員が受講した研修実施者実施研修に関する事項

二　第二十六条第一項に規定する大学院修学休業により当該教員が履修した同項に規定する大学院の課程等に関する事項

三　認定講習等（教育職員免許法（昭和二十四年法律第百四十七号）別表第三備考第六号の文部科学大臣の認定する講習又は通信教育をいう。次条第一項及び第三項において同じ。）のうち当該任命権者が開設したものであって、当該校長及び教員が単位を修得したものに関する事項

四　前三号に掲げるもののほか、当該校長及び教員が行った資質の向上のための取組のうち当該任命権者が必要と認めるものに関する事項

３　公立の小学校等の校長及び教員の任命権者が都道府県の教育委員会である場合においては、当該都道府県の教育委員会は、指導助言者（第二十条第二項第二号及び第三号に定める者に限る。）に対し、当該校長及び教員の研修等に関する記録に係る情報を提供するものとする。

（資質の向上に関する指導助言等）

第二十二条の六　公立の小学校等の校長及び教員の指導助言者は、当該校長及び教員がその職責、経験及び適性に応じた資質の向上のための取組を行うことを促進するため、当該校長及び教員からの相談に応じ、研修、認定講習等その他の資質の向上のための機会に関する情報を提供し、又は資質の向上に関する指導及び助言を行うものとする。

２　公立の小学校等の校長及び教員の指導助言者は、前項の規定による相談への対応、情報の提供並びに指導及び助言（次項において「資質の向上に関する指導助言等」という。）を行うに当たっては、当該校長及び教員に係る指標及び教員研修計画を踏まえるとともに、当該校長及び教員の研修等に関する記録に係る情報を活用するものとする。

３　指導助言者は、資質の向上に関する指導助言等を行うため必要があると認めるときは、独立行政法人教職員支援機構、認定講習等を開設する大学その他の関係者に対し、これらの者が行う研修、認定講習等その他の資質の向上のための機会に関する情報の提供その他の必要な協力を求めることができる。

（協議会）

第二十二条の七　公立の小学校等の校長及び教員の任命権者は、指標の策定に関する協議並びに当該指標に基づく当該校長及び教員の資質の向上に関して必要な事項についての協議を行うための協議会（以下この条において「協議会」という。）を組織するものとする。

２　協議会は、次に掲げる者をもって構成する。

一　指標を策定する任命権者

二　公立の小学校等の校長及び教員の研修に協力する大学その他の当該校長及び教員の資質の向上に関係する大学として文部科学省令で定める者

三　その他当該任命権者が必要と認める者

３　協議会において協議が調った事項については、協議会の構成員は、その協議の結果を尊重しなければならない。

４　前三項に定めるもののほか、協議会の運営に関し必要な事項は、協議会が定める。

（初任者研修）

第二十三条　公立の小学校等の教諭等の研修実施者は、当該教諭等（臨時的に任用された者その他の政令で定める者を除く。）に対して、その採用（現に教諭等の職以外の職に任命されている者を教諭等の職に任命する場合を含む。）の日から一年間の教諭又は保育教諭の職務の遂行に必要な事項に関する実践的な研修（次項において「初任者研修」という。）を実施しなければならない。

２　指導助言者は、初任者研修を受ける者（次項において

「初任者」という。）の所属する学校の副校長、教頭、主幹教諭（養護又は栄養の指導及び管理をつかさどる主幹教諭を除く。）、指導教諭、教諭、主幹保育教諭、指導保育教諭、保育教諭又は講師のうちから、指導教員を命じるものとする。

3　指導教員は、初任者に対して教諭又は保育教諭の職務の遂行に必要な事項について指導及び助言を行うものとする。

（中堅教諭等資質向上研修）

第二十四条　公立の小学校等の教諭等（臨時的に任用された者その他の政令で定める者を除く。以下この項において同じ。）の研修実施者は、当該教諭等に対して、個々の能力、適性等に応じて、公立の小学校等における教育に関し相当の経験を有し、その教育活動その他の学校運営の円滑かつ効果的な実施において中核的な役割を果たすことが期待される中堅教諭等としての職務を遂行する上で必要とされる資質の向上を図るために必要な事項に関する研修（次項において「中堅教諭等資質向上研修」という。）を実施しなければならない。

2　指導助言者は、中堅教諭等資質向上研修を実施するに当たり、中堅教諭等資質向上研修を受ける者の能力、適性等について評価を行い、その結果に基づき、当該者ごとに中堅教諭等資質向上研修に関する計画書を作成しなければならない。

（指導改善研修）

第二十五条　公立の小学校等の教諭等の任命権者は、児童、生徒又は幼児（以下「児童等」という。）に対する指導が不適切であると認定した教諭等に対して、その能力、適性等に応じて、当該指導の改善を図るために必要な事項に関する研修（以下この条において「指導改善研修」という。）を実施しなければならない。

2　指導改善研修の期間は、一年を超えてはならない。ただし、特に必要があると認めるときは、任命権者は、指導改善研修を開始した日から引き続き二年を超えない範囲内で、これを延長することができる。

3　任命権者は、指導改善研修を実施するに当たり、指導改善研修を受ける者の能力、適性等に応じて、その者ごとに指導改善研修に関する計画書を作成しなければならない。

4　任命権者は、指導改善研修の終了時において、指導改善研修を受けた者の児童等に対する指導の改善の程度に関する認定を行わなければならない。

5　任命権者は、第一項及び前項の認定に当たっては、教育委員会規則（幼保連携型認定こども園にあっては、地方公共団体の規則。次項において同じ。）で定めるところにより、教育学、医学、心理学その他の児童等に対する指導に関する専門的知識を有する者及び当該任命権者の属する都道府県又は市町村の区域内に居住する保護者（親権を行う者及び未成年後見人をいう。）である者の意見を聴かなければならない。

6　前項に定めるもののほか、事実の確認の方法その他第一項及び第四項の認定の手続に関し必要な事項は、教育委員会規則で定めるものとする。

7　前各項に規定するもののほか、指導改善研修の実施に関し必要な事項は、政令で定める。

（指導改善研修後の措置）

第二十五条の二　任命権者は、前条第四項の認定において指導の改善が不十分でなお児童等に対する指導を適切に行うことができないと認める教諭等に対して、免職その他の必要な措置を講ずるものとする。

第五章　大学院修学休業

（大学院修学休業の許可及びその要件等）

第二十六条　公立の小学校等の主幹教諭、指導教諭、教諭、養護教諭、栄養教諭、主幹保育教諭、指導保育教諭、保育教諭又は講師（以下「主幹教諭等」という。）で次の各号のいずれにも該当するものは、任命権者（第二十条第一項第一号に掲げる者については、同号に定める市町村の教育委員会。次項及び第二十八条第二項において同じ。）の許可を受けて、三年を超えない範囲内で年を単

位として定める期間、大学（短期大学を除く。）の大学院の課程若しくは専攻科の課程又はこれらの課程に相当する外国の大学の課程（次項及び第二十八条第二項において「大学院の課程等」という。）に在学してその課程を履修するための休業（以下「大学院修学休業」という。）をすることができる。

一　主幹教諭（養護又は栄養の指導及び管理をつかさどる主幹教諭を除く。）、指導教諭、教諭、主幹保育教諭、指導保育教諭、保育教諭又は講師にあっては教育職員免許法に規定する教諭の専修免許状、養護をつかさどる主幹教諭又は養護教諭にあっては同法に規定する養護教諭の専修免許状、栄養の指導及び管理をつかさどる主幹教諭又は栄養教諭にあっては同法に規定する栄養教諭の専修免許状の取得を目的としていること。

二　取得しようとする専修免許状に係る基礎となる免許状（教育職員免許法に規定する教諭の一種免許状若しくは特別免許状、養護教諭の一種免許状又は栄養教諭の一種免許状であって、同法別表第三、別表第五、別表第六、別表第六の二又は別表第七の規定により専修免許状の授与を受けようとする場合には有することを必要とされるものをいう。次号において同じ。）を有していること。

三　取得しようとする専修免許状に係る基礎となる免許状について、教育職員免許法別表第三、別表第五、別表第六、別表第六の二又は別表第七に定める最低在職年数を満たしていること。

四　条件付採用期間中の者、臨時的に任用された者、第二十三条第一項に規定する初任者研修を受けている者その他政令で定める者でないこと。

2　大学院修学休業の許可を受けようとする主幹教諭等は、取得しようとする専修免許状の種類、在学しようとする大学院の課程等及び大学院修学休業をしようとする期間を明らかにして、任命権者に対し、その許可を申請するものとする。

（大学院修学休業の効果）

第二十七条　大学院修学休業をしている主幹教諭等は、地方公務員としての身分を保有するが、職務に従事しない。

2　大学院修学休業をしている期間については、給与を支給しない。

（大学院修学休業の許可の失効等）

第二十八条　大学院修学休業の許可は、当該大学院修学休業をしている主幹教諭等が休職又は停職の処分を受けた場合には、その効力を失う。

2　任命権者は、大学院修学休業をしている主幹教諭等が当該大学院修学休業の許可に係る大学院の課程等を退学したことその他政令で定める事由に該当すると認めるときは、当該大学院修学休業の許可を取り消すものとする。

第六章　職員団体

（公立学校の職員の職員団体）

第二十九条　地方公務員法第五十三条及び第五十四条並びに地方公務員法の一部を改正する法律（昭和四十年法律第七十一号）附則第二条の規定の適用については、一の都道府県内の公立学校の職員のみをもって組織する地方公務員法第五十二条第一項に規定する職員団体（当該都道府県内の一の地方公共団体の公立学校の職員のみをもって組織するものを除く。）は、当該都道府県の職員をもって組織する同項に規定する職員団体とみなす。

2　前項の場合において、同項の職員団体は、当該都道府県内の公立学校の職員であった者でその意に反して免職され、若しくは懲戒処分としての免職の処分を受け、当該処分を受けた日の翌日から起算して一年以内のもの又はその期間内に当該処分について法律の定めるところにより審査請求をし、若しくは訴えを提起し、これに対する裁決又は裁判が確定するに至らないものを構成員にとどめていること、及び当該職員団体の役員である者を構成員としていることを妨げない。

第七章　教育公務員に準ずる者に関する特例

（教員の職務に準ずる職務を行う者等に対するこの法律の準用）

第三十条　公立の学校において教員の職務に準ずる職務を行う者並びに国立又は公立の専修学校又は各種学校の校長及び教員については、政令の定めるところにより、この法律の規定を準用する。

（研究施設研究教育職員等に関する特例）

第三十一条　文部科学省に置かれる研究施設で政令で定めるもの（次条及び第三十五条において「研究施設」という。）の職員のうち専ら研究又は教育に従事する者（以下この章及び附則第八条において「研究施設研究教育職員」という。）に対する国家公務員法の適用については、次の表の上欄に掲げる同法の規定中同表の中欄に掲げる字句は、それぞれ同表の下欄に掲げる字句とする。

第八十一条の二第二項	年齢六十年とする。ただし、次の各号に掲げる管理監督職を占める職員の管理監督職勤務上限年齢は、当該各号に	文部科学省令で定めるところにより任命権者が
第八十一条の五第一項及び第三項	で当該	で文部科学省令で定めるところにより任命権者が定める期間をもって当該
第八十一条の五第二項及び第四項	で延長された	で文部科学省令で定めるところにより任命権者が定める期間をもって延長された
第八十一条の六第一項	定年に達した日以後における最初の三月三十一日又は第五十五条第一項に規定する任命権者若しくは法律で別に定められた任命権者があらかじめ指定する日のいずれか早い日	定年に達した日から起算して一年を超えない範囲内で文部科学省令で定めるところにより任命権者があらかじめ指定する日
第八十一条の六第二項	年齢六十五年とする。ただし、その職務と責任に特殊性があること又は欠員の補充が困難であることにより定年を年齢六十五年とすることが著しく不適当と認められる官職を占める職員として人事院規則で定める職員の定年は、六十五年を超え七十年を超えない範囲内で人事院規則で定める年齢とする	文部科学省令で定めるところにより任命権者が定める
第八十一条の七第一項	期限を定め	文部科学省令で定めるところにより任命権者が定める期限をもって
第八十一条の七第二項	範囲内で	範囲内で文部科学省令で定めるところにより任命権者が定める期間をもって

2　前項の規定により読み替えて適用する国家公務員法第八十一条の六第二項の規定により任命権者が研究施設研究教育職員の定年を定める場合における次に掲げる採用、昇任、降任及び転任に係る特例に関し必要な事項は、文部科学省令で定める。

一　国家公務員法第六十条の二第一項の規定による研究施設研究教育職員への採用並びに同条第二項に規定する定年前再任用短時間勤務職員である研究施設研究教育職員の昇任、降任、及び転任

二　国家公務員法第八十一条の七第一項又は第二項の規定により勤務している研究施設研究教育職員の昇任、降任及び転任

〔研究施設研究教育職員等の服務〕

第三十二条　研究施設の長及び研究施設研究教育職員の服務について、国家公務員法第九十六条第一項の根本基準の実施に関し必要な事項は、同法第九十七条から第百五条まで又は国家公務員倫理法（平成十一年法律第百二十九号）に定めるものを除いては、任命権者が定める。

〔研究施設研究教育職員等の兼職〕

第三十三条　前条に定める者は、教育に関する他の職を兼ね、又は教育に関する他の事業若しくは事務に従事することが本務の遂行に支障がないと任命権者において認める場合には、給与を受け、又は受けないで、その職を兼ね、又はその事業若しくは事務に従事することができる。

2　前項の場合においては、国家公務員法第百一条第一項の規定に基づく命令又は同法第百四条の規定による承認又は許可を要しない。

提案理由

○下條康麿国務大臣　本委員会に付託されました教育公務員特例法案について、その提案の理由を御説明いたします。

（一九四八年一二月九日　衆議院）

六、三の義務教育制を根幹とする新学校制度は、今や着々実施を見つつあるのでありますが、直接新教育実施の任に当る学校の校長、教員等の選任を公正かつ適切ならしめるとともに、教員の地位を確立しもって教員をしてその職務に専念させることは、教育刷新、教育振興の基礎条件であり、現下における喫緊の要務と存ずる次第であります。国家公務員たる者については、国家公務員法の規定がありますが、これを全面的にそのまま学校教員に対して適用することにつきましてはその職務と責任の特殊性にかんがみるとき、必ずしも適当ではなく、かつ、不十分と思われる点も存するのであります。これについては国家公務員法自体におきましても、かかるものについて特例を設け得べきことを規定しているのであります。

ここにおいて政府は、さきに第二回国会に国家公務員法の特例法として、教育公務員の任免等に関する法律案を提出いたしました。しかし同案は、国会の会期の関係上成立を見るに至らなかったのでありますが、国会においては同案の重要性を認めて閉会中も審議を続行する旨議決され、従って第三回国会に継続案件となった次第であります。しかるところ、第三回国会において同案に対する一般法たる国家公務員法の改正が行われましたので、これに伴って同案にも所要の修正を施す必要が生じました。また一方においては、教育の地方分権を目ざす教育委員会法は、去る七月十五日公布施行され、十一月一日から都道府県及び五大市その他若干の市町村において教育委員会が成立いたしました。公立学校の教員は現在官吏の身分を有しており、かくてはこれらの者の身分の所轄庁たる教育委員会の性格に適応しないので、この際これらの者の身分を地方公務員に切りかえることが、適当であるとともに、教員の人事に対する教育委員会の関係を具体的に明示する必要があるのであります。

以上の点に基き「教育公務員の任免等に関する法律案」は、先に第三回国会の承諾を得てこれを撤回し、さらに検討を重ねたのでありますが、成案を得ましたので、ここにあらためて「教育公務員特例法案」として提出いたした次第であります。

以上がこの法律案の提案理由でありますが、次にこの法案の要点を説明いたします。

まず本案の適用範囲でありますが、それは国立及び公立の幼稚園から大学までの学長、校長、教員及び部局長並びに教育委員会の教育長及び専門的教育職員であります。本案ではこれらの者を総称して、教育公務員と称することといたしました。従って国立学校の校長、教員等は国家公務員たる教育公務員であり、公立学校の校長、教員等並びに教育委員会の教育長等は地方公務員たる教育公務員ということになるわけであります。

次に一般公務員に対する特例として規定いたした主要な事項は、次の三点であります。その第一は、採用及び昇任の方法に関する点であります。国家公務員法によりますと、職員の採用及び昇任は原則として、すべて競争試験によることとなっておりますが、一般に教育者たる必要な人格的要素は、競争試験によってはとうてい判定しがたいものと考えられます。しかも高等学校以下の学校の校長、教員並びに教育委員会の教育長等の教育公務員につきましては、厳正な手続を経て下付される校長もしくは教員または教育長等の免許状をもっていることが、必須の資格要件とされているのでありますから、その上に競争試験を行うことは不必要であり、また不適当とも考えられるのであります。特に大学の教育公務員につきましては、その職務の性質上、きわめて専門化された学力、技能を必要とするのでありまして、競争試験によることは不適当でもあり、かつ、実施困難の場合が多いとさえ想像されるのであります。以上申し述べました理由により、教育公務員の採用及び昇任は、

競争試験によらず適正な選考によって行うべきであり、この点に関する規定を本案に設けたのであります。

第二は、研修に関する点であります。教育公務員は、その職責の遂行上、当然研究と修養に努めなければならないものでありますから、この点について、国家公務員法の教育訓練に関する事項を、積極的に拡充明示して規定いたしました。

第三は、学問の自由の保障と大学の自治の尊重に関する点であります。大学の教員の人事に関しましては、従来、慣例上、大学自治の原則が認められていたのでありまして、今後も大学の自治的運営にまつことを本体とし、その任免、分限等については、大学の自治機関の定める基準により、各大学で自主的に行うのが適当と考えるのであります。従いまして、その採用及び昇任の方法のほかに、分限、懲戒、服務等について相当の特例を設けました。その他、校長、教員等の特殊な職責上、結核性疾患による休職については、その期間を二年とし、その間俸給の全額を支給し得ることとして、被教育者、教育者双方の保健の促進を期し、また校長、教員等が本務以外に教育に関する他の職務に従事することができる規定を設けるなど、一般公務員に対する特例を規定いたしました。

以上簡単ながら、この法律案提出の理由と内容の大要について説明いたしましたが、何とぞ慎重御審議の上、すみやかに議決あらんことをお願いいたします。

（『第四回国会衆議院文部委員会議録』第二号三〜四ページ、一九四八年一二月九日『官報』号外）

提案理由

○辻田力政府委員

（一九四八年一二月九日　衆議院）

第二章は任免分限、懲戒及び服務等の事柄を規定してございます。これはこの法案の中核的部分とも申すべき点であろうと存じます。すなわち国家公務員法の一般的規定の特例を、これらの事項について定めたものでございまして、第一節におきまして大学の学長、教員及び部局長に関する任免、分限、懲戒及び服務等の事柄を規定した次第でございます。第二節においては大学以外の学校の校長及び教員の任免、分限、懲戒及び服務等に関する事柄を書いておりますが、第三節において教育委員会の教育長及び専門的教育職員に関することを規定してあります。この幼稚園から大学に至るまでの学長、校長、教員等につきまして一般法から特に特例を設けました点は、先ほど大臣からお話がありましたように、採用及び昇任につきまして、一般法では競争試験によることを本体としておりますが、特例法案につきましては選考によることを本体としておるのであります。なお大学の自治の保障と学問の自由の保障というふうな観点からいたしまして、大学につきましては単に採用昇任の方法のみならず、転任あるいは降任及び免職あるいは休職、懲戒といったような事項につきまして、広範に大学の自治機関によって、それぞれのことを規定しておるのであります。それから次に第三章におきましては、研修の事柄について規定しておりまして、教育公務員がその職責を遂行するためには、当然研究と修養に努めなければならないのでありますが、それは単に教育に従事しておる者の義務としてのみでなく、権利としても研修をなし得るような機会を持たなければなりませんので、従来単に自発的に行っておりましたが、これを法の根拠のもとに行うことができるようにいたしたのでございます。それから第四章は雑則とありますが、普通の一般の公務員でありますと、国家公務員法によりまして職務に専念しなければなりません。従って私の職務を兼ねることについては、非常にきつい制限があるのでありますが、教員の場合におきましては職務に専念することは必要でありますが、一面において兼職も相当認められなければなりません関係にありますので、一般法からの特例を設けることにいたしたのでございます。（同前四ページ）

◆学校教育の水準の維持向上のための義務教育諸学校の教育職員の人材確保に関する特別措置法

（昭四九・二・二五　法二）

最終改正　平二七―法四六

（目的）

第一条　この法律は、学校教育が次代をになう青少年の人間形成の基本をなすものであることにかんがみ、義務教育諸学校の教育職員の給与について特別の措置を定めることにより、すぐれた人材を確保し、もって学校教育の

水準の維持向上に資することを目的とする。

（定義）
第二条　この法律において「義務教育諸学校」とは、学校教育法（昭和二十二年法律第二十六号）に規定する小学校、中学校、義務教育学校、中等教育学校の前期課程又は特別支援学校の小学部若しくは中学部をいう。

2　この法律において「教育職員」とは、校長、副校長、教頭及び教育職員免許法（昭和二十四年法律第百四十七号）第二条第一項に規定する教員をいう。

（優遇措置）
第三条　義務教育諸学校の教育職員の給与については、一般の公務員の給与水準に比較して必要な優遇措置が講じられなければならない。

◆国家公務員法

（昭二二・一〇・二一
法　一二〇）

最終改正　令四―法六八

第一章　総則

（この法律の目的及び効力）
第一条　この法律は、国家公務員たる職員について適用すべき各般の根本基準（職員の福祉及び利益を保護するための適切な措置を含む。）を確立し、職員がその職務の遂行に当り、最大の能率を発揮し得るように、民主的な方法で、選択され、且つ、指導さるべきことを定め、以て国民に対し、公務の民主的且つ能率的な運営を保障することを目的とする。

2　この法律は、もっぱら日本国憲法第七十三条にいう官吏に関する事務を掌理する基準を定めるものである。

5　この法律の規定が、従前の法律又はこれに基く法令と矛盾し又はてい触する場合には、この法律の規定が、優先する。

（一般職及び特別職）
第二条　国家公務員の職は、これを一般職と特別職とに分つ。

2　一般職は、特別職に属する職以外の国家公務員の一切の職を包含する。

4　この法律の規定は、一般職に属するすべての職（以下その職を官職といい、その職を占める者を職員という。）に、これを適用する。人事院は、ある職が、国家公務員の職に属するかどうか及び本条に規定する一般職に属するか特別職に属するかを決定する権限を有する。

（略）

第二章　中央人事行政機関

（人事院）
第三条　内閣の所轄の下に人事院を置く。人事院は、この法律に定める基準に従って、内閣に報告しなければならない。

2　人事院は、法律の定めるところに従い、給与その他の勤務条件の改善及び人事行政の改善に関する勧告、採用試験（採用試験の対象官職及び種類並びに採用試験により確保すべき人材に関する事項を除く。）、任免（標準職務遂行能力、採用昇任等基本方針、幹部職員の任用等に係る特例及び幹部候補育成課程に関する事項（第三十三条第一項に規定する根本基準の実施につき必要な事項であって、行政需要の変化に対応するために行う優れた人材の養成及び活用の確保に関するものを含む。）を除く。）、給与（一般職の職員の給与に関する法律（昭和二十五年法律第九十五号）第六条の二第一項の規定による指定職俸給表の適用を受ける職員の号俸の決定の方法並びに同法第八条第一項の規定による職務の級の定数の設定及び改定に関する事項を除く。）、研修（第七十条の六第一項第一号に掲げる観点に係るものに限る。）の計画の樹立及び実施並びに当該研修に係る調査研究、分限、懲戒、苦情の処理、職務に係る倫理の保持その他職員に関する人事行政の公正の確保及び職員の利益の保護等に関する事務をつかさどる。

（略）

（国家公務員倫理審査会）

第三条の二　前条第二項の所掌事務のうち職務に係る倫理の保持に関する事務を所掌させるため、人事院に国家公務員倫理審査会を置く。

2　国家公務員倫理審査会に関しては、この法律に定めるもののほか、国家公務員倫理法（平成十一年法律第百二十九号）の定めるところによる。

第三章　職員に適用される基準

第一節　通則

（平等取扱いの原則）

第二十七条　全て国民は、この法律の適用について、平等に取り扱われ、人種、信条、性別、社会的身分、門地又は第三十八条第四号に該当する場合を除くほか政治的意見若しくは政治的所属関係によって、差別されてはならない。

（人事管理の原則）

第二十七条の二　職員の採用後の任用、給与その他の人事管理は、職員の採用年次、合格した採用試験の種類及び第六十一条の九第二項第二号に規定する課程対象者であるか否か又は同号に規定する課程対象者であったか否かにとらわれてはならず、この法律に特段の定めがある場合を除くほか、人事評価に基づいて適切に行われなければならない。

第二節　採用試験及び任免

第一款　通則

（採用の方法）

第三十六条　職員の採用は、競争試験によるものとする。ただし、係員の官職（第三十四条第二項に規定する標準的な官職が係員である職制上の段階に属する官職その他これに準ずる官職として人事院規則で定めるものをいう。第四十五条の二第一項において同じ。）以外の官職に採用しようとする場合又は人事院規則で定める場合には、競争試験以外の能力の実証に基づく試験（以下「選考」という。）の方法によることを妨げない。

（欠格条項）

第三十八条　次の各号のいずれかに該当する者は、人事院規則で定める場合を除くほか、官職に就く能力を有しない。

一　禁錮以上の刑に処せられ、その執行を終わるまで又はその執行を受けることがなくなるまでの者

二　懲戒免職の処分を受け、当該処分の日から二年を経過しない者

三　人事院の人事官又は事務総長の職にあって、第百九条から第百十二条までに規定する罪を犯し、刑に処せられた者

四　日本国憲法施行の日以後において、日本国憲法又はその下に成立した政府を暴力で破壊することを主張する政党その他の団体を結成し、又はこれに加入した者

第四款　任用

（任命権者）

第五十五条　任命権は、法律に別段の定めのある場合を除いては、内閣、各大臣（内閣総理大臣及び各省大臣をいう。以下同じ。）、会計検査院長及び人事院総裁並びに宮内庁長官及び各外局の長に属するものとする。これらの機関の長の有する任命権は、その部内の機関に属する官職に限られ、内閣の有する任命権は、その直属する機関（内閣府及びデジタル庁を除く。）に属する官職に限られる。ただし、外局の長（国家行政組織法第七条第五項に規定する実施庁以外の庁にあっては、外局の幹部職）に対する任命権は、各大臣に属する。

2　前項に規定する機関の長たる任命権者は、幹部職以外の官職（内閣が任命権を有する場合にあっては、幹部職を含む。）の任命権を、その部内の上級の国家公務員（内閣が任命権を有する幹部職にあっては、内閣総理大臣又は国務大臣）に限り委任することができる。この委任は、その効力が発生する日の前に、書面をもって、これを人事院に提示しなければならない。

3　この法律、人事院規則及び人事院指令に規定する要件を備えない者は、これを任命し、雇用し、昇任させ若しくは転任させてはならず、又はいかなる官職にも配置し

てはならない。

（条件付任用）
第五十九条　職員の採用及び昇任は、職員であつた者又はこれに準ずる者のうち、人事院規則で定める者を採用する場合その他人事院規則で定める場合を除き、条件付のものとし、職員が、その官職において六月の期間（六月の期間とすることが適当でないと認められる職員として人事院規則で定める職員にあつては、人事院規則で定める期間）を勤務し、その間その職務を良好な成績で遂行したときに、正式のものとなるものとする。
2　前項に定めるもののほか、条件付任用に関し必要な事項は、人事院規則で定める。

第三節　給与

第一款　通則

（給与に関する法律に定める事項の改定）
第六十七条　人事院は、第二十八条第二項の規定によるもののほか、給与に関する法律に定める事項に関し、常時、必要な調査研究を行い、これを改定する必要を認めたときは、遅滞なく改定案を作成して、国会及び内閣に勧告をしなければならない。

第四節　人事評価

（人事評価の根本基準）
第七十条の二　職員の人事評価は、公正に行われなければならない。

（人事評価の実施）
第七十条の三　職員の執務については、その所轄庁の長は、定期的に人事評価を行わなければならない。
2　人事評価の基準及び方法に関する事項その他人事評価に関し必要な事項は、人事院の意見を聴いて、政令で定める。

（人事評価に基づく措置）
第七十条の四　所轄庁の長は、前条第一項の人事評価の結果に応じた措置を講じなければならない。
2　内閣総理大臣は、勤務成績の優秀な者に対する表彰に関する事項及び成績の著しく不良な者に対する矯正方法に関する事項を立案し、これについて、適当な措置を講じなければならない。

第四節の二　研修

（研修の根本基準）
第七十条の五　研修は、職員に現在就いている官職又は将来就くことが見込まれる官職の職務の遂行に必要な知識及び技能を習得させ、並びに職員の能力及び資質を向上させることを目的とするものでなければならない。
2　前項の根本基準の実施につき必要な事項は、この法律に定めのあるものを除いては、人事院の意見を聴いて政令で定める。
3　人事院及び内閣総理大臣は、それぞれの所掌事務に係る研修による職員の育成について調査研究を行い、その結果に基づいて、それぞれの所掌事務に係る研修について適切な方策を講じなければならない。

（研修計画）
第七十条の六　人事院、内閣総理大臣及び関係庁の長は、前条第一項に規定する根本基準を達成するため、職員の研修（人事院にあつては第一号に掲げる観点から行う研修とし、内閣総理大臣にあつては第二号に掲げる観点から行う研修とし、関係庁の長にあつては第三号に掲げる観点から行う研修とする。）について計画を樹立し、その実施に努めなければならない。
一　国民全体の奉仕者としての使命の自覚及び多角的な視点等を有する職員の育成並びに研修の方法に関する専門的知見を活用して行う職員の効果的な育成
二　各行政機関の課程対象者の政府全体を通じた育成又は内閣の重要政策に関する理解を深めることを通じた行政各部の施策の統一性の確保
三　行政機関が行うその職員の育成又は行政機関がその所掌事務について行うその職員及び他の行政機関の職員に対する知識及び技能の付与
2　前項の計画は、同項の目的を達成するために必要かつ適切な職員の研修の機会が確保されるものでなければならない。
3　内閣総理大臣は、第一項の規定により内閣総理大臣及び関係庁の長が行う研修についての計画の樹立及び実施

に関し、その総合的企画及び関係各庁に対する調整を行う。

4　内閣総理大臣は、前項の総合的企画に関連して、人事院に対し、必要な協力を要請することができる。

5　人事院は、第一項の計画の樹立及び実施に関し、その監視を行う。

（研修に関する報告要求等）

第七十条の七　人事院は、内閣総理大臣又は関係庁の長に対し、人事院規則の定めるところにより、前条第一項の計画に基づく研修の実施状況について報告を求めることができる。

2　人事院は、内閣総理大臣又は関係庁の長が法令に違反して前条第一項の計画に基づく研修を行った場合には、その是正のため必要な指示を行うことができる。

第五節　能率

（能率の根本基準）

第七十一条　職員の能率は、充分に発揮され、且つ、その増進がはかられなければならない。

2　前項の根本基準の実施につき、必要な事項は、この法律に定めるものを除いては、人事院規則でこれを定める。

3　内閣総理大臣は、職員の能率の発揮及び増進について、調査研究を行い、その確保のため適切な方策を講じなければならない。

第六節　分限、懲戒及び保障

（分限、懲戒及び保障の根本基準）

第七十四条　すべて職員の分限、懲戒及び保障については、公正でなければならない。

2　前項に規定する根本基準の実施につき必要な事項は、この法律に定めるものを除いては、人事院規則でこれを定める。

第一款　分限

第一目　降任、休職、免職等

（身分保障）

第七十五条　職員は、法律又は人事院規則で定める事由による場合でなければ、その意に反して、降任され、休職され、又は免職されることはない。

2　職員は、この法律又は人事院規則の定める事由に該当するときは、降給されるものとする。

（欠格による失職）

第七十六条　職員が第三十八条各号（第二号を除く。）のいずれかに該当するに至ったときは、人事院規則で定める場合を除くほか、当然失職する。

（本人の意に反する降任及び免職の場合）

第七十八条　職員が、次の各号に掲げる場合のいずれかに該当するときは、人事院規則の定めるところにより、その意に反して、これを降任し、又は免職することができる。

一　人事評価又は勤務の状況を示す事実に照らして、勤務実績がよくない場合

二　心身の故障のため、職務の遂行に支障があり、又はこれに堪えない場合

三　その他その官職に必要な適格性を欠く場合

四　官制若しくは定員の改廃又は予算の減少により廃職又は過員を生じた場合

第二款　懲戒

（懲戒の場合）

第八十二条　職員が次の各号のいずれかに該当する場合には、当該職員に対し、懲戒処分として、免職、停職、減給又は戒告の処分をすることができる。

一　この法律若しくは国家公務員倫理法又はこれらの法律に基づく命令（国家公務員倫理法第五条第三項の規定に基づく訓令及び同条第四項の規定に基づく規則を含む。）に違反した場合

二　職務上の義務に違反し、又は職務を怠った場合

三　国民全体の奉仕者たるにふさわしくない非行のあった場合

（略）

（懲戒権者）

第八十四条　懲戒処分は、任命権者が、これを行う。

2　人事院は、この法律に規定された調査を経て職員を懲戒手続に付することができる。

（国家公務員倫理審査会への権限の委任）

第八十四条の二　人事院は、前条第二項の規定による権限（国家公務員倫理法又はこれに基づく命令（同法第五条第三項の規定に基づく訓令及び同条第四項の規定に基づ

く規則を含む。）に違反する行為に関して行われるものに限る。）を国家公務員倫理審査会に委任する。

第七節　服務

（服務の根本基準）

第九十六条　すべて職員は、国民全体の奉仕者として、公共の利益のために勤務し、且つ、職務の遂行に当つては、全力を挙げてこれに専念しなければならない。

2　前項に規定する根本基準の実施に関し必要な事項は、この法律又は国家公務員倫理法に定めるものを除いては、人事院規則でこれを定める。

（服務の宣誓）

第九十七条　職員は、政令の定めるところにより、服務の宣誓をしなければならない。

（法令及び上司の命令に従う義務並びに争議行為等の禁止）

第九十八条　職員は、その職務を遂行するについて、法令に従い、且つ、上司の職務上の命令に忠実に従わなければならない。

2　職員は、政府が代表する使用者としての公衆に対して同盟罷業、怠業その他の争議行為をなし、又は政府の活動能率を低下させる怠業的行為をしてはならない。又、何人も、このような違法な行為を企て、又はその遂行を共謀し、そそのかし、若しくはあおつてはならない。

3　職員で同盟罷業その他前項の規定に違反する行為をした者は、その行為の開始とともに、国に対し、法令に基いて保有する任命又は雇用上の権利をもつて、対抗することができない。

（信用失墜行為の禁止）

第九十九条　職員は、その官職の信用を傷つけ、又は官職全体の不名誉となるような行為をしてはならない。

（秘密を守る義務）

第百条　職員は、職務上知ることのできた秘密を漏らしてはならない。その職を退いた後といえども同様とする。

（略）

（職務に専念する義務）

第百一条　職員は、法律又は命令の定める場合を除いては、その勤務時間及び職務上の注意力のすべてをその職責遂行のために用い、政府がなすべき責を有する職務にのみ従事しなければならない。職員は、法律又は命令の定める場合を除いては、官職を兼ねてはならない。職員は、官職を兼ねる場合においても、それに対して給与を受けてはならない。

2　前項の規定は、地震、火災、水害その他重大な災害に際し、当該官庁が職員を本職以外の業務に従事させることを妨げない。

（政治的行為の制限）

第百二条　職員は、政党又は政治的目的のために、寄附金その他の利益を求め、若しくは受領し、又は何らの方法を以てするを問わず、これらの行為に関与し、あるいは選挙権の行使を除く外、人事院規則で定める政治的行為をしてはならない。

2　職員は、公選による公職の候補者となることができない。

3　職員は、政党その他の政治的団体の役員、政治的顧問、その他これらと同様な役割をもつ構成員となることができない。

（他の事業又は事務の関与制限）

第百四条　職員が報酬を得て、営利企業以外の事業の団体の役員、顧問若しくは評議員の職を兼ね、その他いかなる事業に従事し、若しくは事務を行うにも、内閣総理大臣及びその職員の所轄庁の長の許可を要する。

第八節　退職管理

第一款　離職後の就職に関する規制

（他の役職員についての依頼等の規制）

第百六条の二　職員は、営利企業等（営利企業及び営利企業以外の法人（国、国際機関、地方公共団体、行政執行法人及び地方独立行政法人法（平成十五年法律第百十八号）第二条第二項に規定する特定地方独立行政法人を除く。）をいう。以下同じ。）に対し、他の職員若しくは行政執行法人の役員（以下「役職員」という。）をその離職後に、若しくは役職員であつた者を、当該営利企業等若しくはその子法人（当該営利企業等に財務及び営業又は事業の方針を決定する機関（株主総会その他これに準ずる機関をいう。）を支配されている法人として政令で定めるものをいう。以下同じ。）の地位に就かせることを目的として、当該役職員若しくは役職員であつた者に関する

情報を提供し、若しくは当該地位に関する情報の提供を依頼し、又は当該役職員をその離職後に、若しくは役職員であった者を、当該営利企業等若しくはその子法人の地位に就かせることを要求し、若しくは依頼してはならない。

（略）

（在職中の求職の規制）

第百六条の三　職員は、利害関係企業等（営利企業等のうち、職員の職務に利害関係を有するものとして政令で定めるものをいう。以下同じ。）に対し、離職後に当該利害関係企業等若しくはその子法人の地位に就くことを目的として、自己に関する情報を提供し、若しくは当該地位に関する情報の提供を依頼し、又は当該地位に就くことを要求し、若しくは約束してはならない。

（略）

（再就職者による依頼等の規制）

第百六条の四　職員であった者であって離職後に営利企業等の地位に就いている者（退職手当通算予定職員であった者であって引き続いて退職手当通算法人の地位に就いている者（以下「退職手当通算離職者」という。）を除く。以下「再就職者」という。）は、離職前五年間に在職していた局等組織に属する役職員又はこれに類する者として政令で定めるものに対し、国、行政執行法人若しくは都道府県と当該営利企業等若しくはその子法人との間で締結される売買、貸借、請負その他の契約又は当該営利企業等若しくはその子法人に対して行われる行政手続法（平成五年法律第八十八号）第二条第二号に規定する処分に関する事務（以下「契約等事務」という。）であって離職前五年間の職務に属するものに関し、離職後二年間、職務上の行為をするように、又はしないように要求し、又は依頼してはならない。

（略）

◆地方公務員法

（昭二五・一二・一三　法　二六一）

最終改正　令四―法六八

第一章　総則

（この法律の目的）

第一条　この法律は、地方公共団体の人事機関並びに地方公務員の任用、人事評価、給与、勤務時間その他の勤務条件、休業、分限及び懲戒、服務、退職管理、研修、福祉及び利益の保護並びに団体等人事行政に関する根本基準を確立することにより、地方公共団体の行政の民主的かつ能率的な運営並びに特定地方独立行政法人の事務及び事業の確実な実施を保障し、もって地方自治の本旨の実現に資することを目的とする。

（この法律の効力）

第二条　地方公務員（地方公共団体のすべての公務員をいう。）に関する従前の法令又は条例、地方公共団体の規則若しくは地方公共団体の機関の定める規程の規定がこの法律の規定に抵触する場合には、この法律の規定が、優先する。

（一般職に属する地方公務員及び特別職に属する地方公務員）

第三条　地方公務員（地方公共団体及び特定地方独立行政法人（地方独立行政法人法（平成十五年法律第百十八号）第二条第二項に規定する特定地方独立行政法人をいう。以下同じ。）の全ての公務員をいう。以下同じ。）の職は、一般職と特別職とに分ける。

2　一般職は、特別職に属する職以外の一切の職とする。

3　特別職は、次に掲げる職とする。

一　就任について公選又は地方公共団体の議会の選挙、議決若しくは同意によることを必要とする職

一の二　地方公営企業の管理者及び企業団の企業長の職

二　法令又は条例、地方公共団体の規則若しくは地方公

共団体の機関の定める規程により設けられた委員及び委員会（審議会その他これに準ずるものを含む。）の構成員の職で臨時又は非常勤のもの
二の二　都道府県労働委員会の委員の職で常勤のもの
三　臨時又は非常勤の顧問、参与、調査員、嘱託員及びこれらの者に準ずる者の職（専門的な知識経験又は識見を有する者が就く職であつて、当該知識経験又は識見に基づき、助言、調査、診断その他総務省令で定める事務を行うものに限る。）
三の二　投票管理者、開票管理者、選挙長、選挙分会長、審査分会長、国民投票分会長、投票立会人、開票立会人、選挙立会人、審査分会立会人、国民投票分会立会人その他総務省令で定める者の職
四　地方公共団体の長、議会の議長その他地方公共団体の機関の長の秘書の職で条例で指定するもの
五　非常勤の消防団員及び水防団員の職
六　特定地方独立行政法人の役員

（この法律の適用を受ける地方公務員）
第四条　この法律の規定は、一般職に属するすべての地方公務員（以下「職員」という。）に適用する。
2　この法律の規定は、法律に特別の定がある場合を除く外、特別職に属する地方公務員には適用しない。

第二章　人事機関

（任命権者）
第六条　地方公共団体の長、議会の議長、選挙管理委員会、代表監査委員、教育委員会、人事委員会及び公平委員会並びに警視総監、道府県警察本部長、市町村の消防長（特別区が連合して維持する消防の消防長を含む。）その他法令又は条例に基づく任命権者は、法律に特別の定めがある場合を除くほか、この法律並びにこれに基づく条例、地方公共団体の規則及び地方公共団体の機関の定める規程に従い、それぞれ職員の任命、人事評価（任用、給与、分限その他の人事管理の基礎とするために、職員がその職務を遂行するに当たり発揮した能力及び挙げた業績を把握した上で行われる勤務成績の評価をいう。以下同じ。）、休職、免職及び懲戒等を行う権限を有するものとする。
2　前項の任命権者は、同項に規定する権限の一部をその補助機関たる上級の地方公務員に委任することができる。

（人事委員会又は公平委員会の設置）
第七条　都道府県及び地方自治法（昭和二十二年法律第六十七号）第二百五十二条の十九第一項の指定都市は、条例で人事委員会を置くものとする。
2　前項の指定都市以外の市で人口（官報で公示された最近の国勢調査又はこれに準ずる人口調査の結果による人口をいう。以下同じ。）十五万以上のもの及び特別区は、条例で人事委員会又は公平委員会を置くものとする。
3　人口十五万未満の市、町、村及び地方公共団体の組合は、条例で公平委員会を置くものとする。
（略）

（人事委員会又は公平委員会の権限）
第八条　人事委員会は、次に掲げる事務を処理する。
一　人事行政に関する事項について調査し、人事記録に関することを管理し、及びその他人事に関する統計報告を作成すること。
二　人事評価、給与、勤務時間その他の勤務条件、研修、厚生福利制度その他職員に関する制度について絶えず研究を行い、その成果を地方公共団体の議会若しくは長又は任命権者に提出すること。
三　人事機関及び職員に関する条例の制定又は改廃に関し、地方公共団体の議会及び長に意見を申し出ること。
四　人事行政の運営に関し、任命権者に勧告すること。
五　給与、勤務時間その他の勤務条件に関し講ずべき措置について地方公共団体の議会及び長に勧告すること。
六　職員の競争試験及び選考並びにこれらに関する事務を行うこと。
八　職員の給与がこの法律及びこれに基く条例に適合して行われることを確保するため必要な範囲において、職員に対する給与の支払を監理すること。

九　職員の給与、勤務時間その他の勤務条件に関する措置の要求を審査し、判定し、及び必要な措置を執ること。
十　職員に対する不利益な処分についての審査請求に対する裁決をすること。
十一　前二号に掲げるものを除くほか、職員の苦情を処理すること。
十二　前各号に掲げるものを除く外、法律又は条例に基きその権限に属せしめられた事務
2　公平委員会は、次に掲げる事務を処理する。
一　職員の給与、勤務時間その他の勤務条件に関する措置の要求を審査し、判定し、及び必要な措置を執ること。
二　職員に対する不利益な処分についての審査請求に対する裁決をすること。
三　前二号に掲げるものを除くほか、職員の苦情を処理すること。
四　前三号に掲げるものを除くほか、法律に基づきその権限に属せしめられた事務
（略）

第三章　職員に適用される基準

第一節　通則

（平等取扱いの原則）
第十三条　全て国民は、この法律の適用について、平等に取り扱われなければならず、人種、信条、性別、社会的身分若しくは門地によって、又は第十六条第四号に該当する場合を除くほか、政治的意見若しくは政治的所属関係によって、差別されてはならない。

（情勢適応の原則）
第十四条　地方公共団体は、この法律に基いて定められた給与、勤務時間その他の勤務条件が社会一般の情勢に適応するように、随時、適当な措置を講じなければならない。
2　人事委員会は、随時、前項の規定により講ずべき措置について地方公共団体の議会及び長に勧告することができる。

第二節　任用

（任用の根本基準）
第十五条　職員の任用は、この法律の定めるところにより、受験成績、人事評価その他の能力の実証に基づいて行わなければならない。

（定義）
第十五条の二　この法律において、次の各号に掲げる用語の意義は、当該各号に定めるところによる。
一　採用　職員以外の者を職員の職に任命すること（臨時的任用を除く。）をいう。
二　昇任　職員をその職員が現に任命されている職より上位の職制上の段階に属する職員の職に任命することをいう。
三　降任　職員をその職員が現に任命されている職より下位の職制上の段階に属する職員の職に任命することをいう。
四　転任　職員をその職員が現に任命されている職以外の職員の職に任命することであって前二号に定めるものに該当しないものをいう。
五　標準職務遂行能力　職制上の段階の標準的な職（職員の職に限る。以下同じ。）の職務を遂行する上で発揮することが求められる能力として任命権者が定めるものをいう。
2　前項第五号の標準的な職は、職制上の段階及び職務の種類に応じ、任命権者が定める。
3　地方公共団体の長及び議会の議長以外の任命権者は、標準職務遂行能力及び第一項第五号の標準的な職を定めようとするときは、あらかじめ、地方公共団体の長に協議しなければならない。

（欠格条項）
第十六条　次の各号のいずれかに該当する者は、条例で定める場合を除くほか、職員となり、又は競争試験若しくは選考を受けることができない。
一　禁錮以上の刑に処せられ、その執行を終わるまで又

はその執行を受けることがなくなるまでの者
二　当該地方公共団体において懲戒免職の処分を受け、当該処分の日から二年を経過しない者
三　人事委員会又は公平委員会の委員の職にあつて、第六十条から第六十三条までに規定する罪を犯し、刑に処せられた者
四　日本国憲法施行の日以後において、日本国憲法又はその下に成立した政府を暴力で破壊することを主張する政党その他の団体を結成し、又はこれに加入した者

（任命の方法）
第十七条　職員の職に欠員を生じた場合においては、任命権者は、採用、昇任、降任又は転任のいずれかの方法により、職員を任命することができる。
2　人事委員会（競争試験等を行う公平委員会を含む。以下この節において同じ。）を置く地方公共団体においては、人事委員会は、前項の任命の方法のうちのいずれによるべきかについての一般的基準を定めることができる。

（採用の方法）
第十七条の二　人事委員会を置く地方公共団体においては、職員の採用は、競争試験によるものとする。ただし、人事委員会規則（競争試験等を行う公平委員会を置く地方公共団体においては、公平委員会規則。以下この節において同じ。）で定める場合には、選考（競争試験以外の能力の実証に基づく試験をいう。以下同じ。）によることを妨げない。
2　人事委員会を置かない地方公共団体においては、職員の採用は、競争試験又は選考によるものとする。
3　人事委員会（人事委員会を置かない地方公共団体においては、任命権者とする。以下この節において「人事委員会等」という。）は、正式任用になつてある職に就いていた職員が、職制若しくは定数の改廃又は予算の減少に基づく廃職又は過員によりその職を離れた後において、再びその職に復する場合における資格要件、採用手続及び採用の際における身分に関し必要な事項を定めることができる。

（試験機関）
第十八条　採用のための競争試験（以下「採用試験」という。）又は選考は、人事委員会等が行うものとする。ただし、人事委員会等は、他の地方公共団体の機関との協定によりこれと共同して、又は国若しくは他の地方公共団体の機関との協定によりこれらの機関に委託して、採用試験又は選考を行うことができる。

（採用試験の公開平等）
第十八条の二　採用試験は、人事委員会等の定める受験の資格を有する全ての国民に対して平等の条件で公開されなければならない。

（受験の阻害及び情報提供の禁止）
第十八条の三　試験機関に属する者その他職員は、受験を阻害し、又は受験に不当な影響を与える目的をもつて特別若しくは秘密の情報を提供してはならない。

（受験の資格要件）
第十九条　人事委員会等は、受験者に必要な資格として職務の遂行上必要であつて最少かつ適当な限度の客観的かつ画一的な要件を定めるものとする。

（採用試験の目的及び方法）
第二十条　採用試験は、受験者が、当該採用試験に係る職の属する職制上の段階の標準的な職に係る標準職務遂行能力及び当該採用試験に係る職についての適性を有するかどうかを正確に判定することをもつてその目的とする。
2　採用試験は、筆記試験その他の人事委員会等が定める方法により行うものとする。

（採用候補者名簿の作成及びこれによる採用）
第二十一条　人事委員会を置く地方公共団体における採用試験による職員の採用については、人事委員会は、試験ごとに採用候補者名簿を作成するものとする。
2　採用候補者名簿には、採用試験において合格点以上を得た者の氏名及び得点を記載するものとする。
3　採用候補者名簿による職員の採用は、任命権者が、人事委員会の提示する当該名簿に記載された者の中から行うものとする。
4　採用候補者名簿に記載された者の数が採用すべき者の数よりも少ない場合その他の人事委員会規則で定める場合には、人事委員会は、他の最も適当な採用候補者名簿に記載された者を加えて提示することを妨げない。

5　前各項に定めるものを除くほか、採用候補者名簿の作成及びこれによる採用の方法に関し必要な事項は、人事委員会規則で定めなければならない。

（選考による採用）
第二十一条の二　選考は、当該選考に係る職の属する職制上の段階の標準的な職に係る標準職務遂行能力及び当該選考に係る職についての適性を有するかどうかを正確に判定することをもつてその目的とする。
2　選考による職員の採用は、任命権者が、人事委員会等の行う選考に合格した者の中から行うものとする。
3　人事委員会等は、その定める職員の職について前条第一項に規定する採用候補者名簿がなく、かつ、人事行政の運営上必要であると認める場合においては、その職の採用試験又は選考に相当する国又は他の地方公共団体の採用試験又は選考に合格した者を、その職の選考に合格した者とみなすことができる。

（昇任の方法）
第二十一条の三　職員の昇任は、任命権者が、職員の受験成績、人事評価その他の能力の実証に基づき、任命しようとする職の属する職制上の段階の標準的な職に係る標準職務遂行能力及び当該任命しようとする職についての適性を有すると認められる者の中から行うものとする。

（昇任試験又は選考の実施）
第二十一条の四　任命権者が職員を人事委員会規則で定める職（人事委員会を置かない地方公共団体においては、任命権者が定める職）に昇任させる場合には、当該職について昇任のための競争試験（以下「昇任試験」という。）又は選考が行われなければならない。
2　人事委員会は、前項の人事委員会規則を定めようとするときは、あらかじめ、任命権者の意見を聴くものとする。
3　昇任試験は、人事委員会等の指定する職に正式に任用された職員に限り、受験することができる。
4　第十八条から第二十一条までの規定は、第一項の規定による職員の昇任試験を実施する場合について準用する。この場合において、第十八条の二中「定める受験の資格を有する全ての国民」とあるのは「指定する職に正式に任用された全ての職員」と、第二十一条中「職員の採用」とあるのは「職員の昇任」と、「採用候補者名簿」とあるのは「昇任候補者名簿」と、同条第四項中「採用すべき」とあるのは「昇任させるべき」と、同条第五項中「採用の方法」とあるのは「昇任の方法」と読み替えるものとする。
5　第十八条並びに第二十一条の二第一項及び第二項の規定は、第一項の規定による職員の昇任のための選考を実施する場合について準用する。この場合において、同条第二項中「職員の採用」とあるのは、「職員の昇任」と読み替えるものとする。

（降任及び転任の方法）
第二十一条の五　任命権者は、職員を降任させる場合には、当該職員の人事評価その他の能力の実証に基づき、任命しようとする職の属する職制上の段階の標準的な職に係る標準職務遂行能力及び当該任命しようとする職についての適性を有すると認められる職に任命するものとする。
2　職員の転任は、任命権者が、職員の人事評価その他の能力の実証に基づき、任命しようとする職の属する職制上の段階の標準的な職に係る標準職務遂行能力及び当該任命しようとする職についての適性を有すると認められる者の中から行うものとする。

（条件付採用）
第二十二条　職員の採用は、全て条件付のものとし、当該職員がその職において六月の期間を勤務し、その間その職務を良好な成績で遂行したときに、正式のものとなるものとする。この場合において、人事委員会等は、人事委員会規則（人事委員会を置かない地方公共団体においては、地方公共団体の規則。第二十二条の四第一項及び第二十二条の五第一項において同じ。）で定めるところにより、条件付採用の期間を一年を超えない範囲内で延長することができる。

第三節　人事評価

（人事評価の根
第二十三条　職員の人事評価は、公正に行われなければな

本基準）

らない。

2　任命権者は、人事評価を任用、給与、分限その他の人事管理の基礎として活用するものとする。

（人事評価の実施）

第二十三条の二　職員の執務については、その任命権者は、定期的に人事評価を行わなければならない。

2　人事評価の基準及び方法に関する事項その他人事評価に関し必要な事項は、任命権者が定める。

3　前項の場合において、任命権者が地方公共団体の長及び議会の議長以外の者であるときは、同項に規定する事項について、あらかじめ、地方公共団体の長に協議しなければならない。

（人事評価に基づく措置）

第二十三条の三　任命権者は、前条第一項の人事評価の結果に応じた措置を講じなければならない。

（人事評価に関する勧告）

第二十三条の四　人事委員会は、人事評価の実施に関し、任命権者に勧告することができる。

第四節　給与、勤務時間その他の勤務条件

（給与、勤務時間その他の勤務条件の根本基準）

第二十四条　職員の給与は、その職務と責任に応ずるものでなければならない。

5　職員の給与、勤務時間その他の勤務条件は、条例で定める。

（給与に関する条例及び給与の支給）

第二十五条　職員の給与は、前条第五項の規定による給与に関する条例に基づいて支給されなければならず、また、これに基づかずには、いかなる金銭又は有価物も職員に支給してはならない。

2　職員の給与は、法律又は条例により特に認められた場合を除き、通貨で、直接職員に、その全額を支払わなければならない。

（略）

（給料表に関する報告及び勧告）

第二十六条　人事委員会は、毎年少くとも一回、給料表が適当であるかどうかについて、地方公共団体の議会及び長に同時に報告するものとする。給与を決定する諸条件の変化により、給料表に定める給料額を増減することが適当であると認めるときは、あわせて適当な勧告をすることができる。

（修学部分休業）

第二十六条の二　任命権者は、職員（臨時的に任用される職員その他の法律により任期を定めて任用される職員及び非常勤職員を除く。以下この条及び次条において同じ。）が申請した場合において、公務の運営に支障がなく、かつ、当該職員の公務に関する能力の向上に資すると認めるときは、条例で定めるところにより、当該職員が、大学その他の条例で定める教育施設における修学のため、当該修学に認められる期間として条例で定める期間中、一週間の勤務時間の一部について勤務しないこと（以下この条において「修学部分休業」という。）を承認することができる。

2　前項の規定による承認は、修学部分休業をしている職員が休職又は停職の処分を受けた場合には、その効力を失う。

3　職員が第一項の規定による承認を受けて勤務しない場合には、条例で定めるところにより、減額して給与を支給するものとする。

4　前三項に定めるもののほか、修学部分休業に関し必要な事項は、条例で定める。

第五節　分限及び懲戒

（分限及び懲戒の基準）

第二十七条　全て職員の分限及び懲戒については、公正でなければならない。

2　職員は、この法律で定める事由による場合でなければ、その意に反して、降任され、又は免職されず、この法律又は条例で定める事由による場合でなければ、その意に反して、休職され、又は降給されることがない。

3　職員は、この法律で定める事由による場合でなければ、懲戒処分を受けることがない。

（降任、免職、休職等）

第二十八条　職員が、次の各号に掲げる場合のいずれかに該当するときは、その意に反して、これを降任し、又は免職することができる。

一　人事評価又は勤務の状況を示す事実に照らして、勤

務実績がよくない場合

二　心身の故障のため、職務の遂行に支障があり、又はこれに堪えない場合

三　前二号に規定する場合のほか、その職に必要な適格性を欠く場合

四　職制若しくは定数の改廃又は予算の減少により廃職又は過員を生じた場合

2　職員が、次の各号に掲げる場合のいずれかに該当するときは、その意に反して、これを休職することができる。

一　心身の故障のため、長期の休養を要する場合

二　刑事事件に関し起訴された場合

3　職員の意に反する降任、免職、休職及び降給の手続及び効果は、法律に特別の定めがある場合を除くほか、条例で定めなければならない。

4　職員は、第十六条各号（第二号を除く。）のいずれかに該当するに至つたときは、条例に特別の定めがある場合を除くほか、その職を失う。

（定年による退職）

第二十八条の六　職員は、定年に達したときは、定年に達した日以後における最初の三月三十一日までの間において、条例で定める日（次条第一項及び第二項ただし書において「定年退職日」という。）に退職する。

（略）

（懲戒）

第二十九条　職員が次の各号のいずれかに該当する場合には、当該職員に対し、懲戒処分として戒告、減給、停職又は免職の処分をすることができる。

一　この法律若しくは第五十七条に規定する特例を定めた法律又はこれらに基づく条例、地方公共団体の規則若しくは地方公共団体の機関の定める規程に違反した場合

二　職務上の義務に違反し、又は職務を怠つた場合

三　全体の奉仕者たるにふさわしくない非行のあつた場合

4　職員の懲戒の手続及び効果は、法律に特別の定めがある場合を除くほか、条例で定めなければならない。

（適用除外）

第二十九条の二　次に掲げる職員及びこれに対する処分については、第二十七条第二項、第二十八条第一項から第三項まで、第四十九条第一項及び第二項並びに行政不服審査法（平成二十六年法律第六十八号）の規定を適用しない。

一　条件附採用期間中の職員

二　臨時的に任用された職員

2　前項各号に掲げる職員の分限については、条例で必要な事項を定めることができる。

第六節　服務

（服務の根本基準）

第三十条　すべて職員は、全体の奉仕者として公共の利益のために勤務し、且つ、職務の遂行に当つては、全力を挙げてこれに専念しなければならない。

（服務の宣誓）

第三十一条　職員は、条例の定めるところにより、服務の宣誓をしなければならない。

（法令等及び上司の職務上の命令に従う義務）

第三十二条　職員は、その職務を遂行するに当つて、法令、条例、地方公共団体の規則及び地方公共団体の機関の定める規程に従い、且つ、上司の職務上の命令に忠実に従わなければならない。

（信用失墜行為の禁止）

第三十三条　職員は、その職の信用を傷つけ、又は職員の職全体の不名誉となるような行為をしてはならない。

（秘密を守る義務）

第三十四条　職員は、職務上知り得た秘密を漏らしてはならない。その職を退いた後も、また、同様とする。

2　法令による証人、鑑定人等となり、職務上の秘密に属する事項を発表する場合においては、任命権者（退職者については、その退職した職又はこれに相当する職に係る任命権者）の許可を受けなければならない。

（略）

（職務に専念する義務）

第三十五条　職員は、法律又は条例に特別の定がある場合を除く外、その勤務時間及び職務上の注意力のすべてをその職責遂行のために用い、当該地方公共団体がなすべき責を有する職務にのみ従事しなければならない。

（政治的行為の制限）

第三十六条　職員は、政党その他の政治的団体の結成に関与し、若しくはこれらの団体の役員となつてはならず、又はこれらの団体の構成員となるように、若しくはならないように勧誘運動をしてはならない。

2　職員は、特定の政党その他の政治的団体又は特定の内閣若しくは地方公共団体の執行機関を支持し、又はこれに反対する目的をもつて、あるいは公の選挙又は投票において特定の人又は事件を支持し、又はこれに反対する目的をもつて、次に掲げる政治的行為をしてはならない。ただし、当該職員の属する地方公共団体の区域（当該職員が都道府県の支庁若しくは地方事務所又は地方自治法第二百五十二条の十九第一項の指定都市の区若しくは総合区に勤務する者であるときは、当該支庁若しくは地方事務所又は区若しくは総合区の所管区域）外において、第一号から第三号まで及び第五号に掲げる政治的行為をすることができる。

一　公の選挙又は投票において投票をするように、又はしないように勧誘運動をすること。

二　署名運動を企画し、又は主宰する等これに積極的に関与すること。

三　寄附金その他の金品の募集に関与すること。

四　文書又は図画を地方公共団体又は特定地方独立行政法人の庁舎（特定地方独立行政法人にあつては、事務所。以下この号において同じ。）、施設等に掲示し、又は掲示させ、その他地方公共団体又は特定地方独立行政法人の庁舎、施設、資材又は資金を利用し、又は利用させること。

五　前各号に定めるものを除く外、条例で定める政治的行為

3　何人も前二項に規定する政治的行為を行うよう職員に求め、職員をそそのかし、若しくはあおつてはならず、又は職員が前二項に規定する政治的行為をなし、若しくはなさないことに対する代償若しくは報復として、任用、職務、給与その他職員の地位に関してなんらかの利益若しくは不利益を与え、与えようと企て、若しくは約束してはならない。

4　職員は、前項に規定する違法な行為に応じなかつたことの故をもつて不利益な取扱を受けることはない。

5　本条の規定は、職員の政治的中立性を保障することにより、地方公共団体の行政及び特定地方独立行政法人の業務の公正な運営を確保するとともに職員の利益を保護することを目的とするものであるという趣旨において解釈され、及び運用されなければならない。

（争議行為等の禁止）

第三十七条　職員は、地方公共団体の機関が代表する使用者としての住民に対して同盟罷業、怠業その他の争議行為をし、又は地方公共団体の機関の活動能率を低下させる怠業的行為をしてはならない。又、何人も、このような違法な行為を企て、又はその遂行を共謀し、そそのかし、若しくはあおつてはならない。

2　職員で前項の規定に違反する行為をしたものは、その行為の開始とともに、地方公共団体に対し、法令又は条例、地方公共団体の規則若しくは地方公共団体の機関の定める規程に基いて保有する任命上又は雇用上の権利をもつて対抗することができなくなるものとする。

（営利企業への従事等の制限）

第三十八条　職員は、任命権者の許可を受けなければ、商業、工業又は金融業その他営利を目的とする私企業（以下この項及び次条第一項において「営利企業」という。）を営むことを目的とする会社その他の団体の役員その他人事委員会規則（人事委員会を置かない地方公共団体においては、地方公共団体の規則）で定める地位を兼ね、若しくは自ら営利企業を営み、又は報酬を得ていかなる事業若しくは事務にも従事してはならない。ただし、非常勤職員（短時間勤務の職を占める職員及び第二十二条の二第一項第二号に掲げる職員を除く。）については、この限りでない。

2　人事委員会は、人事委員会規則により前項の場合にお

ける任命権者の許可の基準を定めることができる。

第七節　研　修

（研修）
第三十九条　職員には、その勤務能率の発揮及び増進のために、研修を受ける機会が与えられなければならない。
2　前項の研修は、任命権者が行うものとする。
3　地方公共団体は、研修の目標、研修に関する計画の指針となるべき事項その他研修に関する基本的な方針を定めるものとする。
4　人事委員会は、研修に関する計画の立案その他研修の方法について任命権者に勧告することができる。

第八節　福祉及び利益の保護

（福祉及び利益の保護の根本基準）
第四十一条　職員の福祉及び利益の保護は、適切であり、且つ、公正でなければならない。

第一款　厚生福利制度

（厚生制度）
第四十二条　地方公共団体は、職員の保健、元気回復その他厚生に関する事項について計画を樹立し、これを実施しなければならない。

（共済制度）
第四十三条　職員の病気、負傷、出産、休業、災害、退職、障害若しくは死亡又はその被扶養者の病気、負傷、出産、死亡若しくは災害に関して適切な給付を行なうための相互救済を目的とする共済制度が、実施されなければならない。
6　第一項の共済制度は、法律によってこれを定める。

第二款　公務災害補償

（公務災害補償）
第四十五条　職員が公務に因り死亡し、負傷し、若しくは疾病にかかり、若しくは公務に因る負傷若しくは疾病により死亡し、若しくは障害の状態となり、又は船員である職員が公務に因り行方不明となった場合においてその者又はその者の遺族若しくは被扶養者がこれらの原因によって受ける損害は、補償されなければならない。
2　前項の規定による補償の迅速かつ公正な実施を確保するため必要な補償に関する制度が実施されなければならない。
4　第二項の補償に関する制度は、法律によって定めるものとし、当該制度については、国の制度との間に権衡を失しないように適当な考慮が払われなければならない。

第三款　勤務条件に関する措置の要求

（勤務条件に関する措置の要求）
第四十六条　職員は、給与、勤務時間その他の勤務条件に関し、人事委員会又は公平委員会に対して、地方公共団体の当局により適当な措置が執られるべきことを要求することができる。

（審査及び審査の結果執るべき措置）
第四十七条　前条に規定する要求があったときは、人事委員会又は公平委員会は、事案について口頭審理その他の方法による審査を行い、事案を判定し、その結果に基いて、その権限に属する事項については、自らこれを実行し、その他の事項については、当該事項に関し権限を有する地方公共団体の機関に対し、必要な勧告をしなければならない。

第四款　不利益処分に関する審査請求

（不利益処分に関する説明書の交付）
第四十九条　任命権者は、職員に対し、懲戒その他その意に反すると認める不利益な処分を行う場合においては、その際、当該職員に対し、処分の事由を記載した説明書を交付しなければならない。ただし、他の職への降任等に該当する降任をする場合又は他の職への降任等に伴い降給をする場合は、この限りでない。
2　職員は、その意に反して不利益な処分を受けたと思うときは、任命権者に対し処分の事由を記載した説明書の交付を請求することができる。
（略）

（審査請求）
第四十九条の二　前条第一項に規定する処分を受けた職員は、人事委員会又は公平委員会に対してのみ審査請求をすることができる。
（略）

（審査請求期間）
第四十九条の三　前条第一項に規定する審査請求は、処分があったことを知った日の翌日から起算して三月以内にしなければならず、処分があった日の翌日から起算して

一年を経過したときは、することができない。

第九節　職員団体

（職員団体）
第五十二条　この法律において「職員団体」とは、職員がその勤務条件の維持改善を図ることを目的として組織する団体又はその連合体をいう。
2　前項の「職員」とは、第五項に規定する職員以外の職員をいう。
3　職員は、職員団体を結成し、若しくは結成せず、又はこれに加入し、若しくは加入しないことができる。（略）
5　警察職員及び消防職員は、職員の勤務条件の維持改善を図ることを目的とし、かつ、地方公共団体の当局と交渉する団体を結成し、又はこれに加入してはならない。

（職員団体の登録）
第五十三条　職員団体は、条例で定めるところにより、理事その他の役員の氏名及び条例で定める事項を記載した申請書に規約を添えて人事委員会又は公平委員会に登録を申請することができる。
（略）

（交渉）
第五十五条　地方公共団体の当局は、登録を受けた職員団体から、職員の給与、勤務時間その他の勤務条件に関し、及びこれに附帯して、社交的又は厚生的活動を含む適法な活動に係る事項に関し、適法な交渉の申入れがあった場合においては、その申入れに応ずべき地位に立つものとする。
2　職員団体と地方公共団体の当局との交渉は、団体協約を締結する権利を含まないものとする。
3　地方公共団体の事務の管理及び運営に関する事項は、交渉の対象とすることができない。
4　職員団体が交渉することのできる地方公共団体の当局は、交渉事項について適法に管理し、又は決定することのできる地方公共団体の当局とする。
5　交渉は、職員団体と地方公共団体の当局があらかじめ取り決めた員数の範囲内で、職員団体がその役員の中から指名する者と地方公共団体の当局の指名する者との間において行なわなければならない。交渉に当たっては、職員団体と地方公共団体の当局との間において、議題、時間、場所その他必要な事項をあらかじめ取り決めて行なうものとする。
6　前項の場合において、特別の事情があるときは、職員団体は、役員以外の者を指名することができるものとする。ただし、その指名する者は、当該交渉の対象である特定の事項について交渉する適法な委任を当該職員団体の執行機関から受けたことを文書によって証明できる者でなければならない。
7　交渉は、前二項の規定に適合しないこととなったとき、又は他の職員の職務の遂行を妨げ、若しくは地方公共団体の事務の正常な運営を阻害することとなったときは、これを打ち切ることができる。
8　本条に規定する適法な交渉は、勤務時間中においても行なうことができる。
9　職員団体は、法令、条例、地方公共団体の規則及び地方公共団体の機関の定める規程にてい触しない限りにおいて、当該地方公共団体の当局と書面による協定を結ぶことができる。
10　前項の協定は、当該地方公共団体の当局及び職員団体の双方において、誠意と責任をもって履行しなければならない。
11　職員は、職員団体に属していないという理由で、第一項に規定する事項に関し、不満を表明し、又は意見を申し出る自由を否定されてはならない。

（職員団体のための職員の行為の制限）
第五十五条の二　職員は、職員団体の業務にもっぱら従事することができない。ただし、任命権者の許可を受けて、登録を受けた職員団体の役員としてもっぱら従事する場合は、この限りでない。
2　前項ただし書の許可は、任命権者が相当と認める場合に与えることができるものとし、これを与える場合においては、任命権者は、その許可の有効期間を定めるもの

とする。

（略）

（不利益取扱の禁止）
第五十六条　職員は、職員団体の構成員であること、職員団体を結成しようとしたこと、若しくはこれに加入しようとしたこと又は職員団体のために正当な行為をしたことの故をもって不利益な取扱を受けることはない。

第五章　罰則

（罰則）
第六十一条　次の各号のいずれかに該当する者は、三年以下の懲役又は百万円以下の罰金に処する。

四　削除

（略）

第六十二条の二　何人たるを問わず、第三十七条第一項前段に規定する違法な行為の遂行を共謀し、唆し、若しくはあおり、又はこれらの行為を企てた者は、三年以下の禁錮又は百万円以下の罰金に処する。

◆公職選挙法

（昭二五・四・一五
法一〇〇）

最終改正　令四―法八九

第一章　総則

（この法律の目的）
第一条　この法律は、日本国憲法の精神に則り、衆議院議員、参議院議員並びに地方公共団体の議会の議員及び長を公選する選挙制度を確立し、その選挙が選挙人の自由に表明せる意思によって公明且つ適正に行われることを確保し、もって民主政治の健全な発達を期することを目的とする。

（この法律の適用範囲）
第二条　この法律は、衆議院議員、参議院議員並びに地方公共団体の議会の議員及び長の選挙について、適用する。

（公職の定義）
第三条　この法律において「公職」とは、衆議院議員、参議院議員並びに地方公共団体の議会の議員及び長の職をいう。

第二章　選挙権及び被選挙権

（選挙権）
第九条　日本国民で年齢満十八年以上の者は、衆議院議員及び参議院議員の選挙権を有する。

2　日本国民たる年齢満十八年以上の者で引き続き三箇月以上市町村の区域内に住所を有する者は、その属する地方公共団体の議会の議員及び長の選挙権を有する。

3　日本国民たる年齢満十八年以上の者でその属する市町村を包括する都道府県の区域内の一の市町村の区域内に引き続き三箇月以上住所を有していたことがあり、かつ、その後も引き続き当該都道府県の区域内に住所を有するものは、前項に規定する住所に関する要件にかかわらず、当該都道府県の議会の議員及び長の選挙権を有する。

4　前二項の市町村には、その区域の全部又は一部が廃置分合により当該市町村の区域の全部又は一部となった市町村であって、当該廃置分合により消滅した市町村（この項の規定により当該消滅した市町村に含むものとされた市町村を含む。）を含むものとする。

5　第二項及び第三項の三箇月の期間は、市町村の廃置分合又は境界変更のため中断されることがない。

（被選挙権）
第十条　日本国民は、左の各号の区分に従い、それぞれ当該議員又は長の被選挙権を有する。

一　衆議院議員については年齢満二十五年以上の者
二　参議院議員については年齢満三十年以上の者
三　都道府県の議会の議員についてはその選挙権を有する者で年齢満二十五年以上のもの
四　都道府県知事については年齢満三十年以上の者
五　市町村の議会の議員についてはその選挙権を有する者で年齢満二十五年以上のもの
六　市町村長については年齢満二十五年以上の者

2　前項各号の年齢は、選挙の期日により算定する。

第十三章　選挙運動

（公務員等の地位利用による選挙運動の禁止）
第百三十六条の二　次の各号のいずれかに該当する者は、その地位を利用して選挙運動をすることができない。
一　国若しくは地方公共団体の公務員又は特定独立行政法人若しくは特定地方独立行政法人の役員若しくは職員
二　沖縄振興開発金融公庫の役員又は職員（以下「公庫の役職員」という。）
2　前項各号に掲げる者が公職の候補者若しくは公職の候補者となろうとする者（公職にある者を含む。）を推薦し、支持し、若しくはこれに反対する目的をもってする次の各号に掲げる行為又は公職の候補者若しくは公職の候補者となろうとする者（公職にある者を含む。）である同項各号に掲げる者が公職の候補者として推薦され、若しくは支持される目的をもってする次の各号に掲げる行為は、同項に規定する禁止行為に該当するものとみなす。
一　その地位を利用して、公職の候補者の推薦に関与し、若しくは関与することを援助し、又は他人をしてこれらの行為をさせること。
二　その地位を利用して、投票の周旋勧誘、演説会の開催その他の選挙運動の企画に関与し、その企画の実施について指示し、若しくは指導し、又は他人をしてこれらの行為をさせること。
三　その地位を利用して、第百九十九条の五第一項に規定する後援団体を結成し、その結成の準備に関与し、同項に規定する後援団体の構成員となることを勧誘し、若しくはこれらの行為を援助し、又は他人をしてこれらの行為をさせること。
四　その地位を利用して、新聞その他の刊行物を発行し、文書図画を掲示し、若しくは頒布し、若しくはこれらの行為を援助し、又は他人をしてこれらの行為をさせること。
五　公職の候補者又は公職の候補者となろうとする者（公職にある者を含む。）を推薦し、支持し、若しくはこれに反対することを申しいで、又は約束した者に対し、その代償として、その職務の執行に当たり、当該申しいで、又は約束した者に係る利益を供与し、又は供与することを約束すること。

（教育者の地位利用の選挙運動の禁止）
第百三十七条　教育者（学校教育法（昭和二十二年法律第二十六号）に規定する学校及び就学前の子どもに関する教育、保育等の総合的な提供の推進に関する法律（平成十八年法律第七十七号）に規定する幼保連携型認定こども園の長及び教員をいう。）は、学校の児童、生徒及び学生に対する教育上の地位を利用して選挙運動をすることができない。

◆義務教育諸学校における教育の政治的中立の確保に関する臨時措置法

（昭二九・六・三
法　一五七）
最終改正　令四―法六八

（この法律の目的）
第一条　この法律は、教育基本法（平成十八年法律第百二十号）の精神に基き、義務教育諸学校における教育を党派的勢力の不当な影響又は支配から守り、もって義務教育の政治的中立を確保するとともに、これに従事する教育職員の自主性を擁護することを目的とする。

（定義）
第二条　この法律において「義務教育諸学校」とは、学校教育法（昭和二十二年法律第二十六号）に規定する小学校、中学校、義務教育学校、中等教育学校の前期課程又は特別支援学校の小学部若しくは中学部をいう。
2　この法律において「教育職員」とは、校長、副校長若

しくは教頭（中等教育学校の前期課程又は特別支援学校の小学部若しくは中学部にあっては、当該課程の属する中等教育学校又は当該部の属する特別支援学校の校長、副校長又は教頭とする。）又は主幹教諭、指導教諭、教諭、助教諭若しくは講師をいう。

（特定の政党を支持させる等の教育の教唆及びせん動の禁止）

第三条　何人も、教育を利用し、特定の政党その他の政治的団体（以下「特定の政党等」という。）の政治的勢力の伸長又は減退に資する目的をもって、学校教育法に規定する学校の職員を主たる構成員とする団体（その団体を主たる構成員とする団体を含む。）の組織又は活動を利用し、義務教育諸学校に勤務する教育職員に対し、これらの者が、義務教育諸学校の児童又は生徒に対して、特定の政党等を支持させ、又はこれに反対させる教育を行うことを教唆し、又はせん動してはならない。

提案理由

（一九五四年二月二六日　衆議院）

○大達茂雄国務大臣　ただいま議題となりました義務教育諸学校における教育の政治的中立の確保に関する法律案につきまして、提案の理由並びにその内容の概略を御説明いたします。

そもそも教育上良識ある公民たるに必要な政治的教養が尊重されなければならないこと、及びそのためには学校においては特定の政党を支持しまたはこれに反対するための政治的教育が行われてはならないことはいまさら申し上げるまでもないのであります。それは教育基本法第八条において明らかに示しているところであります。ことに義務教育は、国民教育の基本をなすものでありますので、特にその政治的中立の確保が期せられなければならないのであります。この法律案の所期するところは、義務教育諸学校において教育基本法の期待するような正しい政治教育が行われることを保障するにあります。すなわち、第一条に規定しておりますように、この法律は、教育基本法の精神に基き、義務教育諸学校における教育を党派的勢力の不当な影響または支配から守り、もって義務教育の政治的中立を確保するとともに、これに従事する教育職員の自主性を擁護することを目的とするものでございます。

しからば、どのような方法によってその目的を達成するかと申しますと、この法律案の第三条に規定するように、何人についても義務教育諸学校の教育職員に対し、児童生徒に対して、特定の政党を支持させまたはこれに反対させる教育を行うことを教唆し、または扇動することを禁止しようとするのであります。しかしそれには条件がつけられているのであります。第一に、教唆または扇動するにあたっては、特定の政党その他の政治的団体の政治的勢力の伸長または減退に資する目的を有することが一つの条件となっております。従いまして、この目的を欠く行為は禁止されないのであります。第二に、教唆または扇動するにあたりましては、学校教育法に規定する学校の職員を主たる構成員とする団体またはその団体を主たる構成員とする団体の組織または活動を利用するということが条件となっております。もっとも、学校教育において特定の政党等を支持しまたはこれに反対させる教育を行うことを教唆、扇動することは、いかなる目的に出るものでありましても、またいかなる手段に訴えるものであっても、教育上の見地からすれば好ましくないことではありますが、現実にこの法律をもって禁止するのは以上のような特別の条件を備える場合のみに限定した次第であります。

次に本法の違反行為に対しては罰則を設けておるのでありまして、第四条に示すように前条の規定に違反した者は、一年以下の懲役または三万円以下の罰金に処するとなっております。そして第五条において本法の違反行為に対する罪を論ずるにあたっては、それぞれの学校を所轄する機関の請求をまって論ずることといたしました。

以上本法案の提案の理由並びにその概要を申し上げました。慎重御審議の上すみやかに可決あらんことをお願いいたします。

（『第一九回国会衆議院文部委員会議録』第九号二ページ、一九五四年二月二六日『官報』号外）

◇人事院規則一四—七（政治的行為）

（昭二四・九・一九人事院規則一四—七）

最終改正　令四—人事院規則一—七九

（適用の範囲）

1　法及び規則中政治的行為の禁止又は制限に関する規定は、臨時的任用として勤務する者、条件付任用期間の者、休暇、休職又は停職中の者及びその他理由のいかんを問

わず一時的に勤務しない者をも含む全ての一般職に属する職員に適用する。ただし、顧問、参与、委員その他人事院の指定するこれらと同様な諮問的な非常勤の職員（法第六十条の二第一項に規定する短時間勤務の官職を占める職員を除く。）が他の法令に規定する禁止又は制限に触れることなしにする行為には適用しない。

2　法又は規則によって禁止又は制限される職員の政治的行為は、すべて、職員が、公然又は内密に、職員以外の者と共同して行う場合においても、禁止又は制限される。

3　法又は規則によって職員が自ら行うことを禁止又は制限される政治的行為は、すべて、職員が自ら選んだ又は自己の管理に属する代理人、使用人その他の者を通じて間接に行う場合においても、禁止又は制限される。

4　法又は規則によって禁止又は制限される職員の政治的行為は、第六項第十六号に定めるものを除いては、職員が勤務時間外において行う場合においても、適用される。

（政治的目的の定義）

5　法及び規則中政治的目的とは、次に掲げるものをいう。政治的目的をもってなされる行為であっても、第六項に定める政治的行為に含まれない限り、法第百二条第一項の規定に違反するものではない。

一　規則一四—五に定める公選による公職の選挙において、特定の候補者を支持し又はこれに反対すること。

二　最高裁判所の裁判官の任命に関する国民審査に際し、特定の裁判官を支持し又はこれに反対すること。

三　特定の政党その他の政治的団体を支持し又はこれに反対すること。

四　特定の内閣を支持し又はこれに反対すること。

五　政治の方向に影響を与える意図で特定の政策を主張し又はこれに反対すること。

六　国の機関又は公の機関において決定した政策（法令、規則又は条例に包含されたものを含む。）の実施を妨害すること。

七　地方自治法（昭和二十二年法律第六十七号）に基く地方公共団体の条例の制定若しくは改廃又は事務監査の請求に関する署名を成立させ又は成立させないこと。

八　地方自治法に基く地方公共団体の議会の解散又は法律に基く公務員の解職の請求に関する署名を成立させ若しくは成立させず又はこれらの請求に基く解散若しくは解職に賛成し若しくは反対すること。

（政治的行為の定義）

6　法第百二条第一項の規定する政治的行為とは、次に掲げるものをいう。

一　政治的目的のために職名、職権又はその他の公私の影響力を利用すること。

二　政治的目的のために寄附金その他の利益を提供し又は提供せずその他政治的目的をもつなんらかの行為をなし又はなさないことに対する代償又は報復として、任用、職務、給与その他職員の地位に関してなんらかの利益を得若しくは得ようと企て又は得させようとすることあるいは不利益を与え、与えようと企て又は与えようとおびやかすこと。

三　政治的目的をもって、賦課金、寄附金、会費又はその他の金品を求め若しくは受領し又はなんらかの方法をもってするを問わずこれらの行為に関与すること。

四　政治的目的をもって、前号に定める金品を国家公務員に与え又は支払うこと。

五　政党その他の政治的団体の結成を企画し、結成に参与し若しくはこれらの行為を援助し又はそれらの団体の役員、政治的顧問その他これらと同様な役割をもつ構成員となること。

六　特定の政党その他の政治的団体の構成員となるように又はならないように勧誘運動をすること。

七　政党その他の政治的団体の機関紙たる新聞その他の刊行物を発行し、編集し、配布し又はこれらの行為を援助すること。

八　政治的目的をもって、第五項第一号に定める選挙、同項第二号に定める国民審査の投票又は同項第八号に

定める解散若しくは解職の投票において、投票するように又はしないように勧誘運動をすること。

九　政治的目的のために署名運動を企画し、主宰し又は指導しその他これに積極的に参与すること。

十　政治的目的をもって、多数の人の行進その他の示威運動を企画し、組織し若しくは指導し又はこれらの行為を援助すること。

十一　集会その他多数の人に接し得る場所で又は拡声器、ラジオその他の手段を利用して、公に政治的目的を有する意見を述べること。

十二　政治的目的を有する文書又は図画を国又は特定独立行政法人の庁舎（行政執行法人にあっては、事務所。以下同じ。）、施設等に掲示し又は掲示させその他政治的目的のために国又は行政執行法人の庁舎、施設、資材又は資金を利用し又は利用させること。

十三　政治的目的を有する署名又は無署名の文書、図画、音盤又は形象を発行し、回覧に供し、掲示し若しくは配布し又は多数の人に対して朗読し若しくは聴取させ、あるいはこれらの用に供するために著作し又は編集すること。

十四　政治的目的を有する演劇を演出し若しくは主宰し又はこれらの行為を援助すること。

十五　政治的目的をもって、政治上の主義主張又は政党その他の政治的団体の表示に用いられる旗、腕章、記章、えり章、服飾その他これらに類するものを製作し又は配布すること。

十六　政治的目的をもって、勤務時間中において、前号に掲げるものを着用し又は表示すること。

十七　なんらの名義又は形式をもってするを問わず、前各号の禁止又は制限を免れる行為をすること。

7　この規則のいかなる規定も、職員が本来の職務を遂行するため当然行うべき行為を禁止又は制限するものではない。

8　各省各庁の長及び行政執行法人の長は、法又は規則に定める政治的行為の禁止又は制限に違反する行為又は事実があったことを知ったときは、直ちに人事院に通知するとともに、違反行為の防止又は矯正のために適切な措置をとらなければならない。

◆職員の服務の宣誓に関する政令

（昭四一・二・一〇　政令一四）

最終改正　令四―政令一二八

（服務の宣誓）

第一条　新たに職員（非常勤職員（国家公務員法第六十条の二第一項に規定する短時間勤務の官職を占める職員を除く。）及び臨時的職員を除く。以下同じ。）となった者は、別記様式による宣誓書を任命権者に提出しなければならない。

（略）

別記様式

宣誓書 私は、国民全体の奉仕者として公共の利益のために勤務すべき責務を深く自覚し、日本国憲法を遵守し、並びに法令及び上司の職務上の命令に従い、不偏不党かつ公正に職務の遂行に当たることをかたく誓います。 年　月　日 氏　名

◆教育職員等による児童生徒性暴力等の防止等に関する法律

（令三・六・四　法　五七）

最終改正　令五―法六七

第一章　総則

（目的）

第一条　この法律は、教育職員等による児童生徒性暴力等が児童生徒等の権利を著しく侵害し、児童生徒等に対し生涯にわたって回復し難い心理的外傷その他の心身に対する重大な影響を与えるものであることに鑑み、児童生徒等の尊厳を保持するため、児童生徒性暴力等の禁止について定めるとともに、教育職員等による児童生徒性暴力等の防止等に関し、基本理念を定め、国等の責務を明らかにし、基本指針の策定、教育職員等による児童生徒性暴力等の防止に関する措置並びに教育職員等による児童生徒性暴力等の早期発見及び児童生徒性暴力等への対処に関する措置等について定め、あわせて、特定免許状失効者等に対する教育職員免許法（昭和二十四年法律第百四十七号）の特例等について定めることにより、教育職員等による児童生徒性暴力等の防止等に関する施策を推進し、もって児童生徒等の権利利益の擁護に資することを目的とする。

（定義）

第二条　この法律において「学校」とは、学校教育法（昭和二十二年法律第二十六号）第一条に規定する幼稚園、小学校、中学校、義務教育学校、高等学校、中等教育学校及び特別支援学校並びに就学前の子どもに関する教育、保育等の総合的な提供の推進に関する法律（平成十八年法律第七十七号）第二条第七項に規定する幼保連携型認定こども園をいう。

2　この法律において「児童生徒等」とは、次に掲げる者をいう。

一　学校に在籍する幼児、児童又は生徒

二　十八歳未満の者（前号に該当する者を除く。）

3　この法律において「児童生徒性暴力等」とは、次に掲げる行為をいう。

一　児童生徒等に性交等（刑法（明治四十年法律第四十五号）第百七十七条第一項に規定する性交等をいう。以下この号において同じ。）をすること又は児童生徒等をして性交等をさせること（児童生徒等から暴行又は脅迫を受けて当該児童生徒等に性交等をした場合及び児童生徒等の心身に有害な影響を与えるおそれがないと認められる特別の事情がある場合を除く。）。

二　児童生徒等にわいせつな行為をすること又は児童生徒等をしてわいせつな行為をさせること（前号に掲げるものを除く。）。

三　刑法第百八十二条の罪、児童買春、児童ポルノに係る行為等の規制及び処罰並びに児童の保護等に関する法律（平成十一年法律第五十二号。次号において「児童ポルノ法」という。）第五条から第八条までの罪又は性的な姿態を撮影する行為等の処罰及び押収物に記録された性的な姿態の影像に係る電磁的記録の消去等に関する法律（令和五年法律第六十七号）第二条から第六条までの罪（児童生徒等に係るものに限る。）に当たる行為をすること（前二号に掲げるものを除く。）。

四　児童生徒等に次に掲げる行為（児童生徒等の心身に有害な影響を与えるものに限る。）であって児童生徒等を著しく羞恥させ、若しくは児童生徒等に不安を覚えさせるようなものをすること又は児童生徒等をしてそのような行為をさせること（前三号に掲げるものを除く。）。

イ　衣服その他の身に着ける物の上から又は直接に人の性的な部位（児童ポルノ法第二条第三項第三号に

規定する性的な部位をいう。）その他の身体の一部に触れること。

ロ　通常衣服で隠されている人の下着又は身体を撮影し、又は撮影する目的で写真機その他の機器を差し向け、若しくは設置すること。

五　児童生徒等に対し、性的羞恥心を害する言動であって、児童生徒等の心身に有害な影響を与えるものをすること（前各号に掲げるものを除く。）。

4　この法律において「児童生徒性暴力等の防止等」とは、児童生徒性暴力等の防止及び早期発見並びに児童生徒性暴力等への対処をいう。

5　この法律において「教育職員等」とは、教育職員（教育職員免許法第二条第一項に規定する教育職員をいう。以下同じ。）並びに学校の校長（園長を含む。）、副校長（副園長を含む。）、教頭、実習助手及び寄宿舎指導員をいう。

6　この法律において「特定免許状失効者等」とは、児童生徒性暴力等を行ったことにより教育職員免許法第十条第一項（第一号又は第二号に係る部分に限る。）の規定により免許状が失効した者及び児童生徒性暴力等を行ったことにより同法第十一条第一項又は第三項の規定により免許状取上げの処分を受けた者をいう。

（児童生徒性暴力等の禁止）

第三条　教育職員等は、児童生徒性暴力等をしてはならない。

（基本理念）

第四条　教育職員等による児童生徒性暴力等の防止等に関する施策は、教育職員等による児童生徒性暴力等が全ての児童生徒等の心身の健全な発達に関係する重大な問題であるという基本的認識の下に行われなければならない。

2　教育職員等による児童生徒性暴力等の防止等に関する施策は、児童生徒等が安心して学習その他の活動に取り組むことができるよう、学校の内外を問わず教育職員等による児童生徒性暴力等を根絶することを旨として行われなければならない。

3　教育職員等による児童生徒性暴力等の防止等に関する施策は、被害を受けた児童生徒等を適切かつ迅速に保護することを旨として行われなければならない。

4　教育職員等による児童生徒性暴力等の防止等に関する施策は、教育職員等による児童生徒性暴力等が懲戒免職の事由（解雇の事由として懲戒免職の事由に相当するものを含む。）となり得る行為であるのみならず、児童生徒等及びその保護者からの教育職員等に対する信頼を著しく低下させ、学校教育の信用を傷つけるものであることに鑑み、児童生徒性暴力等をした教育職員等に対する懲戒処分等について、適正かつ厳格な実施の徹底を図るための措置がとられることを旨として行われなければならない。

5　教育職員等による児童生徒性暴力等の防止等に関する施策は、国、地方公共団体、学校、医療関係者その他の関係者の連携の下に行われなければならない。

第二章　基本指針

第十二条　文部科学大臣は、教育職員等による児童生徒性暴力等の防止等に関する施策を総合的かつ効果的に推進するための基本的な指針（以下この条において「基本指針」という。）を定めるものとする。

2　基本指針においては、次に掲げる事項を定めるものとする。

一　教育職員等による児童生徒性暴力等の防止等に関する基本的な方針

二　教育職員等による児童生徒性暴力等の防止等に関する施策の内容に関する事項

三　その他学校において児童生徒等と接する業務に従事する者による児童生徒性暴力等の防止等に関する重要事項

3　文部科学大臣は、基本指針を定め、又は変更するときは、あらかじめ、内閣総理大臣に協議するものとする。

第三章　教育職員等による児童生徒性暴力等の防止に関する措置

（教育職員等に対する啓発等）
第十三条　国及び地方公共団体は、教育職員等に対し、児童生徒等の人権、特性等に関する理解及び児童生徒性暴力等の防止等に関する理解を深めるための研修及び啓発を行うものとする。
2　国及び地方公共団体は、教育職員の養成課程における児童生徒性暴力等の防止等に関する教育の充実その他必要な措置を講ずるものとする。
3　教育職員の養成課程を有する大学は、当該教育職員の養成課程を履修する学生が児童生徒性暴力等の防止等に関する理解を深めるための措置その他必要な措置を講ずるものとする。

（児童生徒等に対する啓発）
第十四条　国、地方公共団体、学校の設置者及びその設置する学校は、児童生徒等の尊厳を保持するため、児童生徒等に対して、何人からも児童生徒性暴力等により自己の身体を侵害されることはあってはならないことについて周知徹底を図るとともに、特に教育職員等による児童生徒性暴力等が児童生徒等の権利を著しく侵害し、児童生徒等に対し生涯にわたって回復し難い心理的外傷その他の心身に対する重大な影響を与えるものであることに鑑み、児童生徒等に対して、教育職員等による児童生徒性暴力等により自己の身体を侵害されることはあってはならないこと及び被害を受けた児童生徒等に対して第二十条第一項（第二十一条において準用する場合を含む。）の保護及び支援が行われること等について周知徹底を図らなければならない。

（データベースの整備等）
第十五条　国は、特定免許状失効者等の氏名及び特定免許状失効者等に係る免許状の失効又は取上げの事由、その免許状の失効又は取上げの原因となった事実等に関する情報に係るデータベースの整備その他の特定免許状失効者等に関する正確な情報を把握するために必要な措置を講ずるものとする。
2　都道府県の教育委員会は、当該都道府県において教育職員の免許状を有する者が特定免許状失効者等となったときは、前項の情報を同項のデータベースに迅速に記録することその他必要な措置を講ずるものとする。

（児童生徒性暴力等対策連絡協議会）
第十六条　地方公共団体は、教育職員等による児童生徒性暴力等の防止等に関係する機関及び団体の連携を図るため、学校、教育委員会、都道府県警察その他の関係者により構成される児童生徒性暴力等対策連絡協議会を置くことができる。

第四章　教育職員等による児童生徒性暴力等の早期発見及び児童生徒性暴力等への対処に関する措置等

（教育職員等による児童生徒性暴力等の早期発見のための措置）

第十七条　学校の設置者及びその設置する学校は、当該学校における教育職員等による児童生徒性暴力等を早期に発見するため、当該学校に在籍する児童生徒等及び教育職員等に対する定期的な調査その他の必要な措置を講ずるものとする。

（略）

第五章　特定免許状失効者等に対する教育職員免許法の特例等

（特定免許状失効者等に対する教育職員免許法の特例）

第二十二条　特定免許状失効者等（教育職員免許法第五条第一項各号のいずれかに該当する者を除く。）については、その免許状の失効又は取上げの原因となった児童生徒性暴力等の内容等を踏まえ、当該特定免許状失効者等の改善更生の状況その他その後の事情により再び免許状を授与するのが適当であると認められる場合に限り、再び免許状を授与することができる。

（略）

（都道府県教育職員免許状再授与審査会）
第二十三条　前条第二項に規定する意見を述べる事務をつかさどらせるため、都道府県の教育委員会に、都道府県

教育職員免許状再授与審査会を置く。

（略）

◆大学の教員等の任期に関する法律

（平九・六・一三 法 八 二）

最終改正 平三〇―法九四

（目的）

第一条 この法律は、大学等において多様な知識又は経験を有する教員等相互の学問的交流が不断に行われる状況を創出することが大学等における教育研究の活性化にとって重要であることにかんがみ、任期を定めることができる場合その他教員等の任期について必要な事項を定めることにより、大学等への多様な人材の受入れを図り、もって大学等における教育研究の進展に寄与することを目的とする。

（定義）

第二条 この法律において、次の各号に掲げる用語の意義は、当該各号に定めるところによる。

一 大学 学校教育法（昭和二十二年法律第二十六号）第一条に規定する大学をいう。

二 教員 大学の教授、准教授、助教、講師及び助手をいう。

三 教員等 教員並びに国立大学法人法（平成十五年法律第百十二号）第二条第三項に規定する大学共同利用機関法人、独立行政法人大学改革支援・学位授与機構及び独立行政法人大学入試センター（次号、第六条及び第七条第二項において「大学共同利用機関法人等」という。）の職員のうち専ら研究又は教育に従事する者をいう。

四 任期 地方公務員としての教員の任用に際して、又は国立大学法人（国立大学法人法第二条第一項に規定する国立大学法人をいう。以下同じ。）、大学共同利用機関法人等、公立大学法人（地方独立行政法人法（平成十五年法律第百十八号）第六十八条第一項に規定する公立大学法人をいう。以下同じ。）若しくは学校法人（私立学校法（昭和二十四年法律第二百七十号）第三条に規定する学校法人をいう。以下同じ。）と教員等との労働契約において定められた期間であって、地方公務員である教員が就いていた職若しくは同一の地方公共団体の他の職（特別職に属する職及び非常勤の職を除く。）に引き続き任用される場合又は同一の国立大学法人、大学共同利用機関法人等、公立大学法人若しくは学校法人との間で引き続き労働契約が締結される場合を除き、当該期間の満了により退職することとなるものをいう。

（公立の大学の教員の任期）

第三条 公立の大学の学長は、教育公務員特例法（昭和二十四年法律第一号）第二条第四項に規定する評議会（評議会を置かない大学にあっては、教授会）の議に基づき、当該大学の教員（常時勤務の者に限る。以下この条及び次条において同じ。）について、次条の規定による任期を定めた任用を行う必要があると認めるときは、教員の任期に関する規則を定めなければならない。

（略）

〔任命権者による任用期間の定め〕

第四条 任命権者は、前条第一項の教員の任期に関する規則が定められている大学について、教育公務員特例法第十条第一項の規定に基づきその教員を任用する場合において、次の各号のいずれかに該当するときは、任期を定めることができる。

一 先端的、学際的又は総合的な教育研究であることその他の当該教育研究組織で行われる教育研究の分野又は方法の特性に鑑み、多様な人材の確保が特に求められる教育研究組織の職に就けるとき。

二 助教の職に就けるとき。

三 大学が定め又は参画する特定の計画に基づき期間を定めて教育研究を行う職に就けるとき。

2　任命権者は、前項の規定により任期を定めて教員を任用する場合には、当該任用される者の同意を得なければならない。

（国立大学、公立大学法人の設置する大学又は私立大学の教員の任期）

第五条　国立大学法人、公立大学法人又は学校法人は、当該国立大学法人、公立大学法人又は学校法人の設置する大学の教員について、前条第一項各号のいずれかに該当するときは、労働契約において任期を定めることができる。

2　国立大学法人、公立大学法人又は学校法人は、前項の規定により教員との労働契約において任期を定めようとするときは、あらかじめ、当該大学に係る教員の任期に関する規則を定めておかなければならない。

3　公立大学法人（地方独立行政法人法第七十一条第一項ただし書の規定の適用を受けるものに限る。）又は学校法人は、前項の教員の任期に関する規則を定め、又はこれを変更しようとするときは、当該大学の学長の意見を聴くものとする。

4　国立大学法人、公立大学法人又は学校法人は、第二項の教員の任期に関する規則を定め、又はこれを変更したときは、これを公表するものとする。

5　第一項の規定により定められた任期は、教員が当該任期中（当該任期が始まる日から一年以内の期間を除く。）にその意思により退職することを妨げるものであってはならない。

第2章　免　許

◆教育職員免許法

（昭二四・五・三一　法　一　四　七）

最終改正　令四―法六八

第一章　総則

（この法律の目的）

第一条　この法律は、教育職員の免許に関する基準を定め、教育職員の資質の保持と向上を図ることを目的とする。

（定義）

第二条　この法律において「教育職員」とは、学校（学校教育法（昭和二十二年法律第二十六号）第一条に規定する幼稚園、小学校、中学校、義務教育学校、高等学校、中等教育学校及び特別支援学校（第三項において「第一条学校」という。）並びに就学前の子どもに関する教育、保育等の総合的な提供の推進に関する法律（平成十八年法律第七十七号）第二条第七項に規定する幼保連携型認定こども園（以下「幼保連携型認定こども園」という。）をいう。以下同じ。）の主幹教諭（幼保連携型認定こども園の主幹養護教諭及び主幹栄養教諭を含む。以下同じ。）、指導教諭、教諭、助教諭、養護教諭、養護助教諭、栄養教諭、主幹保育教諭、指導保育教諭、保育教諭、助保育教諭及び講師（以下「教員」という。）をいう。

2　この法律で「免許管理者」とは、免許状を有する者が教育職員及び文部科学省令で定める教育の職にある者である場合にあってはその者の勤務地の都道府県の教育委員会、これらの者以外の者である場合にあってはその者の住所地の都道府県の教育委員会をいう。

3　この法律において「所轄庁」とは、大学附置の国立学校（国（国立大学法人法（平成十五年法律第百十二号）第二条第一項に規定する国立大学法人を含む。以下この項において同じ。）が設置する学校をいう。以下同じ。）又は公立学校（地方公共団体（地方独立行政法人法（平成十五年法律第百十八号）第六十八条第一項に規定する公立大学法人（以下単に「公立大学法人」という。）を含む。）が設置する学校をいう。以下同じ。）の教員にあってはその大学の学長、大学附置の学校以外の公立学校（第一条学校に限る。）の教員にあってはその学校を所管する教育委員会、大学附置の学校以外の公立学校（幼保連携型認定こども園に限る。）の教員にあってはその学校を所管する地方公共団体の長、私立学校（国及び地方公共団体（公立大学法人を含む。）以外の者が設置する学校をいう。以下同じ。）の教員にあっては都道府県知事（地方自治法（昭和二十二年法律第六十七号）第二百五十二条の十九第一項の指定都市又は同法第二百五十二条の二十二第一項の中核市（以下この項において「指定都市等」という。）の区域内の幼保連携型認定こども園の教員にあっては、当該指定都市等の長）をいう。

5　この法律で「特別支援教育領域」とは、学校教育法第七十二条に規定する視覚障害者、聴覚障害者、知的障害者、肢体不自由者又は病弱者（身体虚弱者を含む。）に関するいずれかの教育の領域をいう。

（免許）

第三条　教育職員は、この法律により授与する各相当の免許状を有する者でなければならない。

2　前項の規定にかかわらず、主幹教諭（養護又は栄養の指導及び管理をつかさどる主幹教諭を除く。）及び指導教諭については各相当学校の教諭の免許状を有する者を、養護をつかさどる主幹教諭については養護教諭の免許状を有する者を、栄養の指導及び管理をつかさどる主幹教諭については栄養教諭の免許状を有する者を、講師については各相当学校の教員の相当免許状を有する者を、それぞれ充てるものとする。

3　特別支援学校の教員（養護又は栄養の指導及び管理をつかさどる主幹教諭、養護教諭、養護助教諭、栄養教諭並びに特別支援学校において自立教科等の教授を担任する教員を除く。）については、第一項の規定にかかわらず、特別支援学校の教員の免許状のほか、特別支援学校の各部に相当する学校の教員の免許状を有する者でなければならない。

4　義務教育学校の教員（養護又は栄養の指導及び管理をつかさどる主幹教諭、養護教諭、養護助教諭並びに栄養教諭を除く。）については、第一項の規定にかかわらず、小学校の教員の免許状及び中学校の教員の免許状を有する者でなければならない。

5　中等教育学校の教員（養護又は栄養の指導及び管理をつかさどる主幹教諭、養護教諭、養護助教諭並びに栄養教諭を除く。）については、第一項の規定にかかわらず、中学校の教員の免許状及び高等学校の教員の免許状を有する者でなければならない。

6　幼保連携型認定こども園の教員の免許については、第一項の規定にかかわらず、就学前の子どもに関する教育、保育等の総合的な提供の推進に関する法律の定めるところによる。

（免許状を要しない非常勤の講師）

第三条の二　次に掲げる事項の教授又は実習を担任する非常勤の講師については、前条の規定にかかわらず、各相当学校の教員の相当免許状を有しない者を充てることができる。

一　小学校における次条第六項第一号に掲げる教科の領域の一部に係る事項

二　中学校における次条第五項第一号に掲げる教科及び第十六条の三第一項の文部科学省令で定める教科の領域の一部に係る事項

三　義務教育学校における前二号に掲げる事項

四　高等学校における次条第五項第二号に掲げる教科及

び第十六条の三第一項の文部科学省令で定める教科の領域の一部に係る事項
五　中等教育学校における第二号及び前号に掲げる事項
六　特別支援学校（幼稚部を除く。）における第一号、第二号及び第四号に掲げる事項並びに自立教科等の領域の一部に係る事項
七　教科に関する事項で文部科学省令で定めるもの
2　前項の場合において、非常勤の講師に任命し、又は雇用しようとする者は、文部科学省令で定めるところにより、その旨を第五条第六項に規定する授与権者に届け出なければならない。

第二章　免許状

（種類）
第四条　免許状は、普通免許状、特別免許状及び臨時免許状とする。
2　普通免許状は、学校（義務教育学校、中等教育学校及び幼保連携型認定こども園を除く。）の種類ごとの教諭の免許状、養護教諭の免許状及び栄養教諭の免許状とし、それぞれ専修免許状、一種免許状及び二種免許状（高等学校教諭の免許状にあっては、専修免許状及び一種免許状）に区分する。
3　特別免許状は、学校（幼稚園、義務教育学校、中等教育学校及び幼保連携型認定こども園を除く。）の種類ごとの教諭の免許状とする。
4　臨時免許状は、学校（義務教育学校、中等教育学校及び幼保連携型認定こども園を除く。）の種類ごとの助教諭の免許状及び養護助教諭の免許状とする。
5　中学校及び高等学校の教員の普通免許状及び臨時免許状は、次に掲げる各教科について授与するものとする。
一　中学校の教員にあっては、国語、社会、数学、理科、音楽、美術、保健体育、保健、技術、家庭、職業（職業指導及び職業実習（農業、工業、商業、水産及び商船のうちいずれか一以上の実習とする。以下同じ。）を含む。）、職業指導、職業実習、外国語（英語、ドイツ語、フランス語その他の各外国語に分ける。）及び宗教
二　高等学校の教員にあっては、国語、地理歴史、公民、数学、理科、音楽、美術、工芸、書道、保健体育、保健、看護、看護実習、家庭、家庭実習、情報、情報実習、農業、農業実習、工業、工業実習、商業、商業実習、水産、水産実習、福祉、福祉実習、商船、商船実習、職業指導、外国語（英語、ドイツ語、フランス語その他の各外国語に分ける。）及び宗教
6　小学校教諭、中学校教諭及び高等学校教諭の特別免許状は、次に掲げる教科又は事項について授与するものとする。
一　小学校教諭にあっては、国語、社会、算数、理科、生活、音楽、図画工作、家庭、体育及び外国語（英語、ドイツ語、フランス語その他の各外国語に分ける。）
二　中学校教諭にあっては、前項第一号に掲げる各教科及び第十六条の三第一項の文部科学省令で定める教科
三　高等学校教諭にあっては、前項第二号に掲げる各教科及びこれらの教科の領域の一部に係る事項で第十六条の四第一項の文部科学省令で定めるもの並びに第十六条の三第一項の文部科学省令で定める教科

〔特別支援学校の免許状の種類〕
第四条の二　特別支援学校の教員の普通免許状及び臨時免許状は、一又は二以上の特別支援教育領域について授与するものとする。
2　特別支援学校において専ら自立教科等の教授を担任する教員の普通免許状及び臨時免許状は、前条第二項の規定にかかわらず、文部科学省令で定めるところにより、障害の種類に応じて文部科学省令で定める自立教科等について授与するものとする。
3　特別支援学校教諭の特別免許状は、前項の文部科学省令で定める自立教科等について授与するものとする。

（授与）
第五条　普通免許状は、別表第一、別表第二若しくは別表第二の二に定める基礎資格を有し、かつ、大学若しくは

文部科学大臣の指定する養護教諭養成機関において別表第一、別表第二若しくは別表第二の二に定める単位を修得した者又はその免許状を授与するため行う教育職員検定に合格した者に授与する。ただし、次の各号のいずれかに該当する者には、授与しない。

一　十八歳未満の者

二　高等学校を卒業しない者（通常の課程以外の課程におけるこれに相当するものを修了しない者を含む。）。ただし、文部科学大臣において高等学校を卒業した者と同等以上の資格を有すると認めた者を除く。

三　禁錮以上の刑に処せられた者

四　第十条第一項第二号又は第三号に該当することにより免許状がその効力を失い、当該失効の日から三年を経過しない者

五　第十一条第一項から第三項までの規定により免許状取上げの処分を受け、当該処分の日から三年を経過しない者

六　日本国憲法施行の日以後において、日本国憲法又はその下に成立した政府を暴力で破壊することを主張する政党その他の団体を結成し、又はこれに加入した者

2　特別免許状は、教育職員検定に合格した者に授与する。ただし、前項各号のいずれかに該当する者には、授与しない。

3　前項の教育職員検定は、次の各号のいずれにも該当する者について、教育職員に任命し、又は雇用しようとする者が、学校教育の効果的な実施に特に必要があると認める場合において行う推薦に基づいて行うものとする。

一　担当する教科に関する専門的な知識経験又は技能を有する者

二　社会的信望があり、かつ、教員の職務を行うのに必要な熱意と識見を持っている者

4　第六項に規定する授与権者は、第二項の教育職員検定において合格の決定をしようとするときは、学校教育に関し学識経験を有する者その他の文部科学省令で定める者の意見を聴かなければならない。

5　臨時免許状は、普通免許状を有する者を採用することができない場合に限り、第一項各号のいずれにも該当しない者で教育職員検定に合格したものに授与する。ただし、高等学校助教諭の臨時免許状は、次の各号のいずれかに該当する者以外の者には授与しない。

一　短期大学士の学位（学校教育法第百四条第二項に規定する文部科学大臣の定める学位（専門職大学を卒業した者に対して授与されるものを除く。）又は同条第六項に規定する文部科学大臣の定める学位を含む。）又は準学士の称号を有する者

二　文部科学大臣が前号に掲げる者と同等以上の資格を有すると認めた者

6　免許状は、都道府県の教育委員会（以下「授与権者」という。）が授与する。

（免許状の授与の手続等）

第五条の二　免許状の授与を受けようとする者は、申請書に授与権者が定める書類を添えて、授与権者に申し出るものとする。

2　特別支援学校の教員の免許状の授与に当たっては、当該免許状の授与を受けようとする者の別表第一の第三欄に定める特別支援教育に関する科目（次項において「特別支援教育科目」という。）の修得の状況又は教育職員検定の結果に応じて、文部科学省令で定めるところにより、一又は二以上の特別支援教育領域を定めるものとする。

3　特別支援学校の教員の免許状の授与を受けた者が、その授与を受けた後、当該免許状に定められている特別支援教育領域以外の特別支援教育領域（以下「新教育領域」という。）に関して特別支援教育科目を修得し、申請書に当該免許状を授与した授与権者が定める書類を添えて当該授与権者にその旨を申し出た場合、又は当該授与権者が行う教育職員検定に合格した場合には、当該授与権者は、前項に規定する文部科学省令で定めるところにより、

当該免許状に当該新教育領域を追加して定めるものとする。

（教育職員検定）
第六条　教育職員検定は、受検者の人物、学力、実務及び身体について、授与権者が行う。

（略）

（効力）
第九条　普通免許状は、全ての都道府県（中学校及び高等学校の教員の宗教の教科についての免許状にあっては、国立学校又は公立学校の場合を除く。以下この条において同じ。）において効力を有する。

2　特別免許状は、その免許状を授与した授与権者の置かれる都道府県においてのみ効力を有する。

3　臨時免許状は、その免許状を授与したときから三年間、その免許状を授与した授与権者の置かれる都道府県においてのみ効力を有する。

（二種免許状を有する者の一種免許状の取得に係る努力義務）
第九条の二　教育職員で、その有する相当の免許状（主幹教諭（養護又は栄養の指導及び管理をつかさどる主幹教諭を除く。）及び指導教諭についてはその有する相当学校の教諭の免許状、養護をつかさどる主幹教諭についてはその有する養護教諭の免許状、栄養の指導及び管理をつかさどる主幹教諭についてはその有する栄養教諭の免許状、講師についてはその有する相当学校の教員の相当免許状）が二種免許状であるものは、相当の一種免許状の授与を受けるように努めなければならない。

第三章　免許状の失効及び取上げ

（失効）
第十条　免許状を有する者が、次の各号のいずれかに該当する場合には、その免許状はその効力を失う。

一　第五条第一項第三号又は第六号に該当するに至ったとき。

二　公立学校の教員であって懲戒免職の処分を受けたとき。

三　公立学校の教員（地方公務員法（昭和二十五年法律第二百六十一号）第二十九条の二第一項各号に掲げる者に該当する者を除く。）であって同法第二十八条第一項第一号又は第三号に該当するとして分限免職の処分を受けたとき。

2　前項の規定により免許状が失効した者は、速やかに、その免許状を免許管理者に返納しなければならない。

（取上げ）
第十一条　国立学校、公立学校（公立大学法人が設置するものに限る。次項第一号において同じ。）又は私立学校の教員が、前条第一項第二号に規定する者の場合における懲戒免職の事由に相当する事由により解雇されたと認められるときは、免許管理者は、その免許状を取り上げなければならない。

2　免許状を有する者が、次の各号のいずれかに該当する場合には、免許管理者は、その免許状を取り上げなければならない。

一　国立学校、公立学校又は私立学校の教員（地方公務員法第二十九条の二第一項各号に掲げる者に相当する者を含む。）であって、前条第一項第三号に規定する者の場合における同法第二十八条第一項第一号又は第三号に掲げる分限免職の事由に相当する事由により解雇されたと認められるとき。

二　地方公務員法第二十九条の二第一項各号に掲げる者に該当する公立学校の教員であって、前条第一項第三号に規定する者の場合における同法第二十八条第一項第一号又は第三号に掲げる分限免職の事由に相当する事由により免職の処分を受けたと認められるとき。

3　免許状を有する者（教育職員以外の者に限る。）が、法令の規定に故意に違反し、又は教育職員たるにふさわしくない非行があって、その情状が重いと認められるときは、免許管理者は、その免許状を取り上げることができる。

4　前三項の規定により免許状取上げの処分を行ったときは、免許管理者は、その旨を直ちにその者に通知しなければならない。この場合において、当該免許状は、その

通知を受けた日に効力を失うものとする。

5 前条第二項の規定は、前項の規定により免許状が失効した者について準用する。

第四章 雑則

（免許状授与の特例）

第十六条 普通免許状は、第五条第一項の規定によるほか、普通免許状の種類に応じて文部科学大臣又は文部科学大臣が委嘱する大学の行う試験（以下「教員資格認定試験」という。）に合格した者で同項各号に該当しないものに授与する。

2 文部科学大臣は、教員資格認定試験（文部科学大臣が行うものに限る。）の実施に関する事務を独立行政法人教職員支援機構（別表第三備考第十一号において「機構」という。）に行わせるものとする。

3 教員資格認定試験の受験資格、実施の方法その他試験に関し必要な事項は、文部科学省令で定める。

（特定免許状失効者等に係る免許状の再授与）

第十六条の二 教育職員等による児童生徒性暴力等の防止等に関する法律（令和三年法律第五十七号）第二条第六項に規定する特定免許状失効者等（第五条第一項各号のいずれかに該当する者を除く。）の免許状の再授与については、この法律に定めるもののほか、教育職員等による児童生徒性暴力等の防止等に関する法律の定めるところによる。

（中学校又は高等学校の教諭の免許状に関する特例）

第十六条の三 中学校教諭又は高等学校教諭の普通免許状は、それぞれ第四条第五項第一号又は第二号に掲げる教科のほか、これらの学校における教育内容の変化並びに生徒の進路及び特性その他の事情を考慮して文部科学省令で定める教科について授与することができる。

2 前項の免許状は、第五条第一項本文の規定によるほか、その免許状に係る教員資格認定試験に合格した者又は文部科学省令で定める資格を有する者に授与する。

3 前二項の文部科学省令を定めるに当たっては、文部科学大臣は、審議会等（国家行政組織法（昭和二十三年法律第百二十号）第八条に規定する機関をいう。別表第一備考第一号の二及び第五号イにおいて同じ。）で政令で定めるものの意見を聴かなければならない。

（高等学校の教員の特例）

第十六条の四 高等学校教諭の普通免許状は、第四条第五項第二号に掲げる教科のほか、これらの教科の領域の一部に係る事項で文部科学省令で定めるものについて授与することができる。

2 前項の免許状は、一種免許状とする。

3 第一項の免許状は、第五条第一項本文の規定にかかわらず、その免許状に係る教員資格認定試験に合格した者に授与する。

（中学校又は高等学校の教員の特例）

第十六条の五 中学校又は高等学校の教諭の免許状を有する者は、第三条第一項から第四項までの規定にかかわらず、それぞれその免許状に係る教科に相当する教科その他教科に関する事項で文部科学省令で定めるものの教授又は実習を担任する小学校若しくは義務教育学校の前期課程の主幹教諭、指導教諭、教諭若しくは講師又は特別支援学校の小学部の主幹教諭、指導教諭、教諭若しくは講師となることができる。ただし、特別支援学校の小学部の主幹教諭、指導教諭、教諭又は講師となる場合は、特別支援学校の教員の免許状を有する者でなければならない。

2 工芸、書道、看護、情報、農業、工業、商業、水産、福祉若しくは商船又は看護実習、情報実習、農業実習、工業実習、商業実習、水産実習、福祉実習若しくは商船実習の教科又は前条第一項に規定する文部科学省令で定める教科の領域の一部に係る事項について高等学校の教諭の免許状を有する者は、第三条第一項から第五項までの規定にかかわらず、それぞれその免許状に係る教科に相当する教科その他教科に関する事項で文部科学省令で定めるものの教授又は実習を担任する中学校、義務教育学校の後期課程若しくは中等教育学校の前期課程の主幹教諭、指導教諭、教諭若しくは講師又は特別支援学校の

中学部の主幹教諭、指導教諭、教諭若しくは講師となることができる。ただし、特別支援学校の中学部の主幹教諭、指導教諭、教諭又は講師となる場合は、特別支援学校の教員の免許状を有する者でなければならない。

附　則

14　養護教諭の免許状を有する者（三年以上養護をつかさどる主幹教諭又は養護教諭として勤務したことがある者に限る。）で養護をつかさどる主幹教諭又は養護教諭として勤務しているものは、当分の間、第三条の規定にかかわらず、その勤務する学校（幼稚園及び幼保連携型認定こども園を除く。）において、保健の教科の領域に係る事項（小学校、義務教育学校の前期課程又は特別支援学校の小学部にあっては、体育の教科の領域の一部に係る事項で文部科学省令で定めるもの）の教授を担任する教諭又は講師となることができる。

15　幼稚園、小学校、中学校又は高等学校の教諭の免許状を有する者は、当分の間、第三条第一項から第三項までの規定にかかわらず、特別支援学校の相当する各部の主幹教諭（養護又は栄養の指導及び管理をつかさどる主幹教諭を除く。）、指導教諭、教諭又は講師となることができる。

提案理由

（一九四九年五月九日　衆議院）

○高瀬荘太郎国務大臣　ただいま議題となりました教育職員免許法案並びに教育職員免許法施行法案につきまして、その提案理由及びこれらの法律案の骨子とするところを御説明申し上げます。

昭和二十二年三月、学校教育法が制定されまして、いわゆる六・三・三・四の新学制が定められました。この新学校制度は、民主主義教育の根本である教育の機会均等を実現すべく、従来の学校制度を根本的に変革し、民主的平和的な文化国家創造の原動力となるにふさわしい国民の育成を期したのであります。この新学制は、着々と実施を見つつあるのでありますが、これらの新しい学校の校長及び教員となる者は、それぞれよく新教育の精神及び方法を体得し、その職務の重責を果たすに足る十分の資質と能力とを有しなければならないことは、言をまたないところであります。学校教育法におきましては、校長及び教員の免許状その他資格に関する事項は、監督庁がこれを定めることとし、同法施行規則で、暫定的に一定の者をそれぞれ校長または教員の仮免許状を有するものとみなす旨規定いたしました。他方政府は、終戦以来、校長及び教員に対し、新教育の精神及び方法を徹底させるべく、あらゆる機会を利用して、現職教員の再教育のため多大の努力を傾注して参ったのであります。

しかるところ、校長及び教員の免許状その他資格に関することは、きわめて重要な事項でありますから、民主主義立法の精神にのっとって、その基本的事項は法律をもって制定すべきであるとの趣旨により、昭和二十三年の教育委員会法及び教育公務員特例法の制定にあたりましては、これらの事項は法律で定めるとの原則を規定したのであります。また教育委員会の教育長及び指導主事につきましても、その職務の特殊性にかんがみ、免許状を要するとの建前をとったのでありますが、その免許状授与の所要条件につきましては、校長及び教員の資格ともにらみ合せる必要がありますので、その恒久的立法はすべて将来に譲り、教育委員会法及び教育公務員特例法の施行令で暫定資格を定めたのであります。

政府は、これらの教育職員の資格の問題の重要性を考慮し、またこの問題が教員養成機関の問題や、教員需給の調節の問題とも多大の関連を持つことにかんがみまして、欧米諸国の例をも比較研究しつつ、これが成案を得るよう努力して参ったのであります。

かかる情勢の中にありまして、この昭和二十四年度よりは、新学制の頂点たる新制大学がいよいよ発足することになり、幼稚園から高等学校に至るまでの教員養成は、すべて大学において行うことになりました。従いまして、これらの新制大学における教員養成のための教育課程を編成する必要からいたしましても、教員等の免許状その他資格について、早急に立法する必要に迫られたわけであります。

以上申し述べました理由に基き作成しましたのが本法案であります。

次に本法案の骨子とするところを簡単に御説明申し上げたいと存じます。

第一は、本法の適用範囲でありますが、本法は大学を除き、幼稚園から高等学校に至りますまで、国立、公立、私立を問わず、すべての学校の校長及び教員並びに教育委員会の教育長及び指導主事に適用されるのであります。

これらの教育職員には、本法により、それぞれ免許状を有することを必要とするのであります。なお、旧学校制度の時代には、御承知のように教員についてのみ免許状の制度があったのでありますが、今回本法により、新たに校長免許状制度が確立されたことを申し添えたいと存じます。

第二は、免許状の種類を、旧来のものに比して多種にしたことであります。これは一面におきましては、教育職員の充足を容易ならしめる必要からでありますが、その大きなねらいとするところは、教育職員が常に研究と修養に励むことによって、その地位の向上をはかる道を開いたことであります。すなわち免許状は、普通、仮、臨時の三つにわけ、さらに普通免許状は、一級、二級とし、これによって本法第一条に掲げる教育職員の資質の保持と向上をはかろうとするのであります。またこの免許状の種類を合理的に分類することによって、将来教育職員の職階制を定める場合の一つの基準を与えることができたと存ずるのであります。

第三は、免許状は、大学において一定単位を修得した者かまたは教育職員検定に合格した者に与えることとした点であります。その単位数については別表において定め、これを修得した旨の証明書があればそれによって免許状を授与しようというのであります。また教育職員検定というのは、現職者について一定年数以上良好な成績で勤務した旨の証明書を有し、大学またはこれにかわるべき施設において、一定単位を修得した者について、人物、身体を調べた上、免許状を授与しようとするのであります。

第四は、免許状の授与権者についてであります。旧制度では、旧制の中等学校、高等学校教員については文部大臣、国民学校、幼稚園の教員については都道府県知事が授与権者となっておりましたが、この中央集権的傾向を排して、すべて都道府県に一任することとしたのであります。すなわち国立または公立の学校の校長及び教員並びに教育長及び指導主事については都道府県の教育委員会を、私立学校の校長及び教員については都道府県知事を授与権者としたのであります。

第五は、旧免許状はすべて終身有効でありましたが、本法によれば仮免許状、臨時免許状については、有効期間が制限されているのであります。これはわが国の経済状態にかんがみまして、教育職員となるものの負担を軽減するとともに、教育職員の充足を容易にするため、とった措置であります。なおこれらの免許状を持った者が、現職中に努力すれば上級の免許状を得る途も開いたのであります。

第六は、従来もありました免許状の取上げについて、その事由を定めるとともに、取上げの場合には特に慎重を期して、本人の利益を守りますため、事前の審査制度を確立したことであります。

第七は、罰則規定を設けたことであります。虚偽または不正の事実に基いて免許状を授与しまたはその授与を受けた者を罰するとともに免許状を有しないのにかかわらず、これを教育職員に任命雇用した者または教育職員となった者にも刑罰をもって臨み、免許状制度の徹底を期したことであります。

その他従来の免許法令の不備欠陥を是正して、新免許制度の運営に遺憾のないように処置いたしました。（略）

以上申し述べましたのが教育職員免許法案及び同法施行法案の提案理由及びその骨子とするところであります。何とぞ慎重御審議の上、すみやかに御可決あらんことをお願いいたします。

（『第五回国会衆議院文部委員会議録』第一四号
（一一～一二ページ、一九四九年五月九日『官報』号外）

◆小学校及び中学校の教諭の普通免許状授与に係る教育職員免許法の特例等に関する法律

（平九・六・一八
法　九〇）

最終改正　令四―法七七

（趣旨）

第一条　この法律は、義務教育に従事する教員が個人の尊厳及び社会連帯の理念に関する認識を深めることの重要性にかんがみ、教員としての資質の向上を図り、義務教育の一層の充実を期する観点から、小学校又は中学校の教諭の普通免許状の授与を受けようとする者に、障害者、高齢者等に対する介護、介助、これらの者との交流等の体験を行わせる措置を講ずるため、小学校及び中学校の教諭の普通免許状の授与について教育職員免許法（昭和二十四年法律第百四十七号）の特例等を定めるものとする。

（教育職員免許法の特例）
第二条　小学校及び中学校の教諭の普通免許状の授与については、当分の間、同項中「修得した者」とあるのは、「修得した者（十八歳に達した後、七日を下らない範囲内において文部科学省令で定める期間、特別支援学校又は社会福祉施設その他の施設で文部科学大臣が関係行政機関の長と協議して定めるものにおいて、障害者、高齢者等に対する介護、介助、これらの者との交流等の体験を行った者に限る。）」とする。

2　前項の規定により読み替えられた教育職員免許法第五条第一項の規定による体験（以下「介護等の体験」という。）に関し必要な事項は、文部科学省令で定める。

3　介護等に関する専門的知識及び技術を有する者又は身体上の障害により介護等の体験を行うことが困難な者として文部科学省令で定めるものについての小学校及び中学校の教諭の普通免許状の授与については、第一項の規定は、適用しない。

（関係者の責務）
第三条　国、地方公共団体及びその他の関係機関は、介護等の体験が適切に行われるようにするために必要な措置を講ずるよう努めるものとする。

2　特別支援学校及び社会福祉施設その他の施設で文部科学大臣が関係行政機関の長と協議して定めるものの設置者は、介護等の体験に関し必要な協力を行うよう努めるものとする。

3　大学及び文部科学大臣の指定する教員養成機関は、その学生又は生徒が介護等の体験を円滑に行うことができるよう適切な配慮をするものとする。

（教員の採用時における介護等の体験の勘案）
第四条　小学校、中学校又は義務教育学校の教員を採用しようとする者は、その選考に当たっては、この法律の趣旨にのっとり、教員になろうとする者が行った介護等の体験を勘案するよう努めるものとする。

第3章　給　与

◇一般職の職員の給与に関する法律

（昭二五・四・三
法　九　五）

最終改正　令五―法七三

（この法律の目的及び効力）
第一条　この法律は、別に法律で定めるものを除き、国家公務員法（昭和二十二年法律第百二十号）第六十四条第一項に規定する給与に関する法律として、国家公務員法第二条に規定する一般職に属する職員（以下「職員」という。）の給与に関する事項を定めることを目的とする。

2　この法律の規定は、国家公務員法のいかなる条項をも廃止し、若しくは修正し、又はこれに代わるものではない。この法律の規定が国家公務員法の規定に矛盾する場合においては、その規定は、当然その効力を失う。

（人事院の権限）
第二条　人事院は、この法律の施行に関し、次に掲げる権限を有する。

一　この法律（第六条の二第一項及び第八条第一項を除く。第七号において同じ。）の実施及びその技術的解釈に必要な人事院規則を制定し、及び人事院指令を発すること。

二　第六条に規定する俸給表の適用範囲を決定すること。

三　職員の給与額を研究して、その適当と認める改定を国会及び内閣に同時に勧告すること、この法律の実施及びその実際の結果に関するすべての事項について調査するとともに、その調査に基づいて調整を命ずること並びに必要に応じ、この法律の目的達成のため適当

と認める勧告を付してその研究調査の結果を国会及び内閣に同時に報告すること。

四　新たに職員となった場合及び職員が一の職務の級から他の職務の級に移った場合の俸給並びに同一級内における昇級の基準に関し人事院規則を制定し、及び人事院指令を発すること。

五　給与を決定する諸条件の地域差に対応する給与に関する適当と認める措置を国会及び内閣に同時に勧告するため、全国の各地における生計費等の調査研究を行うこと。

六　第二十一条の規定による職員の苦情の申立てを受理し、及びこれを審査すること。

七　この法律の完全な実施を確保し、その責めに任ずること。

（給与の支払）

第三条　この法律に基く給与は、第五条第二項に規定する場合を除く外、現金で支払わなければならない。

2　いかなる給与も、法律又は人事院規則に基かずに職員に対して支払い、又は支給してはならない。

3　公務について生じた実費の弁償は、給与には含まれない。

◆市町村立学校職員給与負担法

（昭二三・七・一〇　法一三五）

最終改正　令五―法七三

（市町村立の小、中学校等の教職員の給与負担）

第一条　市（地方自治法（昭和二十二年法律第六十七号）第二百五十二条の十九第一項の指定都市（次条において「指定都市」という。）を除き、特別区を含む。）町村立の小学校、中学校、義務教育学校、中等教育学校の前期課程及び特別支援学校の校長（中等教育学校の前期課程にあっては、当該課程の属する中等教育学校の校長とする。）、副校長、教頭、主幹教諭、指導教諭、教諭、養護教諭、栄養教諭、助教諭、養護助教諭、寄宿舎指導員、講師（常勤の者及び地方公務員法（昭和二十五年法律第二百六十一号）第二十二条の四第一項に規定する短時間勤務の職を占める者に限る。）、学校栄養職員（学校給食法（昭和二十九年法律第百六十号）第七条に規定する職員のうち栄養の指導及び管理をつかさどる主幹教諭並びに栄養教諭以外の者をいい、同法第六条に規定する施設の当該職員を含む。以下同じ。）及び事務職員のうち次に掲げる職員であるものの給料、扶養手当、地域手当、住居手当、初任給調整手当、通勤手当、単身赴任手当、在宅勤務等手当、特殊勤務手当、特地勤務手当（これに準ずる手当を含む。）、へき地手当（これに準ずる手当を含む。）、時間外勤務手当（学校栄養職員及び事務職員に係るものとする。）、宿日直手当、管理職員特別勤務手当、管理職手当、期末手当、勤勉手当、義務教育等教員特別手当、寒冷地手当、特定任期付職員業績手当、退職手当、退職年金及び退職一時金並びに旅費（都道府県が定める支給に関する基準に適合するものに限る。）（以下「給料その他の給与」という。）並びに定時制通信教育手当（中等教育学校の校長に係るものとする。）並びに講師（公立義務教育諸学校の学級編制及び教職員定数の標準に関する法律（昭和三十三年法律第百十六号。以下「義務教育諸学校標準法」という。）第十七条第二項に規定する非常勤の講師に限る。）の報酬、職務を行うために要する費用の弁償、期末手当及び勤勉手当（次条において「報酬等」という。）は、都道府県の負担とする。

一　義務教育諸学校標準法第六条第一項の規定に基づき都道府県が定める都道府県小中学校等教職員定数及び義務教育諸学校標準法第十条第一項の規定に基づき都道府県が定める都道府県特別支援学校教職員定数に基づき配置される職員（義務教育諸学校標準法第十八条各号に掲げる者を含む。）

二　公立高等学校の適正配置及び教職員定数の標準等に関する法律（昭和三十六年法律第百八十八号。以下「高等学校標準法」という。）第十五条の規定に基づき都道府県が定める特別支援学校高等部教職員定数に基づき配置される職員（特別支援学校の高等部に係る高等学校標準法第二十四条各号に掲げる者を含む。）

三　特別支援学校の幼稚部に置くべき職員の数として都道府県が定める数に基づき配置される職員

◇公立の義務教育諸学校等の教育職員の給与等に関する特別措置法

（昭四六・五・二八
法　七七）

最終改正　令三—法六三

（趣旨）

第一条　この法律は、公立の義務教育諸学校等の教育職員の職務と勤務態様の特殊性に基づき、その給与その他の勤務条件について特例を定めるものとする。

（定義）

第二条　この法律において、「義務教育諸学校等」とは、学校教育法（昭和二十二年法律第二十六号）に規定する公立の小学校、中学校、義務教育学校、高等学校、中等教育学校、特別支援学校又は幼稚園をいう。

2　この法律において、「教育職員」とは、義務教育諸学校等の校長（園長を含む。次条第一項において同じ。）、副校長（副園長を含む。同項において同じ。）、教頭、主幹教諭、指導教諭、教諭、養護教諭、栄養教諭、助教諭、養護助教諭、講師（常時勤務の者及び地方公務員法（昭和二十五年法律第二百六十一号）第二十二条の四第一項に規定する短時間勤務の職を占める者に限る。）、実習助手及び寄宿舎指導員をいう。

（教育職員の教職調整額の支給等）

第三条　教育職員（校長、副校長及び教頭を除く。以下この条において同じ。）には、その者の給料月額の百分の四に相当する額を基準として、条例で定めるところにより、教職調整額を支給しなければならない。

2　教育職員については、時間外勤務手当及び休日勤務手当は、支給しない。

3　第一項の教職調整額の支給を受ける者の給与に関し、次の各号に掲げる場合においては、当該各号に定める内容を条例で定めるものとする。

一　地方自治法（昭和二十二年法律第六十七号）第二百四条第二項に規定する地域手当、特地勤務手当（これに準ずる手当を含む。）、期末手当、勤勉手当、定時制通信教育手当、産業教育手当又は退職手当について給料をその算定の基礎とする場合　当該給料の額に教職調整額の額を加えた額を算定の基礎とすること。

二　休職の期間中に給料が支給される場合　当該給料の額に教職調整額の額を加えた額を支給すること。

三　外国の地方公共団体の機関等に派遣される一般職の地方公務員の処遇等に関する法律（昭和六十二年法律第七十八号）第二条第一項の規定により派遣された者に給料が支給される場合　当該給料の額に教職調整額の額を加えた額を支給すること。

四　公益的法人等への一般職の地方公務員の派遣等に関する法律（平成十二年法律第五十号）第二条第一項の規定により派遣された者に給料が支給される場合　当該給料の額に教職調整額の額を加えた額を支給すること。

（教育職員の正規の勤務時間を超える勤務等）

第六条　教育職員（管理職手当を受ける者を除く。以下この条において同じ。）を正規の勤務時間（一般職の職員の勤務時間、休暇等に関する法律（平成六年法律第三十三号）第五条から第八条まで、第十一条及び第十二条の規定に相当する条例の規定による勤務時間をいう。第三項及び次条第一項において同じ。）を超えて勤務させる場合は、政令で定める基準に従い条例で定める場合に限るも

のとする。

2　前項の政令を定める場合においては、教育職員の健康と福祉を害することとならないよう勤務の実情について十分な配慮がされなければならない。

3　第一項の規定は、次に掲げる日において教育職員を正規の勤務時間中に勤務させる場合について準用する。

一　一般職の職員の勤務時間、休暇等に関する法律第十四条に規定する祝日法による休日及び年末年始の休日に相当する日

二　一般職の職員の給与に関する法律（昭和二十五年法律第九十五号）第十七条の規定に相当する条例の規定により休日勤務手当が一般の職員に対して支給される日（前号に掲げる日を除く。）

（教育職員の業務量の適切な管理等に関する指針の策定等）

第七条　文部科学大臣は、教育職員の健康及び福祉の確保を図ることにより学校教育の水準の維持向上に資するため、教育職員が正規の勤務時間及びそれ以外の時間において行う業務の量の適切な管理その他教育職員の服務を監督する教育委員会が教育職員の健康及び福祉の確保を図るために講ずべき措置に関する指針（次項において単に「指針」という。）を定めるものとする。

2　文部科学大臣は、指針を定め、又はこれを変更したときは、遅滞なく、これを公表しなければならない。

◆公立の義務教育諸学校等の教育職員を正規の勤務時間を超えて勤務させる場合等の基準を定める政令

（平一五・一二・三 政令四八四）

公立の義務教育諸学校等の教育職員の給与等に関する特別措置法（以下「法」という。）第六条第一項（同条第三項において準用する場合を含む。）の政令で定める基準は、次のとおりとする。

一　教育職員（法第六条第一項に規定する教育職員をいう。次号において同じ。）については、正規の勤務時間（同項に規定する正規の勤務時間をいう。以下同じ。）の割振りを適正に行い、原則として時間外勤務（正規の勤務時間を超えて勤務することをいい、同条第三項各号に掲げる日において正規の勤務時間中に勤務することを含む。次号において同じ。）を命じないものとすること。

二　教育職員に対し時間外勤務を命ずる場合は、次に掲げる業務に従事する場合であって臨時又は緊急のやむを得ない必要があるときに限るものとすること。

イ　校外実習その他生徒の実習に関する業務

ロ　修学旅行その他学校の行事に関する業務

ハ　職員会議（設置者の定めるところにより学校に置かれるものをいう。）に関する業務

ニ　非常災害の場合、児童又は生徒の指導に関し緊急の措置を必要とする場合その他やむを得ない場合に必要な業務

第4章　労　働

◆労働基準法

（昭二二・四・七
法　四　九）

最終改正　令四—法六八

第一章　総則

（労働条件の原則）
第一条　労働条件は、労働者が人たるに値する生活を営むための必要を充たすべきものでなければならない。
2　この法律で定める労働条件の基準は最低のものであるから、労働関係の当事者は、この基準を理由として労働条件を低下させてはならないことはもとより、その向上を図るように努めなければならない。

（労働条件の決定）
第二条　労働条件は、労働者と使用者が、対等の立場において決定すべきものである。
2　労働者及び使用者は、労働協約、就業規則及び労働契約を遵守し、誠実に各々その義務を履行しなければならない。

（均等待遇）
第三条　使用者は、労働者の国籍、信条又は社会的身分を理由として、賃金、労働時間その他の労働条件について、差別的取扱をしてはならない。

（男女同一賃金の原則）
第四条　使用者は、労働者が女性であることを理由として、賃金について、男性と差別的取扱いをしてはならない。

（強制労働の禁止）
第五条　使用者は、暴行、脅迫、監禁その他精神又は身体の自由を不当に拘束する手段によって、労働者の意思に反して労働を強制してはならない。

（中間搾取の排除）
第六条　何人も、法律に基いて許される場合の外、業として他人の就業に介入して利益を得てはならない。

（公民権行使の保障）
第七条　使用者は、労働者が労働時間中に、選挙権その他公民としての権利を行使し、又は公の職務を執行するために必要な時間を請求した場合においては、拒んではならない。但し、権利の行使又は公の職務の執行に妨げがない限り、請求された時刻を変更することができる。

（定義）
第九条　この法律で「労働者」とは、職業の種類を問わず、事業又は事務所（以下「事業」という。）に使用される者で、賃金を支払われる者をいう。

（使用者の定義）
第十条　この法律で使用者とは、事業主又は事業の経営担当者その他その事業の労働者に関する事項について、事業主のために行為をするすべての者をいう。

（賃金の定義）
第十一条　この法律で賃金とは、賃金、給料、手当、賞与その他名称の如何を問わず、労働の対償として使用者が労働者に支払うすべてのものをいう。

第二章　労働契約

（この法律違反の契約）
第十三条　この法律で定める基準に達しない労働条件を定める労働契約は、その部分については無効とする。この場合において、無効となった部分は、この法律で定める基準による。

（契約期間等）
第十四条　労働契約は、期間の定めのないものを除き、一定の事業の完了に必要な期間を定めるもののほかは、三年（次の各号のいずれかに該当する労働契約にあっては、五年）を超える期間について締結してはならない。
（略）

（労働条件の明示）
第十五条　使用者は、労働契約の締結に際し、労働者に対して賃金、労働時間その他の労働条件を明示しなければならない。この場合において、賃金及び労働時間に関する事項その他の厚生労働省令で定める事項については、厚生労働省令で定める方法により明示しなければならない。

2　前項の規定によって明示された労働条件が事実と相違する場合においては、労働者は、即時に労働契約を解除することができる。

3　前項の場合、就業のために住居を変更した労働者が、契約解除の日から十四日以内に帰郷する場合においては、使用者は、必要な旅費を負担しなければならない。

（解雇の予告）

第二十条　使用者は、労働者を解雇しようとする場合においては、少くとも三十日前にその予告をしなければならない。三十日前に予告をしない使用者は、三十日分以上の平均賃金を支払わなければならない。但し、天災事変その他やむを得ない事由のために事業の継続が不可能となった場合又は労働者の責に帰すべき事由に基いて解雇する場合においては、この限りでない。

2　前項の予告の日数は、一日について平均賃金を支払った場合においては、その日数を短縮することができる。

3　前条第二項の規定は、第一項但書の場合にこれを準用する。

第四章　労働時間、休憩、休日及び年次有給休暇

（労働時間）

第三十二条　使用者は、労働者に、休憩時間を除き一週間について四十時間を超えて、労働させてはならない。

2　使用者は、一週間の各日については、労働者に、休憩時間を除き一日について八時間を超えて、労働させてはならない。

〔労働時間の特例〕

第三十二条の二　使用者は、当該事業場に、労働者の過半数で組織する労働組合がある場合においてはその労働組合、労働者の過半数で組織する労働組合がない場合においては労働者の過半数を代表する者との書面による協定により、又は就業規則その他これに準ずるものにより、一箇月以内の一定の期間を平均し一週間当たりの労働時間が前条第一項の労働時間を超えない定めをしたときは、同条の規定にかかわらず、その定めにより、特定された週において同項の労働時間又は特定された日において同条第二項の労働時間を超えて、労働させることができる。

2　使用者は、厚生労働省令で定めるところにより、前項の協定を行政官庁に届け出なければならない。

〔清算期間〕

第三十二条の三　使用者は、就業規則その他これに準ずるものにより、その労働者に係る始業及び終業の時刻をその労働者の決定に委ねることとした労働者については、当該事業場の労働者の過半数で組織する労働組合がある場合においてはその労働組合、労働者の過半数で組織する労働組合がない場合においては労働者の過半数を代表する者との書面による協定により、次に掲げる事項を定めたときは、その協定で第二号の清算期間として定められた期間を平均し一週間当たりの労働時間が第三十二条第一項の労働時間を超えない範囲内において、同条の規定にかかわらず、一週間において同項の労働時間又は一日において同条第二項の労働時間を超えて、労働させることができる。

一　この項の規定による労働時間により労働させることができることとされる労働者の範囲

二　清算期間（その期間を平均し一週間当たりの労働時間が第三十二条第一項の労働時間を超えない範囲内において労働させる期間をいい、三箇月以内の期間に限るものとする。以下この条及び次条において同じ。）

三　清算期間における総労働時間

四　その他厚生労働省令で定める事項

（略）

〔労働時間を超える労働〕

第三十二条の四　使用者は、当該事業場に、労働者の過半数で組織する労働組合がある場合においてはその労働組合、労働者の過半数で組織する労働組合がない場合においては労働者の過半数を代表する者との書面による協定により、次に掲げる事項を定めたときは、第三十二条の規定にかかわらず、その協定で第二号の対象期間として定められた期間を平均し一週間当たりの労働時間が四十時間を超えない範囲内において、当該協定（次項の規定

による定めをした場合においては、その定めを含む。）で定めるところにより、特定された週において同条第一項の労働時間又は特定された日において同条第二項の労働時間を超えて、労働させることができる。

3　厚生労働大臣は、労働政策審議会の意見を聴いて、厚生労働省令で、対象期間における労働日数の限度並びに一日及び一週間の労働時間の限度並びに対象期間（第一項の協定で特定期間として定められた期間を除く。）及び同項の協定で特定期間として定められた期間における連続して労働させる日数の限度を定めることができる。

4　第三十二条の二第二項の規定は、第一項の協定について準用する。

（一日十時間の労働）

第三十二条の五　使用者は、日ごとの業務に著しい繁閑の差が生ずることが多く、かつ、これを予測した上で就業規則その他これに準ずるものにより各日の労働時間を特定することが困難であると認められる厚生労働省令で定める事業であって、常時使用する労働者の数が厚生労働省令で定める数未満のものに従事する労働者については、当該事業場に、労働者の過半数で組織する労働組合がある場合においてはその労働組合、労働者の過半数で組織する労働組合がない場合においては労働者の過半数を代表する者との書面による協定があるときは、第三十二条第二項の規定にかかわらず、一日について十時間まで労働させることができる。

2　使用者は、前項の規定により労働者に労働させる場合においては、厚生労働省令で定めるところにより、当該労働させる一週間の各日の労働時間を、あらかじめ、当該労働者に通知しなければならない。

（略）

（休憩）

第三十四条　使用者は、労働時間が六時間を超える場合においては少くとも四十五分、八時間を超える場合においては少くとも一時間の休憩時間を労働時間の途中に与えなければならない。

2　前項の休憩時間は、一斉に与えなければならない。ただし、当該事業場に、労働者の過半数で組織する労働組合がある場合においてはその労働組合、労働者の過半数で組織する労働組合がない場合においては労働者の過半数を代表する者との書面による協定があるときは、この限りでない。

3　使用者は、第一項の休憩時間を自由に利用させなければならない。

（休日）

第三十五条　使用者は、労働者に対して、毎週少くとも一回の休日を与えなければならない。

2　前項の規定は、四週間を通じ四日以上の休日を与える使用者については適用しない。

（時間外及び休日の労働）

第三十六条　使用者は、当該事業場に、労働者の過半数で組織する労働組合がある場合においてはその労働組合、労働者の過半数で組織する労働組合がない場合においては労働者の過半数を代表する者との書面による協定をし、厚生労働省令で定めるところによりこれを行政官庁に届け出た場合においては、第三十二条から第三十二条の五まで若しくは第四十条の労働時間（以下この条において「労働時間」という。）又は前条の休日（以下この条において「休日」という。）に関する規定にかかわらず、その協定で定めるところによって労働時間を延長し、又は休日に労働させることができる。

（略）

（時間外、休日及び深夜の割増賃金）

第三十七条　使用者が、第三十三条又は前条第一項の規定により労働時間を延長し、又は休日に労働させた場合においては、その時間又はその日の労働については、通常の労働時間又は労働日の賃金の計算額の二割五分以上五割以下の範囲内でそれぞれ政令で定める率以上の率で計算した割増賃金を支払わなければならない。ただし、当該延長して労働させた時間が一箇月について六十時間を超えた場合においては、その超えた時間の労働については、通常の労働時間の賃金の計算額の五割以上の率で計

算した割増賃金を支払わなければならない。

2 前項の政令は、労働者の福祉、時間外又は休日の労働の動向その他の事情を考慮して定めるものとする。

3 使用者が、当該事業場に、労働者の過半数で組織する労働組合があるときはその労働組合、労働者の過半数で組織する労働組合がないときは労働者の過半数を代表する者との書面による協定により、第一項ただし書の規定により割増賃金を支払うべき労働者に対して、当該割増賃金の支払に代えて、通常の労働時間の賃金が支払われる休暇(第三十九条の規定による有給休暇を除く。)を厚生労働省令で定めるところにより与えることを定めた場合において、当該労働者が当該休暇を取得したときは、当該労働者の同項ただし書に規定する時間を超えた時間の労働のうち当該取得した休暇に対応するものとして厚生労働省令で定める時間の労働については、同項ただし書の規定による割増賃金を支払うことを要しない。

4 使用者が、午後十時から午前五時まで(厚生労働大臣が必要であると認める場合においては、その定める地域又は期間については午後十一時から午前六時まで)の間において労働させた場合においては、その時間の労働については、通常の労働時間の賃金の計算額の二割五分以上の率で計算した割増賃金を支払わなければならない。

5 第一項及び前項の割増賃金の基礎となる賃金には、家族手当、通勤手当その他厚生労働省令で定める賃金は算入しない。

(年次有給休暇)

第三十九条 使用者は、その雇入れの日から起算して六箇月間継続勤務し全労働日の八割以上出勤した労働者に対して、継続し、又は分割した十労働日の有給休暇を与えなければならない。

(略)

第六章 年少者

(最低年齢)

第五十六条 使用者は、児童が満十五歳に達した日以後の最初の三月三十一日が終了するまで、これを使用してはならない。

2 前項の規定にかかわらず、別表第一第一号から第五号までに掲げる事業以外の事業に係る職業で、児童の健康及び福祉に有害でなく、かつ、その労働が軽易なものについては、行政官庁の許可を受けて、満十三歳以上の児童をその者の修学時間外に使用することができる。映画の製作又は演劇の事業については、満十三歳に満たない児童についても、同様とする。

第六章の二 妊産婦等

(産前産後)

第六十五条 使用者は、六週間(多胎妊娠の場合にあっては、十四週間)以内に出産する予定の女性が休業を請求した場合においては、その者を就業させてはならない。

2 使用者は、産後八週間を経過しない女性を就業させてはならない。ただし、産後六週間を経過した女性が請求した場合において、その者について医師が支障がないと認めた業務に就かせることは、差し支えない。

3 使用者は、妊娠中の女性が請求した場合においては、他の軽易な業務に転換させなければならない。

(妊産婦の就業制限)

第六十六条 使用者は、妊産婦が請求した場合においては、第三十二条の二第一項、第三十二条の四第一項及び第三十二条の五第一項の規定にかかわらず、一週間について第三十二条第一項の労働時間、一日について同条第二項の労働時間を超えて労働させてはならない。

2 使用者は、妊産婦が請求した場合においては、第三十三条第一項及び第三項並びに第三十六条第一項の規定にかかわらず、時間外労働をさせてはならず、又は休日に労働させてはならない。

3 使用者は、妊産婦が請求した場合においては、深夜業をさせてはならない。

(育児時間)

第六十七条 生後満一年に達しない生児を育てる女性は、第三十四条の休憩時間のほか、一日二回各々少なくとも

三十分、その生児を育てるための時間を請求することができる。
2 使用者は、前項の育児時間中は、その女性を使用してはならない。

（生理日の就業が著しく困難な女性に対する措置）
第六十八条 使用者は、生理日の就業が著しく困難な女性が休暇を請求したときは、その者を生理日に就業させてはならない。

◆労働組合法

（昭二四・六・一 法 一 七 四）
最終改正 令五―法五三

第一章 総則

（目的）

第一条 この法律は、労働者が使用者との交渉において対等の立場に立つことを促進することにより労働者の地位を向上させること、労働者がその労働条件について交渉するために自ら代表者を選出することその他の団体行動を行うために自主的に労働組合を組織し、団結することを擁護すること並びに使用者と労働者との関係を規制する労働協約を締結するための団体交渉をすること及びその手続を助成することを目的とする。

（略）

（労働組合）
第二条 この法律で「労働組合」とは、労働者が主体となって自主的に労働条件の維持改善その他経済的地位の向上を図ることを主たる目的として組織する団体又はその連合団体をいう。但し、左の各号の一に該当するものは、この限りでない。
一 役員、雇入解雇昇進又は異動に関して直接の権限を持つ監督的地位にある労働者、使用者の労働関係についての計画と方針とに関する機密の事項に接し、そのためにその職務上の義務と責任とが当該労働組合の組合員としての誠意と責任とに直接にてい触する監督的地位にある労働者その他使用者の利益を代表する者の参加を許すもの
二 団体の運営のための経費の支出につき使用者の経理上の援助を受けるもの。但し、労働者が労働時間中に時間又は賃金を失うことなく使用者と協議し、又は交渉することを使用者が許すことを妨げるものではなく、且つ、厚生資金又は経済上の不幸若しくは災厄を防止し、若しくは救済するための支出に実際に用いられる福利その他の基金に対する使用者の寄附及び最小限の広さの事務所の供与を除くものとする。
三 共済事業その他福利事業のみを目的とするもの
四 主として政治運動又は社会運動を目的とするもの

（労働者）
第三条 この法律で「労働者」とは、職業の種類を問わず、賃金、給料その他これに準ずる収入によって生活する者をいう。

第二章 労働組合

（労働組合として設立されたものの取扱）
第五条 労働組合は、労働委員会に証拠を提出して第二条及び第二項の規定に適合することを立証しなければ、この法律に規定する手続に参与する資格を有せず、且つ、この法律に規定する救済を与えられない。但し、第七条第一号の規定に基く個々の労働者に対する保護を否定する趣旨に解釈されるべきではない。
2 労働組合の規約には、左の各号に掲げる規定を含まなければならない。
一 名称
二 主たる事務所の所在地
三 連合団体である労働組合以外の労働組合（以下「単位労働組合」という。）の組合員は、その労働組合のすべての問題に参与する権利及び均等の取扱を受ける権利を有すること。

四　何人も、いかなる場合においても、人種、宗教、性別、門地又は身分によって組合員たる資格を奪われないこと。
五　単位労働組合にあっては、その役員は、組合員の直接無記名投票により選挙されること、及び連合団体である労働組合又は全国的規模をもつ労働組合にあっては、その役員は、単位労働組合の組合員又はその組合員の直接無記名投票により選挙された代議員の直接無記名投票により選挙されること。
六　総会は、少くとも毎年一回開催すること。
七　すべての財源及び使途、主要な寄附者の氏名並びに現在の経理状況を示す会計報告は、組合員によって委嘱された職業的に資格がある会計監査人による正確であることの証明書とともに、少くとも毎年一回組合員に公表されること。
八　同盟罷業は、組合員又は組合員の直接無記名投票により選挙された代議員の直接無記名投票の過半数による決定を経なければ開始しないこと。
九　単位労働組合にあっては、その規約は、組合員の直接無記名投票による過半数の支持を得なければ改正しないこと、及び連合団体である労働組合又は全国的規模をもつ労働組合にあっては、その規約は、単位労働組合の組合員又はその組合員の直接無記名投票により選挙された代議員の直接無記名投票による過半数の支持を得なければ改正しないこと。

（交渉権限）
第六条　労働組合の代表者又は労働組合の委任を受けた者は、労働組合又は組合員のために使用者又はその団体と労働協約の締結その他の事項に関して交渉する権限を有する。

（不当労働行為）
第七条　使用者は、次の各号に掲げる行為をしてはならない。
一　労働者が労働組合の組合員であること、労働組合に加入し、若しくはこれを結成しようとしたこと若しくは労働組合の正当な行為をしたことの故をもって、その労働者を解雇し、その他これに対して不利益な取扱いをすること又は労働者が労働組合に加入せず、若しくは労働組合から脱退することを雇用条件とすること。ただし、労働組合が特定の工場事業場に雇用される労働者の過半数を代表する場合において、その労働者がその労働組合の組合員であることを雇用条件とする労働協約を締結することを妨げるものではない。
二　使用者が雇用する労働者の代表者と団体交渉をすることを正当な理由がなくて拒むこと。
三　労働者が労働組合を結成し、若しくは運営することを支配し、若しくはこれに介入すること、又は労働組合の運営のための経費の支払につき経理上の援助を与えること。ただし、労働者が労働時間中に時間又は賃金を失うことなく使用者と協議し、又は交渉することを使用者が許すことを妨げるものではなく、かつ、厚生資金又は経済上の不幸若しくは災厄を防止し、若しくは救済するための支出に実際に用いられる福利その他の基金に対する使用者の寄附及び最小限の広さの事務所の供与を除くものとする。
四　労働者が労働委員会に対し使用者がこの条の規定に違反した旨の申立てをしたこと若しくは中央労働委員会に対し第二十七条の十二第一項の規定による命令に対する再審査の申立てをしたこと又は労働委員会がこれらの申立てに係る調査若しくは審問をし、若しくは当事者に和解を勧め、若しくは労働関係調整法（昭和二十一年法律第二十五号）による労働争議の調整をする場合に労働者が証拠を提示し、若しくは発言をしたことを理由として、その労働者を解雇し、その他これに対して不利益な取扱いをすること。

◆労働関係調整法

（昭二一・九・二七　法　二五）

最終改正　平二六―法六九

第一章　総則

〔この法律の目的〕

第一条　この法律は、労働組合法と相俟って、労働関係の公正な調整を図り、労働争議を予防し、又は解決して、産業の平和を維持し、もって経済の興隆に寄与することを目的とする。

〔争議の自主的調整〕

第二条　労働関係の当事者は、互に労働関係を適正化するやうに、労働協約中に、常に労働関係の調整を図るための正規の機関の設置及びその運営に関する事項を定めるやうに、且つ労働争議が発生したときは、誠意をもって自主的にこれを解決するやうに、特に努力しなければならない。

〔自主的調整の助力〕

第三条　政府は、労働関係に関する主張が一致しない場合に、労働関係の当事者が、これを自主的に調整することに対し助力を与へ、これによって争議行為をできるだけ防止することに努めなければならない。

〔自主的調整の原則〕

第四条　この法律は、労働関係の当事者が、直接の協議又は団体交渉によって、労働条件その他労働関係に関する事項を定め、又は労働関係に関する主張の不一致を調整することを妨げるものでないとともに、又、労働関係の当事者が、かかる努力をする責務を免除するものではない。

〔迅速な処理〕

第五条　この法律によって労働関係の調整をなす場合には、当事者及び労働委員会その他の関係機関は、できるだけ適宜の方法を講じて、事件の迅速な処理を図らなければならない。

〔労働争議の定義〕

第六条　この法律において労働争議とは、労働関係の当事者間において、労働関係に関する主張が一致しないで、そのために争議行為が発生してゐる状態又は発生する虞がある状態をいふ。

〔争議行為の定義〕

第七条　この法律において争議行為とは、同盟罷業、怠業、作業所閉鎖その他労働関係の当事者が、その主張を貫徹することを目的として行ふ行為及びこれに対抗する行為であって、業務の正常な運営を阻害するものをいふ。

◆労働安全衛生法

（昭四七・六・八　法　五七）

最終改正　令四―法六八

第三章　安全衛生管理体制

（衛生委員会）

第十八条　事業者は、政令で定める規模の事業場ごとに、次の事項を調査審議させ、事業者に対し意見を述べさせるため、衛生委員会を設けなければならない。

一　労働者の健康障害を防止するための基本となるべき対策に関すること。

二　労働者の健康の保持増進を図るための基本となるべき対策に関すること。

三　労働災害の原因及び再発防止対策で、衛生に係るものに関すること。

四　前三号に掲げるもののほか、労働者の健康障害の防止及び健康の保持増進に関する重要事項

◎男女共同参画社会基本法

（平一一・六・二三
法　七　八）

最終改正　平一一—法一六〇

第一章　総則

（目的）

第一条　この法律は、男女の人権が尊重され、かつ、社会経済情勢の変化に対応できる豊かで活力ある社会を実現することの緊要性にかんがみ、男女共同参画社会の形成に関し、基本理念を定め、並びに国、地方公共団体及び国民の責務を明らかにするとともに、男女共同参画社会の形成の促進に関する施策の基本となる事項を定めることにより、男女共同参画社会の形成を総合的かつ計画的に推進することを目的とする。

（定義）

第二条　この法律において、次の各号に掲げる用語の意義は、当該各号に定めるところによる。

一　男女共同参画社会の形成　男女が、社会の対等な構成員として、自らの意思によって社会のあらゆる分野における活動に参画する機会が確保され、もって男女が均等に政治的、経済的、社会的及び文化的利益を享受することができ、かつ、共に責任を担うべき社会を形成することをいう。

二　積極的改善措置　前号に規定する機会に係る男女間の格差を改善するため必要な範囲内において、男女のいずれか一方に対し、当該機会を積極的に提供することをいう。

（男女の人権の尊重）

第三条　男女共同参画社会の形成は、男女の個人としての尊厳が重んぜられること、男女が性別による差別的取扱いを受けないこと、男女が個人として能力を発揮する機会が確保されることその他の男女の人権が尊重されることを旨として、行われなければならない。

（社会における制度又は慣行についての配慮）

第四条　男女共同参画社会の形成に当たっては、社会における制度又は慣行が、性別による固定的な役割分担等を反映して、男女の社会における活動の選択に対して中立でない影響を及ぼすことにより、男女共同参画社会の形成を阻害する要因となるおそれがあることにかんがみ、社会における制度又は慣行が男女の社会における活動の選択に対して及ぼす影響をできる限り中立なものとするように配慮されなければならない。

（政策等の立案及び決定への共同参画）

第五条　男女共同参画社会の形成は、男女が、社会の対等な構成員として、国若しくは地方公共団体における政策又は民間の団体における方針の立案及び決定に共同して参画する機会が確保されることを旨として、行われなければならない。

（家庭生活における活動と他の活動の両立）

第六条　男女共同参画社会の形成は、家族を構成する男女が、相互の協力と社会の支援の下に、子の養育、家族の介護その他の家庭生活における活動について家族の一員としての役割を円滑に果たし、かつ、当該活動以外の活動を行うことができるようにすることを旨として、行われなければならない。

（国際的協調）

第七条　男女共同参画社会の形成の促進が国際社会における取組と密接な関係を有していることにかんがみ、男女共同参画社会の形成は、国際的協調の下に行われなければならない。

（国の責務）

第八条　国は、第三条から前条までに定める男女共同参画社会の形成についての基本理念（以下「基本理念」という。）にのっとり、男女共同参画社会の形成の促進に関する施策（積極的改善措置を含む。以下同じ。）を総合的に策定し、及び実施する責務を有する。

（地方公共団体の責務）

第九条　地方公共団体は、基本理念にのっとり、男女共同参画社会の形成の促進に関し、国の施策に準じた施策及びその他のその地方公共団体の区域の特性に応じた施策を策定し、及び実施する責務を有する。

（国民の責務）

第十条　国民は、職域、学校、地域、家庭その他の社会のあらゆる分野において、基本理念にのっとり、男女共同参画社会の形成に寄与するように努めなければならない。

（法制上の措置等）

第十一条　政府は、男女共同参画社会の形成の促進に関する施策を実施するため必要な法制上又は財政上の措置その他の措置を講じなければならない。

◆女子教職員の出産に際しての補助教職員の確保に関する法律

（昭三〇・八・五　法一二五）

最終改正　令三―法六三

（目的）

第一条　この法律は、公立の学校に勤務する女子教職員が出産する場合における当該学校の教職員の職務を補助させるための教職員の臨時的任用等に関し必要な事項を定め、もって女子教職員の母体の保護を図りつつ、学校教育の正常な実施を確保すること等を目的とする。

（定義）

第二条　この法律において「学校」とは、幼稚園、小学校、中学校、義務教育学校、高等学校、中等教育学校、特別支援学校及び幼保連携型認定こども園をいう。

2　この法律において「教職員」とは、校長（園長を含む。以下同じ。）、副校長（副園長を含む。）、教頭、主幹教諭（幼保連携型認定こども園の主幹養護教諭及び主幹栄養教諭を含む。）、指導教諭、教諭、養護教諭、栄養教諭、主幹保育教諭、指導保育教諭、保育教諭、助教諭、養護助教諭、助保育教諭、講師（常時勤務の者及び地方公務員法（昭和二十五年法律第二百六十一号）第二十二条の四第一項に規定する短時間勤務の職を占める者に限る。）、実習助手、寄宿舎指導員、学校栄養職員（学校給食法（昭和二十九年法律第百六十号）第七条に規定する職員のうち栄養の指導及び管理をつかさどる主幹教諭並びに栄養教諭以外の者をいう。以下同じ。）及び事務職員をいう。

（公立の学校等における教職員の臨時的任用）

第三条　公立の学校に勤務する女子教職員が出産することとなる場合においては、任命権者は、出産予定日の六週間（多胎妊娠の場合にあっては、十四週間とし、条例でこれらの期間より長い産前の休業の期間を定めたときは、当該期間とする。）前の日から産後八週間（条例でこれより長い産後の休業の期間を定めたときは、当該期間）を経過する日までの期間又は当該女子教職員が産前の休業を始める日から、当該日から起算して十四週間（多胎妊娠の場合にあっては、二十二週間とし、条例でこれらの期間より長い産前産後の休業の期間を定めたときは、当該期間とする。）を経過する日までの期間のいずれかの期間を任用の期間として、当該学校の教職員の職務を補助させるため、校長以外の教職員を臨時的に任用するものとする。

2　女子教職員の出産に際しその勤務する学校の教職員の職務を補助させることができるような特別の教職員がある場合において、任命権者が、当該教職員に、前項に規定する期間、同項の学校の教職員の職務を補助させることとするときは、同項の臨時的任用は、行なうことを要しない。

3　前二項の規定は、公立の学校給食法第六条に規定する施設に勤務する学校栄養職員について準用する。この場合において、これらの項中「学校」とあるのは、「学校給食法第六条に規定する施設」と読み替えるものとする。

（公立学校以外の学校において講ずべき措置）

第五条　公立学校以外の学校に勤務する女子教職員が出産することとなる場合においては、当該学校の設置者は、出産予定日の六週間（多胎妊娠の場合にあっては、十四週間）前の日から産後八週間を経過する日までの期間又は当該女子教職員が産前の休業を始める日から、当該日から起算して十四週間（多胎妊娠の場合にあっては、二十二週間）を経過する日までの期間のいずれかの期間を

任用の期間として、当該学校の教職員の職務を補助させるため、校長以外の教職員を任用するように努めなければならない。

◆国家公務員の育児休業等に関する法律

（平三・一二・二四 法一〇九）

最終改正 令五―法七三

第一章 総則

（目的）

第一条 この法律は、育児休業等に関する制度を設けて子を養育する国家公務員の継続的な勤務を促進し、もってその福祉を増進するとともに、公務の円滑な運営に資することを目的とする。

（定義）

第二条 この法律において「職員」とは、第二十七条を除き、国家公務員法（昭和二十二年法律第百二十号）第二条に規定する一般職に属する国家公務員をいう。

2 この法律において「任命権者」とは、国家公務員法第五十五条第一項に規定する任命権者及び法律で別に定められた任命権者並びにその委任を受けた者をいう。

3 この法律において「各省各庁の長」とは、一般職の職員の勤務時間、休暇等に関する法律（平成六年法律第三十三号。以下「勤務時間法」という。）第三条に規定する各省各庁の長及びその委任を受けた者をいう。

第二章 育児休業

（育児休業の承認）

第三条 職員（第二十三条第二項に規定する任期付短時間勤務職員、臨時的に任用された職員その他その任用の状況がこれらに類する職員として人事院規則で定める職員を除く。）は、任命権者の承認を受けて、当該職員の子（民法（明治二十九年法律第八十九号）第八百十七条の二第一項の規定により職員が当該職員との間における同項に規定する特別養子縁組の成立について家庭裁判所に請求した者（当該請求に係る家事審判事件が裁判所に係属している場合に限る。）であって、当該職員が現に監護するもの、児童福祉法（昭和二十二年法律第百六十四号）第二十七条第一項第三号の規定により同法第六条の四第二項に規定する養子縁組里親である職員に委託されている児童その他これらに準ずる者として人事院規則で定める者を含む。以下同じ。）を養育するため、当該子が三歳に達する日（常時勤務することを要しない職員にあっては、当該子の養育の事情に応じ、一歳に達する日から一歳六か月に達する日までの間で人事院規則で定める日（当該子の養育の事情を考慮して特に必要と認められる場合として人事院規則で定める場合に該当するときは、二歳に達する日））まで、育児休業をすることができる。ただし、当該子について、既に二回の育児休業（次に掲げる育児休業を除く。）をしたことがあるときは、人事院規則で定める特別の事情がある場合を除き、この限りでない。

一 子の出生の日から勤務時間法第十九条に規定する特別休暇のうち出産により職員が勤務しないことが相当である場合として人事院規則で定める場合における休暇について同条の規定により人事院規則で定める期間を考慮して人事院規則で定める期間内に、職員（当該期間内に当該休暇又はこれに相当するものとして勤務時間法第二十三条の規定により人事院規則で定める休暇により勤務しない職員を除く。）が当該子についてする育児休業（次号に掲げる育児休業を除く。）のうち最初のもの及び二回目のもの

二 任期を定めて採用された職員が当該任期の末日を育児休業の期間の末日としてする育児休業（当該職員が、当該任期を更新され、又は当該任期の満了後引き続いて任命権者を同じくする官職に採用されることに伴い、当該育児休業に係る子について、当該更新前の任期の

末日の翌日又は当該採用の日を育児休業の期間の初日とする育児休業をする場合に限る。）

2　育児休業の承認を受けようとする職員は、育児休業をしようとする期間の初日及び末日を明らかにして、任命権者に対し、その承認を請求するものとする。

3　任命権者は、前項の規定による請求があったときは、当該請求に係る期間について当該請求をした職員の業務を処理するための措置を講ずることが著しく困難である場合を除き、これを承認しなければならない。

◆地方公務員の育児休業等に関する法律

（平三・一二・二四 法 一一〇）

最終改正　令四―法三五

（目的）

第一条　この法律は、育児休業等に関する制度を設けて子を養育する職員（地方公務員法（昭和二十五年法律第二百六十一号）第四条第一項に規定する職員をいう。以下同じ。）の継続的な勤務を促進し、もって職員の福祉を増進するとともに、地方公共団体の行政の円滑な運営に資することを目的とする。

（育児休業の承認）

第二条　職員（第十八条第一項の規定により採用された同項に規定する短時間勤務職員、臨時的に任用される職員その他その任用の状況がこれらに類する職員として条例で定める職員を除く。）は、任命権者（地方公務員法第六条第一項に規定する任命権者及びその委任を受けた者をいう。以下同じ。）の承認を受けて、当該職員の子（民法（明治二十九年法律第八十九号）第八百十七条の二第一項の規定により職員が当該職員との間における同項に規定する特別養子縁組の成立について家庭裁判所に請求した者（当該請求に係る家事審判事件が裁判所に係属している場合に限る。）であって、当該職員が現に監護するもの、児童福祉法（昭和二十二年法律第百六十四号）第二十七条第一項第三号の規定により同法第六条の四第二号に規定する養子縁組里親である職員に委託されている児童その他これらに準ずる者として条例で定める者を含む。以下同じ。）を養育するため、当該子が三歳に達する日（非常勤職員にあっては、当該子の養育の事情に応じ、一歳に達する日から一歳六か月に達する日までの間で条例で定める日（当該子の養育の事情を考慮して特に必要と認められる場合として条例で定める場合に該当するときは、二歳に達する日））まで、育児休業をすることができる。ただし、当該子について、既に二回の育児休業（次に掲げる育児休業を除く。）をしたことがあるときは、条例で定める特別の事情がある場合を除き、この限りでない。

一　子の出生の日から国家公務員の育児休業等に関する法律（平成三年法律第百九号。以下「国家公務員育児休業法」という。）第三条第一項第一号の規定により人事院規則で定める期間を基準として条例で定める期間内に、職員（当該期間内に労働基準法（昭和二十二年法律第四十九号）第六十五条第二項の規定により勤務しない職員を除く。）が当該子についてする育児休業（次号に掲げる育児休業を除く。）のうち最初のもの及び二回目のもの

二　任期を定めて採用された職員が当該任期の末日を育児休業の期間の末日としてする育児休業（当該職員が、当該任期を更新され、又は当該任期の満了後引き続いて任命権者を同じくする職に採用されることに伴い、当該更新前の任期の末日の翌日又は当該採用の日を育児休業の期間の初日とする育児休業をする場合に限る。）

2　育児休業の承認を受けようとする職員は、育児休業をしようとする期間の初日及び末日を明らかにして、任命権者に対し、その承認を請求するものとする。

3　任命権者は、前項の規定による請求があったときは、

当該請求に係る期間について当該請求をした職員の業務を処理するための措置を講ずることが著しく困難である場合を除き、これを承認しなければならない。

（育児休業の期間の延長）

第三条　育児休業をしている職員は、任命権者に対し、当該育児休業の期間の延長を請求することができる。

2　育児休業の期間の延長は、条例で定める特別の事情がある場合を除き、一回に限るものとする。

3　前条第二項及び第三項の規定は、育児休業の期間の延長について準用する。

（育児休業の効果）

第四条　育児休業をしている職員は、育児休業を開始した時就いていた職又は育児休業の期間中に異動した職を保有するが、職務に従事しない。

2　育児休業をしている期間については、給与を支給しない。

（育児休業の承認の失効等）

第五条　育児休業の承認は、当該育児休業をしている職員が産前の休業を始め、若しくは出産した場合、当該職員が休職若しくは停職の処分を受けた場合又は当該育児休業に係る子が死亡し、若しくは当該職員の子でなくなった場合には、その効力を失う。

2　任命権者は、育児休業をしている職員が当該育児休業に係る子を養育しなくなったことその他条例で定める事由に該当すると認めるときは、当該育児休業の承認を取り消すものとする。

（育児休業をした職員の職務復帰後における給与等の取扱い）

第八条　育児休業をした職員については、国家公務員育児休業法第三条第一項の規定により育児休業をした国家公務員の給与及び退職手当の取扱いに関する事項を基準として、職務に復帰した場合の給与及び退職した場合の退職手当の取扱いに関する措置を講じなければならない。

（育児休業を理由とする不利益取扱いの禁止）

第九条　職員は、育児休業を理由として、不利益な取扱いを受けることはない。

第9編　関　連　法　編

9

◆民法

（明二九・四・二七
法　八　九）

最終改正　令五―法五三

第一編　総則

第六章　期間の計算

（暦による期間の計算）
第百四十三条　週、月又は年によって期間を定めたときは、その期間は、暦に従って計算する。

2　週、月又は年の初めから期間を起算しないときは、その期間は、最後の週、月又は年においてその起算日に応当する日の前日に満了する。ただし、月又は年によって期間を定めた場合において、最後の月に応当する日がないときは、その月の末日に満了する。

第三編　債権

第一章　総則

第二節　債権の効力

（債務不履行による損害賠償）
第四百十五条　債務者がその債務の本旨に従った履行をしないとき又は債務の履行が不能であるときは、債権者は、これによって生じた損害の賠償を請求することができる。ただし、その債務の不履行が契約その他の債務の発生原因及び取引上の社会通念に照らして債務者の責めに帰することができない事由によるものであるときは、この限りでない。

2　前項の規定により損害賠償の請求をすることができる場合において、債権者は、次に掲げるときは、債務の履行に代わる損害賠償の請求をすることができる。

一　債務の履行が不能であるとき。

二　債務者がその債務の履行を拒絶する意思を明確に表示したとき。

三　債務が契約によって生じたものである場合において、その契約が解除され、又は債務の不履行による契約の解除権が発生したとき。

（損害賠償の範囲）
第四百十六条　債務の不履行に対する損害賠償の請求は、これによって通常生ずべき損害の賠償をさせることをその目的とする。

2　特別の事情によって生じた損害であっても、当事者がその事情を予見すべきであったときは、債権者は、その賠償を請求することができる。

（損害賠償の方法）
第四百十七条　損害賠償は、別段の意思表示がないときは、金銭をもってその額を定める。

（過失相殺）
第四百十八条　債務の不履行に関して債権者に過失があったときは、裁判所は、これを考慮して、損害賠償の責任及びその額を定める。

第五章　不法行為

（不法行為による損害賠償）
第七百九条　故意又は過失によって他人の権利又は法律上保護される利益を侵害した者は、これによって生じた損害を賠償する責任を負う。

（財産以外の損害の賠償）
第七百十条　他人の身体、自由若しくは名誉を侵害した場合又は他人の財産権を侵害した場合のいずれであるかを問わず、前条の規定により損害賠償の責任を負う者は、財産以外の損害に対しても、その賠償をしなければならない。

（近親者に対する損害の賠償）
第七百十一条　他人の生命を侵害した者は、被害者の父母、配偶者及び子に対しては、その財産権が侵害されなかった場合においても、損害の賠償をしなければならない。

（責任能力）
第七百十二条　未成年者は、他人に損害を加えた場合において、自己の行為の責任を弁識するに足りる知能を備えていなかったときは、その行為について賠償の責任を負

わない。

（責任能力）
第七百十三条　精神上の障害により自己の行為の責任を弁識する能力を欠く状態にある間に他人に損害を加えた者は、その賠償の責任を負わない。ただし、故意又は過失によって一時的にその状態を招いたときは、この限りでない。

（責任無能力者の監督義務者等の責任）
第七百十四条　前二条の規定により責任無能力者がその責任を負わない場合において、その責任無能力者を監督する法定の義務を負う者は、その責任無能力者が第三者に加えた損害を賠償する責任を負う。ただし、監督義務者がその義務を怠らなかったとき、又はその義務を怠らなくても損害が生ずべきであったときは、この限りでない。
2　監督義務者に代わって責任無能力者を監督する者も、前項の責任を負う。

第四編　親族

第三章　親子

第一節　実子

（嫡出の推定）
第七百七十二条　妻が婚姻中に懐胎した子は、夫の子と推定する。
2　婚姻の成立の日から二百日を経過した後又は婚姻の解消若しくは取消しの日から三百日以内に生まれた子は、婚姻中に懐胎したものと推定する。

第四章　親権

第一節　総則

（親権者）
第八百十八条　成年に達しない子は、父母の親権に服する。
2　子が養子であるときは、養親の親権に服する。
3　親権は、父母の婚姻中は、父母が共同して行う。ただし、父母の一方が親権を行うことができないときは、他の一方が行う。

第二節　親権の効力

（監護及び教育の権利義務）
第八百二十条　親権を行う者は、子の利益のために子の監護及び教育をする権利を有し、義務を負う。

（子の人格の尊重等）
第八百二十一条　親権を行う者は、前条の規定による監護及び教育をするに当たっては、子の人格を尊重するとともに、その年齢及び発達の程度に配慮しなければならず、かつ、体罰その他の子の心身の健全な発達に有害な影響を及ぼす言動をしてはならない。

（懲戒）
第八百二十二条　親権を行う者は、第八百二十条の規定による監護及び教育に必要な範囲内でその子を懲戒することができる。

（職業の許可）
第八百二十三条　子は、親権を行う者の許可を得なければ、職業を営むことができない。
2　親権を行う者は、第六条第二項の場合には、前項の許可を取り消し、又はこれを制限することができる。

第三節　親権の喪失

（親権喪失の審判）
第八百三十四条　父又は母による虐待又は悪意の遺棄があるときその他父又は母による親権の行使が著しく困難又は不適当であることにより子の利益を著しく害するときは、家庭裁判所は、子、その親族、未成年後見人、未成年後見監督人又は検察官の請求により、その父又は母について、親権喪失の審判をすることができる。ただし、二年以内にその原因が消滅する見込みがあるときは、この限りでない。

（親権停止の審判）
第八百三十四条の二　父又は母による親権の行使が困難又は不適当であることにより子の利益を害するときは、家庭裁判所は、子、その親族、未成年後見人、未成年後見監督人又は検察官の請求により、その父又は母について、親権停止の審判をすることができる。
2　家庭裁判所は、親権停止の審判をするときは、その原因が消滅するまでに要すると見込まれる期間、子の心身の状態及び生活の状況その他一切の事情を考慮して、二年を超えない範囲内で、親権を停止する期間を定める。

◇刑法

（明四〇・四・二四
法　　四　五）

最終改正　令五—法六六

第一編　総則

第七章　犯罪の不成立及び刑の減免

（正当行為）
第三十五条　法令又は正当な業務による行為は、罰しない。

（正当防衛）
第三十六条　急迫不正の侵害に対して、自己又は他人の権利を防衛するため、やむを得ずにした行為は、罰しない。

2　防衛の程度を超えた行為は、情状により、その刑を減軽し、又は免除することができる。

（責任年齢）
第四十一条　十四歳に満たない者の行為は、罰しない。

第二編　罪

第二十二章　わいせつ、強制性交等及び重婚の罪

（公然わいせつ）
第百七十四条　公然とわいせつな行為をした者は、六月以下の懲役若しくは三十万円以下の罰金又は拘留若しくは科料に処する。

（わいせつ物頒布等）
第百七十五条　わいせつな文書、図画、電磁的記録に係る記録媒体その他の物を頒布し、又は公然と陳列した者は、二年以下の懲役若しくは二百五十万円以下の罰金若しくは科料に処し、又は懲役及び罰金を併科する。電気通信の送信によりわいせつな電磁的記録その他の記録を頒布した者も、同様とする。

2　有償で頒布する目的で、前項の物を所持し、又は同項の電磁的記録を保管した者も、同項と同様とする。

（強制わいせつ）
第百七十六条　十三歳以上の者に対し、暴行又は脅迫を用いてわいせつな行為をした者は、六月以上十年以下の懲役に処する。十三歳未満の者に対し、わいせつな行為をした者も、同様とする。

（強制性交等）
第百七十七条　十三歳以上の者に対し、暴行又は脅迫を用いて性交、肛《こう》門性交又は口腔《くう》性交（以下「性交等」という。）をした者は、強制性交等の罪とし、五年以上の有期懲役に処する。十三歳未満の者に対し、性交等をした者も、同様とする。

（準強制わいせつ及び準強制性交等）
第百七十八条　人の心神喪失若しくは抗拒不能に乗じ、又は心神を喪失させ、若しくは抗拒不能にさせて、わいせつな行為をした者は、第百七十六条の例による。

2　人の心神喪失若しくは抗拒不能に乗じ、又は心神を喪失させ、若しくは抗拒不能にさせて、性交等をした者は、前条の例による。

第二十七章　傷害の罪

（傷害）
第二百四条　人の身体を傷害した者は、十五年以下の懲役又は五十万円以下の罰金に処する。

（傷害致死）
第二百五条　身体を傷害し、よって人を死亡させた者は、三年以上の有期懲役に処する。

（現場助勢）
第二百六条　前二条の犯罪が行われるに当たり、現場において勢いを助けた者は、自ら人を傷害しなくても、一年以下の懲役又は十万円以下の罰金若しくは科料に処する。

（同時傷害の特例）
第二百七条　二人以上で暴行を加えて人を傷害した場合において、それぞれの暴行による傷害の軽重を知ることができず、又はその傷害を生じさせた者を知ることができないときは、共同して実行した者でなくても、共犯の例による。

（暴行）
第二百八条　暴行を加えた者が人を傷害するに至らなかったときは、二年以下の懲役若しくは三十万円以下の罰金又は拘留若しくは科料に処する。

第二十八章　過失傷害の罪

（過失傷害）
第二百九条　過失により人を傷害した者は、三十万円以下の罰金又は科料に処する。
2　前項の罪は、告訴がなければ公訴を提起することができない。

（過失致死）
第二百十条　過失により人を死亡させた者は、五十万円以下の罰金に処する。

（業務上過失致死傷等）
第二百十一条　業務上必要な注意を怠り、よって人を死傷させた者は、五年以下の懲役若しくは禁錮又は百万円以下の罰金に処する。重大な過失により人を死傷させた者も、同様とする。

第三十一章　監禁の罪

（逮捕及び監禁）
第二百二十条　不法に人を逮捕し、又は監禁した者は、三月以上七年以下の懲役に処する。

第三十二章　脅迫の罪

（脅迫）
第二百二十二条　生命、身体、自由、名誉又は財産に対し害を加える旨を告知して人を脅迫した者は、二年以下の懲役又は三十万円以下の罰金に処する。
2　親族の生命、身体、自由、名誉又は財産に対し害を加える旨を告知して人を脅迫した者も、前項と同様とする。

（強要）
第二百二十三条　生命、身体、自由、名誉若しくは財産に対し害を加える旨を告知して脅迫し、又は暴行を用いて、人に義務のないことを行わせ、又は権利の行使を妨害した者は、三年以下の懲役に処する。
2　親族の生命、身体、自由、名誉又は財産に対し害を加える旨を告知して脅迫し、人に義務のないことを行わせ、又は権利の行使を妨害した者も、前項と同様とする。
3　前二項の罪の未遂は、罰する。

第三十四章　名誉に対する罪

（名誉毀《き》損）
第二百三十条　公然と事実を摘示し、人の名誉を毀《き》損した者は、その事実の有無にかかわらず、三年以下の懲役若しくは禁錮又は五十万円以下の罰金に処する。
2　死者の名誉を毀損した者は、虚偽の事実を摘示することによってした場合でなければ、罰しない。

（侮辱）
第二百三十一条　事実を摘示しなくても、公然と人を侮辱した者は、一年以下の懲役若しくは禁錮若しくは三十万円以下の罰金又は拘留若しくは科料に処する。

第三十六章　窃盗及び強盗の罪

（窃盗）
第二百三十五条　他人の財物を窃取した者は、窃盗の罪とし、十年以下の懲役又は五十万円以下の罰金に処する。

（強盗）
第二百三十六条　暴行又は脅迫を用いて他人の財物を強取した者は、強盗の罪とし、五年以上の有期懲役に処する。
2　前項の方法により、財産上不法の利益を得、又は他人にこれを得させた者も、同項と同様とする。

（事後強盗）
第二百三十八条　窃盗が、財物を得てこれを取り返されることを防ぎ、逮捕を免れ、又は罪跡を隠滅するために、暴行又は脅迫をしたときは、強盗として論ずる。

（強盗致死傷）
第二百四十条　強盗が、人を負傷させたときは無期又は六年以上の懲役に処し、死亡させたときは死刑又は無期懲役に処する。

（強盗・強制性交等及び同致死）
第二百四十一条　強盗の罪若しくはその未遂罪を犯した者が強制性交等の罪（第百七十九条第二項の罪を除く。以下この項において同じ。）若しくはその未遂罪をも犯したとき、又は強制性交等の罪若しくはその未遂罪を犯した者が強盗の罪若しくはその未遂罪をも犯したときは、無期又は七年以上の懲役に処する。
2　前項の場合のうち、その犯した罪がいずれも未遂罪であるときは、人を死傷させたときを除き、その刑を減軽することができる。ただし、自己の意思によりいずれか

の犯罪を中止したときは、その刑を減軽し、又は免除する。

3　第一項の罪に当たる行為により人を死亡させた者は、死刑又は無期懲役に処する。

第三十七章　詐欺及び恐喝の罪

（恐喝）

第二百四十九条　人を恐喝して財物を交付させた者は、十年以下の懲役に処する。

2　前項の方法により、財産上不法の利益を得、又は他人にこれを得させた者も、同項と同様とする。

第四十章　毀棄及び隠匿の罪

（器物損壊等）

第二百六十一条　前三条に規定するもののほか、他人の物を損壊し、又は傷害した者は、三年以下の懲役又は三十万円以下の罰金若しくは科料に処する。

◆年齢計算ニ関スル法律

（明三五・一二・二〇
法　五〇）

1　年齢ハ出生ノ日ヨリ之ヲ起算ス

2　民法第百四十三条ノ規定ハ年齢ノ計算ニ之ヲ準用ス

3　明治六年第三十六号布告（年齢計算方ヲ定ム）ハ之ヲ廃止ス

◆国民の祝日に関する法律

（昭二三・七・二〇
法　一七八）

最終改正　平三〇―法五七

〔国民の祝日の意義〕

第一条　自由と平和を求めてやまない日本国民は、美しい風習を育てつつ、よりよき社会、より豊かな生活を築きあげるために、ここに国民こぞって祝い、感謝し、又は記念する日を定め、これを「国民の祝日」と名づける。

〔国民の祝日〕

第二条　「国民の祝日」を次のように定める。

元　　日　一月一日
　年のはじめを祝う。

成人の日　一月の第二月曜日
　おとなになったことを自覚し、みずから生き抜こうとする青年を祝いはげます。

建国記念の日　政令で定める日
（二月十一日―昭四一・一二・九政令三七六）
　建国をしのび、国を愛する心を養う。

天皇誕生日　二月二十三日
　天皇の誕生日を祝う。

春分の日　春分日
　自然をたたえ、生物をいつくしむ。

昭和の日　四月二十九日
　激動の日々を経て、復興を遂げた昭和の時代を顧み、国の将来に思いをいたす。

憲法記念日　五月三日
　日本国憲法の施行を記念し、国の成長を期する。

みどりの日　五月四日
　自然に親しむとともにその恩恵に感謝し、豊かな心をはぐくむ。

こどもの日　五月五日
　こどもの人格を重んじ、こどもの幸福をはかるとともに、母に感謝する。

海　の　日　七月の第三月曜日
　海の恩恵に感謝するとともに、海洋国日本の繁栄を願う。

山　の　日　八月十一日
　山に親しむ機会を得て、山の恩恵に感謝する。

敬老の日　九月の第三月曜日

多年にわたり社会につくしてきた老人を敬愛し、長寿を祝う。

秋分の日　秋分日

祖先をうやまい、なくなった人々をしのぶ。

スポーツの日　十月の第二月曜日

スポーツを楽しみ、他者を尊重する精神を培うとともに、健康で活力ある社会の実現を願う。

文化の日　十一月三日

自由と平和を愛し、文化をすすめる。

勤労感謝の日　十一月二十三日

勤労をたっとび、生産を祝い、国民たがいに感謝しあう。

〔祝日の休日扱い〕

第三条　「国民の祝日」は、休日とする。

2　「国民の祝日」が日曜日に当たるときは、その日後においてその日に最も近い「国民の祝日」でない日を休日とする。

3　その前日及び翌日が「国民の祝日」である日（「国民の祝日」でない日に限る。）は、休日とする。

◆国旗及び国歌に関する法律

（平一一・八・一三法一二七）

（国旗）

第一条　国旗は、日章旗とする。

2　日章旗の制式は、別記第一のとおりとする。

（国歌）

第二条　国歌は、君が代とする。

2　君が代の歌詞及び楽曲は、別記第二のとおりとする。

別記第一（第一条関係）

日章旗の制式

一　寸法の割合及び日章の位置

縦　横の三分の二

日章

直径　縦の五分の三

中心　旗の中心

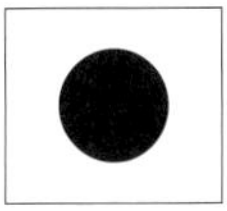

二　彩色

地　白色

日章　紅色

別記第二（第二条関係）

君が代の歌詞及び楽曲

一　歌詞

君が代は
千代に八千代に
さざれ石の
いわおとなりて
こけのむすまで

二　楽曲

◆元号法

（昭五四・六・一二法四三）

1　元号は、政令で定める。

2　元号は、皇位の継承があった場合に限り改める。

参考　元号を改める政令

（平三一・四・一政令一四三）

内閣は、元号法（昭和五十四年法律第四十三号）第一項の規定に基づき、この政令を制定する。

元号を令和に改める。

◆二十歳未満ノ者ノ喫煙ノ禁止ニ関スル法律

（明三三・三・七
法　　三　三）

最終改正　平三〇—法五九

〔未成年者の喫煙禁止〕
第一条　二十歳未満ノ者ハ煙草ヲ喫スルコトヲ得ス

〔没収〕
第二条　前条ニ違反シタル者アルトキハ行政ノ処分ヲ以テ喫煙ノ為ニ所持スル煙草及器具ヲ没収ス

〔親権者等の処罰〕
第三条　未成年者ニ対シテ親権ヲ行フ者情ヲ知リテ其ノ喫煙ヲ制止セサルトキハ科料ニ処ス

2　親権ヲ行フ者ニ代リテ未成年者ヲ監督スル者亦前項ニ依リテ処断ス

〔年齢確認等〕
第四条　煙草又ハ器具ヲ販売スル者ハ二十歳未満ノ者ノ喫煙ノ防止ニ資スル為年齢ノ確認其ノ他ノ必要ナル措置ヲ講ズルモノトス

〔販売者の処罰〕
第五条　二十歳未満ノ者ニ其ノ自用ニ供スルモノナルコトヲ知リテ煙草又ハ器具ヲ販売シタル者ハ五十万円以下ノ罰金ニ処ス

〔法人等の処罰〕
第六条　法人ノ代表者又ハ法人若ハ人ノ代理人、使用人其ノ他ノ従業者ガ其ノ法人又ハ人ノ業務ニ関シ前条ノ違反行為ヲ為シタルトキハ行為者ヲ罰スルノ外其ノ法人又ハ人ニ対シ同条ノ刑ヲ科ス

附　則

本法ハ明治三十三年四月一日ヨリ之ヲ施行ス

◆二十歳未満ノ者ノ飲酒ノ禁止ニ関スル法律

（大一一・三・三〇
法　　二　〇）

最終改正　平三〇—法五九

〔未成年者の飲酒禁止〕
第一条　二十歳未満ノ者ハ酒類ヲ飲用スルコトヲ得ス

2　未成年者ニ対シテ親権ヲ行フ者若ハ親権者ニ代リテ之ヲ監督スル者未成年者ノ飲酒ヲ知リタルトキハ之ヲ制止スヘシ

3　営業者ニシテ其ノ業態上酒類ヲ販売又ハ供与スル者ハ二十歳未満ノ者ノ飲用ニ供スルコトヲ知リテ酒類ヲ販売又ハ供与スルコトヲ得ス

4　営業者ニシテ其ノ業態上酒類ヲ販売又ハ供与スル者ハ二十歳未満ノ者ノ飲酒ノ防止ニ資スル為年齢ノ確認其ノ他ノ必要ナル措置ヲ講ズルモノトス

〔没収・廃棄〕
第二条　二十歳未満ノ者カ其ノ飲用ニ供スル目的ヲ以テ所有又ハ所持スル酒類及其ノ器具ハ行政ノ処分ヲ以テ之ヲ没収シ又ハ廃棄其ノ他ノ必要ナル処置ヲ為サシムルコトヲ得

〔販売者等の処罰〕
第三条　第一条第三項ノ規定ニ違反シタル者ハ五十万円以下ノ罰金ニ処ス

2　第一条第二項ノ規定ニ違反シタル者ハ科料ニ処ス

〔法人等の処罰〕
第四条　法人ノ代表者又ハ法人若ハ人ノ代理人、使用人其ノ他ノ従業者ガ其ノ法人又ハ人ノ業務ニ関シ前条第一項ノ違反行為ヲ為シタルトキハ行為者ヲ罰スルノ外其ノ法人又ハ人ニ対シ同項ノ刑ヲ科ス

附　則

本法ハ大正十一年四月一日ヨリ之ヲ施行ス

◆著作権法

（昭四五・五・六
法　四　八）

最終改正　令五―法五三

第一章　総則

第一節　通則

（定義）

第二条　この法律において、次の各号に掲げる用語の意義は、当該各号に定めるところによる。

一　著作物　思想又は感情を創作的に表現したものであって、文芸、学術、美術又は音楽の範囲に属するものをいう。

二　著作者　著作物を創作する者をいう。

三　実演　著作物を、演劇的に演じ、舞い、演奏し、歌い、口演し、朗詠し、又はその他の方法により演ずること（これらに類する行為で、著作物を演じないが芸能的な性質を有するものを含む。）をいう。

四　実演家　俳優、舞踊家、演奏家、歌手その他実演を行う者及び実演を指揮し、又は演出する者をいう。

五　レコード　蓄音機用音盤、録音テープその他の物に音を固定したもの（音を専ら影像とともに再生することを目的とするものを除く。）をいう。

六　レコード製作者　レコードに固定されている音を最初に固定した者をいう。

七　商業用レコード　市販の目的をもって製作されるレコードの複製物をいう。

七の二　公衆送信　公衆によって直接受信されることを目的として無線通信又は有線電気通信の送信（電気通信設備で、その一の部分の設置の場所が他の部分の設置の場所と同一の構内（その構内が二以上の者の占有に属している場合には、同一の者の占有に属する区域内）にあるものによる送信（プログラムの著作物の送信を除く。）を除く。）を行うことをいう。

八　放送　公衆送信のうち、公衆によって同一の内容の送信が同時に受信されることを目的として行う無線通信の送信をいう。

九　放送事業者　放送を業として行う者をいう。

（中略）

十　映画製作者　映画の著作物の製作に発意と責任を有する者をいう。

十の二　プログラム　電子計算機を機能させて一の結果を得ることができるようにこれに対する指令を組み合わせたものとして表現したものをいう。

十の三　データベース　論文、数値、図形その他の情報の集合物であって、それらの情報を電子計算機を用いて検索することができるように体系的に構成したものをいう。

十一　二次的著作物　著作物を翻訳し、編曲し、若しくは変形し、又は脚色し、映画化し、その他翻案することにより創作した著作物をいう。

十二　共同著作物　二人以上の者が共同して創作した著作物であって、その各人の寄与を分離して個別的に利用することができないものをいう。

十三　録音　音を物に固定し、又はその固定物を増製することをいう。

十四　録画　影像を連続して物に固定し、又はその固定物を増製することをいう。

十五　複製　印刷、写真、複写、録音、録画その他の方法により有形的に再製することをいい、次に掲げるものについては、それぞれ次に掲げる行為を含むものとする。

イ　脚本その他これに類する演劇用の著作物　当該著作物の上演、放送又は有線放送を録音し、又は録画

すること。

ロ　建築の著作物　建築に関する図面に従って建築物を完成すること。

十六　上演　演奏（歌唱を含む。以下同じ。）以外の方法により著作物を演ずることをいう。

十七　上映　著作物（公衆送信されるものを除く。）を映写幕その他の物に映写することをいい、これに伴って映画の著作物において固定されている音を再生することを含むものとする。

十八　口述　朗読その他の方法により著作物を口頭で伝達すること（実演に該当するものを除く。）をいう。

十九　頒布　有償であるか又は無償であるかを問わず、複製物を公衆に譲渡し、又は貸与することをいい、映画の著作物又は映画の著作物において複製されている著作物にあっては、これらの著作物を公衆に提示することを目的として当該映画の著作物の複製物を譲渡し、又は貸与することを含むものとする。

二十　技術的保護手段　電子的方法、磁気的方法その他の人の知覚によって認識することができない方法（次号及び第二十二号において「電磁的方法」という。）により、第十七条第一項に規定する著作者人格権若しくは著作権、出版権又は第八十九条第一項に規定する実演家人格権若しくは同条第六項に規定する著作隣接権（以下この号、第三十条第一項第二号及び第百二十条の二第一号において「著作権等」という。）を侵害する行為の防止又は抑止（著作権等を侵害する行為の結果に著しい障害を生じさせることによる当該行為の抑止をいう。第三十条第一項第二号において同じ。）をする手段（著作権等を有する者の意思に基づくことなく用いられているものを除く。）であって、著作物、実演、レコード、放送又は有線放送（以下「著作物等」という。）の利用（著作者又は実演家の同意を得ないで行ったとしたならば著作者人格権又は実演家人格権の侵害となるべき行為を含む。）に際し、これに用いられる機器が特定の反応をする信号を著作物、実演、レコード若しくは放送若しくは有線放送に係る音若しくは影像とともに記録媒体に記録し、若しくは送信する方式又は当該機器が特定の変換を必要とするよう著作物、実演、レコード若しくは放送若しくは有線放送に係る音若しくは影像を変換して記録媒体に記録し、若しくは送信する方式によるものをいう。

（以下略）

2　この法律にいう「美術の著作物」には、美術工芸品を含むものとする。

3　この法律にいう「映画の著作物」には、映画の効果に類似する視覚的又は視聴覚的効果を生じさせる方法で表現され、かつ、物に固定されている著作物を含むものとする。

4　この法律にいう「写真の著作物」には、写真の製作方法に類似する方法を用いて表現される著作物を含むものとする。

5　この法律にいう「公衆」には、特定かつ多数の者を含むものとする。

6　この法律にいう「法人」には、法人格を有しない社団又は財団で代表者又は管理人の定めがあるものを含むものとする。

7　この法律において、「上演」、「演奏」又は「口述」には、著作物の上演、演奏又は口述で録音され、又は録画されたものを再生すること（公衆送信又は上映に該当するものを除く。）及び著作物の上演、演奏又は口述を電気通信設備を用いて伝達すること（公衆送信に該当するものを除く。）を含むものとする。

8　この法律にいう「貸与」には、いずれの名義又は方法をもってするかを問わず、これと同様の使用の権原を取得させる行為を含むものとする。

9　この法律において、第一項第七号の二、第八号、第九

号の二、第九号の四、第九号の五、第九号の七若しくは第十三号から第十九号まで又は前二項に掲げる用語については、それぞれこれらを動詞の語幹として用いる場合を含むものとする。

第二章　著作者の権利

第三節　権利の内容

第五款　著作権の制限

（私的使用のための複製）

第三十条　著作権の目的となっている著作物（以下この款において単に「著作物」という。）は、個人的に又は家庭内その他これに準ずる限られた範囲内において使用すること（以下「私的使用」という。）を目的とするときは、次に掲げる場合を除き、その使用する者が複製することができる。

一　公衆の使用に供することを目的として設置されている自動複製機器（複製の機能を有し、これに関する装置の全部又は主要な部分が自動化されている機器をいう。）を用いて複製する場合

二　技術的保護手段の回避（第二条第一項第二十号に規定する信号の除去若しくは改変（記録又は送信の方式の変換に伴う技術的な制約による除去又は改変を除く。）を行うことにより、当該技術的保護手段によって防止される行為を可能とし、又は当該技術的保護手段によって抑止される行為の結果に障害を生じないようにすることをいう。第百二十条の二第一号及び第二号において同じ。）により可能となり、又はその結果に障害が生じないようになった複製を、その事実を知りながら行う場合

三　著作権を侵害する自動公衆送信（国外で行われる自動公衆送信であって、国内で行われたとしたならば著作権の侵害となるべきものを含む。）を受信して行うデジタル方式の録音又は録画を、その事実を知りながら行う場合

2　私的使用を目的として、デジタル方式の録音又は録画の機能を有する機器（放送の業務のための特別の性能その他の私的使用に通常供されない特別の性能を有するもの及び録音機能付きの電話機その他の本来の機能に附属する機能として録音又は録画の機能を有するものを除く。）であって政令で定めるものにより、当該機器によるデジタル方式の録音又は録画の用に供される記録媒体であって政令で定めるものに録音又は録画を行う者は、相当な額の補償金を著作権者に支払わなければならない。

（付随対象著作物の利用）

第三十条の二　写真の撮影、録音、録画、放送その他これらと同様に事物の影像又は音を複製し、又は複製を伴うことなく伝達する行為（以下この項において「複製伝達行為」という。）を行うに当たって、その対象とする事物又は音（以下この項において「複製伝達対象事物等」という。）に付随して対象となる事物又は音（複製伝達対象事物等の一部を構成するものとして対象となる事物又は音を含む。以下この項において「付随対象事物等」という。）に係る著作物（当該複製伝達行為により作成され、又は伝達されるもの（以下この条において「作成伝達物」という。）のうち当該著作物の占める割合、当該作成伝達物における当該著作物の再製の精度その他の要素に照らし当該作成伝達物において当該著作物が軽微な構成部分となる場合における当該著作物に限る。以下この条において「付随対象著作物」という。）は、当該付随対象著作物の利用により利益を得る目的の有無、当該付随対象事物等の当該複製伝達対象事物等からの分離の困難性の程度、当該作成伝達物において当該付随対象著作物が果たす役割その他の要素に照らし正当な範囲内において、当該複製伝達行為に伴って、いずれの方法によるかを問わず、利用することができる。ただし、当該付随対象著作物の種類及び用途並びに当該利用の態様に照らし著作権者の利益を不当に害することとなる場合は、この限りでない。

2　前項の規定により利用された付随対象著作物は、当該付随対象著作物に係る作成伝達物の利用に伴って、いずれの方法によるかを問わず、利用することができる。ただし、当該付随対象著作物の種類及び用途並びに当該利用の態様に照らし著作権者の利益を不当に害することとなる場合は、この限りでない。

（検討の過程における利用）

第三十条の三　著作権者の許諾を得て、又は第六十七条第一項、第六十八条第一項若しくは第六十九条の規定による裁定を受けて著作物を利用しようとする者は、これらの利用についての検討の過程（当該許諾を得、又は当該裁定を受ける過程を含む。）における利用に供することを目的とする場合には、その必要と認められる限度において、いずれの方法によるかを問わず、当該著作物を利用することができる。ただし、当該著作物の種類及び用途並びに当該利用の態様に照らし著作権者の利益を不当に害することとなる場合は、この限りでない。

（著作物に表現された思想又は感情の享受を目的としない利用）

第三十条の四　著作物は、次に掲げる場合その他の当該著作物に表現された思想又は感情を自ら享受し又は他人に享受させることを目的としない場合には、その必要と認められる限度において、いずれの方法によるかを問わず、利用することができる。ただし、当該著作物の種類及び用途並びに当該利用の態様に照らし著作権者の利益を不当に害することとなる場合は、この限りでない。

一　著作物の録音、録画その他の利用に係る技術の開発又は実用化のための試験の用に供する場合

二　情報解析（多数の著作物その他の大量の情報から、当該情報を構成する言語、音、影像その他の要素に係る情報を抽出し、比較、分類その他の解析を行うことをいう。第四十七条の五第一項第二号において同じ。）の用に供する場合

三　前二号に掲げる場合のほか、著作物の表現についての人の知覚による認識を伴うことなく当該著作物を電子計算機による情報処理の過程における利用その他の利用（プログラムの著作物にあっては、当該著作物の電子計算機における実行を除く。）に供する場合

（図書館等における複製等）

第三十一条　国立国会図書館及び図書、記録その他の資料を公衆の利用に供することを目的とする図書館その他の施設で政令で定めるもの（以下この項及び第三項において「図書館等」という。）においては、次に掲げる場合には、その営利を目的としない事業として、図書館等の図書、記録その他の資料（次項において「図書館資料」という。）を用いて著作物を複製することができる。

一　図書館等の利用者の求めに応じ、その調査研究の用に供するために、公表された著作物の一部分（発行後相当期間を経過した定期刊行物に掲載された個々の著作物にあっては、その全部）の複製物を一人につき一部提供する場合

二　図書館資料の保存のため必要がある場合

三　他の図書館等の求めに応じ、絶版その他これに準ずる理由により一般に入手することが困難な図書館資料（以下この条において「絶版等資料」という。）の複製物を提供する場合

2　前項各号に掲げる場合のほか、国立国会図書館においては、図書館資料の原本を公衆の利用に供することによるその滅失、損傷若しくは汚損を避けるために当該原本に代えて公衆の利用に供するため、又は絶版等資料に係る著作物を次項若しくは第四項の規定により自動公衆送信（送信可能化を含む。以下この条において同じ。）に用いるため、電磁的記録（電子的方式、磁気的方式その他人の知覚によっては認識することができない方式で作られる記録であって、電子計算機による情報処理の用に供されるものをいう。以下同じ。）を作成する場合には、必要と認められる限度において、当該図書館資料に係る著作物を記録媒体に記録することができる。

3　国立国会図書館は、絶版等資料に係る著作物について、図書館等又はこれに類する外国の施設で政令で定めるも

のにおいて公衆に提示することを目的とする場合には、前項の規定により記録媒体に記録された当該著作物の複製物を用いて自動公衆送信を行うことができる。この場合において、当該図書館等においては、その営利を目的としない事業として、次に掲げる行為を行うことができる。

一　当該図書館等の利用者の求めに応じ、当該利用者が自ら利用するために必要と認められる限度において、自動公衆送信された当該著作物の複製物を作成し、当該複製物を提供すること。

二　自動公衆送信された当該著作物を受信装置を用いて公に伝達すること（当該著作物の伝達を受ける者から料金（いずれの名義をもってするかを問わず、著作物の提供又は提示につき受ける対価をいう。第五項第二号及び第三十八条において同じ。）を受けない場合に限る。）。

（略）

（引用）

第三十二条　公表された著作物は、引用して利用することができる。この場合において、その引用は、公正な慣行に合致するものであり、かつ、報道、批評、研究その他の引用の目的上正当な範囲内で行なわれるものでなければならない。

2　国若しくは地方公共団体の機関、独立行政法人又は地方独立行政法人が一般に周知させることを目的として作成し、その著作の名義の下に公表する広報資料、調査統計資料、報告書その他これらに類する著作物は、説明の材料として新聞紙、雑誌その他の刊行物に転載することができる。ただし、これを禁止する旨の表示がある場合は、この限りでない。

（教科用図書等への掲載）

第三十三条　公表された著作物は、学校教育の目的上必要と認められる限度において、教科用図書（学校教育法（昭和二十二年法律第二十六号）第三十四条第一項（同法第四十九条、第四十九条の八、第六十二条、第七十条第一項及び第八十二条において準用する場合を含む。）に規定する教科用図書をいう。以下同じ。）に掲載することができる。

2　前項の規定により著作物を教科用図書に掲載する者は、その旨を著作者に通知するとともに、同項の規定の趣旨、著作物の種類及び用途、通常の使用料の額その他の事情を考慮して文化庁長官が定める算出方法により算出した額の補償金を著作権者に支払わなければならない。

3　文化庁長官は、前項の算出方法を定めたときは、これを官報で告示する。

4　前三項の規定は、高等学校（中等教育学校の後期課程を含む。）の通信教育用学習図書及び教科用図書に係る教師用指導書（当該教科用図書を発行する者の発行に係るものに限る。）への著作物の掲載について準用する。

（学校教育番組の放送等）

第三十四条　公表された著作物は、学校教育の目的上必要と認められる限度において、学校教育に関する法令の定める教育課程の基準に準拠した学校向けの放送番組又は有線放送番組において放送し、若しくは有線放送し、又は当該放送を受信して同時に専ら当該放送に係る放送対象地域（放送法（昭和二十五年法律第百三十二号）第九十一条第二項第二号に規定する放送対象地域をいい、これが定められていない放送にあっては、電波法（昭和二十五年法律第百三十一号）第十四条第三項第二号に規定する放送区域をいう。以下同じ。）において受信されることを目的として自動公衆送信（送信可能化のうち、公衆の用に供されている電気通信回線に接続している自動公衆送信装置に情報を入力することによるものを含む。）を行い、及び当該放送番組用又は有線放送番組用の教材に掲載することができる。

2　前項の規定により著作物を利用する者は、その旨を著作者に通知するとともに、相当な額の補償金を著作権者に支払わなければならない。

（学校その他の

第三十五条　学校その他の教育機関（営利を目的として設

（教育機関における複製等）

置されているものを除く。）において教育を担任する者及び授業を受ける者は、その授業の過程における利用に供することを目的とする場合には、その必要と認められる限度において、公表された著作物を複製し、若しくは公衆送信（自動公衆送信の場合にあっては、送信可能化を含む。以下この条において同じ。）を行い、又は公表された著作物であって公衆送信されるものを受信装置を用いて公に伝達することができる。ただし、当該著作物の種類及び用途並びに当該複製の部数及び当該複製、公衆送信又は伝達態様に照らし著作権者の利益を不当に害することとなる場合は、この限りでない。

2　前項の規定により公衆送信を行う場合には、同項の教育機関を設置する者は、相当な額の補償金を著作権者に支払わなければならない。

3　前項の規定は、公表された著作物について、第一項の教育機関における授業の過程において、当該授業を直接受ける者に対して当該著作物をその原作品若しくは複製物を提供し、若しくは提示して利用する場合又は当該著作物を第三十八条第一項の規定により上演し、演奏し、上映し、若しくは口述して利用する場合において、当該授業が行われる場所以外の場所において当該授業を同時に受ける者に対して公衆送信を行うときには、適用しない。

（試験問題としての複製等）

第三十六条　公表された著作物については、入学試験その他人の学識技能に関する試験又は検定の目的上必要と認められる限度において、当該試験又は検定の問題として複製し、又は公衆送信（放送又は有線放送を除き、自動公衆送信の場合にあっては送信可能化を含む。次項において同じ。）を行うことができる。ただし、当該著作物の種類及び用途並びに当該公衆送信の態様に照らし著作権者の利益を不当に害することとなる場合は、この限りでない。

2　営利を目的として前項の複製又は公衆送信を行う者は、通常の使用料の額に相当する額の補償金を著作権者に支払わなければならない。

（時事問題に関する論説の転載等）

第三十九条　新聞紙又は雑誌に掲載して発行された政治上、経済上又は社会上の時事問題に関する論説（学術的な性質を有するものを除く。）は、他の新聞紙若しくは雑誌に転載し、又は放送し、若しくは有線放送し、若しくは当該放送を受信して同時に専ら当該放送に係る放送対象地域において受信されることを目的として自動公衆送信（送信可能化のうち、公衆の用に供されている電気通信回線に接続している自動公衆送信装置に情報を入力することによるものを含む。）を行うことができる。ただし、これらの利用を禁止する旨の表示がある場合は、この限りでない。

2　前項の規定により放送され、若しくは有線放送され、又は自動公衆送信される論説は、受信装置を用いて公に伝達することができる。

◆環境基本法

（平五・一一・一九
法　九　一）

最終改正　令三―法三六

（目的）

第一条　この法律は、環境の保全について、基本理念を定め、並びに国、地方公共団体、事業者及び国民の責務を明らかにするとともに、環境の保全に関する施策の基本となる事項を定めることにより、環境の保全に関する施策を総合的かつ計画的に推進し、もって現在及び将来の国民の健康で文化的な生活の確保に寄与するとともに人類の福祉に貢献することを目的とする。

（定義）

第二条　この法律において「環境への負荷」とは、人の活動により環境に加えられる影響であって、環境の保全上の支障の原因となるおそれのあるものをいう。

2　この法律において「地球環境保全」とは、人の活動に

よる地球全体の温暖化又はオゾン層の破壊の進行、海洋の汚染、野生生物の種の減少その他の地球の全体又はその広範な部分の環境に影響を及ぼす事態に係る環境の保全であって、人類の福祉に貢献するとともに国民の健康で文化的な生活の確保に寄与するものをいう。

3　この法律において「公害」とは、環境の保全上の支障のうち、事業活動その他の人の活動に伴って生ずる相当範囲にわたる大気の汚染、水質の汚濁（水質以外の水の状態又は水底の底質が悪化することを含む。第二十一条第一項第一号において同じ。）、土壌の汚染、騒音、振動、地盤の沈下（鉱物の掘採のための土地の掘削によるものを除く。以下同じ。）及び悪臭によって、人の健康又は生活環境（人の生活に密接な関係のある財産並びに人の生活に密接な関係のある動植物及びその生育環境を含む。以下同じ。）に係る被害が生ずることをいう。

◆環境教育等による環境保全の取組の促進に関する法律

（平一五・七・二五
法　一三〇）

最終改正　平二三—法六七

第一章　総則

（目的）

第一条　この法律は、健全で恵み豊かな環境を維持しつつ、環境への負荷の少ない健全な経済の発展を図りながら持続的に発展することができる社会（以下「持続可能な社会」という。）を構築する上で事業者、国民及びこれらの者の組織する民間の団体（以下「国民、民間団体等」という。）が行う環境保全活動並びにその促進のための環境保全の意欲の増進及び環境教育が重要であることに加え、これらの取組を効果的に進める上で協働取組が重要であることに鑑み、環境保全活動、環境保全の意欲の増進及び環境教育並びに協働取組について、基本理念を定め、並びに国民、民間団体等、国及び地方公共団体の責務を明らかにするとともに、基本方針の策定その他の環境保全活動、環境保全の意欲の増進及び環境教育並びに協働取組の推進に必要な事項を定め、もって現在及び将来の国民の健康で文化的な生活の確保に寄与することを目的とする。

（定義）

第二条　この法律において「環境保全活動」とは、地球環境保全、公害の防止、生物の多様性の保全等の自然環境の保護及び整備、循環型社会の形成その他の環境の保全（良好な環境の創出を含む。以下単に「環境の保全」という。）を主たる目的として自発的に行われる活動をいう。

2　この法律において「環境保全の意欲の増進」とは、環境の保全に関する情報の提供並びに環境の保全に関する体験の機会の提供及びその便宜の供与であって、環境の保全についての理解を深め、及び環境保全活動を行う意欲を増進するために行われるものをいう。

3　この法律において「環境教育」とは、持続可能な社会の構築を目指して、家庭、学校、職場、地域その他のあらゆる場において、環境と社会、経済及び文化とのつながりその他環境の保全についての理解を深めるために行われる環境の保全に関する教育及び学習をいう。

4　この法律において「協働取組」とは、国民、民間団体等、国又は地方公共団体がそれぞれ適切に役割を分担しつつ対等の立場において相互に協力して行う環境保全活動、環境保全の意欲の増進、環境教育その他の環境の保全に関する取組をいう。

（基本理念）

第三条　環境保全活動、環境保全の意欲の増進及び環境教育は、地球環境がもたらす恵みを持続的に享受すること、豊かな自然を保全し及び育成してこれと共生する地域社会を構築すること、循環型社会を形成し、環境への負荷

を低減すること並びに地球規模の視点に立って環境の保全と経済及び社会の発展を統合的に推進することの重要性を踏まえ、国民、民間団体等の自発的意思を尊重しつつ、持続可能な社会の構築のために社会を構成する多様な主体がそれぞれ適切な役割を果たすとともに、対等の立場において相互に協力して行われるものとする。

2　環境保全活動、環境保全の意欲の増進及び環境教育は、森林、田園、公園、河川、湖沼、海岸、海洋等における自然体験活動その他の体験活動を通じて環境の保全についての理解と関心を深めることの重要性を踏まえ、生命を尊び、自然を大切にし、環境の保全に寄与する態度が養われることを旨として行われるとともに、地域住民その他の社会を構成する多様な主体の参加と協力を得るよう努め、透明性を確保しながら継続的に行われるものとする。

3　環境保全活動、環境保全の意欲の増進及び環境教育は、森林、田園、公園、河川、湖沼、海岸、海洋等における自然環境をはぐくみ、これを維持管理することの重要性について一般の理解が深まるよう、必要な配慮をするとともに、国土の保全その他の公益との調整に留意し、並びに農林水産業その他の地域における産業との調和、地域住民の生活の安定及び福祉の維持向上並びに地域における環境の保全に関する文化及び歴史の継承に配慮して行われるものとする。

第三章　環境保全のための国民の取組の促進

第一節　環境保全の意欲の増進、環境教育等の推進

（学校教育等における環境教育に係る支援等）

第九条　国、都道府県及び市町村は、国民が、幼児期からその発達段階に応じ、あらゆる機会を通じて環境の保全についての理解と関心を深めることができるよう、学校教育及び社会教育における環境教育の推進に必要な施策を講ずるものとする。

2　国は、環境と人との関わりが総合的に理解できるよう、学校教育において各教科その他の教育活動を通じて発達段階に応じた体系的な環境教育を行うことを促進するため、環境の保全に関する体験学習等の学校教育における環境教育の充実のための措置、教育職員の研修の内容の充実その他の環境教育に係る教育職員の資質の向上のための措置、参考となる資料等の情報の提供、教材の開発その他の必要な措置を講ずるものとする。

3　国は、環境教育の教材として活用するとともに、環境への負荷を低減するため、校舎、運動場等の学校施設その他の施設の整備の際に適切な配慮を促進するとともに、当該施設を活用し、教育を通じた環境保全活動を促進するよう必要な措置を講ずるものとする。

4　都道府県及び市町村は、前二項に規定する国の施策に準じて、学校教育及び社会教育における環境教育の促進に必要な措置を講ずるよう努めるものとする。

5　国は、都道府県及び市町村に対し、第一項に規定する施策及び前項に規定する措置に関し必要な助言その他の措置を講ずるよう努めるものとする。

6　国は、前項の措置を講ずるに当たっては、都道府県及び市町村に対し、第十七条の規定による情報の提供（第十一条第七項に規定する登録人材認定等事業に関する情報の提供を含む。）その他の環境教育の推進に資する情報の提供等により、学校教育及び社会教育における環境教育の実施の際に、環境の保全に関する知識、経験等を有する人材等が広く活用されることとなるよう、適切な配慮をするものとする。

7　国、都道府県及び市町村は、環境教育の内容及び方法についての調査研究を行い、その結果に応じて、これらの改善に努めるものとする。

◆性的指向及びジェンダーアイデンティティの多様性に関する国民の理解の増進に関する法律

（令五・六・二三 法 六八）

（目的）

第一条　この法律は、性的指向及びジェンダーアイデンティティの多様性に関する国民の理解が必ずしも十分でない現状に鑑み、性的指向及びジェンダーアイデンティティの多様性に関する国民の理解の増進に関する施策の推進に関し、基本理念を定め、並びに国及び地方公共団体の役割等を明らかにするとともに、基本計画の策定その他の必要な事項を定めることにより、性的指向及びジェンダーアイデンティティの多様性を受け入れる精神を涵《かん》養し、もって性的指向及びジェンダーアイデンティティの多様性に寛容な社会の実現に資することを目的とする。

（措置の実施等に当たっての留意）

第十二条　この法律に定める措置の実施等に当たっては、性的指向又はジェンダーアイデンティティにかかわらず、全ての国民が安心して生活することができることとなるよう、留意するものとする。この場合において、政府は、その運用に必要な指針を策定するものとする。

第10編　自治体条例編

◆中野区教育行政における区民参加に関する条例

（平九・三・二六　中野区条例一七）

（目的）

第一条　この条例は、中野区の教育の分野における区民の主体的な取組を踏まえ、区民の意思が教育行政に適切に反映されるべきであるとの認識に基づいて、教育行政を推進するに当たっての区民参加の原則を確認し、もってより良い教育の実現を図ることを目的とする。

（区民参加の原則）

第二条　教育行政における区民参加（以下単に「区民参加」という。）は、次の原則に従い行われるものとする。

一　区民参加は、教育に関する問題について区民の意見を総合し、地域の意思の形成をめざして行われるものであること。

二　区民参加は、年齢、国籍等にかかわらず、すべての区民にその機会が保障されるものであること。

三　区民参加は、具体的な仕組み及び手続により保障されるものであること。

四　区民参加は、教育の政治的中立を尊重して行われるものであること。

（区民参加の仕組み）

第三条　区民参加の仕組みは、教育に関する施策又は事業の内容、性質、重要性等に応じ、審議会、協議会等の設置、公聴会、対話集会等の開催、意向調査の実施その他の適切な形態及び方法によるものとする。

（区民参加における配慮事項）

第四条　区民参加においては、権利の主体としての子どもの参加と意見表明の機会が保障されるよう配慮されなければならない。

2　区民参加においては、区民が区の機関に対し、直接かつ個別に意見、苦情等を申し出ることができるよう配慮されなければならない。

3　前項の意見、苦情等については、区の機関において公平かつ責任ある方法で処理されるものとし、当該意見、苦情等を申し出た区民は、そのことを理由としていかなる差別的取扱いも受けないものとする。

（区民の役割）

第五条　区民は、家庭及び地域における教育の機能を高め、教育環境を向上させるよう努めるものとする。

（区の機関の責務）

第六条　区の機関は、相互に連携し、区民参加の成果を主体的に実現するよう努めなければならない。

2　区の機関は、区民参加を促進するため、区民の自主的な活動を支援するとともに、区の機関が保有する情報を積極的に区民に提供し、その意思決定の過程についても公開するよう努めなければならない。

3　区の機関は、職員が区民参加の意義を理解し、これを尊重するよう研修その他の必要な措置を講じなければならない。

◆川崎市子どもの権利に関する条例

（平一二・一二・二一　川崎市条例七二）

最終改正　平一七—市条例七

前文

子どもは、それぞれが一人の人間である。子どもは、かけがえのない価値と尊厳を持っており、個性や他の者との違いが認められ、自分が自分であることを大切にされたいと願っている。

子どもは、権利の全面的な主体である。子どもは、子どもの最善の利益の確保、差別の禁止、子どもの意見の尊重などの国際的な原則の下で、その権利を総合的に、かつ、現実に保障される。子どもにとって権利は、人間としての尊厳をもって、自分を自分として実現し、自分らしく生きていく上で不可欠なものである。

子どもは、その権利が保障される中で、豊かな子ども時代を過ごすことができる。子どもの権利について学習することや実際に行使することなどを通して、子どもは、権利の認識を深め、権利を実現する力、他の者の権利を尊重する力や責任などを身に付けることができる。また、自分の権利が尊重され、保障されるためには、同じように他の者の権利が尊重され、保障されなければならず、それぞれの権利が相互に尊重されることが不可欠である。

子どもは、大人とともに社会を構成するパートナーである。子どもは、現在の社会の一員として、また、未来の社会の担い手として、社会の在り方や形成にかかわる固有の役割があるとともに、そこに参加する権利がある。そのためにも社会は、子どもに開かれる。

子どもは、同時代を生きる地球市民として国内外の子どもと相互の理解と交流を深め、共生と平和を願い、自然を守り、都市のより良い環境を創造することに欠かせない役割を持っている。

市における子どもの権利を保障する取組は、市に生活するすべての人々の共生を進め、その権利の保障につながる。私たちは、子ども最優先などの国際的な原則も踏まえ、それぞれの子どもが一人の人間として生きていく上で必要な権利が保障されるよう努める。

私たちは、こうした考えの下、平成元年一一月二〇日に国際連合総会で採択された「児童の権利に関する条約」の理念に基づき、子どもの権利の保障を進めることを宣言し、この条例を制定する。

（安心して生きる権利）
第一〇条　子どもは、安心して生きることができる。そのためには、主として次に掲げる権利が保障されなければならない。
(1)　命が守られ、尊重されること。
(2)　愛情と理解をもって育《はぐく》まれること。
(3)　あらゆる形態の差別を受けないこと。
(4)　あらゆる形の暴力を受けず、又は放置されないこと。
(5)　健康に配慮がなされ、適切な医療が提供され、及び成長にふさわしい生活ができること。
(6)　平和と安全な環境の下で生活ができること。

（親等による子どもの権利の保障）
第一七条　親又は親に代わる保護者（以下「親等」という。）は、その養育する子どもの権利の保障に努めるべき第一義的な責任者である。（以下略）

（虐待及び体罰の禁止）
第一九条　親等は、その養育する子どもに対して、虐待及び体罰を行ってはならない。

◆やまなし子ども条例

（令四・三・二九　山梨県条例二四）

子どもの権利は、子どもが成長するために欠くことのできない大切なものです。

日本は、世界の国々と子どもの権利に関して条約を結び、子どもが一切の差別を受けることなく、子どもにとって最も良いことは何かを第一に考え、安心して生き、思いや願いが尊重されるなど、子どもにとって大切な権利を保障することを約束しています。

現代社会は人間関係が希薄になり、経済格差が広がるなど社会環境が変化する中で、いじめや虐待の増加等子どもを取り巻く環境は厳しさを増しており、問題を抱え我慢している子どもや誰にも相談できずに悩んでいる子どもや、ヤングケアラーと呼ばれる人たちがいます。

このような子どもを支援するため、その抱えているつらさ、悩み等に寄り添いつつ、相談に応じ、救済する仕組みが必要です。また、乳幼児期から青年期まで成長段階に応じて継続的に子どもへの支援を行うとともに、保健、医療、福祉、教育等様々な領域で、県はもとより、国、市町村、民間団体等が連携協力して、重層的かつ総合的に子ども支援に取り組み、社会全体で子どもの成長をしっかりと見守り、支えなければなりません。

富士山、八ヶ岳、南アルプスなど雄大な山々の麓にある、四季折々の美しい景観や水と緑にあふれる豊かな自然の中で、子どもの権利を保障し、すべての子どもにやさしいまちづくりをめざして、日本国憲法及び児童の権利に関する条約の理念を踏まえ、この条例を制定します。

第一章　総則

（基本理念）
第三条　子どもへの支援は、子どもが不当な差別、虐待、体罰、いじめ、貧困等に悩み苦しむことなく、また、家事、家族の世話等を行うことにより学業、進学、就職等

に支障が生じることなく安心して生きていくことができるよう、その権利が尊重されることを旨として行われなければなりません。

2　子どもへの支援は、子どもが、その成長段階に応じ、学び、遊び、自然体験、社会体験、文化的体験等を通じて人間関係を構築すること、自らの考え又は意見を表明すること等により、主体的に社会に参加することができる環境を整備することを旨として行われなければなりません。

3　子どもへの支援は、子どもが相互に権利を尊重し合うことができるよう自らを大切に思う気持ち及び他者を思いやる心を育み、規範意識を身に付け、次代の社会を担うことができるようになることを旨として行われなければなりません。

4　子どもの成長を支える者への支援は、その者がゆとりのある環境で子どもと接することができるようになることを旨として行われなければなりません。

5　子ども支援は、国、県、市町村、保護者、学校関係者等、事業者、県民等各々の役割を果たすことにより重層的に行われるとともに、相互に連携協力して継続的に行われなければなりません。

（県の責務）

第四条　県は、前条に定める基本理念（次条から第八条まで及び第十二条において「基本理念」という。）にのっとり、地域における県民の主体的かつ自主的な子ども支援のための取組を尊重しつつ、その施策を策定し、及び実施するものとします。

2　県は、子ども支援のための施策の策定に当たっては、子どもを含めた県民の意見を聴き、その意見を反映するよう努めるものとします。この場合において、県は、子どもが意見を直接述べることができる方法を用いるよう留意するものとします。

（保護者の役割）

第五条　保護者は、基本理念にのっとり、子どもの成長について第一義的責任を有することを認識し、子どもに生活のために必要な習慣を身に付けさせるとともに、自立心を育成し、心身の調和のとれた発達を図るよう努めるものとします。

（学校関係者等の役割）

第六条　学校関係者等は、学校、児童福祉施設等における子どもの安全を確保するとともに、基本理念にのっとり、子どもへの支援を行うものとします。

（事業者の役割）

第七条　事業者は、基本理念にのっとり、その雇用する労働者がその子どもに接する時間を十分に確保できるようにするため必要な雇用環境の整備に努めるものとします。

（県民の役割）

第八条　県民は、基本理念にのっとり、子どもが安心して生きていくことができる地域社会を実現するための主体的かつ自主的な取組を行うよう努めるものとします。

（市町村等との連携協力）

第九条　県は、子ども支援のための施策の実施に当たっては、市町村と連携するとともに、市町村が行う子ども支援のための施策に協力するものとします。

2　県は、子ども支援に関する活動を行う特定非営利活動促進法（平成十年法律第七号）第二条第二項に規定する特定非営利活動法人その他の民間団体と連携し、及び協力するものとします。

第二章　基本的施策

（社会参加の促進）

第十条　県は、子どもと他の子ども等との交流の機会の提供、その他の子どもの社会参加を促進するための仕組みの整備の推進のために必要な措置を講ずるものとします。

第三章　子どもにやさしいまちづくりの推進

（意見表明や参加の促進）

第十七条　県は、子どもが育ち学ぶ施設又は社会の一員として自分の考え若しくは意見を表明し、又は参加する機会若しくは仕組みを設けるよう努めます。

2　県は、子どもが利用する施設の設置若しくは運営に関する事項又は子どもに関する事項を検討するときは、子どもが考え又は意見を自由に表明し、又は参加することができるよう必要な支援に努めます。

3　育ち学ぶ施設の関係者及び県民は、子どもが育ち学ぶ施設の運営、地域での活動等について考え又は意見を表明し、又は参加することができるよう機会の提供に努めるとともに、子どもの視点を大切にした主体的な活動を支援するものとします。

4　県は、子どもの意見表明及び社会への参加を促進するため、子どもの考え及び意見を尊重するとともに、子どもの主体的な活動を支援するよう努めます。

（子どもの居場所）

第十八条　県は、子どもが安心して過ごし、遊び、学び、又は生活することができる場の整備やそのような場づくりの促進に努めます。

（情報の提供）

第十九条　県及び育ち学ぶ施設の関係者は、子どもの意見表明や社会への参加の促進を図るため、県の子ども施策、育ち学ぶ施設の取組等について、子どもが理解を深められるよう子どもの視点に立った分かりやすい情報の提供に努めます。

（環境の保護等）

第二十条　県は、豊かで美しい自然が子どもの成長を支えるために大切であることを認識し、子どもと共にその環境を守り育てるよう努めます。

2　県は、災害から子どもを守るため、災害を未然に防ぐとともに、災害が発生した場合には子どもへの被害の拡大を防ぐため、子どもが自助を行い、また共助における役割を果たす力を身に付けることができるよう支援します。

第四章　ヤングケアラーの支援の推進

（ヤングケアラーに対する支援）

第二十一条　県、市町村、関係機関、民間団体等（以下「ヤングケアラー支援者」という。）は、ヤングケアラーと思われる子どもを発見したとき又はヤングケアラーと思われる子どもを発見した者から報告を受けたときは、必要に応じ近隣住民、学校関係者等その他の者の協力を得て、当該子どもの保護者との面会等により当該子どもの生活状況の確認を行うものとします。

（ヤングケアラーの支援に関する推進計画）

第二十二条　県は、ヤングケアラーの支援に関する施策を総合的かつ計画的に推進するための計画（以下この条において「推進計画」という。）を策定します。

第五章　子どもに対する権利侵害の救済等

（子ども支援委員会）

第二十三条　権利侵害（子どもに対し、不当な差別、いじめ、体罰、虐待その他の権利を侵害する行為をいう。以下この条及び次条において同じ。）に関する事項について調査審議するため、知事の附属機関として山梨県子ども支援委員会（以下この章において「委員会」という。）を設置します。

2　委員会は、前項の規定によりその権限に属させられた事項を処理するほか、知事の諮問に応じて権利侵害に関する事項を調査審議します。

（権利侵害の救済）

第二十四条　何人も、権利侵害をしてはなりません。

2　権利侵害を受けた、若しくは受けている子ども又は当該子どもの保護者は、委員会に対し、その救済を申し出ることができます。

3　委員会は、前項の規定による申出を受けたときは、当該申出に係る事案に関し法令に基づく救済制度が存する場合その他の規則で定める場合を除き、その事案について調査審議し、当該申出をした者に当該調査審議の結果及びその理由を通知しなければなりません。

4　前項の場合を除くほか、委員会は、権利侵害があると認められるときは、その事案について調査審議することができます。

5　委員会は、前二項の規定により権利侵害に関する事案について調査審議を行うに当たっては、当該事案に係る学校関係者等その他の関係者に資料の提出及び説明を求めることができます。

6　委員会は、第三項又は第四項の規定により権利侵害に関する事案について調査審議した結果必要があると認めるときは、知事に対し、次に掲げる事項について勧告す

ることができます。

一　権利侵害が行われないようにするため必要な措置を講ずること。

二　県の機関以外の関係者に対し前号の措置を講ずるよう要望その他の行為を行うこと。

7　知事は、前項の規定による勧告を受けたときは、これを尊重しなければなりません。

◇大阪府教育行政基本条例

（平二四・三・二八　大阪府条例八八）

最終改正　平二九—府条例五三

教育は、社会の礎を形作る営みであり、子どもたちが自らの力や個性を最大限に発揮して豊かな未来を切り開いていくことは、府民全ての願いである。そのためには、大阪が大切にしてきた、違いを認め合い、子ども一人ひとりの力を伸ばす教育を更に発展させるとともに、グローバル化の進展など、これからの大きく変化する社会経済情勢や国際社会の中で、子どもたちが育った地域と大阪に誇りを持ち、力強く生き抜き、次代の社会を担う自立した大人となっていけるよう、確かな学力や豊かな人間性、健やかな体を育んでいかなければならない。

これまで、社会経済情勢の変化や住民の声が教育に十分に反映されてきたかを問い直し、より確かな教育行政を推進するためには、選挙を通じて民意を代表する議会及び首長と教育委員会及び学校組織とが、法令に従って、ともに役割を担い、協力し、補完し合うことが必要である。

教育に求められる役割や保護者及び地域住民のニーズが、これまでにも増して大きく、かつ、多様になっていることを踏まえ、教育に関与する全ての者が大阪の教育の振興に一層の努力を尽くすことを決意し、この条例を制定する。

第一章　総則

（目的）

第一条　この条例は、府の教育行政に関し基本となる事項を定め、大阪府教育委員会（以下「委員会」という。）及び知事が相互に協力しながら、それぞれの責任を果たし、保護者及び地域住民その他の関係者（以下「保護者等」という。）のニーズを踏まえつつ、子どもたちにとって将来にわたって必要となる力を育む教育の振興に資することを目的とする

（委員会と知事との役割分担）

第二条　委員会及び知事は、地方教育行政の組織及び運営に関する法律（昭和三十一年法律第百六十二号。以下「地方教育行政法」という。）第二十一条及び第二十二条に規定する職務権限に基づき、適切な役割分担の下に、府における教育の振興に関する施策の充実を図らなければならない

第二章　教育振興基本計画

（教育振興基本計画の策定義務）

第三条　府は、教育基本法（平成十八年法律第百二十号）第十七条第二項に規定する基本的な計画（以下「基本計画」という。）を定めなければならない。

（教育振興基本計画の策定手続）

第四条　知事は、委員会と協議して、基本計画の案を作成するものとする。

2　基本計画は、大阪府議会の議決を経なければならない。

3　知事は、第一項の規定による協議が調わなかったときは、委員会の意見を付して大阪府議会に提出するものとする。

4　基本計画には、次に掲げる事項を定めるものとする。

一　府における教育の振興に関する基本的な目標及び施策の大綱

二　前号に掲げるもののほか、府における教育の振興に関する施策を総合的かつ計画的に推進するために必要な事項

5　知事及び委員会は、基本計画の案を作成するに当たっては、その基本的な事項についてあらかじめ学識経験を有する者の意見を聴くとともに、府民の意見を反映するための適切な措置を講ずるものとする。

6　知事は、第二項の議決があったときは、遅滞なく、基本計画を公表しなければならない。

第三章　開かれた教育行政

（府民との連携協力）

第五条　府は、府民に対し、教育に関する施策について説明する責任を果たすとともに、保護者等との連携及び協力による教育の振興に資するため、府における教育の状況に関する情報を積極的に提供するものとする。

2　府は、府民の意向を的確に把握し、教育行政に適切に反映させるよう努めなければならない

（教育行政の点検及び評価）

第六条　知事及び委員会は、基本計画の進捗を管理するため、毎年、共同してその点検及び評価を行い、その結果に関する報告書を作成し、これを大阪府議会に提出するとともに、公表しなければならない。

2　委員会は、地方教育行政法第二十七条の点検及び評価に当たり、前項の点検及び評価を含めるものとする。

3　第一項の点検及び評価に当たっては、基本計画に定めた目標を達成するために委員会の教育長及び委員が行った取組、活動の状況等について、教育委員が自ら点検及び評価を行わなければならない。

（点検及び評価の結果に係る措置）

第七条　知事及び委員会は、前条第一項の点検及び評価の結果に基づき、基本計画に定めた目標の達成のために必要な措置を講ずるものとする。

2　知事は、前条第三項の委員会の教育長及び委員の点検及び評価の結果に基づいて、地方教育行政法第七条第一項に規定する罷免事由に該当するかどうかを判断するものとする。

第四章　市町村との関係

（市町村教育委員会に対する指導等）

第八条　委員会は、義務教育について、市町村が主体となって行うものであることを踏まえ、市町村教育委員会の自主性を尊重するものとする。

2　委員会は、基本計画を踏まえ、市町村に共通する教育の基本方針を定め、市町村教育委員会に対し、指導、助言又は援助を行うものとする。

3　委員会は、市町村教育委員会が保護者等に対し当該市町村の教育の状況について説明する責任を果たせるよう、必要に応じ、情報の提供について、市町村教育委員会に対し、指導又は助言を行うものとする。

4　委員会は、前二項の指導、助言又は援助の内容について、原則として公表するものとする

（府費負担教職員の資質及び能力の向上等）

第九条　委員会は、保護者等のニーズを踏まえつつ、幼児、児童及び生徒にとって将来にわたって必要となる力を育んでいくための教職員の資質及び能力の向上について、市町村教育委員会と連携し、必要な施策を講ずるものとする。

2　委員会は、府費負担教職員（市町村立学校職員給与負担法（昭和二十三年法律第百三十五号）第一条及び第二条に規定する職員をいう。以下同じ。）の適切な人事管理について、市町村教育委員会に対し、指導、助言又は援助を行うものとする。

3　委員会は、幼児、児童又は生徒に対する指導が不適切な教員（府費負担教職員であって教頭、主幹教諭、指導教諭、教諭、助教諭、養護教諭、養護助教諭、栄養教諭及び講師であるものをいう。以下同じ。）について、市町村教育委員会と連携し、教育公務員特例法（昭和二十四年法律第一号）第二十五条の二第一項に規定する指導改善研修その他の指導の改善を図る措置を講ずるものとする。

4　委員会は、教育公務員特例法第二十五条第四項の認定その他の判定において指導の改善が不十分でなお幼児、児童又は生徒に対する指導を適切に行うことができないと認める教員に対して、免職その他の必要な措置を厳正に講じなければならない。

（府費負担教職員の任命権の移譲）

第十条　府は、自主的な市町村の教育行政の推進に資するため、地方教育行政法第五十五条第六項の規定による要

請に基づき、市町村に対する府費負担教職員の任命権の移譲を行うものとする。
2　前項の府費負担教職員の任命権の移譲は、府内の教職員の適正な配置と円滑な交流による教育水準の維持向上の趣旨及び目的が損なわれない範囲において行うものとする。

◆大阪市立学校活性化条例

（平二四・七・三〇
大阪市条例八六）

最終改正　令四―市条例一四

（校長の採用等）
第十条　校長の採用は、本市の職員に対する募集を含め、原則として公募により行うものとする。ただし、公募を行う時間的余裕がない場合その他特別の理由がある場合は、この限りでない。
2　前項の公募において職員以外の者を採用する場合は、任期付職員（一般職の任期付職員の採用及び給与の特例に関する条例（平成一七年大阪市条例第一八号）第二条第二項の規定により採用された職員をいう。）として採用するものとする。
3　第一項の公募による採用に当たっては、優れた識見を有する者による面接その他の公正な手続による審査を経なければならない。
4　教育委員会は、学校教育に関する熱意及び識見並びに組織マネジメント及び人材育成に関する能力その他の教育委員会が必要と認める資質及び能力に関する適正な評価に基づき、校長を任用しなければならない。
第十六条　教育委員会は、小学校の学級数の規模を適正規模（児童の良好な教育環境の確保及び教育活動の充実を図るために望ましい小学校の学級数の規模をいう。以下同じ。）にするよう努めなければならない。
2　適正規模は、学級数が一二から二四までであることとする。
3　教育委員会は、前項に定める学級数を変更するためにこの条例を改正しようとするときは、あらかじめ大阪市学校適正配置審議会の意見を聴かなければならない。
4　教育委員会は、学級数の規模が適正規模を下回る小学校であって今後も適正規模となる見込みがないと認めるもの（以下「適正配置対象校」という。）について、統合又は通学区域の変更によりその学級数の規模を適正規模にするための計画（以下、「学校再編整備計画」という。）を策定しなければならない。
5　学校再編整備計画には、計画の実施時期、実施後の小学校の所在地その他教育委員会規則で定める事項を記載するものとし、その内容は、適正配置対象校の学級数の規模が適正かつ円滑に適正規模となることができるものでなければならない。
6　教育委員会は、学校再編整備計画を策定したときは、これを公表しなければならない。
7　教育委員会は、教育委員会規則で定めるところにより、前項の規定により公表した学校再編整備計画の内容その他教育委員会規則で定める事項について、保護者等の意見を聴かなければならない。
8　前二項の規定は、学校再編整備計画の変更について準用する。

◆大津市子どものいじめの防止に関する条例

（平二五・二・一九
大津市条例一）

最終改正　平二七―市条例五二

全ての子どもは、かけがえのない存在であり、一人一人の心と体は大切にされなければなりません。子どもの心と体に深刻な被害をもたらすいじめは、

子どもの尊厳を脅かし、基本的人権を侵害するものです。しかしながら、いじめはいつでもどこにおいても起こり得ると同時に、どの子どももいじめの対象として被害者にも加害者にもなり得ることがあります。このようないじめを防止し、次代を担う子どもが健やかに成長し、安心して学ぶことができる環境を整えることは、全ての市民の役割であり責務です。一人一人の尊厳を大切にし、相互に尊重しあう社会の実現のため、いじめを許さない文化と風土を社会全体でつくり、いじめの根絶に取り組まなければなりません。ここに、いじめの防止についての基本理念を明らかにして、いじめの防止のための施策を推進し、その対策を具現化するためにこの条例を制定します。

（目的）

第一条 この条例は、子どもに対するいじめの防止に係る基本理念を定め、市、学校、保護者、市民及び事業者等の責務及び役割を明らかにするとともに、いじめの防止に関する施策の基本となる事項を定めることにより、子どもが安心して生活し、学ぶことができる環境をつくることを目的とする。

（基本理念）

第二条 いじめは、子どもの尊厳を脅かし、重大な人権侵害であるとの認識の下、市、学校、保護者、市民及び事業者等は、子どもが安心して生活し、学ぶことができる環境を整え、一人一人の尊厳を大切にし、相互に尊重しあう社会の実現のため、それぞれの責務及び役割を自覚し、主体的かつ積極的に相互に連携して、いじめの防止に取り組まなければならない。

（用語の定義）

第三条 この条例において、次の各号に掲げる用語の意義は、それぞれ当該各号に定めるところによる。

(1) いじめ　子どもに対し、当該子どもと一定の人間関係のある者が行う心理的又は物理的な影響を与える行為（インターネットを通じて行われるものを含む。）であって、当該行為の対象となった子どもが心身の苦痛を感じているものをいう。ただし、児童虐待の防止等に関する法律（平成一二年法律第八二号）第二条に規定する児童虐待に該当するものは除く。

(2) 子ども　第四条に規定する学校に通学する児童及び生徒その他これらの者と等しくいじめの防止の対象と認めることが適当と認められる者をいう。

(3) 市立学校　大津市立学校の設置に関する条例（昭和三九年条例第二八号）別表に掲げる小学校及び中学校をいう。

(4) 学校　前号に規定する市立学校並びに本市の区域内にある市立学校以外の小学校、中学校、高等学校及び特別支援学校をいう。

(5) 保護者　親権を有する者、未成年後見人その他の子どもを現に監護する者をいう。

(6) 市民　本市の区域内に居住し、通勤し、又は通学する者（第四号に規定する学校に通学する者を除く。）をいう。

(7) 事業者等　本市の区域内で営利を目的とする事業を行う個人及び法人並びにスポーツ、文化及び芸術その他の各種の事業又は活動を行う個人及び団体をいう。

(8) 関係機関等　警察、子ども家庭相談センターその他子どものいじめの問題に関係する機関及び団体をいう。

（市の責務）

第四条 市は、子どもをいじめから守るため、必要な施策を総合的に講じ、必要な体制を整備しなければならない。

2　市は、子どもをいじめから守るため、関係機関等と緊密な連携を図らなければならない。

3　市は、誰もがいじめを許さない社会の実現に向けて、いじめに関する必要な啓発を行わなければならない。

（市立学校の責務）

第五条 市立学校は、教育活動を通して、子どもの自他の生命を大切にする心、自他の人権を守ろうとする心、公共心及び道徳的実践力を育成しなければならない。

2　市立学校は、いじめを予防し、及び早期にいじめを発見するための体制を整えるとともに、子どもが安心して相談することができるよう環境を整えなければならない。

3　市立学校は、当該学校に在籍する子どもの保護者及び関係機関等と連携を図りつつ、いじめの防止に取り組むとともに、いじめを把握した場合には、その解決に向け速やかに、当該学校全体で組織対応を講じ、その内容を

市に報告しなければならない。

4　市立学校は、子ども自身がいじめについて主体的に考え行動できるよう、子どもとともに当該学校及び各学年に応じた環境づくりに取り組まなければならない。

5　市立学校は、子どもがより良い人間関係を構築できるよう必要な取組を行わなければならない。

（保護者の責務）

第六条　保護者は、子どもの心情の理解に努め、子どもが心身ともに安心し、安定して過ごせるよう子どもを愛情をもって育むものとする。

2　保護者は、いじめが許されない行為であることを子どもに十分理解させるものとする。

3　前二項において、保護者は必要に応じて、市又は学校に相談その他の支援を求めることができる。

4　保護者は、いじめを発見し、又はいじめの疑いを認めた場合には、速やかに市、学校又は関係機関等に相談又は通報をするものとする。

5　保護者は、学校が行ういじめの防止に対する取組に協力するよう努めるものとする。

（子どもの役割）

第七条　子どもは、互いに思いやり共に支え合い、いじめのない明るい学校生活に努めるものとする。

2　子どもは、いじめを受けた場合には、一人で悩まず家族、学校、友だち又は関係機関等に相談することができる。

3　子どもは、いじめを発見した場合（いじめの疑いを認めた場合を含む。）及び友だちからいじめの相談を受けた場合には、家族、学校又は関係機関等に相談することができる。

（市民及び事業者等の役割）

第八条　市民及び事業者等は、それぞれの地域において子どもに対する見守り、声かけ等を行うとともに、地域が連携して子どもが安心して過ごすことができる環境づくりに努めるものとする。

2　市民及び事業者等は、いじめを発見し、又はいじめの疑いを認めた場合には、市、学校又は関係機関等に情報を提供するよう努めるものとする。

（行動計画の策定）

第九条　市は、基本理念にのっとり、子どもが安心して生活し、学ぶことができるいじめのない社会の構築を総合的かつ計画的に推進するため、いじめの防止に関する行動計画（以下「行動計画」という。）を策定するものとする。

2　前項に規定する行動計画は、次に掲げる事項について定めるものとする。

(1)　いじめのない学校づくりに向けた子どもの主体的な参画に関すること。

(2)　いじめの防止に向けた教育及び人づくりに関すること。

(3)　いじめの防止に向けた普及啓発活動に関すること。

(4)　次条に規定するいじめ防止啓発月間に関すること。

(5)　いじめを早期に発見するための施策に関すること。

(6)　いじめを防止し、及び解決するための施策に関すること。

(7)　いじめに関する相談体制等に関すること。

(8)　いじめを受けた子ども及びいじめを行った子ども並びにその家庭に対する支援に関すること。

(9)　前各号に掲げるもののほか、いじめのない社会を実現するために必要なこと。

3　市は、第一項の規定により行動計画を策定したときは、これを公表するものとする。

（いじめ防止啓発月間）

第一〇条　子どもをいじめから守り、社会全体でいじめの防止への取組を推進するために、毎年六月及び一〇月をいじめ防止啓発月間（以下「啓発月間」という。）とする。

2　市は、啓発月間において、その趣旨にふさわしい広報啓発活動を実施するものとする。

3　市立学校は、啓発月間において、人権及び道徳に係る教育を実施するとともに、子どもが主体的にいじめの防止に向けた活動を展開できるよう支援及び指導を行うものとする。

（相談、通報又は情報の提供）
第一一条　何人も、子どものいじめ（疑いのある場合を含む。）に関し、市に相談、通報又は情報の提供（以下「相談等」という。）をすることができる。

（相談体制等の整備）
第一二条　市は、いじめに関する相談等に速やかに対応するとともに、全ての子ども、保護者その他いじめの防止に関わる者が安心して相談等ができるよういじめに関する相談体制を整備するものとする。
2　市は、いじめを未然に防止し、いじめから子どもを守るため、いじめに係る情報の一元化を図り、関係機関等との相互の連携及び迅速かつ適切な対応ができるよう組織体制を強化するものとする。
3　市は、市立学校におけるいじめに係る相談体制の充実のため、スクールソーシャルワーカー、スクールカウンセラー等の配置に努めるものとする。

（財政的措置等）
第一三条　市は、この条例の目的を達成するため、適切な財政的措置を講ずるものとする。
2　市長は、この条例の目的を達成するため、必要に応じて国及び滋賀県に対して適切な措置を講ずるよう要請するものとする。

（大津の子どもをいじめから守る委員会）
第一四条　市は、相談等を受けたいじめ（いじめの疑いを認めた場合として相談等をされたものを含む。以下この条において同じ。）について、必要な調査、調整等を行うため、市長の附属機関として、大津の子どもをいじめから守る委員会（以下「委員会」という。）を置く。
2　委員会は、市長の諮問に応じるほか、相談等のあったいじめについて、その事実確認及び解決を図るために必要な調査、審査又は関係者との調整（以下「調査等」という。）を行うものとする。
3　委員会は、必要に応じて市長に対し、再発防止及びいじめ問題の解決を図るための方策の提言等を行うことができる。
4　委員会は、特に必要があると認めるときは、関係者に対して資料の提出、説明その他必要な協力を求めることができる。
5　委員会は、市長の諮問に加えて、教育委員会からの協議に応じるとともに、必要に応じ、いじめに関して教育委員会と協議することができる。

（是正の要請）
第一六条　市長は、委員会からの調査等の結果の報告を受け、当該報告を踏まえて必要があると認めるときは、関係者（調査等の結果により、いじめを行ったと認められる子どもを除く。）に対して是正の要請を行うことができる。
2　市長は、是正の要請をしたときは、その後の経過の確認を行い、その結果を委員会に報告するものとする。
3　是正の要請を受けた者は、これを尊重し、必要な措置を執るよう努めるものとする。
4　是正の要請を受けた者は、当該是正の要請に係る対応状況を市長に報告するよう努めるものとする。
5　前二項において、当該是正の要請を受けた者が、国又は滋賀県の所管に属する場合は、この限りでない。

（委員会への協力）
第一七条　市立学校、保護者、市民、子ども及び事業者等は、委員会の調査等に協力するものとする。この場合において、子どもへの調査等の協力については、子どもに過度な負担が生じないよう最大限配慮されなければならない。

（活動状況の報告及び公表）
第一八条　委員会は、毎年の活動状況を市長に報告するものとする。
2　市長は、前項の規定による報告の内容を、市議会に報告し、及び市民に公表しなければならない。
3　市議会は、前項の規定による報告に加えて、必要があると認めるときは、市長に対して委員会の活動状況について報告を求めることができる。
4　市長は、前項の規定による報告を求められた場合は、委員会に対して第一項に規定する活動状況の報告のほか、必要な報告を求めるものとする。
5　市長は、必要と認めるときは、是正の要請及びその対

応状況の内容を公表することができる。

（市立学校以外の学校への協力要請）

第二〇条　市長は、市立学校を除く学校の設置者又は管理者に対して、第五条及び第一〇条第三項に規定する市立学校に係る規定について、それぞれ実施されるよう協力を求めることができる。

2　委員会は、市立学校を除く学校の設置者又は管理者に対して、第一七条に規定する市立学校に係る規定について、協力を求めることができる。

◇千葉市教育委員会いじめ等の対策及び調査委員会設置条例

（平二六・三・二〇　千葉市条例二七）

最終改正　平二七—市条例二八

（設置）

第一条　千葉市教育委員会（以下「教育委員会」という。）は、本市が設置する学校におけるいじめの防止等のための対策を実効的に行うため、並びに本市が設置する学校におけるいじめ等による重大事態に係る事実関係を明確にし、当該重大事態への対処及び当該重大事態と同種の事態の発生の防止を図るため、千葉市教育委員会いじめ等の対策及び調査委員会（以下「対策調査委員会」という。）を置く。

（定義）

第二条　この条例において、「いじめ等による重大事態」とは、本市が設置する学校におけるいじめ、体罰又は学校の管理下において発生した事故により、次の各号のいずれかに該当するに至った事態をいう。

(1)　当該学校に在籍する児童又は生徒（以下「児童等」という。）の生命、心身又は財産に重大な被害が生じた疑いがあると認められること。

(2)　当該学校に在籍する児童等が相当の期間学校を欠席することを余儀なくされている疑いがあると認められること。

（所掌事務）

第三条　対策調査委員会は、次に掲げる事務をつかさどる。

(1)　教育委員会の諮問に応じ、いじめ防止対策推進法（平成二五年法律第七一号。以下「法」という。）第一四条第三項に規定するいじめの防止等のための対策について審議を行い、その結果を教育委員会に答申すること。

(2)　教育委員会の諮問に応じ、いじめ等による重大事態に係る事実関係を明確にするための調査（法第二八条第一項の規定による調査を含む。）及び審議を行い、その結果を教育委員会に答申すること。

(3)　前号の規定による調査及び審議の結果に基づき、必要に応じて、問題の解決を図るための方策及び再発防止策の提言を教育委員会に行うこと。

(4)　前三号に掲げるもののほか、教育委員会が必要と認める事項について調査及び審議を行うこと。

（組織）

第四条　対策調査委員会は、委員五人以内で組織する。

2　対策調査委員会に、特別の事項を調査又は審議させるため必要があるときは、臨時委員を置くことができる。

3　委員及び臨時委員は、学識経験者その他教育委員会が適当と認める者のうちから、教育委員会が任命する。

4　委員の任期は、二年とする。ただし、補欠の委員の任期は、前任者の残任期間とする。

5　委員は、再任されることができる。

6　臨時委員は、その者の任命に係る当該特別の事項に関する調査又は審議が終了したときは、解任されるものとする。

7　委員及び臨時委員は、職務上知り得た秘密を漏らしてはならない。その職を退いた後も、同様とする。

（調査）

第七条　対策調査委員会は、第三条第二号又は第四号に規定する所掌事務を遂行するために、次に掲げる方法によ

り調査を行うことができる。

(1) 教育長、教育委員会の委員、教育委員会事務局及びいじめ等による重大事態に係る児童等が属し、又は属していた学校（以下「本件学校」という。）の職員（過去に教育委員会事務局及び本件学校に勤務していた者を含む。）、本件学校に属し、又は属していた児童等及びその保護者等並びにいじめ等による重大事態に係る児童等及びその保護者等（以下これらを「調査対象者」という。）から事実関係に関する意見、説明等を求めること。

(2) 調査対象者に対して、文書等関係資料の提出、提示、閲覧、複写等を求めること。

(3) 関係団体に照会して必要な事項の報告及び協力を求めること。

(4) 前三号に定めるもののほか、第三条第二号又は第四号に規定する所掌事務を遂行するために必要となる協力を調査対象者又は専門機関に対して求めること。

2　対策調査委員会は、前項の調査を行うに当たり、調査対象者が未成年者であるときは、当該調査対象者及びその保護者の同意を得た上で、その心情に配慮し、適切な措置を講じなければならない。

3　教育長、教育委員会の委員並びに教育委員会事務局及び本件学校の職員その他の本市の職員は、対策調査委員会から、その所掌事務を遂行するために必要な情報の提供を求められたときは、これに応じなければならない。

4　対策調査委員会は、第一項の調査を行うに当たっては、児童等に過度な負担が生じないよう最大限の配慮をしなければならない。

（調査員）

第八条　対策調査委員会は、第三条第二号又は第四号に規定する所掌事務を遂行するために必要な調査を行わせるため、調査員を置くことができる。

2　調査員は、学識経験者その他教育委員会が適当と認める者のうちから教育委員会が任命する。

3　調査員は、対策調査委員会の指示により、対策調査委員会の行う調査を補助し、業務を終えたときは、その結果を書面により速やかに対策調査委員会に報告する。

4　調査員は、職務上知り得た秘密を漏らしてはならない。その職を退いた後も、同様とする。

◆釧路市の子どもたちに基礎学力の習得を保障するための教育の推進に関する条例

（平二五・一・一　釧路市条例一）

最終改正　令元—市条例二

◆入間市ヤングケアラー支援条例

（令四・六・二七　市条例一一）

（目的）

第一条　この条例は、ヤングケアラーの支援に関し、基本理念を定め、市の責務並びに保護者、学校、地域住民等及び関係機関の役割を明らかにするとともに、ヤングケアラーの支援に関して基本となる事項を定めることにより、ヤングケアラーの支援に関する施策を総合的かつ計画的に推進し、もって社会全体で子どもの成長を支えるための環境づくりに寄与することを目的とする。

（定義）

第二条　この条例において、次の各号に掲げる用語の意義は、当該各号に定めるところによる。

(一)　ヤングケアラー　本来大人が担うと想定される家事や家族等身近な者に対する介護、看護、日常生活上の世話その他の援助を無償で提供する18歳未満の者を

いう。

(二) 地域住民等　地域の住民並びに地域で活動を行う団体及び事業者をいう。

(三) 関係機関　介護、障害者及び障害児の支援、医療、児童福祉等に関する業務を行い、その業務を通じてヤングケアラーに関わる機関をいう。

(基本理念)

第三条　ヤングケアラーの支援は、全てのヤングケアラーが個人として尊重され、心身の健やかな成長及び自立が図られるように行われなければならない。

2　ヤングケアラーの支援は、市、保護者、学校、地域住民等及び関係機関がそれぞれの責務や役割を果たすとともに相互に協力しながら一体的に取り組まれなければならない。

(市の責務)

第四条　市は、前条の基本理念に基づき、ヤングケアラーの支援に関する施策を総合的かつ計画的に推進しなければならない。

2　市は、ヤングケアラーの支援を推進するため、保護者、学校、地域住民等及び関係機関と連携しなければならない。

3　市は、ヤングケアラーに関する情報の集約、調査及び関係機関等との連絡調整を通じて、ヤングケアラーの実態を把握し、必要に応じた支援を講じなければならない。

(保護者の役割)

第五条　保護者は、本来大人が担うと想定される家事や家族等身近な者の世話等の責任を子どもが負うことによる心身への影響に気付き、配慮できるよう、ヤングケアラーについての理解を深めるとともに、子育ての第一義的責任があることを認識し、子どもの意向を尊重しつつ、年齢や発達に応じた養育に努めるものとする。

2　保護者は、本来大人が担うと想定される家事や家族等身近な者の世話等の責任を子どもに負わせないよう、家庭が抱える困難に応じた支援を求めることができる。

(学校の役割)

第六条　学校は、ヤングケアラーと認められる子どもに対し、その意向を尊重しつつ、健康状態、生活環境等を確認し、支援の必要性の把握に努めるものとする。

2　学校は、ヤングケアラーからの教育や福祉に関する相談に応じる体制を整備するとともに、市及び関係機関と連携して適切な支援に努めるものとする。

(早期発見)

第九条　市、学校及び関係機関は、ヤングケアラーを発見しやすい立場にあることを認識し、ヤングケアラーの早期発見に努めるものとする。

(ヤングケアラーの支援)

第十条　市は、ヤングケアラーが安心して生活できるよう、ヤングケアラーが担っている過度な家事や家族等身近な者の世話等の負担を軽減するための必要な措置を講じなければならない。

2　市は、ヤングケアラーの教育機会の確保が図られるよう、必要な施策を講じなければならない。

3　市は、地域における様々な社会資源を活用して、ヤングケアラーに対し必要な支援に取り組まなければならない。

(支援体制の整備)

第十一条　市は、子ども、保護者、学校、地域住民等、関係機関から、ヤングケアラーに関する相談に応じるための体制を整備するとともに、相談しやすい環境づくりに努めなければならない。

2　市は、ヤングケアラーの支援について、福祉、医療、教育その他関連分野において総合的に取り組むための連携体制を整備しなければならない。

(人材の確保等)

第一二条　市は、ヤングケアラーの支援に関する施策を実施するための人材の確保に努めるとともに、市及び関係機関の職員の資質の向上を図るための研修等を行い、人材の育成に努めなければならない。

(財政上の措置)

第一三条　市は、ヤングケアラーの支援に関する施策を推進するため、必要な財政上の措置を講じなければならない。

◆鳥取県手話言語条例

（平二五・一〇・一一
鳥取県条例五四）

前文

ろう者は、物の名前、抽象的な概念等を手指の動きや表情を使って視覚的に表現する手話を音声の代わりに用いて、思考と意思疎通を行っている。

わが国の手話は、明治時代に始まり、ろう者の間で大切に受け継がれ、発展してきた。ところが、明治一三年にイタリアのミラノで開催された国際会議において、ろう教育では読唇と発声訓練を中心とする口話法を教えることが決議された。それを受けて、わが国でもろう教育では口話法が用いられるようになり、昭和八年にはろう学校での手話の使用が事実上禁止されるに至った。これにより、ろう者は口話法を押し付けられることになり、ろう者の尊厳は著しく傷付けられてしまった。

その後、平成一八年に国際連合総会で採択された障害者の権利に関する条約では、言語には手話その他の非音声言語を含むことが明記され、憲法や法律に手話を規定する国が増えている。また、明治一三年の決議も、平成二二年にカナダのバンクーバーで開催された国際会議で撤廃されており、ろう者が手話を大切にしているとの認識は広まりつつある。

しかし、わが国は、障害者の権利に関する条約を未だ批准しておらず、手話に対する理解も不十分である。そして、手話を理解する人が少なく、ろう者が情報を入手したり、ろう者以外の者と意思疎通を図ることが容易ではないことが、日常生活、社会生活を送る上での苦労やろう者に対する偏見の原因となっている。

鳥取県は、障がい者への理解と共生を県民運動として推進するあいサポート運動の発祥の地である。あいサポート運動のスローガンは「障がいを知り、共に生きる」であり、ろう者とろう者以外の者とが意思疎通を活発にすることがその出発点である。

手話がろう者とろう者以外の者とのかけ橋となり、ろう者の人権が尊重され、ろう者とろう者以外の者が互いを理解し共生する社会を築くため、この条例を制定する。

第一章　総則

（目的）

第一条　この条例は、手話が言語であるとの認識に基づき、手話の普及に関し基本理念を定め、県、市町村、県民及び事業者の責務及び役割を明らかにするとともに、手話の普及のための施策の総合的かつ計画的な推進に必要な基本的事項を定め、もってろう者とろう者以外の者が共生することのできる地域社会を実現することを目的とする。

（手話の意義）

第二条　手話は、独自の言語体系を有する文化的所産であって、ろう者が知的で心豊かな社会生活を営むために大切に受け継いできたものであることを理解しなければならない。

（基本理念）

第三条　手話の普及は、ろう者とろう者以外の者が相互の違いを理解し、その個性と人格を互いに尊重することを基本として行われなければならない。

（県の責務）

第四条　県は、前条の基本理念（以下「基本理念」という。）にのっとり、市町村その他の関係機関と連携して、ろう者が日常生活又は社会生活を営む上で障壁となるような社会における事物、制度、慣行、観念その他一切のものの除去について必要かつ合理的な配慮を行い、手話の普及その他の手話を使用しやすい環境の整備を推進するものとする。

2　県は、ろう者及び手話通訳者の協力を得て、手話の意義及び基本理念に対する県民の理解を深めるものとする。

（市町村の責務）

第五条　市町村は、基本理念にのっとり、手話の意義及び基本理念に対する住民の理解の促進並びに手話の普及その他の手話を使用しやすい環境の整備に努めるものとする。

（県民の役割）

第六条　県民は、手話の意義及び基本理念を理解するよう努めるものとする。

2　ろう者は、県の施策に協力するとともに、手話の意義及び基本理念に対する県民の理解の促進並びに手話の普

及に努めるものとする。

3　手話通訳者は、県の施策に協力するとともに、手話に関する技術の向上、手話の意義及び基本理念に対する県民の理解の促進並びに手話の普及に努めるものとする。

（事業者の役割）

第七条　事業者は、ろう者が利用しやすいサービスを提供し、ろう者が働きやすい環境を整備するよう努めるものとする。

第二章　手話の普及

（計画の策定及び推進）

第八条　県は、障害者基本法（昭和四五年法律第八四号）第一一条第二項に規定する鳥取県障害者計画において、手話が使いやすい環境を整備するために必要な施策について定め、これを総合的かつ計画的に推進するものとする。

2　知事は、前項に規定する施策について定めようとするときは、あらかじめ、鳥取県手話施策推進協議会の意見を聴かなければならない。

3　知事は、第一項に規定する施策について、実施状況を公表するとともに、不断の見直しをしなければならない。

（手話を学ぶ機会の確保等）

第九条　県は、市町村その他の関係機関、ろう者、手話通訳者等と協力して、あいサポート運動の推進、手話サークルその他の県民が手話を学ぶ機会の確保等を行うものとする。

2　県は、手話に関する学習会を開催する等により、その職員が手話の意義及び基本理念を理解し、手話を学習する取組を推進するものとする。

（手話を用いた情報発信等）

第一〇条　県は、ろう者が県政に関する情報を速やかに得ることができるよう、手話を用いた情報発信に努めるものとする。

2　県は、ろう者が手話をいつでも使え、手話による情報を入手できる環境を整備するため、手話通訳者の派遣、ろう者等の相談を行う拠点の支援等を行うものとする。

（手話通訳者等の確保、養成等）

第一一条　県は、市町村と協力して、手話通訳者その他のろう者が地域において生活しやすい環境に資するために手話を使うことができる者及びその指導者の確保、養成及び手話技術の向上を図るものとする。

（学校における手話の普及）

第一二条　ろう児が通学する学校の設置者は、手話を学び、かつ、手話で学ぶことができるよう、教職員の手話に関する技術を向上させるために必要な措置を講ずるよう努めるものとする。

2　ろう児が通学する学校の設置者は、基本理念及び手話に対する理解を深めるため、ろう児及びその保護者に対する学習の機会の提供並びに教育に関する相談及び支援に努めるものとする。

3　県は、基本理念及び手話に対する理解を深めるため、学校教育で利用できる手引書の作成その他の措置を講ずるよう努めるものとする。

（以下略）

◆国立市女性と男性及び多様な性の平等参画を推進する条例

（平二九・一二・二八　条例　三六）

（基本理念）

第三条　市、市民、教育関係者及び事業者等は、次に掲げる事項を基本理念として、男女平等参画を推進する。

(1)　性別、性的指向、性自認等による差別的取扱いや暴力を根絶し、全ての人が、個人として尊重されること。

(2)　性的指向、性自認等に関する公表の自由が個人の権利として保障されること。

(3)　全ての人が、性別による固定的な役割分担意識に基づく社会制度や慣行にとらわれることなく、その個性と能力を発揮し、自らの意思と責任により多様な生き

方を選択できること。

(4) 全ての人が、性別にかかわりなく、あらゆる分野における活動方針の立案及び決定に平等に参画する機会が確保されること。

(5) 学校教育、社会教育その他のあらゆる教育の場において、生涯を通じた男女平等参画意識の形成に向けた取組が行われること。

(6) 全ての人が、相互の協力と社会の支援の下に、家庭生活、職場及び地域における活動の調和の取れた生活を営むことができること。

(7) 全ての人が、妊娠、出産等の性と生殖に関する健康と権利を認め合い、生涯にわたって自分らしい生き方を選択できること。

(8) 性別による差別的取扱い及び複合差別を理由として、困難な状況に置かれている人を支援するための取組が行われること。

(9) 国際社会及び国内における男女平等参画に係る取組を積極的に理解すること。

(教育関係者の責務)

第六条　教育関係者は、男女平等参画の推進に果たす教育の重要性を認識し、基本理念に基づいた教育を行うよう努めるものとする。

2　教育関係者は、市が実施する男女平等参画の推進に関する施策に協力し、共に実現するよう努めるものとする。

(禁止事項等)

第八条　何人も、ドメスティック・バイオレンス等、セクシュアル・ハラスメント、性的指向、性自認等を含む性別を起因とする差別その他性別に起因するいかなる人権侵害も行ってはならない。

2　何人も、性的指向、性自認等の公表に関して、いかなる場合も、強制し、若しくは禁止し、又は本人の意に反して公にしてはならない。

3　何人も、情報の発信及び流通に当たっては、性別に起因する人権侵害に当たる表現又は固定的な役割分担の意識を助長し、是認させる表現を用いないよう充分に配慮しなければならない。

(パートナーシップ制度)

第一〇条　パートナーシップに係る証明の交付を希望する者で、規則で定めるものは、規則で定めるところにより、市長に届け出ることができる。

2　市長は、前項の規定による届出があったときは、規則で定めるところにより、当該届出を受理したことを証する書類(以下この条において「受理証明書」という。)を交付するものとする。

3　事業者等は、その事業活動の中で、市が実施するパートナーシップに係る制度を尊重し、必要な措置を講ずるよう努めるものとする。

4　事業者等は、受理証明書の提示があったときは、当該受理証明書に記載されている情報については、当該記載されている者の意思を十分に確認した上で取り扱う等により、第8条第1項及び第2項の規定を遵守しなければならない。

(活動及び教育における支援)

第一五条　市は、男女平等参画の推進に関する取組を行う市民及び事業者等に対し、必要な支援を行うものとする。

2　市は、学校教育、社会教育その他の生涯を通じたあらゆる教育の場において、男女平等参画社会を支える意識の形成を図るために必要な支援を行うものとする。

◇早川町小中学校教材費等無償化事業実施要綱

(山梨県早川町平二四・四・一施行
平成二四年教育委員会告示第五号)

(目的)

第一条　この要綱は、早川町の児童生徒の安定した就学環境の一層の充実を図り、未来を担う子どもたちの健全な育成と早川教育推進のため必要な事項を定めるものとする。

(対象者)

第二条　この事業の対象者は次の各号に定めるところによる。

（1）早川町に住所を有し、居住している親権者とともに生活する児童生徒とする。
（2）早川町教育委員会（以下「教育委員会」という。）が許可した区域外就学の児童生徒とする。
（3）その他教育委員会が特に必要と認める児童生徒とする。

（対象経費）
第三条 この要綱に基づく事業は次の各号に定めるとおりとする。
（1）教育に必要な教材費（別表1）
（2）教育に必要な校外学習経費（別表2）

（対象外経費）
第四条 この要綱に基づく事業の対象外となる経費は、別表3に定めるとおりとする。

（不正利得の負担）
第五条 教育委員会は、虚偽により本事業の対象者となったと認めたときは、対象経費の全部又は一部を負担させることができる。

（委任）
第六条 この要綱に定めるもののほか、必要な事項は教育委員会が別に定める。

別表1 教育費に必要な教材費

・教科別テスト・ドリル・スキル／教科別材料／教科別学習ノート ・夏、冬休みの友／卒業アルバム制作経費／卒業制作経費 ・その他教材として区分されるもの

別表2

・修学旅行（宿泊代、交通費、旅行取扱料、保険料、企画費、見学料、食事代、その他旅行に必要な個人的経費以外の経費）／スキー、スケート教室（宿泊料、交通費、保険料、用具レンタル料、食事代、インストラクター代、その他教室に必要な個人的経費以外の経費）／社会科見学（交通費、保険料、食事代、その他、見学に必要な個人的経費以外の経費）／ただし、上記の経費のうち日帰り、初日の昼食代及び学習中、個々にとる食事は除く。

別表3

鞄・制服・体操着・筆記用具・ピアニカのホース・探検パック、連絡袋・連絡帳／縄跳び・粘土・粘土版・カッター板・ものさし・九九カード・定規セット・コンパス／書道セット・リコーダー・辞書・裁縫セット／その他、私物品として区分されるもの。

第11編　資　料　編

上記■はQRコードで表示される

http://www.hokuju.jp/handy2024/shiryo.html

11

◇学制布告書

（一八七二（明五）・八・二　太政官布告二一四）

人々自《みづか》ら其身を立て其産《さん》を治《をさ》め其業《げふ》を昌《さかん》にして以て其生《せい》を遂《とぐ》る所以のものは他《た》なし身を修《をさ》め智《ち》を開《ひら》き才芸《さいげい》を長《ちやう》ずるによるなり而て其身を修め智を開き才芸を長ずるは学《がく》にあらざれば能《あた》はず是れ学校《がくかう》の設《もうけ》ある所以にして日用常行《にちやうじやうかう》言語書算《げんぎよしよさん》を初《はじ》め士官農商百工芸《しくわんのうしやうひやくかうげい》及び法律政治天文医療《ほうりつせいぢてんもんいれう》等に至る迄凡人の営《いとな》むところの事学あらざるはなし人能く其才のある所に応《おう》じ勉励《べんれい》して之に従事《じゆうじ》し而して後初て生を治め産を興《おこ》し業を昌にするを得べしされば学問《がくもん》は身を立るの財本《ざいほん》共云《いふ》べき者にして人たるもの誰か学《まな》ばずして可ならんや夫《か》の道路《どうろ》に迷《まよ》ひ飢餓《きが》に陥《おちひ》り家を破り身を喪《うしなふ》の徒《と》の如きは畢竟《ひつきやう》不学《ふがく》よりしてかゝる過《あやま》ちを生ずるなり従来《じうらい》学校の設ありてより年を歴《ふ》ること久しと雖も或は其道を得ざるよりして人其方向《はうかう》を誤《あやま》り学問は士人《しじん》以上の事とし農工商及び婦女《ふじよ》子《し》に至っては之を度外《どぐわい》にをき学問の何物《なにもの》たるを弁《べん》ぜず又士人以上の稀《まれ》に学ぶ者も動《やや》もすれば国家《こくか》の為にすと唱《とな》へ身を立るの基《もとゐ》たるを知らずして或は詞章《ししやう》記誦《きしやう》の末に走《はし》り空理虚談《くうりきよだん》の途に陥り其論高尚《ろんかうしやう》に似たりと雖も之を身に行《おこな》ひ事に施《ほどこ》すこと能ざるもの少からず是即ち沿襲《えんしう》の習弊《しうへい》にして文明普《ぶんめいあま》ねからず才芸の長ぜずして貧乏破産喪家《びんぼうはさんさうか》の徒多き所以なり是故に人たるものは学ばずんば有べからず之を学ぶに宜しく其旨を誤るべからず之に依て今般文部省《もんぶしやう》に於て学制《がくせい》を定め追々教則《きやうそく》をも改正《かいせい》し布告に及ぶべきにつき自今以後一般《じこんいごいつぱん》の人民華士族農工商及婦女子必ず邑《いふ》に不学の戸なく家に不学の人なからしめん事を期《き》す人の父兄《ふけい》たる者宜しく此意を体認《たいにん》し其愛育《あいいく》の情《じやう》を厚《あつ》くし其子弟をして必ず学に従事せしめざるべからざるものなり高上の学に至ては其人の材能に任かすと雖も幼童の子弟は男女の別なく小学に従事せしめざるものは其父兄の越度たるべき事

但従来沿襲の弊学問は士人以上の事とし国家の為にすと唱ふるを以て学費《がくひ》及其衣食《いしよく》の用に至る迄多く官《くわん》に依頼《いらい》し之を給《きふ》するに非ざれば学ざる事と思ひ一生を自棄《じき》するもの少からず是皆惑《まど》へるの甚《はなはだ》しきものなり自今以後此等の弊を改め一般の人民他事《たじ》を抛《なげう》ち自ら奮《ふるつ》て必ず学に従事せしむべき様心得べき事

右之通被仰出候条地方官ニ於テ辺隅小民ニ至ル迄不洩様便宜解釈ヲ加ヘ精細申諭文部省規則ニ隨ヒ学問普及致候様方法ヲ設可施行事

明治五年壬申七月　　太政官

◇大日本帝国憲法

（一八八九（明二二）・二・一一発布　一八九〇（明二三）・一一・二九施行）

第一章　天皇

第一條　大日本帝國ハ萬世一系ノ天皇之ヲ統治ス

第二條　皇位ハ皇室典範ノ定ムル所ニ依リ皇男子孫之ヲ繼承ス

第三條　天皇ハ神聖ニシテ侵スヘカラス

第四條　天皇ハ國ノ元首ニシテ統治權ヲ總攬シ此ノ憲法ノ條規ニ依リ之ヲ行フ

第五條　天皇ハ帝國議會ノ協賛ヲ以テ立法權ヲ行フ

第六條　天皇ハ法律ヲ裁可シ其ノ公布及執行ヲ命ス

第七條　天皇ハ帝国議會ヲ召集シ其ノ開會閉會停會及衆議院ノ解散ヲ命ス

第八條　天皇ハ公共ノ安全ヲ保持シ又ハ其ノ災厄ヲ避クル

為緊急ノ必要ニ由リ帝国議会閉会ノ場合ニ於テ法律ニ代ルヘキ勅令ヲ発ス
2　此ノ勅令ハ次ノ会期ニ於テ帝国議会ニ提出スヘシ若議会ニ於テ承諾セサルトキハ政府ハ将来ニ向テ其ノ効力ヲ失フコトヲ公布スヘシ
第九條　天皇ハ法律ヲ執行スル爲ニ又ハ公共ノ安寧秩序ヲ保持シ及臣民ノ幸福ヲ増進スル爲ニ必要ナル命令ヲ發シ又ハ發セシム但シ命令ヲ以テ法律ヲ變更スルコトヲ得ス
第十一條　天皇ハ陸海軍ヲ統帥ス
第十二條　天皇ハ陸海軍ノ編制及常備兵額ヲ定ム
第十三條　天皇ハ戰ヲ宣シ和ヲ講シ及諸般ノ條約ヲ締結ス
第十四條　天皇ハ戒嚴ヲ宣告ス
2　戒嚴ノ要件及効力ハ法律ヲ以テ之ヲ定ム

第二章　臣民權利義務

第十八條　日本臣民タルノ要件ハ法律ノ定ムル所ニ依ル
第十九條　日本臣民ハ法律命令ノ定ムル所ノ資格ニ應シ均ク文武官ニ任セラレ及其ノ他ノ公務ニ就クコトヲ得
第二十條　日本臣民ハ法律ノ定ムル所ニ従ヒ兵役ノ義務ヲ有ス
第二十一條　日本臣民ハ法律ノ定ムル所ニ従ヒ納税ノ義務ヲ有ス
第二十八條　日本臣民ハ安寧秩序ヲ妨ケス及臣民タルノ義務ニ背カサル限ニ於テ信教ノ自由ヲ有ス
第二十九條　日本臣民ハ法律ノ範圍内ニ於テ言論著作印行集會及結社ノ自由ヲ有ス
第三十一條　本章ニ掲ケタル条規ハ戦時又ハ国家事変ノ場合ニ於テ天皇大権ノ施行ヲ妨クルコトナシ

第三章　帝國議會

第四章　國務大臣及樞密顧問

第五章　司法

第六章　會計

第七十條　公共ノ安全ヲ保持スル為緊急ノ需用アル場合ニ於テ内外ノ情形ニ因リ政府ハ帝国議会ヲ召集スルコト能ハサルトキハ勅令ニ依リ財政上必要ノ処分ヲ為スコトヲ得
2　前項ノ場合ニ於テハ次ノ会期ニ於テ帝国議会ニ提出シ其ノ承諾ヲ求ムルヲ要ス

第七章　補則

◆教育ニ関スル勅語〔教育勅語〕

一八九〇（明二三）・一〇・三〇

朕惟フニ我カ皇祖皇宗國ヲ肇ムルコト宏遠ニ徳ヲ樹ツルコト深厚ナリ我カ臣民克ク忠ニ克ク孝ニ億兆心ヲ一ニシテ世々厥ノ美ヲ濟セルハ此レ我カ國體ノ精華ニシテ教育ノ淵源亦實ニ此ニ存ス爾臣民父母ニ孝ニ兄弟ニ友ニ夫婦相和シ朋友相信シ恭儉己レヲ持シ博愛衆ニ及ホシ學ヲ修メ業ヲ習ヒ以テ智能ヲ啓發シ徳器ヲ成就シ進テ公益ヲ廣メ世務ヲ開キ常ニ國憲ヲ重シ國法ニ遵ヒ一旦緩急アレハ義勇公ニ奉シ以テ天壤無窮ノ皇運ヲ扶翼スヘシ是ノ如キハ獨リ朕カ忠良ノ臣民タルノミナラス又以テ爾祖先ノ遺風ヲ顯彰スルニ足ラン
斯ノ道ハ實ニ我カ皇祖皇宗ノ遺訓ニシテ子孫臣民ノ倶ニ遵守スヘキ所之ヲ古今ニ通シテ謬ラス之ヲ中外ニ施シテ悖ラス朕爾臣民ト倶ニ拳々服膺シテ咸其徳ヲ一ニセンコトヲ庶幾フ

明治二十三年十月三十日

御名　御璽

◆ポツダム宣言（米、英、支三国宣言）

（一九四五・七・二六）

一　吾等合衆国大統領、中華民国政府主席及「グレート・ブリテン」国総理

大臣ハ吾等ノ数億ノ国民ヲ代表シ協議ノ上日本国ニ対シ今次ノ戦争ヲ終結スルノ機会ヲ与フルコトニ意見一致セリ

二　合衆国、英帝国及中華民国ノ巨大ナル陸、海、空軍ハ西方ヨリ自国ノ陸軍及空軍ニ依ル数倍ノ増強ヲ受ケ日本国ニ対シ最後的打撃ヲ加フルノ態勢ヲ整ヘタリ右軍事力ハ日本国ガ抵抗ヲ終止スルニ至ル迄同国ニ対シ戦争ヲ遂行スルノ一切ノ聯合国ノ決意ニ依リ支持セラレ且鼓舞セラレ居ルモノナリ

三　蹶起セル世界ノ自由ナル人民ノ力ニ対スル「ドイツ」国ノ無益且無意義ナル抵抗ノ結果ハ日本国国民ニ対スル先例ヲ極メテ明白ニ示スモノナリ現在日本国ニ対シ集結シツツアル力ハ抵抗スル「ナチス」ニ対シ適用セラレタル場合ニ於テ全「ドイツ」国人民ノ土地、産業及生活様式ヲ必然的ニ荒廃ニ帰セシメタル力ニ比シ測リ知レザル程更ニ強大ナルモノナリ吾等ノ決意ニ支持セラルル吾等ノ軍事力ノ最高度ノ使用ハ日本国軍隊ノ不可避且完全ナル壊滅ヲ意味スベク又同様必然的ニ日本国本土ノ完全ナル破壊ヲ意味スベシ

四　無分別ナル打算ニ依リ日本帝国ヲ滅亡ノ淵ニ陥レタル我儘ナル軍国主義的助言者ニ依リ日本国ガ引続キ統御セラルベキカ又ハ理性ノ経路ヲ日本国ガ履ムベキカヲ日本国ガ決定スベキ時期ハ到来セリ

五　吾等ノ条件ハ左ノ如シ
吾等ハ右条件ヨリ離脱スルコトナカルベシ右ニ代ル条件存在セズ吾等ハ遅延ヲ認ムルヲ得ズ

六　吾等ハ無責任ナル軍国主義ガ世界ヨリ駆逐セラルルニ至ル迄ハ平和、安全及正義ノ新秩序ガ生ジ得ザルコトヲ主張スルモノナルヲ以テ日本国国民ヲ欺瞞シ之ヲシテ世界征服ノ挙ニ出ヅルノ過誤ヲ犯サシメタル者ノ権力及勢力ハ永久ニ除去セラレザルベカラズ

七　右ノ如キ新秩序ガ建設セラレ且日本国ノ戦争遂行能力ガ破砕セラレタルコトノ確證アルニ至ル迄ハ聯合国ノ指定スベキ日本国領域内ノ諸地点ハ吾等ノ茲ニ指示スル基本的目的ノ達成ヲ確保スル為占領セラルベシ

八　「カイロ」宣言ノ条項ハ履行セラルベク又日本国ノ主権ハ本州、北海道、九州及四国並ニ吾等ノ決定スル諸小島ニ局限セラルベシ

九　日本国軍隊ハ完全ニ武装ヲ解除セラレタル後各自ノ家庭ニ復帰シ平和的且生産的ノ生活ヲ営ムノ機会ヲ得シメラルベシ

十　吾等ハ日本人ヲ民族トシテ奴隷化セントシ又ハ国民トシテ滅亡セシメントスルノ意図ヲ有スルモノニ非ザルモ吾等ノ俘虜ヲ虐待セル者ヲ含ム一切ノ戦争犯罪人ニ対シテハ厳重ナル処罰加ヘラルベシ日本国政府ハ日本国国民ノ間ニ於ケル民主主義的傾向ノ復活強化ニ対スル一切ノ障礙ヲ除去スベシ言論、宗教及思想ノ自由並ニ基本的人権ノ尊重ハ確立セラルベシ

十一　日本国ハ其ノ経済ヲ支持シ且公正ナル実物賠償ノ取立ヲ可能ナラシムルガ如キ産業ヲ維持スルコトヲ許サルベシ但シ日本国ヲシテ戦争ノ為再軍備ヲ為スコトヲ得シムルガ如キ産業ハ此ノ限ニ在ラズ右目的ノ為原料ノ入手（其ノ支配トハ之ヲ区別ス）ヲ許サルベシ日本国ハ将来世界貿易関係ヘノ参加ヲ許サルベシ

十二　前記諸目的ガ達成セラレ且日本国国民ノ自由ニ表明セル意思ニ従ヒ平和的傾向ヲ有シ且責任アル政府ガ樹立セラルルニ於テハ聯合国ノ占領軍ハ直ニ日本国ヨリ撤収セラルベシ

十三　吾等ハ日本国政府ガ直ニ全日本国軍隊ノ無条件降伏ヲ宣言シ且右行動ニ於ケル同政府ノ誠意ニ付適当且充分ナル保障ヲ提供センコトヲ同政府ニ対シ要求ス右以外ノ日本国ノ選択ハ迅速且完全ナル壊滅アルノミトス

◆教育基本法〔旧法・二〇〇六・一二・二二全部改正〕

（昭二二・三・三一法　二五）

われらは、さきに、日本国憲法を確定し、民主的で文化的な国家を建設して、世界の平和と人類の福祉に貢献しようとする決意を示した。この理想の実現は、根本において教育の力にまつべきものである。

われらは、個人の尊厳を重んじ、真理と平和を希求する人間の育成を期するとともに、普遍的にしてしかも個性ゆたかな文化の創造をめざす教育を普及徹底しなければならない。

ここに、日本国憲法の精神に則り、教育の目的を明示して、新しい日本の教育の基本を確立するため、この法律を制定する。

（教育の目的）

第一条　教育は、人格の完成をめざし、平和的な国家及び社会の形成者として、真理と正義を愛し、個人の価値をたっとび、勤労と責任を重んじ、自主的精神に充ちた心身ともに健康な国民の育成を期して行われなければなら

ない。

（教育の方針）

第二条　教育の目的は、あらゆる機会に、あらゆる場所において実現されなければならない。この目的を達成するためには、学問の自由を尊重し、実際生活に即し、自発的精神を養い、自他の敬愛と協力によって、文化の創造と発展に貢献するように努めなければならない。

（教育の機会均等）

第三条　すべて国民は、ひとしく、その能力に応ずる教育を受ける機会を与えられなければならないものであって、人種、信条、性別、社会的身分、経済的地位又は門地によって、教育上差別されない。

2　国及び地方公共団体は、能力があるにもかかわらず、経済的理由によって修学困難な者に対して、奨学の方法を講じなければならない。

（義務教育）

第四条　国民は、その保護する子女に、九年の普通教育を受けさせる義務を負う。

2　国又は地方公共団体の設置する学校における義務教育については、授業料は、これを徴収しない。

（男女共学）

第五条　男女は、互に敬重し、協力し合わなければならないものであって、教育上男女の共学は、認められなければならない。

（学校教育）

第六条　法律に定める学校は、公の性質をもつものであって、国又は地方公共団体の外、法律に定める法人のみが、これを設置することができる。

2　法律に定める学校の教員は、全体の奉仕者であって、自己の使命を自覚し、その職責の遂行に努めなければならない。このためには、教員の身分は、尊重され、その待遇の適正が、期せられなければならない。

（社会教育）

第七条　家庭教育及び勤労の場所その他社会において行われる教育は、国及び地方公共団体によって奨励されなければならない。

2　国及び地方公共団体は、図書館、博物館、公民館等の施設の設置、学校の施設の利用その他適当な方法によって教育の目的の実現に努めなければならない。

（政治教育）

第八条　良識ある公民たるに必要な政治的教養は、教育上これを尊重しなければならない。

2　法律に定める学校は、特定の政党を支持し、又はこれに反対するための政治教育その他政治的活動をしてはならない。

（宗教教育）

第九条　宗教に関する寛容の態度及び宗教の社会生活における地位は、教育上これを尊重しなければならない。

2　国及び地方公共団体が設置する学校は、特定の宗教のための宗教教育その他宗教的活動をしてはならない。

（教育行政）

第十条　教育は、不当な支配に服することなく、国民全体に対し直接に責任を負って行われるべきものである。

2　教育行政は、この自覚のもとに、教育の目的を遂行するに必要な諸条件の整備確立を目標として行われなければならない。

（補則）

第十一条　この法律に掲げる諸条項を実施するために必要がある場合には、適当な法令が制定されなければならない。

附則

この法律は、公布の日から、これを施行する。

提案理由　（一九四七年三月一三日　衆議院）

○国務大臣（高橋誠一郎君）　今日上程に相なりました教育基本法案につきまして、その提案の理由並びに内容の概略を御説明申し上げたいと存じます。

民主的で平和的な国家再建の基礎を確立いたしまするがために、さきに憲法の画期的な改正が行われたのでありまして、これによりまして、ひとまず民主主義、平和主義の政治的、法律的の基礎がつくられたのであります。しかしながらこの基礎の上に立って、真に民主的で文化的な国家の建設を完成いたしまするとともに、世界の平和に寄与いたしまするこ と、すなわち立派な内容を充実させまするることは、国民の今後の不断の努力にまたなければなりません。そうしてこのことは、一にかかって教育の力にあると申しましても、あえて過言ではないと考えるのであります。かくのごとき目的の達成のためには、この際教育の根本的刷新を断行いたしまするとともに、その普及

徹底を期することが、何よりも肝要でございます。

かゝる教育刷新の第一前提といたしまして、新しい教育の根本理念を確立明示する必要があると存ずるのであります。それは新しい時代に即応する教育の目的、方針を明示し、教育者並びに国民一般の指針たらしめなければならないと信ずるのでございます。

次にこれを定めまするにあたりましては、これまでのように、詔勅、勅令などの形式をとりまして、いわば上から与えられたものとしてではなく、国民の盛り上りまする総意によりまして、いわば国民みずからのものといたしまして定めるべきものでありまして、国民の代表者をもって構成せられておりまする議会におきまして、討議確定するために、法律をもっていたすことが新憲法の精神に適うものといたしまして、必要かつ適当であると存じた次第であります。さらに、新憲法に定められておりまする教育に関係のある諸条文の精神を一層敷衍具体化いたしまして、教育上の諸原則を明示いたす必要を認めたのであります。

さてこれらの教育上の原則、並びにさきに申し述べました教育の根本理念は、単に学校教育のみならず、広く家庭を含めましたところの社会教育にも通ずべきものでありまして、これらの根本の理念並びに原則は、個々の教育法令に別々に掲げることなく、基本的な単一の法律に規定いたしまして、その他の教育法令は、すべてこの法律に掲げまする目的並びに原則に則って制定せらるべきものとすることが適当であると考えるのでありまして、この法律をそこで教育基本法と称した次第でございます。

以上申し述べました理由に基きまして、この法案を作成したのでございまするが、この法案は、教育の理念を宣言する意味で、教育宣言であるとも見られましょうし、また今後制定せらるべき各種の教育上の諸法令の準則を規定するという意味におきまして、実質的には、教育に関する根本法たる性格をもつものであると申し上げ得るかと存じます。従って本法案には、普通の法律には異例でありまするところの前文を附した次第であります。

次にこの法案の内容について御説明申し上げますると、まずこの法律制定の由来、趣旨を明かにいたしまするがために、ただいま申し上げましたところの前文を附してございます。次に本文にはいりましては、第一条に、新時代に即応すべき教育の理念を明らかにいたしまするがために、教育の目的を掲げました。次に第二条におきましては、このような教育の目的をいかに達成すべきか、その方針を明示いたしました。第三条、教育の機会均等のくだりにおきましては、新憲法第十四条第一項及び第二十六条第一項の精神を具体化いたしました。第四条、義務教育におきましては、新憲法第二十六条第二項の義務教育に関する規定を一層はっきり規定いたしました。さらに第五条、男女共学におきましては、新憲法第十四条第一項の精神を敷衍いたしまして、男女共学を説きました。第六条、学校教育におきましては、学校の性格、教員の身分について規定いたし、第七条におきましては、社会教育の原則を説いたのでございます。第八条、政治教育におきましては、民主主義社会における政治的教養の重要性並びに学校における政治教育の限界を示したのであります。第九条、宗教教育におきましては、新憲法第二十条の信教の自由の規定が、教育上いかに適用せらるべきであるかを示したのであります。第十条、教育行政の条下におきましては、教育行政の任務の本質とその限界を明らかにいたした次第でございます。

以上、本法案制定の理由、性格並びに内容を御説明申し上げましたが、この法案は、教育の根本的刷新について議すべく、昨年九月内閣に設けられましたところの教育刷新委員会におきまして、約半歳にわたりまして、慎重審議を重ねましたところの綱要をもととといたしまして、政府において立案作成したところのものでございます。何とぞ慎重御審議の上、御協賛あらんことを御願い申し上げる次第でございます。（拍手）

◆教育基本法〔旧法〕制定の要旨

（一九四七年五月三日 文部省訓令第四号）

このたび法律第二十五号をもって、教育基本法が公布せられた。

さきに、憲法の画期的な改正が断行され、民主的で平和的な国家再建の基礎が確立せられたのであるが、この理想の実現は、根本において教育の力にまつべきものである。

思うに、教育は、真理を尊重し、人格の完成を目標として行われるべきものである。しかるに、従来は、ややもすればこの目標が見失われがちであった。新日本の建設に当って、この弊害を除き、新しい教育の理念と基本原則を打ち立てることは、今日当面の急務といわなければならない。

教育基本法は、かかる理念と基本原則を確立するため、国民の総意を表わす議会の協賛を得て制定せられたものである。即ち、この法律においては、

教育が、何よりもまず人格の完成をめざして行われるべきものであることを宣言した。人格の完成とは、個人の価値と尊厳との認識に基き、人間の具えるあらゆる能力を、できる限り、しかも調和的に発展せしめることである。しかし、このことは、決して国家及び社会への義務と責任を軽視するものではない。教育は、平和的な国家及び社会の形成者として心身ともに健康な国民の育成を期して行われなければならない。又、あらゆる機会に、あらゆる場所において行われなければならないのである。次に、この法律は、日本国憲法と関連して教育上の基本原則を明示し、新憲法の精神を徹底するとともに、教育本来の目的の達成を期した。

かくて、この法律によって、新しい日本の教育の基本は確立せられた。今後のわが国の教育は、この精神に則って行われるべきものであり、又、教育法令もすべてこれに基いて制定せられなければならない。この法律の精神に基いて、学校教育法は、画期的な新学制を定め、すでに実施の運びとなった。

然しながら、この教育基本法を運用し、真にこれを活かすものは、教育者自身の自覚と努力である。教育に当る者は、国民全体に対する深い責任に思いを致し、この法律の精神を体得し、相共に、熱誠を傾けてその使命の達成に遺憾なきを期すべきである。

昭和二二年五月三日

文部大臣　高橋誠一郎

◇衆議院・教育勅語等排除に関する決議

（一九四八(昭二三)・六・一九　衆議院本会議可決）

民主平和国家として世界史的建設途上にあるわが国の現実は、その精神内容において未だ決定的な民主化を確認するを得ないのは遺憾である。これが徹底に最も緊要なことは教育基本法に則り、教育の革新と振興とをはかることにある。しかるに既に過去の文書となっている教育勅語並びに陸海軍軍人に賜わりたる勅諭その他の教育に関する諸詔勅が、今日もなお国民道徳の指導原理としての性格を持続しているかの如く誤解されるのは、従来の行政上の措置が不十分であったがためである。

思うに、これらの詔勅の根本理念が主権在君並びに神話的国体観に基いている事実は、明かに基本的人権を損い、且つ国際信義に対して疑点を残すもととなる。よって憲法第九十八条の本旨に従い、ここに衆議院は院議を以て、これらの詔勅を排除し、その指導原理的性格を認めないことを宣言する。政府は直ちにこれらの詔勅の謄本を回収し、排除の措置を完了すべきである。

右決議する。

◉参議院・教育勅語等の失効確認に関する決議

（一九四八(昭二三)・六・一九　参議院本会議可決）

われらは、さきに日本国憲法の人類普遍の原理に則り、教育基本法を制定して、わが国家及びわが民族を中心とする教育の誤りを徹底的に払拭し、真理と平和とを希求する人間を育成する民主主義的教育理念をおごそかに宣明した。その結果として、教育勅語は、軍人に賜はりたる勅諭、戊申詔書、青少年学徒に賜はりたる勅語その他の諸詔勅とともに、既に廃止せられその効力を失っている。

しかし教育勅語等があるいは従来の如き効力を今日なお保有するかの疑いを懐く者あるをおもんぱかり、われらはとくに、それらが既に効力を失っている事実を明確にするとともに、政府をして教育勅語その他の諸詔勅の謄本をもれなく回収せしめる。

われらはここに、教育の真の権威の確立と国民道徳の振興のために、全国民が一致して教育基本法の明示する新教育理念の普及徹底に努力をいたすべきことを期する。

右決議する。

（大学）
第七条　大学は、学術の中心として、高い教養と専門的能力を培うとともに、深く真理を探究して新たな知見を創造し、これらの成果を広く社会に提供することにより、社会の発展に寄与するものとする。
2　大学については、自主性、自律性その他の大学における教育及び研究の特性が尊重されなければならない。
（私立学校）
第八条　私立学校の有する公の性質及び学校教育において果たす重要な役割にかんがみ、国及び地方公共団体は、その自主性を尊重しつつ、助成その他の適当な方法によって私立学校教育の振興に努めなければならない。
（教員）
第九条　法律に定める学校の教員は、自己の崇高な使命を深く自覚し、絶えず研究と修養に励み、その職責の遂行に努めなければならない。
2　前項の教員については、その使命と職責の重要性にかんがみ、その身分は尊重され、待遇の適正が期せられるとともに、養成と研修の充実が図られなければならない。
（家庭教育）
第十条　父母その他の保護者は、子の教育について第一義的責任を有するものであって、生活のために必要な習慣を身に付けさせるとともに、自立心を育成し、心身の調和のとれた発達を図るよう努めるものとする。
2　国及び地方公共団体は、家庭教育の自主性を尊重しつつ、保護者に対する学習の機会及び情報の提供その他の家庭教育を支援するために必要な施策を講ずるよう努めなければならない。
（幼児期の教育）
第十一条　幼児期の教育は、生涯にわたる人格形成の基礎を培う重要なものであることにかんがみ、国及び地方公共団体は、幼児の健やかな成長に資する良好な環境の整備その他適当な方法によって、その振興に努めなければならない。
（社会教育）
第十二条　個人の要望や社会の要請にこたえ、社会において行われる教育は、国及び地方公共団体によって奨励されなければならない。
2　国及び地方公共団体は、図書館、博物館、公民館その他の社会教育施設の設置、学校の施設の利用、学習の機会及び情報の提供その他の適当な方法によって社会教育の振興に努めなければならない。
（学校、家庭及び地域住民等の相互の連携協力）
第十三条　学校、家庭及び地域住民その他の関係者は、教育におけるそれぞれの役割と責任を自覚するとともに、相互の連携及び協力に努めるものとする。
（政治教育）
第十四条　良識ある公民として必要な政治的教養は、教育上尊重されなければならない。
2　法律に定める学校は、特定の政党を支持し、又はこれに反対するための政治教育その他政治的活動をしてはならない。
（宗教教育）
第十五条　宗教に関する寛容の態度、宗教に関する一般的な教養及び宗教の社会生活における地位は、教育上尊重されなければならない。
2　国及び地方公共団体が設置する学校は、特定の宗教のための宗教教育その他宗教的活動をしてはならない。

第三章　教育行政
（教育行政）
第十六条　教育は、不当な支配に服することなく、この法律及び他の法律の定めるところにより行われるべきものであり、教育行政は、国と地方公共団体との適切な役割分担及び相互の協力の下、公正かつ適正に行われなければならない。
2　国は、全国的な教育の機会均等と教育水準の維持向上を図るため、教育に関する施策を総合的に策定し、実施しなければならない。
3　地方公共団体は、その地域における教育の振興を図るため、その実情に応じた教育に関する施策を策定し、実施しなければならない。
4　国及び地方公共団体は、教育が円滑かつ継続的に実施されるよう、必要な財政上の措置を講じなければならない。
（教育振興基本計画）
第十七条　政府は、教育の振興に関する施策の総合的かつ計画的な推進を図るため、教育の振興に関する施策についての基本的な方針及び講ずべき施策その他必要な事項について、基本的な計画を定め、これを国会に報告するとともに、公表しなければならない。
2　地方公共団体は、前項の計画を参酌し、その地域の実情に応じ、当該地方公共団体における教育の振興のための施策に関する基本的な計画を定めるよう努めなければならない。

第四章　法令の制定
第十八条　この法律に規定する諸条項を実施するため、必要な法令が制定されなければならない。

第七条（社会教育）家庭教育及び勤労の場所その他社会において行われる教育は、国及び地方公共団体によって奨励されなければならない。
2　国及び地方公共団体は、図書館、博物館、公民館等の施設の設置、学校の施設の利用その他適当な方法によって教育の目的の実現に努めなければならない。

第八条（政治教育）良識ある公民たるに必要な政治的教養は、教育上これを尊重しなければならない。
2　法律に定める学校は、特定の政党を支持し、又はこれに反対するための政治教育その他政治的活動をしてはならない。
第九条（宗教教育）宗教に関する寛容の態度及び宗教の社会生活における地位は、教育上これを尊重しなければならない。
2　国及び地方公共団体が設置する学校は、特定の宗教のための宗教教育その他宗教的活動をしてはならない。

第十条（教育行政）教育は、不当な支配に服することなく、国民全体に対し直接に責任を負って行われるべきものである。
2　教育行政は、この自覚のもとに、教育の目的を遂行するに必要な諸条件の整備確立を目標として行われなければならない。

第十一条（補則）この法律に掲げる諸条項を実施するために必要がある場合には、適当な法令が制定されなければならない。

◆教育基本法の比較対照表──現行2006年法と旧1947年法

教育基本法（2006年、法律120号、現行法）	教育基本法（1947年、法律25号、旧法）
前文 我々日本国民は、たゆまぬ努力によって築いてきた民主的で文化的な国家を更に発展させるとともに、世界の平和と人類の福祉の向上に貢献することを願うものである。 我々は、この理想を実現するため、個人の尊厳を重んじ、真理と正義を希求し、公共の精神を尊び、豊かな人間性と創造性を備えた人間の育成を期するとともに、伝統を継承し、新しい文化の創造を目指す教育を推進する。 ここに、我々は、日本国憲法の精神にのっとり、我が国の未来を切り拓く教育の基本を確立し、その振興を図るため、この法律を制定する。	**前文** われらは、さきに、日本国憲法を確定し、民主的で文化的な国家を建設して、世界の平和と人類の福祉に貢献しようとする決意を示した。この理想の実現は、根本において教育の力にまつべきものである。 われらは、個人の尊厳を重んじ、真理と平和を希求する人間の育成を期するとともに、普遍的にしてしかも個性ゆたかな文化の創造をめざす教育を普及徹底しなければならない。 ここに、日本国憲法の精神に則り、教育の目的を明示して、新しい日本の教育の基本を確立するため、この法律を制定する。
第一章　教育の目的及び理念 **（教育の目的）** **第一条**　教育は、人格の完成を目指し、平和で民主的な国家及び社会の形成者として必要な資質を備えた心身ともに健康な国民の育成を期して行われなければならない。	**第一条（教育の目的）** 教育は、人格の完成をめざし、平和的な国家及び社会の形成者として、真理と正義を愛し、個人の価値をたっとび、勤労と責任を重んじ、自主的精神に充ちた心身ともに健康な国民の育成を期して行われなければならない。
（教育の目標） **第二条**　教育は、その目的を実現するため、学問の自由を尊重しつつ、次に掲げる目標を達成するよう行われるものとする。 一　幅広い知識と教養を身に付け、真理を求める態度を養い、豊かな情操と道徳心を培うとともに、健やかな身体を養うこと。 二　個人の価値を尊重して、その能力を伸ばし、創造性を培い、自主及び自律の精神を養うとともに、職業及び生活との関連を重視し、勤労を重んずる態度を養うこと。 三　正義と責任、男女の平等、自他の敬愛と協力を重んずるとともに、公共の精神に基づき、主体的に社会の形成に参画し、その発展に寄与する態度を養うこと。 四　生命を尊び、自然を大切にし、環境の保全に寄与する態度を養うこと。 五　伝統と文化を尊重し、それらをはぐくんできた我が国と郷土を愛するとともに、他国を尊重し、国際社会の平和と発展に寄与する態度を養うこと。	**第二条（教育の方針）** 教育の目的は、あらゆる機会に、あらゆる場所において実現されなければならない。この目的を達成するためには、学問の自由を尊重し、実際生活に即し、自発的精神を養い、自他の敬愛と協力によって、文化の創造と発展に貢献するように努めなければならない。
（生涯学習の理念） **第三条**　国民一人一人が、自己の人格を磨き、豊かな人生を送ることができるよう、その生涯にわたって、あらゆる機会に、あらゆる場所において学習することができ、その成果を適切に生かすことのできる社会の実現が図られなければならない。	
（教育の機会均等） **第四条**　すべて国民は、ひとしく、その能力に応じた教育を受ける機会を与えられなければならず、人種、信条、性別、社会的身分、経済的地位又は門地によって、教育上差別されない。	**第三条（教育の機会均等）** すべて国民は、ひとしく、その能力に応ずる教育を受ける機会を与えられなければならないものであって、人種、信条、性別、社会的身分、経済的地位又は門地によって、教育上差別されない。
2　国及び地方公共団体は、障害のある者が、その障害の状態に応じ、十分な教育を受けられるよう、教育上必要な支援を講じなければならない。	
3　国及び地方公共団体は、能力があるにもかかわらず、経済的理由によって修学が困難な者に対して、奨学の措置を講じなければならない。	2　国及び地方公共団体は、能力があるにもかかわらず、経済的理由によって修学困難な者に対して、奨学の方法を講じなければならない。
第二章　教育の実施に関する基本 **（義務教育）** **第五条**　国民は、その保護する子に、別に法律で定めるところにより、普通教育を受けさせる義務を負う。	**第四条（義務教育）** 国民は、その保護する子女に、九年の普通教育を受けさせる義務を負う。
2　義務教育として行われる普通教育は、各個人の有する能力を伸ばしつつ社会において自立的に生きる基礎を培い、また、国家及び社会の形成者として必要とされる基本的な資質を養うことを目的として行われるものとする。	
3　国及び地方公共団体は、義務教育の機会を保障し、その水準を確保するため、適切な役割分担及び相互の協力の下、その実施に責任を負う。	
4　国又は地方公共団体の設置する学校における義務教育については、授業料を徴収しない。	2　国又は地方公共団体の設置する学校における義務教育については、授業料は、これを徴収しない。
	第五条（男女共学） 男女は、互に敬重し、協力し合わなければならないものであって、教育上男女の共学は、認められなければならない。
（学校教育） **第六条**　法律に定める学校は、公の性質を有するものであって、国、地方公共団体及び法律に定める法人のみが、これを設置することができる。	**第六条（学校教育）** 法律に定める学校は、公の性質をもつものであって、国又は地方公共団体の外、法律に定める法人のみが、これを設置することができる。
2　前項の学校においては、教育の目標が達成されるよう、教育を受ける者の心身の発達に応じて、体系的な教育が組織的に行われなければならない。この場合において、教育を受ける者が、学校生活を営む上で必要な規律を重んずるとともに、自ら進んで学習に取り組む意欲を高めることを重視して行われなければならない。	2　法律に定める学校の教員は、全体の奉仕者であって、自己の使命を自覚し、その職責の遂行に努めなければならない。このためには、教員の身分は、尊重され、その待遇の適正が、期せられなければならない。

◆教育委員会法〔旧法・一九五六・六・三〇廃止〕

（昭二三・七・一五 法 一七〇）

第一章 総則

（この法律の目的）
第一条 この法律は、教育が不当な支配に服することなく、国民全体に対し直接に責任を負って行われるべきであるという自覚のもとに、公正な民意により、地方の実情に即した教育行政を行うために、教育委員会を設け、教育本来の目的を達成することを目的とする。

〔組織・権限及び職務〕
第二条 教育委員会の組織、権限及び職務は、この法律の定めるところによる。

（設置）
第三条 教育委員会は、都道府県及び市（特別区を含む。以下同じ。）町村にこれを設置する。但し、町村は、必要がある場合には、一部事務組合を設けて、その組合に教育委員会を設置することができる。

2 前項の一部事務組合の教育委員会に関し必要な事項は、政令でこれを定めることができる。

3 この法律で「都道府県委員会」とは、都道府県に設置する教育委員会を、「地方委員会」とは、市町村に設置する教育委員会をいう。

（権限）
第四条 教育委員会は、従来都道府県若しくは都道府県知事又は市町村若しくは市町村長（特別区の区長を含む。以下同じ。）の権限に属する教育、学術及び文化（教育という。以下同じ。）に関する事務、並びに将来法律又は政令により当該地方公共団体及び教育委員会の権限に属すべき教育事務を管理し、及び執行する。

2 大学及び私立学校は、法律に別段の定がある場合を除いては、教育委員会の所管に属しない。

第二章 教育委員会の組織

第一節 教育委員会の委員

（委員）
第七条 都道府県委員会は七人の委員で、地方委員会は五人の委員で、これを組織する。

2 第三項に規定する委員を除く委員は、日本国民たる都道府県又は市町村の住民が、これを選挙する。

3 委員のうち一人は、議会において、当該地方公共団体の議会の議員のうちから、これを選挙する。

（任期）
第八条 選挙による委員の任期は四年とし、二年ごとにその半数を改選する。但し、補欠委員は、前任者の残任期間在任する。

2 前項の任期は、通常選挙の日から、これを起算する。

3 議会において選挙する委員の任期は、議員の任期中とする。

（選挙）
第九条 都道府県又は市町村の議会の議員の選挙権又は被選挙権を有する者は、都道府県委員会又は地方委員会の委員の選挙権又は被選挙権を有する。

第十条 国会の議員、地方公共団体の議会の議員（第七条第三項の委員たる議員を除く。）、国家公務員及び地方公共団体の有給の職員は、教育委員会の委員を兼ねることができない。

2 都道府県委員会の委員と、地方委員会の委員とは、これを兼ねることができない。

第十一条 通常選挙は、二年ごとに、選挙による委員の定数の半数についてこれを行う。

第三節 教育長及び事務局

（教育長）
第四十一条 教育委員会に、教育長を置く。

2 教育長は、別に教育職員の免許に関して規定する法律の定める教育職員の免許状を有する者のうちから、教育委員会が、これを任命する。

3 教育長の任期は、四年とする。但し、再任することができる。

（事務局）
第四十二条　教育長は、教育委員会の指揮監督を受け、教育委員会の処理するすべての教育事務をつかさどる。
（事務局の職員）
第四十三条　教育委員会の職務権限に属する事項に関する事務を処理させるため、教育委員会に事務局を置く。
第四十五条　都道府県委員会の事務局に、指導主事、教科用図書の検定又は採択、教科内容及びその取扱、建築その他必要な事項に関する専門職員並びにその他必要な事務職員を置く。
2　地方委員会の事務局には、都道府県委員会の事務局に準じて必要な職員を置く。
3　前二項に規定する職員の定数は、当該地方公共団体の条例でこれを定めなければならない。
4　第一項及び第二項の職員並びに学校の事務職員は、教育長の推薦により、教育委員会が、これを任命する。
（指導主事）
第四十六条　指導主事は、教員に助言と指導を与える。但し、命令及び監督をしてはならない。
（専門職員）
第四十七条　教科用図書の検定又は採択、教科内容及びその取扱、その他特殊な事項に関する専門職員には、教員をもって、これに充てることができる。但し、その期間中は、教員の職務を行わないことができる。

第三章　教育委員会の職務権限

（教育委員会の事務）
第四十九条　教育委員会は左の事務を行う。但し、この場合において教育長に対し、助言と推薦を求めることができる。
一　学校その他の教育機関の設置及び廃止に関すること。
二　学校その他の教育機関の運営及び管理に関すること。
三　教科内容及びその取扱に関すること。
四　教科用図書の採択に関すること。
五　別に教育公務員の任免等に関して規定する法律の規定に基き、校長及び教員の任免その他の人事に関すること。
六　教育委員会及び学校その他の教育機関の職員の任免その他の人事に関すること。
七　教員その他教育関係職員の組織する労働組合に関すること。
八　学校その他の教育機関の敷地の設定及び変更並びに校舎その他建物の営繕、保全の計画及びその実施の指導に関すること。
九　教具その他の設備の整備計画に関すること。
十　教育委員会規則の制定又は改廃に関すること。
十一　教育委員会の所掌に係る歳入歳出予算に関すること。
十二　教育目的のための基本財産及び積立金の管理に関すること。
十三　教育事務のための契約に関すること。
十四　社会教育に関すること。
十五　校長、教員その他教育職員の研修に関すること。
十六　証書及び公文書類を保管すること。
十七　教育の調査及び統計に関すること。
十八　その他法律に別段の定のない、その所轄地域の教育事務に関すること。
（その他の事務）
第五十条　都道府県委員会は、前条各号に掲げる事務を行う外、左の事務を行う。但し、この場合において、教育長に対し、助言と推薦を求めることができる。
一　別に教育職員の免許に関して規定する法律の定めるところに従い、教育職員の免許状を発行すること。
二　文部大臣の定める基準に従い、都道府県内のすべての学校の教科用図書の検定を行うこと。
三　地方委員会に対し、技術的、専門的な助言と指導を与えること。
四　高等学校の通学区域の設定又は変更に関すること。
五　その他法令により、その職務権限に属する事項
（報告書の提出）
第五十五条　都道府県委員会及び地方委員会に対し、文部大臣は、都道府県委員会は、地方委員会に対し、各所轄区域の教育に関する年報その他必要な報告書を提出させ

ることができる。

2　法律に別段の定がある場合の外、文部大臣は、都道府県委員会及び地方委員会に対し、都道府県委員会は、地方委員会に対して行政上及び運営指揮監督をしてはならない。

（予算の編成）

第五十六条　教育委員会は、毎会計年度、その所掌に係る歳入歳出の見積に関する書類を作成し、これを地方公共団体における予算の統合調整に供するため、地方公共団体の長に送付しなければならない。

附則

第六十九条　この法律は、公布の日からこれを施行する。

〔教科書の採択〕

第八十六条　教科用図書は、第四十九条第四号及び第五十条第二号の規定にかかわらず、用紙割当制が廃止されるまで、文部大臣の検定を経た教科用図書又は文部大臣において著作権を有する教科用図書のうちから、都道府県委員会が、これを採択する。

提案理由

（一九四八年六月一九日　衆議院）

○森戸辰男国務大臣　今回政府より提出いたしました教育委員会法案につきまして、その提案の理由及び本法案制定について、政府のとりました根本方針を御説明いたします。

まず、本法案が制定されるに至りました経緯を御説明いたしたいと思います。

各種の教育刷新の施策の一つとして、終戦後間もなく、教育行政、特に地方教育行政の在り方について改革の必要が叫ばれ、政府におきましても、慎重に研究を重ねたのでありますが、教育刷新委員会におきましても、教育行政の改革を、わが国教育民主化の一重要支柱と考えられ、慎重審議の結果、これに関する建議を内閣総理大臣あて提出いたされました。また米国教育使節団報告書にも、教育行政の改革について、きわめて有意義な勧告が提出されておるのであります。一方、昨年三月三十一日公布施行されました教育基本法は、その第十条におきまして、「教育は、不当な支配に服することなく、国民全体に対し、直接に責任を負って行われるべきものである。」「教育行政は、この自覚のもとに、教育の目的を遂行するに必要な諸条件の整備確立を目標として行わなければならない。」と、規定いたしてありますが、教育基本法は教育憲法あるいは教育宣言とも申すべき性格を有する法律でありますので、教育行政改革の方針は、前述の規定に基きまして、その方向づけがなされたものと考えられます。

教育刷新委員会の建議の趣旨、米国教育使節団報告書に示された貴重な勧告及び教育基本法の規定する方針に基きまして、政府において関係各方面と連絡の上、慎重研究の結果、地方教育行政に関する根本的改革を企図する本法案を提出するに至った次第であります。

次に、今回のこの法律案を制定するにあたって、政府のとりました地方教育行政改革の根本方針につきまして、申し述べたいと思います。

教育の目的は、個人の尊厳を重んじ、真理と平和を希求する人間の育成を期するにあることが、教育基本法で宣言されておりますが、この教育の目的を達成するために、行政が民主主義一般の原理の下に立つ在り方としては、権限の地方分権を行い、その行政は公正な民意に即するものとし、同時に制度的にも機能的にも、教育の自主性を確保するものでなければならないのであります。

まず、教育行政の地方分権としては、都道府県、市、東京都の特別区、人口一万以上の町村及び特別教育区に、それぞれ原則として、権限上一般行政機関から独立した教育委員会を設置して、その地域の教育に関する責任行政機関といたしまして、従来国が教育内容の細部にわたるまで規定し、かつこれを監督していた態度を改めまして、教育の基本的事項のみを定めて、これが実際上の具体的運営は、これら委員会の手に委ねることとしたのであります。

次に、前述の地域に設けられる教育委員会の委員の選出方法は、一般公選といたしまして、地方住民の教育に対する意思を公正に反映せしめることによって、教育行政の民主化を徹底いたすこととしました。従って地方の教育は、国の基準に従って、地方民《ママ》の代表者の手によって、その地方の実情に即して行われることになるわけであります。

最後に、教育の本質的使命と、従ってその運営の特殊性に鑑みまして、教育が不当な支配に服さぬためには、その行政機関も自主性を保つような制度的保障を必要といたします。教育委員会は、原則として、都道府県、または市町村における独立の機関であり、知事または市町村長の下に属しないので

ありまして、直接国民にのみ責任を負って行われるべき教育の使命を保障する制度を確立することにいたしました。
以上三つの眼目が本法案制定にあたりましてとられた根本方針であります。この法案は、すでに実施を見ております新学制を初め、その他の教育刷新に関する諸施策を急速に促進するとともに、他面、後に続く諸改革の強力な主柱となるべき重要な意義をもつものであります。
この法律は一応本年七月一日より施行いたしますが、目下実施途上の六・三制の完成及び地方財政の実情に鑑みまして町村及び特別教育区については、その実施をなお二箇年延期いたすことにいたしてあります。従って本年は都道府県と市及び東京都の特別区の教育委員会のみ実施いたしまして、これらの委員会の委員の第一回の選挙は、本年十月五日に行うことにいたしております。何とぞ慎重に審議の上、御可決あらんことをお願い申し上げる次第でございます。

（『第二回国会衆議院文教委員会議録（筆記）』第十二号六ページ、一九四八年六月一九日）

◆文部省設置法〔旧法・二〇〇一・一・六廃止〕

（昭二四・五・三一 法 一 四 六）

第一章　総則

（この法律の目的）
第一条　この法律は、文部省の所掌事務の範囲及び権限を明確に定めるとともに、その所掌事務を能率的に遂行するに足る組織を定めることを目的とする。

（文部省の権限）
第五条　文部省は、この法律に規定する所掌事務を遂行するため、左に掲げる権限を有する。但し、その権限の行使は、法律（これに基く命令を含む。）に従ってなされなければならない。
一　予算の範囲内で、所掌事務の遂行に必要な支出負担行為をすること。
二　収入金を徴収し、所掌事務の遂行に必要な支払をすること。
三　所掌事務の遂行に直接必要な事務所等の施設を設置し、及び管理すること。
四　所掌事務の遂行に直接必要な業務用資材、事務用品、研究用資材等を調達すること。
五　不用財産を処分すること。
六　職員の任免及び賞罰を行い、その他職員の人事を管理すること。
七　職員の厚生及び保健のため必要な施設をなし、及び管理すること。
八　職員に貸与する宿舎を設置し、及び管理すること。
九　所掌事務の監察を行い、法令の定めるところに従い、必要な措置をとること。
十　所掌事務の周知宣伝を行うこと。
十一　文部省の公印を制定すること。
十二　広く利用に供する適当な記録を整備すること。
十三　大学の設置及び所掌事務に関する法人の設立を認可すること。
十四　教育職員、学徒、研究者、著作家、芸術家並びに国際的な運動競技大会及び文化的会合の参加者等の諸外国との交換に関し、条約その他国際約束に従い、国際的取決めを交渉し、締結すること。
十五　所掌事務に関する国際会議の政府代表を選考し、関係行政機関に勧告すること。
十六　在外研究員及び内地研究員を選考して、これを任命し、並びに個人的な研究のための海外旅行及び在外研究を援助すること。
十七　教育職員の研修について連絡し、及び援助を与えること。
十八　大学及び研究機関に、国庫支出金によって支持される研究の計画及びその経費の見積を提出させること。
十九　所掌事務に関する国庫支出金及び物資を割り当て、配分すること。
二十　自然物に関する調査研究、観察及び実習の場とし

て、国立自然教育園を管理運営し、及び整備すること

二十一　所掌事務に関する調査研究をし、その結果を利用に供し、及び教育に関する調査研究を行う機関に対し、協力し、又は必要がある場合調査研究を委託すること。

二十二　所掌事務に関する統計調査の資料及び結果を収集し、解釈し、及び刊行頒布すること。

二十三　教育委員会、大学、研究機関その他教育に関する機関に、報告書その他資料を提出させ、収集するための手続及び方式の基準を設定すること。

二十四　国家的又は国際的関心のある題目について、会議、研究会、討論会その他の催しを主催すること。

二十五　小学校、中学校、高等学校、盲学校、ろう学校、養護学校及び幼稚園に関し、教育課程、教科用図書その他の教材、施設、編制、身体検査、保健衛生、学校給食及び教育職員の免許等についての最低基準に関する法令案を作成すること。

二十六　教育委員会、大学及び研究機関に関する法令案を作成すること。

二十七　前各号に掲げるもののほか、法律（これに基く命令を含む。）に基き文部省に属せしめられた権限

2　文部省は、その権限の行使に当って、法律（これに基く命令を含む。）に別段の定がある場合を除いては、行政上及び運営上の監督を行わないものとする。

（一九四九年四月二五日）

提案理由

○柏原義則政府委員　ただいま課題となりました文部省設置法案につきまして、その議案の理由を御説明申し上げます。

先般政府の行政機構刷新の方針が確立され、それに即応しまして、文部省の機構を簡素化すること、戦後の教育の民主化を推進するにふさわしい中央教育行政機構を設ける必要から、今回この文部省設置法案を立案いたした次第であります。御承知の通り、文部省の機構改革の根本方針は、従来の中央集権的監督行政の色彩を一新して、教育、学術、文化のあらゆる面について指導助言を与え、またこれを助長育成する機関たらしめる点にあるのであります。

次に機構改革の大要を申し上げますと、従来の官房、学校教育局、社会教育局、科学教育局、体育局、教科書局、調査局及び教育施設局の一官房七局を官房、初等中等教育局、大学学術局、社会教育局、調査普及局及び教育施設部を含む管理局の一官房、五局、一部といたした次第であります。初等中等教育局は、高等学校以下の学校の教育を所掌し、なお現在の教科書局所管の教科書の編修は、改訂事務、体育局所管の保健衛生事務、科学教育局所管の科学教育事務等を含ましめることにいたしました。大学学術局は、現在の学校教育局の大学教育の面と、科学教育局の研究事務を所掌することになりましたが、これは文部省で所掌いたします学術に関する事務は、基礎科学の研究とその応用の研究でありますので、主として大学及び研究機関に関連いたします関係上、一局に一元化いたしたわけであります。社会教育局は、大体において現在通りでありますが、体育局の運動競技関係事務が加わり、著作権関係事務が管理局に移ったこと等が異なっております。調査普及局は、新しい文部省に極度に必要とされる調査研究及び統計調査のほか、文部省の各種出版物等の利用による文教政策の普及を行うことといたしましたほか、国語の調査研究及びその結果の普及をもあわせて行うことといたしました。管理局は、文部省の管理的行政事務を内容面の着導をする部局から分離して、一元化するために設けたものであり、さらに現在の教育施設局を部として合体せしめました。なお現在の体育局及び教科書局の所掌事務の重要なることはもちろんでありますが、対象別による内容指導面の一元化のため、及び指導と管理を類別するため、それぞれの局に分属せしめた次第であります。

次に所轄機関でありますが、国立の学校は、その特殊性によりまして、別途に国立学校設置法案として提出いたしたいと存じております。その他の国立博物館以下八機関につきましては、大体において従来通りとして、必要な規定を設けておりますが、ただ国立博物館以下五機関におきましては、その民主的運営をはかるため、助言機関としてそれぞれ評議員会を設けることといたしました。さらに地方支分部局としまして、現在の文部省教育施設局出張所を文部省教育施設部出張所と改称して、現在通り設けることにいたしております。なお新しい教育行政の過渡的段階として、文部省に属する事務等が若干ありますので、それにも必要な経過的規定を附則に設けた次第であります。

以上が今回の文部省機構改革の大要であります。何とぞ慎重御審議の上、すみやかに可決せられんことをお願いいたす次第であります。

（『第五回国会衆議院文部委員会議録』一二号四ページ、一九四九年四月二六日『官報』号外）

◆政令改正諮問委員会・教育制度の改革に関する答申

（一九五一・一一・一六 政令改正諮問委員会決定）

◆日教組・教師の倫理綱領

（一九五二・六・一八 日本教職員組合第九回新潟大会 最終改正 一九六一・五）

◆ＩＬＯユネスコ・教員の地位に関する勧告

（一九六六・九・二一～一〇・五 ユネスコにおける特別政府間会議）

◆期待される人間像（中教審答申「別記」）

（一九六六・一〇・三一 中央教育審議会答申「後期中等教育の拡充整備について」の「別記」）

◆同和対策審議会答申

（一九六五・八・一一 同和対策審議会）

◆地域改善対策協議会・今後における地域改善対策について（意見具申抄）

（一九八六・一二・一一 地域改善対策協議会）

◆総務庁・地域改善対策啓発推進指針

（一九八七・三・一八 総務庁長官官房地域改善対策室）

◆東京地裁・第二次教科書訴訟判決（杉本判決）

（一九七〇・七・一七 第一審東京地裁判決）

1 教育を受ける権利および教育の自由を侵害するとの主張について

㈠ 教育を受ける権利

⑴ 憲法二十六条は、一項で「すべて国民は、法律の定めるところにより、その能力に応じて、ひとしく教育を受ける権利を有する。」と定め、二項で「すべて国民は、法律の定めるところにより、その保護する子女に普通教育を受けさせる義務を負ふ。義務教育は、これを無償とする。」と定めているが、この規定は、憲法二十五条をうけて、いわゆる生存権的基本権のいわば文化的側面として、国民の一人一人にひとしく教育を受ける権利を保障し、その反面として、国に対し右の教育を受ける権利を実現するための立法その他の措置を講ずべき責務を負わせたものであって、国民とくに子どもについて教育を受ける権利を保障したものということができる。

ところで、憲法がこのように国民ことに子どもに教育を受ける権利を保障するゆえんのものは、民主主義国家が一人一人の自覚的な国民の存在を前提とするものであり、また、教育が次代をになう新しい世代を育成するという国民全体の関心事であることにもよるが、同時に、教育が何よりも子ども自らの要求する権利であるからだと考えられる。すなわち、近代および現代においては、個人の尊厳が確立され、子どもにも当然その人格が尊重され、人権が保障さるべきであるが、子どもは未来における可能性を持つ存在であることを本質とするから、将来においてその人間性を十分に開花させるべく自ら学習し、事物を知り、これによって自らを成長させることが子どもの生来的権利であり、このような子どもの学習する権利を保障するために教育を授けることは国民的課題であるからにほかならないと考えられる。

そして、ここにいう教育の本質は、このような子どもの学習する権利を充足し、その人間性を開発して人格の完成をめざすとともに、このことを通じて、国民が今日まで築きあげられた文化を次の世代に継承し、民主的、平和的な国家の発展ひいては世界の平和をになう国民を育成する精神的、文化的ないとなみであるというべきである。

このような教育の本質にかんがみると、前記の子どもの教育を受ける権利に対応して子どもを教育する責務をになうものは親を中心として国民全体であると考えられる。すなわち、国民は自らの子どもはもとより、次の世代に属するすべての者に対し、その人間性を開発し、文化を伝え、健全な国家および世界の担い手を育成する責務を負うものと考えられるのであって、家庭教育、私立学校の設置などはこのような親をはじめとする国民の自然的責務に由来するものというべきものである。このような国民の教育の責務は、いわゆる国家教育権に対する概念として国民の教育の自由とよばれるが、その実体は右のような責務であると考えられる。かくして、国民は家庭において子どもを教育し、また社会において種々の形で教育を行なうのであるが、しかし現代において、すべての親が自ら理想的に子どもを教育することは不可能であることはいうまでもなく、右の子どもの教育を受ける権利に対応する責務を十分に果たし得ないこととなるので、公教育としての学校教育が必然的に要請されるに至り、前記のごとく、国に対し、子どもの教育を受ける権利を実現するための立法その他の措置を講ずべき責任を負わせ、とくに子どもについて学校教育を保障することになったものと解せられる。

してみれば、国家は、右のような国民の教育責務の遂行を助成するためにもっぱら責任を負うものであって、その責任を果たすために国家に与えられる権能は、教育内容に対する介入を必然的に要請するものではなく、教育を育成するための諸条件を整備することであると考えられ、国家が教育内容に介入することは基本的には許されないというべきである。

この点に関し、義務教育に関する憲法二六条二項の反面から、国家もまた教育する権利を有する旨の見解があるが、しかし、同条項に「すべて国民は、法律の定めるところにより、その保護する子女に普通教育を受けさせる義務を負ふ」というのは、上記のような親の子どもに対する教育の責務の遂行を保障したものと解するのが相当であって、この規定の反面から国にいわゆる教育権があるとするのは相当でないというべきである。

⑵ 被告は、現代において、公教育は国政の一環として行なわれるものであるから、公教育についても民主主義の原理が妥当し、議会制民主主義をとるわが国においては国民の総意は法律に反映される建前になっており、憲法二六条一項も「法律の定めるところにより」と規定しているから、法律の

定めるところにより国が教育内容に関与することは認められている、と主張する。しかしながら、憲法二六条は、前示のとおり教育を受ける権利を実質的に保障するために国が立法その他の積極的な施策を講ずべき旨を定め、また、戦前におけるごとく勅令主義あるいは法律に基づかない恣意的な教育行政を否定し、国の行う教育行政が法律によるべき旨を定めたものではあるが、法律によりさえすればどのような教育内容への介入をしてもよい、とするものではなく、また、教育の外的な事項については、一般の政治と同様に代議制を通じて実現されてしかるべきものであるが、教育の内的事項については、すでに述べたようなその特質からすると、一般の政治とは別個の側面をもつというべきであるから、一般の政治のように政党政治を背景とした多数決によって決せられることに本来的にしたしまず、教師が児童、生徒との人間的なふれあいを通じて、自らの研鑽と努力とによって国民全体の合理的な教育意思を実現すべきものであり、また、このような教師自らの教育活動を通じて直接に国民全体に責任を負い、その信託にこたえるべきものと解せられる（教育基本法一〇条）。

（中略）国は公教育制度を設け、教育の機会均等を確保し、適切な教育を施し、教育水準の維持向上に努めることが要請されているのであって、この要請に基づき、憲法、教育基本法、学校教育法等が定められ、教育内容についても、国の関与を定める法制がとられている旨主張するので、案ずるに、現代国家が福祉国家としてすべての国民に対し健康で文化的な生活を保障すべき責務を負い、教育がこのために欠くことのできない重要な役割をになうものであることはいうまでもない。しかしながら、現代国家の理念とするところは、人間の価値は本来多様であり、また多様であるべきであって、国家は人間の内面的価値に中立であり、個人の内面に干渉し価値判断を下すことをしない、すなわち国家の機能には限りがあり人間のすべてを統制することはできない、とするにあるのであって、福祉国家もその本質は右の国家理念をふまえたうえで、それを実質的に十全ならしめるための措置を講ずべきことであるから、国家は教育のような人間の内面的価値にかかわる精神活動については、できるだけその自由を尊重してこれに介入するのを避け、児童、生徒の心身の発達段階に応じ、必要かつ適切な教育を施し、教育の機会均等の確保と、教育水準の維持向上のための諸条件の整備確立に努むべきことこそ福祉国家としての責務であると考えられる。（以下略）

（『判例時報』一九七〇年一〇月一五日号（六〇四号臨時増刊）四七～四八ページ）

◆最高裁大法廷・学力テスト事件判決

（一九七六・五・二一　最高裁判所大法廷判決）

四　本件学力調査と教育法制（実質上の適法性）

2　憲法と子どもに対する教育権能

(一)　憲法中教育そのものについて直接の定めをしている規定は憲法二六条であるが、同条は、一項において「すべて国民は、法律の定めるところにより、その能力に応じて、ひとしく教育を受ける権利を有する。」と定め、二項において、「すべて国民は、法律の定めるところにより、その保護する子女に普通教育を受けさせる義務を負ふ。義務教育は、これを無償とする。」と定めている。この規定は、福祉国家の理念に基づき、国が積極的に教育に関する諸施設を設けて国民の利用に供する責務を負うことを明らかにするとともに、子どもに対する基礎的教育である普通教育の絶対的必要性にかんがみ、親に対し、その子女に普通教育を受けさせる義務を課し、かつ、その費用を国において負担すべきことを宣言したものであるが、この規定の背後には、国民各自が、一個の人間として、また、一市民として、成長、発達し、自己の人格を完成、実現するために必要な学習をする固有の権利を有すること、特に、みずから学習することのできない子どもは、その学習要求を充足するための教育を自己に施すことを大人一般に対して要求する権利を有するとの観念が存在していると考えられる。換言すれば、子どもの教育は、教育を施す者の支配的権能ではなく、何よりもまず、子どもの学習をする権利に対応し、その充足をはかりうる立場にある者の責務に属するものとしてとらえられているのである。

しかしながら、このように、子どもの教育が、専ら子どもの利益のために、教育を与える者の責務として行われるべきものであるということからは、このような教育の内容及び方法を、誰がいかにして決定すべく、また、決定することができるかという問題に対する一定の結論は、当然には導き出されない。すなわち、同条が、子どもに与えるべき教育の内容は、国の一般的な政治的意思決定手続によって決定されるべきか、それともこのような政治的意思の支配、介入から全く自由な社会的、文化的領域内の問題として決定、処

理されるべきかを、直接一義的に決定していると解すべき根拠は、どこにもみあたらないのである。

(二) 次に、学問の自由を保障した憲法二三条により、学校において現実に子どもの教育の任にあたる教師は、教授の自由を有し、公権力による支配、介入を受けないで自由に子どもの教育内容を決定することができるとする見解も、採用することができない。確かに、憲法の保障する学問の自由は、単に学問研究の自由ばかりでなく、その結果を教授する自由をも含むと解されるし、更にまた、専ら自由な学問的探究と勉学を旨とする大学教育に比してむしろ知識の伝達と能力の開発を主とする普通教育の場においても、例えば教師が公権力によって特定の意見のみを教授することを強制されないという意味において、また、子どもの教育が教師と子どもとの間の直接の人格的接触を通じ、その個性に応じて行われなければならないという本質的要請に照らし、教授の具体的内容及び方法につきある程度自由な裁量が認められなければならないという意味においては、一定の範囲における教授の自由が保障されるべきことを肯定できないではない。しかし、大学教育の場合には、学生が一応教授内容を批判する能力を備えていると考えられるのに対し、普通教育においては、児童生徒にこのような能力がなく、教師が児童生徒に対して強い影響力、支配力を有することを考え、また、普通教育においては、子どもの側に学校や教師を選択する余地が乏しく、教育の機会均等をはかる上からも全国的に一定の水準を確保すべき強い要請があること等に思いをいたすときは、普通教育における教師に完全な教授の自由を認めることは、とうてい許されないところといわなければならない。もとより、教師間における討議や親を含む第三者からの批判によって、教授の自由にもおのずから抑制が加わることは確かであり、これに期待すべきところも少なくないけれども、それによって右の自由の濫用等による弊害が効果的に防止されるという保障はなく、憲法が専ら右のような社会的自律作用による抑制のみに期待していると解すべき合理的根拠は、全く存しないのである。

(三) 思うに、子どもはその成長の過程において他からの影響によって大きく左右されるいわば可塑性をもつ存在であるから、子どもにどのような教育を施すかは、その子どもが将来どのような大人に育つかに対して決定的な役割をはたすものである。それ故、子どもの教育の結果に利害と関心をもつ関係者が、それぞれその教育の内容及び方法につき深甚な関心を抱き、それぞれの立場からその決定、実施に対する支配権ないし発言権を主張するのは、極めて自然な成行きということができる。子どもの教育は、前述のように、専ら子どもの利益のために行われるべきものであり、本来的には右の関係者らがその目的の下に一致協力して行うべきものであるけれども、何が子どもの利益であり、また、そのために何が必要であるかについては、意見の対立が当然に生じうるのであって、そのために教育内容の決定につき矛盾、対立する主張の衝突が起こるのを免れることができない。憲法がこのような矛盾対立を一義的に解決すべき一定の基準を明示的に示していないことは、上に述べたとおりである。そうであるとすれば、憲法の次元におけるこの問題の解釈としては、右の関係者らのそれぞれの主張のよって立つ憲法上の根拠に照らして各主張の妥当すべき範囲を画するのが、最も合理的な解釈態度というべきである。

そして、この観点に立って考えるときは、まず親は、子どもに対する自然的関係により、子どもの将来に対して最も深い関心をもち、かつ、配慮をすべき立場にある者として、子どもの教育に対する一定の支配権、すなわち子女の教育の自由を有すると認められるが、このような親の教育の自由は、主として家庭教育等学校外における教育や学校選択の自由にあらわれるものと考えられるし、また、私学教育における自由や前述した教師の教授の自由も、それぞれ限られた一定の範囲においてこれを肯定するのが相当であるけれども、それ以外の領域においては、一般に社会公共的な問題について国民全体の意思を組織的に決定、実現すべき立場にある国は、国政の一部として広く適切な教育政策を樹立、実施すべく、また、しうる者として、憲法上は、あるいは子ども自身の利益の擁護のため、あるいは子どもの成長に対する社会公共の利益と関心にこたえるため、必要かつ相当と認められる範囲において、教育内容についてもこれを決定する権能を有するものと解さざるをえず、これを否定すべき理由ないし根拠は、どこにもみいだせないのである。もとより、政党政治の下で多数決原理によってされる国政上の意思決定は、さまざまな政治的要因によって左右されるものであるから、本来人間の内面的価値に関する文化的な営みとして、党派的な政治的観念や利害によって支配されるべきでない教育にそのような政治的影響が深く入り込む危険があることを考えるときは、教育内容に対する右のごとき国家的介入についてはできるだけ抑制的であることが要請されるし、殊に個人の基本的自由を認め、その人格の独立を国政上尊重すべきものとしている憲法の下においては、子どもが自由かつ独立の人格として成長することを妨げるような国家的介入、例えば

誤った知識や一方的な観念を子どもに植えつけるような内容の教育を施すことを強制するようなことは、憲法二六条、一三条の規定上からも許されないと解することができるけれども、これらのことは、前述のような子どもの教育内容に対する国の正当な理由に基づく合理的な決定権能を否定する理由となるものではないといわなければならない。

3　教基法一〇条の解釈

次に、憲法における教育に対する国の権能及び親、教師等の教育の自由についての上記のような理解を背景として、教基法一〇条の規定をいかに解釈すべきかを検討する。

(一)　教基法は、憲法において教育のあり方の基本を定めることに代えて、わが国の教育及び教育制度全体を通じる基本理念と基本原理を宣明することを目的として制定されたものであって、戦後のわが国の政治、社会、文化の各方面における諸改革中最も重要な問題の一つとされていた教育の根本的改革を目途として制定された諸立法の中で中心的地位を占める法律であり、このことは、同法の前文の文言及び各規定の内容に徴しても、明らかである。それ故、同法における定めは、形式的には通常の法律規定として、これと矛盾する他の法律規定を無効にする効力をもつものではないけれども、一般に教育関係法令の解釈及び運用については、法律自体に別段の規定がない限り、できるだけ教基法の規定及び同法の趣旨、目的に沿うように考慮が払われなければならないというべきである。

ところで、教基法は、その前文の示すように、憲法の精神にのっとり、民主的で文化的な国家を建設して世界の平和と人類の福祉に貢献するためには、教育が根本的重要性を有するとの認識の下に、個人の尊厳を重んじ、真理と平和を希求する人間の育成を期するとともに、普遍的で、しかも個性豊かな文化の創造をめざす教育が今後におけるわが国の教育の基本理念であるとしている。これは、戦前のわが国の教育が、国家による強い支配の下で形式的、画一的に流れ、時に軍国主義的又は極端な国家主義的傾向を帯びる面があったことに対する反省によるものであり、右の理念は、これを更に具体化した同法の各規定を解釈するにあたっても、強く念頭に置かれるべきものであることは、いうまでもない。

(二)　本件で問題とされている教基法一〇条は、教育と教育行政との関係についての基本原理を明らかにした極めて重要な規定であり、一項において、「教育は、不当な支配に服することなく、国民全体に対し直接に責任を負って行われるべきものである。」と定め、二項において、「教育行政は、この自覚のもとに、教育の目的を遂行するに必要な諸条件の整備確立を目標として行われなければならない。」と定めている。この規定の解釈については、検察官の主張と原判決が大筋において採用したと考えられる弁護人の主張との間に顕著な対立があるが、その要点は、(1)第一に、教育行政機関が法令に基づいて行政を行う場合は右教基法一〇条一項にいう「不当な支配」に含まれないと解すべきかどうかであり、(2)第二に、同条二項にいう教育の目的を遂行するに必要な諸条件の整備確立とは、主として教育施設の設置管理、教員配置等のいわゆる教育の外的事項に関するものを指し、教育課程、教育方法等のいわゆる内的事項については、教育行政機関の権限は原則としてごく大綱的な基準の設定に限られ、その余は指導、助言的作用にとどめられるべきものかどうかである、と考えられる。

(三)　まず、(1)の問題について考えるのに、前記教基法一〇条一項は、その文言からも明らかなように、教育が国民から信託されたものであり、したがって教育は、右の信託にこたえて国民全体に対して直接責任を負うように行われるべく、その間において不当な支配によってゆがめられることがあってはならないとして、教育が専ら教育本来の目的に従って行われるべきことを示したものと考えられる。これによってみれば、同条項が排斥しているのは、教育が国民の信託にこたえて右の意味において自主的に行われることをゆがめるような「不当な支配」であって、そのような支配と認められる限り、その主体のいかんは問うところでないと解しなければならない。それ故、論理的には、教育行政機関が行う行政でも、右にいう「不当な支配」にあたる場合がありうることを否定できず、問題は、教育行政機関が法令に基づいてする行為が「不当な支配」にあたる場合がありうるかということに帰着する。思うに、憲法に適合する有効な他の法律の命ずるところをそのまま執行する教育行政機関の行為がここにいう「不当な支配」となりえないことは明らかであるが、上に述べたように、他の教育関係法律は教基法の規定及び同法の趣旨、目的に反しないように解釈されなければならないのであるから、教育行政機関がこれらの法律を運用する場合においても、当該法律規定が特定的に命じていることを執行する場合を除き、教基法一〇条一項にいう「不当な支配」とならないように配慮しなければならない拘束を受けているものと解されるのであり、その意味において、教基法一〇条一項は、いわゆる法令に

基づく教育行政機関の行為にも運用があるものといわなければならない。

(四) そこで、次に、上記(2)の問題について考えるのに、原判決は、教基法一〇条の趣旨は、教育が「国民全体のものとして自主的に行われるべきものとするとともに」、「教育そのものは人間的な信頼関係の上に立ってはじめてその成果をあげうることにかんがみ、教育の場にあって被教育者に接する教員の自由な創意と工夫とに委ねて教育行政機関の支配介入を排し、教育行政機関としては、右の教育の目的達成に必要な教育条件の整備確立を目標とするところにその任務と任務の限界があることを宣明」したところにあるとし、このことから、「教育内容及び教育方法等への(教育行政機関の)関与の程度は、教育機関の種類等に応じた大綱的基準の定立のほかは、法的拘束力を伴わない指導、助言、援助を与えることにとどまると解すべきである。」と判示している。

思うに、子どもの教育が、教師と子どもとの間の直接の人格的接触を通じ、子どもの個性に応じて弾力的に行われなければならず、そこに教師の自由な創意と工夫の余地が要請されることは原判決の説くとおりであるし、また、教基法が前述のように戦前における教育に対する過度の国家的介入、統制に対する反省から生まれたものであることに照らせば、同法一〇条が教育に対する権力的介入、特に行政権力によるそれを警戒し、これに対して抑制的態度を表明したものと解することは、それなりの合理性を有するけれども、このことから、教育内容に対する行政の権力的介入が一切排除されているものであるとの結論を導き出すことは、早計である。さきにも述べたように、憲法上、国は、適切な教育政策を樹立、実施する権能を有し、国会は、国の立法機関として、教育の内容及び方法についても、法律により、直接に又は行政機関に授権して必要かつ合理的な規制を施す権限を有するのみならず、子どもの利益のため又は子どもの成長に対する社会公共の利益のためにそのような規制を施すことが要請される場合もありうるのであり、国会が教基法においてこのような権限の行使を自己限定したものと解すべき根拠はない。むしろ教基法一〇条は、国の教育統制権能を前提としつつ、教育行政の目標を教育の目的の遂行に必要な諸条件の整備確立に置き、その整備確立のための措置を講ずるにあたっては、教育の自主性尊重の見地から、これに対する「不当な支配」となることのないようにすべき旨の限定を付したところにその意味があり、したがって、教育に対する行政権力の不当、不要の介入は排除されるべきであるとしても、許容される目的のために必要かつ合理的と認められるそれは、たとえ教育の内容及び方法に関するものであっても、必ずしも同条の禁止するところではないと解するのが、相当である。

もっとも、原判決も、教育の内容及び方法に対する教育行政機関の介入が一切排除されていると解しているわけではなく、前述のように、権力的介入としては教育機関の種類等に応じた大綱的基準の設定を超えることができないとするにとどまっている。原判決が右にいう大綱的基準としてどのようなものを考えているかは必ずしも明らかでないが、これを国の教育行政機関についていえば、原判決において、前述のような教師の自由な教育活動の要請と現行教育法体制における教育の地方自治の原則に照らして設定されるべき基準は全国的観点からする大綱的なものに限定されるべきことを指摘し、かつ、後述する文部大臣の定めた中学校学習指導要領を右の大綱的基準の限度を超えたものと断じているところからみれば、原判決のいう大綱的基準とは、弁護人の主張するように、教育課程の構成要素、教科名、授業時数等のほか、教科内容、教育方法については、性質上全国的画一性を要する度合が強く、指導助言行政その他国家立法以外の手段ではまかないきれない、ごく大綱的な事項を指しているもののように考えられる。

思うに、国の教育行政機関が法律の授権に基づいて義務教育に属する普通教育の内容及び方法について遵守すべき基準を設定する場合には、教師の創意工夫の尊重等教基法一〇条に関してさきに述べたところのほか、後述する教育に関する地方自治の原則をも考慮し、右教育における機会均等の確保と全国的な一定の水準の維持という目的のために必要かつ合理的と認められる大綱的なそれにとどめられるべきものと解しなければならないけれども、右の大綱的基準の範囲に関する原判決の見解は、狭きに失し、これを採用することはできないと考える。これを前記学習指導要領についていえば、文部大臣は、学校教育法三八条、一〇六条による中学校の教科に関する事項を定める権限に基づき、普通教育に属する中学校における教育の内容及び方法につき、上述のような教育の機会均等の確保等の目的のために必要かつ合理的な基準を設定することができるものと解すべきところ、本件当時の中学校学習指導要領の内容を通覧するのに、おおむね、中学校において地域差、学校差を超えて全国的に共通なものとして教授されることが必要な最小限度の基準と考えても必ずしも不合理とはいえない事項が、その根幹をなしていると認められるのであり、その中には、ある程度細目にわたり、かつ、詳細に過ぎ、また、必ずしも法的拘束力をもって地方公共団体を制約し、又は教師を強制

するのに適切でなく、また、はたしてそのように制約し、ないしは強制する趣旨であるかどうか疑わしいものが幾分含まれているとしても、右指導要領の下における教師による創造的かつ弾力的な教育の余地や、地方ごとの特殊性を反映した個別化の余地が十分に残されており、全体としてはなお全国的な大綱的基準としての性格をもつものと認められるし、また、その内容においても、教師に対し一方的な一定の理論ないしは観念を生徒に教え込むことを強制するような点は全く含まれていないのである。それ故、上記指導要領は、全体としてみた場合、教育政策上の当否はともかくとして、少なくとも法的見地からは、上記目的のために必要かつ合理的な基準の設定として是認することができるものと解するのが、相当である。

(『判例時報』一九七六年七月一一日号(八一四号)四一～四四ページ)

◆日本図書館協会・図書館の自由に関する宣言

(一九五四 採択
一九七九・五・三〇改訂
日本図書館協会総会決議)

◆臨教審・教育改革に関する第四次答申(総括的最終答申)

(一九八七・八・七
臨時教育審議会)

◆臨教審「教育改革」における主たる政策課題の実現過程一覧

教育改革の政策課題	臨教審による答申	閣議決定の内容	文部省の審議会等による具体化	内閣提出法案等	教育改革の実施状況
大学入学者選抜制度の改革	教育改革に関する第一次答申（85.6.26）	教育改革に関する当面の具体化方策について（教育改革推進大綱）（87.10.6）	大学入試改革協議会報告（88.2.15）	国立学校設置法の一部改正法案（88.2.2⇨88.5.18成立）	90年度大学入試より「新テスト」（大学入試センター試験）実施。
単位制高等学校の創設			高等学校定時制通信制教育検討会議報告（87.12.14）	学校教育法の一部改正法案（88.2.19⇨88.11.9成立）	88年度単位制高校発足。89年度高校定通課程の修業年限3年以上に
徳育の充実 教育内容の改善	教育改革に関する第二次答申〈基本的答申〉（86.4.23）		教育課程審議会「幼稚園、小学校、中学校及び高等学校の教育課程の基準の改善について」答申（87.12.14）	《告示》小・中・高等学校の学習指導要領を全面改訂（89.3.15公示）	92年度より小・中（93）・高校（94）と段階的に実施。89年度より移行措置を実施。
				教育職員免許法の一部改正法案（89.3.17⇨89.12.15成立）	90年度より大学の教員養成課程に高校の「地歴」「公民」を適用
教員の養成及び免許制度の改革			教育職員養成審議会「教員の資質能力の向上方策等について」答申（87.12.18）	教育職員免許法等の一部改正法案（88.3.4⇨88.12.21成立）	89年度より施行。90年度より大学の教員養成課程に適用。
初任者研修制度の創設				教特法及び地教行法の一部改正法案（88.2.19⇨88.5.25成立）	87年度より試行を開始。89年度より小学校教員から段階的に本格実施
ユニバーシティ・カウンシル（大学審議会—仮称）の創設			大学改革研究協議会「研究協議のまとめ」（87.9.8、発表は10.6）	学校教育法及び私立学校法の一部改正法案（大学審議会の創設）（87.2.16⇨87.9.4成立）	大学審議会設置（87.9.10）大学教育の改善等答申（91.2.8）⇨学位授与機関法成立（91.3.26）
教育委員会の活性化			教育委員会の活性化に関する調査研究協力者会議報告（87.12.4）	地教行法の一部改正法案（教育長の任期制・専任化）（88.3.11⇨90.1.24廃案）	文部省通知「教育委員会の活性化について」（87.12.16）
生涯学習体系への移行	教育改革に関する第三次答申〈基本的答申〉（87.4.1）		中央教育審議会「生涯学習の基盤整備について」答申（90.1.30）	生涯学習振興法案（90.5.11⇨90.6.26成立）	文部省・都道府県に生涯学習審議会設置、生涯学習基本構想の策定
教科書制度の改革			教科用図書検定調査審議会「検定制度改善の骨子」公表（88.9.22）	《省令及び告示》教科書検定規則（省令）・検定基準（告示）全部改正（89.4.4）	90年度検定（92年度使用小学校教科書）より小・中（91）・高（92）と段階的に適用
			教科書採択の在り方に関する調査研究協力者会議「教科書採択の在り方について（報告）」公表（90.3.6）	《政令》義務教育諸学校教科書無償措置法施行令改正（90.3.30⇨教科書採択期間を三年から四年とする）	91年採択小学校教科書（92年度使用）及び92年採択中学校教科書（93年度使用）より適用
教育改革の推進	教育改革に関する第四次答申〈最終答申〉（87.8.7）		第14期中央教育審議会発足（89.4.24⇨90.1.30答申91.4.19答申4.23解散）	臨時教育改革推進会議設置法案（88.3.11⇨89.6.20廃案）	中教審「新しい時代に対応する教育の諸制度の改革について」答申（91.4.19）

◆旧中央教育審議会（中教審）の答申一覧（1953.7.25－1999.12.16）

年・月・日	中央教育審議会の答申名称
1952. 6. 6	中央教育審議会令公布（政令　176）
53. 7.25	①中教審（以下、中教審を省略）「義務教育に関する答申」
8. 8	②「社会科教育の改善に関する答申」
54. 1.18	③「教員の政治的中立性維持に関する答申」
2. 8	④「医学および歯学の教育に関する答申」
8.23	⑤「義務教育学校教員給与に関する答申」
11.15	⑥「大学入学者選考およびこれに関する事項についての答申」
12. 6	⑦「特殊教育ならびにへき地教育振興に関する答申」
12.20	⑧「かなの教え方についての答申」
55. 9.12	⑨「私立学校教育の振興についての答申」
12. 5	⑩「教科書制度の改善に関する答申」
56. 7. 9	⑪「教育・学術・文化に関する国際交流の促進についての答申」
11. 5	⑫「公立小・中学校の統合方策についての答申」
12.10	⑬「短期大学制度の改善についての答申」
57.11.11	⑭「科学技術教育の振興方策について」答申
58. 4.28	⑮「勤労青少年教育の振興方策について」答申
7.28	⑯「教員養成制度の改善方策について」答申
59. 3. 2	⑰「育英奨学および援護に関する事業の振興方策について」答申
12. 7	⑱「特殊教育の充実振興についての答申」
63. 1.28	⑲「大学教育の改善について」答申
66.10.31	⑳「後期中等教育の拡充整備について」答申
69. 4.30	㉑「当面する大学教育の課題に対応するための方策について」答申
71. 6.11	㉒「今後における学校教育の総合的な拡充整備のための基本的施策について」答申
74. 5.27	㉓「教育・学術・文化における国際交流について」答申
78. 6.16	㉔「教員の資質能力の向上について」答申
79. 6. 8	㉕「地域社会と文化について」答申
81. 6.11	㉖「生涯教育について」答申
83. 6.30	㉗「教科書の在り方について」答申
90. 1.30	㉘「生涯学習の基盤整備について」答申
91. 4.19	㉙「新しい時代に対応する教育の諸制度の改革について」答申
96. 7.19	㉚「21世紀を展望した我が国の教育の在り方について」答申（第１次答申）
97. 6.26	㉛「21世紀を展望した我が国の教育の在り方について」答申（第２次答申）
98. 6.30	㉜「幼児期からの心の教育の在り方について」答申
98. 9.21	㉝「今後の地方教育行政の在り方について」答申
99.12.16	㉞「初等中等教育と高等教育との接続の改善について」答申

◆中央教育審議会の主な答申一覧（その2、2011－2023）

年・月・日	中央教育審議会の答申名称
2011. 1.31	「今後の学校におけるキャリア教育・職業教育の在り方について」答申
1.31	「グローバル化社会の大学院教育～世界の多様な分野で大学院修了者が活躍するために～」答申
2012. 3.21	「学校安全の推進に関する計画の策定について」答申（→17.2.3）
3.21	「スポーツ基本計画の策定について」答申
8.28	「教職生活の全体を通じた教員の資質能力の総合的な向上方策について」答申
	「新たな未来を築くための大学教育の質的転換に向けて～生涯学び続け、主体的に考える力を育成する大学へ～」答申
10.30	「大学設置基準の改正について」答申
	「専門職大学院設置基準の改正について」答申
2013. 1.18	「大学設置基準及び短期大学設置基準の改正について」答申
1.18	「学位規則の改正について」答申
1.21	「今後の青少年の体験活動の推進について」答申
4.25	「第２期教育振興基本計画について」答申
12.13	「今後の地方教育行政の在り方について」答申
12.24	「専門職大学院設置基準の改正について」
12.24	「学位の種類及び分野の変更等に関する基準の改正について」答申
2014. 3.17	「通信教育の認定及び廃止について」答申
6.23	「大学設置基準等の改正について」答申
7.10	「通信教育の認定及び条件の変更について」答申
10.21	「道徳教育に係る教育課程の改善について」答申
12.22	「新しい時代にふさわしい高大接続の実現に向けた高等学校教育、大学教育、大学入学者選抜の一体的改革について」答申
12.22	「子供の発達や学習者の意欲・能力等に応じた柔軟かつ効果的な教育システムの構築について」答申
2015.12.21	「これからの学校教育を担う教員の資質能力の向上について」答申
12.21	「新しい時代の教育や地方創生の実現に向けた学校と地域の連携・協働の在り方と今後の推進方策について」答申
12.21	「チームとしての学校の在り方と今後の改善方策について」答申
2016. 5.30	「個人の能力と可能性を開花させ、全員参加による課題解決社会を実現するための教育の多様化と質保証の在り方について」答申
12.21	「幼稚園、小学校、中学校、高等学校及び特別支援学校の学習指導要領等の改善及び必要な方策等について」答申
2017. 2. 3	「第２次学校安全の推進に関する計画の策定について」答申
2018. 3. 8	「第３期教育振興基本計画について」答申
11.26	「2040年に向けた高等教育のグランドデザイン」答申
12.21	「人口減少時代の新しい地域づくりに向けた社会教育の振興方策について」答申
2019. 1.25	「新しい時代の教育に向けた持続可能な学校指導・運営体制の構築のための学校における働き方改革に関する総合的な方策について」答申
2021. 1.26	「『令和の日本型学校教育』の構築を目指して～全ての子供たちの可能性を引き出す、個別最適な学びと、協働的な学びの実現～」答申
2022. 2. 7	「第３次学校安全の推進に関する計画の策定について」答申
12.19	「『令和の日本型学校教育』を担う教師の養成・採用・研修等の在り方について～「新たな教師の学びの姿」の実現と、多様な専門性を有する質の高い教職員集団の形成～」答申
2023. 3. 8	「次期教育振興基本計画について」答申

◆中央教育審議会の主な答申一覧（その１、2002－2010）

2019.1.25.現在

年・月・日	中央教育審議会の答申名称
2000. 6. 7	中央教育審議会令（2000. 6. 7 政令280）
2002. 2.21	「新しい時代における教養教育の在り方について」答申
〃	「今後の教員免許制度の在り方について」答申
〃	「大学等における社会人受け入れの推進方策について」答申
3. 7	「大学設置基準等の改正について」答申
7.29	「青少年の奉仕活動・体験活動の推進方策等について」答申
8. 5	「法科大学院の設置基準等について」答申
〃	「大学院における高度専門職業人養成について」答申
〃	「大学の質の保証に係る新たなシステムの構築について」答申
9.30	「子どもの体力向上のための総合的な方策について」答申
2003. 1.23	「大学設置基準等の改正について」答申
3.20	「新しい時代にふさわしい教育基本法と教育振興基本計画の在り方について」答申
10. 7	「初等中等教育における当面の教育課程及び指導の充実・改善方策について」答申
12.16	「新たな留学生政策の展開について」答申
2004. 1.14	「構造改革特別区域における大学設置基準等の特例措置について」答申
1.20	「食に関する指導体制の整備について」答申
2. 6	「文部科学大臣が認証評価機関になろうとする者を認証する基準を適用するに際して必要な細目を定める省令の制定について」答申
〃	「大学設置基準等の改正について」答申
2.18	「薬学教育の改善・充実について」答申
3. 4	「今後の学校の管理運営の在り方について」答申
8. 6	「大学入学資格検定の見直しについて」答申
2005. 1.28	「我が国の高等教育の将来像」答申
	「子どもを取り巻く環境の変化を踏まえた今後の幼児教育の在り方について」答申
9. 5	「新時代の大学院教育―国際的に魅力ある大学院教育の構築に向けて」答申
10.26	「新しい時代の義務教育を創造する」答申
12. 8	「特別支援教育を推進するための制度の在り方について」答申
2006. 7.11	「今後の教員養成・免許制度の在り方について」答申
2007. 1.30	「次代を担う自立した青少年の育成に向けて」答申
3.10	「教育基本法の改正を受けて緊急に必要とされる教育制度の改正について」答申
3.29	「今後の教員給与の在り方について」答申
2008. 1.17	「子どもの心身の健康を守り、安全・安心を確保するために学校全体としての取組を進めるための方策について」答申
〃	「幼稚園、小･中･高等学校及び特別支援学校の学習指導要領等の改善について」答申
2.19	「新しい時代を切り拓く生涯学習の振興方策について」答申
4. 1	「食に関する指導体制の整備について」答申
4.18	「教育振興基本計画について―『教育立国』の実現に向けて―」答申
10. 6	「大学設置基準等の改正について」答申
12.24	「学士課程教育の構築に向けて」答申
12.24	「高等専門学校教育の充実について」答申
2009.10.27	「大学設置基準の改正について」答申
2010. 2. 1	「専門職大学院設置基準及び学校教育法第百十条第二項に規定する基準を適用するに際して必要な細目を定める省令の改正について」答申
2. 1	「大学設置基準及び短期大学設置基準の改正について」答申
5.28	「大学設置基準等の改正について」答申
6.30	「大学院設置基準等の改正について」答申

中央教育審議会	諮問	2003. 5.15		
	当面の答申	2003.10. 7		
	審議経過報告	2006. 2.13		
	審議のまとめ	2007.11. 7		
	答申	2008. 1.17		
学習指導要領	改訂案	2008. 2.15		2008.12.22
	告示	2008. 3.28（小27、中28）		2009. 3. 9（34）
	施行	2011. 4. 1	2012. 4. 1	2013. 4. 1（学年進行）
中央教育審議会	諮問	2014.11.20		
	論点整理	2015. 8.26		
	審議のまとめ	2016. 8.26		
	答申	2016.12.21		
学習指導要領	改訂案	2017. 2.14		2018. 2.14
	告示	2017. 3.31（小63、中64）		2018. 3.30（68）
	施行	2020. 4. 1	2021. 4. 1	2022. 4. 1（学年進行）

◆教育課程審議会・中央教育審議会の答申と学習指導要領作成の関係一覧

〔A〕学習指導要領（告示以前）の作成過程

区分		小学校	中学校	高等学校
学習指導要領一般編（試案）	発行	1947.3.20		1947.3.20（47.4.7補遺通達）
	施行	1947.4.1		
教育課程審議会	諮問	1950. 3	——	——
	答申	1950. 6	——	——
学習指導要領一般編（試案）	発行	1951. 7.10		
	施行	1951. 4. 1		
教育課程審議会	諮問	1952.12.19（社会科のみ）		
	答申	1953. 8. 7（社会科のみ）		
	諮問 答申	—— —— —— ——	—— —— —— ——	1952.12.19 1954.10.14 1955. 2. 1（2次）／ 1955. 6.27（3次）
学習指導要領	発行	1955.12.15（社会科編のみ）	1956. 2.20（社会科編のみ）	1955.12. 5（一般編）
	施行	1955. 4. 1	1955. 4. 1	1956. 4. 1（学年進行）

〔B〕学習指導要領（告示以後）の作成過程

注）（　）内は告示番号

区分		小学校	中学校	高等学校
教育課程審議会	諮問	1956. 3.15		1959. 7.28
	答申案			1959.11.19
	答申	1958. 3.15		1960. 3.31
学習指導要領	改訂案	1958. 7.31		1960. 6.15
	告示	1958.10. 1（小80、中81）		1960.10.15（94）
	施行	1961. 4. 1	1962. 4. 1	1963. 4. 1（学年進行）
教育課程審議会	諮問	1965. 6.14		1968. 4.12
	中間まとめ	1967. 7.24	1968. 1.24	1969. 3.13
	答申	1967.10.30	1968. 6.30	1969. 9.30
学習指導要領	改訂案	1968. 5.31	1968.12.17	1970. 5. 6
	告示	1968. 7.11（268）	1969. 4.14（199）	1970.10.25（281）
	施行	1971. 4. 1	1972. 4. 1	1973. 4. 1（学年進行）
教育課程審議会	諮問	1973.11.21		
	中間まとめ	1975.10.18		
	審議のまとめ	1976.10. 6		
	答申	1976.12.18		
学習指導要領	改訂案	1977. 6. 8		1977. 6.22
	告示	1977. 7.23（小155、中156）		1978. 8.30（163）
	施行	1980. 4. 1	1981. 4. 1	1982. 4. 1（学年進行）
教育課程審議会	諮問	1985. 9.10		
	中間まとめ	1986.10.20		
	審議のまとめ	1987.11.27		
	答申	1987.12.24		
学習指導要領	改訂案	1989. 2.10		
	告示	1989. 3.15（小24、中25、高26）		
	施行	1992. 4. 1	1993. 4. 1	1994. 4. 1（学年進行）
教育課程審議会	諮問	1996. 8.27		
	中間まとめ	1997.11.17		
	審議のまとめ	1998. 6.22		
	答申	1998. 7.29		
学習指導要領	改訂案	1998.10.18		1999. 2. 1
	告示	1998.12.14（小175、中176）		1999. 3.29（58）
	施行	2002. 4. 1		2003. 4. 1（学年進行）

◆学習指導要領の性格及び内容の特徴一覧

（　）内の数字は、施行開始年度

発行年版	性格及び内容の主な特徴
1947年版 （47）	文部省が表紙に「試案」と明記し「教師の手びき」として刊行。一般編のあと各教科・科目編が刊行される。修身・公民・歴史・地理に代わって、戦後の花形教科としての「社会科」のほか「家庭科」「自由研究」などが、新登場。
1951年版 （51）	「各教科に全国一律の一定した動かしがたい時間を定めることは困難である」として、教科を４つの大きな経験領域に分ち、時間を全体の時間に対する比率（例えば第５・６学年の場合、国語と算数で40％～35％）で示した（小）。
1955年版 小中＝社のみ（55） 高（56）	「試案」の文字を消し法的拘束性の主張を開始。小学校で「天皇の地位」が登場（安藤<文部大臣>社会科）。中学校社会科の指導事項を地理的分野、歴史的分野、政治・経済・社会的分野の３つとする。高校社会科から「時事問題」が消える。
1958年版 58＝小(61) 58＝中(62) 60＝高(63)	『官報』に「文部省告示」として公示し、法的拘束力を付与。小・中学校に「道徳」を特設（高校では「倫理・社会」の設置）。教育課程の編成を、各教科並びに道徳・特別教育活動及び学校行事等の４領域で構成する（小・中。私立学校の場合、宗教を加えることができる）。初めて「君が代」（小・音楽）「国旗を掲揚し、君が代をせい唱させることが望ましい」（小・中の学校行事等）との文言が登場。「最低の基準」であることを強調。
1968年版 68＝小(71) 69＝中(72) 70＝高(73)	教育課程の構成領域を、各教科・道徳・特別活動の３つとする（小・中）。授業時数を「最低」から「標準」へ。小・社会科で神話教育復活。算数に集合・関数・確率の概念を導入し、落ちこぼれ問題化。中・社会科に「公民的分野」。
1977年版 77＝小(80) 77＝中(81) 78＝高(82)	キャッチ・フレーズ「ゆとりと充実」。高校進学率急上昇で小・中・高校の一貫性を強調。総則から教育基本法の文字を削除。授業時数の削減と内容の精選。君が代の「国歌化」。高校で「現代社会」必修と習熟度別学級編制の導入。
1989年版 89＝小(92) 89＝中(93) 89＝高(94)	国家主義的道徳教育の強化。高校社会科を解体（再編）し「地理歴史科」と「公民科」に。小学校低学年の社会科と理科を廃止し「生活科」を設置。「国歌・国旗」の指導を強制。中学校の選択教科をすべての教科に拡大。保健体育の「格技」を「武道」に改める（中・高）。高校で男子も家庭科必修。
1998/99年版 98＝小(02) 98＝中(02) 98＝幼(00) 99＝高(03)	2002年度から学校完全週５日制の下で、「ゆとり」の中で「特色ある教育」を展開し、子ども・生徒に自ら学び自ら考える「生きる力」の育成を政策当局は期待。教科内容を３割削減し、「総合的な学習の時間」を創設し、体験的・問題解決的学習をすることができるようにする。小学校で人物・文化遺産中心の歴史学習の徹底、中学校及び高校において選択学習の幅を一層拡大するとともに、従来選択教科であった外国語を必修化する。高校に新教科「情報」を必修として設置する。高校の卒業単位数を80から74に縮減する。
2003.12.26	各学習指導要領の特例の一部改正（告示173号）（「発展的」学習へ方向転換、即日施行）
2008/9年版 08＝小(11) 08＝中(12) 09＝高(13)	教育基本法改正を受けた学校教育法等の改正による公共の精神、伝統や文化の尊重を重視する道徳教育、体験活動等を強化するとともに、国語、社会、算数・数学、理科、外国語等の授業時数を増加。小学校に外国語活動を追加。中学校の保健体育に武道・ダンスを必修化。高校で国語、数学、外国語に共通必履修科目を設定。
2015.3.27	小学校、中学校、及び特別支援学校学習指導要領の一部改正（告示60、61、及び62号）（「道徳」を「特別の教科である道徳」と教科化）
2017/8年版 17＝小(20) 17＝中(21) 18＝高(22)	小・中学校に従前の特設道徳の時間に代えて検定教科書を使用して指導する「特別の教科道徳」を新たに位置づける。小学校３、４学年に外国語活動、５、６学年に外国語（新教科）を設置する。高校の地理歴史科に必修の「歴史総合」及び「地理総合」、公民科に「公共」などの新必修科目を設置。

◆小学校学習指導要領(告示)における日の丸・君が代の取扱いに関する記述の変遷一覧(1958－2017)

区分	社　　会	音　　楽	学校行事等又は特別活動
1958年告示	わが国の国旗をはじめ諸外国の国旗に対する関心をいっそう深め、これを尊重する態度などを養うことがたいせつである。(第6学年・指導上の留意事項)	文部省著作「日の丸」(第1学年・内容・愛唱歌) 「君が代」は各学年を通じ児童の発達段階に即して指導するものとし、そのほかに校歌なども学年に応じて適切な指導をすることが望ましい。(指導計画作成および学習指導の方針)	国民の祝日などにおいて儀式などを行う場合には、児童に対してこれらの祝日などの意義を理解させるとともに、国旗を掲揚し、君が代をせい唱させることが望ましい。(学校行事等・指導計画作成および指導上の留意事項)
1968年告示	わが国の国旗に対する関心や、これを尊重する態度を深めさせるとともに、諸外国の国旗に対しても同じようにこれを尊重する態度が必要なことを考えさせるように配慮することが必要である。(第6学年・内容の取り扱い)	「日のまる」(文部省　唱歌)(第1学年・内容・共通教材) 「君が代」は、各学年を通じ、児童の発達段階に即して指導するものとする。(指導計画の作成と各学年にわたる内容の取り扱い)	国民の祝日などにおいて儀式などを行なう場合には、児童に対してこれらの祝日などの意義を理解させるとともに国旗を掲揚し、「君が代」を齊唱させることが望ましい。(特別活動・内容の取り扱い)
1977年告示	我が国や諸外国の国旗に対する関心やこれを尊重する態度を育てるように配慮する必要がある。(第6学年・内容の取扱い)	「日のまる」(文部省　唱歌)(第1学年・内容・共通教材) 国歌「君が代」は、各学年を通じ、児童の発達・段階に即して指導するものとする。(指導計画の作成と各学年にわたる内容の取扱い)	国民の祝日などにおいて儀式などを行なう場合には、児童に対してこれらの祝日などの意義を理解させるとともに国旗を掲揚し、国歌を齊唱させることが望ましい。(特別活動・指導計画の作成と内容の取り扱い)
1989年告示	我が国や諸外国には国旗があることを理解させるとともに、それを尊重する態度を育てるよう配慮する必要がある。(第4学年・内容の取扱い) 我が国の国旗と国歌の意義を理解させ、これを尊重する態度を育てるとともに、諸外国の国旗と国歌も同様に尊重する態度を育てるよう配慮すること。(第6学年・内容の取扱い)	「日のまる」(文部省唱歌)高野辰之作詞　岡野貞一作曲(第1学年・内容・共通教材) 国歌「君が代」は、各学年を通じ、児童の発達・段階に即して指導すること。(指導計画の作成と・各学年にわたる内容の取扱い)	入学式や卒業式などにおいては、その意義を踏まえ、国旗を掲揚するとともに、国歌を斉唱するよう指導するものとする。(特別活動・指導計画の作成と内容の取り扱い)
1998年/2008・17年告示	我が国や外国には国旗があることを理解させ、それを尊重する態度を育てるように配慮すること。(第3学年及び第4学年・内容の取扱い) 我が国の国旗と国歌の意義を理解させ、これを尊重する態度を育てるとともに、諸外国の国旗と国歌も同様に尊重する態度を育てるよう配慮すること。(第6学年・内容の取扱い、第5学年も同旨)	「日のまる」(文部省唱歌)高野辰之作詞　岡野貞一作曲(第1学年・内容・共通教材) 国歌「君が代」は、いずれの学年においても指導すること。(指導計画の作成と内容の取扱い) (「指導」を2008年に「歌えるよう指導」と改訂)	入学式や卒業式などにおいては、その意義を踏まえ、国旗を掲揚するとともに、国歌を斉唱するよう指導するものとする。(特別活動・指導計画の作成と内容の取り扱い)

◆都教委の2003年「10.23通達」関連訴訟の判決等一覧

（◯原告勝訴　△原告一部勝訴　●原告敗訴）　2020.10.3現在

区分	訴訟の呼称及び性格	学校種別	原告数	地裁判決	高裁判決	最高裁判決
1	予防訴訟（国歌斉唱義務不存在確認等請求訴訟）	都立学校	375	2006.9.21◯	2010.1.28●	2012.2.9●
2	「君が代」解雇裁判（嘱託等合格取消請求訴訟）	都立高校	10	2007.6.20●	2010.2.23●	2011.7.14●
3	嘱託採用拒否撤回裁判（一次訴訟）	都立高校	13	2008.2△	2010.1.28●	2011.6.6●
4	南葛飾（定）申谷嘱託採用拒否事件	都立高校	1	2009.1.19△	2009.10.15●	2011.5.30●
5	アイム '89・04年処分取消訴訟	小・中学校	2	2009.3.26●	2011.3.10△	2012.1.16●（戒告容認）
6	04年処分取消訴訟・都教組八王子	中学校	3	2009.3●	2010.4.21●	2011.6.14●
7	東京「君が代」裁判一次訴訟（04年処分取消）	都立学校	162	2009.3.19●	2011.3.10△	2012.1.16△（戒告容認、減給１人取消）
8	河原井・根津06年停職処分取消訴訟	中・特別支援	2	2009.3.26●	2011.3.25●	2012.1.16△（停職１人容認、停職１人取消）
9	南葛飾（定）木川再任用不採用事件	都立高校	1	2010.2●	2010.8●	2011.7.4●
10	安部06年処分取消請求訴訟	小学校	1	2010.3●	2010.9●	2011.7.19●
11	中島05年処分取消請求訴訟	小学校	1	2010.3●	2010.11●	2011.7.4●
12	東京小中「君が代」裁判（04・05年処分取消）	小・中学校	10	2010.7●	2012.10.25△	2013.9.5△（減給３件・２人取消）
13	04年処分取消請求訴訟・都障労組	特別支援	／	2011.1.31●	2012.6.27△	2013.9.10△（減給２件・１人取消）
14	河原井06年停職国賠訴訟	特別支援	1	なし（注３）	2012.11.7◯	2013.7.12◯原告勝訴確定
15	米山08年処分取消請求・非常勤教員合格取消撤回訴訟	小学校	1	2011.4.18●	2012.10.18●	2013.9.6●（戒告・非常勤教員合格取消容認）
16	東京「君が代」裁判二次訴訟（05・06年処分取消）	都立学校	67（注４）	2011.7.25●	2012.10.31△	2013.9.6△（減給21件・停職１件取消）
17	近藤07 ～ 10年処分取消訴訟	中学校	1	2012.4.19△	2013.2.26△	2013.9.5△（減給２件・停職１件取消）
18	05年再発防止研修・専門研修未受講事件	都立高校	1	2013.12.19◯原告勝訴確定（地裁民事19部・古久保正人裁判長）		
19	東京「君が代」裁判三次訴訟（07 ～ 09年処分取消）	都立学校	50	2015.5.25△	2015.12.4△	2017.7.12　最高裁三小決定（上告不受理で高裁判決が確定）
20	河原井・根津07年停職処分取消訴訟	中・特別支援	2	2014.3.24△	2015.5.28◯	2016.5.31◯
21	岸田減給処分人事委裁決取消訴訟	小学校	／	2015.10.8◯	2016.7.19◯（確定）	
22	河原井・根津08・09年停職処分取消訴訟	中・特別支援	2	08事件高裁2019.3.14●　09事件高裁2020.3.26◯		
23	再雇用拒否撤回第二次訴訟（都立高一審原告22人）	都立高校	22	2015.5.25◯	2015.12.10◯	2018.7.19第一小法廷●
24	実教出版日本史教科書採択妨害阻止訴訟	都民	67	2014.2.7提訴（東京地裁）		
25	東京「再雇用拒否」第三次訴訟（11年損害賠償請求）	都立学校	3	2016.4.18●	2017.4.26●	2019.7.19第一小法廷決定（上告棄却）
26	岸田停職処分・人事委裁決取消訴訟	小学校	1	2015.10.8◯	2016.7.19◯（確定）	
27	東京「君が代」裁判四次訴訟（10 ～ 13処分取消）	都立学校	14	2017.9.15判決△	2018.4.18△	2019.3.28第一小法廷（上告棄却）
28	（参考）北九州ココロ裁判	小・中・養護	17	2005.4.26△	2008.12.15●	2011.7.14●
29	（参考）板橋高校卒業式藤田事件（注５）	都立高校	1	2006.5.30●	2008.5.29●	2011.7.7●
30	（参考）神奈川こころの自由裁判	県立学校	135	2009.7.16●	2010.3.17●	2011.6.21●
31	（参考）広島高教組処分取消訴訟	県立高校	42	／	／	2011.6.21●

注１）10.23通達とは東京都教育委員会が2003年10月23日に発した通達「入学式、卒業式等における国旗掲揚及び国歌斉唱の実施について」の略称である。この通達は入学式や卒業式における国旗掲揚・国歌斉唱を強制したもので、これに基づく校長の職務命令に違反したとして多くの教員が処分された。
２）この【表】は〔資料〕「10・23通達関連・人事委員会審理の状況」（被処分者の会2020.10.3作成）を参照し作成した。
３）最高裁の高裁差し戻し事件であるため。　４）上告人は62人であった。　５）この訴訟は、検察官のみが起訴できる刑事訴訟であるため、「●」は被告（元教師）敗訴とする。

◆最高裁第一小法廷・君が代不起立停職処分等取消訴訟判決
（最高裁判所第一小法廷 二〇一二・一・一六）

◆小学校学習指導要領
（二〇一七・三・三一 文科省告示六三 二〇二〇・四・一施行）

◆中学校学習指導要領
（二〇一七・三・三一 文科省告示六四 二〇二一・四・一施行）

◆高等学校学習指導要領
（二〇一八・三・三〇 文科省告示六八 二〇二二・四・一学年進行で施行）

◆幼稚園教育要領
（二〇一七・三・三一 文科省告示六二 二〇一八・四・一施行）

◆保育所保育指針
（二〇一七・三・三一 厚労省告示一一七 二〇一八・四・一適用）

◆全国保育士会倫理綱領
（全国保育協議会 二〇〇三・三・四採択 全国保育士会 二〇〇三・二・二六採択）

◆児童虐待防止に向けた学校等における適切な対応の徹底について
（二〇一〇・一・二六 文科省課長通知）

◇オリンピック憲章（二〇二三年版）

（国際オリンピック委員会 二〇二三・一〇・一五 有効）

オリンピズムの根本原則

1 オリンピズムは肉体と意志と精神のすべての資質を高め、バランスよく結合させる生き方の哲学である。オリンピズムはスポーツを文化、教育と融合させ、生き方の創造を探求するものである。その生き方は努力する喜び、良い模範であることの教育的価値と社会的な責任、さらに国際的に認知されている人権、およびオリンピック・ムーブメントの権限の範囲内における普遍的で根本的な倫理規範の尊重を基盤とする。

2 オリンピズムの目的は、人間の尊厳の保持に重きを置く平和な社会の推進を目指すために、人類の調和のとれた発展にスポーツを役立てることである。

3 オリンピック・ムーブメントは、オリンピズムの価値に鼓舞された個人と団体による、協調の取れた組織的、普遍的、恒久的活動である。その活動を推し進めるのは最高機関のＩＯＣである。活動は五大陸にまたがり、偉大なスポーツの祭典、オリンピック競技大会に世界中の選手を集めるとき、頂点に達する。そのシンボルは五つの結び合う輪である。

4 スポーツをすることは人権の一つである。すべての個人はオリンピック・ムーブメントの権限の範囲内で、国際的に認知されている人権に関し、いかなる種類の差別も受けることなく、スポーツをすることへのアクセスが保証されなければならない。オリンピック精神は友情、連帯、およびフェアプレーの精神とともに相互理解を求めるものである。

5 オリンピック・ムーブメントにおけるスポーツ団体は、スポーツが社会の枠組みの中で営まれることを理解し、政治的に中立でなければならない。スポーツ団体は自律の権利と義務を持つ。自律には競技規則を自由に定め管理すること、自身の組織の構成とガバナンスについて決定すること、外部からのいかなる影響も受けずに選挙を実施する権利、および良好なガバナンスの原則を確実に適用する責任が含まれる。

6 このオリンピック憲章の定める権利および自由は人種、肌の色、性別、性的指向、言語、宗教、政治的またはその他の意見、国あるいは社会的な出身、財産、出自やその他の身分などの理由による、いかなる種類の差別も受けることなく、確実に享受されなければならない。

7 オリンピック・ムーブメントの一員となるには、オリンピック憲章の遵守およびＩＯＣによる承認が必要である。

第一章 オリンピック・ムーブメント

六 オリンピック競技大会

1 オリンピック競技大会は、個人種目または団体種目での選手間の競争であり、国家間の競争ではない。大会にはＮＯＣが選抜し、ＩＯＣから参加登録申請を認められた選手が集う。選手は当該ＩＦの技術面での指導のもとに競技する。

第四章 国内オリンピック委員会（ＮＯＣ）

三一 ＮＯＣの旗、エンブレム、讃歌

ＮＯＣがオリンピック競技大会を含む自身の活動に関連して使用するため採用した旗、エンブレム、讃歌はＩＯＣ理事会の承認を得なければならない。

第五章 オリンピック競技大会

Ｉ オリンピック競技大会の開催、組織運営、管理

三二 オリンピック競技大会の開催

1 オリンピアード競技大会はオリンピアードの最初の年に開催され、オリンピック冬季競技大会はその三年目に開催される。

2 オリンピック競技大会を開催する栄誉と責任は、オリンピック競技大会の開催地として選定された、原則として一都市に対し、ＩＯＣにより委ねられる。しかし、適当であると判断できるなら、ＩＯＣは複数の都市、あるいは複数の地域、州、国など他の行政単位をオリンピック競技大会の開催地として選ぶことができる。

3 オリンピック競技大会の開催日程はＩＯＣ理事会が定める。

4 オリンピック競技大会を開催することで開催地、ＯＣＯＧ、あるいは開催地の国のＮＯＣにもたらされる余剰金は、ＩＯＣ理事会が開催地、開催国のＯＣＯＧおよびＮＯＣと協議して決定する通り、オリンピック・ムーブメントとスポーツの発展さらに大会のレガシーに役立てるものとする。

Ⅳ　プロトコル（儀礼上の約束事）

五七　入賞者リスト　競技成績の表示は、情報提供の目的でIOCが行うことができるほか、IOCの承認のもとにOCOGが行うことができる。

◆日本学生野球憲章

（一九四六・一二・二一　学生野球基準要項として制定）
（一九五〇・一・二二　日本学生野球憲章と改正し施行）
全面改正二〇一〇・二・二四、四・一施行　最終改正　二〇一七・二・二七

国民が等しく教育を受ける権利をもつことは憲法が保障するところであり、学生野球は、この権利を実現すべき学校教育の一環として位置づけられる。この意味で、学生野球は経済的な対価を求めず、心と身体を鍛える場である。学生野球は、各校がそれぞれの教育理念に立って行う教育活動の一環として展開されることを基礎として、他校との試合や大会への参加等の交流を通じて、一層普遍的な教育的意味をもつものとなる。学生野球は、地域的組織および全国規模の組織を結成して、このような交流の枠組みを作り上げてきた。

本憲章は、昭和二一（一九四六）年の制定以来、その時々の新しい諸問題に対応すべく六回の改正を経て来たが、その間、前文は一貫して制定時の姿を維持してきた。それは、この前文が、

「学生たることの自覚を基礎とし、学生たることを忘れてはわれらの学生野球は成り立ち得ない。勤勉と規律とはつねにわれらと共にあり、怠惰と放縦とに対しては不断に警戒されなければならない。元来野球はスポーツとしてそれ自身意味と価値とを持つであろう。しかし学生野球としてはそれに止まらず試合を通じてフェアの精神を体得する事、幸運にも驕らず悲運にも屈せぬ明朗強靭な情意を涵養する事、いかなる艱難をも凌ぎうる強靭な身体を鍛練する事、これこそ実にわれらの野球を導く理念でなければならない」

と、全く正しい思想を表明するものであったことに負うものである。

しかし今日の学生野球がこうした精神の次元を超えた性質の諸問題に直面していることは明らかであり、今回憲章の全面的見直しが求められた所以もここにある。このような状況に対処するには、これまでの前文の理念を引き継ぎつつも、上述のように、学生野球の枠組みを学生の「教育を受ける権利」の問題として明確に捉えなおさなければならない。

本憲章はこうした認識を前提に、学生野球のあり方に関する一般的な諸原則を必要な限度で掲げて、諸関係者・諸団体の共通理解にしようとするものである。

もちろん、ここに盛られたルールのすべてが永久不変のものとは限らない。しかし学生の「教育を受ける権利」を前提とする「教育の一環としての学生野球」という基本的理解に即して作られた憲章の本質的構成部分は、学生野球関係者はもちろん、我が国社会全体からも支持され続けるであろう。

第一章　総則

（趣旨）

第一条　公益財団法人日本学生野球協会（以下「日本学生野球協会」という。）は、大学野球および高等学校野球（以下「学生野球」という。）の組織、活動および運用の基準として日本学生野球憲章（以下「本憲章」という。）を定める。

（学生野球の基本原理）

第二条　学生野球における基本原理は次のとおりとする。

① 学生野球は、教育の一環であり、平和で民主的な人類社会の形成者として必要な資質を備えた人間の育成を目的とする。

② 学生野球は、友情、連帯そしてフェアプレーの精神を理念とする。

③ 学生野球は、法令を遵守し、健全な社会規範を尊重する。

④ 学生野球は、学生野球、野球部または部員を政治的あるいは商業的に利用しない。

⑤ 学生野球は、一切の暴力を排除し、いかなる形の差別をも認めない。

⑥ 学生野球は、アンチ・ドーピングの教育、啓発、対策への取り組みを推進する。

⑦ 学生野球は、部員の健康を維持・増進させる施策を奨励・支援し、スポーツ障害予防への取り組みを推進

する。

⑧　学生野球は、国、地方自治体または営利団体から独立した組織による管理・運営を理念とする。

（学生野球を行う機会の保障および部員の権利）

第四条　学生は、合理的理由なしに、部員として学生野球を行う機会を制限されることはない。

2　部員は、学生として教育を受ける権利が保障される。

3　部員は、本憲章に基づく学生野球を行う権利を有する。

（学生野球に関わるすべての者の義務）

第五条　学生野球団体、野球部、部員、指導者、審判員、学生野球団体の役職員および審査員は、本憲章および関係する学生野球団体の定める規則を遵守する義務を負い、本憲章の理念に基づく学生野球の実現を目指す。

第二章　学校教育の一環としての野球部活動

（学校教育と野球部の活動との調和）

第八条　野球部の活動は、部員の教育を受ける権利を妨げてはならず、かつ部員の健康を害するものであってはならない。

2　加盟校は、前項の目的を達するために、野球部の活動の時期、時間、場所、内容などについて配慮しなければならない。この場合、原則として一週間につき最低一日は野球部としての活動を行わない日を設ける。

3　学生野球団体は、前二項の目的を達するために、野球部の活動の時期、時間、場所、内容などについて基準を定めるものとする。

4　学生野球団体は、大会を開催するに際して、第一項の目的を達するために、大会の開催時期などに配慮をしなければならない。

◆天皇の退位等に関する皇室典範特例法

（平二九・六・一六　法　六三）

◆天皇の即位の日及び即位礼正殿の儀の行われる日を休日とする法律

（平三〇・一二・一四　法九九）

◆免許状更新講習規則

（平二〇・三・三一　文科省令一〇）

（→二〇二二・七・一廃止）

◆日本の学校教育における体罰禁止に関する規定内容の変遷一覧（その１）

年　月　日	日本の学校教育における体罰禁止に関する規定内容
1879. 9.29	**教育令**（太政官布告40号） 「凡学校ニ於テハ生徒ニ体罰（殴チ或ハ縛スル類）ヲ加フヘカラス」（46条）
1880.12.28	**教育令**（太政官布告59号） 「凡学校ニ於テハ生徒ニ体罰（殴チ或ハ縛スル類）ヲ加フヘカラス」（46条）
1886. 4.10	**小学校令**（勅令14号） 体罰禁止規定はない。
1890.10. 7	**小学校令**（勅令215号） 「小学校長及教職員ハ児童ニ体罰ヲ加エルコトヲ得ス」（63条）
1900. 8.18	**小学校令改正**（勅令344号） 「小学校長及教職員ハ教育上必要ト認メタルトキハ児童ニ懲戒ヲ加フルコトヲ得但体罰ヲ加フルコトヲ得ス」（47条）
1941. 3. 1	**国民学校令**（勅令148号） 「国民学校職員ハ教育上必要アリト認メタルトキハ児童ニ懲戒ヲ加フルコトヲ得但体罰ヲ加フルコトヲ得ス」（20条）
1947. 3.31	**学校教育法**（法律26号） 「校長及び教員は、教育上必要があると認めるときは、監督庁の定めるところにより、学生、生徒及び児童に懲戒を加えることができる。但し、体罰を加えることはできない。」（11条）　（①1961年10月31日法律166号で「但し」を「ただし」と改正、②1999年7月16日法律87号で「監督庁」を「文部大臣」と改正、③1999年12月22日法律160号で「文部大臣」を「文部科学大臣」と改正、④2007年6月27日法律96号で「学生、生徒及び児童」を「児童、生徒及び学生」と改正）
1948.12.22	**児童懲戒権の限界について**（法務庁法務調査意見長官回答） 「学校教育法第11条にいう『体罰』とは、懲戒の内容が身体的性質のものである場合を意味する。すなわち⑴身体に対する侵害を内容とする懲戒－なぐる・けるの類－がこれに該当することはいうまでもないが、さらに⑵被罰者に肉体的苦痛を与えるような懲戒もまたこれに該当する。たとえば端坐・直立等、特定の姿勢を長時間にわたって保持させるというような懲戒は体罰の一種と解せられなければならない。」 「義務教育においては、児童に授業を受けさせないという処置は、懲戒の方法としてはこれを採ることは許されないと解すべきである。学校教育法第26条、第40条には小・中学校の管理機関が児童の保護者に対して児童の出席停止を命じ得る場合が規定されているが、それは当該の児童に対する懲戒の意味においてではなく、他の児童に対する健康上または教育上の悪い影響を防ぐ意味において認められているにすぎない。ゆえに遅刻児童についても、これに対する懲戒の手段として、たとえ短時間でも、この者に授業を受けさせないという処置を採ることは許されない。」
2007. 2. 5	**学校教育法第11条に規定する児童生徒の懲戒・体罰に関する考え方**（文部科学省初等中等教育局長通知「問題行動を起こす児童生徒に対する指導について」） 1　体罰について ⑸有形力の行使以外の方法により行われた懲戒については、例えば、以下のような行為は、児童生徒に肉体的苦痛を与えるものでない限り、通常体罰には当たらない。 ○放課後等に教室に残留させる（用便のためにも室外に出ることを許さない、又は食事時間を過ぎても長く留め置く等肉体的苦痛を与えるものは体罰に当たる）。 ○授業中、教室内に起立させる。　○学習課題や清掃活動を課す。 ○学校当番を多く割り当てる。　○立ち歩きの多い児童生徒を叱って席につかせる。

◆日本の学校教育における体罰禁止に関する規定内容の変遷一覧(その2)

年　月　日	日本の学校教育における体罰禁止に関する規定内容
2013. 3.13	**学校教育法第11条に規定する児童生徒の懲戒・体罰等に関する参考事例**（文部科学省初等中等教育局長及び文部科学省スポーツ・青少年局長通知「体罰の禁止及び児童生徒理解に基づく指導の徹底について」） (1) 体罰（通常、体罰と判断されると考えられる行為） ○ 身体に対する侵害を内容とするもの ・ 体育の授業中、危険な行為をした児童の背中を足で踏みつける。 ・ 帰りの会で足をぶらぶらさせて座り、前の席の児童に足を当てた児童を、突き飛ばして転倒させる。 ・ 授業態度について指導したが反抗的な言動をした複数の生徒らの頬を平手打ちする。 ・ 立ち歩きの多い生徒を叱ったが聞かず、席につかないため、頬をつねって席につかせる。 ・ 生徒指導に応じず、下校しようとしている生徒の腕を引いたところ、生徒が腕を振り払ったため、当該生徒の頭を平手で叩（たた）く。 ・ 給食の時間、ふざけていた生徒に対し、口頭で注意したが聞かなかったため、持っていたボールペンを投げつけ、生徒に当てる。 ・ 部活動顧問の指示に従わず、ユニフォームの片づけが不十分であったため、当該生徒の頬を殴打する。 ○ 被罰者に肉体的苦痛を与えるようなもの ・ 放課後に児童を教室に残留させ、児童がトイレに行きたいと訴えたが、一切、室外に出ることを許さない。 ・ 別室指導のため、給食の時間を含めて生徒を長く別室に留め置き、一切室外に出ることを許さない。 ・ 宿題を忘れた児童に対して、教室の後方で正座で授業を受けるよう言い、児童が苦痛を訴えたが、そのままの姿勢を保持させた。 (3) 正当な行為（通常、正当防衛、正当行為と判断されると考えられる行為） ○ 児童生徒から教員等に対する暴力行為に対して、教員等が防衛のためにやむを得ずした有形力の行使 ・ 児童が教員の指導に反抗して教員の足を蹴ったため、児童の背後に回り、体をきつく押さえる。 ○ 他の児童生徒に被害を及ぼすような暴力行為に対して、これを制止したり、目前の危険を回避するためにやむを得ずした有形力の行使 ・ 休み時間に廊下で、他の児童を押さえつけて殴るという行為に及んだ児童がいたため、この児童の両肩をつかんで引き離す。 ・ 全校集会中に、大声を出して集会を妨げる行為があった生徒を冷静にさせ、別の場所で指導するため、別の場所に移るよう指導したが、なおも大声を出し続けて抵抗したため、生徒の腕を手で引っ張って移動させる。 ・ 他の生徒をからかっていた生徒を指導しようとしたところ、当該生徒が教員に暴言を吐きつばを吐いて逃げ出そうとしたため、生徒が落ち着くまでの数分間、肩を両手でつかんで壁へ押しつけ、制止させる。 ・ 試合中に相手チームの選手とトラブルになり、殴りかかろうとする生徒を、押さえつけて制止させる。

◆戦後日本における教科書検定をめぐる主な問題

年　月　日	教科書検定をめぐる主な問題
1947. 3.31	学校教育法公布（検定は「当分の間」文相）
48. 7.15	教育委員会法公布（検定は都道府県教育委員会の権限、ただし、「用紙割当制が廃止されるまで」〈86条〉は文相の権限）
52. 8.12	岡野清豪、文相に就任（これ以後、党人文相制）
53. 8. 5	学校教育法・教育委員会法等の改正法公布（検定権限の文相への一元化）
55. 8.13	日本民主党、『うれうべき教科書の問題』第一集発行（三集まで）
10.10	日本教育学会、「教科書制度要項」発表
10.20	日本学術会議、『うれうべき教科書の問題』は学問の自由を脅かすと結論
12. 5	中央教育審議会「教科書制度の改善に関する答申」（第10回答申）
56. 3.16	内閣、「教科書法案」提出（6.3廃案）
5. 5	日本教育学会、「教科書法案」に反対意見をまとめる
10.10	文部省、文部省設置法施行規則の一部を改正し、教科書調査官制度創設
60. 5. 9	歴史関係九学会、教科書検定制度再検討の声明を発表し、文相に手渡す
65. 6.12	家永三郎、教科書検定制度を違憲・違法として提訴（第一次教科書訴訟、→67.6.23第二次訴訟提訴、84.1.19第三次訴訟提訴）
70. 7.17	東京地裁、第二次教科書訴訟・杉本判決（家永教科書に対する検定は違憲・違法）
74. 7.16	東京地裁、第一次教科書訴訟・高津判決（検定は合憲、家永教科書への検定の一部は違法）
75.12.20	東京高裁、第二次教科書訴訟・畔上判決（家永教科書に対する検定は違法）
77. 1.26	教科用図書検定調査審議会、「教科書検定制度の運用の改善について」建議
9.22	文部省、教科用図書検定規則（省令）及び義務教育諸学校教科用図書検定基準（告示）を公示（→79.7.12高校検定基準公示→89.4.4）
81. 6. 5	自民党、「現行教科書制度の問題点と改善のための試案」発表
82. 7.26	中国、歴史教科書の記述に対し抗議（教科書検定の外交問題化）
8.26	政府、「歴史教科書」についての官房長官談話を発表（政府の責任において教科書記述の是正を表明、→11.24検定基準の一部改正）
83. 6.30	中央教育審議会「教科書の在り方について」答申（第27回答申）
86. 3.19	東京高裁、第一次教科書訴訟・鈴木判決（検定制度は合憲、家永教科書の検定に違法なし）
87. 4. 1	臨時教育審議会「教育改革に関する第三次答申」（基本的答申、「新しい検定制度」）
88. 9.22	教科用図書検定調査審議会、「検定制度改善の骨子について（審議の経過）」公表
89. 4. 4	文部省、教科用図書検定規則（省令）並びに義務教育諸学校教科用図書検定基準（告示）及び高等学校教科用図書検定基準（告示）を公示
10. 3	東京地裁、第三次教科書訴訟・加藤判決（検定は合憲、家永教科書に対する検定の一部に裁量権の乱用あり）
93. 3.16	最高裁第三小法廷、第一次教科書訴訟・可部判決（検定制度は違憲ではなく、家永教科書に対する検定に違法や裁量権の乱用はない。約28年で訴訟終結）
6.11	高嶋伸欣、教科書検定を違憲・違法として損害賠償請求訴訟を提起（横浜教科書訴訟）
10.20	東京高裁、第三次教科書訴訟・川上判決（検定制度は合憲、家永教科書の検定の一部に裁量権の乱用を容認。93.10.25家永、上告。94.5.10国、上告せず検定3件の違法が確定）
97. 8.29	最高裁第三小法廷、第三次教科書訴訟・大野判決（家永教科書に対する検定のうち、新たに南京大虐殺について違法とし、計4箇所の検定が違法であることが確定）
98. 4.22	横浜地裁、高嶋教科書訴訟で検定の一部を違法とする判決（→東京高裁へ控訴）
2002. 5.29	東京高裁、高嶋教科書訴訟ですべての検定意見を適法とする判決（→最高裁へ上告）
05.12. 1	最高裁第一小法廷、高嶋教科書訴訟上告棄却判決（高嶋全面敗訴）
07.12.26	文部科学省、沖縄戦における集団自決について検定に対する訂正申請に対し、日本軍による「強制」との記述を認めず（「関与」で決着）
13. 6.25	自民党・教育再生実行本部教科書検定の在り方特別部会が「議論の中間まとめ」を発表し、検定基準の改善や教科書法（仮称）の制定を提案
13.11.15	文科省、「教科書改革実行プラン」発表
13.12.20	教科用図書検定調査審議会、「教科書検定の改善について」（審議のまとめ）公表
14. 1.17	文科省、教科書検定基準の一部改正（政府の統一見解や最高裁判例に基づいた記述とする）
15. 9.30	文科省、教科書検定規則及び義務諸学校教科書検定基準の一部を改正（「特別の教科」である「道徳科」設置に伴い検定基準の「教科固有の条件」中に「道徳科」を規定）

◆家永・教科書訴訟の全容(1965.6.12〜97.8.29)

(1997年8月29日現在)

区　分	第1次訴訟	第2次訴訟		第3次訴訟
事件の性格	国家賠償請求事件 原告・家永三郎 被告・国	行政処分取消請求事件 原告・家永三郎 被告・文部大臣	国家賠償請求事件 原告・家永三郎 被告・国	国家賠償請求事件 原告・家永三郎 被告・国
第1審 (東京地裁)	1965. 6.12提訴 1974. 7.16 「高津判決」 (家永一部勝訴)	1967. 6.23提訴 1970. 7.17 「杉本判決」 (家永勝訴)	1984. 5.17移送 1986. 8. 2 訴えの取り下げ (訴訟終結)	1984. 1.19提訴 1989.10. 3 「加藤判決」 (家永一部勝訴)
第2審 (東京高裁)	1974. 7.26家永控訴 1986. 3.19 「鈴木判決」 (家永全面敗訴)	1970. 7.24 文部大臣控訴 1975.12.20 「畔上判決」 (家永勝訴)		1989.10.13家永控訴 1993.10.20 「川上判決」 (家永一部勝訴)
第3審 (最高裁)	1986. 3.20 家永上告 1993. 3.16 第三小法廷 「可部判決」 (家永全面敗訴、訴訟終結)	1975.12.30 文部大臣上告 1982. 4. 8 第一小法廷 「中村判決」 (原判決を破棄し、東京高裁に差し戻す)		1993.10.25家永上告 1993.11. 4 国、上告せず 1994. 5.10検定3件の違法が確定 1997. 8.29 第三小法廷 「大野判決」 (家永一部勝訴、新たに1件を加えた4件の検定の違法が確定。全訴訟終結)
差し戻し 控訴審 (東京高裁)		1982.11. 5 口頭弁論開始 1989. 6.27 「丹野判決」 (原判決を取り消す、本件訴えを却下する) 1989. 7.11 家永上告を断念 (訴訟終結)	1983. 4.15 国家賠償請求の追加申し立て 1984. 5.17 東京地裁へ移送決定	〈注〉 教科書訴訟・原告の家永三郎氏に、2001年のノーベル平和賞を、という運動が2000年より急速に世界各地で展開された。この賞は、国連のコフィ・アナン事務総長に与えられた。

◆教育委員会のあゆみ－公選制・任命制・準公選制－

年　月　日	教育委員会関連事項
1946.11. 3	日本国憲法公布（47.5.3施行）
47. 3.31	教育基本法公布・施行
4.17	地方自治法公布
《教育委員の公選制時代》	
48. 7.15	教育委員会法公布（教育委員の公選制、⇨56.3.30）
10. 5	第１回教育委員選挙実施（⇨11.1）
11. 1	教育委員会、実質的にスタート（46都道府県、５大市、21市16町９村）
50.11.10	第２回教育委員選挙実施（第３回は52.10.5実施）
52.11. 1	市区町村教育委員会、全国一斉に設置（総数9958）
《教育委員の任命制時代（任命制から準公選制へ）》	
56. 6.30	地方教育行政の組織及び運営に関する法律公布（教育委員、任命制へ）
72.12.15	沖縄県、「県教育委員選定要綱」発表（推薦制）
78.12.15	東京・中野区議会、「中野区教育委員候補者選定に関する区民投票条例案」を可決
79. 5.25	青山良道・中野区長、同上のいわゆる“準公選”条例公布
81. 2.12	中野区で初の「教育委員選び区民投票」開始（～25、投票参加率は42.98％）
3. 3	青山・中野区長、投票結果の上位得票者３人を教育委員に任命（⇨83.3.18　第４位得票者を教育委員に任命）
84.10.27	教育委員の準公選をすすめるための全国交流集会開催（東京・調布市、同全国連絡会結成）
85. 2.13	中野区で第２回「教育委員候補者選び区民投票」開始（～25、投票参加率は27.37％）
3. 7	青山、中野区長、投票結果の最上位得票者１人を教育委員に任命（⇨3.28第２及び３位得票者を教育委員に追加任命）
6.26	教育委員会関係五団体連絡会＊、「教育委員会の運営の活性化について」（第一次提言）
7. 8	高槻市議会・市民投票条例審査特別委員会、「高槻市教育委員候補者選定に関する市民投票条例案」を否決（27、同本会議でも否決）
86. 2.26	教育委員会関係五団体連絡会、「教育委員会の活性化について」（第二次提言）
86. 4.23	臨時教育審議会、第二次答申提出（「教育委員会の使命の遂行と活性化」を提言）
87.10. 6	閣議、「教育改革に関する当面の具体化方策について（教育改革推進大綱）」決定
12. 4	教育委員会の活性化に関する調査研究協力者会議、「教育委員会の活性化について」報告
12.16	文部省教育助成局長、「教育委員会の活性化について（通知）」
88. 3.11	政府、「地方教育行政の組織及び運営に関する法律の一部を改正する法律案」を閣議決定し、国会へ提出（⇨90.1.24廃案）
89. 2. 1	中野区で第３回「教育委員候補者選び区民投票」開始（～13、投票参加率は25.64％）
3.25	神山好市・中野区長、投票結果の規定数得票者中から２人を教育委員に任命（⇨4.10規定数得票者の中から１人を教育委員に追加任命）
90. 6. 4	中野区長選で準公選の継続を訴えた現職の神山区長が再選され、準公選存続へ
93. 2. 3	中野区で第４回「教育委員候補者選び区民投票」開始（～15、投票参加率は23.83％）
3.28	神山好市・中野区長、投票結果の規定数得票者中から１人を教育委員に任命（⇨4.11　１人任命、6.15　３人目任命）
94. 1.31	中野区議会、「準公選」廃止条例案を可決（廃止は95.1.31）
96. 3.29	中野区長、中野区教育委員候補者区民推薦制度要綱決定
97. 3.26	中野区教育行政における区民参加に関する条例公布
《教育委員会の変質の時代へ（首長の支配力・影響力の増大へ）》	
2013. 4.15	教育再生実行会議、「教育委員会制度等の在り方について」（第二次提言）提出
12.13	中央教育審議会、「今後の地方教育行政の在り方について」答申
14. 6.20	地方教育行政の組織及び運営に関する法律の一部を改正する法律公布（首長と新教育長の権限強化）

＊教育委員会関係五団体連絡会は、次の５団体により構成されている。
①全国都道府県教育委員長協議会、②都道府県教育長協議会、③全国市町村教育委員会連合会、④全国都市教育長協議会、⑤全国町村教育長会

●明治年間の小学校就学率（1873～1912）

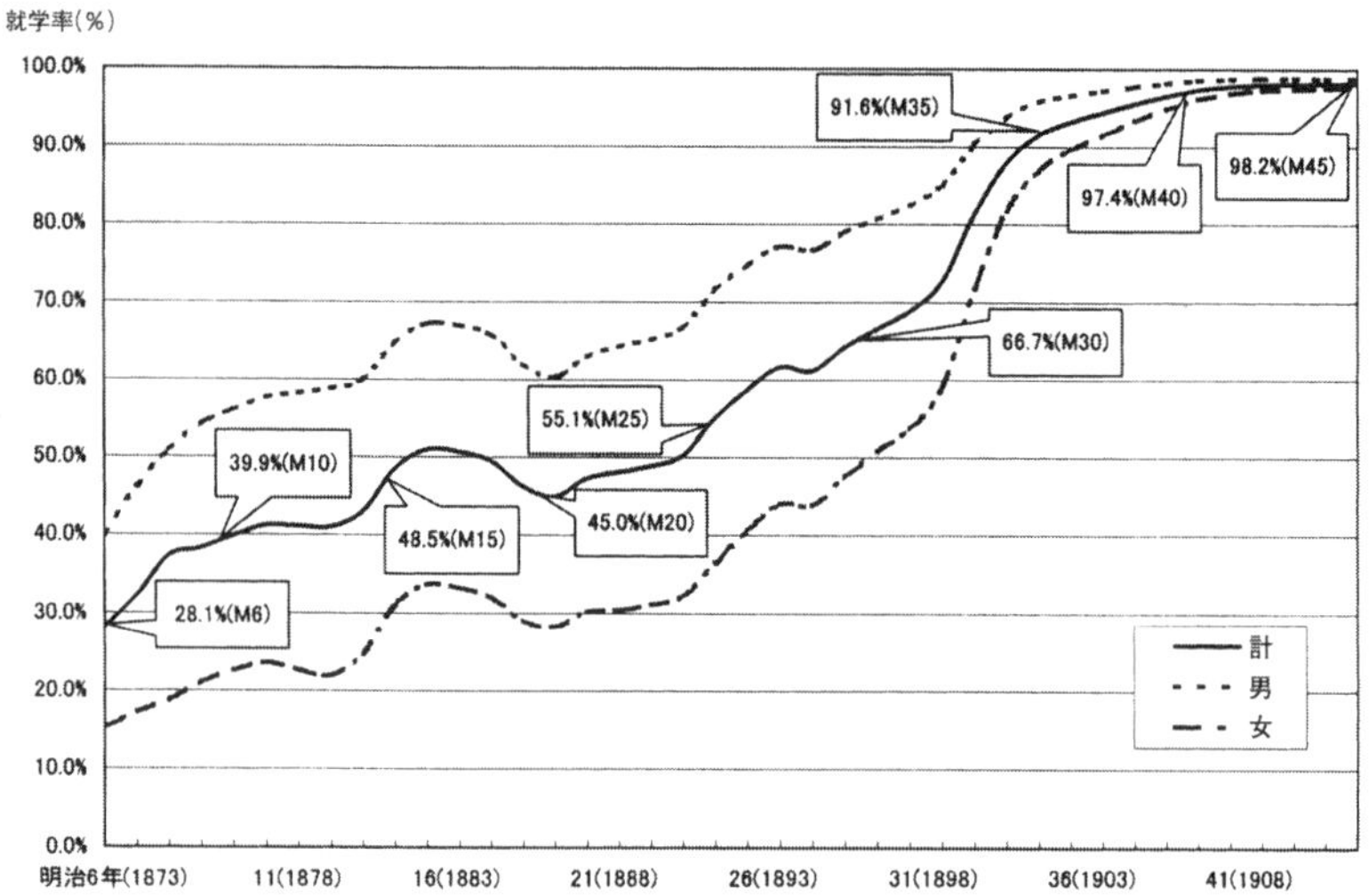

（文部省『学制百年史』資料編教育統計第１表より作成）

●戦後日本の高等学校・大学等進学率（1955～2022年度）

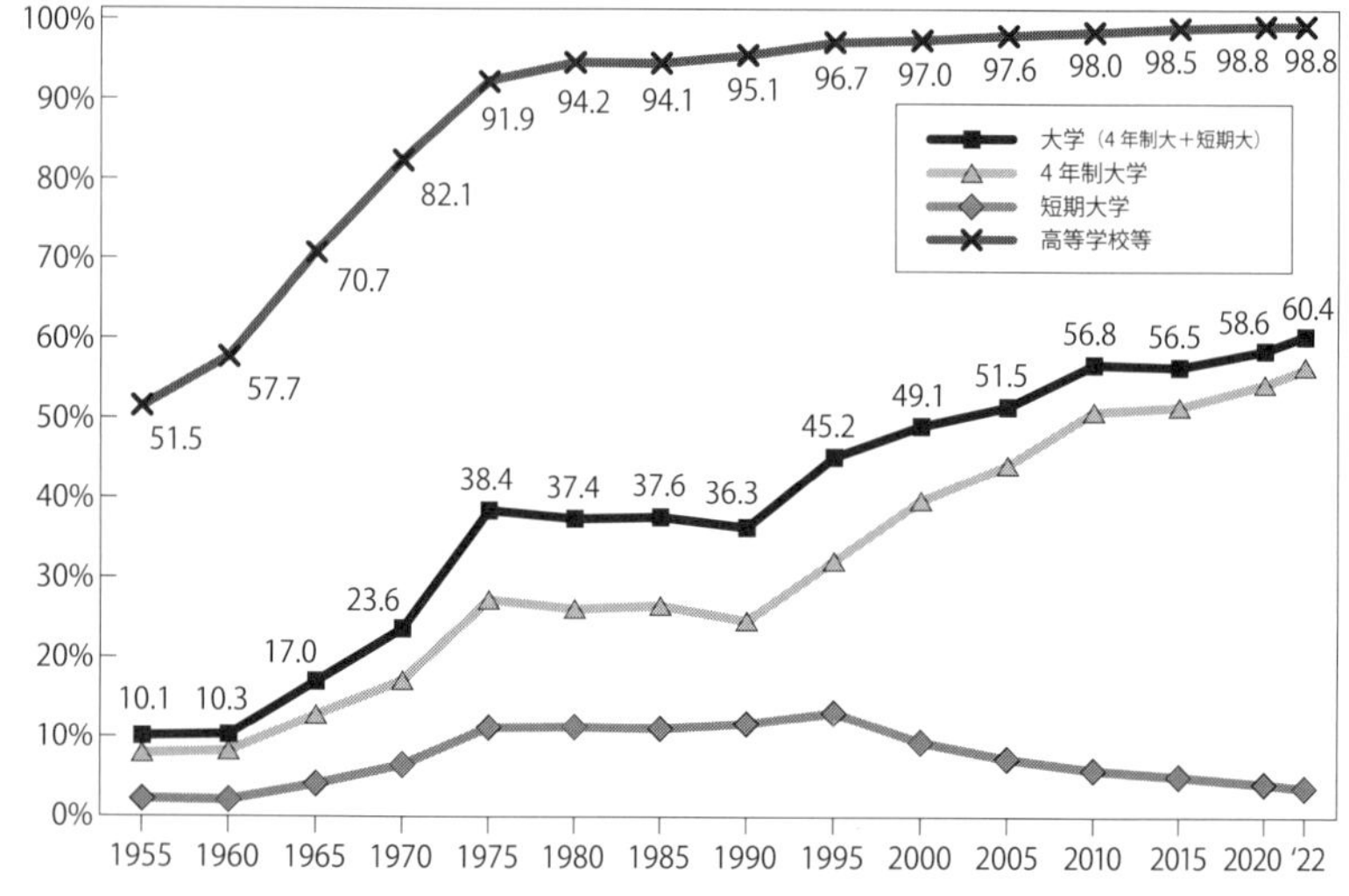

（「e-Stat 政府統計の総合窓口」を基に作成）

●子どもの人権保障の現行法体系

日本国憲法（1946.11.3）
- 基本的人権の享有（11条）
- 個人の尊重・幸福追求権（13条）
- 法の下の平等（14条）
- 生存権（25条）
- 教育権（26条）
- 児童酷使の禁止（27条）

国際連合
- 世界人権宣言（1948.12.10）
- 子どもの権利宣言（1959.11.20）
- 国際人権規約（1966.12.16）
- 知的障害者の権利宣言（1971.12.10）
- 障害者の権利宣言（1975.12.9）
- 子どもの権利条約（1989.11.20）
- 障害者の権利に関する条約（2006.12.13）
- 児童の売買、児童買春及び児童ポルノに関する児童の権利に関する条約の選定議定書（2000.5.25）

ユネスコ・学習権宣言（1985.3.19～29）

IPA・子どもの遊ぶ権利宣言（1977.11.11）

児童憲章（51・5・5）

教育基本法（06・12・22・法120）

児童福祉法（一～三条、47・12・12・法164）

教育保障
- 学校教育法（1947.3.31.法26）
- 社会教育法（1949.6.10.法207）
- 義務教育費国庫負担法（1952.8.8.法303）
- 高等学校の定時制教育及び通信教育振興法（1953.8.18.法238）
- へき地教育振興法（1954.6.1.法143）
- 教科書無償措置法（1963.12.21.法182）
- 教科書バリアフリー法（2008.6.18.法81）
- 私立学校振興助成法（1975.7.11.法61）
- 独立行政法人日本スポーツ振興センター法（2002.12.13.法162）
- 認定こども園法（2006.6.15.法77）

医療（健康保持増進）保障
- 二十歳未満ノ者ノ喫煙ノ禁止ニ関スル法律（1900.3.7.法33）
- 二十歳未満ノ者ノ飲酒ノ禁止ニ関スル法律（1922.3.30.法20）
- 予防接種法（1948.6.30.法68）
- 母体保護法（1948.7.13.法156）
- 学校給食法（1954.6.3.法160）
- 学校保健安全法（1958.4.10.法56）
- 母子保健法（1965.8.18.法141）
- 健康増進法（2004.8.2.法103）
- 成育推進法（2018.12.14.法104）

障害者保障
- 身体障害者福祉法（1949.12.26.法283）
- 特別支援学校への就学奨励に関する法律（1954.6.1.法144）
- 知的障害者福祉法（1960.3.31.法37）
- 障害者の雇用の促進等に関する法律（1960.7.25.法123）
- 特別児童扶養手当等の支給に関する法律（1964.7.2.法134）
- 障害者基本法（1970.5.21.法84）
- 発達障害者支援法（2004.12.10.法167）

生活保障
- 生活保護法（1950.5.4.法144）
- 社会福祉法（1951.3.29.法45）
- 児童扶養手当法（1961.11.29.法238）
- 母子及び寡婦福祉法（1964.7.1.法129）
- 児養手当法（1971.5.27.法73）
- 子ども・子育て支援法（2012.8.22.法65）
- 子どもの貧困対策の推進に関する法律（2013.6.26.法64）
- こども家庭庁設置法（2022.6.22.法75）
- こども基本法（2022.6.22.法77）

少年福祉
- 児童福祉法（1947.12.12.法164）
- 少年法（1948.7.15.法168）
- 少年院法（1948.7.15.法169）
- 子ども・若者育成支援推進法（2009.7.8.法71）

その他
- 民法（1896.4.27.法89）（1898.6.21.法9）
- 労働基準法（1947.4.7.法49）
- 風適法（1948.7.10.法122）
- 勤労青少年福祉法（1970.5.25.法98）
- スポーツ基本法（2011.6.24.法78）

●現行法律における子どもの年齢区分

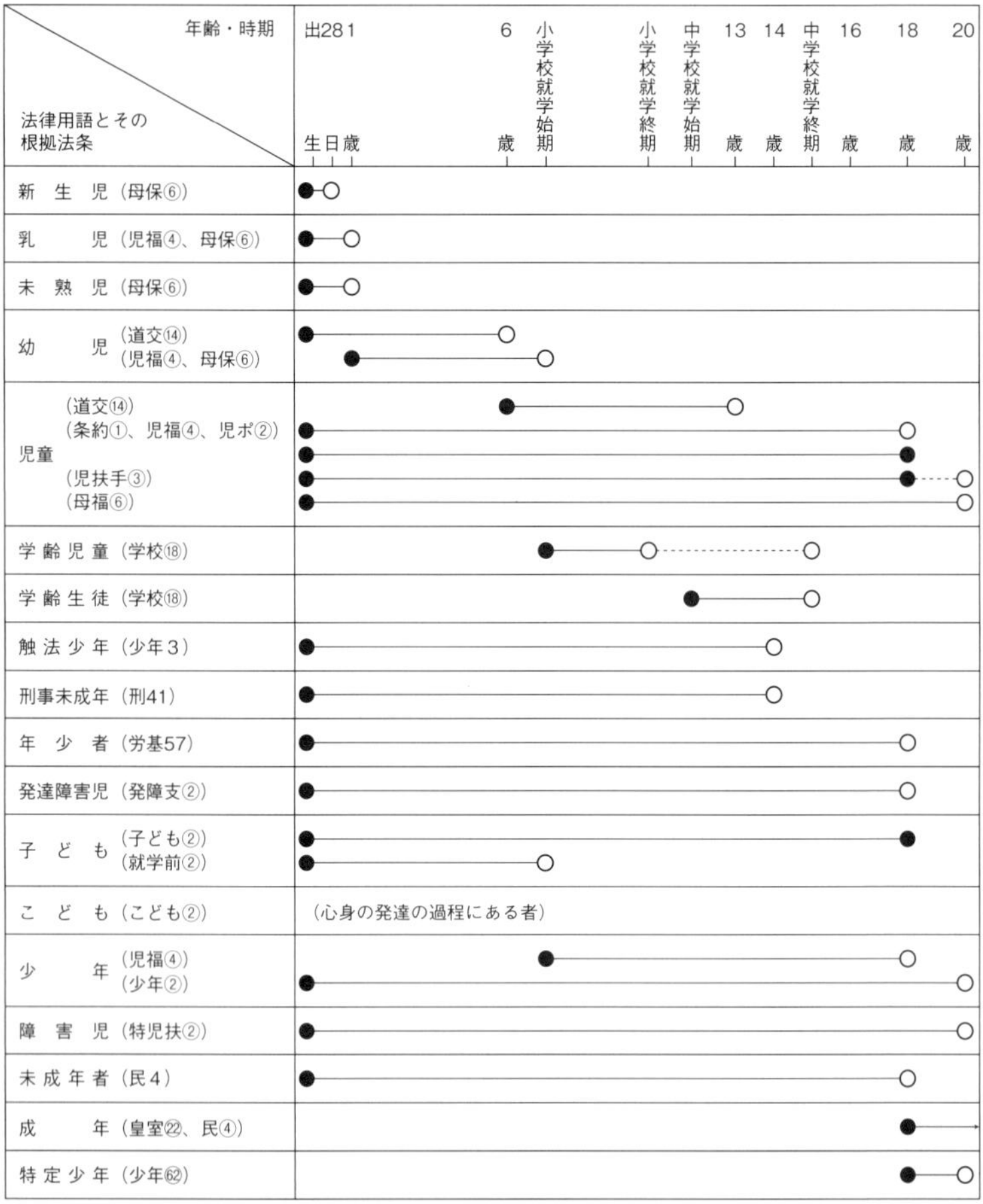

（注１）●は当該年齢等を含み、○は含まない。…は例外的な場合を示す。

（注２）上記の法律用語の根拠法の名称は、下記の法律の略称を用いた。また数字は条文を示し、数字に○印のあるものは、その条文で用語の年齢区分の定義を行なっていることを示す。
○母子保健法(1965.8.18法 141)　○児童福祉法(1947.12.12法 164)　○道路交通法(1960.6.25法 105)　○児童扶養手当法(1961.11.29法 73)　○母子及び寡婦福祉法(1964.7.1法 129)　○児童の権利に関する条約(1994.5.16条約 2)　○児童買春、児童ポルノに係る行為等の規制及び処罰並びに児童の保護等に関する法律(1999.5.26法 52)　○児童手当法(1971.5.27法 73)　○学校教育法(1947.3.31法 26)　○少年法(1948.7.15法 168)　○刑法(1907.4.25法 45)　○労働基準法(1947.4.7法 49)　○子どもの読書活動の推進に関する法律(2001.12.12法 154)　○特別児童扶養手当等の支給に関する法律(1964.7.2法 134)　○民法(1896.4.27法 89)　○皇室典範(1947.1.16法 3)　○発達障害者支援法(2004.12.10法 167)　○就学前の子どもに関する教育、保育等の総合的な提供の推進に関する法律(2006.6.15法 77)　○こども基本法(2022.6.22法 77)

●学校教育制度図（戦前と現在）

文部省　1981
『学制百年史』
『わが国の教育水準』

〈戦前〉
1919（大正8）年

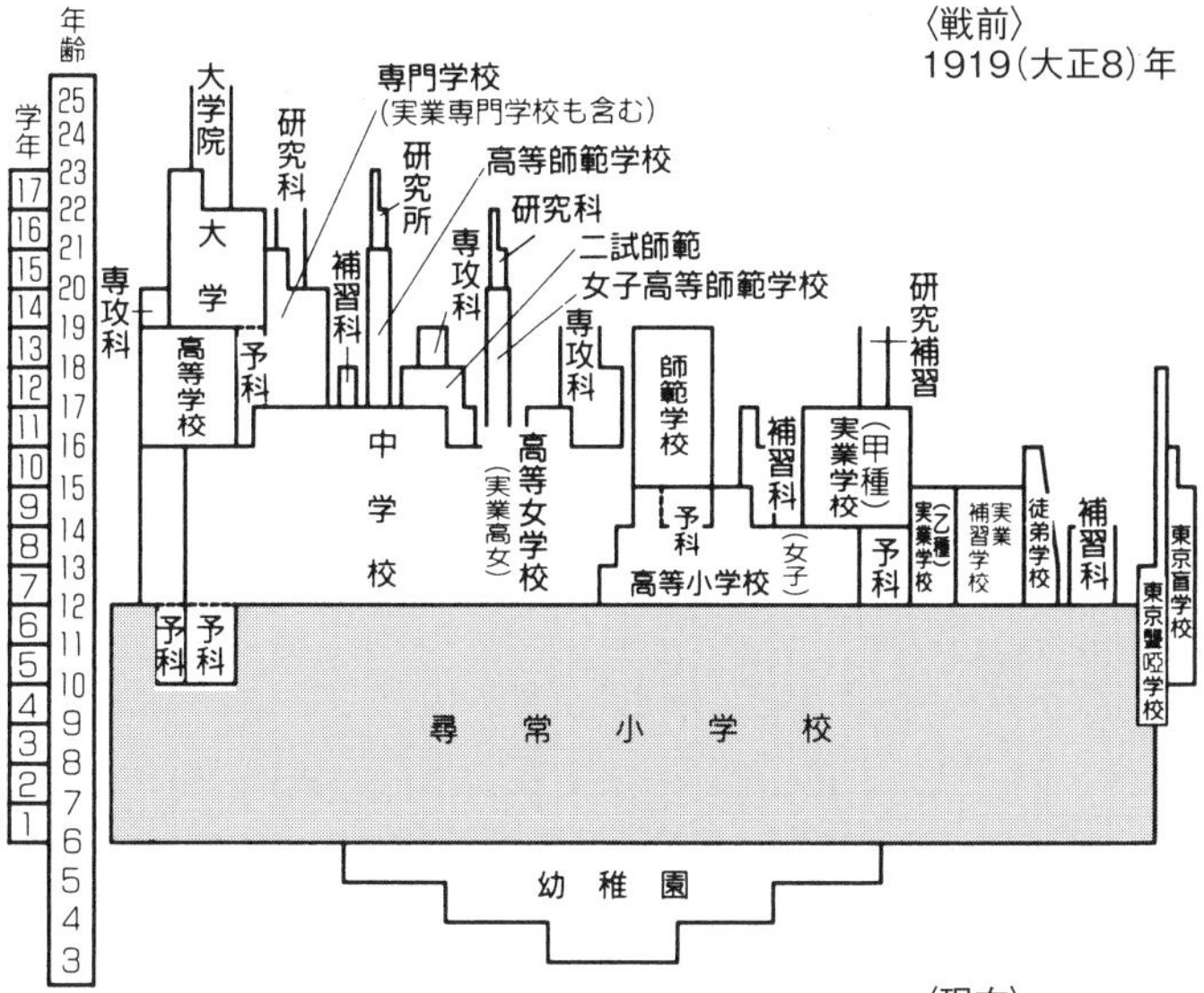

〈現在〉
2024（令和6）年現在

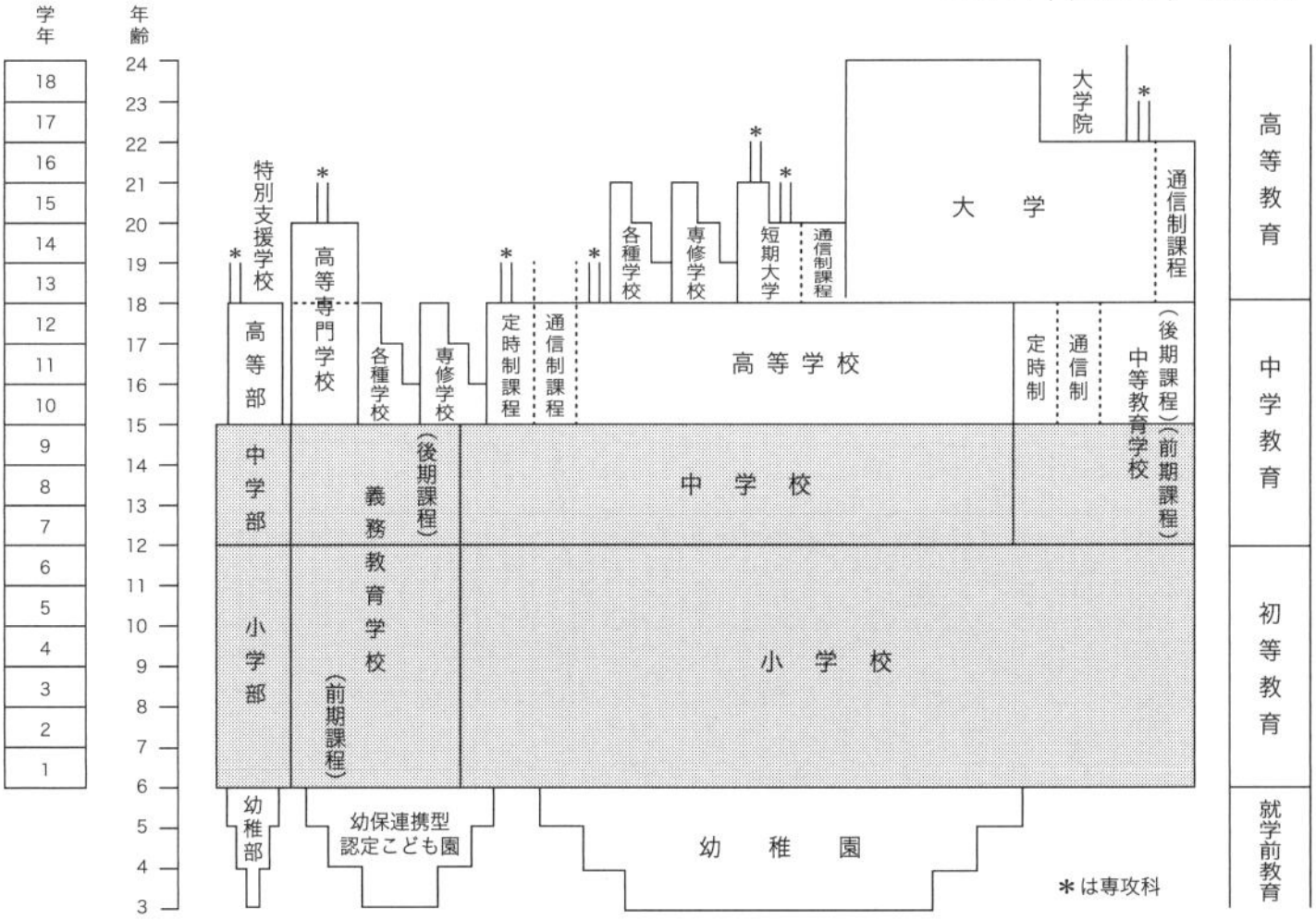

●諸外国の学校教育制度図

アメリカ合衆国

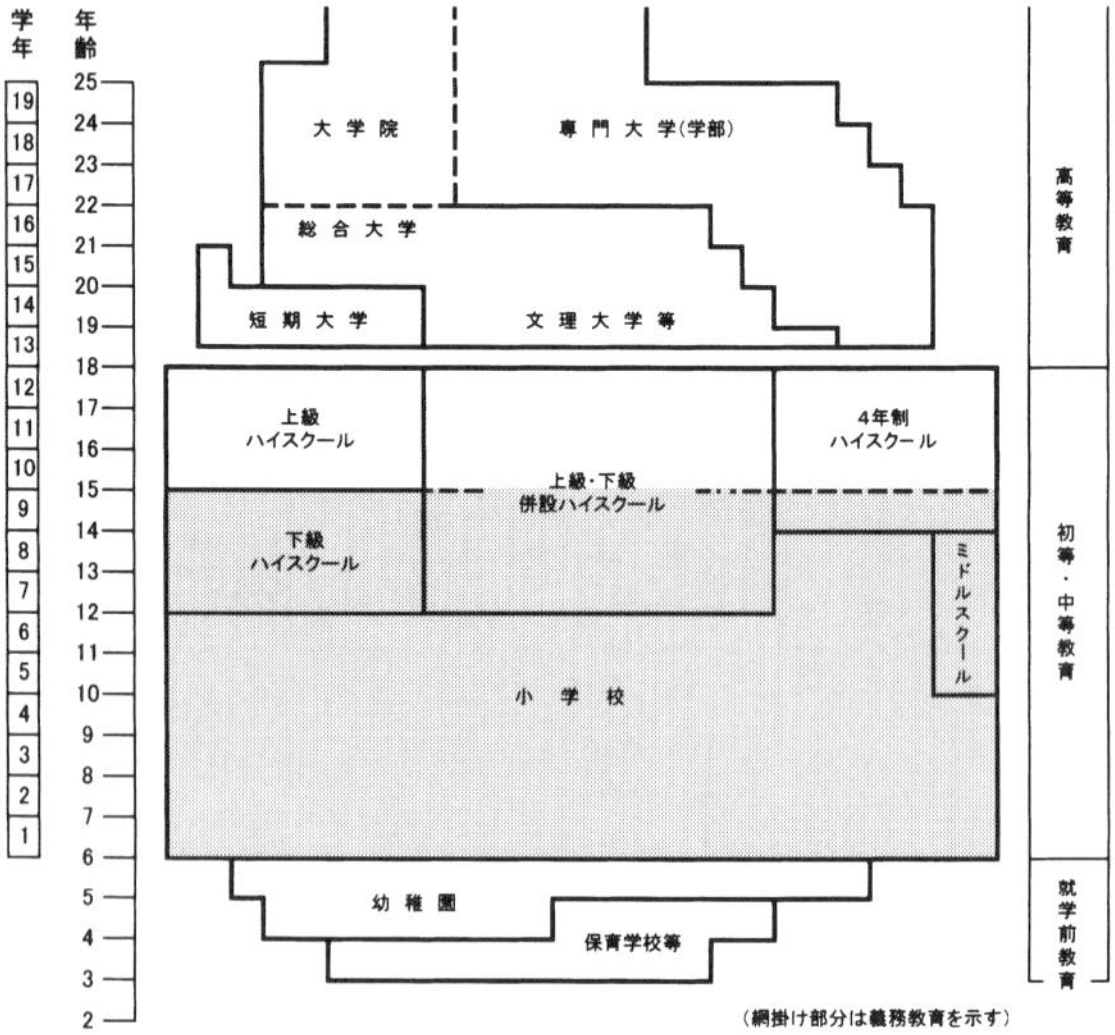

（網掛け部分は義務教育を示す）

イギリス

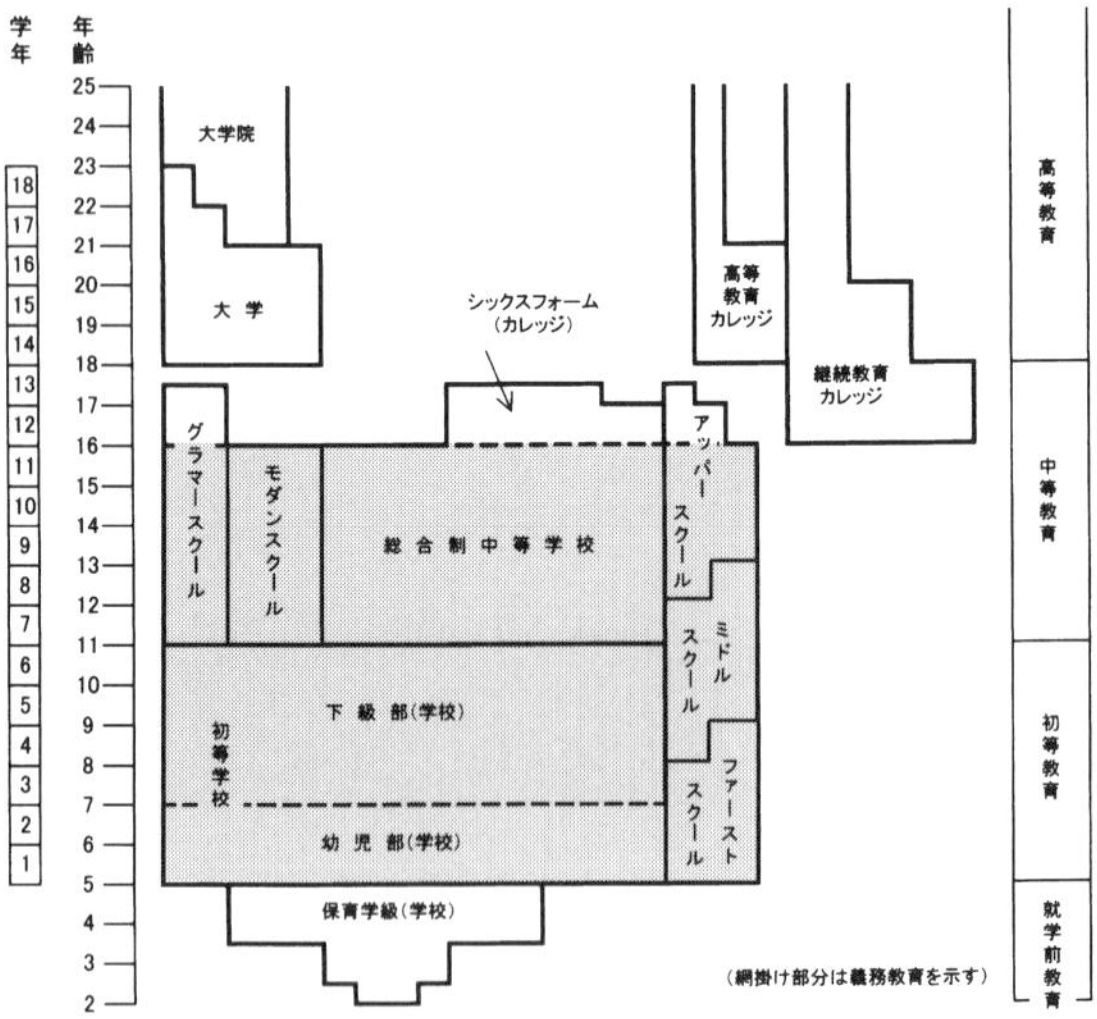

（網掛け部分は義務教育を示す）

フランス

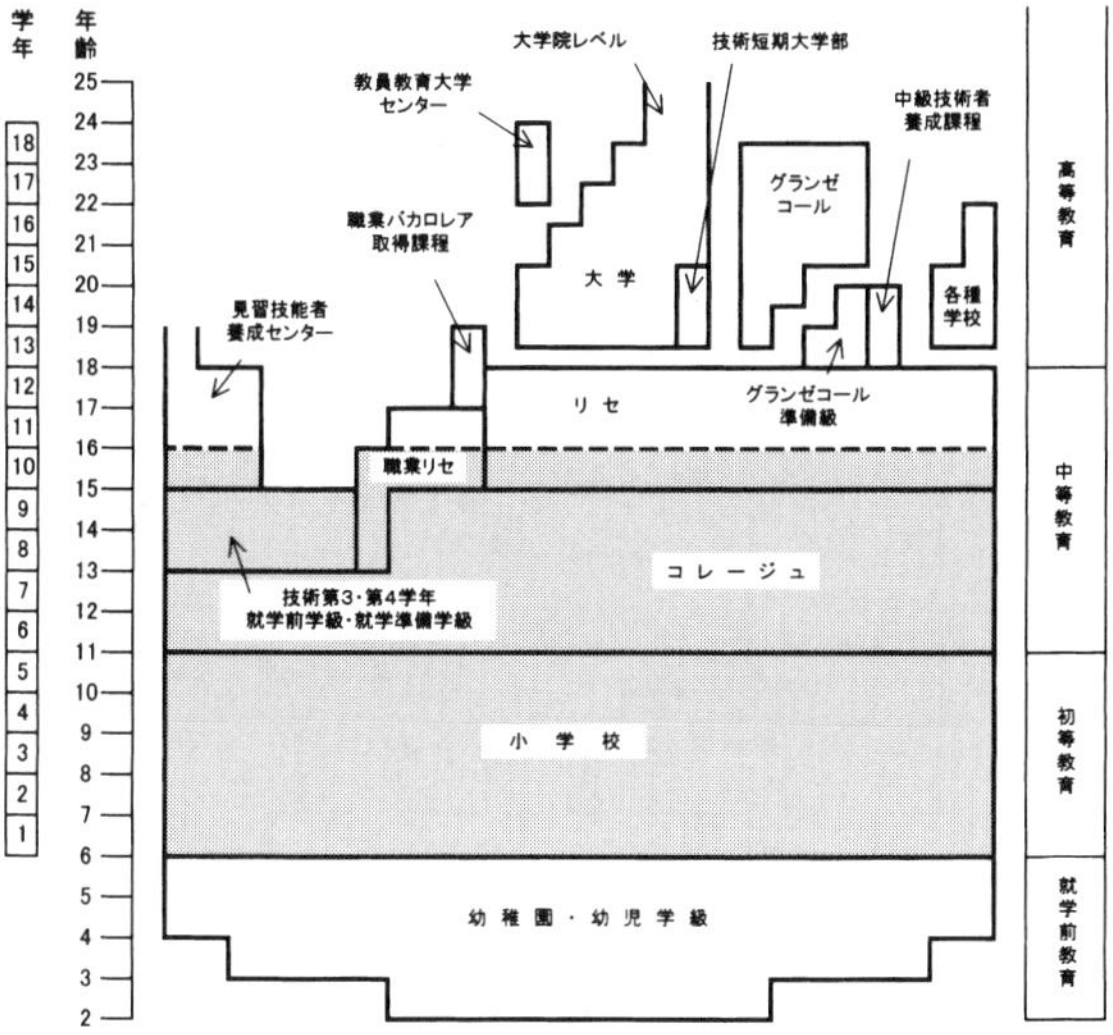

（網掛け部分は義務教育を示す）

ドイツ

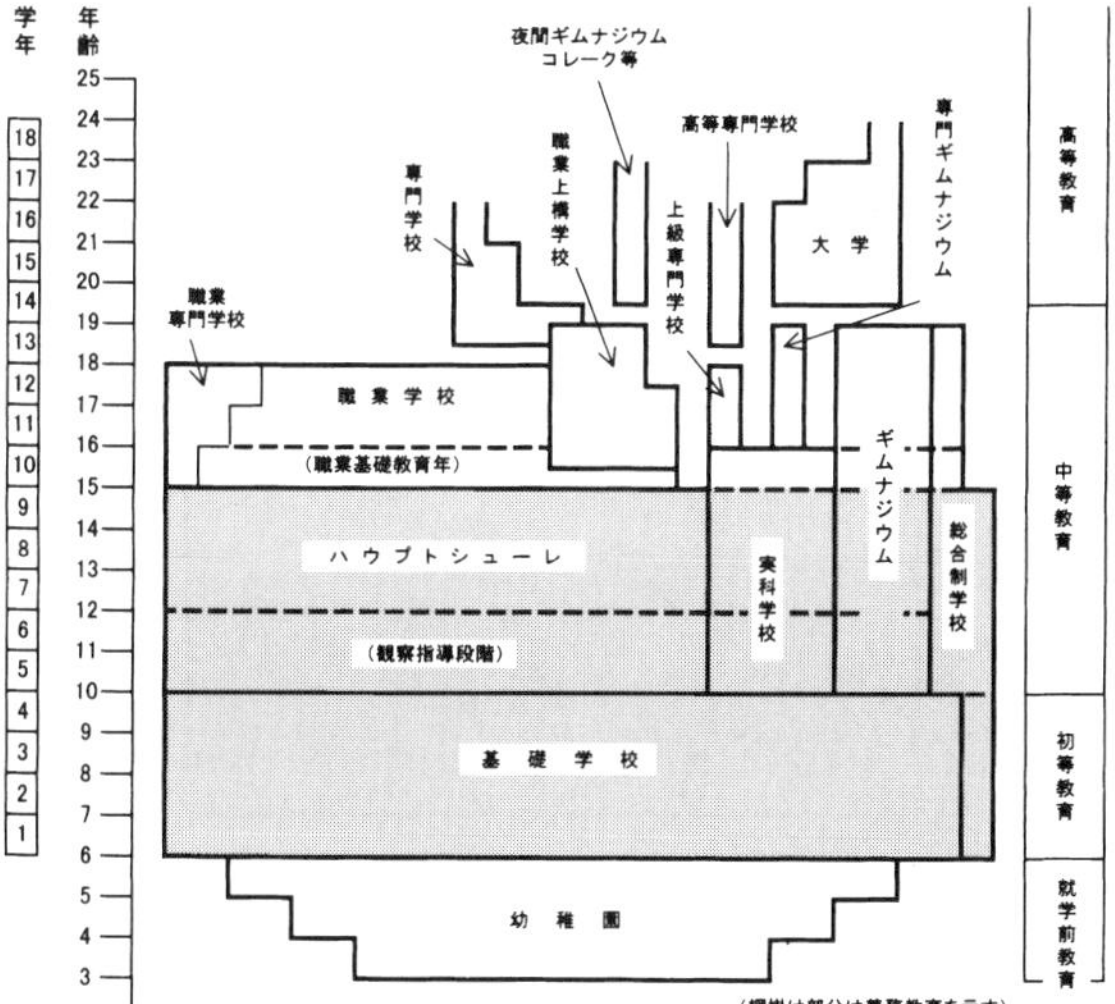

（網掛け部分は義務教育を示す）

ロシア連邦

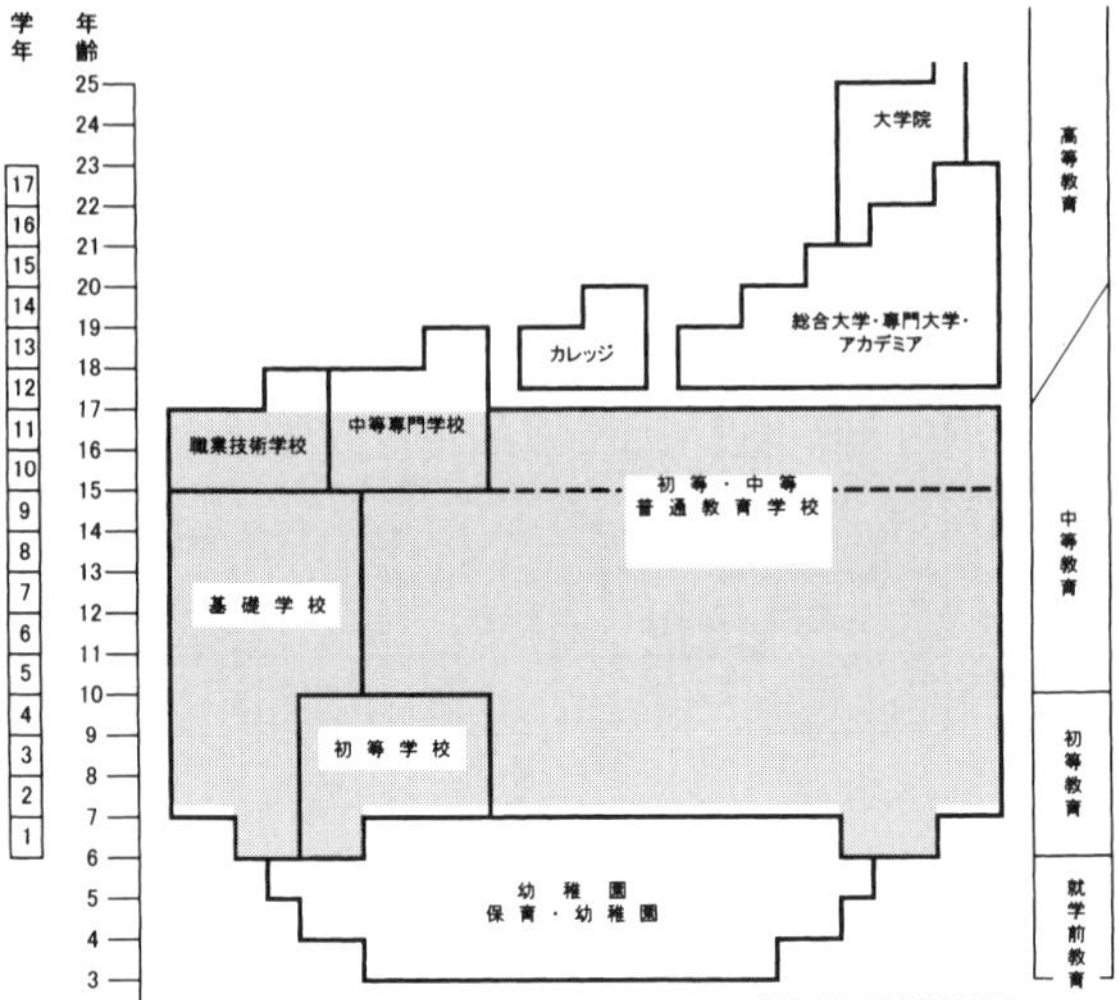

（網掛け部分は義務教育を示す）

中国

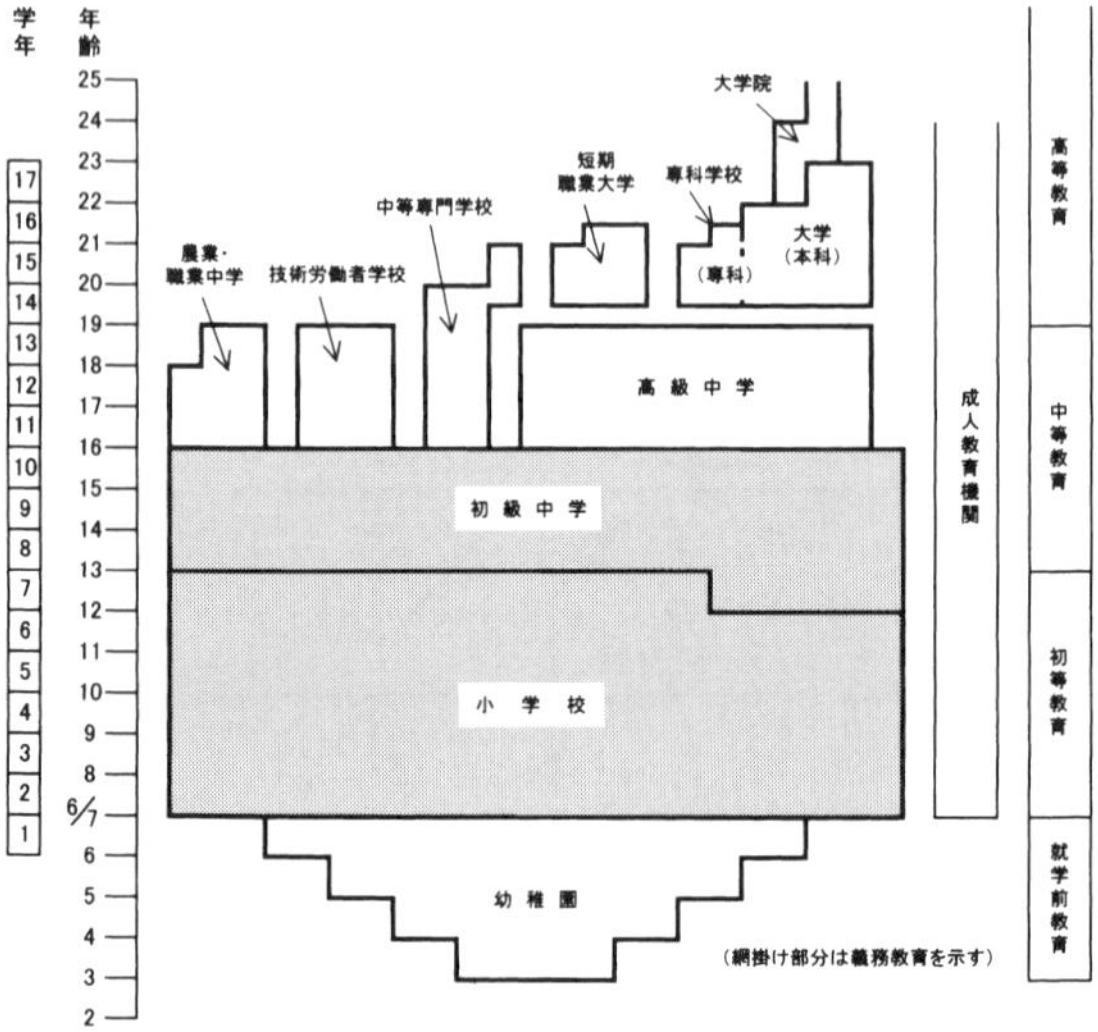

（網掛け部分は義務教育を示す）

韓　国

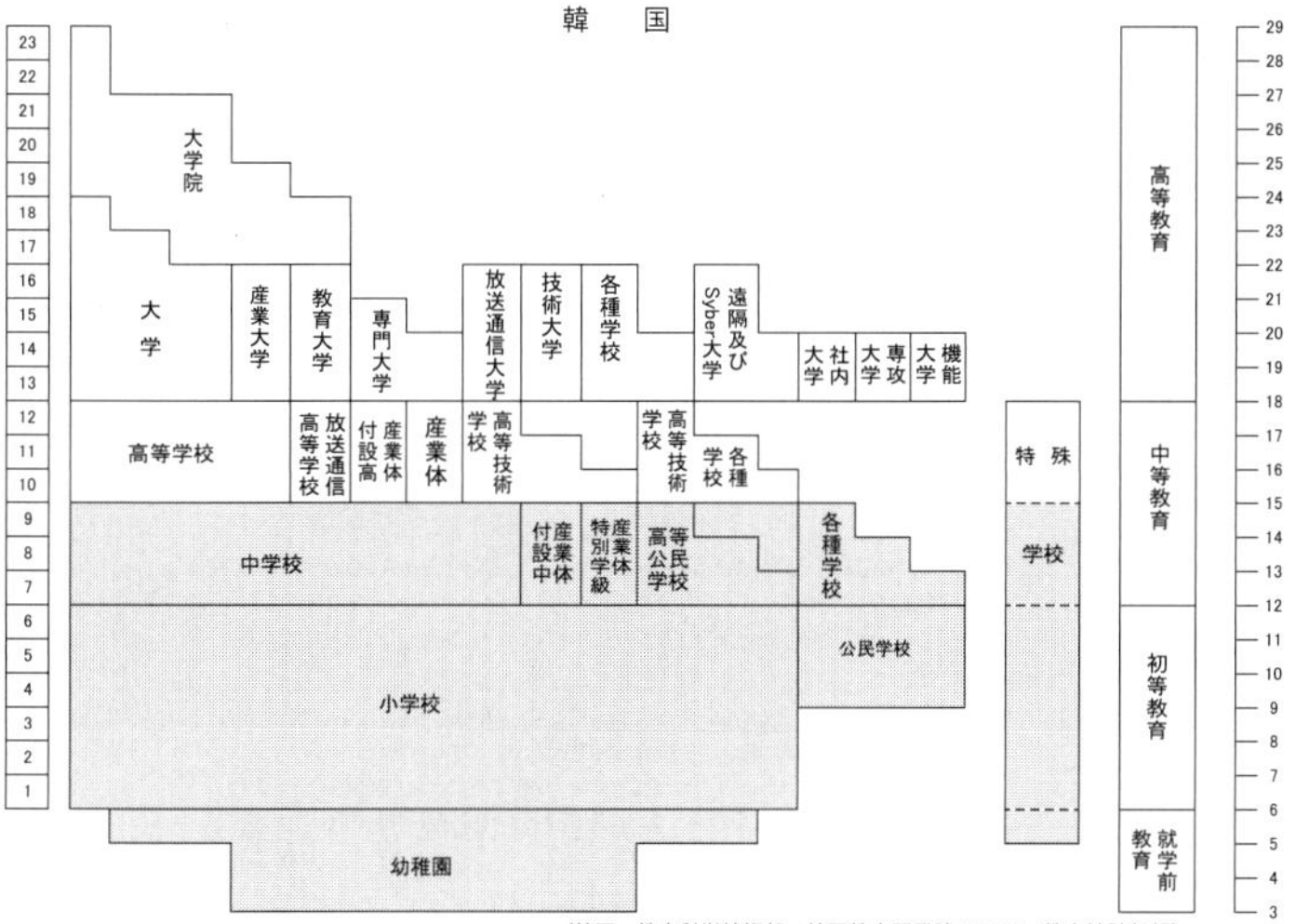

（韓国　教育科学技術部・韓国教育開発院（2011）、教育統計年報）

（網掛け部分は義務教育を示す）

フィンランド

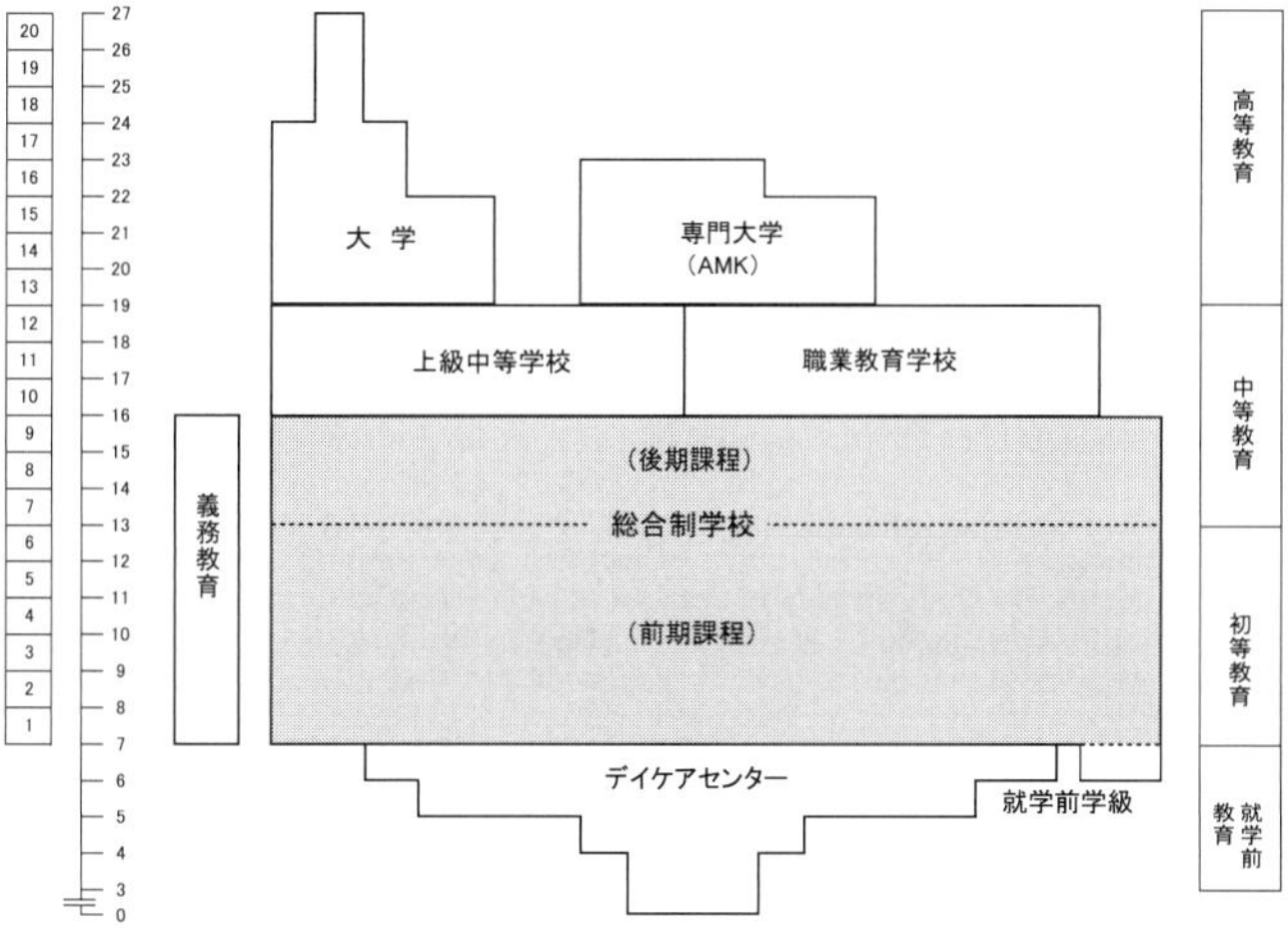

（網掛け部分は義務教育を示す）

of expression are guaranteed.

No censorship shall be maintained, nor shall the secrecy of any means of communication be violated.

Article 22. Every person shall have freedom to choose and change his residence and to choose his occupation to the extent that it does not interfere with the public welfare.

Freedom of all persons to move to a foreign country and to divest themselves of their nationality shall be inviolate.

Article 23. Academic freedom is guaranteed.

Article 24. Marriage shall be based only on the mutual consent of both sexes and it shall be maintained through mutual cooperation with the equal rights of husband and wife as a basis.

With regard to choice of spouse, property rights, inheritance, choice of domicile, divorce and other matters pertaining to marriage and the family, laws shall be enacted from the standpoint of individual dignity and the essential equality of the sexes.

Article 25. All people shall have the right to maintain the minimum standards of wholesome and cultured living.

In all spheres of life, the State shall use its endeavors for the promotion and extension of social welfare and security, and of public health,

Article 26. All people shall have the right to receive an equal education correspondent to their ability, as provided by law.

All people shall be obligated to have all boys and girls under their protection receive ordinary education as provided for by law. Such compulsory education shall be free.

Article 27. All people shall have the right and the obligation to work.

Standards for wages, hours, rest and other working conditions shall be fixed by law.

Children shall not be exploited.

Article 28. The right of workers to organize and to bargain and act collectively is guaranteed.

Article 29. The right to own or to hold property is inviolable.

Property rights shall be defined by law, in conformity with the public welfare.

Private property may be taken for public use upon just compensation therefor.

Article 30. The people shall be liable to taxation as provided by law.

Article 31. No person shall be deprived of life or liberty, nor shall any other criminal penalty be imposed, except according to procedure established by law.

Article 32. No person shall be denied the right of access to the courts.

Article 33. No person shall be apprehended except upon warrant issued by a competent judicial officer which specifies the offense with which the person is charged, unless he is apprehended, the offense being committed.

Article 34. No person shall be arrested or detained without being at once informed of the charges against him or without the immediate privilege of counsel; nor shall he be detained without adequate cause; and upon demand of any person such cause must be immediately shown in open court in his presence and the presence of his counsel.

Article 35. The right of all persons to be secure in their homes, papers and effects against entries, searches and seizures shall not be impaired except upon warrant issued for adequate cause and particularly describing the place to be searched and things to be seized, or except as provided by Article 33.

Each search or seizure shall be made upon separate warrant issued by a competent judicial officer.

Article 36. The infliction of torture by any public officer and cruel punishments are absolutely forbidden.

Article 37. In all criminal cases the accused shall enjoy the right to a speedy and public trial by an impartial tribunal.

He shall be permitted full opportunity to examine all witnesses, and he shall have the right of compulsory process for obtaining witnesses on his behalf at public expense.

At all times the accused shall have the assistance of competent counsel who shall, if the accused is unable to secure the same by his own efforts, be assigned to his use by the State.

Article 38. No person shall be compelled to testify against himself.

Confession made under compulsion, torture or threat, or after prolonged arrest or detention shall not be admitted in evidence.

No person shall be convicted or punished in cases where the only proof against him is his own confession.

THE CONSTITUTION OF JAPAN　(日本国憲法 1946)

We, the Japanese people, acting through our duly elected representatives in the National Diet, determined that we shall secure for ourselves and our posterity the fruits of peaceful cooperation with all nations and the blessings of liberty throughout this land, and resolved that never again shall we be visited with the horrors of war through the action of government, do proclaim that sovereign power resides with the people and do firmly establish this Constitution. Government is a sacred trust of the people, the authority for which is derived from the people, the powers of which are exercised by the representatives of the people, and the benefits of which are enjoyed by the people. This is a universal principle of mankind upon which this Constitution is founded. We reject and revoke all constitutions, laws, ordinances, and rescripts in conflict herewith.

We, the Japanese people, desire peace for all time and are deeply conscious of the high ideals controlling human relationship, and we have determined to preserve our security and existence, trusting in the justice and faith of the peace-loving peoples of the world. We desire to occupy an honored place in an international society striving for the preservation of peace, and the banishment of tyranny and slavery, oppression and intolerance for all time from the earth. We recognize that all peoples of the world have the right to live in peace, free from fear and want.

We believe that no nation is responsible to itself alone, but that laws of political morality are universal; and that obedience to such laws is incumbent upon all nations who would sustain their own sovereignty and justify their sovereign relationship with other nations.

We, the Japanese people, pledge our national honor to accomplish these high ideals and purposes with all our resources.

CHAPTER I. THE EMPEROR

Article 1. The Emperor shall be the symbol of the State and of the unity of the people, deriving his position from the will of the people with whom resides sovereign power.

Article 2. The Imperial Throne shall be dynastic and succeeded to in accordance with the Imperial House Law passed by the Diet

Article 3. The advice and approval of the Cabinet shall be required for all acts of the Emperor in matters of state, and the Cabinet shall be responsible therefor.

Article 4. The Emperor shall perform only such acts in matters of state as are provided for in this Constitution and he shall not have powers related to government.

The Emperor may delegate the performance of his acts in matters of state as may be provided by law.

CHAPTER II. RENUNCIATION OF WAR

Article 9. Aspiring sincerely to an international peace based on justice and order, the Japanese people forever renounce war as a sovereign right of the nation and the threat or use of force as means of settling international disputes.

In order to accomplish the aim of the preceding paragraph, land, sea, and air forces, as well as other war potential, will never be maintained. The right of belligerency of the state will not be recognized.

CHAPTER III. RIGHTS AND DUTIES OF THE PEOPLE

Article 10. The conditions necessary for being a Japanese national shall be determined by law.

Article 14. All of the people are equal under the law and there shall be no discrimination in political, economic or social relations because of race, creed, sex, social status or family origin.

Peers and peerage shall not be recognized.

No privilege shall accompany any award of honor, decoration or any distinction, nor shall any such award be valid beyond the lifetime of the individual who now holds or hereafter may receive it.

Article 19. Freedom of thought and conscience shall not be violated.

Article 20. Freedom of religion is guaranteed to all. No religious organization shall receive any privileges from the State, nor exercise any political authority.

No person shall be compelled to take part in any religious act, celebration, rite or practice.

The State and its organs shall refrain from religious education or any other religious activity.

Article 21. Freedom of assembly and association as well as speech, press and all other forms

教育年表（戦前）

年		教育		政治・社会	
一八六八	明治元	12・8	沼津兵学校・同付属小学校開設	9・8	明治と改元、一世一元の制を定める
一八六九	2	5・21	京都上京第二七番組小学校創立	6・17	版籍奉還
一八七〇	3	6・8	東京府下に小学校六校開設	1・3	大教宣布の詔勅発布
一八七一	4	7・18	文部省設置（→2001・1・6）	7・14	廃藩置県
一八七二	5	8・2	学制布告書（8・3学制頒布）	11・9	太陰暦を廃し太陽暦を採用
一八七三	6	6・30	文部省顧問の米人ダビッド・マレー来日	1・10	徴兵令発布
一八七四	7	3・20	官立学校は日曜日を休日と定める	1・17	副島種臣ら、民選議院設立建白書提出
一八七五	8	1・8	学齢を満6年から満14年までと定める	5・7	日露間の千島・樺太交換条約調印
一八七六	9	7・31	クラーク、札幌学校に着任	2・26	日朝修好条規調印
一八七七	10	4・12	東京大学創設	2・15	西郷隆盛、兵を率いて鹿児島出発（西南戦争開始）
一八七八	11	6・10	陸軍士官学校開設	12・5	参謀本部設置
一八七九	12	9・29	教育令公布（学制廃止、→80・12・28）	4・4	琉球処分（6・4 東京招魂社を靖国神社と改称）
一八八〇	13	12・28	教育令を改正（改正教育令公布）	4・5	集会条例公布
一八八一	14	6・18	小学校教員心得制定	10・12	国会開設の期を明治二三（一八九〇）年とする詔勅発布
一八八二	15	11・27	幼学綱要下賜	1・4	陸海軍軍人に賜はりたる勅諭（軍人勅諭）下賜
一八八三	16	7・31	教科書認可制度を実施	11・28	鹿鳴館開館式
一八八四	17	8・13	中学校師範学校教員免許規程制定	5・26	兌換銀行券条例制定
一八八五	18	12・22	森有礼、初代文部大臣に就任（→89・2・11暗殺）	12・22	伊藤博文内閣成立（内閣制度発足）
一八八六	19	4・10	師範学校令・小学校令・中学校令・諸学校通則公布	2・27	各省官制公布
一八八七	20	5・7	教科用図書検定規則制定	12・26	保安条例公布
一八八八	21	6・14	海軍兵学校官制公布	4・25	市制・町村制公布（89・4から実施）
一八八九	22	10・9	文部省、教員・学生生徒の政務に関する討論を禁止	2・11	大日本帝国憲法発布（→90・11・29）
一八九〇	23	10・30	教育ニ関スル勅語渙発（→48・6・19）	11・29	第一回帝国議会開会式
一八九一	24	6・17	小学校祝日大祭日儀式規程制定	12・18	足尾鉱毒問題起こる
一八九二	25	7・11	尋常師範学校の学科及其程度改定（四月学年制採用）	11・1	『万朝報』創刊
一八九三	26	11・20	実業補習学校規程公布	4・14	出版法・版権法公布
一八九四	27	6・25	高等学校令公布	8・1	日清戦争始まる（宣戦布告）
一八九五	28	1・29	高等女学校規程制定	4・17	日清講和条約調印

西暦	年	月日	事項	月日	事項
一八九六	明治29	2・4	貴族院、小学校修身教科書の国費編纂を建議	3・31	台湾総督府条例公布
一八九七	30	5・4	地方視学設置	2・5	八幡製鉄所建設開始
一八九八	31	7・28	台湾公学校令公布	7・16	民法全編施行
一八九九	32	10・20	小学校教育費国庫補助法公布	10・2	普通選挙期成同盟会結成
一九〇〇	33	4・―	文部省、修身教科書調査委員会設置	3・10	治安警察法公布
一九〇一	34	1・12	小学校教科書採択不正防止のため小学校令施行規則改正	5・20	安部磯雄ら、社会民主党結成（即日禁止）
一九〇二	35	12・―	教科書疑獄事件起こる（12・17検挙開始）	1・30	日英同盟協約調印
一九〇三	36	4・13	国定教科書制度成立（小学校令改正）	11・15	幸徳秋水ら、平民社を設立し『平民新聞』を創刊
一九〇四	37	4・―	小学校国定教科書使用開始	2・10	日露戦争始まる
一九〇五	38	8・25	東京帝大教授戸水寛人を休職処分（戸水事件）	8・12	日英同盟協約調印
一九〇六	39	3・20	東京・上野の帝国図書館開館	6・1	樺太北緯50度以南を露国から受領
一九〇七	40	3・21	義務教育年限を6年に延長（小学校令改正、翌年4月実施）	2・4	足尾銅山ストライキ
一九〇八	41	9・5	文部省、教科用図書調査委員会設置	10・13	戊申詔書発布
一九〇九	42	4・7	東京盲学校設置	10・26	伊藤博文、ハルビンで暗殺
一九一〇	43	7・21	理科教科書を国定に追加	5・25	大逆事件検挙開始（6・1幸徳秋水逮捕、8・22日韓併合条約調印）
一九一一	44	2・4	南北朝正閏問題起こる	3・29	工場法公布
一九一二	大正元	3・28	朝鮮公立小学校教官制等公布	12・19	憲政擁護大会開催（第一次護憲運動、→24・1・10）
一九一三	2	7・16	三学級二教員制を認め、兵式体操を教練と改正	2・20	山本権兵衛内閣成立
一九一四	3	1・14	京都帝大で沢柳事件起こる	7・28	第一次世界大戦起こる
一九一五	4	1・27	公立学校職員分限令公布	5・25	二一カ条の日華条約調印
一九一六	5	11・11	学校衛生会規則制定	1・―	吉野作造、民本主義の論文発表
一九一七	6	9・21	臨時教育会議設置（12・15兵式体操振興建議）	11・7	ソビエト政権成立（ロシア一〇月革命）
一九一八	7	3・27	市町村義務教育費国庫負担法公布	8・2	政府、シベリア出兵宣言
一九一九	8	8・4	下中弥三郎、啓明会結成（初の教員組合）	6・28	対独講和条約（ベルサイユ平和条約）
一九二〇	9	1・13	東京帝大で森戸事件起こる	1・10	国際連盟発足（規約発効→33・3・27、→45・10・24）
一九二一	10	4・―	大学・高等学校の学年開始を9月から4月に改める	4・12	尺貫法を改めメートル法を採用（24・7・1施行）
一九二二	11	9・18	女教師の産前産後の休養を認める	7・15	日本共産党結成（非合法）
一九二三	12	5・19	帝国連合教育会、義務教育八年延長案を決定	11・10	国民精神作興に関する詔書発布
一九二四	13	4・10	野口援太郎ら、池袋児童の村を創設	1・10	第二次護憲運動起こる
一九二五	14	4・13	陸軍現役将校学校配属令公布（→45・11・5廃止）	4・22	治安維持法公布（3・22ＮＨＫラジオ放送開始）
一九二六	昭和元	5・18	新潟県木崎村小作争議により小学校児童同盟休校	4・9	労働争議調停法公布
一九二七	2	4・29	大日本連合女子青年団創立	3・15	金融恐慌起こる

年	教育	政治・社会
一九二八 昭和3	10・30 文部省、学生課を設置（思想問題で指導・監督等）	8・27 パリ不戦条約調印
一九二九 4	6・― 北方教育社結成（東北地方の綴方運動始まる）	10・24 ニューヨーク株式市場大暴落（世界的大恐慌始まる）
一九三〇 5	8・19 新興教育研究所設立	4・22 ロンドン海軍軍縮条約調印（11・14浜口雄幸首相、東京駅ホームで狙撃され重傷）（31・4・16首相辞職、8・26死去）
一九三一 6	1・10 中学校、師範学校の法制及経済を改め公民科を設置	9・18 満州事変起こる（柳条湖事件）
一九三二 7	8・23 国民精神文化研究所設置	3・1 満州国建国宣言
一九三三 8	5・26 京大・滝川事件起こる（政府、滝川幸辰教授休職発令）	3・27 日本、国際連盟を脱退（→56・12・18）
一九三四 9	6・1 文部省、思想局設置	12・29 ワシントン海軍軍縮条約廃棄（日本の国際的孤立化）
一九三五 10	4・1 青年学校令公布（実業補習学校・青年訓練所廃止）	12・9 ロンドン第二次軍縮会議開催
一九三六 11	7・4 文部省、義務教育八年制実施計画要綱決定	11・25 日独防共協定調印
一九三七 12	5・31 文部省編『国体の本義』刊行	7・7 日中戦争始まる（蘆溝橋事件）
一九三八 13	6・9 集団的勤労作業運動実施通達（勤労動員始まる）	4・1 国家総動員法公布
一九三九 14	5・22 青少年学徒ニ賜ハリタル勅語下賜（→48・6・19失効・廃止）	9・3 英仏、対独宣戦布告（第二次世界大戦勃発）
一九四〇 15	4・― 壮丁教育思想調査開始	8・1 政府、基本国策要綱を発表（大東亜新秩序・国防国家建設）
一九四一 16	3・1 国民学校令公布	12・8 アジア・太平洋戦争起こる（日本軍、ハワイ真珠湾を攻撃）
一九四二 17	8・21 閣議、中・高等学校等の学年短縮案要綱決定	2・20 朝鮮人内地移入斡旋要綱 6・5 ミッドウェー海戦
一九四三 18	4・1 師範学校、中等学校で国定教科書使用	2・7 日本軍、ガダルカナル島撤退
一九四四 19	2・16 国民学校令等戦時特例公布（義務教育八年制を停止）	2・25 閣議、決戦非常措置要綱決定
一九四五 20	3・6 国民勤労動員令公布（国民徴用令等5勅令を廃止・統合） 3・18 閣議、決戦教育措置要綱を決定（国民学校初等科を除き、学校における授業を4月から1年間停止とする） 5・5 教育義勇隊結成式（於：一ツ橋教育会館） 5・17 九州大学医学部解剖学実習室で米軍捕虜の生体解剖（→48・3・11横浜軍事法廷で九大関係5人に絞首刑が言い渡されるが2年後マッカーサーの再審減刑で絞首刑を免れる） 5・22 戦時教育令公布（学校・地域毎に学徒隊を組織、10・5廃止） 7・11 文部省官制改正（体育局を廃止し、学徒動員局を設置） 8・15 文部省、太平洋戦争終結ニ際シ渙発シ賜ヘル大詔ノ聖旨奉戴方について訓令	3・10 米軍B29、東京を大空襲（約10万人の焼死者） 6・23 沖縄守備隊、全滅し沖縄で組織的戦闘終了 7・26 米英華、ポツダム宣言発表（7・28鈴木首相、黙殺・談話） 8・6 米軍B29、広島に原子爆弾投下（20数万人の死者） 8・8 ソ連、対日宣戦布告 8・9 米軍B29、長崎に原子爆弾投下 8・10 御前会議、国体護持を条件にポツダム宣言受諾を決定。政府、中立国スウェーデン・スイスを通じ、連合国に申し入れ 8・14 ポツダム宣言受諾。天皇、戦争終結に関する詔書を録音 8・15 米軍機、未明に秋田市、伊勢崎市、熊谷市、小田原市などに第二次世界大戦「最後の空襲」

戦後教育年表

教育法

1945(昭和20)年	
10・5	戦時教育令廃止
10・22	GHQ、「日本教育制度ニ対スル管理政策ニ関スル件」（軍国主義教育禁止）指令
10・30	GHQ、「教員及ビ教育関係官ノ調査、除外、認可ニ関スル件」指令
12・15	GHQ、「国家神道、神社神道ニ対スル政府ノ保証、支援、保全、監督並ニ弘布ノ廃止ニ関スル件」指令（神道指令）
12・31	GHQ、「修身、日本歴史及ビ地理停止ニ関スル件」指令

1946(昭和21)年	
2・21	田中耕太郎文部省学校教育局長、「教育勅語は自然法ともいうべきもの」と訓示
3	日本教育家の委員会「教育勅語ニ関スル意見」発表
5・7	教職員追放令公布
6・27	文相、教育根本法の制定を示唆
9・5	文部省、教育勅語奉読廃止を通達
9・21	文部省、教育基本法要綱案作成
9・27	労働関係調整法公布
10・9	文部省、「君が代」合唱・御真影奉拝に関する式次第の規定を削除（↓50・10・17）
11・29	教刷委、「教育の理念及び教育基本法に関すること」採択

教育

1945(昭和20)年	
8・15	文部省、「終戦に関する件」訓令
8・18	前田多門、文相就任（↓46・1・13）
9・15	文部省、「新日本建設ノ教育方針」発表
9・20	文部省、「終戦ニ伴フ教科用図書取扱方ニ関スル件」通牒（墨ぬり教科書出現）
10・15〜16	文部省、新教育方針中央講習会開催
10	文部省、公民教育刷新委員会設置（12・22答申）
12・1	全日本教員組合結成

1946(昭和21)年	
1・13	安倍能成、文相就任（↓5・22）
3・5	第一次アメリカ教育使節団来日（3・30『報告書』提出　4・7発表↓50・8・27）
4	〝パンフレット教科書〟使用開始
5・15	文部省、『新教育指針』第一分冊翻刻発行
5・22	田中耕太郎、文相就任（↓47・1・31）
6・29	GHQ、地理授業再開許可
8・10	教育刷新委員会官制公布（↓49・6・1）
9・5	文部省、国民学校用歴史教科書『くにのあゆみ』（下）発行（9・10〈上〉）
10・9	文部省、男女共学を指示
10・12	GHQ、日本歴史授業再開許可

政治・社会

1945(昭和20)年	
8・15	天皇、正午ラジオで終戦詔勅放送
8・17	東久邇稔彦内閣成立（↓10・9）
9・2	降伏文書調印（5・7独軍降伏）
9・22	米政府、「降伏後における米国の初期の対日方針」公表
10・4	GHQ、治安維持法廃止等指令
10・9	幣原喜重郎内閣成立（↓46・5・22）
10・24	国際連合発足、国際連合憲章発効（51カ国↓56・12・18）
11・16	ユネスコ憲章採択（創設は46・11・4）
12・9	GHQ、第一次農地改革指令
12・17	衆議院議員選挙法改正公布（婦人参政権）

1946(昭和21)年	
1・1	天皇、人間宣言（詔書、神格化を否定）
1・13	幣原改造内閣発足（↓5・22）
1・29	GHQ、琉球列島、小笠原群島等に日本の行政権停止覚書（↓68・4・5）
3・6	政府、憲法改正草案要綱を発表
4・10	衆院総選挙で女性参政権初行使
5・1	メーデー復活（第17回11年ぶり）
5・3	極東国際軍事裁判（東京裁判）開廷
5・19	食糧メーデー
5・22	吉田茂内閣成立（↓47・5・24）
6・18	キーナン検事、天皇は裁かないと声明
7・12	中国の全面的内戦始まる（↓49・10・1）
10・1	ニュールンベルク国際軍事裁判判決
11・3	日本国憲法公布（↓47・5・3）

	1947（昭22）年	1948（昭23）年
教育法	3・31 教育基本法公布・施行 3・31 学校教育法公布（4・1施行） 4・7 労働基準法公布 4・11 日本教育制度改革極東委員会指令 4・17 地方自治法公布 5・3 文部省「教育基本法制定の要旨について」訓令 5・23 学校教育法施行規則制定 8・2 文部省『あたらしい憲法のはなし』発行 10・21 国家公務員法公布 12・12 児童福祉法公布	1・27 高等学校設置基準制定（↓04・3・31） 6・19 衆議院「教育勅語等の排除に関する決議」、参議院「教育勅語等の失効確認に関する決議」を行なう 7・7 地方財政法公布 7・10 日本学術会議法、市町村立学校職員給与負担法・教科書の発行に関する臨時措置法公布 7・15 教育委員会法公布（↓56・6・30）少年法・少年院法公布 7・20 国民の祝日に関する法律公布（↓57・2・13、66・6・25） 7・31 昭和二十三年七月二十二日附内閣総理大臣宛連合国最高指令官書簡に基く臨時措置に関する政令（政令２０１号） 12・22 法務庁「児童懲戒権の限界について」回答（↓49・8・2、07・2・5）
教育	1・31 高橋誠一郎、文相就任（↓6・1） 2・3 文部省、学習指導要領に準拠して教科書検定を行なう、と告示 3・20 文部省、学習指導要領一般編（試案）を発行（↓51・7・10） 4・1 六・三制発足 6・1 森戸辰男、文相就任（↓48・10・19） 6・3 文部省、宮城遥拝・天皇陛下万歳斉唱とりやめを通達 6・8 日本教職員組合（日教組）結成大会 12・26 教刷委、文部省解体などを決定	2・3 文部省、教科用図書検定要領告示（↓49・2・9） 3・1 文部省、保育要領（試案）発行（↓53・11・27幼稚園教育要領と改称） 4・1 新制高等学校・定時制高等学校発足 4・30 文部省、教科用図書検定規則公布（↓77・9・22） 8・25〜31 第一回教科書展示会 9・18 全学連結成大会 10・5 第一回教育委員選挙（↓50・11・10） 10・19 下条康麿、文相就任（↓49・2・16） 10・30 文部省、高校用国定教科書『民主主義』（上）発行（下は49・8・26発行） 11・1 46都道府県および五大市、二一市一六町九村で教育委員会発足 11・12 文部省、「小学校の学籍簿について」通達（↓49・9・20）
政治・社会	1・31 GHQ、2・1ゼネストの中止命令 吉田内閣改造 4・20 第一回参議院議員選挙 5・3 日本国憲法施行（↓53・5・3） 5・24 片山哲内閣成立（↓48・3・10） 8・4 最高裁判所発足（↓73・4・4） 8・15 インド独立 10・26 改正刑法公布 12・17 警察法公布（↓54・6・8） 12・22 改正民法公布 12・31 内務省廃止	1・6 ロイヤル米陸軍長官、日本は共産主義の防壁と演説 3・10 芦田均三党連立内閣成立（↓10・15） 4・1 ベルリン封鎖始まる 5・14 イスラエル独立を宣言 5・15 第一次中東戦争勃発 6・23 昭和電工疑獄事件 8・13 大韓民国樹立宣布式（李承晩大統領） 9・9 朝鮮民主主義人民共和国樹立（金日成首相） 10・15 第二次吉田内閣成立（↓49・2・16） 11・12 東京裁判、被告25人に有罪判決（↓12・23） 12・10 国連総会、「世界人権宣言」採択 12・13 米政府、日本の反共基地化・警察隊設置を考慮と声明 12・23 東条英機らA級戦犯七名絞首刑執行

1949(昭24)年	1950(昭25)年	
1・12 教育公務員特例法公布 5・2 中学校、盲学校及びろう学校の就学義務に関する政令（4・1適用） 5・24 年齢のとなえ方に関する法律公布 5・31 文部省設置法、国立学校設置法、教育職員免許法、同施行法、文部省著作教科書の出版権等に関する法律公布 6・1 労働組合法公布 6・10 社会教育法公布 8・2 法務府、「生徒に対する体罰禁止に関する教師の心得」発表（↓07・2・5） 9・19 人事院、「政治的行為」の規則施行 12・15 私立学校法公布	3・30 盲学校及びろう学校の就学義務に関する政令（4・1適用、義務は満9歳まで、51～53年度まで1年ずつ延長） 4・3 一般職の職員の給与に関する法律公布 4・15 公職選挙法公布 4・30 図書館法公布 5・4 生活保護法公布 5・30 文化財保護法・地方財政平衡交付金法公布 11・9 京都地裁、超勤判決 12・13 地方公務員法公布	3・7 政府、国立大学管理法案・公立大学管理法案を国会提出（廃案） 3・12 社会教育法一部改正(社教主事等追加) 3・29 昭和二六年度に入学する児童に対する教科用図書の給与に関する法律公布（↓52・3・31）
2・9 文部省、「教科用図書検定基準」告示（↓58・12・12） 2・16 高瀬荘太郎、文相就任（↓50・5・6） 4・1 検定教科書使用開始 6・1 教育刷新審議会（教刷審）発足（52・6・12廃止） 7・19 イールズ声明 8・25 文部省、「中学校、高等学校の生徒指導要録について」通達 9・20 文部省、「学籍簿の名称並びにその取扱について」通達 9・29 全国教育長会議、「赤い教員追放」を決議	3・6 鉄鋼産業の教育対策委員会、「新制高等学校のあり方についての業界の意見」発表 5・6 天野貞祐、文相就任（最後の学者文相↓52・8・12） 8・27 第二次アメリカ教育使節団来日（9・22『報告書』提出） 10・17 文部省、国旗掲揚・君が代斉唱の勧告通達（↓64・2・11） 11・7 文相、全国教育長会議で修身科の復活・国民実践要領の必要を表明 11・10 第二回教育委員選挙（↓52・10・5）	1・24～25 日教組、「教え子を再び戦場に送るな」のスローガンを決定 7・10 文部省、学習指導要領一般編（試案）を改訂発行（↓58・10・1） 8・7～8 日教組、第20回中央委「教師の倫理綱領」を採択（52・6・18決定）
1・25 コメコン結成（↓91・1・5解散） 2・16 第三次吉田内閣成立（↓52・10・30） 3・7 ドッジライン明示 5・6 ドイツ連邦共和国（西独）成立 7・4 マッカーサー、日本は不敗の反共防壁となろうと声明 7・5 下山事件（7・15三鷹事件、8・17松川事件） 8・26 シャウプ使節団、税制改革勧告案発表 9・23 米政府、ソ連の原爆実験の事実公表 10・1 毛沢東、中華人民共和国成立を宣言 10・7 ドイツ民主共和国（東独）成立 12・10 湯川秀樹、ノーベル賞受賞（日本人初）	1・1 マッカーサー、日本の自衛権を強調 2・14 中ソ友好同盟相互援助条約調印 4・28 日本学術会議、戦争のための研究は行わないと決議 5・3 吉田首相、南原繁東大学長の全面講和論を曲学阿世と非難 5・6 吉田内閣一部改造 6・25 朝鮮戦争始まる（↓53・7・27） 7・8 マッカーサー、警察予備隊設置を指令 8・10 警察予備隊発足（↓52・10・15） 10・25 中国、北朝鮮を支持して参戦	1・1 マッカーサー、日本再武装の必要強調 3・10 総評、平和四原則を決定 3・24 マッカーサー、中国本土攻撃も辞せずと声明（4・11罷免される） 6・21 ILO、日本の加盟承認（7・2日本、ユネスコ加盟）

	1951(昭26)年	1952(昭27)年	1953(昭28)年
教育法	5・5 児童憲章、児童憲章宣言式で宣言 6・11 産業教育振興法公布 6・22 大学入学資格検定規程公布（↓05・1・31） 7・2 ユネスコ憲章、日本で発効 12・1 博物館法公布	2・28 琉球教育法公布（↓58・1・8） 3・27 私立学校振興会法公布（↓70・5・18） 3・31 新たに入学する児童に対する教科用図書の給与に関する法律公布（↓54・5・28） 6・21 ユネスコ活動に関する法律公布 7・31 文部省設置法大改正 8・8 義務教育費国庫負担法公布 11・1 市区町村教委全国一せい設置（総数9958）	8・5 学校教育法・教育委員会法等の一部改正法公布（教科書検定権を文相が独占） 8・8 学校図書館法・理科教育振興法・国家公務員等退職手当法公布 8・14 青年学級振興法公布 8・18 一般職職員給与法一部改正（小中・高・大の三本建給与）・高等学校の定時制教育及び通信教育振興法公布 8・21 私立学校教職員共済組合法公布 8・27 公立学校施設災害復旧費国庫負担法・公立高等学校危険建物改築促進法公布
教育	11・10〜12 日教組第一回全国教育研究大会（↓63・5・24） 11・14 天野貞祐、「国民実践要領」を発表 11・16 政令改正諮問委員会「教育制度の改革に関する答申」を決定	5・17 日本子どもを守る会結成 6・6 中央教育審議会令公布 6・18 日教組、教師の倫理綱領制定（61・5一部改正） 8・12 岡野清豪、文相就任（これ以後、党人文相となる、↓53・5・21） 8・20 文相、教員の政治活動禁止を言明 10・5 第三回教育委員選挙（↓56・6・30） 10・16 日経連教育部会、「新教育制度の再検討に関する要望」発表（↓54・12・23）	2・9 文相、漢文・地理・歴史の復活を表明 4・1 保安大学校開校（54・9防衛大学校と改称） 5・21 大達茂雄、文相就任（↓54・12・10） 6・3 山口日記事件 7・8 文部省、「教育の中立性の維持について」の次官通達（↓54・1・18） 8・8 中教審、「社会科教育の改善に関する答申」（第2回） 12 京都旭丘中学事件起こる（↓55・3・5）
政治・社会	7・10 朝鮮休戦会談始まる（↓53・7・27） 9・8 対日平和条約・日米安全保障条約調印（10・26衆院通過↓52・4・28） 11・26 日本、ILOに加入 12・5 北緯29度以北の奄美七島、日本に復帰 12・24 吉田書簡（52・1・16公表）	2・20 東大でポポロ事件（↓54・5・11） 2・28 日米行政協定調印 4・1 琉球中央政府発足 4・28 対日平和条約・日米安全保障条約発効・国民政府（台湾）と平和条約調印 5・1 皇居前血のメーデー事件 7・21 破壊活動防止法公布 10・15 警察予備隊を保安隊に（↓54・6・9） 10・30 第四次吉田内閣成立（↓53・5・21） 11・1 米、人類初の水爆実験	1・20 アイゼンハワー、米大統領に就任 2・1 NHKテレビ、本放送開始 3・5 スターリン没（後任にマレンコフ） 5・3 政府、憲法記念式典中止（↓76・5・3） 5・21 第五次吉田内閣成立（↓54・12・10） 7・27 朝鮮休戦協定調印（板門店） 8・12 ソ連、初の水爆実験 10・2 池田・ロバートソン会談 11・19 ニクソン米副大統領、来日、「憲法九条は米の誤り」と日本で演説 12・25 奄美大島、日本復帰

	1954(昭29)年	1955(昭30)年
	5・11 東京地裁、東大ポポロ事件無罪判決（↓56・5・8↓63・5・22、65・6・26） 5・28 補助金等の臨時特例等に関する法律公布（教科書無償給与停止、56・3・30） 6・1 へき地教育振興法、盲学校・ろう学校及び養護学校への就学奨励に関する法律公布 6・3 義務教育諸学校における教育の政治的中立の確保に関する臨時措置法、教育公務員特例法一部改正法（教育二法）・教育職員免許法改正（校長・教育長・指導主事の免許状廃止）・学校給食法公布 8・10 世界教員連盟等、「世界教員憲章」採択	3・5 京都地裁、旭丘中学三教員懲戒免職処分取消判決（↓59・5・29） 8・5 女子教育職員の産前産後の休暇における学校教育の正常な実施の確保に関する法律公布 8・8 公立小学校不正常授業解消促進臨時措置法・日本学校給食会法公布 12・29 地方財政再建特別措置法公布
	1・18 中教審、「教員の政治的中立性維持に関する答申」（第3回） 3・3 文部省、「二四偏向教育の事例」を国会に提出 3・17 文部省、「正常な学校運営の確保について」通達 6・28 公正取引委員会、教科書売込み競争行過ぎで警告 8・23 中教審、「義務教育学校教員給与に関する答申」（第5回） 9・24 全国町村議会議長会、地教委廃止を決議 11・20 防衛庁、少年自衛隊員募集 12・10 安藤正純、文相就任（↓55・3・19） 12・23 日経連、「当面教育制度改善に関する要望」発表	3・19 松村謙三、文相就任（↓11・22） 5・11 国鉄宇高連絡船紫雲丸、衝突し沈没（修学旅行中の児童ら168人死亡） 6・16 日教組、「教科書採択基準」発表 8・13 日本民主党、『うれうべき教科書の問題』第一集発行（第三集まで） 10・10 日本教育学会、『教科書制度要項』発表 10・20 日本学術会議、『うれうべき教科書の問題』は学問の自由を脅かす、と結論 11・22 清瀬一郎、文相就任（↓56・12・23） 12・5 文部省、高校学習指導要領一般編改訂 12・5 中教審、「教科書制度の改善に関する答申」
	1・15 憲法擁護国民連合発足 3・1 米、ビキニ水爆実験（第五福龍丸被災） 3・8 MSA協定調印 3・12 自由党憲法調査会発会式 4・21 犬養健法相、指揮権を発動し検察庁の佐藤栄作自由党幹事長逮捕請求を阻止（造船疑獄） 5・14 MSA協定に伴う秘密保護法成立 6・8 改正警察法公布（自治体警察廃止） 6・9 防衛庁設置法・自衛隊法公布 8・21 インドシナ休戦協定調印（ジュネーブ） 11・10 吉田、アイゼンハワー共同声明（日米初の共同声明） 12・10 鳩山一郎内閣成立（↓55・3・19） 12・22 政府、憲法第九条について自衛隊は合憲と統一解釈を発表	2・27 衆議院選挙、（革新1/3議席確保） 3・19 第二次鳩山内閣成立（↓11・22） 4・18 アジア・アフリカ会議、バンドンで開催（4・24平和一〇原則採択） 5・8 砂川闘争始まる（↓59・12・16） 5・14 ワルシャワ条約調印 6・7 第一回日本母親大会開催 7・18 米英仏ソ四国巨頭会談 7・27～29 日本共産党、第六回全国協議会 8・6 第一回原水爆禁止世界大会（広島） 11・15 自由民主党結成集会（保守合同） 11・22 第三次鳩山内閣（↓56・12・23）

	1956(昭31)年	1957(昭32)年
教育法	3・30 就学困難な児童のための教科用図書の給与に関する法律（↓62・3・31） 5・3〜5 日本教育学会、教科書法案に対し、反対意見書をまとめる 5・8 東京高裁、ポポロ判決（↓63・5・22） 6・2 参議院、新教委法可決成立（↓6・30） 6・3 参議院、教科書法案・臨時教育制度審議会設置法案審議未了で廃案 6・14 公立養護学校整備特別措置法公布 6・20 夜間課程を置く高等学校における学校給食に関する法律公布 6・30 地方教育行政の組織及び運営に関する法律公布 10・22 大学設置基準（省令）公布 12・13 幼稚園設置基準（省令）公布	2・9 政府、教科書法案の再提出を断念 2・13 自民党議員ら、建国記念日法案を国会に提出（審議未了廃案） 3・30 私立大学の研究設備に対する国の補助に関する法律公布 5・20 盲学校・聾学校及び養護学校の幼稚部及び高等部における学校給食に関する法律・国立及び公立の学校の事務職員の休職の特例に関する法律公布 7・23 最高裁、京都超勤判決 9・19 最高裁、学校教育法就学義務違反事件決定（共学反対の父親に罰金千円） 12・4 学校教育法施行規則改正（教頭職設置）
教育	2・7 文部省、幼稚園教育要領刊行（↓64・3・23） 2・11 高知県繁藤小学校で紀元節式典を強行 3・19 矢内原忠雄東大学長ら一〇大学元・現学長、「文教政策の傾向に関する声明」 4・26 朝鮮大学校設立（東京・北区） 6・5 文相、「教科書制度改変は行政措置のみで行なえる」と発言 9・28 文部省、小中高生に対し、初の学力調査実施（抽出、↓61・10・26） 10・10 文部省、教科書調査官法制化（↓57・4） 11・1 愛媛県教委、勤務評定昇給昇格決定 11・8 日経連、「新時代の要請に対応する技術教育に関する意見」発表 12・23 灘尾弘吉、文相就任（↓57・7・10）	4 常勤教科書調査官設置後初の検定の結果、三分の一が不合格 7・10 松永東、文相就任（↓58・6・12） 8・13 文部省、「勤務評定」実施通達 9・6 関西経済連合会、「工業教科書に関する意見」発表 11・11 中教審、「科学技術教育の振興方策についての答申」（第14回） 12・20 都道府県教育長協議会、勤務評定試案を了承し、58・4実施を発表 12・22 日教組、勤評非常事態宣言 12・26 日経連、「科学技術教育振興に関する意見」発表
政治・社会	2・14〜25 ソ連共産党20回大会開催、フルシチョフ、スターリン批判 6・11 憲法調査会法公布 7・2 国防会議の構成等に関する法律公布（↓64・7・3） 7・26 ナセル、スエズ運河国有化宣言 10・19 日ソ国交回復に関する共同宣言調印（モスクワ、12・12条約20号公布） 10・23 ハンガリー事件起こる（ブダペスト） 10・29 スエズ戦争始まる 12・18 国連総会、日本の国連加盟可決（80番目） 12・23 石橋湛山内閣成立（↓57・2・25）	2・25 岸信介内閣成立（↓58・6・12） 3・25 EEC条約調印 5・7 岸首相「自衛権の範囲内なら核兵器保持も可能」と参議院で答弁 6・14 国防会議、第一次防衛力整備三カ年計画決定（↓61・7・18） 6・21 岸・アイク日米共同声明（日米新時代・安保委設置・米地上軍撤退など） 7・8 砂川事件発生（↓59・3・30） 10・4 ソ連、人工衛星スプートニク一号打上 12・17 閣議、新長期経済計画決定（↓60・12・27） 12・26 アジア・アフリカ人民連帯会議

1958(昭33)年	1959(昭34)年	1960(昭35)年
1・8 民立法により、沖縄に教育基本法等教育4法公布（→72・5・15） 4・10 学校保健法公布 4・25 義務教育諸学校施設費国庫負担法公布 5・1 公立義務教育諸学校の学級編制及び教職員定数の標準に関する法律公布（学級編制基準50人となる、→63・12・18改正45人） 7・9 市町村立学校職員給与負担法一部改正公布（校長に管理職手当） 7・29～8・3 世界教員組合連盟FISE運営委、「民主主義教育の原理憲章（草案）」採択	2・20 科学技術会議設置法公布 4・30 社会教育法改正公布（市町村に社会教育主事必置など） 5・29 大阪高裁、旭丘中学事件控訴棄却判決（組合勝訴） 9・26 和歌山地裁、和教組専従不承認事件判決 11・20 国連総会、「子どもの権利宣言」満場一致採択（12・16、参院本会議支持決議） 12・17 日本学校安全会法公布	3・11 警視庁、「少年警察活動要綱」作成 5・9 大阪歴史学会等歴史九学会、教科書検定制度再検討要望書を文部省に提出 6・21 文部省、「高等学校生徒に対する指導体制の確立について」通達 8・19 文相、教育基本法の改正言明 9・8 秋田地裁、校長勤評義務不存在訴訟却
3・18 文部省、小・中学校で道徳教育の時間特設を実施するよう通達 4・23 勤評、強い反対の中で一都三八県で実施、都教組勤評反対一〇割休暇闘争（→62・4・18、71・10・15） 6・12 灘尾弘吉、文相就任（→58・12・31） 7・28 中教審、「教員養成制度の改善方策について」答申（戦前型教員養成を提案） 10・1 文部省、小・中学校学習指導要領、官報に公示（→68・7・11、69・4・14、77・7・23、89・3・15、98・12・14） 12・12 教科用図書検定基準全面改定告示 12・31 橋本龍伍、文相就任（→59・6・18）	6・18 松田竹千代、文相就任（→60・7・19） 6・30 米軍機、沖縄・宮森小に墜落（児童12人、住民6人が犠牲、二百人以上が重軽傷の大惨事） 7・21 文部省主催、新教育課程講習会 9・8 日教組、勤評・改訂教育課程反対の統一行動 10・31 文部省、初の教育白書『わが国の教育水準』発表 12 小学校教科書、検定で高率の不合格を出す	1・26 日教組・日高教初の合同全国教育研究集会を開催（27・文相参観） 4・1 教頭にも管理職手当の支給を開始 5・9 歴史九学会、教科書検定制度再検討を声明し、文相に申入れる 7・19 荒木萬壽夫、文相就任（→63・7・18） 7・25 文部省、第一回校長・指導主事研修会
4・15 第一回アフリカ独立諸国会議 5・6 東京地裁、都公安条例を違憲と判決 6・8 憲法問題研究会発足（76・4解散） 6・12 第二次岸内閣成立（→60・7・19） 9・2 米、国防教育法公布 9・27 狩野川台風、全国28都県に被害（中伊豆、死者行方不明者八百人以上） 10・5 フランス新憲法公布、第五共和制発足 10・8 内閣、警職法改正案国会提出（廃案） 10・9 岸首相、米NBC放送記者に「憲法第九条廃止のとき」と言明 12・21 ド・ゴール、仏大統領に当選（→69・4・28）	2・16 カストロ、キューバ首相に就任 3・30 東京地裁、安保条約による米軍駐留を違憲と判決（伊達判決→12・16） 4・15 安保阻止第一次統一行動 6・3 シンガポール独立 9・26 伊勢湾台風、死者行方不明者五千人 9・30 このころ中ソの意見対立激化 11・27 安保阻止第八次統一行動国会請願のデモ隊約二万人国会構内にはいる 12・16 最高裁大法廷、砂川事件安保合憲判決	1・5 三井・三池炭鉱スト 1・19 岸首相ら新安保条約調印 6・19 日米安保条約自然成立（6・23発効） 7・19 池田勇人内閣成立（→12・8） 10・19 東京地裁、朝日訴訟で違憲判決（→67・5・24） 11・8 ケネディ、米大統領に当選

		1961（昭36）年	1962（昭37）年
教育法	下判決 12・24 文部省、「高等学校生徒会の連合的な組織について」通達	5・19 国立工業教員養成所の設置等に関する臨時措置法公布（69・3・31廃止） 6・16 スポーツ振興法公布 6・17 学校教育法改正公布（62・4・1、五年制高等専門学校を設置） 8・30 文部省、高等専門学校設置基準公布 11・6 公立高等学校の設置、適正配置及び教職員定数の標準等に関する法律公布 11・29 児童扶養手当法公布	3・31 義務教育諸学校の教科用図書の無償に関する法律公布（↓63・12・21） 4・18 東京地裁、都教組勤評刑事事件無罪判決（↓65・11・16） 7・18 大阪高裁、奈良道徳教育講習会事件有罪判決 8・27 佐賀地裁、定員闘争事件無罪判決 9・8 地方公務員共済組合法公布 9・14 熊本地裁、初の学力テスト（悉皆）適法判決（↓64・5・13） 12・21 福岡地裁、勤評反対事件有罪判決
教育	開催 10・15 文部省、高等学校学習指導要領を官報に告示として公示（↓70・10・15）	2・13 文部省、「小学校児童指導要録および中学校生徒指導要録の改訂について」通達 4・27 文部省、「昭和36年度全国中学校一せい学力調査実施について」通知（同実施要綱決定通知） 8・25 経団連・日経連、「技術教育の画期的振興策の確立推進に関する要望」発表 10・10 日本教育学会が学テで公開シンポ 10・26 文部省、中学二・三年生全員を対象に全国一せい学力調査実施（日教組、学テ阻止闘争↓62・9・14）	4・1 五年制高等専門学校設置（学校体系の複線化） 4・24 高校全員入学全国協議会結成大会 4・26 防衛庁、文部省に「学校教育に関する要望」提出 5・25 池田首相、人づくり政策、大学管理制度改革など演説 11・5 文部省、教育白書『日本の成長と教育』発表 11・12 教育職員養成審議会、「教員養成制度の改善について」建議 11・30 第一回中学校教育課程研究発表大会（〝文部省教研〟始まる）
政治・社会	12・8 第二次池田内閣成立（↓63・12・9） 12・27 閣議、国民所得倍増計画決定（高度経済成長政策）	3・28 名張毒ぶどう酒事件発生 4・12 ソ連のガガーリン、人類初の宇宙旅行 6・12 農業基本法公布 7・18 池田内閣改造 7・18 国防会議、第二次防衛力整備計画決定（ミサイル装備強化を目標に62年から五カ年計画、↓66・11・29） 8・13 東独政府、東西ベルリンの境界に壁を構築（↓89・11・9実質撤廃） 9・30 OECD発足 12・12 旧軍人、右翼のクーデター計画発覚 12・21 「思想の科学」天皇制特集号、発売中止	2・1 沖縄立法院、返還決議 3・18 仏、アルジェリア臨時政府間に停戦協定 5・10 新産業都市建設促進法公布 7・3 アルジェリア独立 7・18 池田内閣改造 10・5 閣議、全国総合開発計画を決定 10・17 中印国境紛争再発 10・22 ケネディ大統領、キューバにソ連がミサイル基地建設中と発表（キューバ危機 10・28ソ連、撤去を通告）

1963（昭38）年

2・19 政府、義務教育教科書無償措置法案を国会に上程（7・6廃案）
4・24 高知地裁、学テ（抽出）適法判決（↓64・6・3）
5・22 最高裁、東大ポポロ事件判決（無罪判決破棄差戻し、↓65・6・26）
10・25 和歌山地裁、勤評反対事件一部有罪判決（国家教育権説、↓68・3・29）
11・20 東京地裁、昭和女子大退学処分事件判決（学生勝訴）
12・21 教職員標準法改正法公布（一学級45人）
12・21 義務教育諸学校の教科用図書の無償措置に関する法律公布（↓64・2・26、69・4）

1・14 経済審議会、「経済発展における人的能力開発の課題と対策」答申
1・16 能力開発研究所発足（69・3廃止）
1・28 中教審、「大学教育の改善について」答申
4・1 小学校新入生、教科書の無償配布をうける（↓69・4）
文部省、教師用「道徳教育の手引き」を作成し全教師に無償配布
5・24 荒木文相、「日教組教研は許せぬ」と演説
7・18 灘尾弘吉、文相就任（↓64・7・18）
11・16 能力開発研究所、初の能力開発テスト実施
12・11〜13 高校全入大行動

2・10 アジア・アフリカ連帯会議、沖縄復帰要求決議
7・18 池田内閣改造
7・31 中国、部分的核停条約批判声明
8・5 米英ソ三国、部分的核実験停止条約調印（大気圏内・水中・宇宙空間禁止）
8・14 政府、部分的核実験停止条約に調印
8・30 米ソ間に直通通信線開設
9・4 憲法調査会、一八委員が「憲法改正の方向」を会長に提出（↓64・7・3）
11・22 ケネディ大統領、暗殺される
12・9 第三次池田内閣成立（↓64・11・9）

1964（昭39）年

2・26 最高裁、義務教育教科書費国庫負担請求事件判決（上告棄却）
3・16 福岡地裁小倉支部、初の学テ（抽出）違法判決（↓67・4・28）
3・30 大阪地裁、勤評事件無罪判決（69・5・8検察側控訴取下げ）
4・17 山形地裁鶴岡支部、学テ（悉皆）一部違法判決
5・13 福岡高裁、熊本学テ不当判決（確定）
6・3 高松高裁、高知学テ（抽出）適法判決
7・14 最高裁大法廷、和教組専従事件地公法合憲判決

2・11 文相、衆議院で「国旗掲揚や君が代斉唱の普及に一層の努力をしたい」と述べる（65・3、68・9・7）
3・23 文部省、幼稚園教育要領告示（↓89・3・15）
6・4 宗像誠也ら愛媛・香川「文部省学力調査問題」学術調査団、調査開始（10・30報告書発表↓65・8・11）
7・18 愛知揆一、文相就任、（↓65・6・3）
8 国防会議議員懇談会で、防衛庁、「学校教育を通じて国防意識などの高揚を図る」必要を報告
9・29 文部省、学校教育における「集団行動指導の手びき」草案を発表
10・14 文部省、学テの規模縮小発表

4・25 政府、戦後初の戦没者叙勲発令
4・28 日本OECDに加盟
6・16 新潟大地震発生
7・3 憲法調査会、報告書を首相に提出
8・2 トンキン湾事件起こる
9・23 横須賀・佐世保などで、原潜寄港反対集会
10・1 東海道新幹線開通（東京—新大阪間）
10・10〜24 東京オリンピック
10・15 ソ連、フルシチョフ党第一書記兼首相の解任を発表
10・16 中国、初の原爆実験
11・9 佐藤栄作内閣成立（↓67・2・17）
11・12 米原潜シードラゴン号、佐世保に寄港し、反対デモ、警官隊と衝突

	1965(昭40)年	1966(昭41)年	1967(昭42)年
教育法	3・31 国立養護教諭養成所設置法公布 4・15 ＩＬＯ・ユネスコ、「教員の地位に関する勧告草案」発送（↓66・9・21） 6・12 家永三郎、第一次教科書裁判（国家賠償請求事件）提訴（↓74・7・16） 6・26 東京地裁、東大ポポロ事件差戻し審判決（学生有罪） 10・10 家永教科書訴訟支援全国連発足 11・16 東京高裁、都教組勤評事件有罪判決 12・21 静岡地裁、超勤判決	4・13 大阪地裁、学テ（抽出）違法判決（↓75・12・5） 4・23 法務省、「青少年法」構想を発表 5・25 旭川地裁、学テ違法判決（↓68・6・26） 9・21〜10・5 ユネスコの特別政府間会議、「教員の地位に関する勧告」を採決 10・8 最高裁、少年法改正に関する意見発表 10・26 最高裁大法廷、全逓中郵事件判決（↓69・4・2）	4・28 福岡高裁、福岡学テ違法判決（確定） 6・23 家永三郎、第二次教科書裁判（検定処分取消請求事件）提訴（↓70・7・17） 7・10 政府、外国人学校制度法案を見送る 7・26 前橋地裁、勤評事件無罪判決（69・5・8検察側控訴取下げ） 8・1 日本学術振興会法、地方公務員災害補償法公布 12・15 福岡高裁、佐教組定員事件棄却判決（↓
教育	3・1 日本学術会議「教科書問題に関するシンポジウム」開催 3 東京都教育庁「卒業式には日の丸を揚げ、君が代を歌うことが望ましい」と都内全学校に通達 4・20 文部省「生徒指導の手引書」作成、全国の中・高校へ配布 6・3 中村梅吉、文相就任（↓66・8・1） 8・7 厚生省、「保育所保育指針」発表 8・11 宗像調査団、学力テストは違法と結論	1・20 文部省、教科書検定制度の強化を言明 7・13 東京都教委、高校の学校群を設置し、入試科目を三教科に削減 8・1 有田喜一、文相就任（↓12・3） 10・31 中教審、「後期中等教育の拡充整備について」を最終答申（別記「期待される人間像」を含む） 11・22 文部省、来年の全国学力調査は中止し、三年ごとに一回実施をすると発表 12・3 剱木亨弘、文相就任（↓67・11・25）	1・13 文部省、建国記念の日について通達 2・1 沖縄、教公二法反対デモ 2・11 初の建国記念の日、全国で反対運動 6・10 東京教育大、筑波移転を強行可決 7・22 北海道教委、昨年度の大量教員異動に教員の家庭状況、思想傾向、政党関係などを調査した事実発覚 8・31 文部省、教材基準を通達 11・25 灘尾弘吉、文相就任（↓68・11・30）
政治・社会	1・13 佐藤・ジョンソン共同声明 2・7 米、ベトナム戦争で北爆開始 2・10 衆院で「三矢研究」が暴露される 6・22 日韓基本条約など調印、全国各地で抗議集会 8・19 佐藤首相、「沖縄の祖国復帰実現まで戦後は終わらない」と発言 8・31 ＩＬＯドライヤー調査団報告書公表 11・19 国債発行を決定 12・18 日韓条約協定の批准書交換	6・25 祝日法一部改正法公布（建国記念の日など新設↓85・12・27） 8・1 佐藤第二次改造内閣成立 8・― 中国で紅衛兵による大整風運動始まる 10・21 ベトナム反戦統一スト（12・10警視庁、地公法違反で都教組幹部10人逮捕） 11・29 国防会議、第三次防衛力整備計画の大綱を決定 12・3 佐藤第三次改造内閣成立 12・16 国連総会、国際人権規約採択	1・19 佐藤首相、沖縄の教育権（教育施政権）分離返還を否定 2・17 第二次佐藤内閣成立（↓70・1・14） 3・13 閣議、経済社会発展計画決定（↓70・5・1） 4・15 東京都知事に美濃部亮吉当選 5・24 最高裁大法廷、朝日訴訟判決 6・5 アラブ諸国、イスラエル間に中東戦争 10・31 吉田茂の国葬（戦後初↓22・9・27）

1967（続き）

71・3・23）

12・28 文相、教育で国防意識を強化を表明

11・15 佐藤・ジョンソン第二次共同声明
12・11 佐藤首相、非核三原則言明

1968(昭43)年

2・6 文部省、京都府教育長承認問題について公式見解を発表
2・12 警視庁、「警官の学内出動基準」を通達
3・29 大阪高裁、和教組勤評事件無罪判決（↓70・7・16）
5・24 教育三法案廃案（教職特別手当・教頭法律化・外国人学校法案）
6・26 札幌高裁、北海道学テ違法判決（↓76・5・21）
10・30 奈良県橿原市長、全市の各世帯に教育勅語を配布し、問題化

4・17 美濃部都知事、朝鮮大学校を各種学校として認可
6・1〜2 第一回「日本の教育と教科書裁判」全国学生シンポジウム開催
7・11 文部省、小学校学習指導要領公示（全面改訂、71・4より施行↓71・1・20）
7・26 文部省、教科調査官山口康助、「神話と史実の混合かまわぬ」と発言（7・30文部省、混同不可との統一見解）
9・7 京都府教委、「君が代は国歌ではない」との統一見解発表
11・30 坂田道太、文相就任（↓71・7・5）

1・6 首相、初閣議で、明治百年を機に健全な民族精神育成を強調
1・19 エンタープライズ、佐世保に寄港
4・4 米黒人指導者キング牧師暗殺
4・5 小笠原返還協定に調印（↓6・26返還）
7・1 核拡散防止条約調印
8・20 ソ連軍、チェコ侵入（プラハの春終了）
10・21 反戦デー、新宿事件（騒乱罪適用）
10・23 政府、「明治百年記念式典」挙行
10・31 ジョンソン大統領、北爆全面停止発表
11・10 沖縄主席選挙で革新系の屋良朝苗当選
12・10 東京・府中市で三億円事件発生

1969(昭44)年

3・29 文部省、東京都立大・千葉大等の自衛官の大学受験拒否につき、「憲法・教基法の趣旨からみて許されない」と通達
4・2 最高裁大法廷、都教組勤評刑事事件無罪判決（地公法を違憲の疑いありとして刑事罰からの解放、↓5・8、73・4・25）
5・8 検察側、大教組等勤評四事件や66・10・21刑事事件等地公法違反事件の控訴取下げや起訴取消しを行なう
7・10 同和対策事業特別措置法公布（79・3失効予定を3年延長↓82・3・31）
8・7 大学の運営に関する臨時措置法公布（5年間の時限立法、↓74・8・16）
10・31 文部省初中局長「高等学校における政治的教養と政治的活動について」通達（↓15・10・29通知で廃止）

1・10 東大学生、秩父宮ラグビー場で7学部集会を行い大学側と10項目確認書
1・18 機動隊、八五〇〇人出動し、安田講堂を包囲（1・19安田講堂封鎖解除）
1・20 東大入試中止決定
2・16 自民党文教制度調査会、「教育改革試案」発表
2・24 日経連、「直面する大学問題に関する基本的見解」発表（↓9・18）
4・1 小・中全学年、教科書無償給与となる
4・14 文部省、中学校学習指導要領公示（72・4より施行）
4・30 中教審、「当面する大学教育の課題に対応するための方策について」答申
9・18 日経連、「教育の基本問題に対する提言」「教育の基本問題に対する産業界の見解」発表

1・20 ニクソン、米大統領に就任
4・17 チェコ共産党ドプチェク第一書記辞任
4・28 ドゴール大統領辞任
5・7 公正取引委、八幡・富士合併停止命令
5・26 米、アポロ10号、月へ15キロまで接近の実験に成功
5・30 政府、「新全国総合開発計画」決定
6・8 ニクソン大統領、第一次ベトナム撤兵計画発表
7・25 ニクソン大統領、ニクソン・ドクトリン発表
9・14 平賀健太札幌地裁所長、長沼訴訟裁判長の福島重雄判事に書簡を差し入れる
11・17 米ソ、戦略兵器制限交渉（SALT）予備交渉開始
11・21 佐藤・ニクソン共同声明（沖縄の祖国復帰決定）

	1970(昭45)年	1971(昭46)年
教育法	4・24 過疎地域対策緊急措置法公布（↓80・3・31、失効） 5・18 日本私学振興財団法公布 7・16 最高裁、和教組勤評事件無罪判決 7・17 東京地裁、第二次教科書裁判判決（国家の教育権を否定し、家永教科書の検定を憲法・教育基本法に違反とする杉本判決↓75・12・20） 8・7 文部省初中局長、「教科書検定訴訟の第一審判決について」通知 8・27 日本教育法学会（有倉遼吉会長）創立総会（於・東京・新宿安田生命ホール） 10・23 高知地裁、学テ（抽出）適法判決（確定） 12・9 高知地裁、学テ（抽出）判決	3・23 最高裁、佐賀・福岡教組の定員・勤評事件無罪判決 5・28 国立及び公立の義務教育諸学校等の給与等に関する特別措置法公布 7・19 東京地裁、麹町学園ノーネクタイ教諭解雇事件で解雇無効判決（教員勝訴） 8・10 佐賀地裁、勤評処分取消判決（控訴） 9・6 最高裁、宮本康昭熊本地裁判事補の再任拒否 10・15 東京地裁、勤評懲戒処分取消判決（↓76・7・13） 12・17 最高裁、教科書検定文書の提出を可能とした東京高裁決定を支持決定（国の特別抗告却下↓72・3・30）
教育	5・19 文部省、第一回中堅教員研修講座開講（6週間の長期合宿研修） 7・17 京都府教委・市教委、高等学校学習指導要領（案）に対する反対・批判的意見書を文部省に送付 9・7 東京教育大学評議会、家永三郎ら文学部三教授へ辞職勧告決定 10・15 文部省、高等学校学習指導要領全面改訂し公示（73・4より施行） 10・19 京都府教委、独自の高校教育課程審議委員会設置を表明（↓72・1・24） 10 OECD教育調査団、「日本の教育政策に関する調査報告書」を文部・外務両省に内示	1・20 文部省、小・中学校学習指導要領の一部改正告示を公示（公害教育方針の明確化、↓72・10・27） 4・30 社会教育審議会、「急激な社会構造の変化に対処する社会教育のあり方について」答申 6・2 全国教育研究所連盟、「義務教育改善に関する意見調査」の結果を発表 6・11 中教審、「今後における学校教育の総合的な拡充整備のための基本的施策について」答申 7・5 高見三郎、文相就任（↓72・7・7） 10・5 中央児童福祉審議会、「保育所における幼児教育のあり方について」答申
政治・社会	1・14 第三次佐藤内閣成立（↓72・7・7） 2・3 政府、核拡散防止条約に調印 3・14〜9・13 日本万国博覧会 4・18 政府、長沼ナイキ基地訴訟で福島重雄裁判長の忌避申立て 4・24 中国、初の人工衛星を打上げ 4・30 米・サイゴン政府軍、カンボジア進攻 5・1 閣議、新経済社会発展計画決定 6・22 日米安保条約固定期限終了 10・20 防衛庁、初の防衛白書『日本の防衛』発表 11・20 閣議、「沖縄復帰要綱（第一次分）」決定（教育委員会の任命制） 11・25 三島由紀夫、自衛隊市ヶ谷駐屯地で割腹自殺	3・31 最高裁、宮本康昭判事補の再任拒否 5・14 名古屋高裁、津市地鎮祭違憲判決 6・17 沖縄返還協定調印（↓72・5・15） 6・30 富山地裁イタイイタイ病判決 米最高裁、新聞掲載禁止を求めた政府の要求を却下 7・1 環境庁発足 7・30 自衛隊ジェット機、岩手・雫石町上空で全日空機と衝突し乗客等一六二人死亡 8・28 日本円、変動相場制へ移行 9・13 林彪、中国のクーデターに失敗 10・25 国連総会、「中国招請・国府追放」を可決 12・31 沖縄の復帰に伴う特別措置法公布

1972(昭47)年	1973(昭48)年
3・24 東京地裁、伊藤吉春校長事件勤評適法判決 3・30 国、教科書裁判で検定関係文書の写しを東京地裁に提出 3・31 東京地裁、目黒高校かくしマイク事件判決（教員勝訴） 4・6 最高裁、静岡超勤判決 4・27 新潟地裁、落第判定事件決定 4・28 大阪地裁、日の丸掲揚事件無罪判決 5・22 大阪地裁、学テ（悉皆）違法判決（控訴） 12・15 沖縄県、〝県教育委員選定要綱案〟（準公選制）	3・22 最高裁、東大ポポロ事件再上告審有罪判決（確定） 3・28 山口地裁、学テ免職処分取消判決 4・25 最高裁大法廷、全農林等の労働三事件で、スト禁止は合憲と判決（8対7） 7・20 教育職員免許法の一部改正法公布・施行（11・9、文部省、憲法修得通達） 8・25 大阪・摂津市、保育所超過負担訴訟提起 9・12 和歌山地裁、勤評事件で、地公法37条違憲判決 9・14 最高裁、校長勤評降格処分事件広島高裁差戻判決（74・3・13、和解）
1・24 京都府改定高校教育課程審議委員会、高校多様化など文部省方針に反対する答申を京都府教委に提出 3・15 日本経済調査協議会、「新しい産業社会における人間形成――長期的観点からみた教育のあり方」発表 7・1 自民党、「教員の養成、再教育並びに身分・待遇の根本的改革について」（中間報告）をまとめる 7・3 教養審、「教員養成の改善方策について」建議（→83・11・22） 7・7 稲葉修、文相就任（→12・22） 10・5 文部省、学制百年記念式典開催 10・27 文部省、学習指導要領の弾力的運用について通達 12・22 奥野誠亮、文相就任（→74・11・11）	2・15 大阪府教委、小・中学校の指導要録を五段階から三段階相対評価に変えるなど大幅改訂をきめる 2・19 大阪市教委、中学校指導要領について、一九七二年度より学習評価を全廃するなど大幅な改訂を発表 3・8 東京商工会議所、「新時代に既応する産学共同のあり方に関する提言」を発表 4・27 日教組、春闘で組合結成以来最大規模のストを行なう 10・2 文部省、「公立小・中学校の統合について」Uターン通達
1・6 佐藤・ニクソン会談 2・2 横井庄一元軍曹、グアム島より帰国 3・15 山陽新幹線、新大阪・岡山間開業 3・27 衆院予算委で外務省の機密文書暴露 4・22 沖縄へ自衛隊の第一陣到着 5・2 石田最高裁長官、裁判官は憲法を擁護するのではなく、順守せよ、と訓話 5・15 沖縄復帰 6・17 米、ウォーターゲート事件発生 6・26 沖縄県知事選で屋良朝苗当選 7・4 南北朝鮮平和統一共同声明発表 7・7 田中角栄内閣成立（→12・22） 8・31 田中・ニクソン会談 9・29 田中・周日中共同声明（日中国交正常化→78・8・12） 12・22 第二次田中内閣成立（→74・12・9）	1・27 ベトナム和平パリ協定調印 2・21 ラオス休戦協定成る 3・20 熊本地裁、水俣病判決 4・1 日本円、変動相場制へ移行 4・4 最高裁、尊属殺人罪違憲判決（最高裁初の違憲判決、→75・4・30） 4・22 本山政雄、名古屋市長選で当選 8・1 田中・ニクソン日米共同声明 8・8 金大中氏誘拐事件発生 9・7 札幌地裁、長沼訴訟自衛隊違憲福島判決 9・11 チリでクーデター 10・6 第四次中東戦争勃発 11・2 トイレットペーパー買いだめ騒ぎ

1974（昭49）年

教育法

- 2・25 人材確保特別措置法公布
- 4・16 大阪地裁、高校生政治活動正当と判決
- 5・27 教頭職法制化法案、可決成立
- 7・16 東京地裁、第一次教科書裁判で国家教育権説の高津判決（↓86・3・19）
- 8・16 大学運営臨時措置法、期限切れ
- 9・3 文部省、補助教材通達（↓15・3・4）
- 10・4 文部省、「内申権」通達（↓75・2・5）
- 11・6 最高裁大法廷、猿払等三事件で、公務員の政治的行為の禁止は合憲と判決
- 11・19 ユネスコ総会、「国際理解、国際協力及び国際平和のための教育並びに人権及び基本的自由についての教育に関する勧告」採択

教育

- 4・11 日教組・日高教、春闘決戦ゼネストで全一日のストを実施
- 5・15 田中首相、「五つの大切」「一〇の反省」を提唱
- 5・20 新構想の教員養成大学等に関する調査会、「教員のための新しい大学・大学院の構想について」（報告）を提出
- 5・21 教育制度検討委員会、「日本の教育改革を求めて（最終報告）」を提出
- 5・27 中教審、「教育・学術・文化における国際交流について」答申
- 11・11 三原朝雄、文相就任（↓12・9）
- 12・9 永井道雄、文相就任（52年以来、22年ぶりに学者文相が復活↓76・12・24）

政治・社会

- 1・7 田中首相、東南ア五カ国歴訪へ
- 1・31 東京地裁、「知る権利」の外務省秘密漏えい事件有罪判決
- 4・7 蜷川虎三、京都府知事に七選
- 4・11 ゼネストで空前のマヒ
- 5・18 インド、初の地下核実験
- 7・7 参院選、保革差七議席
- 8・8 ニクソン米大統領辞任
- 8・9 フォード副大統領、米大統領に昇格
- 経済白書、『調和のとれた成長』を強調
- 10・8 佐藤栄作前首相にノーベル平和賞
- 10・22 田中首相の金脈問題化
- 11・11 田中内閣改造
- 12・9 三木武夫内閣成立（↓76・12・24）

1975（昭50）年

教育法

- 2・5 福岡県教委、内申ぬき処分を発令（2・7、被処分者ら、処分無効確認訴訟を起こす、↓77・12・27）
- 4・28 文部省、短大設置基準公示
- 6・9 和歌山地裁、勤評事件地公法三七条違憲判決
- 7・11 私立学校振興助成法・義務教育諸学校等の女子教育職員及び医療施設、社会福祉施設等の看護婦、保母等の育児休業に関する法律・〝専修学校法〟公布
- 12・5 大阪高裁、大阪学テ違法判決（上告）
- 12・20 東京高裁、第二次教科書裁判で文相の控訴棄却判決（上告）（↓82・4・8）
- 12・26 学校教育法施行規則改正（主任制度化）（76・3・1施行）

教育

- 2・24 京都府教委、小中学校の指導要領の学習評価基準案をまとめる（相対評価の廃止）
- 3・13 文明問題懇談会（文相の私的諮問機関）、初会合（桑原武夫会長選出）
- 4・1 全国町村会、学校管理者賠償責任保険制度をスタートさせる
- 10・15 文部省、教務・生活・健康の三部長制をおく方針を発表
- 10・18 教育課程審議会、「教育課程の基準の改善に関する基本方向について」（中間まとめ）発表（↓76・12・18）
- 12・8 自民党、「高等学校制度及び教育内容に関する改革案」発表
- 12・10 文相見解、「調和のとれた学校運営について」発表

政治・社会

- 3・10 山陽新幹線、岡山・博多間開業
- 4・30 最高裁大法廷、薬事法違憲判決（↓76・4・14、衆議院議員定数不均衡違憲判決）
- 4・30 サイゴン陥落、ベトナム戦争終わる
- 5・7 春闘決戦スト
- 6・3 政府、ストと処分の悪循環は今回を最後にとの統一見解
- 6・19 メキシコ市で国際婦人年世界会議
- 8・6 三木・フォード共同声明
- 10・31 天皇・皇后、初の公式記者会見
- 11・15 第一回主要先進国首脳会議（サミット）
- 11・26 公労協、スト権ストに突入（8日間）
- 11・27 大阪高裁、大阪空港公害訴訟で住民の要求を認める判決（21時以降禁止）
- 12・26 経企庁、昨年は、戦後初のマイナス成長と発表

1976(昭51)年	1977(昭52)年
1・10 専修学校設置基準公布 4・1 育児休業法施行 4・12 ILO・ユネスコの合同専門家会議で「教師の地位」勧告は教員スト権を再確認したことがあきらかになる 4・19 広島高裁、山口県学テ作文事件懲戒処分取消事件判決（↓77・10・7） 5・21 最高裁大法廷、北海道学テ事件判決（一部棄却、一部破棄自判有罪）、岩手学テ事件判決（破棄自判有罪） 6・18 名古屋高裁金沢支部、立山町立立山小廃校処分執行停止申立却下決定に対する抗告事件で、原決定取消の決定 7・13 東京高裁、都教組勤評事件判決（地公法合憲、↓77・12・23）	3・15 最高裁三小、富山大単位不認定違法確認訴訟で学生敗訴判決 5・2 国立学校設置法一部改正（大学入試センター発足↓79・1・13） 6・29 法制審議会、少年法改正答申 9・22 文部省、教科用図書検定規則全部改正・義務教育諸学校教科用図書検定基準改正（↓79・7・12、↓89・3・8） 10・7 広島高裁、山口学テ判決 12・23 最高裁、都教組勤評事件判決（処分は適法と上告棄却） 12・27 福岡地裁、内申ぬき処分に違法判決（↓81・11・27）
1・10 専修学校制度発足 1・13 文部省、主任制度化の事務次官通達 5・7 文部省、教育白書『我が国の教育水準』をまとめる 5・11 日教組・国民教育研究所、小・中学生対象の学力実態調査報告書を発表 5・17 中央教育課程検討委員会、「教育課程改革試案（最終報告）」発表 8・11 文部省、業者テストの調査結果を発表 9・8 文部省、業者テスト自粛通達 12・18 教育課程審議会、「教育課程の基準の改善について」答申（授業時数・教科内容削減↓77・6・8） 12・24 海部俊樹、文相就任（↓77・11・28）	1・26 教科用図書検定調査審議会、「教科書検定制度の運用の改善について」建議（↓9・22） 3・11 文部省、学習塾調査発表 6・8 文部省、小・中学校の新学習指導要領案を発表（君が代の国歌化、↓7・23） 7・23 文部省、小・中学校の「学習指導要領」公示（全面改訂、小学校は80・4、中学校は81・4から全面施行） 10・14 警察庁、少年の自殺調査結果発表 11・28 砂田重民、文相就任（↓78・12・7）
2・4 米上院多国籍企業小委員会でロッキード事件暴露 2・16 衆院予算委でロッキード事件の証人喚問始まる 4・14 最高裁、選挙定数不均衡違憲判決 5・3 政府、憲法記念式典挙行（24年ぶり） 6・25 河野洋平ら自民党を離党、新自由クラブ結成 7・27 田中角栄前首相、ロッキード事件外為法違反で逮捕（8・16受託収賄罪で起訴） 8・5 札幌高裁、長沼訴訟で一審の自衛隊違憲判決を取消す判決 9・9 毛沢東中国共産党主席死去 10・7 江青ら文革派四幹部逮捕 12・24 福田赳夫内閣成立（↓78・12・7）	1・1 二百カイリ時代へ、EC、カナダの宣言発効（米・ソは3・1実施） 1・20 カーター、米大統領に就任 5・4 最高裁、全逓名古屋中郵事件判決 7・10 参院選、与野党逆転ならず 7・13 最高裁、津地鎮祭訴訟で合憲判決 7・22 鄧小平復活 9・3 王貞治、本塁打で世界最高（七五六号） 9・28 日本赤軍、日航ハイジャック（ダッカ） 11・28 福田改造内閣発足 12・14 円高新記録（ロンドン市場で一時二三六円台、東京では二三八円） 12・17 衆院予算委、日韓ゆ着で集中審議

	1978(昭53)年	1979(昭54)年
教育法	6・9 「産休代替法」改正法公布 6・17 「新構想教育大学法」公布（兵庫・上越教育大10月開校へ） 7・28 福岡地裁、福岡県立伝習館高事件判決（↓83・12・24） 8・28 砂田文相、教育勅語を容認する発言 11・13 同和対策事業特別措置法82・3・31まで三年間延長 11・14 最高裁、伊藤吉春元校長事件判決（上告棄却、勤評は適法） 12・12 最高裁、山口学テ作文事件判決（県教委の処分は有効と原判決支持） 12・15 東京・中野区議会、「教育委員準公選条例」を可決（大内正二区長、再議に付す。12・26臨時区議会再可決）	3・28 東京地裁、内申書裁判で違法判決 4・5 美濃部都知事、大内・中野区長の教育委員準公選条例の取り消し審査申し立てに棄却の裁定（同条例は合法） 5・8 長崎地裁、長崎県教組主任制〝カン詰め交渉〟事件判決（全員無罪） 5・8 福岡県教委、県立若松高教諭を君が代ジャズ風演奏等で分限免職処分 5・10 札幌地裁、北教組人勧完全実施闘争処分訴訟判決（全員の処分を取り消す） 5・25 青山良道・中野区長、教育委員準公選条例公布（↓81・2・12） 7・12 文部省、高等学校教科用図書検定基準告示（↓89・3・8） 10・9 最高裁、大阪学テ適法・有罪判決
教育	6・16 中教審、「教員の資質能力の向上について」答申（24回） 8・21 福田首相、英才教育のすすめを説く 8・30 文部省、高等学校学習指導要領公示（全面改訂、82・4より学年進行により施行↓89・3・15） 9・9 教育職員養成審議会、「教育実習の改善充実について」報告 10・23 教育課程審議会、「盲学校、ろう学校および養護学校の小学部、中学部および高等部の教育課程の基準の改善について」答申（↓79・7・2） 12・7 内藤誉三郎、文相就任（剱木文相につぐ二人目の元文部次官の文相）、君が代・教育勅語を賛美（↓79・11・20）	1・1 国連提唱の国際児童年スタート 1・13 初の国公立大学共通一次学力試験実施（～14） 1・14 東京の私立高生、祖母を殺し自殺 3・26 総理府、「青少年自殺問題懇話会」（座長・勝部真長）初会合 4・1 養護学校教育義務制実施 6・8 中教審、「地域社会と文化について」答申（25回） 7・2 文部省、盲・ろう・養護学校小学・中学・高等部学習指導要領公示（80・4小、81・5中、82・4高、施行） 7・5 青少年問題審議会、「青少年と社会参加」最終意見具申 11・20 谷垣専一、文相に就任（↓80・7・17）
政治・社会	4・10 京都府知事に保守の林田悠紀夫当選 5・20 新東京国際空港（成田）開港 5・23 国連、初の軍縮総会開く 6・19 中国・ベトナムの対立が深刻化 7・19 栗栖弘臣統幕議長、自衛隊は有事の際、超法規的行動をとりうると発言 8・3 東京スモン訴訟で患者側勝訴 8・12 日中平和友好条約締結（10・23発効） 10・31 円急騰し、東京外為市場で一ドル＝一七五円五〇銭に 11・22 国連ユネスコ総会、マスメディア宣言を採択 12・7 大平正芳内閣成立（↓79・11・9） 12・15 米中両国が国交正常化を表明	2・8 衆院本会議、ダグラス・グラマン疑惑究明を決議 4・8 東京都知事選で鈴木俊一、大阪府知事選で岸昌当選 5・4 サッチャー、英初の女性首相に就任 6・6 国際人権規約、参院本会議で可決、承認 6・12 元号法公布・施行 6・18 米ソ首脳、SALTⅡに調印 6・28 第五回先進国首脳会議（東京サミット）開く（↓86・5・4） 8・3 経済審議会、「新経済社会七カ年計画」答申（8・10閣議決定） 10・7 衆院総選挙。自民敗北（二四八議席）し、党内抗争激化 11・9 第二次大平内閣発足（↓80・7・17）

1980(昭55)年

1・21 東京都中野区教育委員選任問題専門委員、「教育委員選任問題に関する中間報告」発表（3・31最終報告）
2・29 文部省、東京都教委に中野区で〝準公選〟投票が実施されないよう指導を要請通知
3・14 東京地裁、日教組4・11スト事件で有罪判決（↓85・11・20）
4・14 大阪地裁、私立高校生超過学費返還請求訴訟に棄却判決
5・23 教育学者・法学者８７３人、中野区教委〝準公選〟支持声明（↓85・2・20）
9・24 大阪地裁、箕面忠魂碑違憲訴訟で箕面市教委会議録閲覧不許可処分取消判決
10・7 岐阜県議会、教育基本法改正要望の請願を可決

2・29 文部省、小中学校指導要録改訂通知（小１・２は三段階評定）
4・1 小学校の新教育課程が全面スタート
7・7 大蔵省、財政再建ＰＲ資料「歳出百科」で教育費削減提起
7・17 田中龍夫、文相に就任（↓81・11・30）
7・22 奥野法相、「教科書に国防教育面で欠陥がある」と発言
10・27 三重県尾鷲中学校校内暴力事件で警官51人出動し12人補導
11・29 川崎市の二浪の予備校生、金属バットで両親を殺害
12・4 自民党、戦後教育の全面的な見直しを行なうため、教科書問題など五つの小委員会を設置

5・4 チトー大統領死去
5・16 衆院本会議、大平内閣不信任案を可決（5・19衆院解散）
6・9 軍縮教育会議、ユネスコ本部で初開催
6・12 大平首相死去、内閣総辞職
6・22 初の衆参議員ダブル選挙。自民党安定多数を確保
7・9 パラオ諸島、世界初の非核条項を盛り込んだ憲法制定
7・14 国連婦人の10年「一九八〇年世界会議」、コペンハーゲンで開催（～31）
7・17 鈴木善幸内閣成立（↓82・11・27）
8・14 ポーランドで労働者のスト。9・22政府・党、「自由労組」を認める
9・9 イラン・イラク全面戦争、原油輸出停止（↓88・8・20）

1981(昭56)年

2・12 東京・中野区の教育委員選びの区民投票開始（～25、投票率42・98％）
3・3 青山・中野区長、投票結果上位三人を教育委員に任命（83・3・19第四位得票者を任命）
4・1 東京高裁、水戸市立中女教師の体罰事件で逆転無罪判決
5・9 社会教育審議会、「青少年の徳性と社会教育」答申
6・11 放送大学学園法公布（↓02・12・13）
7・9 最高裁、第二次教科書訴訟上告審口頭弁論を開く（↓82・4・8）
11・13 地方公務員の定年制導入、国家公務員の退職手当減額の公務員二法成立
11・27 福岡高裁、内申抜き処分事件で逆転適

1・1 国連提唱の国際障害者年がスタート
1・28 日教組、教科書協会へ中学社会科教科書で公開質問状
2・4 民社党書記長塚本三郎、衆院予算委で中学社会科教科書の「偏向」批判（以後、教科書問題が多方面で論議を呼ぶ）
4・1 中学校の新教育課程が全面実施に入る
6・5 自民党教科書問題小委、教科書制度改革案をまとめる
8・3 教科書会社17社の自民党への献金が判明し問題化
11・14 自民党教員問題小委、採用・研修等の試案改革をまとめる
11・17 文部省、第13期中教審委員二〇人発令
11・24 自民党教育基本問題小委、「心の教育

1・20 レーガン、米第40代大統領に就任
1・23 元大統領候補金大中、無期懲役確定
1・28 日本の自動車輸出、80年に５９６万台で6年連続世界一
3・24 最高裁、男女定年差別を無効と判決
5・8 鈴木・レーガン共同声明。日米関係を「同盟」と明記
5・10 ポーランドのワレサ議長ら、来日
5・13 国際軍縮促進議員連盟、設立総会。衆参議員１０４人参加
7・10 第二次臨時行政調査会、第一次答申（11・27行革法案可決）
8・14 政府、81年版『防衛白書』発表。愛国心教育を強調
11・5 東京地裁、ロッキード裁判で小佐野賢

	（1981年続き）	1982(昭57)年	1983(昭58)年
教育法	法判決（↓86・3・13） 11・27 「行革」関連特別法成立（四〇人学級計画の抑制）	3・24 大阪地裁、箕面市忠魂碑公費移転は憲法違反と判決 3・31 地域改善対策特別措置法公布 4・8 最高裁（一小）、第二次教科書訴訟上告審で、原判決を破棄し、東京高裁に差し戻す判決（↓89・6・27） 5・19 東京高裁、内申書裁判控訴審で原告逆転敗訴の判決（↓88・7・15） 6・11 盛岡地裁、四・一一（74年）スト事件で、岩教組委員長に無罪判決 6・22 日本学校健康会法公布 9・1 国立又は公立の大学における外国人教員の任用等に関する特別措置法公布 11・24 教科用図書検定基準改正告示（外交問題化したことで一項追加）	2・18 最高裁（二小）、沖縄県金武中課外クラブ事件で、一部破棄差し戻し判決 2・25 津地裁、預かった子の水死に賠償判決 3・1 大阪地裁、箕面市忠魂碑訴訟で公務出席に違憲の判決（↓87・7・16） 4・21 津地裁、子ども会死亡事故賠償訴訟で引率の3人に支払命令の判決（確定） 5・27 福岡高裁、佐教組事件で停職処分を違法とした一審判決を取り消す判決 11・28 会員首相任命制の日本学術会議法公布
教育	を推進するための提言」をまとめる 11・30 小川平二、文相就任（↓82・11・27）	1・22 経済同友会、「行政改革―今後の文教政策に望む」を発表 4・1 高校、新教育課程実施（学年進行） 5・31 文部省、教員の採用・研修で通知 6・19 第二次教育制度検討委員会、「現代日本の教育を考える」（中間報告）公表 6・22 自民党高等教育問題小委、大学入学者選抜方法の改善提言をまとめる 6・25 文部省、教科書検定結果発表 6・28 日教組定期大会、右翼の妨害で分散大会となる（島原市） 10・26 世界教職員団体総連合（WCOTP）、軍縮教育シンポジウムを広島で開催（35カ国、10国際団体） 11・27 瀬戸山三男、文相就任（↓83・12・27）	2・15 東京・町田市忠生中で教師による生徒刺傷事件発生 6・14 中曽根首相の私的諮問機関「文化と教育に関する懇談会」発足 6・30 中教審、「教科書の在り方について」答申 11・15 中教審教育内容等小委、「審議経過報告」公表（↓84・8・8） 11・22 教養審、「教員の養成及び免許制度の改善について」答申（↓87・12・18）
政治・社会	治に懲役一年の判決 11・30 鈴木改造内閣が発足 12・13 ポーランド救国軍事評議会、戒厳令	1・26 東京地裁、ロッキード事件で全日空会長若狭得治らに有罪判決 2・10 第二臨調、第二次答申 4・2 フォークランド紛争勃発 6・23 IBM産業スパイ事件発生 7・26 中国、歴史教科書記述に抗議（教科書検定の外交問題化） 7・30 第二臨調、第三次基本答申 8・26 政府、「歴史教科書」についての官房長官談話を発表（↓11・24） 10・9 北炭夕張炭鉱閉山 11・10 ブレジネフ・ソ連共産党書記長死去 11・27 中曽根康弘内閣成立（↓83・12・27） 12・3 国連総会、83年から92年を「障害者の10年」と宣言	1・18 中曽根首相、訪米中に日本列島不沈空母や海峡封鎖などの発言 2・10 横浜で中学生の浮浪者殺人事件発生 3・14 第二臨調、第五次最終答申 7・15 熊本地裁、免田事件の再審で免田栄被告に無罪判決 9・1 大韓航空機事件発生（269人死亡） 10・12 東京地裁、ロッキード事件で元首相田中角栄に懲役四年の有罪判決 11・28 衆院、解散

12・2 行政改革法公布（文部省設置法改正）
12・24 福岡高裁、伝習館高事件判決（双方の控訴棄却→90・1・18）

12・5 文部省、小中学校の出席停止で通知
12・10 中曽根首相、教育改革構想を発表
12・27 森喜朗、文相就任（→84・11・1）

12・18 第37回総選挙、自民党大幅減で与野党伯仲再現
12・27 第二次中曽根内閣、連立で発足（86・7・22）

1984（昭59）年

1・19 家永三郎、第三次教科書訴訟（国家賠償請求事件）提訴（→89・10・3）
2・28 自民党、少年向け有害図書販売規制法案試案作成
3・5 文部省、中野区に〝準公選〟中止勧告
3・13 元軍人ら、教科書の「侵略」表現等の〝墨塗り抹消〟を求める訴訟提訴
3・21 長崎県議会、教育基本法改正決議（12・21岡山県議会も）
3・29 政府、教育職員免許法改正案を国会に提出（8・8廃案）
7・3 江村利雄・高槻市長、教育委員準公選条例案に反対意見を添付し議会へ提出
8・7 日本育英会法公布（全部改正）
8・8 臨時教育審議会設置法公布（3年間）
10・27 教育委員の準公選をすすめるための全国交流集会開催（東京・調布市）

1・11 日経連、「労働問題研究委員会」報告
3・13 世界を考える京都座会、「学校教育活性化のための七つの提言」発表
3・22 文化と教育に関する懇談会、「報告」を中曽根首相に提出
5・18 全国教員養成問題連絡会、教育学者五四四人の教免法改正案反対声明発表
6・22 高校入試方法改善検討会議、「報告」提出（学力検査全県一律見直し）
7・20 経済同友会、「創造性、多様性、国際性を求めて」（教育改革案）発表
8・21 首相、臨時教育審議会委員25人発令（9・5初会合・岡本道雄会長）
11・1 松永光、文相就任（→85・12・28）
12・19 家庭科教育に関する検討会議、「報告」提出（男女の選択必修二案）
12・20 首相、臨教審専門委員20人発令

1・5 中曽根首相、靖国神社に年頭参拝（現職の首相では戦後初めて）
1・9 FAO、アフリカ24カ国1億5000万人が飢餓状況と発表
3・18 かい人21面相、江崎グリコ社長誘拐
4・27 東京高裁、ロッキード事件の小佐野賢治に懲役10月執行猶予3年の判決
6・29 ソ連、米に宇宙兵器全面禁止で二国間交渉提案
8・3 日本専売公社民営化関連五法成立
9・6 全斗煥韓国大統領、来日
9・28 広島高裁、83・12総選挙定数是正訴訟で、一票の格差に違憲判決
10・31 ガンジー首相、暗殺される
11・1 第二次中曽根改造内閣発足
11・23 日本の人口、1億2000万人を突破

1985（昭60）年

2・13 東京・中野区の第二回教育委員準公選区民投票開始（〜25、投票率27・37％、27開票）
2・16 中曽根首相、中野区教育委員準公選は〝脱法〟状況と発言
2・20 教育学者・法学者（都内在勤）一三四人、中野区の〝準公選〟投票支持声明
3・7 青山・中野区長、最上位得票者1人を教育委員に任命（3・28上位2人を追加任命）
3・22 松永文相、中野区教育委員準公選制の

1・21 水戸市立中二年の女子、同級生の〝いじめ〟が原因で自殺
1・23 文部省、臨教審第一部会に「教育の自由化」反対見解を提出（1・30香山健一委員、反対文書提出）
2・9 日教組・教育改革研究委員会発足
3・27 長野県教委、韓国籍の梁弘子先生の小学校常勤講師採用を決定
4・8 女性による民間教育審議会発足
4・24 臨教審、「審議経過の概要（その二）」公表（→6・26）

2・6 法務省、在日外国人の指紋押捺制度の見直しに着手
2・27 田中角栄元首相、脳こうそくで入院
3・11 ソ連書記長にゴルバチョフを選出
3・14 東北・上越新幹線、上野始発に
3・29 第四回ユネスコ国際成人教育会議、学習権宣言採択
4・1 日本電信電話会社・日本たばこ産業会社発足
6・6 自民党、国家機密法案提出（12・21廃案）

教育法

1985（昭60）年

是正を求める談話を発表

3・22 文部省、長野市立小の外国人教員採用問題で、講師としての任用は法的に不可能ではない、との見解発表

5・3 全国知事会、教育長の文相承認制の廃止を主張

5・17 参院本会議、補助金等の整理及び合理化並びに臨時特例に関する法律案、可決成立（教材費の国庫負担の廃止など）

7・8 高槻市・市民投票条例審査特別委、〝準公選〟条例案を5対7で否決（7・24本会議でも18対20で否決）

9・27 福岡高裁、福岡県高教組校長着任拒否闘争事件で、組合側実質勝訴判決

10・23 最高裁、福岡県青少年条例淫行処罰規定合憲判決（12・19千葉県議会、淫行処罰条例可決）

11・13 熊本地裁、丸刈り訴訟で校則は適法と判決（確定）

11・20 東京高裁、日教組4・11ストで槇枝前日教組委員長らに有罪判決

1986（昭61）年

3・13 最高裁一小、福岡県教組内申抜き処分事件適法判決

3・18 水戸地裁、岐阜県立岐陽高体罰事件で同校教諭に懲役三年の実刑判決

3・19 東京高裁、第一次教科書訴訟控訴審で家永側全面敗訴の〝鈴木判決〟

3・20 東京地裁、日曜日訴訟で原告の請求を全面棄却する判決（確定）

5・16 神山好市、東京・中野区長選で教育委

教育

1985（昭60）年

5・9 岐阜県立岐陽高二年男子、教師の体罰でショック死（↓86・3・18）

6・26 臨教審、「教育改革に関する第一次答申」提出（↓86・4・23）

7・23 有田一寿臨教審第三部会長、「教育陪審制度について（メモ）」公表（7・30日教組が批判見解を発表）

9・5 文部省、「特別活動の実施状況調査」を発表（日の丸・君が代の徹底を通知）

9・10 教育課程審議会発足（福井謙一会長）

9・19 文部省、専修学校卒業生の大学入学資格付与の改正告示

10・14 宮崎県教委、全県立高校定員三〇%推薦募集要項発表

10・18 日弁連、「学校生活と子どもの人権」シンポジウム（10・19同宣言発表）

10・31 大阪市教委、二二日間の教員採用前研修開始

12・28 海部俊樹、文相に再就任（↓76・12・24、↓86・7・22）

1986（昭61）年

2・1 東京・中野区立中野富士見中二年生、「いじめ」を苦に自殺（↓91・3・27）

4・23 臨教審、「教育改革に関する第二次答申」提出（↓87・4・1）

5・23 文相、教養審に「教育の資質能力の向上方策等について」諮問（初任者研修制度の創設などの具体策）

5・27 日本を守る国民会議の復古調教科書『新編日本史』、教科書検定審の内閲本

政治・社会

1985（昭60）年

6・25 女子差別撤廃条約批准

7・9 徳島地裁、刑事裁判初の死後再審「徳島ラジオ商事件」で富士茂子さんに無罪判決

7・17 最高裁、現行衆院議員定数配分規定違憲判決

8・12 日航ジャンボ機、群馬県の山中に墜落し520人死亡

8・15 中曽根首相、靖国神社に初の公式参拝

9・6 社会党中執委、新宣言案を作成

11・13 コロンビアの休火山ネバドデルルイス山噴火し約2万5000人死亡

11・19 レーガン・ゴルバチョフ両首脳会談

12・5 英、ユネスコを正式脱退決定

12・28 第二次中曽根内閣第二次改造

12・27 祝日法改正法公布（5月4日が休日となる）（↓89・2・13）

1986（昭61）年

1・28 米スペースシャトル・チャレンジャー、空中爆発し乗組員七人全員死亡

2・26 マルコス独裁政権崩壊、アキノ新大統領、組閣

4・1 男女雇用機会均等法施行

4・9 東京高裁、厚木基地公害訴訟判決

4・26 ソ連チェルノブイリ原発事故発生

4・29 政府、天皇在位六〇年記念式典挙行

5・4 第一二回主要先進国主脳会議（東京）

1986(昭61)年	1987(昭62)年
員〝準公選〟の存続を訴えて当選 9・30 京都府教委、新規採用教員の分限免職処分を発令（→91・2・13） 10・24 仙台高裁、四・一一ストで元岩教組委員長に控訴棄却の無罪判決 11・15 東京・調布の教育委員を自分たちで選ぶ会、「教育委員〝準公選〟条例案」発表（中学生以上に投票資格） 11・30 第三回教育委員の準公選をすすめるための全国交流集会開催（高槻） 12・25 名古屋地裁、中京女子大教授不当解雇事件で懲戒処分の効力停止決定 12・30 福岡地裁、北九州市研修命令事件で懲戒処分取消請求を棄却する判決	1・13 京都・君が代訴訟をすすめる会、「君が代」違憲訴訟を提起（→92・11・4） 2・10 文部省、社会教育主事講習等規程の一部を改正 2・16 政府、大学審議会設置法案を国会に提出（臨教審法案第一号→9・10成立） 3・3 ILO理事会、日本の教員スト禁止問題で灰色決着の結論 3・27 福井地裁、福井工業大助教授不当解雇事件で解雇無効判決 3・31 地域改善対策特定事業に係る国の財政上の特別措置に関する法律公布（当初五年の時限立法、ただし失効は、02・3・31）（→96・12・26、00・12・6） 5・8 日本弁護士連合会、「子どもの人権救
審査合格（外交問題化し、再修正後、7・7検定最終合格） 6・13 文部省三局長、「臨教審第二次答申について」通知 7・22 藤尾正行、文相就任（就任以来の一連の問題発言が外交問題化→9・9） 9・8 中曽根首相、藤尾文相を罷免 9・9 塩川正十郎、文相就任（→87・11・6） 9・13 日教組、第63回定期大会を延期 10・20 教課審、「教育課程の基準の改善に関する基本方向について（中間まとめ）」発表（小学校の生活科、日の丸・君が代の取扱いの明確化など） 12・20 全国私立大学教職課程研究連絡協議会、「臨教審第二次答申と政策動向について（第六次態度表明）」作成	1・23 臨教審、「審議経過の概要（その四）」公表（教科書認定制など→4・1） 2・5 名古屋大学平和憲章制定 3・10 文部省、教科書会社に教師用指導書を提出するよう通知 3・13 日教組、第63回臨時大会開催 4・1 臨教審、「教育改革に関する第三次答申」提出（8・7第四次答申） 5・8 日弁連、「子どもの人権救済の手引き」発表 6・13 女性民教審、「最終教育改革提言」発表（高校就学権の保障など） 6・22 文部省、初の「高校中退者進路状況調査」結果をまとめる 7・21 文部省、新任教員の洋上研修開始
7・6 衆・参同日選挙（自民党、衆院で304議席を獲得し圧勝） 7・22 第三次中曽根内閣成立（→87・11・6） 9・6 土井たか子、社会党委員長選で当選（日本憲政史上初の女性党首誕生） 9・22 中曽根首相、「米国は平均的に見たら知的水準は低い」旨発言し問題化 11・1 日銀、第四次公定歩合引き下げを実施（年三・〇％の史上最低に） 11・20 WHO、今後5年間にエイズ患者300万人におよぶ恐れと報告 11・21 伊豆大島・三原山、二〇九年ぶりの大噴火で一万島民全員船で脱出 11・28 国鉄分割・民営化関連八法案可決、成立（国鉄一一四年の歴史に幕）	2・26 大阪高裁、中国人留学生寮「光華寮」訴訟で台湾の所有権を認める判決 3・5 盛岡地裁、岩手靖国違憲訴訟事件で首相らの公式参拝是認判決（→91・1・10） 3・27 東京地裁、嫌煙権訴訟で初の判決 4・1 JR東日本旅客会社など、国鉄を分割・民営化しスタート 4・19 臨時行政改革推進審議会（新行革審）、スタート 4・24 一ドル、未踏の一三〇円圏に突入 5・3 朝日新聞阪神支局襲撃事件発生（小尻知博記者死亡、1人重傷） 5・12 売上税法案など税制改革関連六法案、廃案

教育法

（1987年）

済の手引き」発表

5・26 子どもの人権保障をすすめる各界連絡協議会、「子ども人権宣言一九八七」発表

7・16 大阪高裁、箕面忠魂碑訴訟で住民側の逆転敗訴判決

1988（昭63）年

1・11 中野区教育委員選任問題専門委員、規定数得票者リスト制を区長に提案（1・27文部省、依然違法と通知）

1・21 最高裁、佐賀県教組一斉休暇闘争事件判決（『人間の壁』のモデル）

2・2 政府、「新テスト」実施法案を閣議決定し、国会へ提出（以後、この法案を含む臨教審関連六法案を提出）

2・4 静岡地裁、静岡安東中体罰事件判決

5・9 全教連、初任者研修法案と教免法改正法案の見送りを求める声明を発表

5・25 参院本会議、「初任者研修法案」を可決（89・4・1より段階的に施行）

6・6 高知地裁、高知県立高校でのバイク禁止校則は校長の教育的裁量に属し社会通念上合理性があるとの判決

7・15 最高裁、内申書事件判決（事実であれば生徒に不利なことでも記載可）

12・21 参院本会議、教育職員免許法改正法案

教育

（1987年）

8・7 臨教審、教育改革に関する第四次答申（総括的最終答申、8・20解散）

9・8 大学設置審議会、設置

11・6 中島源太郎、文相就任（→88・12・27）

12・18 教養審、「教員の資質能力の向上方策等について」答申

12・24 教課審、「幼稚園、小学校、中学校及び高等学校の教育課程の基準の改善について」答申（高校で社会科を廃止）

1988（昭63）年

2・3 日教組、定期大会で新執行部を選出し「四百日抗争」に一応の終止符

3・15 味村内閣法制局長官、参院予算委で「日の丸が国旗とは慣習法」と答弁

3・24 高知学芸高校一年生、中国への修学旅行で列車衝突事故（→94・10・17）

4・1 初任者研修の試行、全国57都道府県市で全面実施へ

4・16 京都府の元校長48人、府教委の日の丸・君が代の押しつけに抗議声明

7・1 文部省、生涯学習局を設置

7・8 江副浩正・前リクルート会長、非公開株譲渡問題で大学審と教課審委員辞任

7・8 東京・目黒区の男子中学二年生、両親と祖母を殺害

11・3 高石邦男・前文部次官、リクルートコスモス株譲渡問題で「家内がやったこと」と釈明（11・18ウソと謝る）

12・6 文部省、8年ぶりに『教育白書』を発

政治・社会

（1987年）

6・30 閣議、第四次全国総合開発計画決定（多極分散がモットー）

7・11 国連の世界人口50億人の日

7・15 東京高裁、横田基地騒音公害訴訟で損害賠償を認める判決

7・29 東京高裁、ロッキード事件で元首相田中角栄に懲役4年の実刑判決

11・6 竹下登内閣成立（→89・6・3）

11・29 大韓航空機、ビルマ沖で消息不明事件発生

1988（昭63）年

4・10 瀬戸大橋開通（児島—坂出ルート）

6・1 米ソＩＮＦ（中距離核戦力）全廃条約、発効

6・7 スウェーデン議会、原発段階的破棄を可決（二〇一〇年まで）

6・17 リクルート疑惑が発覚し政界大揺れ

8・20 イラン・イラク八年戦争停戦（イラン、国連決議受入れ）

9・19 天皇、大量の吐血で容体が急変（大量の輸血→89・1・7）

11・8 ブッシュ、米大統領選挙でデュカキスに圧勝

12・7 本島等・長崎市長、定例議会で「天皇に戦争責任はある」などと答弁

12・9 宮沢喜一副総理・蔵相、リクルート疑惑で閣僚を辞任

12・24 税制改革関連法案成立（新型間接税「消費税」の導入）

12・27 竹下改造内閣発足（12・30長谷川峻法

を可決（成立、学歴別三段階免許状制度の導入、12・28公布）

1989（平成元）年

1・7 文部省、元号の制定について通知
2・15 東京・中野区第三回〝準公選〟投票結果公表（投票参加率二五・六四％）
2・17 祝日法改正法公布（4・29をみどりの日に）
2・27 広島県教委、学習指導要領案の「国旗・国歌」の記述について「多様な考え方があり、一斉の強制にならないような記述にしてほしい」と文部省に要望
3・8 文部省、新教科書検定規則案・基準案を公表（文相の訂正申請勧告権）
3・22 文部省、教免法施行規則一部改正省令公布（専門教育科目等について規定）
4・4 文部省、教科書検定規則・基準制定（文相に訂正申請勧告権）
6・12 全国教員養成問題連絡会、教免法施行規則及び課程認定に関する意見を発表
6・16 日本教育学会、教免法に基づく再課程認定に関する意見を文相に提出
6・21 米連邦最高裁、政治的抗議の星条旗焼き捨てテキサス事件で「憲法修正一条の表現の自由の範囲内」と無罪判決
6・27 東京高裁、第二次教科書訴訟差し戻し審判決（訴えを棄却。訴訟終結）
9・8 最高裁、福岡県校長着任拒否闘争訴訟判決（県教委の一部処分に裁量権の乱用を認める）
10・3 東京地裁、第三次教科書訴訟判決（一部検定は違法。10・13家永、控訴）

表（生涯学習強調）
12・27 西岡武夫、文相に就任（→89・8・10）

1・7 文部省、学校での弔意表明を通知
2・10 文部省、小・中・高校の新学習指導要領案公表（国歌の強制が問題化）
2・24 大喪の日で学校が休業日となる
3・15 文部省、幼稚園教育要領、小・中・高等学校の学習指導要領を公示
3・28 東京地検特捜部、高石邦男前文部次官をリクルート事件収賄容疑で逮捕（3・29文部省の11課を強制捜査）
4・1 初任者研修、小学校で本格的に実施
4・12 西岡文相、リ事件で文部省幹部3人の更迭を発表（6・21文部省、3人の天下り人事を内定。6・29政労協、天下り人事に抗議文を提出）
4・24 第14期中央教育審議会（清水司会長）発足（→90・1・30）
5・24 日教組、新学習指導要領を厳しく批判した「改訂学習指導要領批判と私たちの課題」を発表
6・6 文部省、小・中学校地区別教育課程講習会で、「国旗・国歌」の取扱い方の指針を示す
6・20 東京・国立市議会、「新学習指導要領の撤回を求める意見書」を採択
8・10 石橋一弥、文相就任（→90・2・28）
10・16 日本ペンクラブ、「日の丸・君が代強制についての声明」を決定
10・27 日教組、臨時大会で反主流派32人の除名処分を決定（分裂が加速化）

相、リクルート社からの政治献金が発覚し辞任。後任に高辻正己氏）

1・7 天皇、死去（異常報道が問題化）
1・7 閣議、元号を改める政令公布（新元号は平成、翌日施行）
1・20 ブッシュ、第41代米大統領に就任
2・13 東京地検特捜部、江副浩正前リクルート社会長を贈賄容疑で逮捕
2・24 大喪の日（一六四カ国が参列）
3・8 最高裁大法廷、法廷傍聴者のメモは原則自由と判決
3・17 松山地裁、玉串料に公金支出違憲判決
4・1 商品・サービスへの三％消費税実施
4・28 自民党、89年度予算案を衆院本会議で単独採決（憲政史上初の暴挙）
5・7 米誌の報道で水爆搭載の米軍機が65年12月沖縄近海で水没したことが判明
5・22 東京地検、藤波孝生元官房長官を受託収賄罪で在宅起訴
6・3 宇野宗佑内閣成立（→8・10）
6・4 中国人民解放軍、天安門広場で学生・市民に発砲し武力鎮圧。死者多数発生
7・23 消費税・リクルート事件・農政を争点とする参院選で自民大敗北、社会大躍進。参院での勢力が与野党逆転に
8・10 海部俊樹内閣成立（8・9首相指名で41年ぶりに衆参不一致→90・2・28）
8・11 埼玉・東京の連続幼女誘拐殺人事件で容疑者が逮捕される
11・9 ベルリンの壁、28年余で実質的に崩壊（東欧に民主化「ドミノ」現象）

	（1989）	1990（平成２）年
教育法	11・20 国連総会、「子どもの権利条約」を全会一致で採択（18歳未満の子どもの意見表明権、表現・情報の自由など） 12・15 参院本会議で教免法改正法案成立（高校免許教科「社会」が地歴・公民に）	1・18 最高裁一小、福岡県立伝習館高校事件判決（学習指導要領の法規的性質、教科書使用義務を容認） 3・13 教免法施行規則改正省令公布（地歴・公民の教科専門教育科目の内容規定↓4・1施行） 3・14 福岡地裁、県立高校の中退・留年者数の公開を求めた行政訴訟で「非公開は違法」として全面公開を命じる判決 3・28 東京・田無市議会、子どもの権利条約の批准を求める意見書採択 3・30 教科書無償措置法施行令改正政令公布（教科書採択期間3年から4年へ） 3・31 過疎地域活性化特別措置法公布 6・4 中野区長選で準公選継続を訴えた現職の神山好市区長再選（準公選存続へ） 6・29 生涯学習の振興のための施策の推進体制等の整備に関する法律公布 9・2 国連・子どもの権利条約発効（8・3批准国20を越える。9・21日本、署名） 9・29 子どものための世界サミット、73カ国の首脳を集めて開会（9・30「子どもの生存、保護及び発達に関する世界宣言」及び「行動計画」を採択）
教育	11・16 全日本教職員組合協議会（全教）、結成大会（日教組の分裂が確定） 12・29 高石邦男、次期衆院選に出馬を表明（首相・文相が不快感を表明↓90・2・18落選）	1・13 初の大学入試センター試験（新テスト）実施（史上最高の約四三万人受験） 1・30 中教審、「生涯学習の基盤整備について」答申（↓6・26、8・29） 2・28 保利耕輔、文相に就任（↓12・29） 3・1 全教（全日本教職員組合協議会）、初の教育研究全国集会を開催（京都） 3・6 文部省の調査研究協力者会議、「教科書採択の在り方について」報告 4・1 特例による新学習指導要領への移行措置が始まる（入学式での日の丸・君が代をめぐる混乱が各地で発生↓7・16） 4・1 初任者研修、中学校で本格的に実施 7・6 兵庫県立神戸高塚高校で女高生が校門に挟まれて死亡（7・26教諭懲戒免職） 7・16 文部省、入学式の「国旗・国歌」の調査結果発表（高校の君が代64・8％） 7・30 大学審議会、「審議の概要（その２）」公表（大学教育自由化の方向） 8・29 生涯学習審議会（伊藤正己会長）発足 10・31 大学審議会、審議概要発表（3年後から二〇〇〇年に向けて定員縮小を打出す） 11・2 文部省、教育白書『我が国の文教施策』発表（新高等教育構築を目指して）
政治・社会	11・21 総評が解散し、新連合と全労連が誕生 12・3 米ソ首脳会談、冷戦との決別を宣言 12・11 参院本会議、消費税廃止法案を野党の賛成多数で可決（12・14衆院で自民が廃案に）	1・18 昭和天皇の戦争責任発言をしていた本島等・長崎市長、短銃で撃たれて重傷 2・7 ソ連共産党、一党独裁体制放棄を決定 2・18 衆院総選挙で自民が安定多数を確保、社会は大躍進 2・20 長崎地裁、忠魂碑訴訟で補助金支出は違憲と判決 2・28 第二次海部内閣成立（↓91・11・5） 3・11 リトアニア共和国最高会議、独立宣言を採択（3・30エストニアも） 3・21 アフリカ最後の植民地ナミビア、独立宣言（数世紀にわたるアフリカ支配の植民地主義の歴史に幕） 4・18 臨時行政改革推進審議会、最終答申 5・24 盧泰愚韓国大統領、来日（天皇、植民地支配等の「不幸な過去」は日本の責任で「痛惜の念を禁じ得ない」とおわび） 6・4 韓ソ外相会談、即日国交樹立で合意（9・30国交樹立） 8・2 イラク、クウェートに侵攻（8・8合併宣言、人質問題・湾岸危機発生） 10・3 統一ドイツ誕生（西独が東独を編入） 10・16 閣議、国連平和協力法案を決定（憲法違反との批判高まり衆院で11・8廃案）

12・20 川崎市市民オンブズマン、教委に体罰根絶の措置を取るよう初めての勧告

12・26 福島地裁いわき支部、いじめを苦に自殺した中三生の事件で学校側に保護監督責任を認め、いわき市に千百万円の損害賠償を命じる判決（確定）

11・16 高体連理事会、朝鮮高級学校の加盟不承認方針確認（11・27大阪・京都両府高体連、府内大会のみ参加容認決定）

12・18 中教審学校制度小委、審議経過報告

12・29 井上裕、文相に就任（↓91・11・5）

11・12 天皇の即位を内外に宣言する即位礼正殿の儀挙行（11・22～23神事大嘗祭）

11・18 沖縄県知事選で革新統一候補の大田昌秀が当選（12年ぶりの革新県政復活）

12・29 第二次海部改造内閣発足（↓91・11・5）

1991（平成３）年

2・13 京都地裁、条件付採用期間終了日の公立中教師分限免職処分取消請求訴訟で教員に「不適格」と棄却判決（控訴）

2・28 高槻市個人情報保護審査会、中学校内申書全面開示の決定（2・26同市議会、開示支持決議、6・7市教委、非開示決定⇩6・20開示請求訴訟提起）

3・22 名古屋地裁、名古屋市立中喫煙室設置要求事件で、棄却判決（控訴）

3・27 東京地裁、中野いじめ自殺訴訟で一部暴行は学校の責任とする判決（控訴）

4・2 学位授与機関の新設等の学校教育法一部改正法公布（学士も学位となる）

4・10 福岡高裁、県立高校の中退・留年者数の開示を求めた教育情報公開訴訟で県教委側の控訴を棄却（確定）

5・16 神戸地裁、信仰上の理由で剣道実技不受講のエホバの証人の神戸市立工業高専生への原級留置処分容認決定（↓8・2）

5・27 東京地裁、修徳学園高校バイク禁止事件で校則の合理性は容認するが退学処分は裁量権逸脱と判決（控訴↓9・3）

6・3 大学設置基準・大学院設置基準・短期大学設置基準・学位規則の一部改正省

1・10 日韓外相、在日朝鮮人問題覚書署名（教員採用試験の受験を認め、常勤講師採用への道を開く、3・22文部省通知）

2・7 文部省、89年度高校中退者12万3千人と発表（調査史上最多）

2・8 大学審、「大学教育の改善について」等の五つの答申を提出（↓6・3）

2・14 文部省、教科書検定申請本公開実施要領発表（7月教科書研究センターで）

3・13 文部省の調査研究協力者会議、指導要録改訂の審議のまとめ提出（絶対評価重視を打ち出す）

3・27 第1回日韓合同歴史教科書研究会開催（～28東京、9・27～28第二回ソウル）

4・1 高等学校に初任者研修制度本格導入

4・18 兵庫県立農業高校長ら、入試答案改ざんが発覚（4・20逮捕、9・19有罪判決）

4・19 中教審、「新しい時代に対応する教育の諸制度の改革について」答申

5・17 大学審、「平成五年度以降の高等教育の計画的整備について」等三答申提出

6・30 文部省、新小学校教科書検定結果と検定事例を発表（日の丸・君が代、東郷元帥、生活科教科書が問題視される）

1・10 仙台高裁、岩手靖国訴訟で天皇・首相ら閣僚の靖国神社公式参拝に違憲判決

1・17 米国等の多国籍軍、イラクの空爆を開始（湾岸戦争、1・24日本政府、90億ドル支援決定、2・28戦争終結、4・6イラク、国連安保理の恒久停戦決議案受諾）

4・16 ゴルバチョフ大統領、ソ連の元首として初来日（北方領土問題進展せず）

4・26 海上自衛隊の掃海艇、ペルシャ湾へ向けて出発（自衛隊初の海外派遣）

5・14 信楽高原鉄道で列車正面衝突事故発生（死者42人、重軽傷４００人以上）

5・16 クレッソン女史、仏初の女性首相に就任（女性閣僚6人）

6・3 雲仙普賢岳で大火砕流が発生（消防・報道関係者40人死亡、3人行方不明）

6・17 南ア議会、人口登録法廃止案可決（デクラーク大統領、アパルトヘイト終結宣言）

6・20 東北・上越新幹線、東京駅乗り入れ

6・20 野村證券の大口顧客への損失補塡が発覚（日興・大和証券へも波及）

6・28 コメコン（社会主義諸国経済相互援助会議）、解散

教育法

令公布（一般と専門の科目区分廃止）

6・21 東京地裁、修徳学園高校パーマ禁止校則自主退学事件で退学勧告に合理性ありと判決（控訴）

8・2 大阪高裁、エホバの証人剣道実技不受講の原級留置処分は合憲・合法と決定

9・3 最高裁、千葉県私立東京学館高校校則違反のバイク自主退学事件で、校則は「憲法判断の対象外」として上告棄却判決

9・20 文部省初中局長、子どもの権利条約批准後も大きな変化はないとの見解発表

1992(平成4)年

3・13 閣議、「児童の権利に関する条約」批准案件国会提出（↓94・3・29）

3・13 神戸地裁、市立尼崎高校障害者入学不許可処分取消請求訴訟で裁量権逸脱・濫用と判決

3・19 東京高裁、私立修徳学園高校バイク事件で退学処分違法判決（確定）

3・26 箕面市個人情報保護審査会、指導要録全面開示答申（6・12市教委、全面開示決定↓6・24請求の大学生に開示）

3・30 札幌地裁、札幌市立小そばアレルギー事件損害賠償請求事件で一部認容・一部棄却の判決

7・27 名古屋地裁、戸塚ヨットスクール事件一部有罪判決（8・5控訴）

10・9 川崎市個人情報保護審査会、卒業生への指導要録の全面開示を答申

教育

7・12 「悪魔の詩」の翻訳者・五十嵐一筑波大助教授、同大学校内で惨殺される

8・30 日本教師教育学会創立総会（長尾十三二会長、12・8第一回研究大会開催）

11・5 鳩山邦夫、文相就任（↓92・12・12）

11・24 社会党、条件付で「日の丸」容認

12・13 文部省、教育委員会の活性化に関するアンケート調査結果発表（市町村教委の立ち遅れが目立つ）

12・19 文部省の社会の変化に対応した学校運営等に関する調査研究協力者会議、学校五日制を提言する中間まとめを発表

1992(平成4)年

2・20 文部省の社会の変化に対応した学校運営等に関する調査研究協力者会議、学校週五日制提言の審議のまとめ発表

3・13 文部省の学校不適応対策調査研究協力者会議、登校拒否（不登校）問題について報告

4・1 新しい小学校学習指導要領全面施行

5・1 国家公務員の完全週休二日制実施

5・19 大学基準協会、『大学の自己点検・評価の手引き』刊行

6・19 埼玉県庄和町教委、中・小学校の学校給食廃止方針発表（9・18同町議会、給食存続請願採択）

7・29 生涯学習審、「今後の社会の動向に対応した生涯学習の振興方策について」答申

9・12 学校週五日制出発（毎月第二土曜日）

政治・社会

7・1 ワルシャワ条約機構、最終的に解体

8・19 ソ連でクーデター（三日で失敗）

9・6 ソ連、バルト三共和国の独立を承認

9・17 国連、南北朝鮮・バルト三国等7カ国の加盟を承認（加盟国一六六カ国に）

10・23 カンボジア和平協定調印

10・30 中東和平会議開催（43年間の紛争を経てイスラエルとアラブ諸国が初会合）

11・5 宮沢喜一内閣発足（↓93・8・9）

12・21 独立国家共同体が誕生し、ソ連邦が69年の歴史に幕を閉じ、消滅

12・25 ゴルバチョフ・ソ連大統領、辞任

1992(平成4)年

2・7 欧州共同体（EC）加盟国、単一通貨・共通外交・欧州市民権を定めたマーストリヒト条約に調印（↓93・11・1）

4・9 英総選挙で予想に反し、メージャー首相のひきいる保守党が過半数を確保

4・16 福岡地裁、セクハラ訴訟で会社と元上司に損害賠償を命じる判決

6・3 環境と開発に関する国連会議（地球サミット）、リオデジャネイロで一八三カ国が参加して開幕（～6・14）

6・19 国際連合平和維持活動等に対する協力に関する法律（PKO法）、公布（8・10施行）

7・1 山形新幹線が開業（東京―山形間）

8・24 中国と韓国が国交樹立（台湾、韓国と断交）

10・17 米ルイジアナ州に留学中の愛知県立高

10・30 東京高裁、私立修徳学園高校パーマ退学処分事件で卒業認定請求棄却の判決
11・4 京都地裁、「君が代」訴訟で「市教委の君が代テープ配布は財産処分に当たらず」と訴えを退ける判決
12・24 神奈川・大和市公文書公開審査会、日の丸・君が代の職員会議録を個人名をふせて開示せよと答申（→93・1・23同市教委、開示決定→93・3・5）

10・13 埼玉県教委、公立中学校に業者テストの偏差値結果を私立高校に提供しないよう要請（→11・13鳩山文相、業者テストの横行を批判）
11・21 岡野義一朝霞市長、県立和光高創立20周年記念式典で「君が代歌わぬ生徒は市職員に採用しない」と発言
12・12 森山真弓、文相就任（初の女性文部大臣が誕生→93・8・9）

二年の生徒、不審者と誤認され射殺される（→93・5・1射殺の被告無罪判決）
10・23 天皇、皇后とともに史上初訪中し「我が国が中国国民に対し多大の苦難を与えた」とし、「これは私の深く悲しみとするところ」と語る
12・9 英メージャー首相、チャールズ皇太子とダイアナ妃が別居すると発表
12・12 宮沢改造内閣発足

1993(平成5)年

2・3 東京・中野区の第四回教育委員準公選区民投票開始（～15、投票参加率23・83％、3・28 1人任命、4・11 1人任命、6・15 3人目任命）
2・20 神戸地裁、兵庫県立神戸高塚高校女子生徒校門圧死事件で有罪判決（確定）
2・22 神戸地裁、剣道拒否による留年・退学は合憲と判決
3・13 那覇地裁・国体日の丸焼却事件判決
3・16 最高裁第三小法廷・第一次教科書訴訟で検定は違憲・違法ではないとの初の判断（上告棄却で原告敗訴）
4・27 静岡地裁浜松支部、静岡大教授単位認定収賄事件有罪判決
5・26 衆院本会議、「児童の権利に関する条約」批准承認案を全会一致で可決（6・18衆院解散で廃案に→94・3・29）
6・11 高嶋伸欣、教科書検定は違憲・違法として損害賠償訴訟を提起（家永訴訟につづく教科書裁判→98・4・22）
10・20 東京高裁、第三次家永教科書訴訟で、検定意見三カ所を違法と判決
10・26 旭川地裁、留萌市中学生の肢体不自由

1・13 山形・新庄市立中生徒、体育館でマットの中に押し込まれて死亡（→1・18同校生徒4人逮捕、4人補導）
2・6 川崎市教委、94年度から指導要録全面開示の方針発表
2・22 文部省、高校入試で業者テスト締め出しを求める通知
3・5 神奈川・大和市教委、日の丸・君が代について議論した市内の全小中学校の職員会議録を請求者に開示
4・1 新しい中学校学習指導要領全面施行
5・20 武藤嘉文外相、日の丸・君が代の指導に従わない子どもにペナルティと答弁
6・26 日本教育政策学会創立大会
7・20 経団連、「新しい人間尊重の時代における構造変革と教育の在り方について」提言（詰め込み・画一教育を批判）
8・9 赤松良子、文相に就任（民間人→94・6・30）
9・3 赤松文相、記者会見で「丸刈りは戦時中の思い出からゾッとする」と発言
9・16 大学審議会、「大学入試の改善に関する審議のまとめ」を発表（推薦入学は、

1・1 チェコとスロバキアが分離独立
1・20 クリントン、第42代米大統領に就任
2・25 最高裁、厚木・横田基地騒音公害訴訟で過去の騒音の賠償請求権容認の判決
3・6 東京地検、元自民党副総裁・金丸信を所得税法違反で逮捕
4・8 国連ボランティアの中田厚仁、カンボジアで銃撃され死亡
5・23 米ルイジアナ州郡裁判所、服部剛丈射殺事件で無罪評決
6・9 皇太子結婚の儀で休日
7・7 第19回主要国首脳会議（東京サミット～7・9）
7・12 北海道南西沖地震で津波・火災のため234人が死亡・行方不明となる
7・18 衆院総選挙で自民党が過半数割れ
8・4 政府、「慰安婦関係調査結果発表に関する河野官房長官談話」発表し謝罪
8・6 土井たか子、衆院議長に選出さる
8・9 細川護熙内閣成立（38年ぶりに非自民の連立内閣→94・4・28）
9・13 イスラエルとPLO、ガザ・エリコ暫定自治協定に調印

教育法

児の特殊学級入級処分の取消請求訴訟で、「決定権限は校長にある」と判決

11・20 東京地裁、結婚後も旧姓使用を求めた女性大学教授の請求棄却判決

11・30 東京・中野区議会自民・民社、教育委員「準公選」条例廃止案を提出（12・6学者研究者撤回要望声明、12・9廃棄）

1994（平成６）年

1・17 学者・研究者１０３４人、中野区「準公選」廃止に反対する緊急声明発表

1・31 中野区議会、「準公選」廃止条例案を可決（廃止は、95・1・31→95・2・1）

1・31 東京地裁・東久留米市指導要録開示拒否処分取消請求訴訟で棄却判決

3・29 参院本会議、児童（子ども）の権利条約批准承認案を全会一致で可決（4・22批准、5・16公布、5・20文部省、消極的な通知、5・22発効）

5・20 東京高裁、東京・中野区の中学生いじめ自殺事件でいじめが原因で学校は適切な指導を怠ったと判決（確定）

10・17 高知地裁、高知学芸高校上海修学旅行事故で賠償請求棄却判決（確定）

12・20 大阪地裁、高槻市内申書非開示処分取消訴訟で一部容認判決（→96・9・27）

12・20 大阪地裁、エホバの証人高専生徒進級拒否・退学処分取消訴訟で請求容認判決

1・27 最高裁、両親行方不明で無国籍の四歳

教育

大学3割、短大5割以内）

9・16 大学審議会、「夜間に教育を行う博士課程等」について答申

9・22 文部省、私大等経常費補助金92年度交付状況を発表（12年連続低下）

12・27 文部省、92年度の生徒指導に関する調査結果をまとめる（いじめ増加傾向）

1994（平成６）年

1・18 文部省、新学習指導要領の見直しを求める地方議会意見書が93年末までに三六四件に上ると発表

2・22 文部省、10年ぶりに小学校で学力テストを実施（〜29）

4・1 新しい高等学校学習指導要領施行

4・28 赤松良子・文相留任（→6・30）

5・26 文部省、全小中学校及び教委を対象とした道徳教育推進状況調査結果を公表

6・30 与謝野馨、文相に就任（→95・8・8）

7・1 法務省、子ども人権オンブズマン制度創設の通知

11・27 西尾市立東部中二年の大河内清輝君、悪質ないじめを苦に自宅裏庭で自殺

11・10 社会の変化に対応した新しい学校運営等に関する調査研究協力者会議、「審議のまとめ」提出（月二回週五日制）

11・30 岡山地方法務局、総社市の中学生菅野明雄君自殺事件で学校に対し「いじめへの対応が不十分」と説示

1・1 国連人権教育の十年スタート

政治・社会

10・4 エリツィン露大統領、最高会議ビルに立てこもる反大統領派を武力鎮圧

11・1 欧州連合（ＥＵ）条約（マーストリヒト条約）発効

12・15 ガットのウルグアイラウンド最終合意

12・30 イスラエル、バチカン国交樹立文書に調印

1994（平成６）年

1・29 政治改革関連四法案可決、成立

4・28 羽田孜連立内閣成立（自民・社会などを除く39年ぶりの少数与党内閣、戦後二番目の短命内閣→6・30）

5・9 ネルソン・マンデラＡＮＣ議長、黒人初の南ア大統領に選出される

6・29 衆院、村山富市社会党委員長を第81代52人目の首相に指名

6・30 村山富市連立内閣成立（自民・社会・さきがけ三党、47年ぶりの社党首相→96・1・11）

7・8 北朝鮮の金日成国家主席死去

7・27 社会党中執、自衛隊合憲、日米安保堅持、日の丸・君が代の国旗・国歌との認識、稼働中の原発容認等の基本政策転換案を決定（9・3臨時党大会承認）

8・31 ＩＲＡ、無期限・無条件の停戦宣言

9・4 関西空港開港（国内初の24時間運用）

10・13 大江健三郎、ノーベル文学賞受賞決定

11・2 円、ＮＹ外国為替市場で一時１ドル＝96円11銭で取引（戦後円高最高値）

1・17 阪神・淡路大震災発生。死者六四三四

1995(平成7)年	1996(平成8)年
男子に日本国籍を認める逆転判決 2・1 中野区教育委員候補者選定区民参加問題専門委員、準公選に変えて区民推薦制度を提言（→96・3・29） 2・13 最高裁、山形県新庄市立明倫中マット死で少年の再抗告棄却決定 2・28 最高裁、在日韓国人二世の選挙権について「憲法は法律で選挙権を与えることを禁じてはいない」と判決 3・9 大阪地裁、90年秋の天皇即位の礼と大嘗祭の国費支出は憲法の「政教分離規定に違反するのではないかとの疑義は一概には否定できない」と判決 5・17 広島地裁福山支部、風の子学園監禁致死事件で有罪判決 5・30 札幌地裁、学テ懲戒処分取消請求事件で容認判決（控訴） 12・8 東京地裁、リクルート事件で高石邦男元文部事務次官に有罪判決	2・19 名古屋地裁、戸塚ヨットスクール損害賠償請求事件で一部容認判決 2・20 大阪地裁、日の丸は国旗であるとの慣習法が成立しているが、日の丸強制に法的根拠を与えるものではないと判決（確定） 2・22 最高裁、小野市立中の生徒心得違法確認訴訟で上告棄却判決 3・8 最高裁、エホバの証人高専生進級拒否・退学処分取消容認判決 3・29 中野区長、「中野区教育委員候補者区民推薦制度要綱」決定
3・13 いじめ対策緊急会議、「いじめ問題の解決のために当面すべき方策について」報告（出席停止措置など提言） 4・1 学校週五日制（第二・四土曜日開始） 4・19 経済同友会、「学校から『合校』へ」との教育改革提言発表 4・24 日経連、「新時代に挑戦する大学教育と企業の対応」発表 4・25 第15期中教審発足（→96・7・19） 5・15 第3期生涯学習審発足（→96・4・24） 8・8 島村宜伸、文相就任（→96・1・11） 8・22 全教、定期大会で教職員権利憲章採択 9・3 日教組、定期大会で学習指導要領の容認や日の丸・君が代問題の棚上げなど大幅転換路線の新運動方針を採択 9・18 大学審議会、「大学運営の円滑化について」答申 12・15 文部省、「いじめ問題への取組の徹底等について」通知	1・11 奥田幹生、文相就任（→11・7） 3・26 経団連、「創造的な人材育成に向けて」発表（学習指導要領の大綱化等） 4・24 生涯学習審議会、「地域における生涯学習機会の充実方策について」答申 6・1 岡山県邑久町立小学校でO157による集団食中毒で一年女子二人死亡（その後全国に拡大、7・15堺市で被害が四〇〇〇人を越え全市立小学校が休校） 6・28 文部省、中学校教科書検定結果を発表（従軍慰安婦問題が社会科に登場） 7・19 中教審、「21世紀を展望した我が国の教
人負傷者4万1500人以上の大惨事 3・20 東京の地下鉄でサリン事件発生 4・9 東京都知事に青島幸男、大阪府知事に横山ノックが当選 4・19 東京外為市場で円相場が一時79円75銭の戦後最高値となる。 5・17 中国、地下核実験（9・5仏も核実験） 8・8 村山改造内閣発足 8・15 村山首相、戦後五〇年で「先の大戦について「国策を誤り…植民地支配と侵略によりアジアの人々に多大の損害と苦痛を与えた」との談話を発表 9・4 第四回世界女性会議の政府間会議、北京で開幕（9・15行動綱領・北京宣言） 10・21 沖縄で米兵の暴行事件に抗議し、基地の整理・縮小や日米地位協定の見直しを求める県民総決起大会が開かれる 12・12 国連総会、核実験停止決議採択 12・14 ボスニア和平協定調印（パリ）	1・11 橋本龍太郎連立内閣成立（自民・社会などの与党内閣→11・7） 1・31 最高裁、オウム真理教解散命令は合憲と判断し、教団側の特別抗告を棄却 2・18 IRA、ロンドンで爆破テロ活動再開 2・28 英皇太子夫妻、離婚に同意 3・18 英・小学校で16人の子どもと一人の教師が銃乱射男に射殺される 7・8 国際司法裁判所、国連総会への勧告的意見として核兵器使用・威嚇は「国際法の原則に一般的に反する」と判断 8・4 新潟県巻町で原発建設是非を問う初の

教育法

1996（平成８）年

- 5・1 政府、「児童の権利に関する条約第一回報告」を国連に提出（↓98・6・5）
- 9・27 大阪高裁、高槻市内申書非開示処分取消訴訟で控訴棄却判決
- 12・20 埼玉県議会、「児童の権利に関する条約」の普及啓発等を推進する決議可決
- 12・26 人権擁護施策推進法公布（5年の時限立法、03・3・31失効）

1997（平成９）年

- 1・17 東京地裁、大田区教育長に小学校指導要録の「各教科の学習の記録」などは非開示を正当とする特段の事情はないとして開示を命じる判決
- 5・14 アイヌ文化の振興並びにアイヌの伝統等に関する知識の普及及び啓発に関する法律公布
- 6・11 学校図書館法の一部改正法公布（司書教諭必置へ）
- 6・13 大学の教員等の任期に関する法律公布
- 6・18 小学校及び中学校の教諭の普通免許状授与に係る教育職員免許法の特例等に関する法律公布（免許状取得に介護等体験期間七日が必要）
- 7・31 学校教育法施行規則改正省令公布（大学への飛び入学制度）
- 8・29 最高裁三小、第三次教科書訴訟判決（七三一部隊に対する検定は違法、32年に及ぶ家永教科書訴訟が終結。世界中のマスコミが報道）

教育

1996（平成８）年

育の在り方について」答申（第一次答申）

- 7・25 行政改革委員会規制緩和小委員会「規制緩和に関する論点公開」公表
- 10・29 大学審議会、「大学教員の任期制について」答申（↓97・6・6）
- 10・28 経団連、「規制の撤廃・緩和等に関する要望」発表（学校選択の弾力化等）
- 11・7 小杉隆、文相就任（↓97・9・11）

1997（平成９）年

- 1・1 橋本首相、年頭の記者会見で新たに教育改革を加えた「六つの改革」を提唱
- 1・24 小杉文相、「教育改革プログラム」を首相に提出（8・5一部改訂）
- 3・24 経済同友会、「『学働遊合』のすすめ」提言
- 6・26 中教審、「21世紀を展望した我が国の教育の在り方について」答申（第二次答申、31回答申）
- 6・28 神戸小学生連続殺傷事件で中三生徒逮捕（10・17神戸家裁、専門医の精神鑑定を経て医療少年院送致を決定）
- 7・28 教養審、「新たな時代に向けた教員養成の改善方策について」答申（第一次答申。中学免許教育実習四週間へ倍増）
- 8・4 小杉文相、中教審に「幼児期からの心の教育の在り方について」諮問
- 9・11 町村信孝、文相就任（↓98・7・30）
- 9・29 文部省、「教育課程実施状況調査」（新学力テスト）結果発表

政治・社会

1996（平成８）年

住民投票で反対が賛成を大幅に上回る

- 8・28 最高裁、沖縄の米軍基地用地強制使用代理署名訴訟で知事の上告を棄却
- 10・4 東京地検、薬害エイズ事件で松村明仁元厚生省生物製剤課長を逮捕
- 10・20 衆院総選挙、自民過半数に達せず
- 11・7 第二次橋本内閣発足（少数与党↓98・7・30）
- 12・17 在ペルー日本大使公邸人質事件発生

1997（平成９）年

- 1・31 公安審査委員会、オウム真理教への破壊活動防止法適用請求を棄却する決定
- 4・2 最高裁大法廷、愛媛玉ぐし料訴訟判決
- 4・17 参院本会議、駐留軍用地特別措置法改正法案可決、成立（沖縄米軍基地の暫定使用、4・23施行）
- 4・22 ペルー軍特殊部隊、日本大使公邸に突入（犯人全員、人質1、隊員2死亡）
- 5・2 英総選挙で労働党が圧勝し18年ぶりに労働党のトニー・ブレアが首相に就任
- 6・18 欧州連合首脳会議、新EU条約を採択（10・2調印、アムステルダム条約）
- 7・1 英、香港を中国に返還（一国二制度）
- 8・31 ダイアナ英元皇太子妃、交通事故死
- 9・11 第二次橋本改造内閣発足
- 9・23 日米両国政府、日米防衛協力のための指針（新ガイドライン）に合意
- 11・24 山一証券、自主廃業・営業休止を決定
- 12・1 地球温暖化防止京都会議開幕（～11）
- 12・3 行政改革会議、最終報告決定

1998(平10)年

- 4・22 横浜地裁、横浜教科書訴訟で一部検定意見違法判決（控訴）
- 5・20 スポーツ振興投票の実施等に関する法律（サッカーくじ法）公布
- 6・5 国連子どもの権利委員会、日本政府に対し、極端に競争的な教育制度の改善など22項目の改善勧告（↓04・1・30）
- 6・10 教免法改正法公布（教職科目の大幅増加）
- 6・12 学校教育法改正法公布（中等教育学校の創設）
- 6・12 中央省庁等改革基本法公布
- 6・13 子どもと教科書全国ネット21、結成総会
- 7・17 都教委、学校管理規則を改正し職員会議を校長の校務補助機関とする
- 8・21 教科書検定訴訟を支援する全国連絡会、最終総会を開催（33年の活動に幕）
- 9・29 徳島地裁、鳴門教育大セクハラ慰謝料請求事件判決（容認）
- 10・2 感染症の予防及び感染症の患者に対する医療に関する法律公布
- 10・9 ユネスコ世界高等教育会議、21世紀の高等教育世界宣言採択

- 1・19 千葉大工学部、全国初の「飛び入学」制度で、高校二年生3人が合格
- 1・28 栃木県黒磯北中学校一年男子生徒、遅刻を注意した女性教員をナイフで刺殺
- 3・26 埼玉県教委、県立所沢高校の入学説明会での発言内容を理由に教諭を戒告処分（4・9校長主催の「入学式」と生徒主催の「入学を祝う会」が行われる）
- 6・30 中教審、「幼児期からの心の教育の在り方について」答申
- 7・29 教課審、「幼稚園、小学校、中学校、高等学校、盲学校、聾学校及び養護学校の教育課程の基準の改善について」答申
- 7・30 有馬朗人、文相就任（↓12・14、99・3・29）
- 9・17 生涯学習審、「社会の変化に対応した今後の社会教育行政の在り方について」答申
- 9・21 中教審、「今後の地方教育行政の在り方について」答申
- 10・26 大学審、「21世紀の大学像と今後の改革方策について―競争的環境の中で個性が輝く大学―」答申
- 10・29 教養審、「修士課程を積極的に活用した教員養成の在り方について―現職教員の再教育の推進―」第二次答申
- 11・13 教科書検定審、「新しい教育課程の実施に対応した教科書の改善について」建議
- 12・14 文部省、小・中学校学習指導要領、幼稚園教育要領公示（↓03・12・26）

- 2・25 金大中、韓国大統領に就任
- 4・10 北アイルランド和平が合意
- 4・10 日銀、金融機関からの過剰接待問題で98人の行内処分発表
- 4・27 大蔵省、過剰接待問題で１１２人の処分発表
- 5・11 インド、核実験実施、パキスタンも対抗
- 6・12 中央省庁等改革基本法公布。教育科学技術省が二〇〇一年スタート予定（↓99・7・16）
- 6・22 金融監督庁発足
- 7・25 和歌山市で毒物カレー事件発生（以後、毒物・薬品混入事件が続発）
- 7・30 小渕恵三内閣成立（↓00・4・5）
- 8・31 北朝鮮、テポドン発射し太平洋へ
- 9・30 参議院本会議、対人地雷全面禁止条約（オタワ条約）批准承認（日本は45番目の批准国）
- 10・8 金大中大統領、来日し小渕首相の「反省とおわび」評価し歴史認識を盛り込んだ共同声明を発表
- 11・15 稲嶺恵一、沖縄県知事選で当選

教育法

1999(平11)年

1・29 最高裁、京都市「君が代」カセット購入代返還請求訴訟判決（棄却）
2・25 小渕首相、「日の丸・君が代」の法制化は考えていない、と国会答弁
5・28 学校教育法一部改正法公布（学長権限強化など）
6・11 閣議、国旗・国歌法案決定。「君が代の君は象徴天皇と解するのが適当」との政府見解示す（「君」は天皇）
6・29 政府、「君は主権の存する日本国民の総意に基づく天皇を指す。代は国を表す」との修正見解発表
7・16 文部科学省設置法公布（→01・1・6）
8・9 参議院本会議、日の丸・君が代を国旗・国歌とする「国旗及び国歌に関する法律案」可決、成立（8・13公布・施行）
9・28 東京高裁、長野県立飯田高校けんか殺人損害賠償請求事件判決（原判決を取消し、容認）
9・29 大阪高裁、西宮市・甲山事件第二次控訴審で、原審無罪判決を支持する判決（控訴棄却、10・8無罪確定）

2000(平12)年

1・21 学校教育法施行規則等の一部を改正する省令公布（無免許民間人校長、職員会議、学校評議員等について規定）
3・31 教育職員免許法等の一部を改正する法律公布（情報、福祉の免許状創設）
4・28 教育公務員特例法等の一部を改正する法律公布（大学院修学休業制度創設）
5・9 森首相、桜内義雄後援会総会で「教育

教育

1999(平11)年

2・28 広島県立世羅高等学校長、卒業式での日の丸・君が代問題に悩み自殺
3・29 文部省、高等学校学習指導要領、盲・聾及び養護学校学習指導要領公示
6・9 生涯学習審、学習塾を学校教育の補充と位置づけるとともに、過度の塾通いに自粛を要請
6・ 生涯学習審議会、「学習の成果を幅広く生かす—生涯学習の成果を生かすための方策について—」答申
7・23 社会経済生産性本部、「選択・責任・連帯の教育改革」発表
9・6 大学審議会、「大学設置基準等の改正について」答申
9・20 文部省、特例措置前提に国立大学の「独立行政法人化の検討の方向」提示
10・5 中曽根弘文、文相就任（→00・7・4）
12・10 教養審、「養成と採用・研修との連携の円滑化について」（第三次答申）
12・16 中教審、「初等中等教育と高等教育との接続の改善について」答申

2000(平12)年

3・27 教育改革国民会議（江崎玲於奈座長）、発足（小渕首相の私的諮問機関、委員26人、→9・22）
6・21 品川区、01年度から中学校にも学校選択制導入を決定（日野市・豊島区も01年度から公立小中学校の選択制導入を既決）
7・4 大島理森、文相就任（→12・5）

政治・社会

1999(平11)年

1・1 欧州連合（EU）の単一通貨「ユーロ」、独仏など11カ国に導入
1・14 小渕第一次改造内閣、自民・自由両党連立で発足（→10・5）
4・11 石原慎太郎、東京都知事に初当選
4・24 参議院本会議、新しい日米防衛協力のための指針（ガイドライン）関連法案、可決成立
5・24 仙台地裁、東北大学元女性大学院生セクハラ訴訟事件判決（容認）
6・3 仙台地裁、東北生活文化大学セクハラ訴訟事件判決（容認）
6・11 最高裁（二小）、セクハラ損害賠償請求事件判決（容認）
7・8 参議院本会議、二〇〇一年から1府12省庁体制にする中央省庁関連法と、国と地方自治体の対等関係を目指す地方分権一括法成立
9・30 茨城県東海村民間ウラン加工施設JCO東海事業所で国内初の臨界事故発生
10・5 小渕第二次改造内閣、自民・自由・公明三党連立で発足（→00・4・5）

2000(平12)年

1・2 衆参両院の憲法調査会、発足
1・31 オウム真理教、観察処分に
2・4 オーストリア、右翼・保守連立政権樹立
2・6 太田房江、大阪府知事に初当選（全国初の女性知事誕生）
2・26 新潟県警察本部長、警察庁特別監察後にマージャンをしていたことが発覚

2000(平12)年

勅語はいいところもあった」と発言
5・24 児童虐待の防止等に関する法律公布
6・7 中央教育審議会令公布（委員30人以内、5分科会を設置、01・1・6施行）
6・9 大学基準協会、「大学評価の新たな地平を切り開く」を公表
7・28 森首相、臨時国会の所信表明演説で「教基法の抜本的見直しが必要」と明言
9・8 最高裁、福岡市立小の「ゲルニカ訴訟」で処分を受けた教諭の上告棄却
9・18 新しい教育基本法を求める会（会長・西沢潤一岩手県立大学長）、首相に報告書を提出。伝統の尊重や家庭教育の重視など
12・1 未成年者喫煙禁止法及び未成年者飲酒禁止法の一部を改正する法律公布
12・6 少年法等の一部を改正する法律公布
12・6 人権教育及び人権啓発の推進に関する法律公布

9・22 教育改革国民会議、「中間報告」を発表（奉仕活動の義務化、教育基本法見直しなど、↓12・22）
11・22 大学審議会、「大学入試の改善について」「グローバル化時代に求められる高等教育のあり方について」答申
11・28 生涯学習審議会、「新しい情報通信技術を活用した生涯学習の推進方策について」答申
12・4 教育課程審議会、「児童生徒の学習と教育課程の実施状況の評価の在り方について」答申
12・5 町村信孝、文相に就任（↓01・4・26）。記者会見で教育基本法の抜本的改正目指すと発言
12・8 国語審議会、「現代社会における敬意表現」「表外漢字字体表」「国際社会に対応する日本語の在り方」答申
12・22 教育改革国民会議、首相に「報告」を提出（↓01・1・25）

3・27 プーチン大統領代行兼首相、ロシア大統領に当選（5・7第二代大統領に就任）
3・31 北海道・有珠山の噴火始まる（22年ぶり）
4・2 小渕首相、脳梗塞で入院（執務不能）
4・5 森喜朗内閣、小渕内閣の全閣僚を引き継ぐ自民・公明・保守三党連立で成立、（↓7・4）
5・3 17歳の少年、高速バス乗っ取り事件を起こす
5・8 森首相、「教育勅語はいいところもあった」と発言し、問題化
5・15 森首相、神道政治連盟国会議員懇談会で「日本は天皇を中心とする神の国」と発言し問題化
6・14 南北朝鮮、「統一の自主的解決」など五項目の南北共同宣言に合意
7・4 第二次森連立内閣発足（↓12・5）
7・21 九州・沖縄サミット（主要国首脳会議）開幕、クリントン米大統領、「平和の礎（いしじ）」で演説
10・10 白川英樹、導電性プラスチックの開発でノーベル化学賞受賞決定
11・4 藤村新一・東北旧石器文化研副理事長による石器発掘ねつ造が宮城県上高森遺跡などで発覚
11・7 米大統領選投開票、大接戦で勝敗付かず（12・13共和党のジョージ・ブッシュ候補、当選が確定）
12・5 第二次森改造内閣発足（↓01・4・26）

2001(平13)年

	教育法
1・28	中曽根元首相、教育基本法改正を強調
3・31	公立義務教育諸学校の学級編制及び教職員定数の標準に関する法律等の一部を改正する法律公布
7・11	地方教育行政の組織及び運営に関する法律の一部を改正する法律公布
7・11	学校教育法の一部を改正する法律公布
9・6	富山地裁、いじめ自殺訴訟で安全保護・報告義務違反があったとはいえないとして原告敗訴の判決
11・26	遠山文科相、中教審に「新しい時代にふさわしい教育基本法の在り方について」諮問
12・6	大田堯ら教育関係者8人、「教育基本法の『改正』問題に関する教育関係者の声明」発表(→02・3・31、→03・2・16)
12・7	文化芸術振興基本法公布
12・12	未成年者喫煙禁止法及び未成年者飲酒禁止法の一部を改正する法律公布
12・12	子どもの読書活動の推進に関する法律公布

	教育
1・6	文部科学省(文科省)、文部省と科学技術庁が統合してスタート
1・25	文科省、「21世紀教育新生プラン」発表(教育改革国民会議報告をそのまま政策化)
2・1	新中央教育審議会(鳥居泰彦会長)、初総会
2・8	東京都教委、「教科書採択事務の改善について」各区市町村に通知
2・9	宇和島水産高校生等35人乗船の実習船「えひめ丸」ハワイのオアフ島で米原潜に衝突され沈没。9人行方不明
3・1	教育学者18人、「新しい歴史教科書をつくる会」の「教科書」を憂慮する声明を発表
4・3	文科省、新しい歴史教科書をつくる会主導の『新しい歴史教科書』の検定合格を発表
4・26	遠山敦子、文科相就任(→03・9・22)
6・8	大阪教育大学附属池田小で包丁男が乱入する殺傷事件発生(子ども8人死亡。子ども13人と教員2人がケガ)
6・11	文科省、「大学(国立大学)の構造改革の方針」等を経済財政諮問会議に提出(国立大学、再編統合へ)
8・7	東京都教委、強い反対運動の中で都立養護学校中学部の一部で「つくる会」教科書の採択を決定(8・15愛媛県教委、反対市民を監禁し、ろう・養護学校の一部で「つくる会」歴史教科書を採択すると文科省に報告)

	政治・社会
1・6	中央省庁改革で1府12省庁がスタート
1・25	外務省、官房機密費流用疑惑で前要人外国訪問支援室長を懲戒免職
4・26	小泉純一郎内閣成立(田中真紀子、外相に就任。女性閣僚5人は過去最多、→03・11・19)
5・8	韓国政府、検定合格の中学校歴史教科書8冊に対し35項目の修正要求提出(5・16中国政府も8項目)
6・22	国民の祝日に関する法律及び老人福祉法の一部を改正する法律公布
6・26	政府、経済財政諮問会議「経済財政運営の基本方針」(骨太の方針)を閣議決定
8・13	小泉首相、靖国神社に参拝
9・11	米国で同時多発テロ発生(NYの世界貿易センタービルなど倒壊)
10・7	米英軍、タリバン攻撃を開始
10・10	野依良治名古屋大教授、ノーベル化学賞受賞決定
11・2	平成13年9月11日のアメリカ合衆国において発生したテロリストによる攻撃等に対応して行われる国際連合憲章の目的達成のための諸外国の活動に対して我が国が実施する措置及び関連する国際連合決議等に基づく人道的措置に関する特別措置法公布
11・30	外務省、71の課・室での2億円を超す裏金プール金を発表し328人を処分
12・1	雅子皇太子妃、女児出産(12・7敬宮愛子と命名)

2002(平14)年

3・29 文部科学省、小学校設置基準制定
3・29 文部科学省、中学校設置基準制定
3・31 21世紀に教育基本法を生かす会、創立集会
5・13 日本弁護士連合会、「『中央教育審議会』の審議の在り方ならびに『基本問題部会』の議事の公開に関する要望書」提出
5・25 「子どもたちを大切に…いまこそ生かそう教育基本法」全国ネットワーク、結成集会開催
5・29 東京高裁、高嶋教科書訴訟で検定を合憲・合法とする逆転判決（上告→05・12・1）
5・31 **教育職員免許法の一部を改正する法律**公布（中・高の教諭が小・中で免許状相当教科等を教授可能）
7・18 教育と文化を世界に開く会、「教育と文化を世界に開かれたものに―教育基本法『改悪』に反対する呼びかけ」発表
8・29 義務教育教科用図書検定基準及び高等学校教科用図書検定基準一部改正
9・21 日本弁護士連合会、「教育基本法の在り方に関する中教審への諮問及び中教審での議論に対する意見書」発表
12・7 教育学関連15学会、「教育基本法問題共同公開シンポジウム」開催
12・13 放送大学学園法公布（一九八一年法の全部改正）

1・17 文科省、「確かな学力の向上のための02アピール『学びのすすめ』」発表
2・21 中教審、「新しい時代における教養教育の在り方について」答申（第1回）
2・21 中教審、「今後の教員免許制度の在り方について」答申
2・21 中教審、「大学等における社会人受入れの推進方策について」答申
3・7 中教審、「大学の設置基準等の改正について」答申
4・1 公立小・中・高等学校等で完全学校週五日制がスタート
4・1 小・中学校学習指導要領全面施行
4・22 文科省、都道府県教育長に小・中学生用道徳副教材「『心のノート』について（依頼）」を通知
6・14 文科省、「世界的研究教育拠点の形成のための重点的支援―21世紀COEプログラム―」実施発表
7・4 文科省、「夏季休業期間等における公立学校の教育職員の勤務管理について」通知（先生の夏休み剥奪）
7・29 中教審、「青少年の奉仕活動・体験活動の推進方策等について」答申
7・31 文科省、「学校における国旗及び国歌に関する指導について」通知
7・31 教科用図書検定調査審議会、「教科書制度の改善について（検討のまとめ）」を文科省初等中等教育局長に提出
8・15 愛媛県教委、強い反対を押し切り「つくる会」歴史教科書採択（03・4発足の県立中等教育学校3校に）

1・1 欧州12カ国で単一通貨ユーロ流通開始
1・21〜22 アフガニスタン復興支援会議、60カ国、EU及び21の国際機関が参加し、東京で開催
1・29 ブッシュ米大統領、一般教書演説で北朝鮮・イラン・イラクを「悪の枢軸」と非難
1・30 小泉首相、田中外相と野上義二外務事務次官をNGO参加拒否問題で更迭
3・30 永世中立国スイス、国民投票で国連加盟を承認
5・8 北朝鮮の5人、中国・瀋陽市の日本領事館に亡命を求めて駆け込むが、敷地内に入った中国の警察官に拘束される
5・31 日韓共同主催のサッカーW杯がアジアで初開幕、日本ベスト16、韓国4位
6・4 閣議、京都議定書の批准を決定
6・19 東京地検、鈴木宗男衆議院議員を斡旋収賄容疑で逮捕
9・17 小泉首相、北朝鮮の金正日総書記と初の首脳会談。国交正常化交渉の再開などで合意。金総書記、日本人拉致事件を謝罪し8人死亡、5人生存と伝える（10・15 北朝鮮拉致被害者5人帰国）
10・8 小柴昌俊、ノーベル物理学賞受賞決定（10・9田中耕一に化学賞）
11・8 国連安保理、イラクの大量破壊兵器開発疑惑で米英提案の決議案を全会一致で採択（11・13イラク、決議を受諾。北朝鮮が生物兵器の開発を行っていたことが判明）
12・4 政府、テロ特措法に基づきイージス艦インド洋派遣を決定（12・16出航）

2003(平15)年

教育法

- 2・16 21世紀に教育基本法を生かす会、「2・16生かそう！教育基本法を21世紀に―教育基本法研究シンポ」開催
- 3・4 教育学関連25学会会長有志、「教育基本法見直しに対する要望」発表し、教育基本法「改正」に反対の意思表示
- 3・31 文科省、専門職大学院設置基準公布
- 6・1 日本弁護士連合会、「子どもの権利条約に基づく第二回日本政府報告に関する報告書」公表（↓04・1・30）
- 6・18 **独立行政法人日本学生支援機構法**公布（日本育英会法廃止）
- 6・23 自由党、教育基本法を廃止する「人づくり基本法案」を衆院に提出（廃案）
- 7・16 **国立大学法人法**公布
- 7・16 京都地裁、京都女子大などに入学辞退者が前納した授業料・施設設備費・入学金などの返還を命じる判決（控訴）
- 9・19 文科省、学校教育法施行規則一部改正省令公布（大学入学資格を緩和し、外国人学校卒業生に受験の道を開く）
- 11・11 最高裁三小、指導要録について一部学習記録などの客観的記録の開示を認める判決
- 12・23 子どもは「お国」のためにあるんじゃない！教育基本法改悪反対！12・23全国集会（於・東京日比谷公会堂）が開かれ、全国から四〇〇〇人以上が参加

教育

- 3・9 民間から起用された慶徳和宏尾道市立高須小学校長、校内で自殺
- 3・20 中教審、「新しい時代にふさわしい教育基本法と教育振興基本計画の在り方について」答申
- 4・1 高等学校学習指導要領施行（学年進行）
- 6・24 東京都教委、「教師養成塾」構想を公表（小学校教員志望の大学4年生を対象とする優先的採用の計画）
- 8・28 大阪地裁、大阪教育大附属池田小事件の宅間守被告に死刑判決（控訴取り下げで刑が確定）
- 9・22 河村建夫、文科相に就任（↓04・9・27）
- 10・1 20の国立大学、統合し10の国立大学となる
- 10・7 中教審、「初等中等教育における当面の教育課程及び指導の充実・改善方策について」答申（↓12・26）
- 10・23 東京都教委、「入学式、卒業式等における国旗掲揚及び国歌斉唱の実施について」通達（戦前の学校を上回る異常な強制）
- 12・18 文科省、「学校における国旗及び国歌に関する指導について」通知し、指導の徹底を図る
- 12・26 文科省、学習指導要領の一部改正告示公示（「発展的」学習の勧め）

政治・社会

- 2・1 米スペースシャトル「コロンビア」大気圏再突入後、空中分解し宇宙飛行士7人全員死亡
- 2・25 盧武鉉、韓国大統領に就任
- 3・20 米軍、イラク戦争開始（首都バグダッドの拠点を攻撃、小泉首相支持表明）
- 4・9 米英軍、バグダッド制圧しフセイン体制崩壊
- 4・13 石原慎太郎、東京都知事選で再選され、もっと過激にやると表明
- 7・25 環境の保全のための意欲の増進及び環境教育の増進に関する法律公布
- 8・1 イラクにおける人道復興支援活動及び安全確保支援活動の実施に関する特別措置法（イラク特措法）公布
- 9・22 小泉第二次改造内閣成立（↓05・9・21）
- 11・9 衆院総選挙で自民党二三七議席、民主党一七七議席を獲得。公明は微増、共産・社民は惨敗。（二大政党化傾向）
- 11・19 第二次小泉内閣成立
- 11・29 奥克彦在英日本大使館参事官ら、イラクで銃撃を受け死去
- 12・9 閣議、イラクへの自衛隊派遣基本計画を決定（12・26航空自衛隊の先遣隊出発）
- 12・13 米軍、イラク北部でフセイン元大統領を拘束

2004(平16)年

1・30 国連・子どもの権利委員会、日本政府に対し、差別やいじめをなくすための一層の改善措置を求める第2回勧告

1・30 東京都立高校の教員228人、日の丸・君が代斉唱義務不存在確認請求訴訟を提起(予防訴訟→06・9・21)

3・25 金沢大学教育学部、単位修得指導ミスで卒業式後に152人の学生に教員免許状を保留

3・31 高等学校設置基準全部改正省令制定

6・16 自民・公明の両党、教育基本法改正検討会の「中間報告」を了承し公表(愛国心で両論併記)

6・17 都立高の元教員9人、君が代斉唱時の不起立を理由に雇用を取り消したのは違憲として提訴

7・15 最高裁一小、群馬県立桐生工業高の元教諭の生徒会誌寄稿を校長が切取配布した事件で憲法違反はないと判決

8・4 武力紛争における児童の関与に関する児童の権利に関する条約の選択議定書公布

8・6 高知県こども条例公布(都道府県で初)

9・28 最高裁三小、群馬県立富岡実業高の元教諭の生徒会誌寄稿を校長が掲載不許可とした事件で憲法違反はないと判決

10・1 大阪高裁、大阪経済大学99年度入試に合格した元受験生の訴えに対し、消費者契約法施行前の場合であっても大学側に授業料等の返還を命じる逆転判決

12・10 **発達障害者支援法**公布

3・4 中教審、「今後の学校の管理運営の在り方について」答申(地域運営学校の創設、公設民営型に言及)

3・31 東京都教委、卒業式の君が代斉唱時に不起立などを理由に176人の教職員を処分

6・1 佐世保市の小六女児、小学校で同級生に殺害される

8・10 河村文科相、「義務教育の改革案」発表

8・26 東京都教委、ジェンダーフリーという用語は使用しないと通知

9・27 中山成彬、文科相に就任(→05・10・31)

10・28 天皇、園遊会で米長邦雄東京都教育委員の国旗・国歌発言に対し、「やはり、強制になるということでないことが望ましい」と述べ、米長は「もちろんそう、本当にすばらしいお言葉をいただき、ありがとうございました」と答える

11・27 中山文科相、タウンミーティングで、歴史教科書について「従軍慰安婦とか強制連行とかいった言葉が減ってきたのは本当によかった」と発言し問題化

12・7 OECD、15歳対象の国際学習到達度調査結果公表(読解力8位から14位など、日本の子どもの学力低下が明らかになる)

12・27 上田清司埼玉県知事、「新しい歴史教科書をつくる会」前副会長の高橋史朗を教育委員に発令

1・1 小泉首相、靖国神社に参拝(4年連続4回目)

3・14 スペイン社会労働党、イラク戦争を批判し総選挙で勝利

4・8 日本人3人イラクで拘束(4・17解放)

5・1 中東欧10カ国、欧州連合に加盟(25カ国に拡大)

5・10 皇太子、雅子のキャリアや人格を否定するような動きがあったことも事実と発言

6・10 神奈川・山口両県警合同捜査本部、三菱自動車元社長ら元役員6人を逮捕

7・11 自民党、参議院で敗北。当選者数は、民主50、自民49、公明11など

8・13 在日米軍ヘリコプター、沖縄国際大学に墜落炎上

9・1〜3 ロシア南部・北オセチア共和国で学校占拠事件発生(300人以上犠牲)

9・13 パウエル米国務長官、イラクの大量破壊兵器の存在を否定

9・18、19 プロ野球選手会、史上初のスト

9・27 第二次小泉改造内閣発足

10・15 最高裁、国・熊本県の水俣病責任認定

10・23 新潟県中越地震、発生(死者40人、負傷者4600人以上)

11・3 ブッシュ米大統領、再選

12・4 警視庁、NHK元プロデューサーを番組制作費詐欺容疑で逮捕

12・9 閣議、自衛隊のイラク派遣延長を決定

12・26 インドネシア・スマトラ島沖の巨大地震で、大津波発生(死者17万人、行方不明者12万人)

2005(平17)年

教育法

1・13 読売新聞、教育基本法改正の「政府原案」(本則18条)の要旨を報道(1・17中山文科相、事実に基づかないもので誠に遺憾、と発言)
1・26 児童の売買、児童買春及び児童ポルノに関する児童の権利に関する条約の選択議定書公布
1・31 高等学校卒業程度認定試験規則公布(大学入学資格検定規程は廃止)
2・2 たばこの規制に関する世界保健機関枠組条約公布(2・27発効)
4・26 福岡地裁、卒業式・入学式での君が代斉唱の際の不起立を理由とする北九州市教委の処分を取り消す判決
5・11 文科省、与党教育基本法改正検討会(保利耕輔座長)に、同法改正案の「仮要綱案」(前文と18条)を提出
5・20 **国民の祝日に関する法律の一部を改正する法律**公布(4月29日を「昭和の日」に、5月4日を「みどりの日」に、07年1月1日施行予定)
6・17 **食育基本法**公布(28番目の基本法)
7・15 **学校教育法の一部を改正する法律**公布(大学の助教授を廃止し准教授とする。助手に助教を設ける等、07・4施行)
7・29 **文字・活字文化振興法**公布(10月27日を「文字・活字文化の日」とする)
11・7 **障害者自立支援法**公布
12・1 最高裁一小、高嶋教科書訴訟上告棄却判決

教育

1・28 中教審、「我が国の高等教育の将来像」及び「子どもを取り巻く環境の変化を踏まえた今後の幼児教育の在り方について」答申
1・30 中山文科相、大臣就任祝賀会で「自虐的な歴史教科書がいっぱいある」と発言し問題化
2・15 第三期中教審、地方枠委員2人欠員のまま初総会(ゆとり教育見直しへ)
4・22 中教審、「特殊教育免許の総合化について」報告
7・13 栃木・大田原市教委、「つくる会」中学歴史教科書を採択(7・28都教委、都立中高一貫校4校等、8・12東京・杉並区教委、8・26愛媛県教委、県立中高一貫校3校等、8・31滋賀県教委、県立中高一貫校1校でも採択。私立中10校を含む同教科書の採択占有率は○・四%にとどまる)
9・5 中教審、「新時代の大学院教育―国際的に魅力ある大学院教育の構築に向けて―」答申
10・26 中教審、「新しい時代の義務教育を創造する」答申
10・31 小坂憲次、文科相就任(→06・9・26)
12・8 中教審、「特別支援教育を推進するための制度の在り方について」答申
12・10 京都・宇治市の小6女児、学習塾で講師の大学生に刺され死亡

政治・社会

1・20 気候変動に関する国際連合枠組条約の京都議定書公布(2・16発効)
1・25 NHK「再生に向けた改革施策」発表
3・3 東京地検、堤義明コクド前会長を証券取引法違反容疑で逮捕
3・25 愛知万博、開幕(~9・25)
4・2 ローマ法王ヨハネ・パウロ2世、死去
4・9 北京などで大規模な反日デモ発生
4・25 兵庫・尼崎市のJR福知山線で脱線事故(死者107人負傷者500人以上)
5・5 英労働党、下院選挙で過半数獲得
7・7 ロンドンの地下鉄とバスで同時爆破テロ。死者50人超える
8・8 参議院、郵政民営化関連法案を否決。小泉首相、ただちに衆議院を解散
9・11 自民党、衆院総選挙で単独で絶対安定多数を上回る296議席獲得し圧勝
9・21 第三次小泉内閣成立
9・30 大阪高裁、小泉首相の靖国神社参拝訴訟で高裁初の違憲判断
10・21 郵政民営化関連六法公布
10・27 フランス・パリ郊外で移民の若者を中心とする暴動が発生
10・31 第三次小泉改造内閣発足
11・22 自由民主党、立党50年記念大会で新憲法草案発表
11・24 皇室典範有識者会議、女性・女系天皇容認を柱にした報告書を首相に提出
12・27 05年国勢調査速報値報告で戦後初人口減少へ(総人口は1億2775万人)

2006(平18)年

2・7 最高裁二小、広島県教組事件で、組合主催の教育研究集会は「自主的で自律的な研修を奨励する教特法の趣旨にかなうもの」と判断

3・30 学校教育法施行規則の一部を改正する省令公布(民間人教頭の登用が可能に)

3・31 **国の補助金等の整理及び合理化等に伴う義務教育費国庫負担法等の一部を改正する等の法律**公布(義務教育費国庫負担を二分の一から三分の一に削減)

3・31 都教委、増田都子教諭を分限免職処分

4・28 政府、教育基本法の全部改正案を閣議決定し、国会に提出(↓12・22)

5・23 民主党、「日本国教育基本法案」を国会に提出(廃案)

5・27 伊藤進日本教育法学会会長「教育基本法案の廃案を求める声明」発表(政府案・民主党案とも内容的・手続的に問題があるとして速やかな廃案を要求)

6・15 **就学前の子どもに関する教育、保育等の総合的な提供の推進に関する法律**公布(「認定こども園」の設置など)

6・21 **学校教育法等の一部を改正する法律**公布(盲・聾・養護学校を障害種別を超えた特別支援学校に、07年4月施行)

9・21 東京地裁(難波孝一裁判長)、国歌斉唱義務不存在確認等請求事件で、国旗・国歌の強制は違憲と判決(都教委控訴)

12・13 国連総会、障害者権利条約採択(↓14・1・22日本公布)

12・22 **教育基本法**公布(一九四七年の教育基本法の全部改正、同日施行通知)

2・13 中教審初等中等教育分科会教育課程部会、「審議経過報告」公表

4・13 東京都教委、職員会議で教職員の意向をきく挙手・採決を禁止する通知

6・20 文科省「平成19年度全国学力・学習状況調査の実施について」通知

7・11 中教審、「今後の教員養成・免許制度の在り方について」答申

8・17 地方公務員災害補償基金広島県支部、君が代問題で自殺した県立世羅高等学校長の遺族に公務災害を認定

9・12 東京・神奈川・埼玉・千葉の4都県教育長、連名で文部科学省に高等学校日本史必修化を求める要望書を提出

9・26 伊吹文明、文科相就任(↓07・9・26)

9・28 中教審、「青少年の意欲を高め、心と体の相伴った成長を促す方策について」(中間まとめ)発表

10・10 閣議、内閣に教育再生会議設置を決定(首相・官房長官・文科相と野依良治座長ら有識者17人の計20人で構成)

10・19 文部科学省、「いじめの問題への取組の徹底について」通知

11・2 文科省「平成18年度に高等学校の最終年次に在学する必履修科目未履修の生徒の卒業認定等について」依命通知

11・17 伊吹文科相、いじめ・自殺問題を踏まえ「文部科学大臣からのお願い　未来のある君たちへ」発表

11・29 教育再生会議有識者委員一同、「いじめ問題への緊急提言—教育関係者、国民に向けて—」発表

1・23 東京地検特捜部、証券取引法違反容疑で堀江貴文ライブドア社長を逮捕

4・26 警視庁等の合同捜査本部、耐震データ偽造などの建築士法違反容疑で姉歯秀次一級建築士を逮捕

6・5 東京地検特捜部、証券取引法違反のインサイダー取引容疑で村上世彰村上ファンド代表を逮捕

6・20 夕張市、財政再建団体の指定受諾表明

7・5 北朝鮮、ミサイル発射実験(10・9初の核実験実施)

7・7 閣議、「経済財政運営と構造改革に関する基本方針２００６」(骨太の方針)を決定(学校施設の整備・管理等の一部を首長に移譲する特区創設方針等)

7・17 陸上自衛隊、イラクのサマーワより撤収を完了

7・17 国連安保理、北朝鮮のミサイル発射実験非難決議案を全会一致で採択

7・31 埼玉県ふじみ野市の市営プールで、児童が排水口に吸い込まれる事故が発生

8・15 小泉首相、靖国神社参拝(首相就任以来6度目)

8・15 加藤紘一元自民党幹事長の自宅、放火され全焼

9・6 秋篠宮妃、男児を出産(男子皇族の誕生は秋篠宮以来約41年ぶり)

9・26 安倍晋三内閣成立(山谷えり子、教育再生担当の首相補佐官に就任(↓07・9・26))

12・22 防衛庁設置法等の一部を改正する法律公布(防衛庁を防衛省に格上げ)

2007（平19）年

教育法

2・5 文科省、「学校教育法第11条に規定する児童生徒の懲戒・体罰に関する考え方」を通知の「別紙」で示す（48・12・23法務庁回答の事実上の改正）

2・27 最高裁三小、公立小学校入学式での「君が代」のピアノ伴奏拒否事件で、校長の職務命令は、思想・良心の自由を保障した憲法第19条に違反しないとの判決（藤田宙靖判事は反対意見）

2・28 銭谷眞美文科省初中局長、衆院予算委で「4・24全国学力テストは、地教行法第54条第2項に基づく」と答弁

3・1 教職大学院設置省令公布（08・4発足）

3・10 中教審、「教育基本法の改正を受けて緊急に必要とされる教育制度の改正について」答申（3・30内閣、教育関連三法案を国会に提出、6・20成立）

6・27 **学校教育法等の一部を改正する法律**公布（学校の目的・教育目標の改正、副校長・主幹教諭・指導教諭の設置等）

6・27 **地方教育行政の組織及び運営に関する法律の一部を改正する法律**公布

6・27 **教育職員免許法及び教育公務員特例法の一部を改正する法律**公布（09・4教員免許更新制の導入）

10・24 神奈川県個人情報保護審査会、国歌斉唱時不起立教職員氏名を校長に報告させる県教委の行為は、条例が禁止する思想信条に該当する情報と判断し、利用中止を求める答申

教育

1・24 教育再生会議、第一次報告提出（6・1第二次報告、12・25第三次報告、08・1・31最終報告）

1・24 文科省、初の学校給食費徴収状況全国調査結果公表（約一〇万人未払い）

2・5 文科省、「問題行動を起こす児童生徒に対する指導について」通知

3・30 文科省、高校教科書検定結果公表（沖縄戦の集団自決について「日本軍が強制」を削除し問題化、9・29県民大会、12・26文科省、日本軍による「強制」との表現は認めず「関与」で教科書会社6社8冊の訂正申請を承認）

4・24 文科省、43年ぶりに全国学力テスト実施（小6と中3の約二三三万人が対象。犬山市と私立の約4割不参加、10・24文科省、都道府県別正答率を公表）

5・3 日本高等学校野球連盟、日本学生野球憲章に違反するスポーツ特待制度実態調査で、違反申告三七六校と発表

9・26 渡海紀三朗、文科相に就任（↓08・8・2）

11・15 文科省、06年度小中高での「いじめ」件数が定義変更で前年度6倍（約一二万五〇〇〇件）に達すると発表

12・5 OECD、06年実施の第三回国際学習到達度調査（PISA）の結果発表

12・25 中教審教員養成部会、「教員免許更新制の運用について」報告

政治・社会

1・9 防衛省発足（自衛隊の海外活動を付随的任務から本来任務に格上げ）

1・27 柳沢伯夫厚労相、「女性は産む機械」と失言し問題化

4・8 石原慎太郎、東京都知事に三選

4・17 伊藤一長・長崎市長、選挙活動中に暴力団幹部に撃たれて死亡

5・28 松岡利勝農水相、首つり自殺

6・4 政府、年金記録問題対策発表（08・5までに五〇〇〇万件の「宙に浮いた年金記録」の照合完了など）

6・7 警察庁、06年度全国の自殺者は9年連続3万人以上と発表

6・19 閣議、「経済財政改革の基本方針～『美しい国』へのシナリオ」（骨太の方針二〇〇七）決定

6・27 ゴードン・ブラウン、英首相に就任

6・30 久間章生防衛相、米の原爆投下を「しょうがない」と失言（↓7・3辞任）

7・29 参院選で自公歴史的大敗。与野党の勢力が逆転し民主党が参院第一党に

8・1 赤城徳彦農水相、政治資金問題で更迭

8・27 安倍改造内閣発足

9・12 安倍首相、突然の辞意表明

9・26 福田康夫内閣発足（↓08・9・24）

11・28 東京地検、前防衛事務次官・守屋武昌を収賄容疑で逮捕

12・14 長崎県佐世保市のスポーツクラブで男が散弾銃乱射、2人死亡6人負傷

12・27 パキスタンのブット元首相、暗殺される

2008（平20）年

2・7 東京地裁、卒業式等の国歌斉唱時に校長の職務命令に従わずに起立しなかったことのみを理由に定年退職後の再雇用職員（嘱託）としての採用を拒否された事件で、教職員らの訴えを認め、東京都に損害賠償を命ずる判決

3・28 大阪地裁、沖縄慶良間諸島の元守備隊長らが大江健三郎著『沖縄ノート』は誤りだとする慰謝料請求訴訟で、「集団自決には日本軍が深く関わったと認められる」として「命令があったと信じるには相当な理由があった」とし原告の訴えを退ける（大江の勝訴）

3・31 免許状更新講習規則公布

3・31 免許状更新講習の詳細な内容及び修了認定の基準告示公示

6・11 **社会教育法等の一部改正法**公布

6・13 学校教育法施行規則の一部を改正する省令の一部を改正する省令公布

6・18 **学校保健法等の一部改正法**公布

6・18 **障害のある児童及び生徒のための教科用特定図書等の普及の促進等に関する法律**公布（9・17施行）

11・17 神奈川県立学校教職員18人、入学式・卒業式の君が代斉唱時に起立しなかった教職員名を収集しているのは県審査会の答申に反するとして利用不停止決定の取り消しと慰謝料請求の訴訟を横浜地裁に提起

12・3 **児童福祉法等の一部改正法**公布（新たな子育て支援事業等の実施等）

1・17 中教審、「幼稚園、小学校、中学校、高等学校及び特別支援学校の学習指導要領等の改善について」答申

1・31 教育再生会議、「社会総がかりで教育再生を」最終報告

2・19 中教審、「新しい時代を切り拓く生涯学習の振興方策について」答申

2・26 閣議、教育再生懇談会の開催を決定（教育再生会議は廃止 09・11・17廃止）

3・28 文科省、幼稚園教育要領、小学校学習指導要領及び中学校学習指導要領公示（幼09・4、小11・4、中12・4施行）

3・28 厚労省、保育所保育指針公示（初めて告示で示す）

3・― 文科省・厚労省監修、国立感染症研究所感染症情報センター「学校における麻しん対策ガイドライン」作成

4・1 教職大学院、国立15校私立4校で発足

4・18 中教審、「教育振興基本計画について―『教育立国』の実現に向けて」答申

5・20 教育再生懇談会、「教育振興基本計画に関する緊急提言 ―概要―」提出

7・1 閣議、教育振興基本計画を決定し国会に報告

8・2 鈴木恒夫、文科相就任（↓9・24）

8・11 教育再生懇談会、「教員採用、昇任における不正行為に対するアピール」公表

9・24 塩谷立、文科相就任（↓09・9・16）

12・18 教育再生懇談会、「教科書の充実に関する提言」（第二次報告）

12・24 中教審、「学士課程教育の構築に向けて」答申

1・27 橋下徹、大阪府知事に当選

1・30 中国製ぎょうざから農薬検出

2・19 海上自衛隊イージス艦、漁船と衝突

5・28 仙台高裁、国に対し原爆症の不認定処分取り消しを求めた訴訟で原告勝訴

6・8 東京・秋葉原で17人殺傷事件発生

6・27 閣議、「経済財政改革の基本方針２００８について」決定

7・7 北海道洞爺湖サミット（主要国首脳会議）開幕

7・14 文科省、中学校学習指導要領解説（社会科編）に竹島の問題を初めて記述。韓国、反発

8・8 北京五輪開催（～24 聖火リレー、中国の人権問題を理由に各地で混乱）

9・1 福田首相、突然の辞意表明

9・15 米証券リーマン・ブラザーズ、破綻

9・24 麻生太郎内閣発足（↓09・9・16）

9・28 中山成彬国交相、「日教組が強いところは学力が低い」など一連の問題発言の責任を取り辞任（在任5日）

10・7 益川敏英・小林誠、ノーベル物理学賞、下村修、同化学賞決定（翌日、南部陽一郎、同物理学賞受賞決定）。日本人が4人同時受賞は初

10・31 田母神俊雄航空幕僚長、懸賞論文で日本の過去の侵略を否定し更迭される

11・4 バラク・オバマ、米大統領選でアフリカ系アメリカ人として初当選

12・26 非正規労働者8万5千人、失業

12・27 イスラエル軍、パレスチナ自治区ガザへ空爆

2009（平21）年

教育法

3・4 義務教育諸学校教科用図書検定基準制定（告示33）
3・12 東京地裁、東京・七生養護学校の性教育を「不適切」とし教材没収などを行ったのは旧・教基法10条の禁じた「不当な支配」に当たるとし、三都議と都に賠償を命じる判決（→4・9）
3・26 東京地裁、都教委による「日の丸・君が代」問題で処分された都立学校教職員一七二人の処分取り消し請求を棄却（4・7 教職員一六九人が控訴）
3・31 都教委、二〇〇九年卒業式で国旗・国歌に関わる職務命令違反などを理由に教職員12人を懲戒処分
4・9 東京高裁、東京・七生養護学校の元校長の降任処分は裁量権の乱用と判決
4・28 最高裁三小、天草市の小学校で、子どもの胸元をつかんだりした教師の行為を「教育的指導」と認める初の判決
6・4 土肥信雄、職員会議での挙手・採決による意向確認を禁じた都教委4・13通知を批判したことなどで定年退職後の非常勤教員採用不合格を「報復」によるものとして損害賠償請求訴訟を提起
7・8 **子ども・若者育成支援推進法**公布
10・27 最高裁、静岡県磐田市立小教員の自殺は公務災害と認定
12・10 最高裁一小、生徒募集の際の教育内容等が実際に変更されてもその必要性・合理性があれば裁量の範囲内と判決

教育

1・14 高窪統教授、中央大の学内で刺されて死亡（5・21元教え子の男性逮捕）
1・30 文科省、児童生徒による小中学校への携帯電話持込みを原則禁止する通達
3・9 文科省、高等学校学習指導要領（13・4学年進行で施行）及び特別支援学校学習指導要領公示
4・21 文科省、全国学テ実施（犬山市を含む全国公立小・中学校参加。8・27文科省、調査結果公表。小6中3ともに各都道府県の学力状況は前2回と同様）
5・18 兵庫県・大阪府のほとんどの保育園・幼稚園・学校で新型インフルエンザ感染拡大で休校措置を決定（兵庫県は22日、大阪府は24日まで）
8・4 横浜市教委、「つくる会」の中学歴史教科書（自由社）を賛成多数で採択（全18区中8区、同教科書の採択は全国初
9・16 川端達夫、文科相に就任（→10・9・17）
9・25 文科相、公立高校の実質無償化（10・4実施予定）について、保護者に現金支給せず、間接的無償化を検討と表明
10・7 地方分権改革推進委員会、教育委員会の設置を自治体の判断とする勧告
10・9 文科相、全国学テを「抽出方式」とすると表明（→10・4・20）
11・17 閣議、自民党政権下で設置された「教育再生懇談会」など18の有識者懇談会・閣僚会議の廃止決定

政治・社会

1・20 バラク・オバマ、第44代米大統領に就任（アフリカ系アメリカ人初の大統領）
4・5 北朝鮮、長距離弾道ミサイル発射
4・5 オバマ米大統領、プラハで、「核兵器のない世界」をと演説（10・9ノーベル平和賞受賞決定）
5・21 国民が刑事裁判へ参加する裁判員制度始まる（8・3東京地裁で実質出発）
6・4 東京高検、足利事件の菅家利和さんを17年半ぶりに釈放（6・23東京高裁、再審開始決定）
7・28 東京地裁、日教組全国教研の会場使用を拒否したプリンスホテル等に約三億円の損害賠償を命じる
8・30 総選挙で民主党が三〇八議席を獲得し第一党に（自民は一一九）
9・9 民主党、社民党、国民新党が連立政権を樹立することで合意
9・16 鳩山由紀夫民主党代表、現憲法下で29人目の首相に選出（→10・6・8）
10・1 英最高裁判所誕生（議会上院の六〇〇年あまりの最高裁の役割が終了）
11・27 行政刷新会議、事業仕分けスタート
12・15 政府、米軍普天間飛行場移設問題で結論は10年に先送り
12・25 文科省、高校学習指導要領解説地理歴史編を公表。「竹島」の文言は、直接盛り込まず
12・28 大阪高裁、8・30衆院選小選挙区の一票の格差最大二・三〇倍を違憲と判決

2010（平22）年

2・23 最高裁三小、東京都立七生養護学校（現七生特別支援学校）の金崎満・元校長が在職中不適切な学級編成を理由に受けた停職一カ月と校長解任の分限処分の取消請求訴訟で、上告を退け、処分を取り消した一、二審判決が確定

2・24 日本学生野球協会、日本学生野球憲章を全面改正（4・1施行、「教育を受ける権利」を強調）

2・26 最高裁、京都市の元教員・高橋智和さんが「不適格教員」とされ分限処分（解雇）の撤回を求めた裁判で、市の上告を受理しない決定

3・31 **公立高等学校に係る授業料の不徴収及び高等学校等就学支援金の支給に関する法律**公布（4・1同施行規則公布）

3・31 **平成二十二年度における子ども手当の支給に関する法律**公布（単年度の時限立法→11・3・31）

5・13 東京地裁、東京・世田谷区立小学校男性教諭（57）が、都や区を相手取り都人事委員会による昇級延期措置の取り消しを求めた訴訟で、「授業を継続的に観察せずに誤った評価をした」として措置取り消しと慰謝料など13万円の支払いを命じる

6・11 国連・子どもの権利委員会、日本政府第三回報告に対し過度な競争を避けるため「学校制度及び学力に関するしくみの再検討」（71項）すること等を採択

6・15 改正学校教育法施行規則公布（大学の教育研究活動の情報公開、4・1施行）

2・15 東京・清瀬市の中2女子、いじめを示唆する遺書を残し自殺（10・23 群馬・桐生市小6女子、いじめを苦に自殺）

4・2 文科省、生徒指導提要発表

4・20 文科省、全国学テ実施（抽出、参加率約73・5%。7・30結果公表）

4・30 文科省、外国人教育を行う各種学校及び団体で高校授業料無償化の対象として指定する学校等を告示として公示（朝鮮学校以外の民族系学校14校及び多国籍生徒在籍のインターナショナルスクール17校の計31校を指定）

6・1 子ども手当て支給開始（中学生までの子どもに月一万三〇〇〇円）

6・3 文科相、中教審に「教職生活の全体を通じた教員の資質能力の総合的な向上方策について」諮問

7・26 中教審初等中等教育分科会、「今後の学級編制及び教職員定数の改善について（提言）」発表

9・16 文科省、「教員免許更新制について」を発し講習受講の徹底を求める注意喚起

9・17 高木義明、文科相に就任（→11・9・2）

11・30 内閣、常用漢字表（字種二一三六字）告示として公示（一九八一年内閣告示は廃止）

12・7 OECD、二〇〇九年学習到達度調査（PISA）の結果を公表。日本は読解力が8位、科学5位、数学9位。

12・9 英下院、大学授業料を約3倍（£九〇〇〇、約一二〇万円）に値上げする法案を賛成323、反対302の小差で可決。

1・1 日本年金機構発足（社会保険庁廃止）

1・12 ハイチでM7の地震、死者22万人超

3・9 外務省有識者委、核持ち込みなど3件の日米核密約を認める報告書公開

5・6 英・保守党、総選挙で与党・労働党に勝利し、自由民主党との連立で13年ぶりに政権復帰（連立は戦後初）

5・28 閣議、米軍普天間飛行場の辺野古移設を決定（鳩山首相、署名拒否の社民党党首・福島瑞穂消費者担当相を罷免）

6・8 菅直人、第94代首相に就任（→11・9・2）

7・11 民主党、第22回参院選で過半数割れの惨敗（民主44、自民51、みんな10等）再び「ねじれ国会」へ

8・5 チリの鉱山で落盤事故発生（10・13作業員33人全員、カプセルで救出）

9・7 中国漁船、尖閣諸島沖で海上保安庁巡視船に衝突（9・8船長逮捕→11・4海保撮影映像がインターネットに流出→12・22映像投稿の神戸海保の保安官、停職一年の懲戒処分を受け、依願退職

9・10 大阪地裁、厚労省文書偽造事件で村木厚子元局長に無罪判決（大阪地検、控訴見送り、判決確定）

9・17 菅改造内閣発足

10・6 鈴木章・根岸英一、ノーベル化学賞受賞決定

11・1 円相場、1ドル80円21銭まで上昇

11・17 東京高裁、7月参院選（選挙区）で5倍を超えた一票の格差は違憲と判決

12・10 鹿児島地裁、裁判員裁判で死刑求刑に初の無罪判決（検察側、控訴）

2011（平23）年

教育法

- 3・31 **国民生活等の混乱を回避するための平成二十二年度における子ども手当の支給に関する法律の一部を改正する法律**公布（現行子ども手当を当面半年延長）
- 4・22 **公立義務教育諸学校の学級編制及び教職員定数の標準に関する法律の一部を改正する法律**公布（小1の35人学級編制実施）
- 5・30 最高裁二小、都立高卒業式で国歌斉唱時の校長の起立職務命令は思想・良心の自由を間接的に制約する面もあるが憲法19条に違反しないと判決
- 6・13 大阪府の施設における国旗の掲揚及び教職員による国歌の斉唱に関する条例公布（教職員は起立斉唱義務）
- 6・24 **スポーツ基本法**公布（スポーツ振興法の全部改正）
- 9・16 東京高裁、東京・七生養護学校の性教育で大綱を逸脱しない限り教育実践を積極的に認める判決（↓13・11・28）
- 9・21 大阪維新の会、府議会に「大阪府教育基本条例案」を提出（10・25 大阪府5教育委員、白紙撤回を要求する見解発表、12・5 文科省、地教行法に抵触するとの見解を示す）
- 12・19 東京地裁、イラン人男性の入学を不許可とした東京工業大の決定は、法の下の平等を保障する憲法と教育の機会均等を定める教育基本法に反すると判断し不許可決定を無効とする判決

教育

- 1・31 中教審、「グローバル化社会の大学院教育」答申
- 3・― 東日本大震災・東電福島第一原発の事故を受け、東北地方・首都圏の大学で入学式の中止・延期、新学期の授業を5月に先送りする大学・学部が続出
- 5・26 文部科学省、東日本大震災の被害を受け延期していた全国学力・学習状況調査の中止を都道府県教委に通知（希望校には9月下旬以降、問題用紙と解答を配布する）
- 8・5 文科省、教員免許状更新制度導入後の初の免許状失効者は98人と発表
- 8・27 沖縄・竹富町教委、教科書八重山採択地区協議会（石垣市・与那国町・竹富町）が中学公民教科書について調査員の推薦教科書（東京書籍・帝国書院）とは異なる育鵬社版を答申したこと等を疑問視し、東京書籍版を採択（9・8 3市町全教育委員13人、協議して東京書籍版の採択、育鵬社版の不採択を決定。9・13 中川正春文科相、「協議は整っていない」発言。9・15 文科省、沖縄県教委に「採択地区内で同一の教科書」が採択されるように指導することを求める通知発出。10・26 中川文科相、竹富町に教科書の無償給与をしない方針を示したため混乱し、この問題は越年する）
- 9・2 中川正春、文科相に就任（↓12・1・13）

政治・社会

- 1・14 菅改造内閣発足（官房長官に枝野幸男）
- 2・11 エジプトのムバラク大統領、辞任発表
- 2・22 ニュージーランド南部のM6・3地震で日本人留学生28人を含む181人が死亡
- 3・11 東日本大震災発生。震度7M9で死者一五〇〇〇人以上負傷者五八〇〇人以上の戦後最大の惨事
- 3・11 東京電力福島第一原発で東日本大震災による世界最大規模の原発事故発生
- 3・23 最高裁大法廷、09年の衆院選で3倍未満の1票の格差を「違憲状況」とする判決（↓13・11・20）
- 5・1 オバマ大統領、米特殊部隊が国際テロ組織アル・カイーダの最高指導者ウサマ・ビン・ラディンを射殺と発表
- 7・6 九州電力の「やらせメール」問題発覚
- 7・9 南スーダン共和国、スーダン共和国から分離独立して誕生（アフリカ大陸54番目の国家、11・1 政府、自衛隊部隊派遣を決定）
- 8・23 リビア反体制派軍、首都トリポリ制圧。40年超のカダフィ政権事実上崩壊
- 9・2 野田佳彦内閣成立（↓12・12・26）
- 10・31 円、1ドル75円32銭の戦後最高値
- 10・31 国連人口基金の推計で世界人口が70億人到達
- 11・27 大阪維新の会（橋下徹代表）、大阪府知事・大阪市長のダブル選挙で勝利
- 12・19 北朝鮮、金正日総書記の死去（12・17急死）を発表

2012（平24）年

1・16 最高裁第一小法廷（金築誠志裁判長）、日の丸・君が代処分取消訴訟で、一人の停職処分と一人の減給処分を「裁量権の乱用で違法」として取り消す

1・30 東京地裁（古久保正人裁判長）、土肥信雄元都立三鷹高校長の損害賠償訴訟で、原告の請求を棄却する判決

3・28 （大阪府）職員基本条例、大阪府教育行政基本条例、及び大阪府立学校条例公布（知事による教育目標の設定等）

5・28 大阪市職員基本条例及び大阪市教育行政基本条例公布（人事評価に五段階の相対評価を導入）

7・30 大阪市立学校活性化条例公布（市立小中学校の校長公募等）

8・22 **子ども・子育て支援法**等の子ども・子育て関連三法公布（幼保連携型認定こども園への移行促進等）

9・14 **母子家庭の母及び父子家庭の父の就業の支援に関する特別措置法**公布

9・24 政府、留保していた国際人権規約（a規約）第13条2（b）及び（c）の「特に、無償教育の漸進的な導入により」を撤回告示（9・11発効）

12・26 那覇地裁（酒井良介裁判長）、石垣市・与那国町住民の東京書籍版教科書の無償給付請求訴訟で棄却判決

1・13 平野博文、文科相に就任（↓10・1）

2・22 沖縄・竹富町教委、中学校公民教科書の購入費用を民間からの援助でまかなうことを決定

3・9 文科省、「学校防災マニュアル（地震・津波災害）作成の手引き」発表

3・21 中教審、「学校安全の推進に関する計画の策定について」答申

3・29 東大の懇談会、学部の秋入学を積極的に検討すべきとの最終報告をまとめる

4・1 中学校学習指導要領、全面施行（保健体育で武道・ダンスが必修）

7・17 滋賀県警、大津市立中二年生男子生徒のいじめ自殺事件で、市教委と中学校を家宅捜査

8・28 中教審、「教職生活の全体を通じた教員の資質能力の総合的な向上方策について」答申

9・7 文科省、公立小中学校の全学級で35人学級を実施する方針を明らかにする

10・1 田中眞紀子、文科相に就任（↓12・26）

11・2 田中文科相、13年度大学開設予定の三校を不認可と決定（↓11・7「三校を認可する」と表明）

11・5 横浜市教委、保護者への通知表の事前確認を求めた通知の撤回を発表

12・23 大阪市立桜宮高バスケ部体罰で生徒自殺事件発生（↓13・9・26）

12・26 下村博文、文科相就任（↓15・10・7）

4・27 自民党、「日本国憲法改正草案」決定（天皇は元首、国防軍保持等を明記）

6・16 野田首相、大飯原発再稼働宣言（↓7・1大飯原原発3号機が再起動）

6・27 著作権法の一部を改正する法律公布（違法ダウンロードの刑事罰化等）

7・10 厚労省、最低賃金が生活保護の給付水準を下回る「逆転現象」の生じている自治体が11都道府県になったことを発表（11年の3道県から急増）

7・31 水俣病被害者救済措置申請受付締切る

8・10 消費増税法が成立し、14年4月に8％、15年10月に10％となる予定

8・14 李明博韓国大統領、日韓両国が領有権を主張する竹島に上陸

9・11 政府、尖閣諸島国有化決定。中国で反日デモ発生

10・8 山中伸弥京大教授、ノーベル医学・生理学賞受賞決定

11・7 オバマ米大統領、再選（↓16・11・8）

12・16 自民党、衆院総選挙で二九四議席を獲得し第一党に（民主党は五七）

12・16 猪瀬直樹、東京都知事選で約四三四万票を獲得し当選

12・26 安倍晋三、第96代内閣総理大臣に就任。第二次安倍内閣発足

2013(平25)年

教育法

2・7 東京高裁（市村陽典裁判長）、土肥信雄元都立三鷹高校長の損害賠償訴訟で、一審同様原告の請求を棄却（上告）

3・4 （大阪市）公正な職務の執行の確保のための市長の調査権限等に関する条例公布（市長に調査権限を付与）

6・20 広島高裁（宇田川基裁判長）、広島県立高校教諭が君が代斉唱時不起立による損害賠償訴訟で、一審の判決を取り消し、原告の請求を棄却

6・26 **子どもの貧困対策の推進に関する法律**公布（国及び自治体に対し、教育の支援等を講ずることを義務付ける）

6・28 **いじめ防止対策推進法**公布（学校にいじめ防止対策に関する基本方針を策定することを義務付ける）

9・26 大阪地裁、桜宮高体罰事件で元教諭に有罪判決

9・27 福岡高裁（高野裕裁判長）、元福岡県立高校教諭が再任用選考で不採用損害賠償訴訟で、県教委に損害賠償を命じた一審の判決を支持する判決

11・28 最高裁第一小法廷（金築誠志裁判長）、都立七生養護学校における性教育批判事件で、原告（元教諭）、被告（都、都議）双方の上告を棄却

12・4 公立高等学校に係る授業料の不徴収及び高等学校等就学支援金の支給に関する法律の一部を改正する法律公布（法律の題名改正、所得制限の導入）

教育

1・15 閣議、教育再生実行会議の設置を決定

1・15 橋下徹大阪市長、大阪市立桜宮高校の体罰問題を受けて、同高校体育系2科の入試の中止を要請する

2・1 埼玉県教委及びさいたま市教委、駆け込み退職問題で早期退職した教員は153人と発表する

3・13 文科省、「体罰の禁止及び児童生徒理解に基づく指導の徹底について」通知

4・25 中教審、「第2期教育振興基本計画について」答申

5・16 文科省、「早期に警察へ相談・通報すべきいじめ事案について」通知

5・23 自民党教育再生実行本部、第二次提言を公表（学制改革、大学入試改革等）

6・27 都教委、都立高校等の教科書採択に関する通知の別紙において実教出版の日本史教科書を「使用することは適切ではないと考える」との見解を示す

7・9 文科省、12年度の「文部科学白書」を公表（「子供」の表記を使用）

10・18 文科省、八重山教科書採択問題で、竹富町教委に対し沖縄県教委が是正要求するように指示

11・15 文科省、教科書改革実行プラン公表

11・29 文科省、「平成26年度全国学力・学習状況調査に関する実施要領」を発表（教委の判断で学校別成績を公表可能）

12・13 中教審、「今後の地方教育行政の在り方について」答申

政治・社会

4・26 **インターネット選挙運動解禁に係る公職選挙法の一部を改正する法律**公布

6・22 富士山、世界文化遺産に登録される

7・21 第23回参議院選挙が行われ、自民党、公明党で過半数を獲得し、ねじれ国会が解消される

8・1 ロシア、アメリカ国家安全保障局による情報監視を告発したエドワード・スノーデンの1年間の亡命を認める

8・9 財務省、「国の借金」が一〇〇〇兆円を超えた額になると発表

8・12 高知県四万十市で観測史上国内最高気温となる41度を記録（↓18・7・23）

9・7 IOC、オリンピック及びパラリンピックの二〇二〇年東京開催を決定

10・1 アメリカ議会において公共サービスを継続するに必要な予算案が成立せず、政府機関が閉鎖される

10・26 伊豆大島で台風26号による土石流で死者35人、行方不明者4人を出す

11・8 フィリピン、台風30号の直撃により甚大な被害を受ける

11・20 最高裁大法廷（竹崎博允裁判長）、二〇一二年衆院選は違憲だとして選挙の無効を求めた訴訟で、区割りについては違憲状態としたが、選挙無効の請求については退ける（↓15・11・25）

12・13 **特定秘密の保護に関する法律**公布

2014(平26)年

1・17 **義務教育諸学校及び高等学校教科用図書検定基準の一部を改正する告示**公示（「政府の統一的な見解又は最高裁判所の判例が存在する場合には、それらに基づいた記述」を要求）

1・22 障害者の権利に関する条約公布

1・29 国際的な子の奪取の民事上の側面に関する条約公布（ハーグ条約）

3・14 文科相、教科書採択問題で沖縄・竹富町教委に対して異例の直接是正要求（4・7竹富町教委、是正に応じず東京書籍版を配付→5・21）

4・16 **義務教育諸学校の教科用図書の無償措置に関する法律の一部を改正する法律**公布（共同採択地区における市町村教育委員会の協議方法の明確化）

4・18 **少年法の一部を改正する法律**公布（有期懲役上限を15年から20年に引上げ）

4・18 日弁連、「教育委員会制度改革に関する意見書」提出

5・21 沖縄県教委、竹富町の八重山教科書採択地区からの分離独立を決定（5・23文科相、違法確認訴訟断念を表明）

6・11 **少年院法、少年鑑別所法**公布

6・20 **地方教育行政の組織及び運営に関する法律の一部を改正する法律**公布（教育委員長と教育長一本化の新教育長の設置、首長・新教育長権限強化など）

6・27 **学校教育法及び国立大学法人法の一部を改正する法律**公布（学長の権限強化、教授会が変質する権限縮小など）

6・27 **アレルギー疾患対策基本法**公布

1・28 文科省、中・高の「学習指導要領解説」の一部改訂（北方領土、竹島、尖閣諸島を我が国固有の領土と主張）

2・14 文科省、道徳教育用教材「心のノート」を全面改訂した「私たちの道徳」公表

4・8 文科省、教育勅語の原本とみられる文書を50年ぶりに確認

6・25 OECD、13年実施の国際教員指導環境調査結果を発表。日本の教員の平均勤務時間は参加国・地域中で最長

7・3 教育再生実行会議、「今後の学制等の在り方について」（第五次提言）提出（一貫教育の推進など）

8・4 文科省、13年度学校教育統計調査（中間報告）を公表。教員の平均年令低下

9・30 北星学園大学、「本学学生および保護者の皆様へ」を発表。元朝日新聞記者の非常勤講師採用に関する悪質な脅迫へ「毅然として対処」する方針を示す

10・21 中教審、「道徳に係る教育課程の改善等について」答申（「道徳の時間」を「特別な教科」と教科化するなど）

11・20 下村文科相、「初等中等教育における教育課程の在り方について」を中教審に諮問（学習指導要領の改訂へ）

12・22 中教審、「新しい時代にふさわしい高大接続の実現に向けた高等学校教育、大学教育、大学入学者選抜の一体的改革について」答申

12・22 中教審、「子供の発達や学習者の意欲・能力等に応じた柔軟かつ効果的な教育システムの構築について」答申

1・25 籾井勝人、NHK会長就任会見「政府が右というものを左とは言えない」等問題発言、視聴者団体の辞任要求続出

1・29 理研など「STAP細胞」発表（4・1理研、不正と認定、4・9小保方晴子、２００回以上作成に成功と主張）

2・9 舛添要一、東京都知事で当選

3・18 露、欧米反対の中でのクリミアを併合

3・27 静岡地裁、袴田事件の再審開始と死刑・拘置の執行停止決定（元被告釈放）

4・1 消費税率、17年ぶりに5%から8%に

7・1 安倍内閣、憲法9条の解釈を変更し集団的自衛権の行使を容認する閣議決定

8・5 朝日新聞、過去の慰安婦問題報道の検証記事を掲載（～6、記事16本取消す）

8・8 世界保健機関、西アフリカで感染拡大のエボラ出血熱で「緊急事態」を発表

9・3 第二次安倍改造内閣発足

9・18 英スコットランドで英国からの独立を問う住民投票（反対票55%で独立否決）

9・27 御岳山、噴火。死者57人は戦後最悪

10・7 赤崎勇・天野浩・中村修二、LED開発でノーベル物理学賞決定（10・10マララ・ユスフザイ、平和賞決定、17歳）

11・16 翁長雄志、米軍普天間基地の名護市辺野古移転反対を訴え沖縄知事選で当選

12・9 最高裁、京都朝鮮学園のヘイトスピーチ訴訟で在特会側の上告を退ける決定

12・14 自民、衆院選で２９１議席。公示前より減

12・17 オバマ、キューバと国交交渉開始

12・24 第三次安倍晋三内閣発足

2015(平27)年

教育法

3・4 文科省、「補助教材取扱い」通知

3・27 学校教育法施行規則の一部を改正する省令公布（「道徳」を「特別の教科である道徳」に改める）

3・27 小・中・特別支援学校学習指導要領の一部を改正する告示公示（第三章の「道徳」を「特別の教科 道徳」に改める）

5・20 **文部科学省設置法の一部を改正する法律**公布（10・1スポーツ庁設置）

6・3 **平成32年東京オリンピック競技大会・東京パラリンピック大会特別措置法**公布

6・3 **平成31年ラグビーワールドカップ大会特別措置法**公布

6・24 **学校教育法の一部を改正する法律**公布（小中一貫教育の義務教育学校創設）

9・16 **公認心理師法**公布

9・30 義務教育諸学校教科用図書検定基準の一部を改正する告示公示（「特別の教科 道徳」の教科固有の条件を規定）

10・25 追手門学院、同学院を被告とする訴訟に荷担し学院の名誉・信用を棄損し、又職務上知りえた秘密を他に漏らしたとして落合正行前学長・田中耕二郎教授を突然懲戒解雇（12・28両名、大阪地裁に解雇無効・損害賠償訴訟提起）

11・18 大阪地裁、落合正行前学長に対する追手門学院の一連の不当配転を無効とする判決（原告全面勝訴。16・3・1被告、控訴を取り下げ、判決確定）

教育

1・30 文科省、校内人事の決定及び職員会議の規程等の点検・調査結果を発表（規程の廃止・修正を実施済みと報告）

3・4 教育再生実行会議、「『学び続ける』社会、全員参加型社会、地方創生を実現する教育」（第7次提言）提出（5・14「教育、教師の在り方（第8次提言）」7・8「教育投資・教育財源の在り方（第8次提言）」）

4・6 文科省、16年度使用中学教科書の検定結果公表（政府見解記述の修正意見）

6・16 下村文科相、国立大学長会議で国旗掲揚国歌斉唱を要請

6・8 文科省、「国立大学法人等の組織及び業務全般の見直しについて（通知）」を発出（教員養成学部及び人文社会学部の廃止を含む見直しを求める）

7・23 教科用図書検定調査審議会、「『特別の教科 道徳』の教科書検定について（報告）」を提出

10・7 馳浩、文科相就任（↓16・8・3）

10・12 韓国教育省、中・高歴史教科書の国定化の方針を発表（17年実施）

10・28 中教審、高等教育予算の充実・確保及び教職員定数に係る緊急提言提

10・29 文科省、「高等学校等における政治的教養の教育と高等学校等の生徒による政治的活動等について」通知

12・21 中教審、「これからの学校教育を担う教員の資質能力の向上について」答申

政治・社会

1・17 阪神・淡路大震災から20年で過去最多の10万人超が追悼（神戸・東遊園地）

2・1 政府、過激派組織ISによるジャーナリスト後藤健二さん殺害画像を確認

3・14 北陸新幹線、長野・金沢間開業

4・14 福井地裁、関西電力高浜原発の運転禁止仮処分を決定（12・24取り消し決定）

4・28 高市早苗総務相、NHKを厳重注意（11・6放送倫理・番組向上機構（BPO）、政府の放送内容介入を批判）

6・4 憲法学者3人、衆院憲法審査会で新安保法制（戦争法）は違憲と意見陳述

6・19 公職選挙法等の一部を改正する法律公布（選挙権年齢を18歳以上に）

8・11 九州電力、川内原発1号機の再稼働強行（10・15同2号機も再稼働）

8・14 閣議、戦後70年の「安倍談話」を決定

8・15 天皇、全国戦没者追悼式で「さきの大戦に対する深い反省」を表明

8・30 新安保法制（戦争法）反対大規模デモ、国会前で行われる（主催者発表12万人）

9・19 新安保関連法成立（9・30公布、集団的自衛権・後方支援等、16・3施行）

10・5 大村智、ノーベル医学生理学賞受賞決定（10・6梶田隆章、同物理学賞決定）

10・7 第3次安倍内閣成立

10・29 中国、79年からの一人っ子政策廃止決定

11・13 パリでISによる同時多発テロ勃発

12・28 日韓外相、「慰安婦」問題で合意を発表（日本政府、軍の関与を認める）

2016(平28)年

1・21 最高裁一小、練習中に熱中症で死亡徳島県立阿波西高校の野球部員の遺族が起こした賠償請求訴訟で、学校の注意義務違反を認め、県の上告を棄却し、県に四五〇〇万円を科した2審判決が確定

5・31 最高裁三小、卒業式での君が代斉唱時の不起立を理由とする停職処分を受けた東京の公立学校教員の処分取り消し訴訟で都の上告を棄却（停職処分取り消しの東京高裁判決が確定）

6・3 **本邦外出身者に対する不当な差別的言動の解消に向けた取組の推進に関する法律**公布（教育の充実、啓発活動等）

6・20 **教科用図書の無償措置に関する法律施行規則改正**公布（教科書採択で不正行為があれば別の教科書に採択変更可能）

6・21 日弁連、「高等学校等における政治的教養の教育等に関する意見書」（文科省の15・10・29通知の見直しを求める）

10・26 仙台地裁、宮城・大川小の3・11津波被害で学校側の過失を認める判決

11・28 **教育公務員特例法等の一部を改正する法律**公布

12・14 **義務教育の段階における普通教育に相当する教育の機会の確保等に関する法律**公布

12・16 **部落差別の解消の推進に関する法律**公布

1・22 文科省、教科書会社10社が検定中の教科書を見せ4千人に謝礼と発表

3・18 文科省、17年度使用高校教科書検定結果を公表。尖閣諸島・竹島などの領土問題の記述が6割増、集団的自衛権で政府の意向に配慮した修正も

5・14 先進7か国（G7）教育相、倉敷市で開催し、多様性を尊重した社会を教育で実現するとした「倉敷宣言」を採択（5・15）

5・20 教育再生実行会議、「すべての子供たちの能力を伸ばし、可能性を開花させる教育へ」（第9次提言）を提出

5・16 日本学術会議、提言「18歳を市民に―高等学校公民科の改革―」及び「『歴史総合』に期待されるもの」を発表

5・30 中教審、「個人の能力と可能性を開花させ、全員参加による課題解決社会を実現するための教育の多様化と質保証の在り方について」答申

6・25 自民党、「学校教育における政治的中立性についての実態調査」として、政治的中立性を逸脱するような不適切な事例を投稿フォームで募集開始（密告のススメと批判され、7・19フォーム閉鎖）

8・3 松野博一、文科相就任（→17・8・3）

12・21 中教審、「幼稚園、小学校、中学校、高等学校及び特別支援学校の学習指導要領等の改善及び必要な方策等について」答申（幼・小・中・高・特別支援学校の学習指導要領等改訂原案）

1・6 北朝鮮、4回目の核実験（水爆実験と発表、9・9、5回目の核実験）

2・8 高市早苗総務相、放送法違反を繰り返した場合は電波停止の可能性に言及

3・9 大津地裁、関西電力高浜原発3、4号機運転差止仮処分決定（稼働中は初）

3・26 北海道新幹線、新青森・新函館北斗間開業（九州―北海道を新幹線で可能）

3・27 民進党発足（9・15蓮舫、代表に当選）

4・14 熊本県益城町で震度7の地震発生（4・16熊本地方に震度7の地震）

5・27 オバマ大統領、広島訪問

6・15 舛添要一、公私混同で都知事辞職（7・31小池百合子、都知事選で当選）

6・24 英、国民投票で欧州連合（EU）離脱決定（7・13メイ政権発足）

7・10 第24回参院選で18・19歳が初投票、改憲勢力が三分の二以上の議席を確保

7・26 相模原市の障害者施設「津久井やまゆり園」で19人死亡の殺傷事件が発生

8・3 第3次安倍再改造内閣発足

8・8 天皇、「おことば」ビデオメッセージで退位希望をにじませる

10・3 大隅良典、ノーベル医学生理学賞受賞決定（10・13ボブ・ディラン、文学賞）

11・8 トランプ、次期米大統領に当選

12・6 NHK経営委員会、上田良一経営委員を会長に選出（籾井勝人会長退任へ）

12・9 韓国国会、朴槿恵大統領の弾劾訴追案を可決（朴大統領職務停止へ）

12・19 国連総会、「平和への権利宣言」採択（賛成131、反対（日・米）34、棄権19）

2017（平29）年

教育法

2・23 稲田朋美防衛相、衆院予算委で「教育勅語の中の親孝行とかはよい面だ。どういう教育をするかは教育機関の自由だ」と述べる

3・31 **学校教育法施行規則の一部を改正する省令**制定（19・4・1より小学校の5・6学年に教科として外国語を、3・4学年に外国語活動の時間を設置）

4・21 政府、「教育の場における教育勅語の活用を促す考えはない」と閣議決定

5・8 教育史学会理事会、教育勅語の教材使用に関する声明」を発表

5・31 **学校教育法の一部を改正する法律**公布（19・4・1専門職大学・短期大学設置、9・8同設置基準制定）

6・16 日本教育学会等教育関連17学会、「政府の教育勅語使用容認答弁に関する声明」発表（教育勅語を肯定的に扱う余地はまったくない）

6・30 政府、国連へ子どもの権利条約の第4・5回報告書提出（11・1 NGOも）

7・28 大阪地裁、大阪朝鮮高級学校を高校授業料無償化の国による適用除外とするのは「法の趣旨を逸脱するもので違法」と判決（7・19広島地裁、9・13東京地裁と異なる判断）

8・10 義務教育諸学校教科用図書検定基準（告示）制定

10・13 東京都、東京都子どもを受動喫煙から守る条例公布（18・4・1施行）

教育

3・31 文科省、幼稚園教育要領、小・中学校学習指導要領（告示）を公示（4・28特別支援学校の幼・小・中学部公示）

5・25 前川喜平・前文科次官、加計学園問題で、「総理のご意向」と記した文書は存在したと表明し「行政の在り方がゆがめられた」と批判したことが明白に

6・1 教育再生実行会議、学校・家庭・地域の教育力の向上提言（第10次）を提出

6・21 文科省、小中学校の新学習指導要領の「解説」をホームページ上で公開

8・3 林芳正、文科相就任（↓18・10・2）

8・29 中教審、「学校における働き方改革に係る緊急提言」を公表

8・29 文科省・国立教員養成大学等の改革に関する有識者会議、「教員需要の減少期における教員養成・研修機能の強化に向けて」との報告書を公表（少子化による教員減に備えて国立教員養成大学・学部の統合再編、附属校の非エリート校化等を提言）

11・9 大学設置・学校法人審議会、学校法人加計学園の岡山理科大学獣医学部（愛媛県今治市）の新設認可を答申（11・14 文科相、認可。18・4開学へ）

11・17 文科省・教職課程コアカリキュラムの在り方に関する検討会、「教職課程コアカリキュラム」（教職課程編成の参考指針、事実上の「教職課程学習指導要領」）公表

政治・社会

1・20 D・トランプ、第45代米大統領に就任

1・25 上田良一、NHK新会長に就任

3・23 籠池泰典森友学園理事長、証人喚問

5・3 安倍首相、「9条に自衛隊明記」案を、憲法改正を求める集会で発表

6・9 政府、17年の「経済財政運営の基本方針」（骨太の方針）を閣議決定

6・21 組織的な犯罪の処罰及び犯罪収益の規制等に関する法律等の一部を改正する法律（「共謀罪」法）公布

7・4 北朝鮮、米本土に届くと推定されるICBM「火星14号」発射（7・28にも）

7・7 国連、核兵器禁止条約採択（↓21・1・22）

8・3 第3次安倍第3次改造内閣発足

10・2 新党「立憲民主党」、結成

10・5 日系英国人作家カズオ・イシグロ、ノーベル文学賞受賞決定

10・6 国際NGO・核兵器廃絶国際キャンペーン（ICAN）、ノーベル平和賞受賞

10・22 自民党、第48回衆院総選挙で単独過半数獲得、与党で「3分の2」超

11・1 第4次安倍内閣、発足

12・6 最高裁大法廷、NHK受信料合憲判決

12・8 政府、天皇陛下の退位する日を「19年4月30日」とする政令を閣議決定

12・13 沖縄・宜野湾市立普天間二小に米軍ヘリコプター窓枠落下、児童一人軽傷

12・28 韓国の文在寅大統領、15年末の日韓合意に「重大な欠陥があった」と発表

2018（平30）年

4・18 東京高裁、都立学校の君が代斉唱不起立に関する訴訟で、停職・減給処分取消の一審判決を支持
4・26 仙台高裁、宮城県石巻市立大川小学校の遺族による損害賠償訴訟の控訴審で、学校と同市教委の災害対策の過失を認定し14億4千万円の賠償を命じる（5・10石巻市上告→19・10・10）
6・1 **地域における大学の振興及び若者の雇用機会の創出による若者の修学及び就業の促進に関する法律**公布
6・1 **学校教育法等の一部を改正する法律**公布（デジタル教科書の使用も可）
6・20 **スポーツ基本法の一部を改正する法律**公布（「国民体育大会（国体）」を23年から「国民スポーツ大会」と「日本障害者スポーツ協会」を「日本障がい者スポーツ協会」と改称）
6・20 **国民の祝日に関する法律の一部を改正する法律**公布（「体育の日」を20年より「スポーツの日」と改称）
7・19 最高裁第1小法廷、君が代不起立訴訟で退職後の再任用を拒否された元教員らの損害賠償訴訟で、一・二審判決を破棄
9・18 高等学校教科用図書検定基準（告示）制定（全部改正）
10・16 文部科学省組織規則の一部改正省令制定（生涯学習政策局を総合教育政策局に改組）
11・20 日本ユニセフ協会、「子どもの権利とスポーツの原則」（指針）公表

3・1 文科省教育課程課課長補佐、前川喜平同省前事務次官の名古屋市立八王子中学校での2・16公開授業内容等に関して学校側に報告を要求。自民党文科部会長の赤池誠章参院議員と同部会長代理の池田佳隆衆院議員の介入が問題化
3・8 中教審、第3期「教育振興基本計画」（18～22年度）答申（6・15閣議決定、6・28文科省告示）
3・19 スポーツ庁、「運動部活動の在り方に関する総合的ガイドライン」策定
3・30 文科省、高等学校学習指導要領（告示）公示（22年度より学年進行で施行）
5・31 教育再生実行会議、「これまでの提言の実施状況について（報告）」公表
6・18 大阪府北部地震発生（震度6弱）で、通学路のブロック塀が倒れ、高槻市の小四女児死亡（通学路の安全が問題化）
7・17 文科省、高校学習指導要領「解説」公表
7・26 スポーツ庁・文科省、東京五輪特別措置法等を踏まえた対応を大学等に共同通知（五輪期間中に授業・試験を行わず学生にボランティア活動に参加するよう促す）
10・2 柴山昌彦、文科相就任（教育勅語を道徳などで使用できると発言し問題化）（→19・9・11）
11・26 中教審、「2040年に向けた高等教育のグランドデザイン」答申
12・21 中教審、「人口減少時代の新しい地域づくりに向けた社会教育の振興方策について」答申

3・9 財務省前理財局長の佐川宣寿国税庁長官、森友問題を巡る疑惑の中で、辞任
3・12 財務省、「決裁文書についての調査の結果」と題する森友学園への国有地売却改ざん実態を示した文書を国会に報告（14・4の「安倍昭恵総理夫人講演・視察」などの文字削除）
4・2 防衛省、存在を否定していた陸自イラク派遣時の日報を発表
4・10 愛媛県知事、加計問題で柳瀬首相秘書官（当時）が県職員に「首相案件」と説明したと発表（5・12愛媛県、加計問題で首相と理事長の面談等を示す文章を公表。双方とも否定）
5・31 大阪地検特捜部、森友問題で記録破棄などが問われた事件で38人全員を不起訴とする決定（6・4醍醐聰、上脇博之らが検察審査会に審査申し立て、12・10補充文書提出）
6・12 トランプ米大統領と金正恩北朝鮮朝鮮労働党委員長、史上初の米朝首脳会談
6・15 閣議、「経済財政運営と改革の基本方針2018」（骨太の方針）決定
7・6 法務省、オウム真理教元代表松本智津夫死刑囚ら7人の刑を執行
7・6 西日本で豪雨被害、死者220人超
7・23 熊谷市で国内最高気温41・1度を記録
10・1 本庶佑、ノーベル生理学・医学賞受賞決定
10・2 第4次安倍改造内閣発足
11・30 韓国最高裁、韓国人元徴用工の損害賠償請求訴訟で新日鉄住金に賠償容認

2019(平31、令和元)年

教育法

4・1 元号を改める政令公布（令5・1施行）
4・26 **アイヌの人々の誇りが尊重される社会を実現するための施策の推進に関する法律**公布
5・10 東洋英和女学院大学、前院長を著書の捏造・盗用問題で懲戒解雇
5・17 **子ども・子育て支援法の一部改正法**公布（10月から幼児教育・保育の無償化）
5・17 **大学等における修学の支援に関する法律**公布（消費増税が財源）
5・24 **学校教育法等の一部改正法**公布（名古屋大学と岐阜大学の統合した国立大学法人東海国立大学機構を創設）
6・26 **児童虐待防止対策の強化を図るための児童福祉法等の一部改正法**公布（児童相談所長等の体罰を禁止）
6・28 **学校教育の情報化の推進に関する法律**公布（デジタル教科書制度の検討等）
6・28 **日本語教育の推進に関する法律**公布
6・28 **視覚障害者等の読書環境の整備の推進に関する法律**公布（読書の利便性向上）
8・27 最高裁三小、国が朝鮮学校の高校無償化対象外としたのは違法とする損害賠償訴訟で原告の上告を棄却
10・10 最高裁一小、大川小津波訴訟で学校側の防災対策不備を認めた二審を支持の決定（遺族側の勝訴確定）
12・11 **公立の義務教育諸学校等の教育職員の給与等に関する特別措置法の一部改正法**公布（変形労働時間制が条例で可能）

教育

1・25 中教審、「学校における働き方改革に関する総合的な方策について」答申
2・4 文科省、特別支援学校高等部学習指導要領（告示）公示
4・3 経済同友会、「自ら学ぶ力を育てる初等・中等教育の実現に向けて」（小・中学校の飛び級、原級留置の導入など）
5・17 教育再生実行会議、新時代に対応した高等学校改革（第11次）を提言
6・28 文科省、働き方改革の一環として、夏休み等に休日「まとめ取り」可能通知
7・6 「百舌鳥・古市古墳群」、ユネスコ世界遺産に登録
7・8 日本学術会議、「高等学校の生物教育における重要用語の選定について（改訂）」公表（遺伝子説明用語「優性・劣性」を「顕性・潜性」と呼び変え提言）
9・4 自民党文部科学部会、学制発布の9月4日を「教師の日」、法令用語「教員」を「教師」に統一することなどの検討を求める提案を決議
9・11 萩生田光一、文科相に就任
10・4 神戸市立東須磨小学校教諭間いじめ発覚（10・30神戸市、改正職員分限懲戒条例公布・施行、10・31加害教員を分限休職処分とし給与差し止め。11・8加害教員の一人、市教委人事委に処分取り消し審査請求書提出）
11・1 文科省、大学入学共通テストの20年度英語民間試験導入延期を発表

政治・社会

1・10 文在寅韓国大統領、元徴用工訴訟について「司法の判決を尊重」と表明
2・24 沖縄県辺野古埋め立て県民投票で反対が7割超
4・13 安倍首相、桜を見る会開催（11・13首相の私物化批判を受け20年中止を発表）
5・1 新天皇即位、「令和」に改元
6・3 金融審議会報告書（老後二〇〇〇万円の資金が必要との文言が問題化）
6・16 香港で「逃亡犯条例」改正案撤回を求めて二〇〇万人デモ（9・4香港政府、改正案の完全撤回を表明）
7・18 京都アニメーション放火で36人死亡
7・21 参院選、与党過半数を確保、改憲勢力は三分の二を割る
7・24 英保守党党首ジョンソン、首相に就任
8・3 あいちトリエンナーレ「表現の不自由展・その後」中止（10・8再開）
8・9 大阪地検特捜部、森友問題で財務省幹部ら再び不起訴（捜査終結）
9・11 第4次安倍改造内閣発足（→20・9・16）
9・23 環境活動家グレタ・トゥンベリ、国連の気候行動サミットで演説
9・27 関西電力、幹部20人が福井県高浜町元助役より多額の金品受領を公表
10・1 消費税率8%から10%へ
10・1 習近平中国主席、建国70周年で香港台湾に平和統一・一国二制度堅持表明
10・9 吉野彰、ノーベル化学賞受賞決定
10・31 首里城、正殿など主要部分全焼

2020（令和２）年

3・6 東京地裁、東京医科大の不正入試問題で、受験料返還義務を認める判決

3・13 **新型インフルエンザ等対策特別措置法一部改正法**公布（新型コロナウイルス感染症を新型インフルエンザ等とみなす）

3・24 香川県ネット・ゲーム依存症対策条例公布（子どもの平日利用時間60分以内、午後10時まで使用を目安、4月施行）

3・25 大阪地裁、追手門学院の学長・教授懲戒解雇事件で解雇無効の原告勝訴判決

3・25 東京高裁、09年卒業式での君が代斉唱時不起立で都教委の停職6月の懲戒処分は裁量権逸脱で違法と判決（双方上告）

5・22 日本教育学会、「提言・9月入学よりも、いま本当に必要な取り組みを」公表

7・13 免許状更新講習期間を2年延長可能とする省令公布（コロナ禍で特例措置）

7・17 〝杉本判決〟50周年で記念集会開催（東京、8・22神戸、10・25東京、11・20鹿児島でも開催）

7・17 **公立の義務教育諸学校等の教育職員の給与等に関する特別措置法施行規則**制定（教員に一年単位の変形労働時間制を適用する「指針」改正告示も）

8・11 介護等体験特例法施行規則の一部改正公布（コロナ禍での特例措置を規定）

12・4 **東京オリパラ特別措置法の一部改正法**公布（21年に限り「海の日」を7月22日、「スポーツの日」を同月23日、「山の日」を8月8日と変更）。

1・10 神戸市教委、市立小教員間いじめ問題発覚後の教員調査で一七五五件のハラスメント発表（2・9同教委総務課係長自殺、2・21外部調査委、東須磨小で一〇〇件以上の暴行為等があったとする報告書公表、2・28同教委、加害側教員2名懲戒免職、歴代3校長も停職・減給処分、4・1同小で教員の3分の2入れ替え、2人加配）

2・18 中教審・教職課程WG、「複数の学科間・大学間の共同による教職課程の実施体制について」（報告書）をまとめる（小学校教科担任制導入へ小・中免許状同時取得可能へ）

2・27 安倍首相、全国の小中高校等に3月2日から春休みまでの臨時休業を要請

2・28 文科省、全国一斉臨時休業を通知

3・2 新型コロナウイルスの感染拡大防止のため小中高校等の一斉休業スタート

3・11 日本高校野球連盟、第92回選抜高校野球大会中止を決定（8・10無観客交流試合開幕、6・24夏の第102回大会も中止決定）

4・1 高等教育の修学支援新制度実施

4・20 文科省、都道府県立学校が連休前に全校休業と発表（除く、岩手、和歌山）

6・1 全国の小中高校、約三カ月ぶりに再開

6・30 萩生田光一文科相、北海道大学の名和豊春学長を不適切行為を理由に解任

7・31 文科省、「学校における携帯電話の取扱い等について」通知（携帯電話の持ち込みを原則禁止、例外的に可も）

1・9 中国政府、新型コロナウイルス検出と公表（1・23武漢市都市封鎖）

1・31 英国、欧州連合（EU）を離脱

2・5 加藤勝信厚労相、横浜港停泊中のクルーズ船で新型コロナ集団感染確認発表

3・11 世界保健機関（WHO）、新型コロナで「パンデミック」を宣言

3・24 安倍首相とIOC会長、東京オリ・パラを新型コロナ拡大で約一年延期合意

4・7 安倍首相、緊急事態宣言発出（5・6まで一都六府県対象、4・16全国に拡大、5・25宣言を全面解除）

5・22 黒川弘務東京高検検事長、賭け麻雀問題で辞職（検察官定年延長法案廃案に）

5・25 米黒人ジョージ・フロイド、白人警官により圧死。BLM運動、世界に拡大

6・18 東京地検特捜部、参院議員河井案里、夫で前法相の克行両容疑者を、19年参院選を巡る買収容疑で逮捕

6・30 香港国家安全維持法可決、即日施行

7・22 政府、観光支援策GoToトラベル開始

8・28 安倍首相、健康問題を理由に辞任表明

9・10 立憲民主党、国民民主党と合流し新党「立憲民主党」結成（枝野幸男党首）

9・16 菅義偉、首相に選出され菅内閣発足

10・1 菅首相、学術会議会員6人任命拒否

11・1 米民主党ジョー・バイデン、大統領選で勝利宣言（トランプ敗北宣言拒否）

12・24 東京地検特捜部、首相主催の「桜を見る会」前夜祭問題で安倍元首相を不起訴処分、公設第一秘書を政治資金規正法違反で略式起訴

2021（令和３）年

教育法

1・21 最高裁1小、11年の大津市中2年男子のいじめ自殺事件損害賠償訴訟で遺族側の上告棄却決定（希死念慮を抱かせるほどのいじめに対する一審の損害賠償を減額し元同級生に四百万円の賠償を命じた20年大阪高裁判決が確定）

2・16 大阪地裁、髪の色問題での損害賠償訴訟で、大阪府に33万円の支払いを命じる。「黒染め指導」は適法と判決（↓10・28大阪高裁、原告の控訴棄却）

3・26 **教育職員免許法施行規則の一部改正法**公布（わいせつ教員対策で懲戒免職になった教員の処分理由も官報に掲載）

3・31 **公立義務教育諸学校の学級編制及び教職員定数の標準に関する法律の一部改正法**公布（小学校の学級規模を21年度の小2から5年かけて35人に縮小する）

4・27 閣議、「従軍慰安婦」「強制連行」ではなく「慰安婦」「徴用」との用語が適切との答弁書決定（韓国・中国政府が非難、検定教科書の記述削除へ展開）

6・4 **教育職員等による児童生徒性暴力等の防止等に関する法律**公布

9・24 **特別支援学校設置基準**公布

10・1 さいたま地裁、公立学校教員の残業代請求訴訟で原告の請求棄却判決（裁判長、「給特法」はもはや教育現場の実情に適合しないと異例の付言

12・9 大阪高裁、君が代不起立の元教諭の再任用拒否は裁量権逸脱で違法と逆転判決

教育

1・16 大学入試センター、初の大学入学共通テスト実施

1・26 中教審、「『令和の日本型学校教育』の構築を目指して」答申（小学校高学年への教科担任制導入など）

1・27 神戸市教委教員間ハラスメント再発防止委員会、報告書公表

3・30 文科省、22年度使用の高校教科書検定結果を公表（北方領土・尖閣に意見）

4・1 新中学校学習指導要領施行

4・22 日本学術会議、「日本学術会議のより良い役割発揮に向けて」公表

6・3 教育再生実行会議、「ポストコロナ期における新たな学びのあり方について」（第12次）提言（最終提言↓9・17閣議、この会議廃止決定、↓12・3）

6・8 文科省、デジタル教科書の今後の在り方等に関する検討会議第1次報告公表

9・8 文科省、4・27閣議決定を受け教科書会社5社が中高歴史教科書の記述削除などの訂正申請を承認（10・11までに7社が高校地歴・公民教科書39点、中学社会2点を訂正申請し追加承認）

10・4 末松信介、文科相就任（↓22・8・10）

11・19 末松文科相、教員免許更新制を22年度中に廃止し23年度から新研修制度開始を表明（22年度末が更新期限の教員は更新講習受講不要）

12・3 閣議、教育未来創造会議の新設決定（12・27初会合）

政治・社会

1・6 トランプ米大統領支持者、米連邦議会議事堂に乱入し一時占拠

1・20 バイデン、米国第46代大統領に就任

1・22 核兵器禁止条約発効（核兵器の開発・保有の禁止、日本は不参加）

3・17 札幌地裁、同性カップルの結婚を認めない民法規定を憲法違反と初判断

3・30 中国全人代、香港選挙制度変更案可決

3・31 世界経済フォーラム、男女平等ランキング発表（日本は１５６カ国中１２０位）

6・14 醍醐聰ら視聴者、東京地裁にＮＨＫ経営委の議事録等の文書開示を求め提訴

6・18 東京地裁、元法相河井克行被告に懲役3年の実刑判決（10・21控訴取下げ）

6・22 財務省、森友学園をめぐる公文書改ざん問題で「赤木ファイル」開示

7・23 東京五輪、無観客で開会式挙行

8・31 米軍、アフガニスタンから撤退

9・1 デジタル庁、発足

9・22 東京高裁、難民不認定直後に裁判を受けさせず強制送還したのは違憲と判決

10・4 岸田文雄内閣発足

10・5 眞鍋淑郎、ノーベル物理学賞受賞決定

10・31 自民党、衆院選で絶対安定多数を確保

11・10 第2次岸田内閣発足

11・11 中国共産党、「歴史決議」を採択

11・14 国連気候変動枠組み条約第26回締約国会議（ＣＯＰ26）、「世界の平均気温の上昇を産業革命前より１・５度に抑える努力の追求で合意

2022（令和４）年

4・1 成人年齢が18歳となる
4・5 **博物館法の一部改正法**公布
5・18 **教育公務員特例法及び教育職員免許法の一部改正法**公布（7・1教員免許更新制廃止施行）
5・19 東京地裁、二〇一一〜一八年度の順天堂大医学部入試合否判定で不利に扱われた元女性受験生の損害賠償事件で「不合理な差別扱いで不法」と認める
5・25 **国際卓越研究大学の研究及び研究成果の活用のための体制の強化に関する法律**公布
6・22 **こども家庭庁設置法、こども基本法**公布
7・20 東京地裁、私大支援事業で便宜を図った見返りに東京医大入試で息子を合格させてもらった元文科省局長に有罪判決（被告は控訴）
8・3 高松地裁、インターネットゲーム依存症対策条例を合憲と判断し請求を棄却
9・9 国連障がい者権利委、障がい者権利条約に基づく日本の審査報告書（「総括所見」）公表（分離教育の中止など強い要請12、勧告81項目）
11・3 国連自由権規約委、日本に対する総括所見公表（君が代強制是正要求）
11・22 文科省、旧統一協会（世界基督教統一神霊協会）に宗教法人法に基づく「質問権」を初行使
12・13 ニュージーランド議会、紙巻タバコ禁止法成立（23・1・1施行、09年以降に誕生の人対象「タバコのない国へ」）

2・7 中教審、「第三次学校安全の推進に関する計画の策定について」答申
3・9 文科省、教員養成フラッグシップ大学に東京学芸大・福井大など4大学を指定
3・16 文科省、改正少年法の施行に伴い高校生が裁判員に選ばれた場合の留意事項についての通知発出（通常の欠席とは別扱いを求める）
4・1 新高校学習指導要領施行（学年進行）
4・1 大阪公立大学発足（大阪府立大と市立大が統合、日本最大の公立大学）
5・10 教育未来創造会議、「我が国の未来をけん引する大学等と社会の在り方について」（第一次提言、9・2工程表）
6・6 スポーツ庁の検討会議、公立中学校の休日部活動を25年度末までに地域の民間団体に移行すべきとの提言提出（8・9文化庁の検討会議、公立中の文化部活動の移向を提言）
7・29 神戸市教委、教員不足対策としてペーパーティーチャーに研修を施す「KOBE教員スタートプログラム」開始
8・10 永岡桂子、文科相就任（→23・9・13）
12・6 内閣府、「日本学術会議の在り方についての方針」公表（12・21日本学術会議、政府に「強く再考」を求める声明決定）
12・6 文科省、生徒指導提要改訂しＨＰで公表（発達支持的生徒指導を重視）
12・19 中教審、「『令和の日本型学校教育』を担う教師の養成・採用・研修等の在り方について」答申

1・5 北朝鮮、弾道ミサイル発射
2・24 ロシア軍、ウクライナに軍事侵攻開始（3・3国連総会、ロシア非難決議を一四一カ国の賛成多数で採択、3・23ウクライナのゼレンスキー大統領、リモートで日本の国会で演説しロシアへの制裁継続を訴える）
5・15 国と県共催で沖縄復帰50周年記念式典
6・24 米連邦最高裁、中絶の権利否定の判断（半世紀ぶりに判例を覆す）
7・8 安倍晋三、奈良市で演説中に銃撃され死亡（容疑者、世界平和統一家庭連合〈旧統一協会〉への恨みを供述。8・31首相、自民党と旧統一協会の関係を断つと表明。9・27内閣、国葬決行）
8・9 大谷翔平、2桁勝利・2桁本塁打達成（ベーブ・ルース以来一〇四年ぶり）
8・10 第二次岸田改造内閣発足
8・26 新型コロナ感染者数、世界で6億人超
9・8 英エリザベス女王死去（96）9・19国葬に天皇・皇后出席
9・17 東京地検、五輪汚職で大会組織委の高橋治之元理事らを逮捕
10・21 円相場1ドル一五一円台（32年ぶりの安値）
11・15 世界総人口、国連推計で80億人に到達
12・16 閣議、「国家安全保障戦略」（「反撃能力を保有する必要」を明記）「国家防衛戦略」「防衛力整備計画」の安保関連3文書を決定（安保政策の大転換）首相、27年度にはＧＤＰの2％に達する防衛費の増額を目指す方針表明

2023（令和５）年

教育法

4・18 最高裁二小、埼玉県の教員が時間外勤務への手当支給を求めた訴訟で上告棄却（二審判決が確定→8・18）

5・8 **私立学校法の一部改正法**公布

5・18 自民党人材確保特命委、教職調整額を4%から10%に引き上げる案発表

6・2 **日本語教育の適正かつ確実な実施を図るための日本語教育機関の認定等に関する法律**公布

6・23 **性的指向及びジェンダーアイデンティティの多様性に関する国民の理解の増進に関する法律**（ＬＧＢＴ法）公布

6・29 米連邦最高裁、ハーバード大などの入学選考時の黒人・中南米系などへのアファーマティブ・アクション（積極的差別是正措置）を「法の下の平等」を定めた憲法に反すると判決

7・5 富山地裁、教諭の過労死で部活動指導も学校の責任と認め賠償命令判決

8・18 日本労働弁護団、「公立学校教員の労働時間法制の在り方に関する意見書」発表（給特法廃止・抜本改正主張）

10・4 自民党埼玉県議団、「子ども放置禁止」条例案上程（県議会委員会で自民・公明の賛成で可決、10・10保護者・ＰＴＡなどの反対で改正案取り下げ）

11・24 国立大学協会、国立大学法人法改正案の「運営方針会議」設置に強い危惧を表明する異例の会長声明を発表

12・20 **国立大学法人法の一部改正法**公布

教育

1・10 大阪・藤井寺市教委、教科書採択の贈収賄事件を受け、21年度から使用中の大日本図書中学教科書を23年度変更と発表（採択期間中の変更は全国初）

2・18 東京書籍、高校教科書「新高等地図」1200カ所の訂正版再配布発表（8・9同教科書26年度より廃刊発表）

3・8 文科省、公立学校の教師の勤務時間の上限（時間外勤務1カ月45時間以内、1年間360時間以内）を規定するよう都道府県教委に通知

4・1 中教審、「次期教育振興基本計画について」答申（中卒で英検ＣＦＥＲ3級、高卒で準2級以上の生徒6割目標）

8・28 中教審教師特別部会「教師を取り巻く環境整備について緊急的に取り組むべき施策」提言

9・13 盛山正仁、文科相に就任

10・13 文科省、東京地裁に世界平和統一家庭連合（旧統一協会）を巡り、宗教法人法に基づく教団の解散命令を請求

10・30 日本大学アメフット部薬物事件対応第三者委、「調査報告書」公表（11・30林真理子理事長、文科省へ今後の対応及び方針について回答）

12・11 松井一実広島市長が12年以来新規採用職員研修の講話の際、「心の持ち方」で教育勅語の引用が発覚し問題化

12・16 日本戦没学生記念会（わだつみ会）、「学徒出陣」80周年不戦のつどい開催

政治・社会

2・24 国連総会、ロシア軍にウクライナからの即時完全撤退を求める決議採択

3・2 小西洋之、放送法の「政治的公平」の解釈」についての15年当時の礒崎陽輔総理補佐官と総務省間との一連の文書公表

5・19 主要7カ国首脳会議（Ｇ7）、広島市で開催（Ｇ7首脳、原爆資料館初訪問）

8・24 東京電力、福島第一原発の「処理水」の海洋放出を開始

9・13 第二次岸田再改造内閣発足

9・29 ジャニーズ事務所外部専門家再発防止特別チーム「調査報告書」公表（ジャニー喜多川前社長の性加害を認定し、現社長の辞任、同事務所の解体的出直しを提言）

10・2 大谷翔平、米大リーグで本塁打王獲得

10・7 パレスチナ自治区ガザ地区を支配するイスラム組織ハマス、イスラエルに大規模攻撃

10・11 藤井聡太、将棋史上初の八冠独占達成

10・25 最高裁、生殖不能手術を必要とする性同一性障害特例法の要件を違憲無効とする決定を言い渡す

11・14 宝塚歌劇団、9・30劇団員の急死原因調査チームの11・10調査報告書を受けて「今後の対応について」発表

12・28 斉藤鉄夫国交相、沖縄・名護市辺野古の米軍新基地建設を巡り軟弱地盤改良工事設計変更承認の「代執行」を強行

ハンディ教育六法　2024年版

・検印廃止

2024年 4 月25日　2024年版第 1 刷発行

編　者　浪本　勝年・廣田　健
村元　宏行・白川　優治
堀井　雅道・石本　祐二

発行者　木　村　慎　也

印刷 ヤマイチテクノ・製本 和光堂

発行所　株式会社 北 樹 出 版

〒153-0061 東京都目黒区中目黒1-2-6　電話(03)3715-1525(代表)

ISBN978-4-7793-0750-8